国家出版基金项目
NATIONAL PUBLICATION FOUNDATION

档案文献·乙

台湾光复史料汇编（第六编）

台湾行政长官公署施政与工作报告

主　　编：张海鹏

副主编：冯　琳　褚静涛

编　　者：冯　琳

重慶出版集團　重慶出版社

图书在版编目(CIP)数据

台湾光复史料汇编(第六编)·台湾行政长官公署施政与工作报告/张海鹏主编.—重庆:重庆出版社,2017.4
ISBN 978-7-229-12127-3

Ⅰ.①台… Ⅱ.①张 Ⅲ.①抗日战争—史料—汇编—台湾 Ⅳ.①K265.06

中国版本图书馆CIP数据核字(2017)第063717号

台湾光复史料汇编(第六编)·台湾行政长官公署施政与工作报告
TAIWAN GUANGFU SHILIAO HUIBIAN(DILIUBIAN)·TAIWAN XINGZHENG ZHANGGUAN GONGSHU SHIZHENG YUGONGZUO BAOGAO

张海鹏 主编

责任编辑:周北川
责任校对:何建云
装帧设计:重庆出版集团艺术设计有限公司·吴庆渝 陈 永

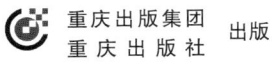

重庆出版集团
重庆出版社 出版

重庆市南岸区南滨路162号1幢 邮政编码:400061 http://www.cqph.com
重庆出版集团艺术设计有限公司制版
自贡兴华印务有限公司印刷
重庆出版集团图书发行有限公司发行
E-MAIL:fxchu@cqph.com 邮购电话:023-61520646
全国新华书店经销

开本:740mm×1 030mm 1/16 印张:48.5 字数:702千
2017年4月第1版 2017年4月第1次印刷
ISBN 978-7-229-12127-3
定价:95.00元

如有印装质量问题,请向本集团图书发行有限公司调换:023-61520678

版权所有 侵权必究

《中国抗战大后方历史文化丛书》

编纂委员会

总 主 编：章开沅
副总主编：周　勇

编　　委：（以姓氏笔画为序）
山田辰雄　日本庆应义塾大学教授
马 振 犊　中国第二历史档案馆副馆长、研究馆员
王 川 平　重庆中国三峡博物馆名誉馆长、研究员
王 建 朗　中国社科院近代史研究所副所长、研究员
方 德 万　英国剑桥大学东亚研究中心主任、教授
巴 斯 蒂　法国国家科学研究中心教授
西村成雄　日本放送大学教授
朱 汉 国　北京师范大学历史学院教授
任　　竞　重庆图书馆馆长、研究馆员
任 贵 祥　中共中央党史研究室研究员、《中共党史研究》主编
齐 世 荣　首都师范大学历史学院教授
刘 庭 华　中国人民解放军军事科学院研究员
汤 重 南　中国社科院世界历史研究所研究员
步　　平　中国社科院近代史研究所所长、研究员
何　　理　中国抗日战争史学会会长、国防大学教授
麦 金 农　美国亚利桑那州立大学教授
玛玛耶娃　俄罗斯科学院东方研究所教授

陆 大 钺	重庆市档案馆原馆长、中国档案学会常务理事
李 红 岩	中国社会科学杂志社研究员、《历史研究》副主编
李 忠 杰	中共中央党史研究室副主任、研究员
李 学 通	中国社会科学院近代史研究所研究员、《近代史资料》主编
杨 天 石	中国社科院学部委员、近代史研究所研究员
杨 天 宏	四川大学历史文化学院教授
杨 奎 松	华东师范大学历史系教授
杨 瑞 广	中共中央文献研究室研究员
吴 景 平	复旦大学历史系教授
汪 朝 光	中国社科院近代史研究所副所长、研究员
张 国 祚	国家社科基金规划办公室原主任、教授
张 宪 文	南京大学中华民国史研究中心主任、教授
张 海 鹏	中国史学会会长,中国社科院学部委员、近代史研究所研究员
陈 晋	中共中央文献研究室副主任、研究员
陈 廷 湘	四川大学历史文化学院教授
陈 兴 芜	重庆出版集团总编辑、编审
陈 谦 平	南京大学中华民国史研究中心副主任、教授
陈 鹏 仁	台湾中正文教基金会董事长、中国文化大学教授
邵 铭 煌	中国国民党文化传播委员会党史馆主任
罗 小 卫	重庆出版集团董事长、编审
周 永 林	重庆市政协原副秘书长、重庆市地方史研究会名誉会长
金 冲 及	中共中央文献研究室原常务副主任、研究员
荣 维 木	《抗日战争研究》主编、中国社科院近代史研究所研究员
徐 勇	北京大学历史系教授
徐 秀 丽	《近代史研究》主编、中国社科院近代史研究所研究员
郭 德 宏	中国现代史学会会长、中共中央党校教授
章 百 家	中共中央党史研究室副主任、研究员
彭 南 生	华中师范大学历史文化学院教授
傅 高 义	美国哈佛大学费正清东亚研究中心前主任、教授

温贤美　四川省社科院研究员
谢本书　云南民族大学人文学院教授
简笙簧　台湾国史馆纂修
廖心文　中共中央文献研究室研究员
熊宗仁　贵州省社科院研究员
潘　洵　西南大学历史文化学院教授
魏宏运　南开大学历史学院教授

编辑部成员（按姓氏笔画为序）

朱高建　刘志平　吴　畏　别必亮　何　林　黄晓东　曾海龙　曾维伦

总　序

章开沅

我对四川、对重庆常怀感恩之心，那里是我的第二故乡。因为从1937年冬到1946年夏前后将近9年的时间里，我在重庆江津国立九中学习5年，在铜梁201师603团当兵一年半，其间曾在川江木船上打工，最远到过今天四川的泸州，而起程与陆上栖息地则是重庆的朝天门码头。

回想在那国破家亡之际，是当地老百姓满腔热情接纳了我们这批流离失所的小难民，他们把最尊贵的宗祠建筑提供给我们作为校舍，他们从来没有与沦陷区学生争夺升学机会，并且把最优秀的教学骨干稳定在国立中学。这是多么宽阔的胸怀，多么真挚的爱心！2006年暮春，我在57年后重访江津德感坝国立九中旧址，附近居民闻风聚集，纷纷前来看望我这个"安徽学生"（当年民间昵称），执手畅叙半个世纪以前往事情缘。我也是在川江的水，巴蜀的粮和四川、重庆老百姓大爱的哺育下长大的啊！这是我终生难忘的回忆。

当然，这八九年更为重要的回忆是抗战，抗战是这个历史时期出现频率最高的词语。抗战涵盖一切，渗透到社会生活的各个层面。记得在重庆大轰炸最频繁的那些岁月，连许多餐馆都不失"川味幽默"，推出一道"炸弹汤"，即榨菜鸡蛋汤。……历史是记忆组成的，个人的记忆会聚成为群体的记忆，群体的记忆会聚成为民族的乃至人类的记忆。记忆不仅由文字语言承载，也保存于各种有形的与无形的、物质的与非物质的文化遗产之中。历史学者应该是文化遗产的守望者，但这绝非是历史学者单独承担的责任，而应是全社会的共同责任。因此，我对《中国抗战大后方历史文化丛书》编纂出版寄予厚望。

抗日战争是整个中华民族（包括海外侨胞与华人）反抗日本侵略的正义战争。自从19世纪30年代以来，中国历次反侵略战争都是政府主导的片面战争，由于反动统治者的软弱媚外，不敢也不能充分发动广大人民群众，所以每次都惨遭失败的结局。只有1937年到1945年的抗日战争，由于在抗日民族统一战线的旗帜下，长期内战的国共两大政党终于经由反复协商达成第二次合作，这才能够实现史无前例的全民抗战，既有正面战场的坚守严拒，又有敌后抗日根据地的英勇杀敌，经过长达8年艰苦卓绝的壮烈抗争，终于赢得近代中国第一次胜利的民族解放战争。我完全同意《中国抗战大后方历史文化丛书》的评价："抗日战争的胜利成为了中华民族由衰败走向振兴的重大转折点，为国家的独立、民族的解放奠定了基础。"

中国的抗战，不仅是反抗日本侵华战争，而且还是世界反法西斯战争的重要组成部分。

日本明治维新以后，在"脱亚入欧"方针的误导下，逐步走上军国主义侵略道路，而首当其冲的便是中国。经过甲午战争，日本首先占领中国的台湾省，随后又于1931年根据其既定国策，侵占中国东北三省，野心勃勃地以"满蒙"为政治军事基地妄图灭亡中国，独霸亚洲，并且与德、意法西斯共同征服世界。日本是法西斯国家中最早在亚洲发起大规模侵略战争的国家，而中国则是最早投入反法西斯战争的先驱。及至1935年日本军国主义者通过政变使日本正式成为法西斯国家，两年以后更疯狂发动全面侵华战争。由于日本已经与德、意法西斯建立"柏林—罗马—东京"轴心，所以中国的全面抗战实际上揭开了世界反法西斯战争（第二次世界大战）的序幕，并且曾经是亚洲主战场的唯一主力军。正如1938年7月中共中央《致西班牙人民电》所说："我们与你们都是站在全世界反法西斯的最前线上。"即使在"二战"全面爆发以后，反法西斯战争延展形成东西两大战场，中国依然是亚洲的主要战场，依然是长期有效抗击日本侵略的主力军之一，并且为世界反法西斯战争的胜利作出了极其重要的贡献。2002年夏天，我在巴黎凯旋门正好碰见"二战"老兵举行盛大游行庆祝法国光复。经过接待人员介绍，他们知道我也曾在1944年志愿从军，便热情邀请我与他们合影，因为大家都曾是反法西斯的战士。我虽感光荣，但却受之有愧,因为作为现役军人,未能决胜于疆场,日本就宣布投降了。但是法国老兵非常尊重中国,这是由于他们曾经投降并且亡国,而中国则始终坚持英勇抗战,并主要依靠自己的力量赢得最后胜利。尽管都是"二战"的主要战胜国,毕竟分量与地位有所区别,我们千万不可低估自己的抗战。

重庆在抗战期间是中国的战时首都,也是中共中央南方局与第二次国共合作的所在地,"二战"全面爆发以后更成为世界反法西斯战争远东指挥中心,因而具有多方面的重要贡献与历史地位。然而由于大家都能理解的原因,对于抗战期间重庆与大后方的历史研究长期存在许多不足之处,至少是难以客观公正地反映当时完整的社会历史原貌。现在经由重庆学术界倡议,全国各地学者密切合作,同时还有日本、美国、英国、法国、俄罗斯等外国学者的关怀与支持,共同编辑出版《中国抗战大后方历史文化丛书》,这堪称学术研究与图书出版的盛事壮举。我为此感到极大欣慰,并且期望有更多中外学者投入此项大型文化工程,以求无愧于当年的历史辉煌,也无愧于后世对于我们这代人的期盼。

在民族自卫战争期间,作为现役军人而未能亲赴战场,是我的终生遗憾,因此一直不好意思说曾经是抗战老兵。然而,我毕竟是这段历史的参与者、亲历者、见证者,仍愿追随众多中外才俊之士,为《中国抗战大后方历史文化丛书》的编纂略尽绵薄并乐观其成。如果说当年守土有责未能如愿,而晚年却能躬逢抗战修史大成,岂非塞翁失马,未必非福?

2010年已经是抗战胜利65周年,我仍然难忘1945年8月15日山城狂欢之夜,数十万人涌上街头,那鞭炮焰火,那欢声笑语,还有许多人心头默诵的杜老夫子那首著名的诗:"剑外忽传收蓟北,初闻涕泪满衣裳!却看妻子愁何在?漫卷诗书喜欲狂。白日放歌须纵酒,青春作伴好还乡。即从巴峡穿巫峡,便下襄阳向洛阳。"

即以此为序。

庚寅盛暑于实斋

(章开沅,著名历史学家、教育家,现任华中师范大学东西方文化交流研究中心主任)

编 辑 说 明

一、值此中国人民抗日战争胜利暨台湾光复70周年之际,我们编辑了《台湾光复史料汇编》,收录与台湾光复有关的国民政府文件,以纪念台湾光复70周年,希望对学术界研究这一重大历史事件有所裨益。

二、1895年4月,清政府在对日作战中失败,被迫在《马关条约》上签字,将台湾全岛及其附属岛屿、澎湖列岛(本史料汇编概称为台湾)割让给日本。从此,祖国宝岛在日本统治下50有年。这是近代中国的耻辱。

三、日本军国主义者不以割让台湾为满足,它还要实施其大陆政策,以实现占领全中国为目的。1931年,日本发动九一八事变,占领我东北广袤地区,然后逐年蚕食我长城内外,直到1937年7月发动卢沟桥事变,妄图在三个月内灭亡全中国。日本军国主义者的狂妄,激起了中华民族的极大愤慨。中国人民在抗日民族统一战线的旗帜下,历尽八年千难万苦,终于阻遏了日本军国主义者的企图,并且在国际反法西斯统一战线的配合与支持下,迫使日本军国主义无条件投降。根据1941年12月国民政府对日宣战声明,以及1943年12月《开罗宣言》和1945年7月《波茨坦公告》,中国政府代表中国人民从日本军国主义手里收回台湾全部主权,1945年10月25日正式宣布台湾光复。台湾光复一雪甲午战争失败的耻辱,是中国人民抗日战争胜利的结果,是用3500万抗日军民伤亡和无量财产损失换来的成果。

四、台湾光复证明了:120年前的乙未之耻,已为70年前的乙酉之胜所湔雪,台湾人民的"弃儿"之耻也因台湾光复的胜利而消融。这是中国近代历史上的一件大事,值得专题记录。

五、这本史料汇编所收内容为1941年12月(国民政府对日宣战)至1947年2月("二二八事件"发生)期间,有关台湾光复的史料,分为六编。前三编为编者整理的已出版史料,第四、五、六编为未曾公开出版的史料。台湾光复史料甚多,本书收集的主要是政府文献,即使政府文献,也不是全部收录,限于篇幅,有所选择。为了保存史料,编者对所选史料原有用语,均未作改动。

六、第一至第三编收录了国民政府各部门发出及收到关于接收、治理台湾的文件、信函、电文等,亦包括少数代表政府的发言人公开发表的重要言论。四联总处等虽不是常规政府机构,但在事实上分割了财政部等政府机构职权,该汇编亦包含了此类机构的部分文件。史料的整理尽量忠实于原出处,仅对明显错误处作了订正。而少数包含了多个文件的条目,依时间次序进行了调整。

七、第四编收录国民政府中央设计局台湾调查委员会(简称台调会)编写的有关日据时期日本统治台湾情况的文件,这些文件是为中央训练团台湾干部训练班使用的参考资料。台调会档案多藏于中国第二历史档案馆,台调会编写的这部分材料藏于南京图书馆,这部分文件目前只找到13件,应该还有一些,继续寻找,只好等待他日。第五、第六编包括《台湾警备总司令军事接收总报告》《台湾司法接收报告书》《台湾省接收委员会日产处理委员会结束总报告》《台湾省日产处理法令汇编》《台湾省行政长官公署施政报告》《中华民国三十五年度台湾省行政长官公署工作报告》《台湾省行政长官公署三月来工作概要》《台湾省行政长官公署农林施政报告》等1946年前后关于接收和施政的报告、法令汇编等单印本,这些单印本来自美国斯坦福大学、中国社会科学院近代史研究所等处。

八、书中所录档案之时间,以发文日期为准,无发文日期者以收文日期为准。不少档案原文未经点注,编辑时尽量加以断句。原文点注不当者,尽量予以修正。本书采简体中文版式,原繁体竖版表格样式均略加调整,内容不变。原繁体特有标点,如「」『』等以""或《》等符号代替。为节省空间等因,部分表格内的数字录入时改为阿拉伯数字。书中所录数据因字迹模糊、破损以致无法辨认者,以"□"等符号标示或注以"字迹不清"字样。间有脱漏、舛误需加解释者,则加"编者按"说明。

九、因年代较久,一些史料字迹模糊难辨,鲁鱼亥豕之处,在所难免。加上当时报告、文件原文本身亦有一些错误，如"苗栗"曾在《台湾省行政长官公署施政报告》中有"苗票"之误，此类明显有误处，编者作了订正，但不排除仍有部分错误或不确遗留了下来。史料整理的遗憾，尚祈细察指正。

十、本书所收档案得益于南京的中国第二历史档案馆，台北的"国史馆"、国民党党史会，美国斯坦福大学，中国社会科学院近代史研究所等机构以及有关学者前已编辑的史料。本书编葳之际，谨对上述单位和学者表示由衷感谢！

十一、本书由中国社会科学院台湾史研究中心主任张海鹏主持，中国社会科学院近代史研究所副研究员冯琳收集整理了本书第一、二、三、五、六编史料，褚静涛提供了第四编台调会的有关史料，台调会史料13件由有关专业人士陈希亮提供复印件，谨此表示感谢！台调会的史料由赵一顺负责录入校对。

编　者

2015年3月12日

本 编 导 语

　　本编包括《台湾省行政长官公署施政报告》、《中华民国三十五年度台湾省行政长官公署工作报告》、《台湾省行政长官公署三月来工作概要》、《台湾省行政长官公署农林施政报告》等1946年前后关于接收和施政的单印本。为便于接收和管理台湾，国民政府成立与中国其他省份的省政府不同，而与日据时期总督府颇为类似的台湾行政长官公署作为过渡性行政机构。1945年8月底，国民政府任命陈仪为台湾行政长官，并在9月初陆续公布行政长官公署组织大纲等法规。1947年4月，台湾行政长官公署被改组为台湾省政府。该编所收四种施政报告为首次整理出版。

目　录

总序 ·· 章开沅 1

编辑说明 ·· 1

本编导语 ·· 1

台湾省参议会第一届第一次大会台湾省行政长官公署施政报告

 长官电颂 ·· 3
  蒋主席电 ·· 3
  内政部张部长电 ·· 3
  陈长官颂词 ·· 4
 议员提案 ·· 5
  协力建设民主台湾　各参议员热烈发挥抱负 ································· 5
 题　词 ··· 14
  一、陈长官题词 ··· 14
  二、李主任委员题词 ··· 15
  三、葛秘书长题词 ·· 15
 演　词 ··· 16
  一、内政部杨司长讲词 ·· 16
  二、陈长官讲词 ··· 18
  三、省党部李主任委员讲词 ··· 21
  四、民政处周处长讲词 ·· 22
 施政总报告 ·· 24
 警备总司令部军事报告 ·· 33
  一、国军开进及受降经过 ··· 33

二、军事接收之经过情形 …………………………………… 34
　　三、日俘侨之遣送 …………………………………………… 35
　　四、现在官兵待遇及给与概况 ……………………………… 36
　　五、台湾将来的军事 ………………………………………… 36
警务处工作报告 …………………………………………………… 46
　　一、接收情形 ………………………………………………… 46
　　二、现在概况 ………………………………………………… 48
民政处工作报告 …………………………………………………… 53
　　一、接收情形 ………………………………………………… 53
　　二、工作现况 ………………………………………………… 59
省日侨管理委员会工作概况 ……………………………………… 96
　　一、过去情形 ………………………………………………… 96
　　二、现在办理情形 …………………………………………… 99
财政处工作报告 …………………………………………………… 118
　　一、接收情形 ………………………………………………… 118
　　二、工作现况 ………………………………………………… 120
台湾省贸易局工作报告 …………………………………………… 129
　　一、接收经过 ………………………………………………… 129
　　二、业务概况 ………………………………………………… 133
　　三、设立分支机构 …………………………………………… 135
台湾省专卖局工作报告 …………………………………………… 136
　　一、接收情形 ………………………………………………… 136
　　二、现在概况 ………………………………………………… 138
　　三、将来计划 ………………………………………………… 141
台湾省接收委员会日产处理委员会工作报告 …………………… 155
　　一、接收情形 ………………………………………………… 155
　　二、现在概况 ………………………………………………… 156
教育处工作报告 …………………………………………………… 158

目录

  一、接收情形 …… 158
  二、现在概况 …… 159

台湾省气象局工作报告 …… 167
  一、接收情形 …… 167
  二、现在概况 …… 167

台湾省地方行政干部训练团工作报告 …… 169
  一、本团设立要旨 …… 169
  二、本团创设经过 …… 169
  三、现在训练概况 …… 170

台湾省行政长官公署农林施政报告 …… 172
  一、接管经过 …… 172
  二、促进粮食生产 …… 177
  三、挽救蔗糖生产 …… 178
  四、增进其他农产 …… 178
  五、策划肥料供应 …… 180
  六、修建灌溉工程 …… 182
  七、殖增畜产 …… 183
  八、复兴蚕丝 …… 184
  九、恢复农业检验 …… 185
  十、推行保林造林 …… 185
  十一、复兴海洋渔业 …… 187
  十二、加强试验研究 …… 188

台湾省粮食局施政报告 …… 192
  一、接收经过 …… 192
  二、现在施政情形 …… 194

工矿处工作报告 …… 197
  一、接收情形 …… 197
  二、工作概况 …… 199

三、各业工作简报 …………………………………… 237

交通处工作报告 …………………………………………… 316

　　一、组织系统表 …………………………………… 317
　　二、铁道管理委员会 ……………………………… 317
　　三、邮电管理委员会 ……………………………… 326
　　四、航务管理局 …………………………………… 331
　　五、基隆港务局 …………………………………… 334
　　六、高雄港务局 …………………………………… 339
　　七、台中港筑港所 ………………………………… 340
　　八、航运恢复委员会 ……………………………… 342
　　九、通运公司筹备处 ……………………………… 344
　　十、台湾省航业公司筹备处 ……………………… 345
　　十一、结论 ………………………………………… 346

会计报告 …………………………………………………… 347

　　一、接收情形 ……………………………………… 347
　　二、现在概况 ……………………………………… 347

法制委员会工作报告及询问之答复 ……………………… 354

　　一、工作报告 ……………………………………… 354
　　二、对于询问之答复 ……………………………… 355

台湾司法接收情形及改进概况 …………………………… 358

　　一、法院部分 ……………………………………… 359
　　二、监所部分 ……………………………………… 359
　　三、其他有关司法事项 …………………………… 361

国立台湾大学工作报告 …………………………………… 363

　　一、接收经过 ……………………………………… 363
　　二、大学现状 ……………………………………… 363

附　录 ……………………………………………………… 365

　　一、书面答复省参议会询问案 …………………… 365

二、陈长官致闭幕词 …………………………………………………………… 430

　　三、台湾省第一届省参议会闭幕宣言 ………………………………………… 431

中华民国三十五年度台湾省行政长官公署工作报告

　　凡　例 …………………………………………………………………………… 435

　　一、一般行政 …………………………………………………………………… 436

　　二、民政 ………………………………………………………………………… 456

　　三、财政 ………………………………………………………………………… 496

　　四、教育 ………………………………………………………………………… 504

　　五、农林 ………………………………………………………………………… 518

　　六、工矿 ………………………………………………………………………… 536

　　七、交通 ………………………………………………………………………… 563

　　八、警务 ………………………………………………………………………… 578

　　九、会计 ………………………………………………………………………… 593

　　十、粮政 ………………………………………………………………………… 598

　　十一、专卖 ……………………………………………………………………… 606

　　十二、贸易 ……………………………………………………………………… 612

　　十三、气象 ……………………………………………………………………… 623

台湾省行政长官公署三月来工作概要

　　一、总述 ………………………………………………………………………… 629

　　　　(一)土地 …………………………………………………………………… 630

　　　　(二)气候 …………………………………………………………………… 631

　　　　(三)人口 …………………………………………………………………… 632

　　　　(四)行政组织 ……………………………………………………………… 633

　　二、民政 ………………………………………………………………………… 637

　　　　(一)地方行政 ……………………………………………………………… 637

　　　　(二)社会行政 ……………………………………………………………… 649

（三）土地行政 ᠁᠁᠁᠁᠁᠁᠁᠁᠁᠁᠁᠁᠁᠁᠁᠁᠁᠁᠁᠁᠁ 657
　　（四）卫生行政 ᠁᠁᠁᠁᠁᠁᠁᠁᠁᠁᠁᠁᠁᠁᠁᠁᠁᠁᠁᠁᠁ 659
　　（五）日侨管理 ᠁᠁᠁᠁᠁᠁᠁᠁᠁᠁᠁᠁᠁᠁᠁᠁᠁᠁᠁᠁᠁ 662
三、财政 ᠁᠁᠁᠁᠁᠁᠁᠁᠁᠁᠁᠁᠁᠁᠁᠁᠁᠁᠁᠁᠁᠁᠁᠁᠁᠁ 667
　　（一）接收情形 ᠁᠁᠁᠁᠁᠁᠁᠁᠁᠁᠁᠁᠁᠁᠁᠁᠁᠁᠁᠁᠁ 667
　　（二）工作概况 ᠁᠁᠁᠁᠁᠁᠁᠁᠁᠁᠁᠁᠁᠁᠁᠁᠁᠁᠁᠁᠁ 670
四、教育 ᠁᠁᠁᠁᠁᠁᠁᠁᠁᠁᠁᠁᠁᠁᠁᠁᠁᠁᠁᠁᠁᠁᠁᠁᠁᠁ 674
　　（一）接收情形 ᠁᠁᠁᠁᠁᠁᠁᠁᠁᠁᠁᠁᠁᠁᠁᠁᠁᠁᠁᠁᠁ 674
　　（二）工作概况 ᠁᠁᠁᠁᠁᠁᠁᠁᠁᠁᠁᠁᠁᠁᠁᠁᠁᠁᠁᠁᠁ 678
五、农林 ᠁᠁᠁᠁᠁᠁᠁᠁᠁᠁᠁᠁᠁᠁᠁᠁᠁᠁᠁᠁᠁᠁᠁᠁᠁᠁ 682
　　（一）接收情形 ᠁᠁᠁᠁᠁᠁᠁᠁᠁᠁᠁᠁᠁᠁᠁᠁᠁᠁᠁᠁᠁ 682
　　（二）工作概况 ᠁᠁᠁᠁᠁᠁᠁᠁᠁᠁᠁᠁᠁᠁᠁᠁᠁᠁᠁᠁᠁ 684
六、工矿 ᠁᠁᠁᠁᠁᠁᠁᠁᠁᠁᠁᠁᠁᠁᠁᠁᠁᠁᠁᠁᠁᠁᠁᠁᠁᠁ 695
　　（一）接收情形 ᠁᠁᠁᠁᠁᠁᠁᠁᠁᠁᠁᠁᠁᠁᠁᠁᠁᠁᠁᠁᠁ 695
　　（二）工作概况 ᠁᠁᠁᠁᠁᠁᠁᠁᠁᠁᠁᠁᠁᠁᠁᠁᠁᠁᠁᠁᠁ 696
七、交通 ᠁᠁᠁᠁᠁᠁᠁᠁᠁᠁᠁᠁᠁᠁᠁᠁᠁᠁᠁᠁᠁᠁᠁᠁᠁᠁ 703
　　（一）铁路管理委员会 ᠁᠁᠁᠁᠁᠁᠁᠁᠁᠁᠁᠁᠁᠁᠁᠁᠁ 703
　　（二）邮电管理委员会 ᠁᠁᠁᠁᠁᠁᠁᠁᠁᠁᠁᠁᠁᠁᠁᠁᠁ 714
　　（三）航务管理委员会 ᠁᠁᠁᠁᠁᠁᠁᠁᠁᠁᠁᠁᠁᠁᠁᠁᠁ 716
八、警务 ᠁᠁᠁᠁᠁᠁᠁᠁᠁᠁᠁᠁᠁᠁᠁᠁᠁᠁᠁᠁᠁᠁᠁᠁᠁᠁ 729
　　（一）接收情形 ᠁᠁᠁᠁᠁᠁᠁᠁᠁᠁᠁᠁᠁᠁᠁᠁᠁᠁᠁᠁᠁ 729
　　（二）工作概况 ᠁᠁᠁᠁᠁᠁᠁᠁᠁᠁᠁᠁᠁᠁᠁᠁᠁᠁᠁᠁᠁ 729
九、会计 ᠁᠁᠁᠁᠁᠁᠁᠁᠁᠁᠁᠁᠁᠁᠁᠁᠁᠁᠁᠁᠁᠁᠁᠁᠁᠁ 734
　　（一）接收情形 ᠁᠁᠁᠁᠁᠁᠁᠁᠁᠁᠁᠁᠁᠁᠁᠁᠁᠁᠁᠁᠁ 734
　　（二）工作概况 ᠁᠁᠁᠁᠁᠁᠁᠁᠁᠁᠁᠁᠁᠁᠁᠁᠁᠁᠁᠁᠁ 734
十、宣传 ᠁᠁᠁᠁᠁᠁᠁᠁᠁᠁᠁᠁᠁᠁᠁᠁᠁᠁᠁᠁᠁᠁᠁᠁᠁᠁ 735
　　（一）接收情形 ᠁᠁᠁᠁᠁᠁᠁᠁᠁᠁᠁᠁᠁᠁᠁᠁᠁᠁᠁᠁᠁ 735
　　（二）工作概况 ᠁᠁᠁᠁᠁᠁᠁᠁᠁᠁᠁᠁᠁᠁᠁᠁᠁᠁᠁᠁᠁ 736

十一、法制 ·· 739
    （一）接收情形 ·· 739
    （二）工作概况 ·· 739

十二、人事 ·· 741
    （一）接收情形 ·· 741
    （二）工作概况 ·· 741

附录：台湾省气象局工作报告 ···································· 744
    （一）接收情形 ·· 744
    （二）工作概况 ·· 747
    （三）将来希望 ·· 750

台湾省参议会第一届第一次大会台湾省行政长官公署施政报告

台湾省行政长官公署秘书处编辑室、民政处秘书室编印，1946年（中国社会科学院近代史研究所藏）

长官电颂

　　蒋主席电

　　陈长官转台湾省参议会全体参议员公鉴：台湾受日本五十年之吞并、蹂躏，凡政治、经济、文化各方，无不遭奴役之待遇。今于回归祖国怀抱之后，在六、七月之间，即克成立省参议会，发扬民主精神。不仅全国闻风欢贺，而其意义极为重大。所冀贵会诸君，切实体认国父三民主义之真谛，以促进全台一切精神物质之建设，尤应领导人民认识民主与法治之相联关系，养成守法习惯，奠立民主基础，此实首届贵会最大之职责，亦即全台同胞增进幸福之所寄也，惟加勉之，有厚望焉。中正卯艳府交

　　内政部张部长电

　　陈长官公洽先生，并转省参议会诸先生：台湾重光，更新缔造，此次省参议会开创成立，诸君子作万民喉舌，诸方硕彦，奋智抒说，亲爱精诚，伫见民意发皇，奠复兴之基础，勖猷丕焕，宏匡济之楷模，遥企燕筹，何胜忻慰。除派本部杨司长代表观光外，谨电致祝，并颂诸先生健康。内政部部长张厉生卯有渝城秘

陈长官颂词

台湾省参议会勋鉴：本年五月一日欣逢贵会第一届大会开幕典礼，敬致颂词如左：

美哉台岛，景物丰饶，沦于异族，逾五十年，欣逢光复，民气翕然；选于有众，举尔英贤，堂堂大会，济济多士，维桑与梓，必恭敬止；谠论宏言，公非公是，富强康乐，基肇自治，稽古礼运，天下为公；征之近世，民主是崇，民为邦本，一道同风，弘扬主义，以跻大同。台湾省行政长官陈仪

议员提案

协力建设民主台湾　各参议员热烈发挥抱负

台北市　黄朝琴

议案尚在草拟中,且因搜集证据关系,现尚不能发表。但本人提案必为对省民有重大关系而不与他人提案重复者。

台北市　王添灯

一　国民大会代表宜付民选,绝不可使外省人为本省国民代表。

二　统一税制,实施高度累进制。

三　撤回土地再登记令。

四　官营事业之监察,应由民间所组监察委员会任之。

五　国省营事业之决定,应经过省参议会承认。

六　设定陪审制度。

七　肃清贪官污吏,保障公务员生活。

八　乡镇长民选。

九　确立物价对策。

十　民国卅五年度岁入岁出预算案,应交参议会审议。

十一　公布台银券发行额。

十二　拟订恢复生产。

基隆市　颜钦贤

台省重建首要在复兴产业，本人对此提案如次：

一　基隆港为本省咽喉港湾，仓库，造船厂应速加修复，使船舶得以自由出入，以促本省物资之流畅。

二　使民间资本及技术参加接收工厂，俾使生产效率向上。

三　创设商船学校养成海运人才。

四　对生产企业予以优先贷款。

五　保护并助长民间海运事业。

六　补充交通器材，促进汽油进口。

七　登用本省人为干部。

八　设立海军学校充实国防。

台北县　黄纯青

第一届省参议会，本人提案共一百件，今无法述及，但归纳其要点，则在衣，食，住，行四项。孙中山先生之建国大纲中，虽明白说明以衣，食，住，行为民生之重要问题，而以台省现状言，则粮食，衣服，交通或住宅问题等，无一顺利进行。若此四项要是不能获得解决，新台湾建设亦无法进行，治安之维持、文化之向上亦不可期。解决此四项要求，乃省参议员之重大使命，同时一般省民亦应认真研究其对策。台湾究竟系吾人之台湾，吾人应抛弃一切旁观者之态度，勇敢跳入问题核心之中。

台北县　林日高

一　抑压米价至五元以下。

二　给与农村以肥料与低利贷款。

三　将商业资本诱导为生产资本，施行增加生产及低物价政策。

四　即时实施义务教育与征兵制。

五　政,教各机关运营之民主化。

台北县　李友三
一　注意心理接收。
二　一切建设应先由交通问题着手。
三　及早遣送海外同胞归台。
四　努力农业,渔业之复兴。

新竹县　林为恭
一　为减轻人民负担,应将日产及有利事业让与地方乡镇团体经营。
二　究明接管工厂工作停顿之原因,登用有能力之人才,速谋生产复业。
三　确立对内地之金融关系,藉以安定经济,并调节不自然之物价。
四　确立义务教育,切实保障教员生活。
五　统筹工业资源之生产,整顿交通运输机关,利用天然小港增进海运。

新竹县　吴鸿森
三民主义新台湾之建设首在把握民心,明了台湾实情,了解民众心理之后,善政始可推行。政府朝令暮改,或滥发不能实施之命令,易使政府威信失坠,并使民众感觉失望。政府对台民不可稍有猜疑之心,应极力登用本省人才。内地过来之人绝不可抱有优越感。以上几点若能实行,三民主义模范省之建设甚为容易。

新竹县　刘阔才
现在不论政府或人民精神上皆有弛缓,吾人应努力消除之。政治必要有正当性,而政治的正当性乃在于"大多数人之最大幸福"。本人拟本于民意,谋求大多数人民之幸福而解决本省所有困难问题。

新竹县　苏维梁

提案尚在整理中,本人拟倾全力于教育问题。

台中市　林连宗

民主政治既为世界潮流,中国自应努力于民主政治之确立,议员系民众所选出,吾等誓当努力以民意传达政府,并使人民协助政府。

台中县　林献堂

现在不论政府或人民皆共同走入民主化之大路,而省参议会系达到民主之一桥梁。本人此次不顾衰老之身而出,只愿留粉骨碎身为乡邦服务,但老人力量自有限度,深盼优秀青年及新进气锐之士起而加以鞭挞。过去吾人曾在日人统治下展开民主化自由解放运动,今幸已光复,吾等祖国系以民主为大国策之国家,且世界潮流亦趋向绝对的民主,故我国现今除奔向此路而外并无他路可走。政治,经济,文化,社会等一切部门应循此原则运营固不必赘言。

台中县　洪火炼

此次会议虽为首届省参议会,而其议员网罗全省各地名士,本人相信对新台湾建设必有莫大贡献。本人因系一介农夫,谈不到任何抱负,但平素常想新台湾建设理想固然在治安,教育等各部门之完备,但其基础则不外在乎民生之解决。而民生问题解决之关键乃在于产业之复兴与增产。光复后治安紊乱之原因,虽或由于曲解三民主义,视自由如同放恣,但主要原因则在粮食等民生问题未能解决。因而本人相信民生问题若能解决尤其是增产若能实现,治安紊乱即可自然消灭。

台中县　杨陶

此次省参议会实为实现民主政治之试金石,本人对此抱有莫大期待,并感觉责任之重大。此次省参议会诚非以前日人时代之府评议会所能比拟,吾等希望该会能获得相当效果。本人拟请求政府解决之问题甚多。而当前问题在于肃正风纪,开发台中港,继续开发大甲溪电源等几点。

台中县　丁瑞彬

希望当局妥谋解决之问题不胜枚举,惟事有急缓,应依次解决,现今举当前紧要者如次:

一　保障小学教员之生活。现在教职员生活之动摇,系属事实,而其原因在于薪俸太薄,且未能如期支给。

二　救济失业者因战后复员,各国均有失业者增加之现象,本省亦不能例外,失业者日见增加,尤以前为日军征调至海外,光复后被遣回者为甚。对此问题当局应设法解决。

彰化市　李崇礼

一　设立陆海军分校。

二　选出优秀学生,以官费派往内地各学校留学。

三　贸易局所有物品应直接售与消费者。

四　救济失业者。

台南市　韩石泉

一　教育问题。

二　医学卫生问题。

二　公文登记办法等手续简化问题。

四　安平港修筑问题。

台南县　李万居

本人认为作为一个参议员,第一要能够真正代表人民,以大公无私的精神,沟通民情,使之得以上达。第二要能够监督及协助政府,政府的措施有没有不适当或不合法的地方,有没有违反民众利益的地方。人民代表对于这几点,要随时加以注意,并督促其纠正。第二要谋官民之间的密切合作,官民之间合作,则力量集中,不合作,则力量分散。

台南县　刘明朝

一　制糖工业之全部国有国营,实际上极不适当,应改为国有民营,广招本省富于经验者及技术家,并与农民保持密切连系。

二　砂糖出口,应以运回省民必需物资为条件,并不应由贸易局管理,而特设官民合作之砂糖贩卖公司办理。贸易局财政应公开发表。

三　设置有价证券处理委员会,以处理三十余亿元日本国债,及其他日本公私有价证券问题。

四　对有不得已理由者,应解除千元券之冻结计划。

五　森林斫伐与造林之一体化,继续实行造林事业,取消原台湾拓殖会社之伐权。

六　公开审议公署预算案,本期会议中若不能全部提出,亦应先将已判明之一部分全部提付审议。

台南县　殷占魁

一　要求政治的彻底民主化。

二　要求撤消外省人与本省人之差别待遇。

台南县　陈按察

努力甘蔗之增产与发达,废除砂糖消费税与特别消费税,以促进糖业发展。

嘉义市　刘传来

甲　治安问题

强化各地警务机构,确立治安方针,以求人民安居乐业。

乙　教育问题

一　暂时(约一年)以台湾语为教育用语,以防止文化水平之退步。

二　提高教员待遇,保障其生活,使得以专心服务。

三　设立科学研究机关。以为科学救国之础石。

四　实施义务教育，以谋教育之普及。

五　养成技术人才，俾使参加本省建设与复兴事业。

丙　经济问题

一　将以前日本神社财产移交学产委员会，图教育之振兴。

二　为复兴被炸地域计，请政府贷与无利息资金。

丁　建设问题

建设海军根据地及陆海军学校，养成国防人才。

高雄市　郭国基

一　强调我国为单一民族之国家，加强高山族之同化政策。

二　强化台湾之防备，以本省人自己之手建设。

三　继续强化高雄要塞之建设，使其成坚强海军基地。

四　由抑低物价政策之立场看来宜速发台湾纸币。

五　多聘美国技术家及大学教授，使其协助本省建设。

六　实施征兵制（学校应课以军事训练之科目）。

七　实施义务教育。

八　注意精神教育，尤其注重发扬民族精神。

九　建设飞机场于高雄。

十　反对国民大会代表之官选。

十一　不可以省民不解国语国文为理由而拒绝登用本省人才。

高雄县　洪约白

一　望当局取缔军警滥用职权。

二　要求公开审议省预算。

高雄县　林壁辉

一　希望在精神上消灭台湾海峡，与内地取得密切联络，努力新台湾之建设。

二　食米问题解决办法望政府以相当价格向民间收购,并以廉价售给省民,不足由政府补充。

三　确立义务教育制,并以振兴科学教育为中心,考虑外国留学之便利。

四　设立物价调整委员会以防止物价暴涨。

五　开发农产及水产。

高雄县　刘兼善

一　建设三民主义新台湾。

二　解决目前主要问题如治安与生产等。

屏东市　陈文石

一　要求严密取缔贪官污吏。

二　注意衣,食,住,行等民生问题之解决。

花莲县　马有岳

本人特别强调现今台省官民之总反省,近来各种坏现象不得仅归处于政府,省民亦应同感责任,政府若有不对处,应进而使其改善,抛弃一切不协力态度,共同积极育成此台湾一家。我国现虽已列为四强,而事实上则尚远不符其名,吾等应努力使其得以与列强并驾齐驱。今后应改革之点甚多,如生活改善,文化改革,风教改革,教育改革等在政治,社会,家庭各方面应努力切实改革。

台东县　郑品聪

治安为解决一切问题之先决条件,台省光复当初之治安,一如无政府状态,吾等应由省民自己之手解决此项问题。本人特别强调治安民主化。

澎湖县　高恭

一　要求粮食之特别配给,创开澎湖线定期船。

二　救济失业者。

三　振兴渔业。

四　撤消同一省内之关税。

五　节约军民粮食。

题　词

一、陈长官题词

台湾省参议会今日光明灿烂地成立了愿人民有权政府有能相与戮力达成建设三民主义新台湾的任务

陈仪

二、李主任委员题词

> 台灣省參議會開幕紀念
>
> 樹德建言　糾邪彈枉
> 砭民之要　曉達公方
>
> 李翼中敬題

三、葛秘书长题词

> 民族復興　民權以伸
> 摩策摩力　一德一心
> 為民喉舌　輿論先聲
> 施於有政　以利民生
>
> 葛敬恩

演　词

一、内政部杨司长讲词

主席，各位先生：今天欣逢台湾省参议会开会的一天，本人得代表内政部在此参加，是很欣喜和荣幸的。内政部就是主管民意机关的事情的，台湾光复之后，在短短的时期之内，各级民意机关，都已先后成立，在内政部方面说，这是非常欢喜的一件事，现在本人趁此机会，有几点意思，要简单的说明一下：

第一，省参议会的性质，依照建国大纲的规定，省是介于中央和地方之间，负有联络的重大任务，要能完成这个任务，单靠着执行机关还觉不够，是需要民意机关来帮助的。换言之：民意机关，不单是代表民众，执行机关不单是代表政府，两者好像是互相对立一样的。在过去，欧美各国的民意机关，只是代表选民的意思，近来民意机关，在代表选民的意思之外，还要代表国家的意思，如果地方的意思，有和国家利害冲突的，地方应该放弃地方的利益。这一点，是值得各位参议员参考的。

再说省参议会有三个权：一是立法权，二是建议权，三是审核预算权，这关系是多么重要呀。可是现在省参议会，对于以上几个权，只一部分，还不是全部的。譬如立法权方面，就有限制的，省议会的立法，和中央的法令有抵触是无效的，所以各位参议员，在立法的时候，就要顾到中央的法令。至于审核预算权，也只有对于支出部分，加以审核，岁入部分，就不能审核了，理由在于省预算,只是中央预算的一部分。这一次二中全会,对于省财政有变更的决议,将来或且对于这种权可以扩大,但是却有建议权和询问权,来弥补这种缺憾,完成他的使命。以上只是法令的说明,不是理论的说明。

还有一层要供献给大家参考的,也是我要说的第二点,就是省参议会,现在还是在过渡时期,要到实施宪政成立,参议会实行选举省长之时,权利就要比较大了。在此过渡时期,省参议会应该采取怎样一种作风,愿供献几点意见,给大家做参考,参议会一方面监督政府,一方面还要协助政府,政府如有违法失职,尽可运用询问权和建议权来监督。

大家晓得依照国父遗教,省参议会不是政府机关,而是治权机关,所以要明了中央政令,和执行机关打成一片,和政府通力合作,为国家,为民众,来协助政府推行政令。

其次参议会不独代表民意,且是领导民意,各位参议员来自各地,所以代表民意一点上,是不成问题的。但是民意有时不一定是正确,譬如在清朝人民,养着发辫,到了民国政府,要大家剪掉,但民众不愿意;又如禁止缠足一事,当初人民也不是反对的吗?所以民意也有不正确的,如果参议会对民意不去辨别是否正确,骤然向社会表达出来,那民意就要被领导走到错误的路上去了。各位参议员,都是学识很丰富,对于事物的判断,一定是正确的,一定能把正确的民意领导起来,尤其在此建国的时候,民众对于政府,不免有误会的,所以对于这个领导正确民意的任务,是要希望今天到会的各位参议员,勇敢地担负起来。

本人此次刚到南部视察回来,我看台湾的问题很多,这是日本五十年的统治的思想,在民间作怪,所以希望贵会,今后还要特别努力。陈长官学识很丰富,道德高尚,一片忠党爱国的热忱,大家都晓得的。有这样一个贤明的长官,主持大政,台湾一定成功,这次各级民意机关的代表选举,完全是听选民自由选举,没有丝毫干涉。我想各位足确能代表民意的,台湾既有一个贤明长官,民众代表又确代表民众,台湾的前途,一定很光明。最后敬祝贵会成功和诸位健康。

二、陈长官讲词

各位参议员：

本省第一届省参议会，在光复后半年的今天，正式成立。本人今天参加这一个富有历史性的开幕盛典，感到非常愉快，非常光荣，可是我们要回想为台湾革命，为八年抗战而牺牲的无数同胞，台湾的光复以及正式民意机关的建立，可以说是他们牺牲的代价，我们应该向我们革命英雄，抗战英雄致敬，尤其要深深的感谢领导我们抗战建国的蒋主席。

本省民意机关设立的意义和经过，我想先约略报告一下，本省光复后积极推行自治，在两年前准备台湾光复工作的台湾调查委员会，已列入台湾接管纲要，所以本省光复后，民意机关的建立，即作为重要工作之一。我在去年除夕广播时，曾经宣布在本年五月以前，陆续成立各级民意机关。现在这一个预定计划，已经如期完成了。我们为什么要在这样短促的期内完成这个工作呢？三民主义的目的，在增进人民福利，提高人民生活。换言之：一切是为人民。过去日本统治台湾，对于台胞看作奴隶，不是当作主人，所以各种施政，不许台胞参与意见。那时虽然也有所谓民意机关，但完全是半官方性质，代表的产生，受他们控制，代表的意志，失去了自主。我们要建设三民主义的新台湾，首在实行宪政，而民意机关的建立，是宪政的必要条件。只有有健全的民意机关，政府才能真正为人民谋福利，人民才能尽主人的责任。

台湾同胞在过去五十年中，失去了主人地位，无从表现他们真正的意见。现在光复了，台湾成为三民主义的中国的一部分，台胞为中国的主人，台胞应怎样尽主人的责任呢？首先须以公民资格来参加民意机关的选举，并以民意机关来表现自己的意思。因此，本省民意机关的成立，不仅在配合宪政的实施，并且也证明了光复后新生的意义。在抗战期间，各省民意机关，大都先成立临时省、县、市参议会。本省现在不经过临时的阶段，即正式成立省参议会，和外省比较提早了相当时间，这一面由于中央因为本省经过长时期的沦陷，应该使台胞赶快有自治的机会，一方面由于台胞对于民主政治有相当的认识和能力。这次本省筹设各级民意机关从一月二十五日开始办理，由公民宣誓，公职候选人登记，到村里民大会成立，选举乡镇民代表，县市参议员，省参议员，成立乡镇民代表大会，县市参议会，以及省参议会，总计只有短短八十天，但一切进行相当顺利，这很足表示台湾同胞对于自治与宪政已有相当的认识和能力，真是本省一件很光荣的事，真是本省同胞很光荣的一件事。

其次，约略报告我来台前的预备，以及来台后工作的大概：民国三十三年，本人主持台湾调查委员会，那时曾把台湾的各种比较重要的问题，预先研究，并拟定一接管计划纲要，经委员长核准，关于政权的行使，主张统一；关于地方政制，即改组成县市政府及乡镇公所，并积极推行地方自治；关于法令，除与三民主义抵触者外，暂不变更；关于币制，因为台湾物价，远不如各省的高涨，暂予维持，以免通货膨胀；关于财政，金融，除废除苛杂外，不多予更张，使收支平衡，金融稳定；关于工矿，农林，交通等，尽可能不使停顿；关于学校，务使照常开课，并传习国语，国文；关于高砂族，本民族主义平等待遇，扶植其自治；关于人事，只随带少数必要的人员，以训练大量台胞来补充需要。至于军事方面，缴械，受降，遣俘，遣侨等工作，因为我们的军力有限，务使不操切，不迟滞。我到台以后主要的工作，多照预定计划进行，虽然大体尚称做到，但缺点却很难免，所最感不安的，是治安与交通不如以前的好，是各厂不能迅速复工，是物价上涨，而粮食的恐慌，肥料的缺乏，尤其是我当初所不曾预料到。这些自然有许多原因，但我们均在多方设法以谋改善补救，谈到少数官吏的舞弊贪污，只要有确据均依法惩办。

至于各种工作，半年来经过详情，葛秘书长，柯参谋长及各处长，将陆续报告，我今天不再谈了。

此后施政目的，不外实现三民主义，中华民国既然以三民主义立国，我们的施政，当然以三民主义为唯一标准，唯总理说过："建设之首要在民生。""本大总统观察世界的大势，默想本国的情形，以为实行民族革命，民权革命必须兼顾民生主义，才可以免将来的经济革命，这是防患于未然。"所以对于民生主义，我们不得不注重，民生主义的目的，照总理所说，一方面把人类生活上必要的需要，使全国人民都能够享受，一方面要大家都尽劳动的义务，都为生产的分子，四万万人都可以享福，中国变成一个安乐国家，和一个快活世界。

换句话说：要使社会上人人有饭吃，有衣穿，没有饥寒的穷人，人人有工做，没有游惰的流氓。我在福建时，曾主张工作机会均等，教育机会均等，医疗机会均等，我以为社会上除了没有穷人和流氓以外，还要没有愚人，没有病人才好，这并不是高调，是最大多数人所期望的。如何达到这目的呢？一方面须发展生产，以增加财富，而必需的条件，是研究科学，振兴教育。但是又一方面，必须注意公平的分配。总理说我们民生主义，是做全国大生利的事，要中国像英国美国一样的富足，所得富足的利益，不归少数人，有穷人富人的大分别，要归多数人，大家可以平均受益，这就是公平分配的道理。否则便会有总理所说"那种发大财的富人是少数，做奴隶的人是多数"的现象了。所以要实行民生主义，必须从事经济建设，而经济建设必须有全盘的整个的计划。总理的实业计划，就是一种经济计划。中央早已准备五年国家建设计划。本省，省，县，市的五年经济建设计划，已在草拟中，本省施政目的，除实行民族主义民权主义外，必须实行民生主义与经济建设。但是这工作，相当艰巨；不是少数人在短期间所能完成，希望全省人民与政府共同作长期的努力。尤其希望代表人民的诸位，时时予以意见上的指示与实际的协力。

诸位都来自民间，多数人民对于政府的要求，以及对于政府的批评，希望诸位就所知道的，告诉政府。无论要求，无论批评，只要是合理的，政府当尽最大的努力去实行，去改进，政府自知一切工作缺陷定所难免，但有决心不断检讨，不断改善。政府愿很虚心接受代表人民的合理的要求与批评，总理所谓民生政治是全民的政治。所谓全民，包括全体人民，而农工与妇女，占全体人民中的大部分。这次省参议会议员，虽然没有妇女和现在的农工，但希望诸位注意到他们的意见和利益。

本省应兴应革的事，当然很多，但人力，财力，物力都有限度，所以不能不权衡轻重，先其所急。许多事，并不是不应办，而是在这个时期，只好暂缓办，有许多事，并不是应办不应办的问题，而是怎样办的问题，就是方法问题，因此希望诸君对于工作的重心，以及具体的方案，多多表示意见。在这光荣历史的大会上，谨祝各位光荣，健康！

三、省党部李主任委员讲词

今天我来参加台湾省参议会成立大会,回想起去年十月参加台湾省光复庆祝典礼,到现在已是半年了,在这短促的半年时间中,各级民意机关已完全成立,省参议会也在今天成立,我感到无限的欣慰!

在这短促的时光中,能有这样伟大的成就,自然是表现了政府辅导的努力;但是我们却不可忘记了五十一年来革命先烈的牺牲精神。他们为了图谋台湾的光复,不知流了多少的鲜血,种下了日益蓬勃的民族潮流。这潮流波动到了现在,完成了我们台湾省的光复,完成了我们省参议会的成立,这是我们不可忘却的一回事。

刚才陈长官把施政的情形报告得很详细;杨司长又把民意机关的性质说明了,此地我要说明的便是加紧建设新台湾的途径与方法。

建国大纲一部书是总理一生学说的结晶,也就是总理三民主义的理论具体化。所以我们建设新台湾的途径,若是遵循着建国大纲的训示走,是不会错的。

这里我所要特别提出谈谈的便是建设上方法的问题,第一,民生主义的建设是极平凡而切实的方法,它的终极的目的,便是解决人民衣食住行的问题。不过这里我们要特别注意的,便是我们要把民生主义弄得彻底,要不然,便会走上既不是共产主义之路,又非资本主义之路,变成一三不像的怪相。

民生主义建设的方法,是集中全国的财富于国家。国家有了雄厚的财富,便可积极地去改善人民的衣食住行,使人民的生活没有恐慌或饥寒的现象。这个建设的责任,单靠政府的力量是不够的,必须民意机关的协助,宣达政府的意旨,转陈人民的愿望,共同朝着建国大纲的康庄大道前进!

总之,今天我们台湾省的民意机关是成立了,值得我们万分的快慰!从今天起,我们便须竭尽媒介的责任,使下情上达,大家好好地朝着建设民生主义的康庄大道迈进,完成我们设立民意机关的本旨,这是我的愿望!

四、民政处周处长讲词

经过八十天的工作进程，由于政府与人民的共同协力，本省省参议会真正的由下而上的建立起来了，真正的走上民主政治的大道了。在今天新生蓬勃的气氛中，本省省参议会正式成立，来议决本省应兴应革的事项，这不但是本省光复以来的一次盛举，而且是开创本省历史光荣的一页。

今天，我以本省民政负责人的身份，为省参议会的成立，热烈地向全省人民致贺，并且对省参议会寄予深切的希望：

第一，希望省参议会能为全省人民谋幸福：省参议会是全省最高民意机关，省参议员是全省人民的代表，人民选举省参议员组织成立省审议会，是依据国家法令，要求省参议会真能协助政府为全省人民谋幸福。光复以来，政府所以尽心尽力的扶植民权，建立民意机关，实现民主政治，也莫不是根据国父遗教，要求省民共同协力，来建设三民主义新台湾，使全省人民，都能享有最大福利，安居乐业，足衣足食，过着康乐的日子。由于人民和政府的共同要求，就有省参议会的建立，所以今日省参议会的成立，是政府人民共同协力之结果，也是政府人民间的一道桥梁，必须保证三民主义新台湾建设的成功，负起协助政府真正为人民谋幸福的使命。

第二，希望省参议会能代表全省民意，培育社会正气：省参议会既然是全省最高民意机关，代表全省人民的意见，所以一个省参议员，内心深处，不容有半点自私自利的偏见，必须时时去接近民众，很客观的，很现实的，把最大多数人的意见表达出来，而且明辨是非，造成正确舆论，培育社会正气，制裁破坏社会福利的少数顽劣分子，排斥淆乱观听的不正确意见，传达社会上大多数人的建议，给政府逐步实行，使政府施政和人民意见，完全一致，真正做到以民为主的政治。

第三，希望省参议会能倡导国家民族利益高于一切利益的真义：现代政治，是整体的政治，国家民族的利益，高于任何一部分的利益，没有国家民族的独立自由，就绝没有国民的独立自由，假如没有祖国抗战的胜利，台湾就没有新生的日子，更没有今日的参议会成立的创举，台湾是中国的一部分，台湾同胞,当然应以国家民族利益为前提,把一切力量,贡献国家,凡百事物必从国家民族着眼,全盘打算。我们固然知道,台湾的康乐发展,也就是国家民族的康乐发展,但当着一省利益和全国利益有所抵触的时候,我们应该毫不犹豫的牺牲前者,成全后者,这个全体大于一部的真义,希望省参议会时时倡导。

这三点希望,看来很平常,实在很重要,是省参议会能否达成任务的关键。本省能以八十天时间完成全省民意机关建立的工作,实在是本省人民的光荣,我们如果回忆五十一年来日本悠长的黑暗统治,更感到八十天内建立本省民主政治光荣收获的可贵,应该好好地珍重它的前途!

祝福省参议会成功!

施政总报告

议长，副议长，各位参议员先生：

台湾省参议会今天在此召开首次大会，实具有极重大的意义。光复以后的台湾，有两个值得永远纪念而最为光辉的日子。第一个是十月二十五日，举行受降典礼的一天，第二个就是五月一日，省参议会开幕的一天。去年十月二十五日，台湾二十万日军向我俯首投降，失去了五十一年的国土重返祖国的怀抱，今年五月一日，我们经过不到半年的努力，已使全省各级民意机构完全成立，树立了民主政治的基础，这是我们可以向全国乃至全世界引以自豪的。陈长官去年九月在重庆的广播，以及抵台后的历次演讲，都主张及早实行地方自治，成立民意机构，推进民主政治，造成三民主义的新台湾。我们已达到初步的目标了。

回忆去年今日的国内外大局，真想不到我们能够如此迅速地在台湾召开省参议会，去年此刻，我们国内战场上大反攻正在开始，而敌人也正逞其垂死的反噬，在大陆上和我军死战恶斗，太平洋上，美军正在步步进攻，已越过硫磺岛在琉球冲绳和敌人往后冲杀，战事的激烈和死伤的惨重，可说达到第二次世界大战的顶点。欧洲战场上希特勒虽已濒自杀的前夕，纳粹德团的崩溃已旦夕可待，但是恶战究竟如何结束，还无人敢加逆料。而且当时一般战略家及政论家对于日本的估计错误，以为日本困兽犹斗，还可死缠一段时期，因此对远东战事能迅速终结一点，敢作保证的人实不很多。

然而无论战事进行的情况如何，我们对于台湾的关切和热爱，自从国民革命开始以来，直到实际光复台湾为止，始终如一，有增无已。我们要感谢我们的国父孙中山先生，他缔造民国的时候，即念念不忘台湾的光复，且曾两度来台，访问视察。我们更要感谢领导我们坚决抗战的蒋主席，他在开罗会议上赢得外交的胜利，使世界公认台湾应该而且必须归还我们的版图。我们还要感谢浴血抗战，杀身成仁的我们全国的将士，以及流离失所毁家纾难的同胞，由于他们的艰苦卓绝牺牲忍耐的长期苦斗，这才赢得了胜利。同时我们并得感谢盟邦的援助，他们在精神上给我们莫大的鼓励，在物质上给我们相当的接济，使我们信念益坚，成功愈速。而我们台湾同胞，虽经五十多年的分离，仍念念不忘祖国；祖国的同胞，更时时刻刻盼望离家多年的小兄弟回来。诸位先生应远记得十年以前，陈仪长官主闽时，曾来台湾一游，你们可以想象当时他曾怀有怎样的感想，抱有何等的希望！

　　开罗会议的决定，给与国人的兴奋和鼓舞，今天真没法把当时的情绪完完全全地传达给各位。诸位先生只要回味台湾受降那天的心情，就可以体味到一个大概了。因为和日本作战最久的是我们中国人，了解日本力量最真切的，也是我们中国人。在那个时候，我们已确知日本必败无疑，而且一定败得奇惨。我们盟国一定胜利，台湾一定可以重返祖国。所以开罗会议以后，我们中央政府即授命陈仪长官组织台湾调查委员会，主持调查研究台湾的一切准备工作，并设立台湾干部训练班，以训练来台后推行国策执行政令的一部分人才。

　　中华民国三十四年九月三日，日本终于无条件投降了。在八月二十九日，国民政府已特任陈仪为台湾省行政长官，兼警备总司令。九月一日在陪都重庆成立台湾省行政长官公署及警备总司令部临时办事处，筹备一切。九月九日，即派长官公署秘书长葛敬恩赴京参加受降典礼，旋又派为台湾前进指挥所主任，于十月五日率领前进指挥所人员八十一名飞抵台湾，当时二十多万日军还未缴械，随时随地可以发生变故。幸赖盟军同心协力，互相援助，更赖我六百万台胞狂欢庆祝的声威，慑服了日军的胆量，我们以少数人员，竟能平顺地展开工作。第二天，即以第一号备忘录送交前日本台湾总督安藤利吉。十七日，国军第七十军军长陈孔达率所部进驻台湾，长官公署及警备总部第一批工作人员亦同时到达，接收准备工作至是着着进行。二十四日，陈仪长官由陪都飞抵台北，二十五日举行受降典礼，将第一号命令交给安藤利吉，沦陷五十年的台湾，到此正式归复我国版图。别离多年的亲骨肉，终于团聚一堂了。

受降以后，台湾省行政长官公署正式在台北成立，十一月一日起，依据中央的指示及陈长官一贯的政策，开始接收并展开各项行政工作。军事接收亦同时积极进行。自去年十一月一日起，只费了一个多月的工夫，主要的行政和事业机构各部门，都依照预定计划全部入我掌握。军事接收也只花两个多月时间，亦大致接收完毕。我们的接收工作差不多没有什么阻碍，可谓相当顺利，相当迅速。而这种成绩的造成，固由于我行政及军政人员的努力，但是最重要的，还赖蒋主席及中央行政当局的贤明的决策来支持我们的。

从明天起，关于军事、民政、财政、交通、工矿、农林、教育、警务等的接收及施政情形，当由各主管人员分别向各位先生详细报告，现在想总括分为三节，向各位先生报告一下：第一是中央贤明的决策，所给予本省的好处。第二是本省光复后，行政上所发现的若干困难和应有的认识。第三是我们今后建设新台湾努力的方针。

现在先报告第一节。

我们台湾的接收工作能够如此顺利，真要感谢中央贤明的决策。其中最主要的有三点，即（一）适合环境的行政制度，（二）统一接收及（三）币制的稳定。

关于行政长官公署的制度，有些人以为台湾既是中国的行省之一，为甚么制度和各省不同？这是只重形式的说法，而不曾研究实际的问题。台湾是沦陷了五十多年的国土，经过敌人长期的经营，行政制度和内地各省全不同，我国各省的省制比较事权分散，牵制太多，不能充分发挥行政效能。各省因此亦感觉建设事业不能积极进行的缺点，时有陈请修正的建议，然在内地，法令政制，互相了解，习惯已成，隔阂自少，纵有不便，补救较易，但要以这种制度来立刻变更日本在台湾的旧制，实在容易发生混乱脱节的现象。台湾旧有的行政机构，虽与内地各省不同，却是从五十年的经验中产生的，其经济建设的积极,学术研究的进步,未始非得力于行政机构的健全,各位先生大都熟知,不必赘述。设想以国内权不专属的省制来接收台湾头绪纷繁的政务,必致有些机构和业务,大家争着要管,而有些大家都不管。因为制度各异,先后交接的事权就无法明确划分了。这样一来,必致影响到人民的生活,而政制的突然剧烈变更,可使人民大为不安。为了避免这些困难与缺点,台湾调查委员会根据陈仪长官十年前游台视察的心得,经过详细的研究,才向中央建议了现在的办法,使之新旧衔接,互相配合,依次接收各项原有机构,以减少阻碍和困难。中央采纳了这一建议,叫我们获致相当良好的结果,接收工作得以顺利完成,并无混乱脱节的现象发生,各项政务继续进行,人民生活免了许多惊扰,还算得到相当的安定。我们明白了这种事实,就不会对中央的决策有所非难了。我们台湾要效忠祖国,要在实际上有表现,精神上相贯通,不必在行政制度的形式上硬求一致。况且我们亦正在研究准备,如何使台湾的行政制度和国内的省制渐趋协调。老实说,如果我们台湾的制度,在行政效率的表现上比内地的省制好,说不定内地的省制也会跟着我们改良的。

  中央第二个贤明的决策,是授权我们长官公署统一接收,这也是和其他各省不同的地方。因为我们台湾的情况不同,所以行政机构也相异,为了要使这个行政机构发生更大的效率,政府遂授以较大的权力,使其综理统一接收的事务。那时候,国内沦陷区的敌军已经投降了,各地正纷纷进行接收工作。因为事权不统一,运用欠灵活,造成若干困难情形和舆论的批评。中央接受了这一种教训,遂益发坚决地令我们台湾统一接收。台湾接收的顺利就受了统一接收的好处。自接收以来,我们深感因为事权统一,各项机构接收,大致如期完竣,绝少零乱纠纷的现象,这是可以告慰于人民,而极应感谢中央的。

  再谈到财政币制,这也是一般人不了解中央决策的地方。有些人问,为什么台湾不能用法币,为什么台湾不可以开设许多国内的银行?我们要了解这个问题,也要研究实际情形。我们国内的抗战太久了,因为不可避免的通货膨胀和全国性物资缺乏的结果,已使法币的力量一时遏不住物价的高爬。如果法币流入台湾来,同时开设许多银行来玩弄它,一定也会跟着造成通货膨胀，而引起生活上极大的不安。台湾同胞已受日本五十多年欺凌压榨的痛苦，我们还忍心叫他们再受通货膨胀的痛苦吗？除非只顾个人利益而不管台胞死活的人，才主张不必要的通货可以在台湾横流。中央对台湾币制的政策是对极了，这真是贤明的政策，台湾同胞已经受到它的好处。这半年来，看国内物价急速升腾的惨象，和我们台湾因缺乏物资而物价缓涨的情形，相互比较，就可以知道我们的政策的正确性，和我们台胞所得的实惠了。

其次，报告第二节，即是自从台湾光复以后，我们在行政上所发现的若干困难和应有的认识。

第一是粮食和肥料问题：因为连年以战事关系，本省无法运入肥料，田地不能充分施肥，和大风灾等，影响收成，而造成了今年的粮荒。加以接收以后，一般农民误解可以不缴出粮食，并且引起奸商的囤积居奇，问题才愈严重，在一、二月之间可说闹得顶凶。当时政府按照民意，准许食米自由买卖，米价虽曾稍落，但并不能继续遏止涨势。政府为了维持社会治安，乃对囤积食米的奸商采取严厉的制裁，一面并在全省设立粮食调剂委员会，这才把米价的涨势稍为遏止。今幸外米外粉相继输入，新谷不久登场，民食形势或者较可稳定。唯肥料接洽虽已有把握，仍不能源源运入台湾，所以粮食问题还不算彻底解决。当此全世界全国都在闹着粮食荒肥料荒的时候，我们台湾比较别人还算是好的。我们应当大家自动节省粮食，勤奋耕作。我们需要同心协力，来长期解决这个问题。

第二是治安问题：现在台湾一时的治安，确乎不像日本占领时代的良好，这也有它所以然的原因。治安虽不专靠在警察身上，但警察是治安的直接责任者，现在我们就警察的质量上说，我们的警察是临时训练的，人数远不及日本时代的十分之一。将来短期训练完成后，人数及警力自然逐渐增加。现在我们的警察是不许他们用严刑峻法来苛虐人民的，再加以战后物资缺乏，人民生活困难，于是小偷小盗，以及误用自由而产生的不法行为，一时应运而生，治安就好像成了问题。不过我们台湾的治安还算好的。我们台湾并无大变乱，并无大股匪，有的只是些为生活问题所迫的小盗小偷。我们一方面固然要惩处他，一方面也要可怜他。谁使他们沦为窃盗的呢？还不是制造侵略战争的日本帝国主义者所遗下的大苦难,和造成的不合理的社会? 今天我们一面要使社会合理化,发动社会的制裁,大众的监视,运用自治的力量,不但来帮助警力,并且要人民自觉。维持治安是人人自己的责任。一方面我们增加生产及工作的机会,使大家都有工做,都有饭吃,台湾的治安就不成问题了。

　　第三是交通问题:现在交通困难,秩序有些凌乱,确乎是实情,政府为此亦费尽心计,作种种改善的办法。但是目前正当第二次大战以后,物资缺乏,尤其是交通工具少得出奇。因此全世界的交通几乎无处不困难,而我们内地各省的交通情形,比台湾不知困难了多少。前些日子我们因为遣送日俘日侨的关系,秩序特别显得紊乱些,如今日俘日侨已遣送完毕,铁道情形已渐渐好转。邮电亦因器材缺乏,人手变更,一时颇为困难。最要紧的是我们要得到海上的良好交通,这是我们台湾海岛的生命线,要大家整齐一致,来努力发展它。现在交通当局正在积极谋整顿,逐渐充实,不久将来,必可有相当进步。

　　第四是产业的复兴和失业问题:产业的停顿,是失业的主要原因。许多人都埋怨政府,为什么工厂不开工? 为什么不交给人民办? 其实政府正在急于将工厂开工,更极愿将工厂交给人民办。但是事实并不如此简单。我们人力、财力、物力、交通等等都成问题。譬如说,台湾缺布,我们很想自己纺织,但是没有棉花,如何织布? 人民经营的产业,大部亦因缺乏物资而不能活动;即同政府要了去,实际上有什么用? 产业既因这种种困难,一时不能全部复活,所以失业问题来了。但是造成失业问题还有另一种原因,即是失业的人不愿做工资较低的工作,情愿住在家里,甚至自己做不正当的事情,叫他应当读书的儿女去做童工,妻子去做女工,以为得计。造成一种矛盾的事实:失业尽管失业,劳力却非常缺乏。倘若失业者不怕辛苦,不要存侥幸多得的心思,愿意少拿点工资,多做点事情,政府正在举办大批土木水利工程,本省的失业问题是很可以解决的。

　　现在报告第三节,即是今后我们建设新台湾所应努力的方向:

　　关于今后建设台湾的方针,陈长官于去年除夕广播时,早已有详确的指示,我们应该努力的重心是心理建设、政治建设和经济建设。今天再把这几

个目标提一提,简单的报告一下:

第一,心理建设:我们要发扬民族精神,实行民族主义。其中顶要紧的工作是宣传与教育。教育是走着正常轨道,循序渐进,来普遍深远的教育我们全体国民,详细情形当另有报告。而宣传则对于民族意识、政策法规、见闻常识等的灌输,期其收效较速,特见重要。本省的宣传工作,系由宣传委员会主持,业务着重在新闻广播、电影戏剧、图书出版及政令倡导等工作。于各县市政府设置倡导股,各区署暨乡镇公所设置倡导员。这些宣传人员大都是由各县市政府就现职人员选送省行政干部训练团受训之后,派他们去担任工作的。宣传乃是活动的速效的教育,它和正常的教育配合起来,共负发扬和坚定民族精神的重大责任。

第二,政治建设:政治建设的目标是民权主义的实现,即是民主政治的基础。我们要实施民主政治,最基本的条件是法令修明和大家的守法奉公,以及所谓人尽其才,事得其人,赏罚黜陟,公明稳妥的人事制度。守法,是要大家守的,先要有法可守,要有合乎大家的法。本省法制委员会是拟订法规的机构。其工作是废止不合现在环境的原有法令,采择现在适用于台湾的法令,并草拟本省的单行法规,修审各种公务和事业的法规及章则。至于人事,则由人事室主管,我们的人事政策是适人适事适地的尽量登用本省人才,已经订定本署备用人员登记办法,及备用人员资格审查委员会组织规程,登报公告。凡本省人民在中等以上学校毕业者,均可申请登记,登记后即按类造册,分送省训练团及各主管机关,以备考选,分别任用。此外还随时随处注意物色优秀的本省人才,任以合宜的位置。并为增加本省同胞服务机会起见,经呈奉国民政府核准,将本省列入适用"边远省份公务员任用资格暂行条例"省份,以便从宽录用。台胞曾在本省各机关会社服务经历,亦经商准铨叙部准予从权采取,认为具有相当服务年资,俾担任同等之职务时获同等之报酬。本省各处会室暨所属各机关任用人员,截至本年三月底止。呈请本署有案者,计现有职员四万零八百五十八人,内本省籍人员三万一千零七十人,占总数百分之七六·〇六。外省籍人员二千六百四十二人,占总数百分之六·四八,征用日籍技术人员七千一百三十九人,占总数百分之一七·四六。

第三,经济建设:这是实施民生主义,是实行三民主义中最重要的工作。为加强经济建设起见,除有了主管的各处局单位外,公署还特别成立了经济委员会以担任有关经济的设计工作。根据陈长官的指示,该会目前的任务是要草拟今年以后的五年经济建设计划,并希望在今年九月以前拟定。拟订五年计划应注意的地方,陈长官曾加说明:(一)经济计划的目的是民生。(二)经济计划首先须注意提高人民生活的欲望与水准。(三)提高人民生活必须增加生产,生产的要素之一是劳力。(四)要增加劳动的效能,必须增强劳动者的智力、道德与体力。(五)经建与科学关系密切,必须不惜大宗经费从事于科学的研究与普及。这些指示不但专就经建而言,其实也就是今后五年内我们施政的主要方针了。

和经济建设密切关联的还有土地委员会和物价委员会。我们的土地政策的目标是耕者有其田,居者有其屋,这是陈长官在历次演说中一再主张的。关于日本人留下的土地问题,因为这是国家的公产,是我们全国同胞人人所公有的,不是个人或少数人可以特别主张,特别享有的。所以只有国家可以接收,可以统盘筹画,分配给合法使用的每个人民,人民个人是不能接收日本人的土地的。至于物价问题,和产业复兴及日常的生活有极其重大的关系的。譬如我们拿工资待遇来说,近来有些人因为物价高涨威胁生活,要求调整工资与待遇,这是应当的。在政府非但极其同意,且天天在想调整待遇。只是提高待遇有个重要的标准,即是要不刺激物价。因为工资待遇是物价的重要部门,如果待遇调整了,物价涨得比加薪还快,则加薪等于白加。这样错果为因,此长彼增,必弈得通货膨胀,不可收拾。我们的物价高涨,别无其他原因。就是物资缺乏。要解决这个困难,旁无他法,只有增产、节约和输入。因此,为了得到合理的生活,必须要努力于经济建设。我们如果克勤克俭,埋头苦干,努力增产,熬过一时,柳暗花明的日子,就在眼前了。

各位参议员先生,台湾目前虽因大战以后,发生一时的困难现象,但因环境很好,只要我们有决心为大家公众的利益,积极从事建设,前途灿烂,未可限量。各位是台湾有史以来第一届全省人民的真正代表,贵会是台湾有史以来第一次全省的真正民意机关,对于今后的建设,各位的责任十分重大,各位的职务异常光荣。各位今后的劳绩一定不会辜负全省选民的托付之重。各位乃是政府与人民之间沟通意志联络情谊的桥梁。政府的政令,通过你们的解释,人民更易于了解,更易于接受;而人民的意见,通过你们的领导,将更接近真理,将更切适实际。各位一定会竭尽才智,鼓舞人民,协助政府,来推进建设台湾的伟大的事业。

各位参议员先生,今天的报告不免有些笼统繁杂,还请各位原谅,好在关于具体事实及详细数字,以后各单位会分别报告的。这里愿掬诚告诉各位先生的是,政府今后有关建设的一切事业,都切盼贵会的鼓励和支持。如果政府的工作有不尽不善的地方,更希望各位先生坦率地批评,积极地指教。公务人员原是一个人,一个平常的人,免不了疏忽和缺点;但自己的疏忽和缺点有时不容易发现,一经旁人指点后便可以加以改正了。我坚信政府和议会必能圆满合作,共同建设我们三民主义的新台湾。

最后,敬祝各位身体健康,并祝贵会圆满成功!(完)

警备总司令部军事报告

一、国军开进及受降经过

台湾原为我国领土,敌寇降服归入版图殆无疑义,更经开罗会议之议决,益臻确定。故所有台湾之一切领土主权和驻台日军与物资等,自当由我国接收及受降。在民国三十四年八月十五日,敌寇正式宣布接受波茨坦宣言,政府乃根据既定政策,即着手准备台湾之接收。然因台湾被统治已五十余年,兼以远隔海外,同时驻台日军数目甚大,几达二十余万。为便于受降及尔后警备,遂成立台湾省警备总司令部,并颁发战斗序列,以陆军第七十军(原驻宁波),与第六十二军(原驻安南),空军第二十二地区与第二十三地区,海军第二舰队,宪兵第四团编成(随后空军第二十二地区撤销,海军第二舰队改组为台湾要港司令部),本部于九月一日在渝成立,开始准备。于十月五日,派遣前进指挥所,先行进驻台湾,筹备受降。并派葛秘书长兼主任,范副参谋长兼副主任,率领所要人员先行来台。并令日军先将宜兰、新竹之线以北部队迅速撤退。而本部于十月九日离重庆经宁波,率第七十军及第一〇七师于十月十七日,在美海空军掩护下于基隆附近顺利登陆,即向台北市推进。该军之第七十五师于十月二十七日继续开到,分向宜兰苏澳花莲港及新竹推进。海军第二舰队司令部及陆战队第四团,于十月二十二日在基隆登陆,宪兵第四团于十月八日在淡水开始登陆,空军第二十二及第二十三地区司令部人员则早于九月十四日到达台湾。迄十一月十日台北地区占领部署概告完成。惟第六十二军因运输关系直延至十一月十八日至十一月二十六日始在高雄及左营军港登陆完毕。先集中于台南、高雄、凤山等地区。十二月一日，开始向嘉义、台中推进，至十二月十日左右台中及台南地区占领部署概告完成。

兼总司令于十月二十四日来台，二十五日即在中山堂举行受降典礼，日前总督兼日本第十方面军司令官安藤利吉大将，乃率所部正式向我投降。签定降书后，台湾于是乃正式光复，重入中国版图。全省欢欣，举国同庆。此为我国八年抗战唯一之收获。开进台湾国军之战斗序列如附表一。降书如附件。

二、军事接收之经过情形

（一）接收之实施经过

自本总部来台受降后，即奉命勿待第六十二军之到达，应即开始接收。遂组织台湾地区军事接收委员会，下分一办公处及八接收组。陆军三组、空军二组、海军一组、军政一组、宪兵一组。自十一月一日开始接收，至三十五年元月三十一日全部接收完毕。检讨经过情形极称顺利。仅以三分之一弱之兵力，竟能如期完成接收工作。此为我国有史以来第一次之创举，此全赖于全体官兵之努力与本省同胞之热心协助所以致之也。惟来台空军及军政部特派员办公处之人员太少而接收军品特多，且分散各地，以致接收稍迟，管护困难，难免发生若干损失，不无遗憾耳。各接收组之分组接收范围如附表二。

台湾地区接缴降敌主要军品物资统计如附表三。

（二）检验及集中处理情形

为核实各组所报接收军品种数视察保管情形决定其归属处理集中计，经于各组大部接收完了之后，由本部会组派点验组分赴各地点验，先后于三月十八日全部点验完毕。各组点验结果甚属良好。

本地区因接收军品种类繁多，位置分散，接收人员及交通困难，故处理集中甚感困难。本部随时予以集中及处理外，并颁发台湾地区接收军品集中处理计划草案。就中除已利用日俘作初步之集中外，现本部正会同军政部供应

局督促办理。而军品之处理办法,大致如左:

1. 火炮发给部队练习使用,弹药一部解呈中央,废者予以沉埋。火药拨借工矿处。

2. 蚊帐鞋袜发给部队着用。布匹发一部给官长制装。

3. 粮秣除部队食用外,并拨借地方平粜以抑市价。

4. 堪用汽车发给部队乘用,日军征用耕牛车辆发还原主。

5. 舟艇发给部队练习使用,并拨借警务处、农林处。市政府为水上警察及渔业之用。

6. 糖除酌发部队外,余交贸易局内运。肥料农具拨借农林处农业会。

7. 铁路及通信器材拨借交通处。

8. 不适用之建筑物则拍卖之,并利用接收建筑材料,以作修理营房仓库之用。

三、日俘侨之遣送

日俘解除武装后,本部遵照上峰之命令于三十四年十二月一日成立战俘管理处及二管理所管理与训练日俘。同时并计划利用日俘参加复旧工作。工作正在开始时,适又遣送开始,因而未得实施,殊甚遗憾。十二月十九日成立基隆港口运输司令部,同月二十二日成立高雄港口运输司令部。同月二十五日,成立铁道运输司令部,于驻台美军连络组协助之下,分别开始集中并遣送日俘侨之工作。自三十四年十二月二十五日,开始遣送,一切均能按照计划顺利实施。高雄与基隆两港先后于本年四月二十日及二十六日完成遣送工作。已将所有应运日韩琉俘及日韩琉侨遣送完毕,各运输司令部,一律于四月底宣告结束。查日俘应遣送总数为十六万七千四百二十四名,实际遣送人数十六万五千六百三十八名。多出七百二十九名(内除战犯,死亡者外,当尚有若干潜逃于内地山中各处临时归队者)。

日侨除留用者外共运出二十九万二千七百一十三名。日俘侨共遣送四十五万八千三百五十一名。此外韩籍俘侨共遣送三千六百五十三名,散失者二十九名。琉籍俘侨共运出五千五百三十六名,其余一万余均为琉球本岛人。据美军声明该岛房屋均因战事摧毁,且食粮缺乏,半年内无遣还之希望。本省正为设法解决生活,以上合计总遣送量为四十五万八千三百五十一名,此为本地区遣送俘侨之概况也。

台湾地区遣送日俘侨等及归省同胞统计如附表四。

四、现在官兵待遇及给与概况

(一)驻台部队自三十四年九月份起,至三十五年二月份止,因本省暂不通用法币,薪饷一项,系按国币给与,定额以三〇比一折发台币,并另给日用生活津贴,官兵生活勉足维持。

(二)自三十五年三月份起,实施军政部颁定之台湾区台币新给与,官兵待遇较原给与增加二倍至六倍,生活已见改善。

(三)照中央规定主副食一律发给现品,本省收复伊始,环境特殊,办理困难,除主食仍照发现品,副食改发代金(每人每日台币拾元),因各部队采办得法,尚足维持营养,此外为减轻士兵负担,另再配给香烟每人每日五支。

(四)官兵服装均按军政部规定品量,由国内运补尚无匮乏。此后当按本省生活环境,对于服装制式及质料,力求改良,并设法自行设厂生产制造。

(五)本省由日方接收之被服装具,及主副食品等,均视实际需要,酌发各部队。俾装备充实,完满达成补给任务。

五、台湾将来的军事

目前台湾的军事,不是复员,而是建军,因为台湾是沦陷了五十年。我们没有军事基础,所以我们要从速建军。中央亦正在计划为台湾建军。将来可能设置一个军区,以统筹建军。同时台湾是孤悬海外的岛屿,所以我们将来要建设一个能独立作战的军区,就是一切要能自给自足,独立作战。同时还希望全省同胞认清环境,认清责任,来协助政府建军。

附表一　台湾占领计划军队序列

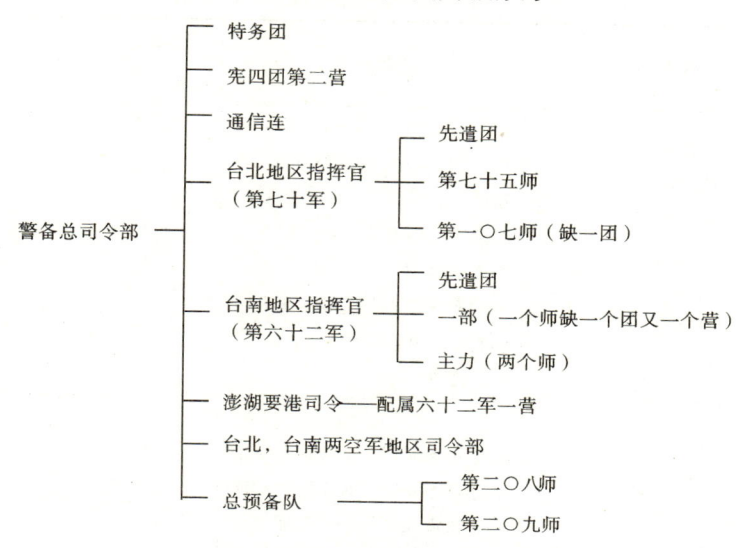

```
                        ┌─ 特务团
                        ├─ 宪四团第二营
                        ├─ 通信连
                        │                      ┌─ 先遣团
                        ├─ 台北地区指挥官 ──────┼─ 第七十五师
                        │  （第七十军）         └─ 第一〇七师（缺一团）
                        │                      ┌─ 先遣团
警备总司令部 ───────────┼─ 台南地区指挥官 ──────┼─ 一部（一个师缺一个团又一个营）
                        │  （第六十二军）       └─ 主力（两个师）
                        ├─ 澎湖要港司令 ── 配属六十二军一营
                        ├─ 台北,台南两空军地区司令部
                        │                      ┌─ 第二〇八师
                        └─ 总预备队 ────────────┴─ 第二〇九师
```

附表二　各接收组之分组接收范围表

组别	主持人	组成	接收单位	接收起止日期 起	接收起止日期 止	
陆军第一组	警备总司令部参谋长柯远芬	警备总司令部各处室人员及直辖部队长	日本第十方面军及台湾军管区司令部之军品营建器材文卷书类。日本独立自动车216中队34通信大队及教育队武器车辆器材营建等,后复补接收日本兵事部军品。	十一月一日	元月廿二日	代表通信兵团
陆军第二组	六十二军军长黄涛	六十二军及所属师司令部人员	日军 12D 50D 71D 75BS 100BS 42RS 16SAS 64PRS 33TL 30SEP 独立第九铁道大队 305 334 自动车中队及台南台中高雄三州台东厅区内要塞部队之装备。	十一月二十四日	十二月底	该组接收迅捷之原因主要在总部令南部日军将军品先集中,点收较易之故。
陆军第三组	七十军军长陈孔达（现升副总司）	七十军所属师司令部人员	日军 9D 66D 76BS 102BS 103BS 112BS 42PRS 28SEP 独立 308 214 自动车队及台北新竹二州花莲港厅区内要塞部队之装备等。	十一月一日	十二月十六日	

续表

组别	主持人	组成	接收单位	接收起止日期 起	接收起止日期 止	
军政组	军政部特派员李进德兼后勤总部台湾供应局局长	特派组人员	1. 陆军货物厂：本分厂各一，支厂二，出张所八，连络所五，农耕队二； 2. 陆军兵器补给厂：修理厂二，弹药地区库九； 3. 陆军病院本分院共四十九个（内空军病院二个）； 4. 营建等。	十二月一日	二月廿四日	
海军组	第二舰队司令李世甲（后改台澎要港司令部）	司令部人员	高雄警备府司令部所属海军部队之武装舰艇，军港营建厂库器材物资及军警公用船舶文卷书类，并澎湖陆军泼制部队之武装器材等。	十一月一日	十二月十一日	
空军第一组	空军第廿三地区司令林文奎	司令部人员	日本陆军8FD及海军航室部队及民用航空之武装飞机场厂仓库营建设备器材物品文卷书类等之在台北地区者。	十一月一日	元月卅日	十二月一日取消并入第廿二地区司令部共为一组。
空军第二组	空军第二十二地区司令张柏寿	司令部人员	同第一组之在台南地区者。			
宪兵组	宪兵第四团团长高维民	团营部人员	台湾台北台中台南高雄台东花莲港六市日本宪兵队武器等军品。	十一月一日	十二月十八日	卅五年二月十五日由张团长接办。
附记	一、军令部派接收委员接收测量器材，经查原册，所有材料均属炮工兵器附件。 二、军政部派要塞视察组分别视察高雄马公基隆三个要塞区。 三、航委会原派来台空军第三飞机制造厂接收空军修造器材，以后统由空军第二十二地区司令部先代接收又行移交。					

附表三　台湾省警备总司令部收缴降敌主要军品统计表

区分	军品名称	单位	数量	备考
主要火炮	步兵炮	门	369	
	战车防御炮	门	233	
	山炮	门	270	
	野炮	门	62	
	榴弹炮	门	84	
	加农炮	门	32	
	高射炮	门	137	
	迫击炮	门	152	
	榴射炮	门	9	
	合计		1,368	
主要武器	手枪	支	8,144	
	步骑枪	支	116,743	
	轻机枪	支	3,785	
	重机枪	支	1,293	
	掷弹筒	具	5,458	
	合计		133,423	
主要弹药	手枪弹	颗	771,517	
	步机弹	发	67,183,130	
	手柄弹	颗	52,341	
	掷筒弹	发	293,540	
	重炮弹	颗	103,455	
	高射炮弹	颗	105,742	
	迫炮弹	颗	20,964	
	合计		68,530,689	

续表

区分	军品名称	单位	数量	备考
主要工兵器材	黄色药	K	1,468,643	
	信管	个	66,705	
	照明弹	个	23,355	
	导火索	米	34,310	
	地雷	个	7,025	
	浮艇舟	只	143	
主要被服装具	防暑衣	件	287,905	
	冬衣	件	140,734	
	夏衣	件	112,018	
	合计		540,657	
主要粮秣	米	吨	1,736,633	
	面包	吨	380,748	
	合计		2,317,381	
主要卫生材料	卫生及医药器材	种	5,158	
	各种药品	种	20,740	
主要交通器材	装甲战车	辆	99	
	卡车	辆	1,591	
	乘车	辆	407	
	合计		2,097	
主要通信	无线电机	部	1,769	
	送信机	部	33	
	受信机	部	69	
	电话机		1,019	
	被覆线		1,117	

续表

区分	军品名称		单位	数量	备考
主要船艇	驱潜	艇	艘	406	
	鱼雷				
	震洋				
	曳	船	只	119	
	货				
	起重				
	合计			525	
主要空军军品	陆军飞机		架	563	
	海军飞机		架	327	
	发动机		个	313	
	炸弹		个	45,724	
	机场		个	65	
	修械厂		所	11	

附表四　基隆、高雄两港口运输司令部遣送日俘归怀人数统计表

中华民国三十五年四月三十日

人数 区分 类别		应遣总数	实遣送数				其他未能遣送人数					相差数
			基隆	高雄	花莲港	小计	普通战犯	潜逃	死亡	留用	残余	小计	
战俘	日俘	162,955	600,415	62,713	606	163,734				3		3	(782)
	韩俘	1,320	1,322			1,322							(2)
	琉球俘	2,369	487			487					1,882	1,882	1,882
	印度尼西亚人	95	95			95							
	潜逃	345						345				345	345
	战犯	98	(另用飞机遣送55)				8				36	43	43
	死亡	242							242			242	242
合计		167,424	102,319	62,713	606	165,638	8	345	242	3	1,917	2,515	(729)

续表

类别	人数 区分	应遣总数	实遣送数					其他未能遣送人数						相差数
			基隆	高雄	花莲港	小计	普通战犯	潜逃	死亡	留用	残余	小计	
平民	日侨	308,232	201,642	64,702	19,380	285,724				27,995		27,995	(5,487)
	韩侨	1,940	1,940			1,940							
	琉球侨	23,917	5,049			5,049							8,868
	战犯	8					8					8	
	合计	324,097	201,642	64,702	19,380	292,713	8			27,995		28,003	3,381
总计		491,521	310,950	127,415	19,986	458,351	16	345	242	27,998	1,917	30,518	2,652

附记
1. 战犯有名单者90名,另军法处办普通犯罪者16人,中有8人军人,8名平民,战犯已用飞机运出55人,合计如上数。
2. 日侨潜逃数由投降后起至遣送日止,日方报未颇多,超出数想系想逃亡归家者。
3. 日侨遣送超出数想系琉球人,应列入日侨总数内。
4. 基隆运入台胞30,241,高雄25,227,计55,468。

中国台湾省行政长官公署警备总司令部命令

署部字第一号　中华民国卅四年十月廿五日

一、日本驻华派遣军总司令官冈村宁次大将，已遵日本帝国政府及日本帝国大本营之命令，率领在中国(东三省除外)越南北纬十六度以北及台湾澎湖列岛之日本陆海空军，于中华民国三十四年九月九日在南京签具降书，向中国战区最高统帅特级上将蒋中正特派代表中国陆军总司令一级上将何应钦无条件投降。

二、遵照中国战区最高统帅兼中华民国国民政府主席蒋及何总司令命令及何总司令致冈村宁次大将中字各号备忘录，指定本官及本官所指定之部队及行政人员接受台湾澎湖列岛地区日本陆海空军及其辅助部队之投降，并接收台湾澎湖列岛之领土人民治权军政设施及资产。

三、贵官自接奉本命令之后，所有台湾总督及第十方面军司令官等职衔一律取消，即改称台湾地区日本官兵善后连络部长，受本官之指挥对所属行政军事等一切机关部队人员，除传达本官之命令训令规定指示外，不得发布任何命令。贵属对本官所指定之部队长官及接收官员亦仅能执行传达其命令规定指示，不得擅自处理一切。

四、自受令之日起，贵官本身并通饬所属一切行政军事等机关部队人员立即开始迅确准备，随时候令交代，倘发现有报告不实反盗卖隐匿损毁沉灭移交之物资文件者，决予究办治罪。

五、以前发致贵官之各号备忘录及前进指挥所葛敬恩主任所发之文件，统作为本官之命令，须确实遵行，并饬属一体确实遵行。

右令
　　日本台湾总督兼第十方面军司令官安藤利吉将军
　　中国台湾省行政长官兼警备总司令陆军上将陈仪
　　本命令于受降式中面交安藤利吉将军受领

命令受领证

今 收 到

中国战区台湾省(行政长官警备总司令)署部第一号命令一份,当遵照执行并立即传达所属及所代表各政治军事机关及部队之各级官长士兵遵照,对于本命令及以后之一切命令规定或指示本官及所属与所代表之各机关部队之全体官兵,均负有遵照执行之责任。

日本台湾总督兼第十方面军司令官陆军大将　安藤利吉

中华民国卅四年十月廿五日即日本昭和二十年同月日于台北市公会堂

警务处工作报告

警务处处长　胡福相
中华民国三十五年五月三日

一、接收情形

(一) 机构

本省警务接收自三十四年十一月一日开始，至十二月底竣事。接收对象：一、前总督府警务局。及其附属机构之警察官及司狱官练习所，警察协会，警察疗养所，警察修械所，警察被服厂及仓库等。二、台北，新竹，高雄，台中，台南等五州之警察部，台东，花莲港，澎湖等三厅之警务课，暨市警察署十四，郡警察课五十一，支厅二，及各郡市所属之派出所九七九，驻在所五一八。

(二) 人员

日本统治时本省警务方面：全部官警计一二九八〇人，分别统计如左：

警官	1,717人
日籍	1,462人
台籍	255人
长警	11,263人
日籍	5,836人
台籍	5,427人

合计日籍警官一四六二名,占警官全数百分之八十五强,台籍警官二五五名,占警官全数百分之十五弱,日籍长警五八三六名,占长警全数百分之五二弱,台籍长警五四二七名,占长警全数百分之四十八强。以上系全部官警日台籍之支配情形,若专就警部补以上之正式警官言,则八一〇人中,日籍竟占警官七九一人,台籍警官则仅一九人,为百分之九十七点六六与百分之二点三四之比,长警则日籍咸居冲要或任重要勤务,台警仅供役使而已。接收以后日籍人员按期予以淘汰,台籍旧有者则尽量留用,一方面并招训台籍新官警,予以补充。

(三)业务

本省过去警察业务颇为广泛。接收以后,随制度之改变而略有不同:一,关于户籍行政、卫生行政及海港检疫事项,划归民政处办理,警察机关则办理户口调查及环境卫生。二,关于原属警察主营之山地,教育,交易,授产,医疗等业务分移教育民政等有关各处办理,警察机关则专负警卫之责。

(四)财产

一、经费方面:除接收现金台币七七二二七七.八二元,交财政处处理外,并另接收一部分股票,四七一〇〇〇元。俟各公司公告清理时,再行处理。

二、装备方面:计可分为四类:(一)电话,(二)车辆,(三)被服,(四)弹械,其中以电话比较完整,其他各部分或则残缺或则破旧不能使用。

三、刑事设备:前总督府警务局刑事设备本称完备。惟战时受盟机轰炸,法医理化照相等器材及药品,大多损坏,不堪使用,经修理后可用者,有比较显微镜及紫光检查器等三十二件。本年四月又接收军政部特派员办公处及宪兵第四团移交日本军犬共十五头,内两头可用,余多老弱有病。

四、房舍方面:计接收办公处所一三二座,警察宿舍七七六座,仓库二五个,大部尚属完整。

二、现在概况

(一)机构

一、在行政长官公署下设警务处,处内设四科及秘书会计二室。二、全省依照行政区域,设市警察局九,县警察局五。台东澎湖花莲三县,则于县政府内设警务科,市警察局之下设分局共二〇,分局之下设派出所共一五四,县警察局及县政府警务科之下,设区警察所共五三。县辖市二,各设警务课,区警察所与县辖市警务课之下,设派出所共一三〇八所,连同市区派出所,全部共计一四六二所。三、为维护铁路秩序,特设铁路警察署,下设五段,十二分驻所。四、设警察大队一大队,用以应变,辖三中队九分队。五、设立警察电讯管理所,管理全省警察电话,与无线电台,下设分所八,分无线电台四。六、设立修械所,修理枪械车辆等件,并计划恢复被服厂,以制造警察服装等件。七、设立警察训练所,招收优秀台胞,培养警察干部,期成推行改令之基干分子。

(二)人事

一、确立人事制度对于警察人员之管理,以确立人事制度为方针。(一)对于官警之任用,以曾受官警教育者为限。(二)任用后规定每半年举行考核一次,考核其工作成绩与品德修养,优者选应升级考试,考试及格者,予以升级训练,再视成绩,以定升迁。(三)厉行年功加俸,以奖励专心服务。

二、核定员额本省警察编制及现有员额,可列举如左:

1. 编制人数
   (1)警官　　一一八七人
   (2)长警　　七八一七人

2. 现有人数
   (1)警官　　八八九人
   外省人　　四四一人

留用本省人　　四八人

派用本省人（未受训）　　三二人

警察训练所毕业者　　三六八人

外省人　　四一人

本省人　　三二七人

(2)长警　　六一八五人

外省人　　四二九人

留用本省人　　四六四五人

警察训练所毕业考　　一一一一人

外省人　　一七人

本省人　　一〇九四人

　　合计外省籍警官四八二人，占现有警官百分之五十四点二二。本省籍警官四〇七人，占现有警官百分之四十五点七八。外省籍长警四四六人，占现有长警百分之七点二二。本省籍长警五七三九人，占现有长警百分之九十二点七八。

　　以现有人数与编制人数比较，警官计尚缺二九八人，长警计尚缺一七八四人。惟中央分发来台警官六三人，业已在途。本省警察训练所本期警官训练班受训学生一三二人，本月内即可毕业，均可派充警官。其余缺额因系会计事务人员，拟不招训，先遴选合格人员，依法报请任用，再行分期调训。警员除在训五三〇人，不久即可分发补充外，余则尚须继续招训，而以招收本省籍为原则。因事实需要，本省在警务方面，征用日籍技术人员五三人，纯系担任技术工作，并将依照规定时间，予以遣送回国。

　　三、提高素质与待遇，本省警察采用警员制，警员之任用，以曾受警察教育三个月或服务警界六个月以上或初级中学毕业，及同等学力曾受警察训练及格者派用之，较之其他各省警士只须小学毕业，即可充任者，在资格上已属提高，而长警之待遇薪津食米，完全比照其他公务员给与，较之其他各省亦已为高。

(三)业务

一、订发各种警察单行法规　接收以后依照中央警察法令,本三民主义自由平等博爱等精神,并参酌本省实际情形,拟订各种应用警察法规,计已公告施行者有各县市环境卫生整理办法等二十三种。已在立法审查中有管理各种公共场所规则等十五种,一俟全部公布,警察与人民均可有所准绳。

二、培养警察干部　本省对于警察干部训练,由警察训练所统一办理。训练办法分招训与调训两种。

1. 招训　招训之班级分警官讲习班,警官训练班,初级警察干部训练班,初级警察干部讲习班等四种,业于去年十一月间开始,计已招训毕业者有警官讲习班训练班学生三六八人,业已派充警官,初级警察干部讲习班训练班学生一一一一人,亦已派充长警,现尚在受训者,有警官训练班学生一三二人,初级警察干部训练班学生五三〇人,此外尚有工矿警察三〇〇人,正在训练中。警官讲习班,训练班拟不再招训,初级警察干部训练班则拟再招训台籍学生二期,每期六〇〇名。

2. 调训　调训班级计分两种:(甲)警官补习班,每期暂定调训现职警官一五〇名,本年预定办理二期共计三〇〇名。(乙)初级警察干部补习班,每期暂定调训现职长警六〇〇名,预定六月份起开始调训,办理五期,共计三〇〇〇名。

3. 维持治安

(1)统一警卫,编训义警　过去本省各州厅均设有警防团、义勇纠察队、自警团等等,民众自卫组织名称不一,组织纷乱,接收后为统一警卫稳固地方,特分别予以解散或改组,而成立义勇警察队。成立以来对于维持治安,不无功绩,第以分子欠齐,工作不能尽如人意。兹决定最近予以解散,另行慎选分子,组织义务警察队,期间以一年为期,分三期征集,每期服务四个月,其中三个星期训练,余为实地服务。其食宿由公家供给,每人发给衣服壹套,月并给零用费一百元,服务成绩优异者,得发给荣誉奖章。义务警察由各县市警察局,或县政府警务科妥慎遴选,并由警务处派员审查认可后,始准充任。

(2)收缴散失民间枪械　本省人民,原不能置备枪械,惟自光复之初,日军枪械多散藏民间,经由公署与警备总部会衔命令各级警察机关,彻底收缴,分区限期(三个月为期)清查收缴之。

(3)调查户口　署令规定自本年三月起,将户籍正本,移交民政机关接管续办,户籍事宜、户籍副本仍由警察机关管理续办。户口调查是户籍行政系统变更后,警察机关之调查户口,旨在稽查人民之思想素行及一切动态,其目的性质与为确定人民之属籍及身份之户籍登记不同。现各地警察机关均秉承县市政府指挥,配合办理户口清查事宜,如嘉义、高雄、台南、新竹等县市经常陆续举办。关于警察机关调查户口规则及各种实施细则等,即系依据中央法规,并参照本省旧有成例拟订。

(4)调查失业　社会失业人数之多寡,直接影响治安。本省光复前后因工厂受战争之摧残,大部停工,以致失业渐多。据本年一月调查全省计五〇六四人,各县以台中县之九七八人为最多,台东县之六二人为最少。各市以台北市之五二七人为最多,彰化市之三八人为最少,近月来工厂虽渐有复工,但过去被征海外之台胞陆续还省,一时无业可就者当尚不止此数,已饬继续调查,并与有关各方讲求救济中。

(5)取缔流氓　恶性流氓劣根性成,扰乱治安,为害至大。为谋对策计,特于二月间举行全省流氓总调查,计共二九二二人。各市以台北市之五九三人为最多,彰化市之一五人为最少;各县以台北县之四四二人为最多,澎湖县之一〇人为最少。近月来据报沪、榕、厦、汕一带流氓来台尚复不少,现正令各县市警察机关继续调查,并严予取缔。

(6)改善治安　本省光复以后,一,因人民久经战事,生活困难。二,因游民乘机扰乱。三,因日军之武器散藏民间,并以建警伊始,警察人员应付多方,警力一时有感不足,以致治安情形,并不十分良好。惟自三十四年十月二十五日起,至本年四月二十四日止,半年间全省共计发生案件九〇五〇起,破获案件达五八六九起,占百分之六十五,情形尚非过劣。中间以各级干部之勉力,并因各方之协助,最后一月(即四月份)破获数已达百分之八十二。尤其治安情形在逐渐进步中,全省各县市以台北、台南二市情形较差,其中尤以台北市因环境较为复杂,故发生案件竟占全省第一位,达一六三四件。虽其破获数字亦占全省第一位,达七九八件,但两者相较破获数仅抵发生数百分之四十八点八。是以今后改进本省治安,当特别注意台北市之治安。对于今后治安之改进,本处经已订定治安方案,一俟警力增强,悉力以赴,当不难获见事功也。

(7)制发警察服装　警察服装关系观瞻与警察精神及工作效果甚大,原计划全省官警冬夏季服装均由本处制发。除三十四年度冬季常服衬衫裤已由处制发外,三十五年度夏冬季服装因预算制度改变,除本处及直属机关仍由本处经费内制发,各县市官警服装则须在各县市经费内开支筹制。本处及直属机关官警夏季服装(包括常便服、雨衣、皮鞋、蚊帐等)业已招商标制。各该项服装因本处被服厂既尚未恢复,而本省材料又至缺乏,故计划虽早确定,但几经招标,多方接洽,始获成制,而时间不无延迟,乃一憾事。

民政处工作报告

一、接收情形

民政处奉命及呈准接收之省属机构，共计三十三单位。由各州厅接管委员会接收之地方（县级）机构，共计五州，三厅，十一市，五十一郡，两支厅，六十七街，一百九十七庄。省属机构之接收，于三十四年十一月一日开始，其完毕日期，除卫生部分较有先后外，均于同月三十日完竣。县级机构之接收，于十一月八日开始，于十二月底完毕。兹将接收情形分机构、人员、业务、物资等四项，胪述于下。

（一）机构

接收之省属三十三机构中，属于地方行政者二，土地行政者一，社会行政者三，卫生行政者一，文化事业者一，咨询组织者一，住宅营建者一，医药保健防疫者二十三。县级机构中，自州厅以至街庄，共三百三十六单位。兹列表如次：

接收省及地方机构类别名称表

类别	主管业务	原名称
省属机关	地方行政	(一)总督府地方监察课
		(二)警务局户口系
	社会行政	(一)文教局援护课
		(二)援护会北投援护会馆
		(三)成德学院
	土地行政	(一)财务局税务课地政部分
	卫生行政	(一)警务局卫生课
县级机关	文化事业	(一)台湾地方自治协会
	咨询机构	(一)总督府评议会
	住宅营建	(一)台湾住宅营团
	医药保健防护	(一)专卖医院
		(二)台北保健馆
		(三)癞病预防会
		(四)乐生院
		(五)养神院
		(六)松山疗养院
		(七)更生院
		(八)博爱会本部病院
		(九)博爱会台北支部
		(十)博爱会花莲支部
		(十一)博爱会四脚亭及双叶支部
		(十二)屏东医院
		(十三)高雄医院
		(十四)台南医院
		(十五)嘉义医院
		(十六)宜兰医院
		(十七)台中医院
		(十八)台东医院
		(十九)澎湖医院
		(二十)花莲医院
		(二一)玉里医院
		(二二)基隆医院
		(二三)新竹医院

续表

类别	主管业务	原名称
县级机关	地方行政	（一）台北、台中、台南、新竹、高雄等五州 （二）台东、澎湖、花莲港等三厅 （三）台北等十一市 （四）七星等五十一郡 （五）澎湖等二支厅 （六）士林等六十七街 （七）苏澳等一百九十七庄

（二）人员

接收上述各机关时，其原有人员，除不予留用或自请退职者外，当时实际接收留用者，共计一万三千三百零七人。统计如次：

省机关及各州厅接收留用人员表

机关＼人数	接收留用人员			附记
	总数	本省籍人员	日本籍人员	
省级机关	238	68	170	
县级机关	13,069	7,517	5,552	县级机关人数中，台东尚未列入。

（三）业务

上述各机关原有业务之接收，可分全部接收、部分接收、暂时保留接收等三种。接收后之处理，又可分照常推进工作、一部变更工作及停顿与废除等三部。兹将处理情形，列表说明如次：

接收业务处理概况表

		地方行政	社会行政	合作行政	土地行政	卫生行政	住宅营团
全部接收	照常推进工作	（一）地方各级行政	（一）成德学院			（一）卫生行政及各项医务药务保健防疫	（一）县市重要工程
		（二）各级户政工作					
		（三）各级户政工作					
	一部变更工作	（一）州厅、市、郡、街庄及其他名称	（一）原援护会业务改隶民政处第二科办理				（一）住宅设计改用公制
	停顿或废除	（一）台湾评议会（废）					
		（二）保甲制制度（废）					
部分接收	照常推进工作		（一）北投援护会馆改为商营			（一）博爱会本部及其医院	（一）疏散乡区之住宅工程
						（二）战时医疗部及其各地支部	

续表

地方行政	社会行政	合作行政	土地行政	卫生行政	住宅营团
一部变更工作					
停顿或废除			(一)土地登记暂时由法院办理		
暂时保留接收	(一)台湾神社	(一)农商局农务课(二)矿工局土木课	(一)拓殖制糖各会社土地部分(二)法院土地登记部分		

续表

地方行政	社会行政	合作行政	土地行政	卫生行政	住宅营团

二、工作现况

(一)划定行政自治区域

本省以往之行政区域,在日本统治之五十年中,曾经九次之变更,而最后之五州三厅,实已成为政治、经济、文化之单位,且日本在台之行政业务、产业区划、户口税收又多以州厅为重点。为求利用已有之基础,便于政令推行起见,爰依照中央法令,斟酌当地历史,就原有州厅区域,划分八县九省辖市,二县辖市。县辖市之设置纯为适应特殊情形,俟将来市政发达,建设进步,人口增加,拟再逐渐改为省辖之市。八县为台北、新竹、台中、台南、高雄、台东、花莲、澎湖。九省辖市为台北、基隆、新竹、台中、彰化、嘉义、台南、高雄、屏东。二县辖市为宜兰、花莲。

本省为适应实际需要,特依照县各级组织纲要之规定,于县之下各予分区设署。计属于台北县者,有七星等九区;属于新竹县者,有中坜等八区;属于台中县者,有大屯等十一区;属于台南县者,有新丰等十区;属于高雄县者,有冈山等七区;属于台东县者,有新港等三区;属于花莲县者,有玉里等三区;属于澎湖县者,有望安区。全省共计五十二区,六十七镇,一百九十七乡。乡镇之下,原应编组保甲。惟过去台湾之保甲,纯为日本压制人民之工具,弊害甚大,人民谈虎色变,深恶痛绝。且经前台湾总督府勉顺民意废止于前,故为免人民发生不良印象,并顾全事实计,乃于乡镇之下,依自然形势,社会关系,将部落会改设村里,在乡为村,在镇为里(在市区之下亦为里)。村以一百五十户为原则,不得少于一百户多于二百户。里以二百户为原则,不得少于一百五十户多于三百户。村里之下,人口众多,不能漫无组织。又编组为邻,以十户为原则,不得多于十五户少于六户,与各省之甲相似。兹将各县市区域名称列表如次:

台湾省行政区域名称及所在地一览表

县市名称	所在地	市区署名称	所在地	乡镇名称	所在地	附注
台北市	台北市					省辖市

续表

县市名称	所在地	市区署名称	所在地	乡镇名称	所在地	附注
基隆市	基隆市					省辖市
台北县	台北县	宜兰市	宜兰市			县辖市
		七星区	士林镇	汐止镇	汐止	
				士林镇	士林	
				北投镇	北投	
				内湖乡	内湖	
		淡水区	淡水镇	淡水镇	淡水	
				八里乡	小八里垒	
				三芝乡	旧小基隆	
				石门乡	下南	
		基隆区	瑞芳镇	瑞芳镇	龙潭堵	
				万里乡	中万里加投	
				七堵乡	七堵	
				贡寮乡	贡寮	
				双溪乡	双溪	
				平溪乡	石底	
				金山镇	下中股	
		宜兰区	宜兰市	礁溪乡	六结	
				头围乡	头围	
				壮围乡	壮五	
				员山乡	外员山	
		罗东区	罗东镇	罗东镇	罗东	
				五结乡	顶五结	
				三星乡	三星	
				冬山乡	冬山	
		苏澳区	苏澳镇	苏澳镇	苏澳	
		文山区	新店镇	新店镇	大平林	
				深坑乡	内湖	
				石碇乡	石碇	
				平林乡	平林	

续表

县市名称	所在地	市区署名称	所在地	乡镇名称	所在地	附注
台北县	台北县	海山区	板桥镇	板桥乡	板桥	
				莺歌镇	彭福	
				三峡镇	公馆后	
				中和乡	潭和	
				土城乡	埤头	
		新庄区	新庄镇	新庄镇	新庄	
				鹭洲乡	和尚洲溪墘	
				五股乡	五股坑	
				林口乡	青埔	
新竹市	新竹市					省辖市
新竹县	新竹市	新竹区	新竹市	新埔镇	新埔	
				关西镇	关西	
				竹北乡	豆子埔	
				红毛乡	新庄子	
				湖口乡	上北势	
		中坜区	中坜镇	中坜镇	兴南	
				杨梅镇	杨梅	
				平镇乡	南势	
				新屋乡	新屋	
				观音乡	观音	
		桃园区	桃园镇	桃园镇	桃园	
				芦竹乡	南崁下	
			大关乡	大关乡	大园	
				龟山乡	新路坑	
				八块乡	八块	
		大溪区	大溪镇	大溪镇	大溪	
				龙潭乡	龙潭	

续表

县市名称	所在地	市区署名称	所在地	乡镇名称	所在地	附注
新竹市	新竹市	竹东区	竹东镇	竹东镇	竹东	
				芎林乡	芎林	
				磺山乡	大社	
				北埔乡	北埔	
				峨眉乡	峨眉	
				宝山乡	宝山	
		竹南区	竹南镇	竹南镇	竹南	
				头分镇	头分	
				三湾乡	三湾	
				南庄乡	南庄	
				造橘乡	造橘	
				后龙乡	后龙	
		苗栗区	苗栗镇	苗栗镇	苗栗	
				范里镇	范里	
				头屋乡	头屋	
				公馆乡	公馆	
				铜锣乡	铜锣	
				三叉乡	三叉	
				通霄乡	通霄	
				四湖乡	鸭母坑	
		大湖区	大湖乡	大湖乡	大湖	
				狮潭乡	狮潭	
				卓兰乡	卓兰	
台中市	台中市					省辖市
彰化市	彰化市					县辖市
台中县	台中市	大屯区	台中市	大里乡	大里	
				雾峯乡	雾峯	
				大平乡	大平	
				北屯乡	北屯	
				西屯乡	西屯	
				南屯乡	麻埔	
				乌日乡	乌日	

续表

县市名称	所在地	市区署名称	所在地	乡镇名称	所在地	附注
台中县	台中市	丰原区	丰原镇	丰原镇	丰原	
				内埔乡	屯脚	
				神冈乡	神冈	
				大雄乡	大雄	
				潭子乡	潭子	
		东势区	东势镇	东势镇	东势	
				石冈乡	石冈	
				新社乡	新社	
		大甲区	清水镇	清水镇	清水	
				梧栖镇	梧栖	
				大甲镇	大甲	
				沙鹿镇	沙鹿	
				外埔乡	磁磘	
				大安乡	中庄	
				龙井乡	龙井	
				大社乡	大肚	
		彰化区	彰化市	鹿港镇	鹿港	
				和美镇	和美	
				线西镇	绿西	
				福兴乡	福兴	
				秀水乡	安东	
				花坛乡	花坛	
				芬园乡	社口	
		员林区	员林镇	员林镇	员林	
				溪口镇	溪口	
				田中镇	田中	
				大村乡	大村	
				埔盐乡	瓦磘	
				坡心乡	坡心	
				永靖乡	永靖	
				社头乡	社头	
				二水乡	二水	

续表

县市名称	所在地	市区署名称	所在地	乡镇名称	所在地	附注
台中县	台中市	北斗区	北斗镇	北斗镇	西北斗	
				二林镇	二林	
				田尾乡	饶平厝	
				埤头乡	小埔心	
				芳苑乡	沙山	
				大城乡	大城	
				竹塘乡	竹塘	
				溪州乡	溪州	
		南投区	南投镇	南投乡	南投	
				草屯镇	草屯	
				中寮乡	乡亲寮	
				名间乡	名间	
		新高区	集集镇	集集镇	集集	
				鱼池乡	鱼池	
		能高区	埔里镇	埔里镇	埔里	
				国姓乡	国姓	
		竹山区	竹山镇	竹山镇	竹山	
				鹿谷乡	鹿谷	
台南市	台南市					省辖市
嘉义市	嘉义市					省辖市
台南县	台南市	新丰区	台南市	仁德乡	仁德	
				归仁乡	归化	
				关庙乡	关庙	
				龙崎乡	崎顶	
				永康乡	永康	
				安顺乡	溪心寮	
		新化区	新化镇	新化镇	新化	
				善化乡	善化	
				新市乡	新市	
				安定乡	安定	
				山上乡	山口	
				玉井乡	玉井	

续表

县市名称	所在地	市区署名称	所在地	乡镇名称	所在地	附注
台南县	台南市			楠西乡	楠西	
				南化乡	南化	
				左镇乡	左镇	
		曾文区	麻豆镇	麻豆镇	麻豆	
				下营乡	下营	
				六甲乡	六甲	
				官田乡	官田	
				大内乡	大内	
		北门区	佳里镇	佳里镇	佳里	
				西港乡	西港	
				七股乡	七股	
				将军乡	沤汪	
				北门乡	北门	
				学甲乡	学甲	
		新营区	新营镇	新营镇	新营	
				盐水镇	盐水	
				白河镇	白河	
				柳营乡	柳营	
				后壁乡	下范苓	
				东山乡	番社	
		嘉义区	嘉义市	大林镇	大林	
				水上乡	水上	
				民雄乡	民雄	
				新巷乡	新港	
				溪口乡	溪口	
				小梅乡	小梅	
				竹崎乡	竹崎	
				番路乡	下坑	
				中埔乡	中埔	
				大埔乡	大埔	

续表

县市名称	所在地	市区署名称	所在地	乡镇名称	所在地	附注
台南县	台南市	斗六区	斗六镇	斗六镇	斗六	
				斗南镇	斗南	
				古坑乡	古坑	
				大埤乡	大埤	
				莉桐乡	莉桐	
		虎尾区	虎尾镇	虎尾镇	虎尾	
				西螺镇	西螺	
				土库镇	土库	
				二仑乡	二仑	
				仑背乡	仑背	
				海口乡	海口	
		北港区	北港镇	北港镇	北港	
				元长乡	元长	
				四湖乡	四湖	
				口湖乡	新港	
				水林乡	水林	
		东石区	朴子镇	朴子镇	朴子	
				六脚乡	蒜头	
				东石乡	顶东石	
				布袋乡	布袋	
				鹿草乡	鹿平	
				太保乡	太保	
				义竹乡	义竹	
高雄市	高雄市					省辖市
屏东市	屏东市					省辖市
高雄县	高雄市	冈山区	冈山镇	冈山镇	冈山	
				燕巢乡	援巢中	
				田寮乡	南安石	
				阿莲乡	阿莲	
				路竹乡	洛竹	
				湖内乡	围子内	
				弥陀乡	弥陀	

续表

县市名称	所在地	市区署名称	所在地	乡镇名称	所在地	附注
高雄县	高雄市	凤山区	凤山镇	凤山镇	凤山	
				小港乡	小港	
				林园乡	林子边	
				大寮乡	山子顶	
				大树乡	样子脚	
				仁武乡	三奶坛	
				乌松乡	乌松	
		旗山区	旗山镇	旗山镇	旗山	
				美农镇	美农	
				六龟乡	六龟	
				杉林乡	月眉	
				甲仙乡	东阿里关	
				内门乡	内埔	
		屏东区	屏东市	长兴乡	长兴	
				盐埔乡	盐埔	
				高树乡	高树	
				里港乡	里港	
				九块乡	九块	
		潮州区	潮州镇	潮州镇	潮州	
				万峦乡	万峦	
				内埔乡	内埔	
				竹田乡	竹田	
				新乡	新埤	
				枋寮乡	枋寮	
				枋山乡	枋山	
		东港区	东港镇	东港镇	东港	
				新围乡	仙公庙	
				万丹乡	万丹	
				林边乡	林边	
				佳冬乡	佳冬	
				琉球乡	琉球屿	

续表

县市名称	所在地	市区署名称	所在地	乡镇名称	所在地	附注
高雄县	高雄市	恒春区	恒春镇	恒春镇	恒春	
				车城乡	车城	
				满州乡	满州	
台东县	台东镇	台东区	台东镇	台东镇	台东	
				太麻里乡	太麻里	
				大武乡	大武	
				火烧岛乡	南寮	
		关山区	关山乡	关山乡	关山	
				池上乡	池上	
				鹿野乡	鹿野	
		新港区	新港乡	新港乡	新港	
				长滨乡	长滨	
				都兰乡	大马	
花莲县	花莲市	花莲市	花莲市			省辖市
		花莲区	花莲市	吉野乡	吉野	
				寿乡	寿	
				研海乡	新城	
		凤林区	凤林镇	凤林镇	凤林	
				瑞穗乡	瑞穗	
				新社乡	丰滨	
		玉里区	玉里镇	玉里镇	玉里	
				富里乡	富里	
澎湖县	马公镇	马公镇	马公镇	马公镇	马公	省辖市
				湖西乡	湖西	
				白沙乡	大赤崁	
				西屿乡	小池角	
		望安区	望安乡	望安乡	望安	
				大屿乡	大屿	

(二)建立行政自治机构

本省各级地方行政,在接管之初,由各州厅接管委员会兼办。惟各该州厅接管委员会,本属过渡时期之组织,为使地方行政尽早步入正轨,对于正式地方政府之建立,自有加紧完成之必要。同时各级自治机构,亦亟须尽先设置,以便自治工作之推行。爰依中央法令,当地实情,先期积极准备,以便各地接管工作完毕,紧接正式成立。各地接管工作于三十五年一月内先后完毕,各级地方政府及自治机构,亦因预先已有准备,于接管工作完毕之日同时正式成立。其中县市政府之组织,因行政区域,既依原有州厅区域划分,原有州厅之组织,又均甚庞大,故对各该县市政府亦不得不稍予扩大,俾使已有之业务基础,得以继承利用。惟是较之日本时代之原组织,在员额方面已经减去甚多,约仅二分之一矣。

全省地方行政与自治机构之组织,依照行政与自治区域划分,计成立台北等八个县政府,基隆等九个省辖市政府,宜兰等两个县辖市公所,七星等五十二区署,瑞芳等六十七镇公所,八里等一百九十七乡公所,乡镇以下,则为村里办公处。

(三)筹设民意机关

本省接管工作完成后,继即成立各级地方政府,同时为加速完成地方自治,准备实施宪政计,于地方政府成立以后,复遵照中央对收复区成立民意机关之指示,积极筹备各级民意机关之设立,并预定本年五月一日召开省参议会,各级机构,则于四月底以前,一律成立。此一工作,普通约须两年时间始可完成,而本省于三个月内完成之,其工作之艰巨,自可想见。惟本省对于此一工作,与接管工作,及建立地方行政机构工作,而列为初期行政业务中之三大中心工作之一,自不容因困难而稍涉因循,惟有一本信念,尽力以赴。为使兼程迈进如期完成起见,当经拟定实施方案,以为依据,加速推行。

办理之初,以本省光复未久,人民对于民意机关之设置意义,实施程序,恐多未尽明了,乃会同宣传机关,发动扩大宣传编印各种传单小册,利用电影广播机会,广为宣传,同时并举行工作人员法令讲习以利进行。全部工作自

开始办理公民宣誓登记,以迄准备省参议会成立,均能依照规定预定方案,按期完成。兹将各项工作情形,分述如次:

(1)公民宣誓登记

公民宣誓登记工作,自一月二十五日开始,至二月十五日完毕。以全省区域辽阔,公民人数众多,复以准备时间,既极匆促,印缮簿册,手续繁多,各项工作紧张之程度,于是亦达最高点。统计参加定宣誓登记之公民总额:二四〇九五六〇人,以与全省二十岁以上之人口数比较,占百分之九十一点八〇,与全省总人口数比较,占百分之三十六,兹列表说明如左:

台湾省公民人数统计表

县市名称	公民数	与二十岁以上男女百分比	与人口百分比	备考
台北县	282,864	90%	36%	
台中县	515,349	92%	39%	
台东县	46,887	92%	47%	
台南县	577,914	90%	42%	
新竹县	231,981	90%	28%	
高雄县	291,115	90%	43%	
花莲县	55,997	92%	36%	
澎湖县	34,647	95%	54%	
台北市	76,520	90%	37%	
台中市	28,930	93%	35%	
台南市	41,671	90%	77%	
屏东市	16,515	95%	41%	
新竹市	34,790	90%	18%	
高雄市	75,191	93%	45%	
基隆市	32,491	90%	21%	
彰化市	22,181	97%	41%	
嘉义市	28,099	91%	43%	
合计	2,393,142	91.8%	36%	

(2)公职候选人检核

公职候选人检核工作,与公民宣誓登记同时举办。当时以选期迫届,申请审查，辗转需时，故经根据中央公职候选人考试法及检核办法补行检核程序，订定临时检核实施办法加以办理。复审合格，则暂先发临时证明书，以求手续简单进行便捷。至于资格之审查，则另设资格审查委员会，专责办理。开始以来，地方人士之参加申请者极为踊跃，全省申请案件多至三万余件，经初审复审程序及格者，计甲种一万〇六百六十五人，乙种二万六千三百〇三人，共计三万六千九百六十八人，以与公民人数比较，占百分之十六。兹将此项审查合格人数，分别县市，加以统计，列表如次：

台湾省复审合格公职候选人统计表

县市别	甲种人数	乙种人数	合计	与公民数百分比	备考
台北县	1,142	2,698	3,840	1.3%	
台中县	2,205	4,655	6,860	1.3%	
台东县	274	684	958	1.3%	
新竹县	1,015	3,249	4,264	1.3%	
澎湖县	94	224	318	1%	
台南县	1,634	7,242	8,876	1.5%	
高雄县	1,991	3,200	5,191	1.7%	
花莲县	64	734	798	1.4%	
台北市	499	473	972	1.2%	
台南市	194	439	633	2.8%	
台中市	124	394	518	2%	
高雄市	399	937	1,336	1.3%	
基隆市	91	313	404	2.5%	
新竹市	195	315	510	1.5%	
嘉义市	251	297	548	1.8%	
彰化市	296	288	584	2.5%	
屏东市	197	161	358	1.1%	
统计	10,665	26,303	36,968	16%	

(3)区乡镇民代表选举

区乡镇民代表以及县辖市市民代表之选举,于二月十六日开始,同月二十八日完毕。台胞以过去对于选举已有良好习惯,光复后对民权使用,兴趣复甚浓厚,在政府宣传号召之下,公民多能以热烈情绪,参加投票,代表产生,亦极顺利。政府为使此项代表深刻了解本身所负之责任,以及本省光复后各项施政之要义,特在县市参议员选举之先,于三月五、六、七三天内,全省同时举行乡镇民代表讲习会。讲习材料,由本处先期准备,届时复由本处指派高级职员,分往各地协助工作。兹将全省各县市乡各地镇区民代表会成立概况及代表人数列表如次:

台湾省各县市区乡镇民代表会成立概况表

县市别	代表人数	选举日期	成立日期	备考
台北县	928	二月廿四日	四月七日	
台中县	690	二月廿四日	三月廿九日	
台东县	168	二月廿七日	三月廿四日	
台南县	1,549	三月三日	三月廿四日	
新竹县	850	三月三日	三月十九日	
澎湖县	108	三月十日	三月十五日	
高雄县	1,029	三月十五日	二月廿六廿八日	
花莲县	213	三月三日	三月二十四日	
台北市	368	三月十五日	三月廿六日	
台南市	232	三月三日	三月廿四日	
台中市	116	三月二日	三月十五日	
高雄市	266	二月廿二日	三月廿四日	
基隆市	98	三月五日	三月卅一日	
新竹市	151	二月廿六日	三月卅一日	
嘉义市	144	二月廿六日	三月廿四日	
彰化市	92	二月廿八日	三月廿四日	
屏东市	76	二月廿七廿八日	三月十五日	
总计	7,078			

(4)县市参议员选举

本省各县市参议员名额,共计五百二十三名,其中区域名额四百六十人,职业名额六十三人。其选举日期,最先举行者,为澎湖县及台北、屏东两市,最后为台北县,于四月七日举行。各该县市参议会,亦随选举完成之先后,次第正式成立。兹将各县市参议员选举日期及名额分配列表(见下页表)。

(5)省参议员选举

本省省参议员名额,依照每县市一人之规定,本省十七县市,原仅十七名。惟本省县市区划与内地各省情形有其不同,复以全省人口达六百余万之多,若依一县市一人规定分配,显有未合客观要求之处,因特呈请中央依照人口比例增加名额。嗣奉核复本省省参议员名额准予增加,全省共计三十名。省参议员之选举于四月十五日起全省同时举行,全部完成,兹将省参议员名单附下页表。

(6)县市参议会秘书法令讲习

本省初次成立县市参议会,其会内组织之秘书人选,极关重要。除市参议会秘书由议长报用,县参议会秘书由省择优任用外,并订定县市参议会秘书短期法令讲习办法,施以各种有关法令之讲习,俾明现行法令之实质与其重要性。此项讲习,于三月二十六日开始至同月三十日完毕。参加讲习者共二十三人,讲习结束后,即分发或介绍各县市工作,参加讲习人员之学历兹统计附录于下:

台湾省县市参议会秘书讲习会参加者学历程度表

学历程度	人数	附记	学历程度	人数	附记
国外大学毕业	9		军事学校毕业	1	
大学毕业	7		高中以上学校毕业	2	
独立学院学校毕业	3				
专科以上学校毕业	1		合计	23	

台湾省各县市参议员选举情况报告表

县市名称	选举日期	选出名额 区域	选出名额 职业	备考	县市名称	选举日期	选出名额 区域	选出名额 职业	备考
台北县	三五年四月七日	38	3		台南县	三五年三月二四日	65	12	
台中县	三五年三月二九日	60	6		高雄县	三五年三月二五日	48	11	
台东县	三五年三月二四日	11			花莲县	三五年三月二四日	9	1	
新竹县	三五年三月二七日	38	1		台北市	三五年三月二五日	26		
澎湖县	三五年三月一五日	7	3		台南市	三五年三月二四日	21		
台中市	三五年三月二四日	19			嘉义市	三五年三月二四日	19	3	
高雄市	三五年三月二四日	22	9		彰化市	三五年三月二四日	19		
基隆市		19	3		屏东市	三五年三月一五日	19		
新竹市	三五年三月卅一日	20	6		合计		460	63	共计523名

台湾省省参议会第一届参议员一览表

县市别	参议员	候补参议员	备考	县市别	参议员	候补参议员	备考
台北市	黄朝琴、王添灯	蒋渭川、陈联成		台北县	黄纯青、李友三、林日高	林世南、谢文程、卢根德	
台南市	韩石泉	汤德章		台南县	李万居、刘明朝、殷占魁、陈按察	黄妈典、梁道、郭柆、谢水蓝	
台中市	林连崇	陈茂堤		台中县	林献堂、洪火炼、杨陶、丁瑞彬	杨天赋、林忠、赖维种、林碧梧	
高雄市	郭国基	陈启川		高雄县	洪约白、刘兼善、林壁辉	黄胆登、吴端寿、陈皆典	
基隆市	颜钦贤	张振生		新竹县	林为恭、吴鸿恭、刘阔才	张锡祺、范姜萍、彭德	
嘉义市	刘传来	黄文陶		花莲县	马有岳	梁阿标	
彰化市	李崇礼	吕世明		台东县	郑品聪	陈振宗	
屏东市	陈文石	李明道		澎湖县	高恭	高顺贤	
新竹市	苏惟梁	何乾钦					

台湾省参议会第一届第一次大会台湾省行政长官公署施政报告　75

(四)办理户政工作

(1)确定机构人事

本省户政在接收初期仍暂由警务处办理,自三十五年一月起始划归本处主办。本处为确定工作机构,成立第四科,同时对于县市各级主办户政机构,亦予确定。一等县市就民政局设置户政课,二等以下县市就民政科设户政股,乡镇公所依等级分别设置专任户籍干事一人,户籍员三至五人,事务员二至四人,区公所亦依等级分别指定助理员一至三人,雇员一至二人,专责办理户籍事务,村里办公处以一五〇设户籍员一人为原则,经费困难地方,得联合二村里共设户籍员一人,或就本村里内遴聘相当者一人为义务户籍员,以户籍誊本抄录费收入拨充津贴。本省十七县市计需县级户政干部约二七七人,乡级约八七一二人(以最高额估计乡镇长兼主任不计在内)。此项人员,除就现任人员中甄别考核任用外,不足员额,拟招考优秀青年加以训练,分发任用。

(2)整理户籍材料

本处于接办户政之初,即订颁接收户籍注意事项,责令各县、市、乡、镇、区、村、里暂依过去手续,利用原有表册,赓续办理异动登记及统计工作。截至三月底止,根据各县市报告,本省现有人口共六四一九八八九人。其中男丁三二五七〇〇〇人,女口三一六二八八九人(内高山族男八六八六二人,女八五三七九人,外侨男五五六〇二人,女三二九〇六人),至四月以后数字,各县市尚未报送齐全,另待统计。

(3)举办户口清查

本省户口异动登记工作,日本投降后,陷于停顿,以致及今难得一真确之数字,乃特遵照中央指示,全省定自四月份起一律实施户口清查。此项工作,据报业已开始实施者计有新竹、台北、台南、台中四县,台中、台北二市清查工作,预定六月底以前全部办竣。所有户口清查实施细则及填表须知,年龄换算方法,暨宣传材料,均经本处订定颁发,工作原则,务使人必归户,户必归邻,而对于逃避遣送之日俘、日侨及游民、浪人特加注意,不论光复前已取得台籍,或光复后四月充台籍,而列入原接管户口册籍者,一律责成清查人员查明剔除，另办浪人调查登记，此外关于荣誉军人及其家属与阵亡将士家属（指参加国民政府统治下之中国军队因作战而受伤或阵亡的将士而言），亦分别立表查记，以为将来办理救恤之参考，为使此项工作推行顺利，确达任务起见，除各县市户政课股长由省召集讲习外，特规定各县市于清查之先，召集全体参加人员举行讲习，训练户政知能。

（4）订定户口异动登记办法

本省户口静态调查，正举办户口清查，已详上述，关于动态调查，拟择办出生、死亡、结婚、离婚、继承、收养、监护、认领、死亡宣告、迁出、迁入及职业变更等十二种。经拟订办法，一俟核定，即可公布施行。

（5）编钉门牌

各县市户口清查完竣后，即接续编钉门牌，由省制定式样，由各县市统筹购制，发交乡镇区公所转发编钉，所需费用，向住户收回成本，赤贫者免。此项门牌编钉办法，亦经订定颁布施行，各县正在准备办理之中。

（6）回复本省人民原有姓名

本省人民前在日本统治期内，受日本政府之压迫，颇有废弃原有姓名而改用日本姓名者。光复之后，即订颁回复原有姓名办法，令饬各县市遵行，并普遍劝告，扩大倡导，办理以来，尚著成效。

（7）回复海外台胞国籍

本省前奉中央明令，台胞自三十四年十二月廿五日起一律恢复我国国籍。惟本省人民，居留国外者为数颇多，经建议中央，凡侨旅国外台胞，限本年十月廿四日以前，径向驻外使领馆声请登记恢复中国国籍。如逾限不声请者，即作为丧失国籍论。

（五）训练民政干部

本省光复以后，各级行政机关亟须大量人才，此项人才，拟以训练方式加紧造就。本年度全部员额，预定普通民政六千一百人，社会行政二百七十人，营建人员二百六十人，招考本省优秀青年施以训练，毕业之后，分发任用。训练期别，普通民政分为六期，本年办理三期，明年续办三期。社会及营建人员先办一期，本年办理完毕，每期训练期间均为三个月，其余卫生人员、户政人员及山地行政人员，亦均拟以同样方式，加以栽培训练，以应需要。普通民政人员训练，第一期已于二月廿五日开始，共计学员六百五十名。由县市选送者三百名，由省训练团招考者三百五十名。卫生人员之训练，其名额预定卫生行政七百名，卫生稽查六百名。此外，因本省原有护士程度过低，拟设立省高级护士学校一所，如财力许可，本年七月即能开始招生。上述各项训练，除护士学校外，均商请本省训练团设班办理之。

(六)办理山地行政

过去日本政府，视高山族同胞为劣等民族，歧视压迫，极不平等。初时原拟以高压手段，使其无形消灭，惟该族人口繁殖，消灭不易，乃改怀柔政策，以警察力量加以控制，划分地界，禁止自由出入，并以物品交易所名义，加以经济之榨取。本省光复之后，对于高山族同胞，依三民主义原则与人道主义立场，决以平等待遇，特别注意该族生活之改善，文化教育之提高。为使施政起见，本处会同警务处、教育处、交通处、农林处及各局科组织高山族施政研究委员会，研究各项施政问题，以供行政参考，并于本处第一科特设山地行政股，以主办山地行政业务，对于各县市指定专责人员主办其事，另并提拨经费，补助各县市专供山地行政设施之用。现在高山族区域内，所有日本政府时代所定之各种压迫设施，业于全部废除，该族同胞，已得完全解放，享受平等待遇。行政方面：现在筹组乡公所及村办公处，办理地方自治，提高其自治能力，并已选举乡民代表，设立民意机关。卫生方面：亦已组织巡回医疗队，经常施药、施医，指导卫生事务。经济方面：取消原有之交易所，以免该族之遭受剥削，并指导组织合作社，改善其经济生活。教育方面：将原有蕃童教育所一律改为国民学校，与平地教育同样办理。警察方面：由警务处特别训练高山族警察，派往服务。

(七)整理组织人民团体

本省在日本统治时代，所有人民团体俱受严厉压迫，不能自由活动。光复之初,爰即依照社会行政接管计划纲要,订颁人民团体组织暂行办法,一律加以调整,俾使纳入正轨,正常发展。调整工作进度:(一)原有省县市各级团体,限一个月内调查登记竣事。(二)三个月内调整完毕。(三)在调查登记期限内,未依法报请登记,又未奉主管官署指定调整者,拟予解散。办理以来,除县市级团体因交通困难,尚未据报齐全另待统计外,省属各团体,截至四月廿日止,已有廿九单位,兹列表说明如次(见下页表)。

(八)办理旅外台胞归省事项

本省同胞于日本统治时代,被征服兵役、工役或早年离乡而流居省外者,散布各处,为数达十万余人之多。光复以后,即经政府积极设法接运归台,并分电国内外有关机关,惠加协助。计自本省光复迄今,此项归省同胞总数已达五万八千七〇六人,未归台胞,亦正在继续接运,并派本署参事赵德馨前往北平,参议黄镇中前往广东专责办理。归来台胞,抵岸之后,即由本处或到达地之县市政府派员招待,供给膳宿,并免费乘车返里,其无家可归者,设法工作,有病者送医院疗治。兹将已归省台胞之人数及其旅外原所在地,列表如次:

台湾省旅外台胞回省人数统计表

旅外原所在地	人数	备考	旅外原所在地	人数	备考
日本	19,725		澳洲	5,024	
香港	2,543		海南岛	6,700	
关岛	561		内地各省	9,247	包括上海广州厦门汕头等地
新几内亚	1,125				
菲律宾	13,280		合计	58,006	

(九)协助寻觅盟军失踪人员

本省奉令协助寻觅盟军失踪人员,经普遍发动,悬赏查报。办理以来,共计经办有关案件七十四件,已知死亡确数者计三五五人,尚待调查未明确数

省级人民团体组训报告简表

类别	已成立者	已奉准组织成组尚在筹备中者	备考
农业团体		一、台湾省农会	已令饬省县市区乡农业会依法改为农会，现正在改组中
商业团体	一、台湾省商会联合会 二、台湾省茶业商业同业公会 三、台湾省水泥商业同业公会 四、台湾省轮船商业同业公会 五、台湾省皮革商业同业公会 以上计五个团体	一、台湾省席帽商业同业公会 二、台湾省汽车商业同业公会 三、台湾省木材商业同业公会 以上计三个团体	
工业团体	一、台湾省纺织工业同业公会 二、台湾省煤矿工业同业公会 三、台湾省制冰工业同业公会 四、台湾省桧木工业同业公会 以上计四个团体	一、台湾省铁工业公会 以上一个团体	
自由职业团体		一、台湾省医师公会 二、台湾省新闻记者公会 以上计二个团体	
学术文化团体		一、台湾省科学振兴会 二、台湾省体育协进会 三、台湾省文艺社 四、台湾省教育会 五、台湾省文化协进会	

续表

类别	已成立者	已奉准组织成组改组尚在筹备中者	备考
学术文化团体		六、台湾省医学会 七、台湾省政治经济研究会 以上计七个团体	
公益团体		一、台湾省建设协进会 二、台湾省建设协进社 三、台湾省政治建设协会 四、台湾省韩国人民互助会 以上计四个团体	在改组中拟改名为建设研究会 原称中华总会馆 原称台湾民众协会
宗教团体	一、台湾省佛教会 以上计一个团体		
妇女团体		一、台湾省妇女会 以上计一个团体	
慈善团体		一、省外台胞送还促进会	
注附	以上系属省级人民团体办理情形至县市各级早已颁发应用法规，令饬遵照办理，并已通饬将办理情形检同总报告表呈报，现尚未据报。		

者约一百余人。当时被拘于日军司令部未悉下落者约十余人,总计在本省失踪死亡之盟军共约百余名。各案经呈报军事委员会,奉复以本省办理成绩特优,传令嘉奖。

(十)整理合作组织

本省原有合作组织(火灾组合水利组合等),已具相当基础。惟其组设目的,经营方式,多未符合合作本义,又均以日人为主要成分。故于光复之初,即经依照中央法令,制定本省合作组织调整办法,加以整理。此项整理工作,原定本年三月中旬以前全部办理完成,嗣以法院方面,未克将原办法人登记工作如期移转行政机关,因之展延。

本省原有合作组织共计五百九十单位,其中市街地信用组合四十单位,产业组合一百单位,统制组合六十四单位,农业会二百七十四单位,水产业会渔会七十二单位,水利组合三十九单位。除统制组合系属战时组织,已予解散,农业会改为农会,水产会渔业会改组为渔会或渔会联合会,其所经营经济事业,可逐渐改为合作社外,其余各种合作组织,因多与其目的事业主营机关有密切关系,现正与有关方面洽商办法,加以调整中。

(十一)设立救济院

本省省救济院之设立,系就原成德学院及农业会皮革工场所改建,已于三月一日成立。其内部机构,分设感化部、习艺部、安考部、残废部等四单位。兹将该院计划,附录如次(见下页表)。

(十二)土地行政

(1)清理地籍

本省地籍制度,虽有成规可循,但照土地法规定,在地籍整理完竣,应依法举办土地登记。本省向为不动产登记,自应依法改办土地登记。照土地登记之规定,应先办所有权登记,而后始可办他项权利登记。所有权登记依照规定,手续甚繁,本省不动产登记既著有成绩,本省拟利用其已有基础,简化

台湾省行政长官公署民政处筹设台湾省救济院计划

纲目	项目	内容	附记
一、总纲	（一）设立主旨及实际需要	抗战已告胜利，汔黎待救特殷，尤以台湾久被压榨甚，复受战争惨烈破坏，其老弱妇孺残废次民之收容教养实为当务之急。此项救济本署经准社会部于本会准社会部十一月十日届五一四五〇七号代电切实办理，并指定为社会行政中心工作。兹值本省光复施政伊始，除督导推行社会救济设施并依法奖助团体教助，特设立本省救济院，以应急切需要而为救济设施之示范，期以推广救济事业。	
	（二）名称	定名为"台湾省救济院"（以下简称本院）。	
	（三）性质	本院为台湾省行政长官公署公设之一般救济设施兼属于本署民政处。	
	（四）地点	本院之感化所由旧台湾省总督府成德学院改设之，残废教养所仍设于原址（台北市东之松山），以该编解灰小不能容设全院，其余安老所、习艺所、施医所所须重新觅址布置，拟将本处应接管日人神社庙宇之一部拨为院址。	
二、事业	（一）安老	收容年在六十岁以上应受救济者，此项业务暂以收养一百人为设计标准。	
	（二）感化	收容幼年男女应受教济者，原成德医学院改设，以收容一百人为设计标准。	
	（三）残废教养	教养残废人应受救济者，此项业务暂以教养一百人为设计标准。	
	（四）习艺	收容教导懒惰成习不当正当职业游民，强制其劳作，暂以收容一百人为设计标准。	
	（五）施医	治疗受济人疾病。	
	（六）临济	除上列五种救济外，视实际需要，举办临时救济，总览院务，或受主管机关指定办理之救济事业。	
三、组织	（一）院长	本院设院长一人（暂兼任），总览院务，或受主管机关指定办理之救济事业。	
	（二）办公室	掌理文书人事出纳产销及不属其他各所所事务与会计事务。	
	（三）安老所	掌理鳏寡孤独衰老养恤事务。	

续表

纲目	项目	内容	附记
	（四）感化所	掌理不良幼童感化事项。	
	（五）残废教养所	掌理残疾人教养事项。	
	（六）习艺所	掌理流浪无业人习艺事项。	
	（七）施医所	掌理贫病医疗及卫生事项。	
	（八）人员	一、本院办公室设总务主任会计主任各一人，各所设主任一人，并视事务繁简，设干事、助理干事若干人。 二、本院视收容人数多寡，分设管理员、看护教师、医师、护士长、护士助理、护士药剂师、调剂员各若干人。	

手续,于缴验土地权利凭证,审核无讹后,即视同土地法规定之第一次所有权申请登记。现本省已成立土地整理处八处,定期先办是项业务。

台湾省各县市土地整理处管辖区域范围表

土地整理及单位	台中	台北	台南	高雄	新竹	澎湖	台东	花莲	备考
区域范围	彰化市 台中县 台中市	基隆市 台北县 台北市	嘉义市 台南县 台南市	高雄市 高雄县 屏东市	新竹市 新竹县	澎湖县	台东县	花莲县	

关于日人私有土地之调查,已于本年二月前,派员前往各县市加以清查,并已将各区乡每大字内所有日人私有会社或财团所有及日人与本省人共有土地,均根据土地台账分别录成清册,加以统计,兹将各地目数字列表如下,以供参考(附表)。

关于归国日侨不动产之处理办法,已公布日人私有房地产处理办法,另由日产管理委员会专责办理,至本省公有土地之处理办法,已遵照中央规定,并参照本省实际情形,拟定公有土地处理规则。

其他有关土地法及土地法施行法,亦分别附译日文编印成土地法令,汇编第一辑分发应用,并另将有关法令如组织服务规则、征用、地籍整理、地价、垦殖征收土地、地税涉外、土地金融等十二关汇编地政法令第二辑,现正付印中。

日人私有土地面积统计表

地目	田	畑	鱼	池	盐
甲数	18,986.536,3	18,332.088,8	2,287.556,7	262.387,2	6,327.957,5

地目	林	建	原	杂	全省合计
甲数	48,517.289,6	3,983.035,6	1,086.961,4	2,244.808,0	218,028.600,9

(备考:表列数字包括各会社财团所有及日台人共有)

(2)查定地价

在日本统治时代,虽有数次之地租调查,但均注重收益,并未普遍规定地价,在民国三十三年四月间前总督府财务局之地租改订,其业务大都于前一二年间者,距今已有数载,地价变动甚大,未符现实情形,故应依照中央规定办理重估地价,以为实施平均地权之根据,本省在日人时代所办地租调查之各项记录,均尚精确,堪资利用,对于本省查定标准地价实施办法,现正着手拟订中。

(3)创设自耕农

为使达到耕者有田之目的,拟订日人公私有土地处理办法及实施注意事项,分饬各县市将日人土地放佃于本省籍之雇农、佃农及耕地不足之自耕农等,使其有田可耕,另并拟订调查佃租制度各要点,通饬限期详细查报,以便改良佃租制度。

(十三)卫生行政

(1)改组各地医疗机构

过去本省医院属于台湾总督府者有基隆、宜兰、新竹、台中、嘉义、台南、高雄、屏东、台东、花莲港、澎湖等医院及松山疗养所、乐生院、养神院等十四所。属于警察局者有台北更生院一所,属于专卖局者有共济组合医院一所,属于台湾保健协会者有台北保健馆一所。自从接收以后,上述各该医院疗养所馆一律改为省立直属长官公署,并将人事及设备加以调整补充。兹将改组后之省属医疗机关名称、设备、人事、业务列表如次(见下页表)。

(2)推行公医制度

本省以往无完全之公医制度,仅设"公医"由各州厅知事或厅长任用,并受郡守支厅长、警察署署长之指挥。今后本省施行之公医制度则以卫生建设为目标,除于本省各县市设置规模完善之省立医院外,并于各县市乡镇等分别设置卫生院及保健馆所,以期实施公医任务,建立公医制度。

(3)登记卫生人员

本省卫生人员登记,在接管之后,即行办理,分为医师、乙种医师、药剂

台湾省省立医疗机关一览表

名称	主管人姓名	设备与业务				备考
		科别	人员	病床数	门诊人数	
共济医院	汪心汾	内科、外科、眼科、牙科、小儿科、皮肤花柳病科、产妇人科、耳鼻咽喉科	院长1名 医师10名 护士25名	60		
基隆医院	林柳新	内科、外科、眼科、产妇人科、耳鼻咽喉科	院长1名 医师8名 护士19名	95		
宜兰医院	林焜智	内科、外科、眼科、产妇人科、耳鼻咽喉科	院长1名 医师7名 护士26名	98		
新竹医院	翁启煌	内科、外科、眼科、小儿科、产妇人科、耳鼻咽喉科	院长1名 医师11名 护士31名	94		
台中医院	李佑吉	内科、外科、眼科、小儿科、产妇人科、耳鼻咽喉科	院长1名 医师21名 护士62名	200		
嘉义医院	魏炳炎	内科、外科、眼科、小儿科、产妇人科、耳鼻咽喉科	院长1名 医师10名 护士23名	162		

续表

名称	主管人姓名	科别	设备与业务			备考
			人员	病床数	门诊人数	
台南医院	刘清井	内科、外科、眼科、牙科、小儿科、产妇人科、耳鼻咽喉科	院长1名 医师21名 护士62名	195		
高雄医院	翁嘉器	内科、外科、眼科、小儿科、产妇人科、耳鼻咽喉科	院长1名 医师14名 护士17名	215		
屏东医院	李胡钦	内科、外科、眼科、小儿科、产妇人科	院长1名 医师12名 护士24名	120		
澎湖医院	林道生	内科、外科、眼科、产妇人科	院长1名 医师5名 护士13名	60		
台东医院	颜秋山	内科、外科、眼科、产妇人科	院长1名 医师10名 护士22名	57		
花莲港医院及同玉里分院	林子种	内科、外科、眼科、产妇人科、耳鼻咽喉科	院长1名 医师10名 护士25名	57		

续表

名称	主管人姓名	设备与业务					备考
^	^	科别	人员	病床数	门诊人数	^
松山疗养院	杨木	内科	院长1名 医师7名 护士21名	134		
乐生疗养院	吴文龙	内科	院长1名 医师6名 护士21名	70		
锡口疗养院	吴金鉴	内科、外科	院长1名 医师9名 护士40名	134		
保健馆	王耀东	母子卫生部、预防卫生部、保健指导部	主任1名 医师4名 护士7名			
台北戒烟所	杜聪明		院长1名 医师5名 护士10名	500		

师、牙医师、护士、助产士等六种。此项登记工作，预定自三十五年一月起至四月内全部完成。截至三月卅日止申请登记者共有一千七百二十五人。兹统计列表如次：

台湾省卫生人员声请登记人数表

名称	人数	备考
医师	675	医师分为两种，正式医学校毕业者称为医师，考取者称为乙种医师
乙种医师	207	乙种医师配置在偏僻地区开业
牙医师	98	
药剂师	47	
助产士	584	
护士	114	
合计	1,725	

（4）禁绝鸦片

日本统治时代鸦片公然专卖，对于烟民之施戒则另设戒烟所办理。本省光复以后，为彻底根绝鸦片毒害，特订颁禁绝鸦片办法，并限期自三十四年十二月一日起至三十五年五月止。在六个月内将所有烟民分四期施戒完毕，除于台北设立戒烟所外，并于新竹、台中、嘉义、屏东、花莲港、台东、澎湖等省立医院附设分所。全省烟民人数，经调查登记者共计一二六九名。

（5）管理成药

过去台湾总督府曾颁订麻药取缔规则及卖药类似品取缔规则。光复后为适合我国立法精神，特另照中央卫生法规，订颁新法，改善管制。凡在本省制造或输入之成药，除执有卫生署许可证者外，均规定加以查验，已领有前总督府许可证者，准予发售，惟仍限期呈验。呈送查验之药品，经本省化验及格发给临时证书，俟送中央卫生署复验及格后，再换发正式证书。

（6）办理海港检疫

本省海港检疫工作，以前由旧总督府警察局卫生课主管，而由台湾及高雄港务局检疫课办理，惟该两港，房屋设备，在战时已告被坏。迨日本投降之时工作废弛，业务已陷停顿。本省自接收以后，即组织台湾省海港检疫总所及基隆、高雄两检疫分所，并另拟于各大小港口设置十四个检疫站、十八个检疫派出所。惟经费过巨，现正酌量缓急，分别办理中。

(十四)城市营建

(1)复旧工事

本省因受战争影响，各重要城市建筑物受害颇重，市街及公用设备之复旧工事，均待积办理。对于街道之清理工作，经发动学生、民工并利用日俘协同办理，现大部已告竣事。惟住宅损毁之修复，因限于经费人工，全部竣事，尚需相当时日。其损毁情形，据第一次调查全毁者二一三五七户，半毁及需大修者一一九〇六户，共计三三二六三户，中以高雄、基隆、台南各市受损最烈。全省新建及修复计划，拟新建平民住宅及劳工住宅二万二千户，修复被毁房屋一一九〇六户，所需经费估计约需台币九万万元。动用土木石人工约需九百万元。其办法拟于本年度内，先在重要城市修建平民及劳工住宅二万户，由本处住宅营团主办，经费亦由该团以保证贷款方式向银行借贷。现一切计划业经就绪，并已逐步兴工，基隆方面之第一期平民及劳工住宅二六八户，已经大部完成。高雄第一期平民及劳工住宅五七〇户，不日即可兴建。兹将本省各重要城市营建与复旧工事办理大要，列表说明如次(见下页表)。

(2)改正街道名称

本省各地街道名称，多已日化，命名又含歌颂侵略功绩或伸扬敌人国威之意义。光复以后，为破除日本统治观念，纠正视听起见，自应一律予以改正，特订制办法颁行全省，一律改正。现此项工作业已全部办理完成。

(3)住宅营团

台湾住宅营团，设立于民国三十一年(昭和十六年)，由总督府拨款三百万元，并发行公债八百万元，以为资金，办理营建平民住宅、劳工住宅，其经营方式分：(一)分让。(二)租赁。(三)代办等三种。本省接收以后，成立该团监理委员会，对其资产业务加以监督调整，所有工作则照常进行。该团事业分布全省各重要县市，接收之时，已有分让住宅一一四座，租赁住宅一七八座。

台湾省重要城市营建与复旧工事办理情形表

地别	营建情形	复旧工事进行情形	重建计划	附注
台北市	市内官署林立商业茂盛,战争期间遭空袭被炸毁多处,工业区在松山中仓官前町及绿町近郊各地。	道路上、下水道、公园等之急要复旧工作第一次已告完毕,自下第二次工作利用日俘清扫水沟道路公园至防空地复旧桥梁之整理,亦已安成。	都市计划现先(1)多利用以前防空地建筑公园作为游憩之地。(2)交通干线急图恢复及扩展以达到建设新兴都市之目的,预拟二年内可以复旧,其整个计划在拟订中。	
高雄市	(1)道路破坏面积9,459平方米,已经复旧原面积645平方米,因资材缺乏,先用土砂填补,以维交通。(2)桥梁破坏面积1,161.5平方米。(3)公共建物大破13,小破5,中破10,全坏6,计34户。(4)住宅全烧或是全坏8,080户,大破4,108户,中坏4,567户,共计16,755户。(空袭前总户数50,100户)	各项复旧工事已顺序进行,主要市街已通行无阻。	(一)重建计划在拟订中,并设立建设委员会办理复兴工作。(二)第一期劳工及平民住宅570户,已由民政处住宅营团计划竣事,即可兴工。	

续表

地别	营建情形	复旧工事进行情形	重建计划	附注
基隆市	本市前受空袭破坏甚烈,除福住町,元町,玉田町,泷川町较轻外,其余大多全部炸毁,占全市63%,其遇难者约达1万户之多,道劳尽是破屋颓垣,一切均有待建设。	(1)上水道:本市自来水计有138所,除78所已修理完竣适用外,余60所品已着手修缮,然因材料缺乏,恐不能如期完竣,预约明年三月间可全部复用。(2)下水道:下水道开渠与暗渠共长约71,500公尺,损坏者达7,500公尺,现正积极修复。(3)官署学校:市府及职员宿舍暨市内大部学校均待修理。(4)商店:除民间各地架造小商店架暂时贸易外,余未动工。(5)住宅:本市民间住宅均未开始修筑,本町之内住宅56户,因受空袭影响,房屋租遣炸毁,已于本月五日修理竣事。	都市计划已在拟计中,目前办理:(1)市街水道之复旧工事,(2)公共建筑物之修缮工事,(3)平民及劳工住宅之修建(第1期计268户已由民政处住宅营团兴建,现已大部完成)。	
台中市	本市在战争中损失较轻,铺路面道路10,359米,气候温和,土地肥沃,市街整然。	被爆击家屋345栋,除现在复旧家屋60栋外,其他已渐修复中。	另拟建住宅100户。	
彰化市	交通道路业已清扫,其他亦渐恢复中。	小破中破之建筑物在修复中,大破全坏者尚未得着手。	重建计划在拟订中,但材料及经费地方筹办甚为困难。	

续表

地别	营建情形	复旧工事进行情形	重建计划	附注
新竹市	本市原有20,300户,因民国三十四年三月十九日及五月十五日两次轰炸,毁损建筑物总数40%,且道路桥梁等亦受毁损,以前疏开农村之民众均已渐归来,市况颇呈活气。	市街堆积砖砾清除工作业已动工,主要马路自来水及瓦斯等物应急复旧工作已告完成。现已清除民间地内堆积砖砾等工作,公共建筑物及一般房屋之修缮已完成20%,近再由日俘到市协力复兴工作,市容一新。	复旧工作拟采取积极的方针,先整市容,同时进行整个调查后,拟具恒久复兴计划,以本市之各种条件,可能建设为工业都市。	
嘉义市	本市市街及上下水道损毁甚重,商店住宅计损毁6,600户,内住宅4,200户,商店2,400户,此外计官公署公共建物9,240平方公尺,学校建物7,567平方公尺。	重要部分已着手修理,但因经费困难,须待省库补助。	已着手计划,待省款补助到,方可具体进行。	
花莲市	本市战时受空袭炸毁及烧毁者甚烈,计房屋全毁161户,半毁1,190户,全烧240户,半烧1,713户。	因铁器木料等材料缺乏,房屋修复工程不易进行,准道路桥梁及风水灾害之部分逐项推进修复。	对市有房屋及街道战灾复旧工程以及建筑市内学校校舍等工程计划已计划逐渐动工。	

接收后，新兴工程之在进行中者，计有基隆第一期平民及劳工住宅二六八户，高雄第一期平民及劳工住宅五七〇栋。此项新兴工程，商承台湾救济分署资助全部工程费百分之二十。故均采以上代账方式进行。该团除办理上述住宅工程外，对公私之一切土木工事，亦均承办经营，目的不在营利，纯属服务性质，并负有协助完成全省市政建设之使命。

省日侨管理委员会工作概况

一、过去情形

（一）人口状况

日本统治时代对于在台日人管理，因无专设机构，故日侨人数亦未曾专办调查统计，旧台湾总督府于三十四年十月为应我前进指挥所之需要，曾举办全省日侨调查。据调查结果报告，在台日侨共有三十二万三千二百六十九人，其中男十五万四千八百四十九人，女十六万八千四百二十人（详附表一）。分布地区以台北为最多，高雄次之，澎湖为最少。唯此次调查，因战事影响，一般日侨调服兵役及被轰炸死伤暨疏散各地，异动颇大，且临时从事调查，时间仓猝，以致调查结果，数字尚未尽精确。

台湾省日侨人口统计（附表一）

民国三十四年十月一日前台湾总督府调查

人数　　性别　　县市别	男	女	合计	备考
台北市	38,399	41,999	80,398	

续表

人数 \ 性别 县市别	男	女	合计	备考
基隆市	6,710	6,368	13,078	
台北县	14,101	15,569	29,670	
新竹市	3,649	3,645	7,294	
新竹县	7,539	8,859	16,398	
台中市	7,991	8,962	16,953	
彰化市	1,570	1,652	3,222	
台中县	16,738	20,057	36,795	
台南市	5,814	6,137	11,951	
嘉义市	4,036	4,479	8,515	
台南县	15,368	17,989	33,357	
高雄市	9,320	6,523	15,843	
屏东市	2,717	2,902	5,619	
高雄县	7,705	9,175	16,880	
台东县	3,387	3,368	6,755	
花莲县	9,263	10,227	19,490	
澎湖县	542	509	1,051	
总计	154,849	168,420	323,269	

(二)职业状况

根据上述调查结果分析,日侨在台湾之职业以无职业者为最多。官吏次之,矿工业及商业又次之,渔业为最少(详附表二)。彼等居留台湾因握有政治上之特权,并操纵商工业之主要力量,故一般日侨生活甚为优裕。

台湾省日侨职业调查统计表（附表二）

民国三十四年十月一日前台湾总督府调查

职业别 \ 州厅别	总数	台北	新竹	台中	台南	高雄	台东	花莲港	澎湖
总数	323,269	123,146	23,691	56,971	53,823	38,342	6,755	19,490	1,051
商业	13,747	6,611	509	2,825	1,470	1,494	176	558	104
矿工业	14,092	4,743	1,321	2,027	2,062	2,245	131	540	23
农林业	7,478	831	329	2,065	1,365	845	425	1,618	
渔业	1,407	834	38	69	75	267	73	49	1
交通业	5,359	2,293	248	602	767	1,166	77	198	8
土木建筑	3,801	1,667	133	910	308	554	45	178	6
官吏	36,264	11,826	3,043	9,632	5,566	3,477	851	1,674	195
公吏	8,220	2,093	419	2,042	1,117	2,088	135	298	28
自由职业者	9,519	4,628	453	1,540	1,736	804	96	254	8
无业	223,382	87,620	17,198	55,259	38,356	25,402	4,746	14,123	678

二、现在办理情形

(一)组织概况

本会于三十四年除夕奉令成立,依照组织规程规定,除主任委员由民政处长兼任外,委员九人由台湾省行政长官公署有关各处室首长兼任,常务委员二人由委员兼任,顾问一人,由美军联络组派代表充任。下设秘书室及调查、管理、输送三组,秘书室设秘书二人至三人,每组各设正副组长一人,干事雇员各若干人。嗣因业务增繁,又于二月份起奉准增设会计室及督导专员等人员,并于基隆、高雄各设办事处,由港口运输司令兼任办事处主任,下设物品检查、健康检查、总务、输送、管理、给养等六组,各县市设日侨输送管理站,由各县市长兼任站长;下设运输、管理、检查、总务四股。必要时得于县境冲要地点设置分站。

(二)日侨调查

1 调查统计

本会因旧台湾总督府三十四年十月所调查在台日侨之数字未尽精确,为明了在台日侨确实人数及其他状况以资管理起见,特于本年一月四日起举办日侨总复查,至二月廿三日复查工作全部完成。依据此次复查结果统计,全省日琉侨总数计三十二万二千一百四十九人,内日侨总数为三〇八二三二人,琉侨总数为一三九一七人(详附表三),至分布各县市情形,核与旧台湾总督府调查所得资料,尚无重大差异。

台湾省日琉侨人数统计表(附表三)

中华民国三十五年二月二十三日

县市别	日侨人数	琉侨人数	合计	备考
台北县	20,029	1,363	21,392	
新竹县	12,195	507	12,702	

续表

县市别	日侨人数	琉侨人数	合计	备考
台中县	25,902	1,637	27,539	
台南县	25,500	1,387	26,887	
高雄县	2,861	798	12,659	
台东县	5,993	284	6,277	
花莲县	17,666	465	18,131	
澎湖县	894		894	
台北市	92,990	2,977	95,967	
基隆市	15,024	1,114	16,138	
新竹市	8,204	218	8,432	
台中市	16,214	650	16,864	
嘉义市	9,754	234	9,988	
台南市	14,932	436	15,368	
高雄市	21,681	1,626	23,307	
屏东市	6,174	211	6,385	
彰化市	3,219		3,219	
合计	308,232	13,917	322,149	

上述复查日侨数字经加以分析,可分为三种,第一种日侨包括:(1)行政主管人员(2)退伍之军人(3)未经征用之警官警察(4)未经征用之公务员及中小学教育人员(5)流氓(6)与台湾籍学生不能共学之中学以上学生(7)娼妓(8)工厂大公司商店会社银行经理(9)自愿回国者等九项,共计一十四万七千九百零九人。第三种日侨包括:(1)奉准征用之工矿技术人员(2)奉准征用之专科以上学校工医农科教授(3)奉准征用之金融人员(4)奉准征用之行政人员(5)奉准征用之卫生技术人员(6)奉准征用之邮电人员(7)奉准征用之铁路人员(8)奉准征用之电气人员(9)奉准征用之港务人员(10)奉准征用之船舶技术人员(11)奉准征用之气象人员(12)奉准征用之水利技术人员(13)奉准征用之土木工程人员等十三项,及其家属共计五万九千五百八十八人。第二种日侨(即不属于第一、三两种之日侨)共计十万零七百三十五人(详附表四)。

台湾省日侨类统计表（附表四）

县市别 \ 种类	第一种	第二种	第三种	合计	附记
台北市	53,934	26,843	12,214	92,990	
基隆市	8,463	2,795	3,766	15,024	
台北县	10,103	3,650	6,276	20,029	
新竹市	6,191	1,656	357	8,204	
新竹县	5,553	4,010	2,632	12,195	
台中市	5,179	9,456	1,579	16,214	
彰化市	2,685	38	496	2,927	
台中县	9,734	11,649	4,519	25,902	
台南市	9,630	2,010	3,292	14,932	
嘉义市	5,352	2,500	1,902	9,754	
台南县	4,168	13,712	7,620	25,500	
高雄市	8,949	5,616	7,116	21,681	
屏东市	2,892	2,933	349	6,174	
高雄县	6,206	1,902	3,753	11,861	
台东县	1,160	3,943	890	5,993	
花莲县	7,177	7,967	2,522	17,666	
澎湖县	533	56	305	894	
合计	147,909	100,735	59,588	308,232	

台湾省各级学校日籍教职员人数统计表（附表五）

学校 \ 性别	男	女	合计	备考
国民学校	6,234	2,675	8,909	
实业补习学校	481	114	595	
青年学校	236	8	244	
中等学校	1,587	221	1,808	
高等学校	55	7	62	
专门学校	174	13	187	

续表

性别\学校	男	女	合计	备考
师范学校	266	23	289	
台北大学	690	282	972	
合计	9,723	3,343	13,066	

台湾省日籍卫生人员统计表（附表六）

县市别	人数 医师	看护	产婆	小计	备考
台北县	48	46	27	121	
新竹县	15	2	2	19	
台中县	20			27	
台南县	11	9	7	27	
高雄县	29	25	18	72	
台东县	28	2	2	32	
花莲县	34	1	6	41	
澎湖县	3			3	
台北市	277	109	99	485	
基隆市	19		3	20	
新竹市	11	2	5	16	
台中市	39	11		55	
彰化市	6		3	6	
嘉义市	19	2	3	24	
台南市	18	3	4	25	
高雄市	30	1	5	36	
屏东市	8	2	6	16	
合计	615	215	195	1,026	

台湾省与高山族杂居之日侨统计表（附表七）

县别	人数			附记
	十岁以上	十岁以下	小计	
新竹县	476	200	676	
台中县	1,734	478	2,212	
台南县	83	104	187	
台东县	295	140	435	
花莲县	200	87	287	
合计	2,788	1,009	3,797	

又本省现任日军眷属，系由本省警备总司令部战俘管理处负责与日俘同时遣送，至日本海陆军遗族及留守家属，系由本会办理遣送，经调查结果，全省日军遗族计九四〇五人，留守军人家属计六一五二五人（详附表八），此项日军遗族及留守家属，为日侨调查总数中之一部分，遣送时预定列为首批返国。

台湾省日军遗族及留守家属人数统计表（附表八）

民国三十五年二月二十三日

县市别	人数 总数	人数 日军遗族	人数 留守家属	县市别	人数 总数	人数 日军遗族	人数 留守家属	备考
总数	70,930	9,405	61,525	台北市	20,454	2,650	17,804	
台北县	4,184	672	3,512	台中市	5,966	751	5,215	
新竹县	2,701	270	2,431	基隆市	3,114	97	3,017	
台中县	6,506	1,385	5,121	新竹市	1,848	197	1,651	
台南县	6,400	647	5,753	嘉义市	2,419	378	2,041	
花莲县	3,919	627	3,292	台南市	4,105	555	3,550	
台东县	985	65	920	彰化市	865	105	760	
高雄县	2,332	274	2,058	屏东市	1,453	191	1,262	
澎湖县	48	3	45	高雄市	3,531	538	3,093	

台湾省留用日侨及其眷属统计表（附表九）

中华民国三十五年四月二十七日编制

类别 / 县市别	工矿技术人员 留用者	工矿技术人员 家属	工矿技术人员 计	交通技术人员 留用者	交通技术人员 家属	交通技术人员 计	农林技术人员 留用者	农林技术人员 家属	农林技术人员 计	学术研究人员 留用者	学术研究人员 家属	学术研究人员 计
台北市	627	1,783	2,410	601	1,793	2,399	366	1,161	1,527	357	952	1,309
基隆市	110	231	341	154	356	510	336	722	1,058	9	36	45
台北县	200	600	800	48	134	182	59	152	211	6	22	28
新竹市	106	277	383	11	39	50	5	24	29	2	5	7
新竹县	66	166	233	29	75	104	29	78	107	2	8	10
台中市	62	153	215	19	55	74	18	48	66	23	79	102
彰化市	18	46	64	16	38	54	4	7	11	1	4	5
台中县	346	930	1,296	23	67	90	63	184	247	36	87	125
台南市	31	89	120	32	51	83	73	183	256	2	1	3
嘉义市	22	95	127	13	55	68	25	91	116	1	5	4
台南县	613	1,745	2,358	5	4	9	38	112	150	1	3	4
高雄市	314	822	1,136	131	354	485	132	334	466	6	3	9
屏东市	113	373	486	5	13	18	14	45	59	5		5
高雄县	173	424	197	4	18	22	34	93	127	2	7	9
台东县	31	90	121	9	35	44	7	30	37	1	3	4
花莲县	79	211	290	69	210	279	16	54	70	1	4	5
澎湖县	2	6	8	5	17	22	3	13	16			
合计	2,923	8,061	10,984	1,179	3,314	4,493	1,222	3,331	4,553	456	1,214	1,670

续表

县市别	财政金融技术人员 留用者	家属	计	警务技术人员 留用者	家属	计	地政、水利、卫生、都市营建技术人员 留用者	家属	计	其他技术人员 留用者	家属	计	总计 留用者	家属	计
台北市	343	1,173	1,516	14	49	63	140	391	531	107	298	405	2,560	7,600	10,160
基隆市	21	68	89	3	10	13	19	60	79				652	1,483	2,135
台北县	27	93	120				34	95	129	4	7	11	378	1,103	1,481
新竹市	17	50	67				24	88	112				165	483	648
新竹县	2	3	5	7	20	27	8	16	24				143	366	509
台中市	48	163	211	2	9	11	56	110	146	1	8	9	200	625	834
彰化市	6	19	25				4	19	21				49	133	182
台中县	7	28	35	1	3	4	4	15	19				444	1,247	1,691
台南市	39	91	130	17	40	57	40	126	166	8	11	19	278	678	936
嘉义市	21	47	68	3	14	17	12	45	57				108	348	456
台南县	7	23	30	1	3	4	9	18	27	2	12	14	676	1,920	2,596
高雄市	36	89	125	21	69	90	92	208	300				732	1,879	2,611
屏东市	12	53	65				11	46	57				160	530	690
高雄县	2	6	8	1		1	5	13	18				219	554	773

续表

留用人数 县市别 \ 类别 人员及眷属	财政金融技术人员 留用者	财政金融技术人员 家属	财政金融技术人员 计	警务技术人员 留用者	警务技术人员 家属	警务技术人员 计	地政,水利,卫生都市营建技术人员 留用者	地政,水利,卫生都市营建技术人员 家属	地政,水利,卫生都市营建技术人员 计	其他技术人员 留用者	其他技术人员 家属	其他技术人员 计	总计 留用者	总计 家属	总计 计
台东县	9	27	36	4	13	17	47	120	167				109	322	431
花莲县	18	46	64	19	101	712	37	131	168				239	756	995
澎湖县	4	16	20				3	5	8				18	61	79
合计	619	1,995	2,614	93	331	424	525	1,506	2,031	122	336	458	7,139	20,088	27,227
备考	本表中所列人数系根据各机关册送所作之统计,至最近异动情形尚需再度调查始能精确。															

2 留遣审核

本省为保持繁荣并建设新台湾起见,对于日籍技术人员留用问题,曾予审慎之考虑,当经决定日侨留遣标准两项如左:

(1)日侨志愿留台,而政府认为无留台需要者,应即遣送回国。

(2)志愿回国之日侨,具有学术技术,或特殊专长之智能,而政府认为有留台之必要者,仍应继续征用令其留台。

本会根据上项留遣标准,即着手从事对本省需要留用日籍技术人员之估计,并作初步留遣之审核,当时拟定各机关及各县市留用日侨(包括留用人员之家属)约九万四千二百三十八人,其余均予遣送回国。

旋美方建议本省留用日籍技术人员以一千人为度,连家属只可留用五千人,嗣蒙陈长官在渝与中枢当局及美方数度商洽结果,最后决定留用日籍工作人员总额增为五千六百人,连同家属以不超过二万八千人为限(留用人员之家属减少时,则留用人员得酌予增加,反之,必须酌予减少)。

留用日侨总数确定之后,本会经与各机关洽商作如下百分比之分配。

(1)农林工矿技术人员,约占百分之五十八,(2)交通通讯技术业务人员约占百分之一七,(3)金融财政主要技术业务人员约占百分之九,(4)必要之卫生地政地方建设及警务暨其他人员约占百分之十,(5)学术研究人员约占百分之六。

各机关就此百分比额内尽量将原有征用日籍人员加以裁减,最后留用人数为七一三九人,连留用人员家属在内计二七二二七人(详附表九)。至留用手续,规定由各机关分别造列必需征用日籍人员名册,以三份送本会复核后,汇饬各县市分别填发留台通知书暂予留台,三份送日产处理委员会,以为处理财产之依据,一份函送人事室,以资联系。

(三)日侨管理

1 分区编组

回国日侨在未集中遣送前,为指挥便利,集中迅速,经订定回国日侨编组办法,饬由各县市日侨输送管理站会同当地日军连络支部,将应遣日侨先行分区编组,其编组方式,规定以户为单位,三至五户为一班,设正副班长。三至五班为一组,设正副组长,三至五组为一队,设正副队长。如一县市日侨人数超过两队者,编为大队,超过四队以上者,编为两大队,超过两大队者编为总队。各级班组队长,均由日侨自行推选,并发给符号佩带,俾集中遣送命令下达时,有条不紊,顺序迅速集中候遣。各级班组队长任务,约分为下列各项:

(1)关于本省有关日侨一切命令训示之传达事项,(2)关于日侨膳食管理或监督事项,(3)关于回国日侨秩序之维持事项,(4)关于回国日侨卫生清洁之指导事项,(5)关于回国日侨房舍配宿事项,(6)关于回国日侨互助救济事项,(7)关于回国日侨患病或残废者之医护配置事项,(8)关于回国日侨之输送指导事项,(9)关于回国日侨纠纷之调解事项,(10)关于编造日侨各项名册事项,(11)关于回国日侨异动之呈报事项,(12)其他有关回国日侨之组织互助及指导事项。

全省各县市办理日侨编组尚称迅速顺利,各县市所编成队组数共计九九七队四二一九组。

2 实施检查

回国日侨应予以左列三种之检查:

(A)物品检查 回国日侨携带物品方面,经遵照中国陆军总司令部之指示,规定显明属于个人日用品者均酌准携带,每人准携带一挑而以自行搬运者为限。唯不许分两次搬运上船,并不许雇用苦力搬运,但老年残废患病携带幼孩者,得酌准雇人代搬;有幼孩者得酌准多带;医师或其他技术人员,为个人职业上所必须之最低限度用具(例如医师之体温气听筒等,理发匠之理发器具等)酌准携带,并得于行李限额外携带十公斤以内之技术及科学书籍。为处理物品检查便利起见,经订定物品检查应行注意事项公告实施,并规定日侨到达港口上轮时一次实施,借免涉及苛细骚扰,担任检查人员,除男检查员由原检查日俘之宪兵担任外,女检查员向本省三民主义青年团调借团员担任。为求各地检查工作方式一致,严宽一律起见,爰于二月十八日起由会举办检查人员讲习会,就检查范围及方法等加以讲习。日侨遣送于三月二日开始,故此项检查人员均于二月下旬分派各港口办事处服务,嗣输送人数虽日增无已,而检查工作人员因教育程度较高,且经过检查讲习,对检查工作,尚能认真迅速进行。

（B）现金检查　回国日侨不分大人小孩,每人准携现金以不超过日币壹千元为限,如系持有本省银行钞票,准于归国前向银行兑换日币（但以不超过一千日元为限）,至其他金条银块及贵重首饰,均在禁止之列。如有超额携带现金及违禁携带金银出口者,均予没收。此项没收现钞及金银,规定由检查员点交本省日产处理委员会派赴各港口之保管员接收汇存银行,并由港口办事处填具四联收据,除一联挈交被没收日侨外,其余三联分别存转稽核,截至四月中旬止,没收台币约计五三七九五二元,日币约计四四四〇三元,合计约五八二三五五元。

（C）健康检查　回国日侨健康检查,分初检与复检两次,初检以乡镇为检查单位,复检规定到达港口时实施。回国日侨接到健康检查初检通知书后,应即按照指定地点及时间,依照次序受检,并作防疫注射。注射药品,由本会购备。按各县市日侨人数配发,初检合格者,方能参加编队,不合格者,尚须就地复检,以杜流弊。到达港口后仍应实施复检,并作第二次防疫注射,如发觉传染病者,即送入港口附近医院治疗。兹根据各县市健康检查报告因病不能返国日侨人数,除花莲、台东、澎湖三县未报外,约一二五人,家属约二六六人,至需要护遣送之日侨病者,总数约一二一一人,其病名及详细人数详左表所列。

各县市被遣日俘患病人数分类统计表（附表十）

病类别	台北市	基隆市	台北县	新竹市	新竹县	台中市	彰化市	台中县	台南市	嘉义市	台南县	高雄市	屏东市	高雄县	花莲县	台东县	澎湖县	小计	摘要
（一）传染病寄生虫病			24	2	7		9	18		13	5	11	3	33	6	2	133	
（二）瘤其他肿病			1	2				1			1			1			6	
（三）关节营养不良内分泌腺疾患其他全身病			6	2	4		3	4		4	5	2		6			32	
（四）酒精中毒及其他慢性中毒							1											
（五）血液及造血脏器疾病			1													2	2	
（六）神经系及感觉器疾病			10	11	19		19	11		8	10	1	5	44	2	2	142	
（七）血行性疾病			3	2	5		4	2		2	1		1	7			26	
（八）呼吸器疾病			7	11	5		3	5		7	6	3	4	20	1		72	
（九）消化器疾病			7	4	6		5			1	3	4	2	12		2	45	
（一〇）泌尿生殖器疾病				1			2			2		2	2	9			18	

续表

病类别	台北 台北市	台北 基隆市	台北 台北县	新竹 新竹市	新竹 新竹县	台中 台中市	台中 彰化市	台中 台中县	台南 台南市	台南 嘉义市	台南 台南县	高雄 高雄市	高雄 屏东市	高雄 高雄县	花莲县	台东澎湖 台东县	台东澎湖 澎湖县	小计	摘要
(一)因妊娠及生产之病		1		28	37	7		34	7		3	48	6	18	72	11		272	
(二)皮肤及皮下结缔组织疾病				1	1						1							3	
(三)骨及运动器疾病				2	3	2		4	2		1	1	1	4	9			29	
(四)先天畸形								1				2		1				4	
(五)乳儿固有疾病																			
(六)外因				3		3					3	1			2			12	
(七)诊断不明					1								1					2	
(八)老衰弱				1	3	4		6	1		1	2	1	3	9	1		32	
(九)其他															11	9		20	
合计	343	1	18	94	80	62	待报	91	51	待报	42	85	32	41	235	30	6	121	

3 给养处理

本会遵奉中国陆军总司令部指示,凡日侨在集中遣送期间之食米及副食,均由地方政府供应。但为顾虑采购粮食困难而防止物价波动起见,经规定日侨到达港口至上轮前之给养由政府负责,不分大小口平均每人每日发给食米十二市两,副食费每人台币五元。由本会港口办事处督导港口日军连络支部组设补给机构,事前作充分之准备,日侨未集中港口前,其所需副食品由县市政府与日本连络支部协同办理,故日侨主副食补给问题,自始至终,尚无匮乏情形发生,而一般物价并不因日侨副食之采购而起波动。

4 严密警卫

日侨集中场所之警戒,除由当地军警担任外,并责由日侨自行就集中日侨中推举富有警察智识者,轮流戒备,以防不虞。而在输送期中由本会呈请长官兼警备总司令通令沿送负责警戒之部队担任,并通饬凡日侨在输送途中不得假借名义检查骚扰,而本省同胞,亦能遵守政府命令,秉承蒋主席及陈长官"不以怨报怨"之指示,宽大容忍。故尚无情感冲动或骚扰报复旧怨等情事发生。

为使各县市办理日侨遣送工作遵循规定时间迅速集中而配合美方船只运送起见,特将全省分为三个督导区,分派督导专员、督导员等巡回督导。第一督导区包括台北、新竹、台中、基隆、彰化等市,台北、新竹、台中等县,第二督导区包括台南、嘉义、高雄、屏东等市,台南、高雄、澎湖等县,第三督导区包括花莲、台东两县。每督导区派督导专员一人,督导员若干人,督导人员须按照督导办法及督导须知之规定,按月填具督导日报表,或用电话先向本会报告一次,以增联系。

(四)日侨输送

1 遣送程序

本省日琉侨遣送程序经规定原则如下:

(子)日本海陆军遗族及留守家属,列为首批遣送,次为一般普通之日侨。

(丑)病人利用医院船载运。

（寅）犯人特备武装专轮派兵押运。

（卯）日籍医生按每次船只分批配遣。

（辰）琉侨列为最后一批遣送。

本会经按上述遣送原则，并参酌全省交通工具状况，将日侨遣送程序作全盘计划，所有各县市集中日侨起讫时间，及每日集中人数均排列预定表分饬各县市实施（详附表十一）。俾与来台美方船只取得紧凑之配合。并划定台北、台中、新竹等县，台北、基隆、新竹、台中、彰化等市日侨向基隆港口集中，台南、高雄、澎湖等县，台南、高雄、嘉义、屏东等市日侨向高雄港口集中。至花莲、台东两县日侨因交通困难，特由美方调配小型轮船，直开花莲港接运，并由花莲港径开东京，以资简捷。

各县市日侨集中时间及人数预定表（附表十一）（略）

2　交通工具

本省输送日侨工具，除出港返日船只由美方供应外，关于省境以内日侨运送港口集中之交通工具，包括火车，汽车，船只等项，均由交通处调拨。其中可能作为输送日侨利用之火车占91.23%，汽车占5.94%，船只占2.83%（详附表十二）。此项交通工具，均在日侨开始输送以前统筹配备。至各县市内之输送工具，则授权各县市政府自行作周密调查与准备，日侨居住地至县市站之运输工具，由县市站运用境内交通工具，妥为调配。日侨由集中县市站至港口之运输，则由日侨遣送处会同铁道运输司令部负责。

台湾省日侨输送需用交通工具统计表（附表十二）

民国三十五年三月　日

工具种类	数量	载运人数	备注
火车	233列	233,954	各县市运送港口集中列车
汽车	382辆	7,603	日侨自动雇车赴港数
台交汽船	23艘	5,192	花莲至苏澳澎湖至高雄两段航运
美方调配轮舰	199艘	278,455	由三港口载赴日本船只
1. 各县市内集中所需交通工具不计在内			
2. 高雄基隆两市交通工具亦不计在内			

3　输送情形

本省日侨输送始于三月二日，截至四月二十一日止，由各县市载运到达基隆、高雄、花莲港口日侨人数，合共为二七○八五二人（详附表十三）。其中包括日军遗族及留守家属六三六九二人，普通日侨二○七一六○人。此外尚有未经由县市站集中而自动向港口报到集中者计普通日侨七六○三人，日军遗族及留守家属五五二五人。统计出港载运回国日侨人数合计二七八四五五人。（港口输出人数详附表十四[①]）

[①]附表十四缺。

台湾省日侨管理委员会各县市日侨向港口集中人数统计表（附表十三）

县市别		三月上旬集中人数	三月中旬集中人数	三月下旬集中人数	四月上旬集中人数	四月中旬集中人数	合计
基隆市	军属		846		1,114		2,880
	日侨			6,610	1,875	1,766	9,331
台北市	军属	15,735	1,489		542	95	17,861
	日侨	3,097	21,731	25,098	13,668	1,842	65,436
台北县	军属		4,180				4,180
	日侨		7,952	193	1,289	615	10,049
新竹市	军属	1,755					1,755
	日侨		2,722	2,882	416	75	6,095
新竹县	军属	2,527					2,527
	日侨		749	6,680	160	81	7,670
台中市	军属	4,574					4,574
	日侨			11,274	1,703		12,977
台中县	军属					5,688	5,688
	日侨					16,503	16,503
彰化市	军属	719					719
	日侨			2,067	317		2,384
台东县	军属		915				1,147
	日侨			232		390	390

续表

县市别		三月上旬集中人数	三月中旬集中人数	三月下旬集中人数	四月上旬集中人数	四月中旬集中人数	合计
花莲县	军属	340	859	2,021	996		4,216
	日侨				4,449	9,049	13,498
嘉义市	军属	1,355	1,055	2,795	448		2,410
	日侨		3,358			286	6,887
台南市	军属	1,009	2,554	1,898	166		3,563
	日侨		1,367			6,918	10,349
台南县	军属	3,578	2,394	4,734	183		5,972
	日侨		10,094			67	15,078

财政处工作报告

本处自上年十一月一日奉令接管前台湾总督府财务局及农商局之商政课,至本年四月二十四日止,为时约半年,兹将工作情形,略述如次:

一、接收情形

本处接收前财务局及农商局商政课员工八〇八人,内日籍五九〇人,除留用二十七人外,其余均经遣送回国。又本处接收前台湾总督府国有财产及物品财产台账图册内列国有财产价值五三一一八一四三〇元,物品财产价值五七八九七二八〇八元,该项财产分散全省各机关保管使用。数目尚待清查,兹就账册所载数字统计如下:

国有财产表

种类	数量	价格	备考
土地	114,012甲1,863坪	151,938,916.42元	
树木		86,264.18元	
建筑物	总房637,557.22坪 平房749,829.06坪	94,201,328.58元	
工作物		169,046,678.65元	
船舶	350只	80,512,452.48元	
矿业权	90甲7,226坪	10,622.90元	

续表

种类	数量	价格	备考
器具机械		58,235,166.84元	
股份及股票	898,000股	47,150,000.00元	
合计		531,181,430.05元	

注：坪、甲，台湾省常用的建筑面积单位，原为日本面积单位。一坪合3.305,7平方米，甲合2,934坪。

各项物品财产表

品类	价格	备考
家具	1,132,946.824元	此项物品财产除有价证券外均系分由各机关保管使用，其数目尚待各机关清查报核
文具纸张	195,944.350元	
各所修缮材料	46,206.900元	
工事用一般材料	189,799.000元	
邮票	81,183.690元	
图书	15,695.780元	
车辆	328,477.360元	
有价证券类	54,900,000.000元	
贷付机械类	309,824.787元	
贷付动物类	33,730.000元	
合计	57,897,808.691元	

银行接收之初，即实施紧急处置，冻结台湾银行千元券及日元券，分别派员检查清理及监理各金融机关，使其业务照常进行。兹将冻结数额表示如下：

冻结日台湾银行券统计表

银行别	台银千元券	日银券	银行别	台银千元券	日银券
台银	392,613,000元	30,022,422元	彰化	77,354,000元	6,363,433元
劝业	14,711,000元	1,384,134元	贮蓄	39,140,000元	3,345,355元
三和	27,860,000元	15,554,208元	华南	18,779,000元	16,991,045元
商工	117,927,000元	12,238,199元	合计	688,984,000元	56,606,865元

二、工作现况

接收工作完成后,即遵照中央法令,参酌本省实际情形,决定下列三大目标,为进行方针:

(一)加强复旧工作,辅助农工生产,以促进社会经济发展。

(二)力求社会负担合理公平,提高人民生活水平,以达到民生主义之目的。

(三)培植自治财源,以建立地方财政基础。

其次本省自州、厅改设市、县后,财政上权责之划分,亟须规定,经拟订划分原则通饬实施,其要点如下:

1. 以行政区域为划分标准。

2. 租税以外之收入,依上级机关之隶属,而定其收入系统。

3. 各税务出张所之业务及人事,原属于市者,应由市政府接收。

4. 县市财政收入之划分,以三十五年一月一日为基准,所有三十四年十二月卅一日以前之州收入,悉为县收入,年度内州对市应负担之经费,由县按照旧预算定额,依经过时间比例,结付与市,作为县对市之协助款。

5. 废止从前之省费、州费、市费等负担区分,县及市应各自图其财政自给自足,倘有不足,由省统筹酌予补助。

6. 县、市各项经费,按各管辖区域公共事业主体分别负担或辅助之。此上为本省财政目标及划分权责原则至工作实施情形,分述如下:

(一)预算

本省过去岁入预算中,公营事业收入占百分之七十以上。而因战争,各种农工建设事业,多被破坏,其收入锐减,租税收入亦同样降低,同时支出浩大,财政不免困难。前台湾总督府特别会计三十四年度(日本会计年度自四月一日起至翌年三月底止)预算岁入岁出各为八二八九二四〇六元(台币)。截至三十四年十二月十四日决算岁入四九三六三九六三二元,岁出四〇六三二二三三〇一元。嗣后本处为事实需要,经奉准暂编接收后五个月之收支概算（即由三十四年十二月十五日起至本年三月三十一日止），同时着手编制三十五年四月至十二月止之概算，对于接收后之收支概算，编制采取重点主义，加强复旧及增产工作，如战时灾害复旧经费，包括铁路、道路、港湾、河川、土地改良，农田水利及都市复旧等项费用，计列八四五二八五九五元，增强生产力经费，包括农、工、矿业增产费用，计列三五一四五九〇五元。官营事业费之补助，包括铁道、邮政、专卖等项费用，计列九七八四〇六五五元。合计二一七五一四一五五元。兹将普通会计总概算收支分配数比列表如下：（三十四年十二月十五日至三十五年三月三十一日止）

一，岁入部分		二，岁出部分	
		1. 一般行政支出	15%
1. 租税收入	25%	2. 文化教育支出	11%
2. 公营事业收入	47%	3. 经济建设及公营事业支出	58%
3. 其他收入	28%	4. 地方补助费及其他支出	16%
合计	100%	合计	100%

三十五年四月至十二月份九个月之收支概算，业经编制竣事，岁入、岁出额各为二四一一五四二〇〇〇元。正在分别审核中，兹列表如下：

台湾省三十五年度岁入岁出概算对照表

中华民国三十五年四月一日起至十二月三十一日止

岁入		岁出	
科目	概算数	科目	概算数
经常门	2,350,107,000	经常门	539,746,802
税课收入	268,669,000	行政支出	34,052,021
专卖收入	733,937,000	教育及文化支出	67,962,421
邮电收入	51,693,000	经济及建设支出	323,408,350
运输收入	346,478,000	卫生支出	31,805,986
港湾收入	3,495,000	社会及救济支出	646,675
农林收入	132,839,000	保安支出	19,934,253

续表

岁入		岁出	
科目	概算数	科目	概算数
公有营业盈余收入	800,800,000	财务支出	36,234,861
罚款及赔偿收入	1,251,000	第一预备金	25,702,229
其他收入	10,945,000	临时门	1,871,795,192
临时门	61,435,000	行政支出	31,953,140
税课收入	55,543,000	教育及文化支出	64,598,510
其他收入	5,892,000	经济及建设支出	327,046,744
		卫生支出	6,684,670
		保安支出	107,663,110
		财务支出	231,937,792
		补助支出	396,536,674
		生活补助费支出	578,300,000
		特别预备金支出	66,891,613
合计	2,411,542,000	合计	2,411,542,000

(二)收支

本省财政收支情形,根据台湾银行代理省库报告,其实在收支数字如下:

一,自三十四年十二月十五日至三十五年三月三十一日止。

  岁入数　　二二三三七六九〇二.八二元

  岁出数　　二九〇六八六三五七.九一元

  不敷　　　六七三〇九四五五.〇九元

二,截至四月二十日止。

  岁入数　　二四七八五八一九一.一六元

  岁出数　　三七八七八六五四八.二二元

  不敷　　　一三〇九二八三五七.〇六元

收支不平衡原因,收入方面,由于税收短绌,而支出方面,则因米价腾贵,自二月份起全省公教人员发给食米补助代金,该款为原概算所未列及。此外,尚有以法币计算之公教人员安旅费、汇款差额、眷属补助费款,暨中央机关垫付款差额等,须俟清结后,再行追加卅四年度预算。

(三)税务

前台湾总督府时期,征收租税,名目繁多,殊涉苛扰。接收后,曾于卅四年十二月七日召开全省税务会议,详细研讨,分别整理。并于同月二十六日将特别行为税等十二种,公告废除,本年三月一日又根据下列诸原则,再将所得税等十二种,予以修正。(一)为贯彻租税公平合理之原则,对于纳税能力甚少及有碍民生者予以减轻或免除。(二)过去各该税起税点甚低,不合目下经济状况,根据实情,将起税点分别提高,以轻人民负担。(三)以前各种租税中,有税率特高者,为体恤民负起见,分别予以减轻。对于纳税能力特强人民负担不感苦痛者,酌予提高征课,借以调剂社会贫富及政府收入。(四)原有税法,复杂繁琐,征收机关及纳税人民,均感不便,应加改善,俾趋统一,以符征收便利之原则。(五)参酌我国直接货物两税税法之精神,分别予以修正,俾趋一致。兹将整理情形,分别列左:

(甲)废除之苛捐杂税,计有:(1)特别行为税。(2)特别入场税。(3)骨牌税。(4)酒类出港税。(5)特别法人税。(6)建筑税。(7)织物消费税。(8)广告税。(9)资本利子税。(10)利益配当税。(11)公债及社债利子税。(12)外货债特别税等十二种。

(乙)修正之租税。计有:(1)所得税。(2)临时利得税。(3)营业税。(4)相续税(继承税)。(5)地租。(6)家屋税。(7)配当税(归并所得税内)。(8)砂糖消费税。(9)入场税。(10)物品税。(11)游兴宴食税等十一种。

(丙)暂不变更之租税,计有:(1)登录税。(2)矿业税。(3)法人资本税。(4)通行税。(5)银行券发行税。(6)清凉饮料税。(7)马券税。(8)印花税(原名印纸税)等八种。

(丁)移归海关办理之租税。计有:(1)关税。(2)吨税二种。

附注:游兴、宴食税及入场税与内地筵席及娱乐税,性质相同,为统一名称,将游兴税、入场税并称为娱乐税,宴食税改名为筵席税。

地方税部分：轿税、佣人税、征课手续既有不便，数目亦极零星，又涉苛杂，经予废除。

自日本政府投降后，人民对于各项租税之缴纳，多存观望，收入颇受影响。本处接收后，即先后通告人民依照现行法令如数缴纳，最近复加扩大宣传，税收尚见起色。

(四) 县市地方财政

县市为自治单位，其财政收支，自应成为独立系统，自三十五年度起(即三十五年四月至十二月)，经通饬各县市政府编制地方岁出岁入总预算，送省审核。兹查已送之各县市地方总预算，岁出总额计为九八八九三〇一二九元，岁入总额仅有一四六九四七四一四元，差短八四一九八二七一五元，悉数请求由省库补助。当经在省库财力可能范围内，核准补助总额共为四八三七五六三九元，尚短七九三六〇七〇七六元(详下表)。业经长官公署召集各县长讨论开源节流原则，令饬改编预算送省核定，现须俟各县市政府编送齐后，召开全省地方财政会议，商讨决定，再行公布施行。兹将各县市政府已编送三十五年度地方收支总预算，列表见下页。

(五) 金融

本省金融机构计有银行七家，产业金库一家，信托会社一家，信用组合农业会约四百余单位，各金融机构，皆负有特殊使命。其中以台湾银行为总枢纽，台湾银行资金六千万元，有发行权，并兼管日本银行代理店，办理国库事宜，分支店共计八十三处，除日本东京等地六处外，余则遍及本省及南洋英，美，印度各地。本省主要通行货币，为台湾银行兑换券。日本银行券，因战事关系，亦源源混入。台湾银行兑换券，原以生金银有价证券外汇及日本银行券为准备，自太平洋战事发生后，前项发行准备废止，台湾银行券金货准备仅二万一千余元，其他发行准备，大部分存于东京，计达二十八亿元。兹将台湾银行钞券发行情形，表列如下：

台湾省各县市政府编送三十五年度地方收支总预算表（自三十五年四月起至十二月止）

县市别	岁入预算数	岁出预算数	请求省库补助数	核准补助数	收支短绌数
台中县	21,688,465	133,259,760	111,571,295	4,500,000	107,071,295
台南县	14,428,249	124,526,084	110,097,835	4,500,000	105,597,835
高雄县	8,188,432	252,852,752	344,664,320	4,500,000	240,164,320
台东县	18,185,900	50,976,908	32,791,008	1,500,000	31,291,003
花莲县	8,045,342	129,356,986	121,311,644	1,500,000	119,811,644
基隆市	8,556,212	66,864,425	58,308,213	4,500,000	53,808,213
台中市	10,024,457	24,468,664	14,444,207	4,000,000	10,444,207
台南市	11,054,470	67,582,000	56,527,530	4,000,000	52,527,530
高雄市	21,880,000	70,000,000	48,120,000	4,500,000	43,620,000
新竹市	6,544,332	34,336,921	27,792,589	4,000,000	23,792,589
嘉义市	10,159,500	15,035,139	4,875,639	4,875,639	收支平衡
屏东市	3,941,565	9,320,000	5,378,435	3,000,000	2,378,435
彰化市	4,250,490	10,350,490	6,100,000	3,000,000	3,100,000
合计	14,694,741	988,930,129	841,982,715	48,375,639	793,607,076

附注：台北、新竹、澎湖三县及台北一市，因未编送，故未列入。

台湾银行券发行数额表（单位：台元）

年月	最低额	最高额	附注
民国三十四年十月	2,258,402,081	2,897,813,519	
同 十一月	2,635,338,939	2,908,186,884	
同 十二月	2,200,627,634	2,517,578,267	
民国三十五年一月	2,307,100,752	2,456,126,346	
同 二月	2,469,007,738	2,561,253,959	
同 三月	2,573,431,689	2,631,000,000	
同 四月	2,640,280,578	2,645,000,000	四月一日至十八日止

关于台湾银行之组织及业务方针，经秉承行政院，并商承财政部意旨办理，该行总分支机构已决定五月廿日同时改组，正式成立开业。其他金融机构如何调整，正在洽商办理中。至市面流通旧台币券亟待更换，已奉行政院令准印制新流通券，并经派员赴沪中央印制厂订立合约印制中，其印制数额有如左表：

券类	张数	面值（元）	
一元	20,000,000	20,000,000	
五元	16,000,000	80,000,000	
拾元	80,000,000	800,000,000	
五十元	2,000,000	100,000,000	
百元	18,000,000	1,800,000,000	
五百元	400,000	200,000,000	
合计		3,000,000,000	

关于资金运用方面，为安定民生，防止物价上涨，经遵奉长官公署指示：令饬台湾银行限制发行额，对于生产无关之事业，不得贷款。兹将本省各银行资金运用分配情形，列表如次：

台湾省资金运用分配表

事业别	台湾银行	商工银行	彰化银行	华南银行	三和银行	贮蓄银行	劝业银行	合计
矿业	434,883,000	719,781	553,000	1,387,187	110,000	10,500	479,960	3,260,428
工业		13,958,158	19,653,047	4,943,779	5,421,744	298,757	2,423,091	481,581,576
农林业		28,914,317	6,443,079	852,655	726,731	884,454	49,830,803	87,651,039
水产业		894,970	628,550	21,800	940,290	11,770	372,500	2,869,880
商业	531,821,000	41,640,393	25,474,518	11,337,324	621,201	4,932,009	6,908,721	628,315,166
土建业		3,903,739	1,947,518	61,000	552,237	599,490	138,527	7,202,511
交通业		1,204,219	2,178,434	3,000	3,791,022	25,362	292,421	7,522,458
杂业	208,725,000	2,185,971	3,620,756	5,189,240	2,591,865	2,684,632	10,797,691	135,795,155
其他	84,646,000	31,597,012	10,091,294	5,492,531	25,883,186	3,462,746	38,678,281	199,851,050
计	1,260,075,000	125,018,560	70,589,196	29,316,516	46,218,276	12,909,720	109,921,995	1,654,049,263
备注	二月末杂业其他专业设施	三月十五日	三月十五日	三月十五日	三月十五日	三十四年十二月末	二月末	

本处所接收金融机构，经派员检查并实施监理，兹将各金融机构资产负债情形，列表如下：

台湾各金融机构资产负债简表

名称	资产	负债	备考
台湾银行	2,988,958,178元	2,882,976,419元	
台湾商工银行	301,804,792元	285,949,329元	
彰化银行	174,541,585元	161,061,632元	
华南银行	96,951,631元	85,211,929元	
贮蓄银行	120,290,719元	116,855,126元	
日本劝业银行	152,075,692元	35,055,672元	
三和银行	218,975,128元	139,498,238元	
产业金库	230,315,379元	227,544,622元	
信托会社	20,643,455元	20,631,991元	

关于公债方面，日本政府，在本省发行之各种债库券，约计十四亿元，亟应清理。业经公告所有持券人，不论团体或私人，属于任何国籍，均应于限期内，向台湾银行办理登记保管。业于本年一月底截止，已向中央请示处理办法，同时为适应建设及生产事业之需要，并拟发行建设公债一种，发行额为台币五亿元，正呈请中央核定中。

关于本省保险业，计分为两部分：（一）产物部分计有十二家。（二）人寿部分计有十四家。均经本处派员分别检查监理竣事，并订定处理办法，规定各保险会社之应收未收保险费，及应付未付保险费，限于三个月内清理完竣，所有战争保险之罹灾案件，限于一个月登记完竣，登记后一个月调查评定完竣。凡经评定应付之战争保险金，其属于日人者，给予证明向日本政府自理，其属华人者，由我政府派员向日本政府索取后照发。

台湾省贸易局工作报告

抗战胜利，台湾光复，省政当局为促进经济建设，兼顾省计民生，特设贸易局，专办重要物资进出口及其配销业务，并兼理有关行政。本局初称公司，首批来台人员，寥寥无几，未及筹备，即先奉命接收台湾重要物资营团。嗣经部署人事，积极展开业务，并推进监理工作，时值省内肥料缺乏，粮食不足，乃设法先以煤糖交换豆饼，肥田粉，面粉，布匹进口，以应民生需要。惟半年以来，一则忙于接收，人力分散，疲于奔命。二则限于运输，对外交通，形成阻塞。三则本省急需物资，亦为国内最所缺乏，罗致颇为不易。四则草创伊始，一切章制，机构，均须规划部署。所幸各种困难，业已逐渐减轻。本局过去秉承长官意志，以奉公至诚之心，奋勉将事，今后尤望社会各界彦硕不吝指教，多所协助。俾本局配合国策，得为本省经济建设，提高人民生活，有听政力之处。爰就工作事项，摘要报告如左：

一、接收经过

查日人在台，官商贸易机构为数甚多，原均在本局监理接收之例。惟内中颇多与农林，工矿，交通，财政，金融有牵连关系者，分别与各该主管机关洽商接收。此外，规模不宏徒具贸易之名，而实与一般商店无异者，亦并由日产处理委员会接收。故本局对于接收工作采取重点主义，凡所接收必期集中确实，毋使散失遗漏。兹分就各该接收单位略述其经过如左：

(1)台湾重要物资营团——该营团创立于前年三月,为日本政府加强统制台湾贸易之最高形态,资本六百万元,内官资五百万元、商资一百万元。理监事之下分设总务、交易、施设、经理四部,省内外各重要地点,均有分支机构。其业务范围至广,包括:

(A)严格统制贸易,并直接经营或以委托方式办理进出口业务。

(B)设立特别会计,以差损差益制度,调节贸易损益,维持收支平衡。

(C)建设紧要产业设备,藉以加强军需工业。

(D)订造船舶转售业者,以充实航海运输工具。

(E)收买游休企业,或征购转废业者资产加以利用。

(F)贮藏重要物资并收购废旧金属。

上年十一月五日本局奉命接收,经审核其资产物资其重要部分,多半均已处分殆尽。所余者仅食糖、造船木材数起,少数应用机械人力货车器材一批,以及其他零星商品,破旧家具,暨投资建设未完成产业工厂五处,订造机帆船十数艘而已。但负债方面,计欠银行总数达五七九八九一八五七八元。依据表报载明计亏损三八二八四三七九七,而此外日本政府应予补偿尚未拨款者计九八七二四八七九九元,连同应收债权及亏损之数总额,达三一九○○九六五○三元之巨。

(2)三井物产株式会社——三井为日本财阀巨擘,其分支机构遍及世界各国,其在台湾者有台北、高雄二支店,各自独立,均以经营进出口投资企业、代办保险、承销产品,为其主要业务。日本乞降前后交通闭塞,营业不振。本局为防止其财产转移控制物资起见,于上年十一月二十日奉准派员监理,复于三月二十一日分别予以接收。

(3)三菱商事株式会社——该社亦为日本财阀体系大贸易机构之一,其重心侧重于投资工业,在台支店亦有台北、高雄二处。惟规模较小,以经营进出口投资企业、贩卖商品、承办运输、承包工程、度量衡计算器、代理保险等为主。近年以来,营业低落,勉抵开支,亦系于上年十一月二十日派员与三井同时实施监理,于三月二十一日分别予以接收。

(4)南兴公司——该公司主要业务为承制卷烟,酒类,专利承销专卖品,及其原料副产品，输出海外，而运入专卖品，原料供应生产之用。

本局实施监理予以接收，系会同专卖局并案办理，所有接收物资，可供专卖局应用者，统由专卖局接收，其资产负债状况如下：

资产

(A)不动产：五三四九二一七二元

(B)动产：一七五八八七〇元

(C)债权：一〇八四五四〇二〇二元

(D)现金：五六七四九五八四元

共计：一一九六五四〇八二六元

负债：六〇〇六〇四八九八元

盈余：五九五九三五九二八元

此外该公司在台中附设丰原工厂，专制蚊烟香，近以除虫菊原料缺乏，出品不良，产量萎缩。现本局亦已派员前往接收，并拟设法输入原料，恢复生产。

(5)菊元商行——该商行以输入杂货，经营百货商店，为其营业重心，在省内颇具声势。以保股方式，与日商贸易机构，及各种日用品制造工厂密切联系，销售商品，二月底自动结束。此次日侨紧急遣送，由本局于三月中予以接收，其资产情形如左：

资产

(A)不动产：五〇〇七四六一一元

(B)动产：七七八七八八一三元

(C)债权：三一三二一六三九元

(D)现金：五五四四三九五〇元

共计：二一四七一九〇一三元

负债：九九一五六二七九元

接收资产余额：一一五五六二七三四元

(6)台湾纤维制品统制株式会社——该社为战时统制各种纤维制品而设，资本金五百万元，专事从日本输入，及在省内收购棉织品、人造丝。人造纤维毛织品,及丝织品,配给于台湾织物杂货批发组合,台南,花莲港等纤维制品另售组合等下层机构。再行贩卖于一般人民。该会社先由本局监理,三月中已由本局接收,其资产负债情形如左:

资产

(A)不动产:三三二一六二三四元

(B)动产:七八七九三三一九七〇元

(C)债权:二〇九七六四二五八元

(D)现金:一三五二五〇六一〇元

共计:一一六六一六五〇七二元

负债:八〇九三一九二三元

接收资产余额:一〇八五二三三一四九元

(7)台湾织物杂货卸卖组合——该组合为贩卖台湾纤维制品统制株式会社之下层机构,由各地批发商及各企业统合体共同组织,并无资本金,由各加入者临时凑合运转资金,贩卖纤维制品杂货,其中一部分为本省人出资。初亦由本局监理,嗣于三月中接收完了,其资产负债情形如下:

资产

(A)动产:一五〇四七三三五二元

(B)债权:一二四六五六六一一元

(C)现金:一二四四一九〇三四元

共计:三九七五四八九九七元

负债:三三六二八八〇三八元

利金:六一二六〇九五九元

(8)台湾贸易振兴会社——该社为统制本省战时贸易而设,由贸易业者共同出资组织,资本金五十万元,包括一部分省籍贸易机构之出资。日本投降以后,该会社已自行清理,初亦由本局监理。嗣亦于三月中接收,资产九二九一一一六〇元。俟清理完毕后,即将本省籍资本分别发还。

二、业务概况

贸易业务，以进出口配销为主，但本局虽系省营事业，并不采取统制方式，不过就其重要物资与省计民生有关者，集中人力、财力、物力为之调剂盈虚，藉以促进建设，平衡收支，试分就三项中心业务，说明其半年来办理经过如左：

（A）出口业务　战前鼎盛时期，每年出口超达台币二亿元，出口物资，以米、糖、茶叶、煤、盐、水果、樟脑、草帽、席子为大宗。多半供应日本，无异榨取，近数年来凡属可供军需或以之换取外汇之出口物资，均已囊括殆尽，加以肥料缺乏，劳力不足，航运阻塞，空袭频繁，各种产品产量锐减，粮食且已不敷，目前有输出可能性者，仅食糖、茶叶、樟脑、水果、煤盐数种。本局自当将各项特产增加输出，以期货畅其流。兹将本局出口物资品类数量列表如下：

出口物资品类	数量	单位	出口物资品类	数量	单位
食糖	7,017	吨	茶叶	485	箱
煤	20,916	吨	木材	417	吨
樟脑	316	吨	橘子	1,000	箱

（B）进口业务　本省进口物资，向以肥料、建设器材及日用必需品为主，迭年战争以来，愈感缺乏。就现状而论，以输入肥料、粮食、衣料及建设器材为当务之急。惟此种物资，匪独为国内普遍需要，抑且为世界各国一般所争取，本局在此客观情形之下，虽然罗致极难，无不竭尽心力，多方争取。总计半年来已经进口物资，约有下列数种。

进口物资品类	数量	单位	进口物资品类	数量	单位
钢铁材料	92	吨	胡桃饼	36	吨
布匹	100,000	匹	骨粉	399	吨
面粉	90,900	袋	肥田粉	35	吨
肥料	7,256	吨	火柴	250	箱
大豆饼	3,029	吨	洋烛	33	箱
菜子饼	685	吨	香烟布带	1	箱
花生饼	2,532	吨	卷烟纸	100	箱
胡麻饼	360	吨	电灯泡	13	箱
芥子饼	180	吨	照相材料	1	箱

（C）配销业务　过去日人在战时分配商品,大概采取二种方式,其一为配给制度,就某种日用必需,或重要物资加以统制,通过各级机构,配给用户。其二为贩卖制度,由进口商或生产机构,委托大批发商(卖捌商)承销,再由大批发商配售小批发商(卸商),复由小批发商分售零卖商(小卖商),零售与一般消费者。日本乞降以后,政权解体,原有各级配给机构亦告崩溃,原有各业组合,而其首脑多半由日人主持,自须依法另行改组。至于贩卖制度,中间逐层剥削,徒然加重消费者负担,是以为谋生产者与消费者之合理联系起见,经常配销方法,以委托合作社或特约承销商直接零售与一般消费者为原则,订立契约,缴存相当保证金,以防止高抬市价,造成黑市。如办理承销橡胶制品电石之类,即采委托代托制度。但有时某种物资,易于腐蚀,或急需大量撒布,以抑平物价者,不得不采取紧急措施,批发出售,以应时机。兹将本局配销物资经过说明如左:

（A）面粉——本局于上年十一月初旬,向粮食部拨获有恒牌面粉九万零九百袋,运抵基隆,即于一月十六日按照市上二等粉批价八折公告挂牌批售,每袋最初定价二百六十元(基隆交货少收十元)。试销后,销数不多,减价为二百二十元,直至一月二十四日共销去六千袋。因面粉不宜久置,遂于二月二十五日起定每袋二百二十元,改正牌价,每购满一千袋减收十元,至购满五千袋以上减五十元为止。此时米价亦仅为每斤零售六元八角,此项倾销办法,经登报公告,并分函各市县政府地方机关之后,适值逼近旧历年关,粮价渐涨,于是购户涌到,销路大畅。旧历年关后,台南、高雄一带首告米荒,粮价突然暴涨,数日之间,全省各地普遍涨起一、二倍,无如粥少僧多。货已将罄,向隅者在所难免。本局鉴于情势激变,遂将余存之货约一万六千袋,分运高雄、新竹、台中济急。对于该地粮荒,不无小补。

（B）布匹——布匹总数十万匹,种类分阴丹士林、府绸、白细布、粗布四种。为供应社会上民生需要起见,于本年一月二十八日参照财政处衣料专门委员会决议,成立之商政科,调查价格。暨当时台北市价按八五折定价公告批售,以试销四万匹为度,另以一万匹,拨交工矿处配给矿工,保留五万匹,交由粮食无价配发第二期缴粮农民。至二月十六日共计销去三万九千五百七十台匹,内商业行号计一三四户,共售二三九五七匹,公务机关计售三四〇〇匹,农业团体计售三四〇〇匹,工业单位计售九二〇匹,教育团体等计售三八八一匹。本局配销此项进口物资,原以进本较低,不以营利为目的,故参照市价,从廉出售,以应社会需要,以利民生。

(C)橡胶制品——台湾橡胶株式会社,自经工矿处监理之后,照常生产橡胶制品,委托本局总代经销,已垂四月之久。经委托特约承销商五十二家,遍布全省各市县,分销各地,依照限价出售。业经将承销商店名地址连同定价表登报公布。如有不遵限价,高抬市价,任何人均得密告,一经检举,查明属实,即没收其保证金,并取消承销权。

(D)电石——系台湾电化株式会社产品,营销沿海,供渔民灯之用,原由三井一手贩卖,现已改归本局总代经销。经登记招商承销之后,申请者达二百余家之多。因此项承销业务,以有无盛装空听为先决条件。为充实能力并谋合理公允起见,已分别通知所有申请人,先将现有空听缴送厂方,即照验收空听数,统照限价试销一次,选择成绩优良者订约承销。一俟核定,当即公布。

三、设立分支机构

上年十一月为办理物资交换事宜,首先在上海设立办事处,次在基隆、台中、嘉义、台南、高雄设办事处。今后更拟就省内外各重要商埠或口岸逐渐增设,并加强机构,健全人事,以便推进业务,传递商情。

总之,复兴台湾,使于建设富强康乐之祖国,尽其一份之职责,为本省当前之急务,本局在此前提之下,其营业方针,业务计划,悉以配合国策,复兴台湾为依归,借以促进经济建设,改善省民生活,使贸易体系与国内供需相调制。本局本此立场,凡所措施,悉以社会大众福利为本位。其有惟私利是图不顾民生者,即不惜与之竞争,防范其侵害社会大众福利,否则当乐于提携,精诚合作,耿耿此心,谅所赞许也。

台湾省专卖局工作报告

本省专卖制度，施行已久，其特点在以生产销售置于政府统一机构之下，用能营运裕如毫无阻滞，在财政上实有其不可磨灭之贡献。自太平洋战事发生，本省迭遭空袭，各生产工厂损失惨重，殆已陷于停顿状态。光复后，本局接办旧制，除参酌法令及实际情形略予更张外，大体仍因袭成规，力谋恢复。阅时五月，已见成效，各类专卖品之生产数字，已能逐渐上增，循序以进，当不难达成财政上预期之任务。按本年度省预算专卖收入约占省收入百分之三十二，专卖制度之重要性于斯可见。所望本省人士，推诚合作，使专卖事业日见发煌，则富国裕民之道其庶几焉！

一、接收情形

本局接收工作于上年十一月一日开始，迄十二月杪全部竣事。兹分组织、人事、产业、业务四项，报告如下：

一　组织

前台湾总督府专卖局总局部分计分文书系总务、运输、烟草、盐脑、酒等课，所辖支局有台北、台南、台东、高雄、新竹、花莲港、台中、嘉义、屏东、宜兰、基隆等十一处，出张所有鹿港、布袋、乌树林、澎湖、北门、埔里、神户等七处，工场有台北酒工场、台北烟草工场、南门工场、松山烟草工场、树林酒工场、板桥酒工场、番子田工场及度量衡所八处。本局接收后，总局改设七科室，各支局均改称分局，出张所改称办事处，除神户一处撤销外，其余分布区域及名称悉仍其旧，各工场改称工厂照常开工。

二 人事

本局接收时计有日籍人员一五二七人，台籍人员六四一人。接收后，逐渐调整，对于日籍人员遵照署令规定分别，遣送留用，台籍及内地人员则陆续遴用之。

三 产业

计接收：A.土地二〇一九四〇〇.四一公亩折合八一八八五五〇元。B.机器八三〇八〇九七元。C.建筑物计办公厅建筑三三四公亩折合一二二六二五六元，工场建筑一三四三公亩折合五七二一〇八一元，仓库建筑一四〇二公亩折合四一四六四四九元，其他建筑物一七九〇公亩折合五八七八九三一元。以上共计四八六九公亩折合一六九七二七一九元。D.成品计鸦片四〇九三吨，樟脑四〇二七九〇吨，盐一〇七五二九吨，苦汁一四九五一六九吨，烟草四一六九七五三〇支，酒四一六四.九四公石，度量衡器共值一四二四六八元，火柴三四八六〇八八盒，石油一六八五.〇二公石。E.半制品计樟脑二〇二七四吨，鸦片〇.三六六吨（内吗啡〇.〇三二吨），酒三七〇三二.三二公石，火柴二二一〇五盒，石油五〇五四〇公石。F.原料总值一六二三九七四一元。G.材料总值二七八六三七〇元。H.其他材料合计三一九二一一八元。I.制造用具总值一五九八四〇四元。J.运输用具总值三四四二二一元。上列价值均按台币购入价格计算。

四 业务

前专卖局主管之专卖物品计有盐、樟脑、烟草、鸦片、酒类、汽油、度量衡器、火柴八种。内中除盐系由人民生产归政府收购配给外，其余物品之产制、运销均由政府统制，人民不得私营。本局接收后，鸦片一项奉中央明令禁止，汽油在平时无专卖之必要，已予撤销。

二、现在概况

一　组织

总局现分秘书、会计、查缉三室,总务、樟脑、烟草、广酒、运输五科,近为推进业务复成立设计考核委员会,并计划成立火柴、度量衡两科及统计室,分局有台北、台中、台南、台东、高雄、新竹、花莲、嘉义、屏东、宜兰、基隆十一处。办事处有澎湖、埔里二处。工厂有台北烟草工厂、台北酒工场、南门工厂、松山酒工厂、树林酒工厂、板桥酒工厂、番子田工厂、嘉义酒工厂及度量衡所九处。此外,尚有与专卖品生产关系密切之公司十所,初由本局派员监理,现已奉令接收(详附表一)。

二　人事

本局接收后,计有日籍人员一五二七人,台籍人员六四一人,日籍人员除经陆续遣送外,现仅留用二五〇人,台籍人员陆续增加,现达一一二八人,内地来台人员共三九三人,总计职员人数一七七一人(详附表二)。又本局及各分局、办事处、工厂职工人数四八八二人(详附表三)。复因各工厂渐次恢复,业务日趋扩展,原有人数不敷分配。经于四月初招考分在台中、台北、台南三处举行,总计应考人数七二〇人,正取七四人,备取三九人,预计五月初可到局工作。

三　业务

本局接收后,主管之专卖物品计有樟脑、烟草、酒、火柴、度量衡器五种(盐自四月一日起奉令移交盐务管理局接管)。兹分生产、配销、运输、查缉四项。报告如下:

甲,生产

本局接收以来,对于各生产工厂均按照计划积极整顿,就本年三月份各项专卖物品之生产数字观察,似以渐有成效。惟目前困难尚有四端:一,厂房机件损失过重,一时不易恢复。二,生活高涨,工人待遇太低,工作情绪不佳,影响工作效率。三,本省人力、物力过去被日人榨取过甚,不仅工厂停工,即田地亦因壮丁征服军役而遭荒弃,省内原料既感不足,向外采购,又因船舶缺乏,不易到手。四,省内交通工具缺乏,各地原料不能随时运送接济,各工厂制成品不能按时运赴各地销售。兹将各类专卖品之生产实况,说明如次:

一,樟脑 本省樟脑生产,光复前曾一度中断。接收后,立即恢复,经积极整顿,一面修理厂房机件,一面增加粗制樟脑费,改善脑丁待遇,产量遂逐渐上增。总计自上年十一月至本年三月约生产四〇〇吨,以后当能继续增多。

二,酒 酒类生产,自上年十一月至本年三月之实际成绩则为五二五七五公石,未能达到预定数字,其原因有三:一,工厂损失太重(详附表四)。二,原料困难,尤以米粮缺乏,不得不改用代替品,又制糖公司供应之酒精亦不充足。三,容器缺乏,樽及空瓶收回困难,但上列原因,经本局不断努力,已能克服。本年三月份制酒实绩已达预定数百分之六十五,颇有进步现象(详附表五)。

三,烟草 烟草工厂计有台北,松山两处,损失均重(详附表六)。自去年十一月至本年三月生产实际成绩,松山厂生产卷烟三六八七三三〇〇〇支,台北厂生产卷烟一一二八七六〇〇〇支,烟丝二二一七九五公斤,雪茄烟一一六七八五支,至本年三月份生产实绩达百分之一〇〇,其进步情形可以概见(详附表七、八)。

四,火柴 火柴工厂计有新竹,台中两处,损失极重(详附表九、十),加以原料缺乏及军队驻扎厂房,一时未能恢复。生产实绩自上年十一月至本年三月共为七二一箱,仅达预定计划约百分之五十左右(详附表十一)。

五,度量衡器 度量衡所已全部被毁,本局接收后,因资材奇缺,无法恢复。为供应民间需要起见,已先行制定各种常用定量衡器标准式样数种,交台湾精机株式会社按图制造,由本属检定收购,转发各地配销。

乙,配销

过去配销制度分卖捌人(即承销商),与小卖人(即零售商)两级,专卖机关以货品批售卖捌人,再由卖捌人分售小卖人,卖捌人一举手间获利甚厚,殊不合理。本局于三十五年一月一日起废除卖捌人制度,就原有卖捌区域之零售商(即小卖人)三家以上者合并组织联合配销会,依法选举董监事主办各该区域之配销事务。施行以来,尚能适合民情,实为配销制度上之重要改革。至关于各项专卖品之销售,尚未能达到预定数字,其原因由于生产力不足,与运输未臻圆滑。兹说明如次:

(一)樟脑　本省樟脑向以销售英美为大宗,年来受战事影响,海运中断,致无销路,本局接收后,已将产品四百吨,交贸易局运沪销售。

(二)酒　酒之销售,自上年十一月至本年三月实际成积则为五二一五六八一四元(详附表十二)。

(三)烟草　总销售数为五七一四二八七七元。

(四)火柴　总销售数为一四七三箱。

(五)度量衡　总销售数为六一一七三六元。

丙,运输

过去专卖品原料及成品之运输,向委托通运公司代运,颇称便捷。光复后,虽仍由该公司代运,但以省内交通工具奇缺,转运为难,且时有被窃情事,对于业务发展,颇蒙影响。现正与交通机关磋商补救,短期内当有解决办法。

丁,查缉

本局对于违反专卖法令物品之取缔,向以警察为中心,而与本局所属各分局之查缉人员密切联系,配合执行。接收以后,鉴于各地私货充斥,为维持专卖事业,并体恤商艰起见,经于本年一月间订定私货登记封存办法及登记封存物品处理办法,公告周知。凡商人持有私货,应于一月二十日以前向各分局申请登记,以凭核价收购,乃施行以来各地私制、私运、私售之风不特未见减少,抑且变本加厉。为加强查缉力量,集中事权起见,本准于总局设置查缉室,负责指挥所属各分局之查缉工作。实施以来颇著绩效,对于外埠输入之专卖品,其依照规定本局履行登记手续者,最近呈奉核准由本局核价收购,以免人民损失。

四　财务

关于本局财务概况,可分三部分述之:一,自三十四年十月一日起至十二月十四日止计收入二一二九五七九九元(详附表十三)。二,三十四年十二月十五日起至三十五年三月三十一日止计实收一一八五六六〇五八.八九元,连同应收数一四二八四七二八八.九〇元,总计应收二六一四一三三四七.七九元(详附表十四、十五)。三,三十五年度岁入经常概算数(专卖事业收入)七三三九三七〇〇〇元,岁出临时概算数(专卖事业支出)二一七三一九三二三五元(详附表十六、十七),本机关经常费三四〇〇四八六一元(详附表十八)。

三、将来计划

本省专卖事业之现状,已如前述,其对本省财政之关系复如此密切,本局接办于凋敝之余,负荷重巨。惟有悉力以赴,用竟事功,今后发展计划,举其最要者约有三端:

一　恢复生产机构

此项工作自本年一月开始,先择最要者实施,紧急修复工程计需台币一一九七二二〇〇元。原定三月份完工,因材料缺乏,运输困难,承包商呈请展期须至五月初始能竣事,其余被毁之厂房机件,亦均计划修理添配,已奉准修复预算六千余万元,预计本年内可全部完成。

二　增加产量

本年度预计生产数量,计樟脑一一二三吨,价值四一九七九〇〇〇元,烟草三一五〇〇〇〇〇〇〇支,价值五四二三六四二四五元,酒二九七二〇〇公石、酒精四五〇〇〇公石,价值三四二四四五五八三元,度量衡器三〇八五三〇二元,火柴一六〇〇〇箱,价值四五三五三〇〇〇元。

三　改良质量

接收以来,因原料之采购不易(如卷烟用纸,本省产品低劣,自外采购运输困难),专卖品质量方面之提高,不能按照预定计划实施,今后拟向省外及国外输入原料。力求改善，以应社会需要。

附表一　台湾省专卖局组织系统表

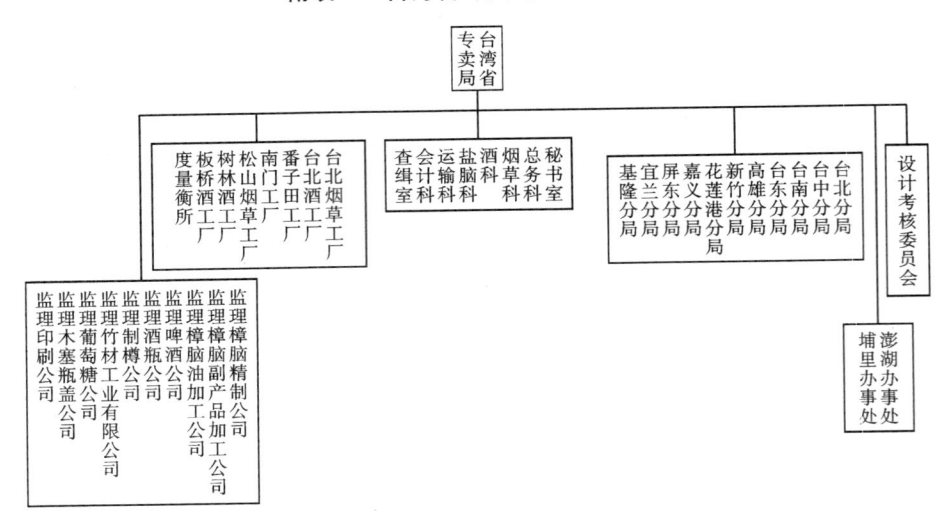

（台湾省专卖局组织系统图：专卖局下设度量衡所、板桥酒工厂、树林酒工厂、松山烟草工厂、南门工厂、番子田酒工厂、台北烟草工厂、台北酒工厂；秘书室、总务科、烟草科、酒科、盐脑科、运输科、会计科、查缉室；基隆分局、宜兰分局、屏东分局、嘉义分局、花莲港分局、新竹分局、高雄分局、台东分局、台中分局、台北分局；设计考核委员会、埔里办事处、澎湖办事处。下设监理印刷公司、监理木塞公司、监理葡萄糖公司、监理竹材工业有限公司、监理制樽公司、监理啤酒公司、监理樟脑油加工公司、监理樟脑副产品加工公司、监理樟脑精制公司）

附表二　本局现有职员统计表

机构衔别	内地来台人员	台籍人员	留用日籍人员	备考
本局	133	68	40	
台北分局	18	26	5	
基隆分局	5	12	3	
宜兰分局	7	37	4	
新竹分局	2	68	9	
台中分局	10	101	15	
台南分局	11	60	5	
嘉义分局	7	78	10	
高雄分局	4	40	2	
屏东分局	15	55	10	
花莲港分局	9	78	12	
台东分局	8	67	10	
埔里办事处	6	31	5	
澎湖办事处	2	7		
南门工厂	46	44	24	

续表

机构衔别	内地来台人员	台籍人员	留用日籍人员	备考
台北工厂	19	27	10	
松山烟工厂	8	37		
台北酒工厂	6	27	2	
树林酒工厂	4	22	11	
板桥酒工厂	8	60	10	
嘉义酒工厂	10	72	10	
番子田酒工厂	1	6		
度量衡所		6	6	
烟草试验所	2	7	6	
啤酒工厂	13	13	6	
酒瓶公司	3	6		
印刷公司	8	5	6	
樟脑油加工公司		11	2	
樟脑油副产品加工公司	20		14	
精制樟脑公司	1	7	4	
木塞瓶盖公司	2	12	6	
制樽公司	3	28	3	
合计	393	1,128	250	总计1,771人

附表三　本局现有职工人数表

局处名	实员表	局处名	实员表
台北分局	24	嘉义分局	396
基隆分局	10	高雄分局	9
宜兰分局	141	屏东分局	174
新竹分局	175	花莲港分局	199
台中分局	927	台东分局	24
台南分局	119	埔里办事处	68
鹿港办事处	8	台北酒工厂	175
布袋办事处	16	树林酒工厂	223
北门办事处	28	板桥酒工厂	271
乌树林出张厂	7	度量衡所	65

续表

局处名	实员表		局处名	实员表	
澎湖出张厂	3		番子田工厂	142	
台北南门工厂	147		本局	67	
台北烟草工厂	591				
松山烟草工厂	873		合计	4,882	

附表四 接收酒工厂生产能力及损失情形调查表

工厂别	制造酒	一年制造能力(公石)	空炸情形
台北酒工厂	白露酒	30,000	被弹、仕达室、药酒作业场、包装室、铁槽类,破坏
	红露酒	17,000	
	药酒	10,000	
	洋酒	1,608	
	瓶装酒精	840	
	计	59,448	
板桥酒工厂	胜利	9,994	
	芬芳	34,992	
	计	44,986	
树林酒工厂	白露酒	11,000	被弹、白露酒仕达室、红露酒仓库、杂品仓库、汽罐室、配电室,破坏
	红露酒	30,000	
	计	41,000	
宜兰分局	白露酒	16,000	被弹、汽罐室、材料仓库、半制品仓库,破坏
	红露酒	13,000	
	计	29,000	
台中分局	胜利	13,478	被弹、清酒仓库、变压器,破坏
	芬芳	22,176	
	白露酒	50,000	
	计	85,654	
埔里办事处	芬芳	8,001	
	白露酒	4,000	
	计	12,001	
嘉义分局	芬芳	896	被弹、材料仓库、原料仓库,破坏
	白露酒	20,000	

续表

工厂别	制造酒	一年制造能力(公石)	空炸情形
	药酒	30,000	
	瓶装酒精	660	
	计	51,556	
台南分局	原料酒精	43,000	近至被弹
	芬芳	4,991	
	白露酒	10,000	
	计	14,991	
屏东分局	芬芳	9,982	被弹、职工食堂,破坏
	白露酒	40,000	
	红露酒	5,040	
	计	55,022	
花莲港分局	胜利	999	被弹、包装室、清酒作业场,全烧
	芬芳	14,990	
	白露酒	12,000	
	红露酒	1,600	
	计	29,589	
台东分局	白露酒	8,000	被弹,全烧
合计		440,247	

附表五 民国三十五年三月酒制计划比实表

酒工厂名	计划	实绩	比较	
台北酒工厂	3,660	3,928	增	7.3%
板桥酒工厂	2,000	2,157	增	7.8%
树林酒工厂	4,000	2,974	减	25.6%
宜兰酒工厂	1,400	1,163	减	16.9%
台中酒工厂	5,000	2,168	减	56.6%
埔里酒工厂	400	455	增	11.2%
嘉义酒工厂	4,500	1,090	减	75.7%
台南酒工厂	500	362	减	27.6%
屏东酒工厂	3,000	1,451	减	51.6%
花莲港酒工厂	1,100	900	减	18.1%
台东酒工厂	400	200	减	50.0%
计	26,360	17,130	减	3.5%

附表六 台湾省专卖局烟厂生产力调查表

厂名	烟种	每日生产能力	空袭损失
松山烟草工厂	卷烟	8,400,000支	原料、制品樽材、各仓库制造机五台、原料仓库、调理作业场、压展机及叶组运送带类、受损。
台北烟草工厂	卷烟	1,800,000支	
台北烟草工厂	烟丝	1,800公斤	
台北烟草工厂	雪茄烟	2,000支	

附表七 （自民国三十四年十一月至民国三十五年三月）生产状况

月别	计划	实积	割合
十一月	82,012,000支	31,316,000支	38.2%
十二月	155,250,000支	74,576,000支	48.0%
一月	170,950,000支	50,036,000支	29.2%
二月	184,920,000支	78,040,000支	42.2%
三月	160,000,000支	134,764,000支	84.2% 松山烟草工厂
计	753,132,000支	368,732,000支	94.8%

附表八 （自民國三十四年十一月至民國三十五年三月）生產狀況　台北烟草工廠

製品區分 月別	卷烟 計劃	卷烟 實積	卷烟 割合(%)	烟絲 計劃(公斤)	烟絲 實積	烟絲 割合	雪茄烟 計劃	雪茄烟 實積	雪茄烟 割合(%)
十一月	31,000,000支	15,078,000枝	48.6	57,790	38,500	66.6	62,250支	2,725支	4.3
十二月	35,000,000支	19,376,000枝	59.3	64,500	43,835	67.9	2,250支	5,750支	16.6
一月	33,600,000支	24,834,000枝	73.9	82,500	59,980	73.1	50,000支	36,400支	72.8
二月	38,600,000支	22,068,000枝	56.3	43,200	34,480	79.8	50,000支	51,750支	103.5
三月	40,500,000支	31,520,000枝	77.8	45,000	45,000	100.0	30,000支	22,150支	73.8
計	179,300,000支	112,876,000枝	62.9	292,495	221,795	75.8	214,750支	116,785支	54.3

附表九　新竹分局火柴厂损失情形调查表

区分	名称	数量	损害程度	摘要
建物	事务所及物品仓库	177	事务所中破,仓库大破	爆击被害
	食堂及更衣室	206	中破	同
	修理工场	40	中破	同
	各作业场	1,600	同	同
机械其他设施	轴刻机	1台	同	同
	横药炼机	1台	同	同
	胶搅拌装置	1组	中破	同
	胶及パラフィン焚窑	2级	大破	同
	药品粉碎装置	3基	同	同
	轴揃机	2台	中破	运搬疏开
	轴列机	19台	部分品纷失及小破	同
	头药付机	2台	部分品纷失	同
	轴拔机	12台	同	同
	小函贴机	12台	小破	同
	层轴撰别机	2台	同	同
	头付屑轴撰别机	1台	同	同
	轴剥机	2台	同	同
	各耘作业台	多数	同	同
	各耘作业用具	同	同	同
	各耘机械附属品	同	同	同

附表十　台中分局火柴厂损失情形调查表

区分	名称	数量	损失程度	摘要
机械其他设施	横涂机	1台	部分品纷失	运搬疏开
	头付屑撰别机	1台	小破	同
	轴拔机	5台	部分品纷失有小破	同
	轴列机	22台	部分品纷失	同
	头药付机	1台	同	同

续表

区分	名称	数量	损失程度	摘要
	轴揃机	2台	小破	同
	轴剥机	2台	部分品纷失	同
	轴刻机	2台	同	同

附表十一　火柴生产实绩表（自三十四年十一月至三十五年三月）

厂名	计划	实绩	比较增减	百分比	摘要
台厂	1,000吨	459吨	541吨	54%	
新竹工厂	500吨	261吨	238吨	48%	
计	1,500吨	721吨	779吨	52%	

附表十二 （自民国卅四年十一月起至民国卅五年三月止）酒类顺销成绩表

官署名	预算额 元	实绩 元	对预算余缺额 元	余	比较
台北	12,157,524	13,360,076	1,202,552	余	9.9
基隆	5,213,969	5,766,888	552,919	同	10.6
宜兰	3,802,323	6,624,611	2,822,288	同	74.2
新竹	5,134,719	3,178,638	2,156,081	缺	40.4
台中	10,292,621	8,654,938	1,638,683	同	15.9
埔里	1,753,238	895,347	857,891	同	48.9
嘉义	6,974,331	3,479,784	3,494,547	同	50.1
台南	4,351,428	1,680,529	2,670,899	同	61.4
高雄	4,861,116	643,836	4,217,280	同	86.8
屏东	4,585,597	3,636,382	949,217	同	20.7
澎湖	693,205	31,232	661,973	缺	95.5
花莲港	3,806,527	3,783,800	22,727	同	0.6
台东	1,923,123	420,753	1,502,370	同	78.1
计	65,750,723	52,136,814	13,593,909	同	20.7

附表十三　接收以前收数

专卖品别	十月份实收金额	十一月份实收数	自十二月一日至十二月十四日实收数
盐	572,178.43元	514,248.62元	208,633.78元
樟脑		50,688.00元	20,642.00元
阿片		218.03元	
烟草	3,880,110.68元	2,630,140.14元	1,093,026.93元
酒	5,589,113.52元	3,316,123.49元	772,762.60元
石油	1,110,696.45元	1,016,298.81元	
度量衡	12,933.74元	10,577.98元	831.38元
火柴	46,816.86元	28,300.54元	21,457.42元
合计	1,121,184.68元	7,966,595.61元	2,117,354.11元
总计			21,295,799.40元

附表十四　延纳担保公债（三月底止）

区分	担保额（额面）	时价换算额	担保缴款额	时价换算余额
盐	1,895,165.00元	186,979.65元	1,136,622.60元	733,147.05元
烟草	19,263,450.00元	18,907,220.50元	18,618,047.96元	289,772.54元
酒	27,292,180.00元	26,771,983.85元	26,527,641.60元	244,342.25元
火柴	384,826.00元	377,298.50元	270,876.36元	106,422.14元
阿片	162,000.00元	162,000.00元		162,000.00元
樟脑	1,990,000.00元	1,957,800.00元	1,359,342.00元	598,458.00元
石油	3,041,000.00元	2,981,788.00元	11,025,058.45元	1,956,729.55元
度量衡				
合计	54,018,620.00	53,028,460.50	48,937,588.97	4,090,871.53

附表十五　收入概況

民國三十五年三月三十日止第十五表（承上）

专卖物品	自十二月十五日至十二月三十一日	一月份	二月份	三月份	合计
盐	178,811.55元	255,235.16元	416,719.67元	28,338,267.39元	29,189,033.77元
樟腦		70,353.12元			70,353.12元
阿片				842.40元	842.40元
烟草	3,530,998.50元	9,250,715.13元	10,275,303.10元	19,196,021.59元	48,253,038.32元
酒	1,732,462.42元	8,704,840.79元	13,826,538.15元	21,554,097.99元	45,817,939.35元
石油	1,400.00元			17,957.15元	19,357.00元
度量衡	314.32元	31.40元	11,879.20元	15,544.50元	27,769.42元
火柴	12,518.25元	278,671.52元	453,540.46元	442,985.13元	1,187,725.36元
合计	5,456,505.04元	18,559,857.12元	24,983,980.58元	69,565,716.15元	118,566,058.89元

附表十六
台湾省专卖局三十五年度岁入概算　四月至十二月
经常门

款	项	目	科目	概算数	备考
二			专卖收入	733,937,000	
	一		樟脑专卖收入	31,084,000	
	二		烟草专卖收入	406,773,000	
	三		酒及酒精专卖收入	256,834,000	
	四		麻醉药品专卖收入	2,517,000	
	五		度量衡专卖收入	2,314,000	
	六		火柴专卖收入	34,015,000	

附表十七　台湾省专卖局三十五年度岁出概算　四月至十二月

临时门

款	项	目	科目	概算数	备考
	二		专卖局主管	217,139,792	
		一	补充费	139,335,147	
		二	赴任费	6,973,555	
		三	灾害复旧费	68,003,229	
		四	樟脑试验费	120,967	
		五	烟草试验所复活费	1,346,894	
		六	烟草仓库增设费	3,360,000	
七			补助支出		
	五		专卖局主管	253,443	
		一	烟草耕作组合补助	253,443	

附表十八

台湾省专卖局三十五年度岁出概算　四月至十二月

经常门

款	项	目	科目	概算数	备考
7			财务支出		
	2		专卖局主管	34,004,861	

台湾省接收委员会日产处理委员会工作报告

本省处理日产机构,系于台湾省接收委员会内设日产处理委员会,以本省有关各机关首长及精通法律会计之干练人员为委员,于本年一月十四日成立,全省各县市设分会十七处,由县市长兼主任委员,有关单位主管及地方法团公正人士为委员,于本年二月下旬亦先后组织成立。

一、接收情形

(一)日产之接收,系依照行政院公布之《收复区敌伪产业处理办法》为准则,本省因有下列特殊情形:1.沦陷五十年,日侨三十余万人分布全岛,所办事业亦普遍全省。2.接收人员之不足分配。3.日侨未能即时集中管理。以上情形在接收之初,一部分事业不得已系采监理制度,一部分企业仍准维持正常营业,未能同时一一接收。

(二)日产公有部分,于去年十一月一日开始,由本省接收委员会分十一组派员接收,已告竣事,现在册报中。

(三)日产私有部分,对撤离日人财产之接收,订有《台湾省处理境内撤离日人私有财产应行注意事项》,于三月初旬日侨开始遣送,即开始接收。其接收程序:1.各接收机关应令派委员为接收人员,在县市分会,得指定各区乡镇之负责人为接收人员,并按接收单位发给接收通知书。2.被接收之日人应填财产清册三份,由接收人被接收人逐一在册上盖章,并由接收机关加盖关防,以一份发还日人,一份存接收机关,一份送日产处理委员会审核。3.日人在省境内银行及其他金融机关之存款,除规定每人回国时准带一千元外,余仍存银行,由银行代日产处理委员会发给凭证。尚有金钱、证券、珍宝、饰物等,亦规定送银行代收,并代日产处理委员会发给收据。根据我国与麦克阿瑟统帅总部商定原则,下列证券文件,不予接收,准予带回:(子)在日本境内之银行及其分支行所发之存款单据。(丑)在日本高丽暨旧关东州台湾之邮政储金存折。(寅)在日本境内设立保险公司及其分公司暨在日本高丽旧关东州与台湾所发邮政生命保险单。(卯)有关接收之公文书。

(四)韩国人及琉球人财产,除琉球人于遣送时已照一般日人财产接收外,曾奉行政院令以韩国人公私产业之处理,交全国性事业接收委员会会商外交部拟定办法饬遵,故目前对韩国人准其保持原有财产,听候前项办法领到再行遂照办理。至各机关征用留居之日人,其财产接收之标准,已向中央请示办理中。

(五)各县市分会接收日产,截至四月二十五日止已具报者,计有四万零二十六起,各银行截至四月二十五日止,代收存款部分,已具报者三亿八千零二万余元,证券等已具报者二千五百万余元。又邮政储金截至四月二十五日止,已具报者三亿二千七百万余元。

二、现在概况

(一)已接收日人产业,现正电催各接收机关将接收财产清册送日产处理委员会,会中已订有各种登记簿册及登记手续,一一登录统计,以凭审核册报。

(二)全省公有资产及私有部分有组织之工矿、农林、企业及金融机构等,均由长官公署指定各主管机关分别接收,其余在各分会接收者,多数为商店住屋等。

(三)关于接收日产之处理,正由日产处理委员会分别为企业、房地产、金融、动产等,会商各主管部分依照中央法令抄订处理准则实施处理。

（四）台北市分会接收日人之房屋，因各机关需要较多，拨用分配未尽适合。经日产处理委员会会同秘书处、财政处，订定《台北市公用房屋分配准则》，由财政处主办其事，正在组织公用房屋分配委员会，就接收之日人房屋重行分配，以期妥善。

（五）凡日人原与本省人合办之产业，依照规定，其主权均须收归中央政府，查属强迫性质者，得呈行政院核办。本省因情形特殊，正在报请中央，拟先准具相等于产业价值之保证，具领保管，或委托经营。

（六）接收之工矿、农林等企业及卫生、医药等设备与房屋建筑物等正由各主管机关，按本省公用公管之需要，列举请求中央指拨省、县、市应用。

（七）接收之公有土地，除指拨公用必需者外，其余接收公私有土地，均以出租为原则。本省将试行土地政策，正由主管部分订定办法分配租用，以达耕者能有其田之目的。

（八）前两项以外须予出售或出租之一切产业，于遵照中央规定办理之中，仍将力求顾到本省地方与民间之经济，以促其发展。

（九）为求接收日人产业之不致隐匿漏失与处理之克致公允起见，正在计划举办接收产业之清查与鼓励检举其发生争议者，依照法令审慎办理。

教育处工作报告

一、接收情形

(一)教育行政机构之接收

1. 总督府文教局　该局因战时紧缩,接收时仅设庶务系及教学援护两课。庶务系、教学课、庶务、经理、学务、练成、编修各系,及援护课关于社会教育部分,均由本处派员接收。文卷器物据称一部分毁于总督府被炸时,移交册所列者,经予点收清楚,分别整理保管。援护课关于军事援护部分,由本公署民政处派员接收。

2. 各州厅及各市教育行政机构、各州厅及各市之教育课或教育系,由各州厅接管委员会及各市政府派员接收,汇报公署。

(二)各级学校之接收

1. 专科以上学校　台北帝国大学各学部及附属医学、农林两专门部暨大学豫科,由教育部特派员接收,并已改为国立台湾大学,台北经济、台中农林及台南工业二专门学校,由本处派员接收,台南工业专门学校新派校长因交通关系,到台较迟,故均接收完竣已在本年三月中。

2. 中等学校　各中等学校除在台北市者由本处进行派员接收外,在台北市以外者,均由各州厅接管委员会先行派员接收,课业不使停顿,陆续由省派定校长,分别接收完竣。

3. 国民学校　各师范学校附属国民学校,由各师范学校校长一并接收,属于各州厅及各市者,由各州厅接管委员会及各市政府派员接收。

(三)各种社会教育机关及教育社团之接收

原属于总督府或文教局者,由公署或本处分别派员接收,如图书馆、博物馆、国民精神研修所、中央青年特别炼成所、台湾神宫、台湾护国神社、建功神社、学租财团、台湾教育会、台湾教育职员互助会、台湾教育会馆、教育会馆草山别馆、台湾体育协会、台湾神宫临时造营事务局、台湾神宫造营奉替会等,其属于各州及各市者,由各州厅接管委员会及各市政府派员接收。

(四)接收后之改组与财产之整理

接收后,各级学校均依我国现行学制分别改组。各公立中等以上学校,一律改为省立,原有数量,均予维持。各国民学校均仍继续办理,并将介教场及高山族之教育所,一律改为国民学校各社教机关,除系日人宣传皇民化或别有目的者予以废止,另行利用设立社教机关如民众教育馆外,其余图书馆、博物馆、运动场等,均仍继续办理。各种教育社团其有助于教育事业者,亦予分别改并,如教育会、体育协会、教育职员互助会等已派员筹备,至各学校各机关各社团之财产,由本处进行派员接收者,仍由本处派员整理保管,省立各学校各社教机关之财产,则令造册报核,县市所属各学校各社教机关之财产,则由各县市政府造册报核,原由学租财团管理之教育款产及各教育社团之财产,则设立本省学产管理委员会,统筹整理。

二、现在概况

(一)学校教育之扩展

1. 原有各专门学校机高程度,改为省立专科学校或独立学院。本学期省立台中农业专科学校招收农科、林科及农艺化学科,新生各三十名。省立台南工业专科学校招收机械科、电气科、土木科、建筑科、应用化学科及电气化学科,新生各四十名至五十名。省立法商学院招收普通行政、社会行政、行人、事政、工商管理、法律、财政、银行、会计、贸易、统计十种专修科,新生各五十名。

2. 添设女子师范学校,连同原有台北、台中、台南三师范学校,合计四所,均为省立。本学期省立台北、台中、台南三师范学校各招普通科新生五百四十名,师资训练班新生二百四十名,简易师范班新生一百二十名;省立女子师范学校招收普通科新生二百名,师资训练班新生一百二十名,简易师范班新生一百二十名。

3. 省立高级中学一所,省立中学十九所,除省立马公中学为适应当地需要,男女生兼收,分班教学外,余均专收男生。省立女子中学十九所。省立各中学及女子中学,均兼设初中及高中,本学期招收初高中新生共一百班(已呈报者计九十班,尚有五校未报,每校以二班计算),每班五十名,合计约五千名。

4. 省立农业工业职业学校各九所,省立商业职业学校七所,省立水产职业学校二所,合计二十七所。内省立澎湖初级水产职业学校,系由澎湖水产专修学校改设,省立台南工业专科学校附设初级工业职业学校,系由台南专修工业学校改组,余均由原有公立实业学校改设。本学期各职业学校招收新生共六十九班(已呈报者计六十五班,尚有四校未报,每校以一班计算),每班以五十名计算,合计约三千四百五十名。各职业学校本学期所招新生之修业年限,除初级职业学校二所,依照规定为三年外,其课亦暂定三年。经调查考核后,其设备完善成绩优良者,添招高级或五年制六年制之学生,初级修满者可升高级,初中毕业或旧制中学修满三年者,亦得投考高级。

5. 原有各实业补习学校,经已订定调整办法,计分五项:

(1)师资优良,设备充实,而学级在五级以上者,改为初级职业学校,招收国民学校毕业生或具有同等学力者,修业年限三年。

(2)五学级以下者改为中级职业补习学校,招收国民学校毕业生或具有同等学力者修业年限二年。

(3)原系家政学校后改为实践女学校者,得酌改为女子家政学校,招收国民学校毕业生或具有同学力者,修业年限二年至三年。

(4)合并于同地同性质之省立职业学校。

(5)办理欠佳或设备不良者饬令停办。现已改为省立初级职业学校者计有二校,并合于同地同性质之省立职业学校者计有三校,可予改为县市立初级职业学校者计有二十余校,可予改为中级职业补习学校者计有三十余校,其余各校尚在调查整理中。

6. 全省国民学校校数,据日人投降前一年之统计为一千零九十九所。在投降之前,有因学校驻兵或全校炸毁而致停顿者,其数不详。光复后将各国民学校分教场及高山族教育所均改为国民学校,据本学期调查,全省计有省立国民学校三所,省立师范学校附属国民学校四所,各县市立国民学校一千一百九十六所,合计一千二百零一所,学生数尚未据报齐全,本学期全省国民学校招收新生数亦尚无法统计。

7. 原有国民学校设有高等科者计二百五十四校,本省籍学生约二万余名,此种高等科与我国学制不符,且为日人限制台胞升学中等学校之设施,故已予废止,不招新生。为使国民学校毕业生有升学之机会,省立各中等学校,本学期均招新生,并令各县市筹设县市立初级中学,调整现有实业补习学校,改为县市立初级职业学校,或中级职业补习学校,均系招收国民学校毕业生。本学期省立各师范学校招收新生二千二百四十名,省立各中学及女子中学招收新生五千名,省立各职业学校招收新生三千四百五十名,合计一万零六百九十名。本学期省立各中等学校依照旧制毕业之本省籍学生数虽尚未据呈报齐全,但依前二年之毕业生数(民国三十二年为二千九百五十五人,三十三年为三千三百二十八人)及上年各校最高年级学生人数估计,最多不过三千五六百人,中等学校学生人数,显然已有增加。

8. 原有台北台南两盲哑学校,均仍继续办理,改为省立。

(二)社会教育之推进

民众教育机构之筹设与改组,实为推进民教之初步工作,其已成立或在

筹备中,分述如下:

1. 省立图书馆　原有总督府图书馆改为省立图书馆,原馆址炸毁,暂借省立博物馆楼上为馆址,并将前南方资料馆之图书,移至明石町,作为该馆之南方研究室,已于四月一日开馆。图书颇有增置,又将台中原有州立图书馆设为省立台中图书馆,业已派定馆长,改组成立。

2. 省立博物馆　由前文教局附属博物馆改组,馆舍一部分炸毁,业已修理完竣,于四月一日开馆,借众阅览。

3. 省立民众教育馆　于台北、台中、台南各设一所,台北台南两馆长业已派定,积极筹备展开工作。

4. 省立乡土馆　由原有台东厅立乡土馆改组为省立台南乡土馆。

5. 县市立图书馆　每县市以各设立一所为原则,就原有图书馆改组,并予扩充,其余原有各图书馆,亦均仍予继续办理。

6. 县市立博物馆　各县市原有之博物馆,均改为县市立博物馆。

7. 县市立民众教育馆　每县市以上设立一所为原则,订颁县市立民众教育馆章程,通饬遵办,期于本年内完全成立。

8. 其他各种社教机关之整理与改组　各地原有之运动场、游泳场分别改为省县市立,各地之剧院剧场应予指导管理,各地之各种炼成所青年学校及神宫神社废止后,其房屋设备充分利用为民众教育场所。

(三)语文教育之推行与各科教材之编辑

本省受日人统治达五十年,台胞对于祖国语言文字,反多隔阂。光复后,对于语文教育之推行,实为当前之急务。本处请准教育部调派国语推行委员魏常委建功等三人,并在渝沪邀请专家多人,先后到台成立本省国语推行委员会,进行各项基础工作。一方面对社会上私人或机关团体之传习国语者,予以示范及协助,使其合于标准;一方面对本省语文教育问题作实验研究以寻求有效之解决途径,同时从各地约请国语国文教员,分发各级学校任教,并于各县市设置国语推行所,负各地方推行国语之责。其已开始之工作,可综为下列各项:

1. 关于树立标准者。

（1）语文教材，注意本处所编国民学校暂用国语课本，中等学校暂用国语课本，均已加注国音，并注明语音上之轻音变音等，民众国语读本，亦加注国音及方音注音符号。

（2）国音示范广播，注音符号读音示范已自三月一日起开始，本处所编各项国语课本之课文读音示范亦将于五月一日开始。

（3）编印国音标准参考书，已编竣《国音标准汇编》第一辑付印。

2. 关于训练传习者。

（1）全省行政人员之国语训练，由国语推行委员会派员至台湾省行政干部训练团讲授。

（2）本公署员工之国语训练，由国语推行委员会委员讲授，自二月八日至三月三十日，参加讲习者一百二十人。

（3）全省国民学校及中等学校教员之国语训练，由本处办理或由各县市分别办理，由国语推行委员会协助。已办者计有：一、台北市国民学校国语师资讲习班，二、各地来台中小学教员讲习班，三、台北市国民学校教员讲习会，其他各县市办理者，尚未据报。

3. 关于设置推行机构者。

本处计划每一县市设立国语推行所一所，全省共设十九所，每所设推行员三人至七人，负责传习县市学校教育及公务人员，并直接传习民众。现已设立者计有新竹县、台东县、台中县、台南县、台南市、嘉义市、花莲县、基隆市等十一所，派出推行员三十三人，俟所邀人员到台，再陆续增设，已设者并予充实。

4. 关于研究实验者。

关于本省语文教育之实施方案，由国语推行委员会负责研究设计，并根据本省需要，编辑教材及参考书籍。

为加强各级学校语文教育，由处订发各级学校暂行教学科目及每周教学时数表，各中等以上学校本学期新招之学生，并规定应先补习一学期，注重语文史地及基本学科之教学。

本省各国民学校各中等学校课程,既暂尚未能悉遵部颁标准,则各科国定本及审定本教科书亦不能完全应用,一部分学科之教材,必须自行编辑,尤其语文历史之课本,需要尤为迫切。本处因设立国民中等学校教材编辑委员会,从事编辑。现已编竣印发者,有国民学校国语暂行课本等学校国语及历史暂行课本,民众国语读本则系就教育部所编之民众国语读本改编。其他各学科之课本如算学、博物、物理、化学等。旧生拟将原用日文课本翻译改编,以资衔接。新生则拟采用国定本或审定本。

(四)教员之甄选与师资之培养

国民学校师范学校及中学之教员,应以全由国人担任为原则,专科学校及职业学校之有关技术学科,尚可暂时征用日籍教员。本省光复初期,师资缺乏,中等以下学校教育,仍多征用日人。本处于上年十一月即已订定本省中等国民学校教员甄选办法,一面在本省甄用,一面向省外征选。截至四月二十五止,计经甄审合格中等学校教员三百零一人,国民学校教员一千零三十二人,现仍在继续办理中。向省外征选之教员以国语、公民、史地等科为主,因台胞过去受日人之压迫,无法接受祖国文化与教育,故此等学科之教员,必须向省外征选。截至现在止,外省征送来台之国民学校教员约一百一十余人,中等学校教员约四百三十余人,公务员之兼课者一并计算在内。日侨大批遣送返国,中等以下学校教员,所缺尚多,自应继续甄审与征选。至三十五学年第一学期开学时(暑假后)各科教员,期均无缺。甄审合格及征选来台之教员均予以短期训练或讲习教授语文,并讲述我国教育宗旨或本省教育状况。

关于来台师资之培养。省立各师范学校均于本学期招收普通科、简易师范班、师资训练新生班,合计二千二百四十名。普通科应试资格为旧制中学校肄业满三年者,修业年限三年;简易师范班应试资格为原有国民学校高等科毕业者,修业年限一年;师资训练班应试资格为旧制中学校五年或四年毕业者,修业年限一年。此项正常之师资训练,尚属缓不济急。因又另订本省国民教育师资短期训练班实施办法,就各县分别设立,由县市长兼任班主任。全省合计训练五千名,依各县市国民教育之需要而分配,训练时间为六个月,应试资格须合于下列各项之一者:一、中等学校毕业有志任小学教师者,二、中等学校肄业满三年复经一年以上之自修者,三、师范学校预科或二年制以上之讲习科肄业满一年,因无力继续经准休学后,复经一年以上之自修者,四、国民学校高等科毕业后,复经二年以上之自修者,五、实习补习学校肄业满二年复经二年以上之自修者。训练期满考查成绩及格者由各县市政府派充当地各国民学校代用教员,共具有前项第一款之资格,服务满一年,参加小学教员无试验检定合格,或服务满四年成绩优异,参加无试验检定合格者,改为正式教员。又为对高山族同胞施教便利,特设高山族师资训练机关,分为专设与附设两种,以招收高山族男生为限,分普通科、师资训练班及特种简易师范训练班三种。普通科及师资训练班入学资格及修业年限,均与师范学校同,特种简易师范班入学资格为六年制国民学校毕业者,修业年限三年。关于中等学校师资之培养,本学期原定于省立台中农业专科学校附设中等学校数理化师资专修科,应试资格为旧制师范学校或专门学校本科毕业者,修业年限招生均不足额,未能开班。现拟筹设省立师范学院一所,业经拟订设立原则,呈奉长官核准并报部备案,除本科外,兼设各种专修科,以应急需,期于三十五学年度(暑假后开始招生)。又为培养专科师资,本会核准省立台南工业专科学校招收研究生三十名,二年毕业。本省为积极培养师资,对于各级各种师资训练机关之师范生,一律均予以公费待遇,以示优待,而资鼓励。

(五)留日台省学生之分发转学

上年日本投降后,汇兑未复,本省留日学生生活困难。本公署会函请义军驻台联络组转请东京盟军总部查询汇款接济办法,本年一月三十日准复谓:关于在日台籍学生处置,奉东京麦帅总部电示以照目前计划,在东京区之台籍侨民,凡志愿回台者,准于二月十五日前,遣送回台。志愿留日及需要救济之台籍学生人数及姓名,待调查后通知,然后双方参谋长商议由台北汇寄救济费至日本之办法。本处对于留日学生及留日返台学生,经已分别拟具处理办法,呈奉长官核准,公布施行。凡本省留日学生,除专科以上学校理、工、农、医各科学生志愿继续留日肄业者外,其余均以至部返省为原则。志愿继续留日肄业之学生,由本省行政长官公署函请东京盟军总部代办调查登记,并通知汇款手续。如学生人数较多,由本公署派专员一人驻日,负管理及联络之责。已返省之留日学生,由本处公告登记办法,自二月一日开始,并组织留日学生返省学生审查委员会负责审查。第一期登记截至三月十五日止,共计八百十九名,委员会开会两次,决定分发各校人数及科别。第二期登记自五月一日起至六月底止,已登报公告,以后拟不继办。

(六)学生之整理与本年教育文化费概算

本省在前清时,各地之书院儒学,均有学产。日本统治台湾后,由总督府接收,直接管理,后又交由财团法人学租财团负责经营。本省光复后,学租财团保管之财产,先由本处派员接收,旋即签奉长官核准,组织台湾省学产管理委员会,以公署秘书长为主任委员,教育处长为副主任委员,财政处长、会计处会计长及士绅刘克明、刘明哲、陈澄波为委员,均由长官聘任,并派公署张参议锡复兼任本会总干事,后又改派林参议正实兼任,负责整理及保管本省之学款学产。该会现已展开工作,决定今后经营方针及应行兴革事项,本省原有与教育有关之财团尚未接收者将由该会调查接收,一并整理保管,以裕学产。

本年度四月至十二月省教育文化费概算,已由本处编就并奉长官核准,计岁出经常门六七九六二四二一元,岁出临时门六四五九八五一〇元,又私立学校及教育社团补助费三八五八七五〇〇元,合计一七一一四八四三一元(各学校各机关员工生活津贴未计在内,由公署汇编)。本年度教育文化费支出计占全省岁出总额百分之九强(全省岁出总额除去生活补助费为一八八七七三八九〇〇元),过去日人统治时期仅约百分之五。

台湾省气象局工作报告

一、接收情形

去年日本接受菠茨坦宣言,台湾归还我国,气象台同被接收,改称台湾省气象局,直隶长官公署。眼前不但一切工作照常进行,而且业务大加扩充。最近更与美海军合作,参以美方最新学理求技术上更大进步。

本局系于去年十一月一日开始接收,以后并派本局技正王仁煜等于十一月二十八日至十二月四日接收基隆检潮站,阿里山、台中、日月潭等测候所,于十二月八日至十四日接收台南气象台、台南日海军飞行场本局测候所、高雄本局测候所,及日陆军检潮站,恒春、鹅銮鼻本局测候所,十二月二十二日至二十三日接收新竹测候所,一月十日至十二日接收淡水暨该地机场测候所及竹子湖鞍部大屯山测候所,一月三十日至二月十日接收宜兰暨该地机场测候所,花莲港暨该地机场测候所,台东、新港及大武等测候所,一切情形尚称顺利。

二、现在概况

(一)组织与规模

局内组织分设六科三室如下:

总务科、观测科、预报科、调查科、高空科、天文科、秘书室、研究室、会计室。

(二)员工

本局现有员工计本局一六八人,外所一三七人,合计三〇五人,内我国籍者二四九人,日本籍者五六人。

(三)财产

本局现有测候所十八处分布全省,均系新式建筑,设备完善,颇具规模,总计建筑物计一一三栋。面积一八八一方公尺,价值一四四二五五五二四元。

(四)业务与内容

本局业务除一般之气象观测外,复作地震观测、天气预报、暴风警报、测风气球观测、无线电探空仪、云照观测、潮汐海岸观测、空电观测、重力观测、地磁观测、统计调查、天文观测、时政施行以及与上海美海军之气象情报交换等。

(五)主要仪器

本局仪器计二十二种,如地震仪、日辐射仪、天电观测仪、检潮仪、重力地磁仪、无线电探空仪以及自计风力、风向、气压、温度、湿度等仪器。计共一三四六具。

(六)图书目录

本局现存中、西、日文图书,杂志字典等计四四八三册,刊行之各种研究报告计三十八种。

台湾省地方行政干部训练团工作报告

一、本团设立要旨

本团遵照中央训练委员会所规定之各省地方行政干部训练办法,并适应本省实际需要而设立。主要意旨:一方面在训练本省有为青年,担任各部门各级地方行政干部工作,一方面在使训练与人事配合,建立完密之人事制度。将来各级地方行政干部,都须经过训练,训练后必派工作,派工作后必有保障,庶几人才登用不致私滥,而公务人员亦可安心工作,务久务专充分发挥行政效能。

二、本团创设经过

本团系新设机关,并无接收对象,故一切均系新创。于去年十一月初着手筹备,由长官公署拨定水道町水源地前台湾陆军教育队原址(当时驻有一〇七师国军)为团址,添建房屋,订定训练大纲,聘请人员,装置一切设备,直至目前一部分已完成,一部分正建设中。

三、现在训练概况

(一)训练人数

一　已毕业人数：

本团以各方面需才孔亟,乃采一面设备,一面训练方针,并决定受训期间以三个月为原则,故于去年十二月十日即开始举办经济系,企业管理人员讲习班,截至现在计已毕业有：

企管班五十四人。

中等师资班第一期四十六人。

普通公务会计班第一期九十九人(内有五人不毕业)。

政令倡导班第一期一百五十八人。

地籍员班第一期一百十八人。

共四百七十五人。

二　目前在训练人数：

民政人员班四百九十七人(内三人违纪除名、一人病死、十人奉派县市参议会秘书、八人奉派户口清查人员职务)。

中等师资班第二期一百十六人。

征收员班第一期七十七人。

共六百九十人。

三　五月内须训人数：

政令倡导员班第二期二百二十六人。

气象系测候班四十人。

地籍员班第二期一百五十人。

普通公务会计员第二期二百人。

农林人员班二百人。

共八百十六人。

(二)训练内容

训练内容计分二大类,一为共同必修科目:有国音、国文、本国史地、本国政治、经济概况、总理遗教、总裁言行及精神讲话等。一为专业科目:视各系班专业性质,分别授以有关法令及理论概要与专门技术,余以小组讨论、课外活动等时间,充分之自动研讨,俾有精深熟练与认识。

台湾省行政长官公署农林施政报告

过去五十年来，日人统治台湾，利用自然及人为条件之优越，始则改良农林生产技术，以增进产品质量。继则统制产销，以达其经济榨取目的，终至发动太平洋战争，资源消耗，海运断绝，使全岛农林生产，一落千丈。

农林处奉行政长官之命于三十四年十一月一日起，接管全省农林渔牧事业，六月以来，一切设施均本民生主义，向三大目标进行。第一，在恢复原有之农产水平，第二，在促进现代农村文化，第三，在培养新兴农业基础。惟当此接管之初，全省事业，百废待兴，若图全面发展，势非一时财力物力及人力所及。故惟有权衡缓急，一方推进现有工作，一方搜集数据，策划将来业务，拟于最近完成五年建设计划，恢复战前农林生产。兹将初步农林建设工作择要报告如下：

一、接管经过

抗战将终，中央训练团台湾训练班及农林部复员委员会即协助草拟本省农林接管计划，储备人才，以备接收。及至胜利初临，本省光复，农林处即派员参加前进指挥所，于三十四年十月五日抵台，调查省内情况并与各方联系；至同月十七日农林处处长亦率同部属十三人抵达，策划接管事宜。至十一月一日奉令开始接收：秉承行政长官指示，行政不中断，工厂不停工之原则，一方接收各类机构，一方维持业务进行，陆续完成接管任务。

过去台湾办理农林渔牧机构大体可分为行政、试验、企业及农业团体四类，以其单位繁多、组织复杂、行政及试验机构首予接收,次及企业机构与农业团体。

甲、行政机构

前台湾总督府以农商局主管农商行政,内设食粮部、蔗务系,暨农务、山林、水产、耕地、商政五课,各地复设置事业机关,推行业务,全部机构除内政课外,均由本处接收。兹列举其名称如下:

　　台湾总督府农商局

　　食粮部及其分支机构

　　兽疫血清制造所

　　大南庄蔗苗养成所

　　拓士道场

　　热带农业技术炼成所

　　种马牧场

　　肥料检查所

　　西部特用作物种苗养成所

　　大南庄蔬菜采种场

　　东部特用作物种苗养成所

　　东部棉作指导所

　　西部棉作指导所

　　汐止苗圃

　　植物检查所

　　养蚕所

　　花莲种马所

　　茶叶传习所

接管以后,为遵照中央编制及顾及事实需要,行政机构会分别予以调整。首因森林行政业务繁重,故将山林课改组为林务局,局下分区设置山林管理所及模范林场,次以检验业务,与进出口农产品级攸关,应有统一主管机构,故将各检查所合并,设置检验局,并于重要港口,设置分局。至拓士道场及热带农业技术炼成所，原备训练日本移民之用，业已废止。处内分设四室四科，分别掌理行政业务。附属机关亦复略有裁并，或更改名称。现时行政组织如下表：

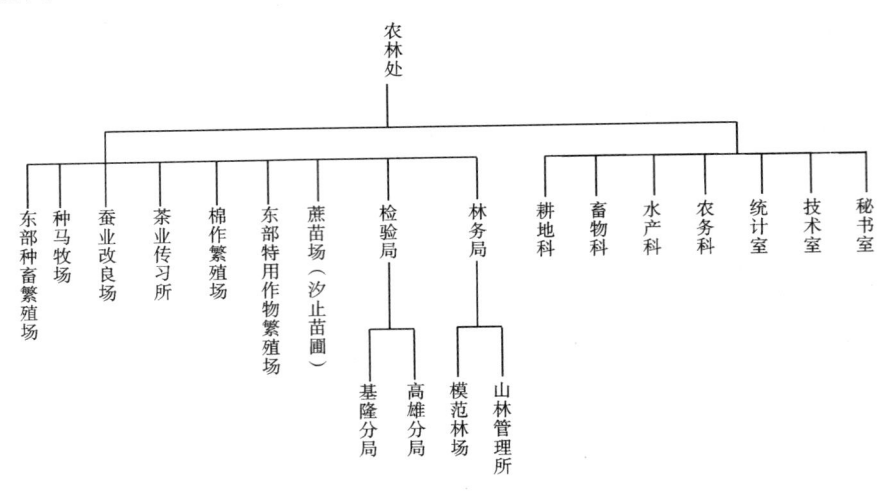

```
                            农林处
    ┌──────────────────────────┼──────────────────────────┐
 东  种  蚕  茶  棉  东  蔗  检  林    耕  畜  水  农  统  技  秘
 部  马  业  业  作  部  苗  验  务    地  物  产  务  计  术  书
 种  牧  改  传  繁  特  场  局  局    科  科  科  科  室  室  室
 畜  场  良  习  殖  用 （         
 繁      场  所  场  作  汐    ┌─┴─┐   
 殖              物  止    基 高      模 山
 场              繁  苗    隆 雄      范 林
                殖  圃    分 分      林 管
                场 ）     局 局      场 理
                                        所
```

乙、试验机构

前台湾总督府中，试验研究机构之属于农林事业者，有农业、林业、糖业、水产四试验所，分别掌理研究。农业试验所有支所十，林业试验所有支所四，水产试验所有支所二。接收以后，继续进行研究工作。各所内部组织略有更变，惟支所则均仍旧贯，现时各所组织如下。

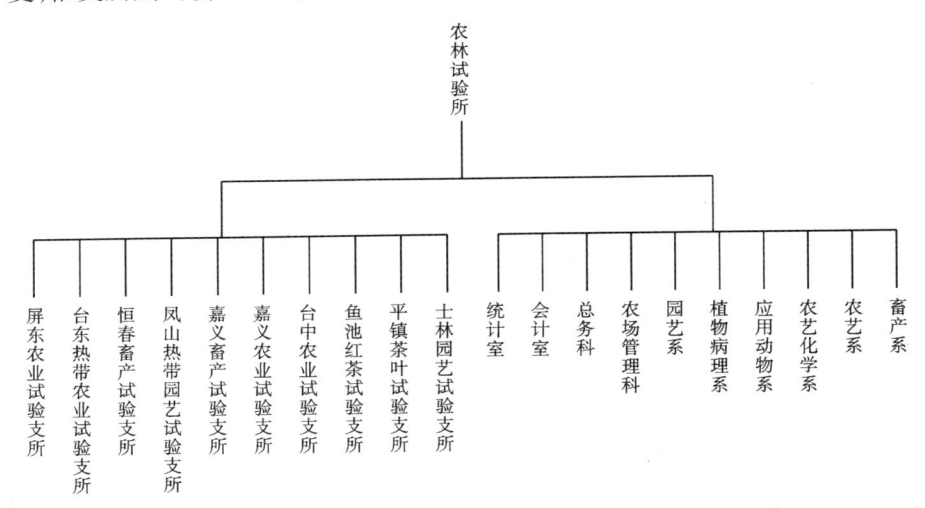

```
                             农林试验所
  ┌────┬────┬────┬────┬────┬────┬────┬────┬────┬────┬────┬────┬────┬────┐
  屏  台  恒  凤  嘉  嘉  台  鱼  平  士  统  会  总  农  园  植  应  农  畜
  东  东  春  山  义  义  中  池  镇  林  计  计  务  场  艺  物  用  艺  产
  农  热  畜  热  畜  农  农  红  茶  园  室  室  科  管  系  病  动  化  系
  业  带  产  带  产  业  业  茶  叶  艺          理      理  物  学
  试  农  试  园  试  试  试  试  试  试          科      系  系  系
  验  业  验  艺  验  验  验  验  验  验
  支  试  支  试  支  支  支  支  支  支
  所  验  所  验  所  所  所  所  所  所
      支      支
      所      所
```

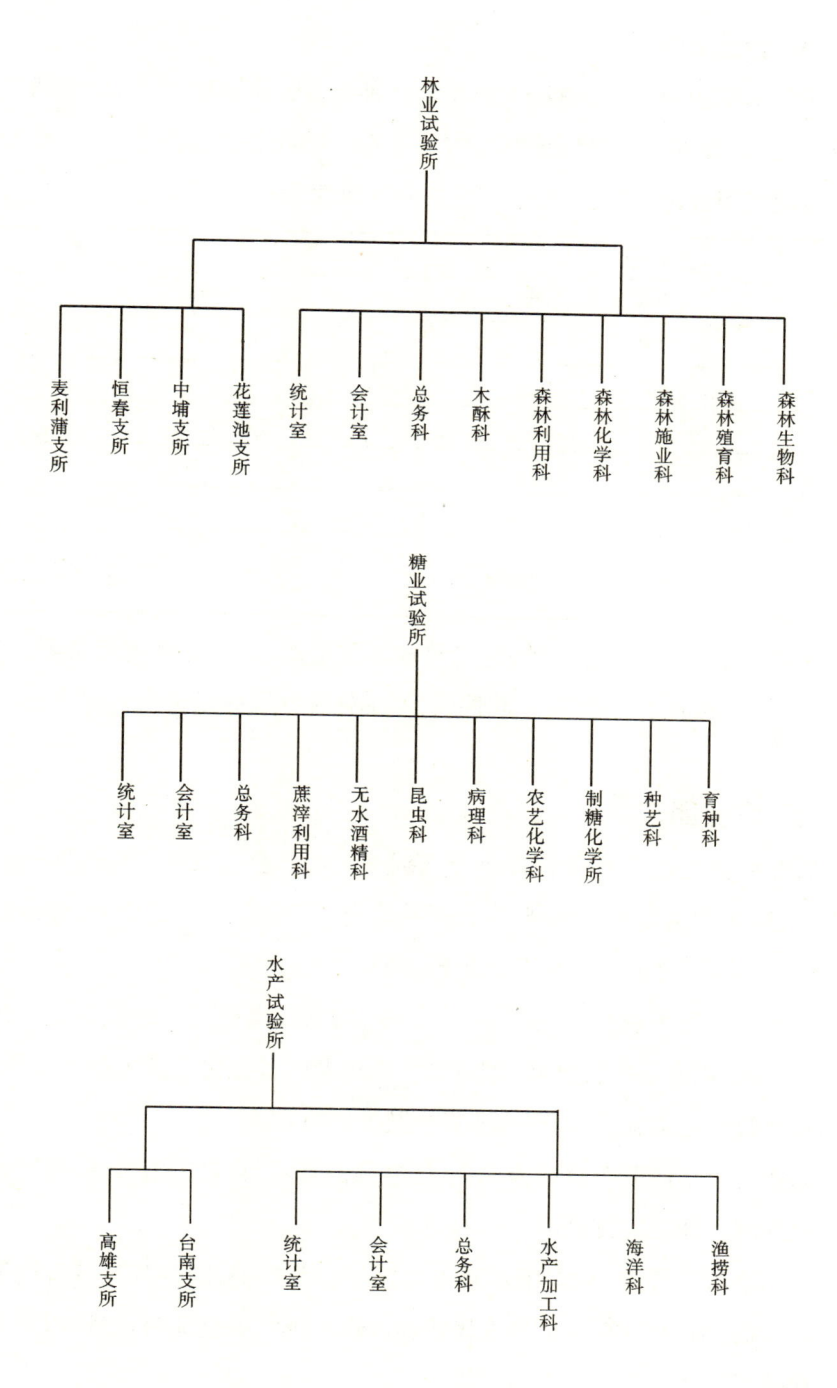

林业试验所

- 麦利蒲支所
- 恒春支所
- 中埔支所
- 花莲池支所
- 统计室
- 会计室
- 总务科
- 木酥科
- 森林利用科
- 森林化学科
- 森林施业科
- 森林殖育科
- 森林生物科

糖业试验所

- 统计室
- 会计室
- 总务科
- 蔗滓利用科
- 无水酒精科
- 昆虫科
- 病理科
- 农艺化学科
- 制糖化学所
- 种艺科
- 育种科

水产试验所

- 高雄支所
- 台南支所
- 统计室
- 会计室
- 总务科
- 水产加工科
- 海洋科
- 渔捞科

丙、企业机构

前日本统治台湾，实赖各大企业会社推行其经济侵略政策，战争期中各专业会社，复分别合并以便统制。农林处奉命接收各农林企业组织，经分别派员监理接管者，为数凡一七七。兹按其营业性质列表如下：

企业类别	数量
农场	16
畜产	15
园产	8
水产	8
林业	74
茶业	8
其他	48
合计	177

此项企业组织，接管以后，分别整理恢复生产，其有关全省经济者，已奉命划归省营，其他或归县市，或归民营，详细处理办法尚待长官公署核定。

丁、农业团体

农业团体之经接收者有农业会、渔业会、水产业会及水利组合四种。此类组织，以前均由日政府控制，会长理事均由官吏兼任。接收以后，即分别依法改组，作为人民团体，政府予以指导辅助。

农业会改组为农会，分省、县、乡三级，均已选出理监事组织完成。此后遵照农会法，以发展农民经济，增进农民智识及改善农民生活为业务要旨，并协助政府政令之实施，与办理农业指导及推广事宜。

渔业会及水产业会改组为渔会，已遵照渔会法，订定改组办法，分发各县市政府办理。即可实行民选。

水利组合之任务，为农田水利工程之兴建及维护，国内其他各省尚无相似组织，现已渐加调整，使成为农民团体。惟仍继续办理原有业务，以灾害复旧工程及工程之保护为其中心工作。

二、促进粮食生产

本省食粮向以米谷为大宗,甘薯次之。战前米谷生产,常年达一千六百三十万市石以上,输出省外者约占半数。战争期中,以肥料缺乏,劳力不足,益以水利工程失修,致生产锐减。去年产量仅达八百万余市石,尚不及战前之半,故粮食问题至为严重。接收以后,一方策划自省外各地输入米谷面粉,并准备以杂粮代替食米,倡导薯粉薯干制造,以备青黄不接之际补充。一方致力于粮食增产,策划肥料来源,兴修水利工程,本年第一期米谷生产,预期面积为二六二〇〇〇公顷,产量为六二一三〇〇〇市石。惟本年春季,旱灾奇重,为过去所鲜见,各地迭有迟延不能插秧,或插后秧苗枯死之事,故栽植面积难如预期,或仅可达七成左右。第二期稻下种之时,预期省内农田水利工程大部均可修复,盼能恢复战前栽培面积。同时并注重辅助食粮作物增产,以资调剂民食。兹将六月来设施要点简述如下:

(一)拟定生产计划 各类食粮作物本年度栽培面积,均经计划决定,并循旧例,补助各县市增产经费。派员督导。兹将各种作物生产计划列下:

作物	栽培面积(公顷)	预期产量
米(第一期)	262,000	6,213,000市石
(第二期)	351,000	7,217,000市石
甘薯(春植)	47,000	846,000,000市斤
(秋植)	106,000	1,920,000,000市斤
小麦	10,000	90,000市石
蔬菜	40,000	720,000,000市斤

(二)繁育优良品种 本省重要作物均已有优良品种育成,此类品种,自宜保持繁殖,尽力推广。本处现方协助各农事试验机关,从事品种改良研究。并于全省各地设置稻作、甘薯、小麦、原种圃及蔬菜采种圃,繁殖籽种,以备供应。

(三)指导栽培技术 对于农民,实施指导,并补助各县市指导经费举行讲习会。灌输农业知识,设置模范田,以作示范,举行竞赛会,促进生产技术之改进等,均已积极推行。

（四）策划肥料供应及兴修水利工程，对于食粮增产最为重要，本报告中另有专题叙述。

三、挽救蔗糖生产

本省外销农产，以蔗糖为首要。过去日政府奖励栽培，实施保护政策，最盛时，甘蔗种植面积达十六万余公顷，产糖年逾一百四十万吨。战争期中，大部蔗田改种粮食，益以糖厂频遭轰炸，以致原料锐减，生产惨落。至去年度，收获面积仅四万公顷，产糖不足十万吨，仅当最盛期百分之七左右。

本处接收伊始，即于去年十一月间，召集全省蔗糖事业讨论会，计划糖业复兴，改订当年蔗价，使蔗农有适当之利益。决定三十五年至三十六年度甘蔗栽培面积，并策划优良蔗苗增殖，以备次期植蔗面积扩大。同时会同工矿处接收四大糖业会社，恢复蔗田及糖厂经营，维系本省糖业于不坠。

三十五年度植蔗面积，原定为五五二九〇公顷，并经长官公署核定临时增产经费，由本处派遣专员，赴各地督导。以时惜今过迟，蔗苗缺乏，灌溉困难，雨量稀少故至四月初旬，已植面积达三万五千公顷，预期全部恐难逾四万公顷。

为策划将来甘蔗增产，并已邀约各方专家，组织蔗糖复兴研究会，就科学及经济立场，研究本省蔗区自然且人为环境，以定植蔗适宜区域。及蔗糖事业恢复之限度，藉备厘订五年计划之参改，并重新订定蔗价调整办法，适应农工两方之需要。

四、增进其他农产

甲、叶茶

二十年来，日人积极经营本省茶叶，产制技术逐渐改善，发展至远。战前全省茶园达四万三千余公顷，年产粗制茶达一千二百万公斤，复以致力国际宣传，对外输出日增。惟自战事发生以来，海运艰阻，外销停滞，偏重食粮生产，以致茶园荒芜,产量锐减。民国三十三年以后,茶叶生产,几全部陷于停顿。

本处接收以后,力谋复兴,一面接洽美国茶叶市场,一面派员赴各县督导,奖励茶农耕作,整理荒芜茶园,恢复制茶工场。原有分布各县制茶机件,仍行配借民间。并与台湾银行洽商,办理外销茶产制资金货款,总额二千四百万元,以济资金短绌。凡此设施,一方尽力协助民营茶业,一方整顿接收日产之茶园茶场。双方配合拟定本年度粗制茶生产计划如下:

乌龙茶　　五五三〇〇〇〇公斤

包种茶　　一一八〇〇〇〇公斤

红茶　　　二五〇〇〇〇公斤

合计　　　七〇六〇〇〇〇公斤

现各重要茶厂业已开工制茶,惜春雨过少,茶园受旱,恐将影响产量。

乙、凤梨

本省凤梨加工事业,始于民国十年前,三十年来日益发展。民国二十九年达最高峰,计生产凤梨罐头一六一四九一七箱,外销达一四六六八七五箱。三十二年以降,旧受战事影响,产量锐减。至三十四年制造仅一一二一八箱。接收以后,首先整理荒芜农地,增进种苗栽育,以期保持良种,而备来年栽培面积之扩展。次则修复破坏工厂,补充内部设,筹划器材供应,恢复生产能力。惟本年以原料缺乏,预定仅足制造凤梨罐头五四〇〇〇箱,故为工厂设备之利用经济计,加制柑橘、番茄罐头及各种副产物,以供应省内消费,并作外销准备。预期五年以后,恢复战前凤梨生产。

丙、其他重要农作

本省其他重要农作,约可分为四类,即油料作物、纤维作物、药用作物与果树是也。此类作物,均与民生关系密切,未可忽视。本处自接收以后,亦经分别计划增产,并分期派员赴产区督导。惟近年以战事影响,偏重食粮增产。栽培率多锐减,以致种子供应短绌,省外输入不易,一时难求恢复原有面积。其甚者已重设原种圃,以期渐次繁殖,逐年增产。兹将本年生产计划列后:

作物	栽培面积（公顷）	预期产量（市斤）
落花生	11,2,253	150,688,000
棉	2,000	600,000
苎麻	3,350	2,361,000
黄麻	20,000	15,720,000
葛藤	50	1,250,000
香蕉	18,000	315,400,000
柑橘	5,000	60,000,000

五、策划肥料供应

本省农作生产，与肥料供应关系至巨，战前输入化学肥料，年在四十万吨以上，豆粕年在十五万吨以上。近年以战事影响，海运断绝，以致肥料来源缺乏，农作产量惨落。本处接收以后，即以策划肥料输入，列为中心工作，多方努力，先后向英、美、日本及国内各省、香港地区接洽，现时联合国善后救济总署已同意优先分配硫酸铔一万二千吨，第一批一八五〇吨，正在自美装运中。日本存有化学肥料，亦经商洽，拟以本省物资交换。加拿大及美国方面，长官公署已派专家前往采购，最近约可购进硫酸铔三万余公吨。国内华北各地，存有植物油饼亦已陆续由贸易局采购运台。而本省各处，如制糖会社等原有存积肥料，亦均已集中分配，以应急需。

本省本年度依照计划生产面积，计约需化学肥料三十八万吨，其种类及各项作物分配量见附表一，此外尚需豆粕约十五万吨以供肥料及饲料之用。惟以现时海运尚未畅通，全世界均感肥料缺乏，故迄今已分配之肥料仅一万二千余吨，其种类及分配量见附表二。距实际需要，不敷尚远，至于省内肥料自给，亦已拟定自给肥料增产办法，奖励农民施用堆肥、厩肥及粪尿等，并研讨各项动植物废料之利用方法，指导农民应用。

表一　民国三十五年本省化学肥料需要量

作物		面积（公吨）	硫酸铔（公吨）	过磷酸石灰（公吨）	硫酸钾（公吨）
稻	第一期	270,000	81,000	27,000	54,400
	第二期	350,000	96,250	35,000	10,500
甘蔗		57,000	42,750	10,400	4,560
甘薯		160,000	16,000	16,000	9,600
茶		44,000	2,200	1,100	
其他作物		134,000	15,750	6,550	2,160
总计		1,015,000	253,950	96,050	32,220

表二　稻作及甘蔗肥料分配表（四月二十五日以前）

用途	植物油粕（公斤）	硫酸铔（公斤）	骨粉（公斤）	合计（公斤）
水稻	8,050,420	70,580	399,000	8,520,000
甘蔗		3,530,300		3,530,300
合计	8,050,420	3,600,880	399,000	12,050,300

　　本省肥料问题，下自农民，上至国民政府，莫不关心。此后自当继续策划，多方努力，以谋输入，倘航运情形改善，则输入量当可日增，一方面计划于省内建设硫酸铔制造厂，拟向美国日本洽商，供给机件以为一劳永逸之计。在此过渡期间，政府购进肥料，原拟低价卖给农民使用，惜以省外物价暴涨成本过巨，政府损失重大，而本省各地，尚嫌配给肥料价高，故最近采用以肥料换米谷办法。农民购领肥料后，以本期收谷稻谷，按下列比率，于收获时缴偿，以备设置常平仓之用。

　　　每一公斤硫酸铔交换稻谷一公斤

　　　每一公斤石灰氮交换稻谷五〇〇公斤

　　　每一公斤大豆饼交换稻谷四〇〇公斤

　　　每一公斤花生饼交换稻谷三五〇公斤

　　　每一公斤菜子饼交换稻谷三〇〇公斤

　　总之，值此世界缺乏肥料，交通困难之际，政府以现款向国内外高价购运肥料来台,实物资予农民,至收获时,再以低率收回稻谷,其立意要在食粮增产也。

六、修建灌溉工程

本省耕地面积共计八六〇二三五公顷,其具有农田水利工程设施者,计五四九〇一九公顷,占耕地总面积约百分之七十,实为本省农作生产最重要之因素。惟战争期间,此类工程颇有毁坏。本处接收以后,实施调查结果:已成之工程类多失修,未成者率多停顿;农田因之灌溉不足者达二四九三三二公顷,约占原有灌溉面积之半数。本处以事态严重,为谋恢复农业生产,一方先行实施修复,一方于本年一月召开农田水利事业讨论会,会同有关各方,厘订实施计划,逐步施行。兹述六月来工作要点:

(一)修复已有工程　督促各县抢修灾害复旧工程,迄本年三月止,全省已完成者计二百八十六处,灌溉面积凡一七〇七二〇公顷。预计五月底可能完工者八十二处,七月底可能完工者七十九处,共计四百四十七处。全部工程完成后,预期恢复灌溉面积逾二十万公顷。

(二)完成新兴工程　接收当时未完成之工程,共计六处,多已停顿。接收后,积极兴建,三十四年度已完成之工程,计有台中北斗区二林地方及台南斗六区虎尾地方之二灌溉排水工程,增加灌溉面积合计一三六九公顷,此项工程经资全部系由省库负担。

(三)调整水量分配　本年气候奇旱,各河道水量剧减,灌溉用水不敷分配,各地不免发生纷争。本处特派遣水文测量队八队,分赴各县实测流量,并调查各水路进水量,以决定用水分配,调解纷争。其中尤以台北之淡水溪上流,新竹台中之大安溪,台中台南之浊水溪及清水溪,纷争尤多,调查期限将延长至降雨为止。

(四)奖励小型农田水利设施　小型农田水利工程用费无多,成效最著。现在推进中者,有米谷增产工程、开田工程、小型灌溉排水工程、旱田改良工程等四项。为倡导农民从事积极性之农业增产及灌输农田水利工程知识,对申请计划,一经核定,均发给补助金,以资奖励。此项补助金截至本年四月止,业已发给六九四二八八九元。

（五）补助各县农田水利工程经费　各县灾害复旧工程以地方经费有限,均由省公署分别予以补助,以期促进完成。计东部各县补助七成,西部各县补助半数,视工程之进度,分期发给。此项补助金至本年四月止,已发给三次,计三四〇三二九九元,第四次正向公署申请中计二七二二五八八元。

（六）进行土地改良工程　土地改良工程现在进行中者,共计下列四处。
（1）盐埔地方灌溉排水工程　　预计三年完成
（2）高雄地方灌溉排水工程　　预计三年完成
（3）三星地方灌溉排水工程　　预计一年完成
（4）员林地方排水工程　　预计一年完成

七、殖增畜产

畜产为省民肉食营养及农村动力所系,兼为制革原料。本省过去经营畜产,较诸其他农事,规模未备,而战争期间,以肆意屠杀,饲料缺乏,益形低落。接收以后,曾作复兴设施,兹简述如下:

（一）恢复养猪事业　本省畜产,猪为大宗,战前全省数量曾达一百八十万头。不仅为农家副业,且为自给肥料重要来源及制革工业主要原料。现则激减,仅余三四十万头。为谋迅速复兴,已拟定计划,补助各县市经费,购买种猪,奖励多产,并派定专员,指导农民改善饲养管理及肥育技术。希望本年内可达九十万头。

（二）保持种畜资源　光复初期,优良种畜迭有被盗或屠杀情事,甚至牧场良种乳牛,亦多私自屠宰,影响此后畜产改良,莫此为甚。接收之后,即派员接管日人牧场,登记乳牛,以免散失,并收买调查遗落民间种畜,以保种资源。

（三）办理耕牛保护　耕牛为本省主要农村动力,而战争期间,屠宰甚烈,数量激减,致影响农村生产。已由长官公署颁布禁宰耕牛办法及畜牛登记规则,严密取缔管制,以保持农村生产。

（四）恢复兽疫防治　本省原有兽疫血清制造所以战事屋舍被炸，工作停顿，现时一方积极整理，补充器材，期于最近恢复制造。凡有兽疫发生，随时派遣人员，前往指导防疫；同时并恢复港口检疫，以防疫病输入。本年二、三月间，高雄潮州区发生猪瘟，病势蔓延迅速，病毙者达一一一头，当经派员前往防治，将病猪严密隔离，或予扑杀，以免传播。

（五）整理畜产加工　省内畜产加工工厂，以原料缺乏，多有停顿。接收以来，多方整理，于皮革加工、骨粉制造、乳品炼制及饲料配制等工作，均经渐次恢复，进行生产。

八、复兴蚕丝

战时本省蚕业，几于全部停顿。接收以后，一面恢复制种事业，以供应国内江浙两省之需要；一面推进植桑养蚕，以裕农家副业。六月以来设施要点如下：

（一）保持优良蚕种　培育现有优良家蚕品系，以供今后推广。

（二）推进制种事业　本省蚕病稀少适于制种，故为供应国内其他蚕区需要，扩大制种业务。本年自早春开始，全年拟制原种五○○张，原种二○○○张，普通种五○○○○张。其中普通种四五○○○张，将以供应内地各省。现春季已制一万七千张，内一万五千张已交中国蚕丝公司运赴江浙，以济内地蚕种不足，余二千张配给本省农民，以供秋蚕饲育。同时已制定检验规程，实施蚕种检验，以防病毒潜伏，贻祸农家。

（三）培育桑苗　战前育蚕，多赖山间野桑，饲料供应无多。现已准备繁殖桑苗十万株，以备配发各地培植。

（四）奖励蚕丝生产　本年拟以蚕种五千张，无价配发农民，预计收茧五千至七千公斤。育蚕期间，派定专人，切实指导农民以饲育技术。

（五）推广野蚕培育　省内蓖麻栽植颇广，奖励农家饲育蓖麻蚕，实足以裕收入。天蚕丝过去多由粤赣诸省输入，以供渔业钓丝之用，而本省樟枫树颇多，适于天蚕饲料，曾于新竹台中试验，获有成就，即将倡导农家饲育，以求自给。

九、恢复农业检验

农业检验之目标,在划一农产品级扩展外销市场,分析肥料成分,取缔伪劣搀杂,检查进出口农畜产物,以免病虫传播。过去日本政府于检验备极注意,制度严密。惟近年来外销停滞,检验业务亦随之停顿。接收以后,为恢复省外贸易及肥料输入,积极恢复检验机构,设立检验局专司其事,六月来之业务要点如下:

(一)恢复检验工作　接收以后,以肥料输入最关迫要,因之先行恢复肥料检验。凡进口肥料,均经分别检验,惟合格者始准销售。现经检验数量计七千余吨,其中商运硫酸铔一项搀杂最多,不合格者达百分之八十五。次则恢复茶叶检验,以利外销,已经检验者凡三万余公斤。复以本省兽疫原已渐次扑灭,近时畜产进口渐多,疫病输入堪虞。故现方积极于基隆、高雄两港口,恢复进出口畜产检验,不日即可开始。

(二)拟订检验法规　按照国内检验规程,顾及本省实际环境,分别制定畜产检疫肥料检验取缔及茶业检验办法,俾商民有所遵循。其他检验办法亦在拟订之中。

十、推行保林造林

本省山多地少,林野面积约占全省总面积百分之六十四。且山势险峻,河流湍急,每值暴雨,则一泄而致山崩河塞,酿成巨灾。故本省森林,不仅限于木材供应,且于治水保安尤为重要。过去日人经营森林,备极重视,惟战争期间,以需要激增,输入锐减,致砍伐较烈。至战事终了,林野保护,随之松弛,人民任意滥伐,甚至纵火烧山,致防风保安及水源诸林多遭破坏,倘遇风灾暴雨,必致酿成巨祸。故接收以后,特饬林务局注重保林造林之业务。兹将六月来重要工作摘要如下:

(一)推行保林造林运动　本年三月十二日国父逝世纪念日，发动台湾第一次植树节，散发造林运动宣传品，又于同月十二日至十五日在台北市轮流放映山林电影，同时复供给新闻材料于各报馆，均能发表最有宣传性之社论。

(二)召开全省森林事业讨论会　本省森林在战争期间，因林政松弛，横受摧残，迄至现在犹未稍戢。为谋规复全省林业起见，乃于三月十五、十六两日，假中山堂开全省森林事业讨论会议。邀请参加者，除各县市建设局农林水产课之代表外，尚有本市有关处局之代表及林界名流地方绅士等共到一五〇人。提案甚多，归纳议决提案十件，就中最重要者，为"如何彻底保护森林案""如何促进木材生产案""如何健全林业行政机构案""如何推动本省全面造林案"之决议案，经奉长官指示"均准照办"现正分别实施。

(三)计划本省光复纪念海岸防风林　本省沿海风害，向藉海岸林以为屏障。惟大战期中，以军用取材无度，乃延及海岸林亦横受斧斤，复以林政松弛，管理失制，于是盗伐野火亦随而频闻。业经拟具海岸防风造林计划及兵工协助造林计划预算，准备实施，以为本省光复之纪念。

(四)设立山林管理所及模范林场　日本领台时期，曾有山林事务所之设置，全岛共设十所，现经奉准规复，惟名称则改为山林管理所。遵照预算，四月份已成立台北、台中、新竹、罗东四所，其主要任务为国有林野财产之管理处分及保护取缔，公私有林野之奖励及监督，公私有林施业案之初审及林野之调查。又林务局接收之四帝大演习林，以其经营目的不同，现改为模范林场。此四模范林场，亦将于最近成立。

(五)施业案概况调查及保安林检讨　本处林务局已经派员分组施行施业案概况调查，第一期调查文山、竹东东势、阿里山、旗山等十七事业区，以滥垦、滥伐、伐木、火灾等迹地为调查对象。又保安林之检讨，亦已开始举行。预定本年度内，踏查保安林三十八处，面积三三五三公顷，实测三十四处，面积二九五七公顷。两项调查工作，均系备供今后造林复旧之依据。

(六)实施彻底保护森林之决议案　本省森林在战争时期，摧残殊甚，决依照森林事业讨论会议第一案之议决办法彻底办理。除已会同警察训练所，招训森林警察一百名，从事林野保护外，并将森林保护办法，通令各县市政府切实办理。

十一、复兴海洋渔业

本省渔业，素称发达，战前有大小动力渔轮约一五〇〇艘，动力帆船约五千艘，年获渔产十余万吨。战时此项船只多为海军征用，益以燃料缺乏，海洋渔业尽归停顿，民国三十三年渔产仅一六九七六吨。接收以来，重要工作可分下述四项：

（一）修建渔轮恢复生产　本处接收台湾水产株式会社动力渔轮三十一艘，类多破坏，其中较完整者仅三艘；冷冻制冰工场二十所，能运转者仅六所。以器材缺乏，修复非易。经六月来之积极经营，已陆续修复渔船及运搬船二十二艘，均已出海操业。仍在修理中者十艘，此外复行新建十三艘，以资补充。自去年十一月至本年四月，共计捞鱼逾八十万公斤。冷冻制冰工场则以原料缺乏，未能全部开工，至三月止，共计制冰九〇二九吨。

（二）有关渔政设施　本处渔政设施之目标，在促进远洋渔业，奖励民营近海渔业，其方略在于使各级行政密切联系，以便统筹管理。已制定下列各项办法，分发各县市会同办理。

（1）渔船登记办法

（2）定置渔业管理办法

（3）鱼市场经营管理办法

渔船登记已办理就绪者，有高雄县及高雄基隆二市，其他各县市仍在分别办理之中。省内定置渔业共三十八处，过去多属日人经营，业已接收者共二十处。今后当奖励省民经营，予以补助。渔市场之目标，为促进水产贸易，调节价格。现已着手组织恢复营业者，有高雄、台北二市，其他县市亦当陆续成立。此类登记管理办法，系望本省业于严密管理之下，予以奖助，以期迅速恢复旧日规模。

（三）策划物资供应　渔业器材最缺乏者，厥为重油及亚母尼亚，其他钢索、马尼麻纲、钓钩等渔具，省内供应亦远不敷用。业已分别向联合国善后救济总署电请,并向国内各地采购,以备渔轮行驶及制冰之用。

(四)培育渔业人才　本省过去船员大多均为日籍,近因遣送日侨关系,远洋捕鱼人才颇感困难。现拟加紧训练高级船员,如船长、机关长、甲板长等,以期于适当期间,远洋渔业能达自主之境地。现配往高雄及基隆各处渔船练习者,先后共计十七。

十二、加强试验研究

甲　农业试验所

农业试验所于战时曾经被日军占驻,恒春畜产及嘉义农业两支所亦破坏失修。惟规模尚属完整,设备差堪敷用。接收以后,首事整理复旧,屋舍之毁坏者策划修复,设备之散失者陆续补充。现时研究室及农场,均渐复旧观,经常工作已在推进之中。过去本所于作物中之水稻、甘蔗、麻类、家畜中之猪牛,均经育成改良品种,质量产量至多增进。他如肥料试验,曾赓续三十五年之久,化学研究曾改善多种农产加工,均富有应用价值。已往本省农业技术之改进,农业试验所实多贡献。惟过去少数研究工作,或为适应日本国内经济情形,或为配合日本南进政策,或为应付战时需要,均已分别调整。现时工作,遵循下列方针,(一)扩大研究范畴,(二)配合推广业务,(三)适应企业需要,(四)培育技术人才。兹摘述要点如次:

(一)继续旧有工作　考虑本国农情,配合省内环境,下列旧有研究仍在继续进行。

(1)稻作育种及栽培试验

(2)其他食粮作物育种及栽培试验

(3)特用作物育种及栽培试验

(4)果树育种及栽培试验

(5)蔬菜育种及栽培试验

(6)作物品种之搜集保存

(7)全省土壤之调查研究

(8)肥料与施肥方法之试验研究

(9)农产加工试验研究

(10)药用植物之分析研究

(11)农用药剂研究

(12)农作物病虫害之调查研究

(13)农作物病虫害防治试验

(14)本省昆虫菌类之基本调查

(15)益虫研究

(16)家畜育种及饲育试验

(17)家禽育种主饲育试验

(18)肉品加工及贮藏试验

(19)制革之化学研究

(20)家畜家禽疾病之研究试验

(21)饲料之调查研究

(二)增设研究项目　过去之研究工作,虽著有成效,而范畴尚嫌狭隘,为适应现时需要,已扩大补助食用作物之研究,以调剂省内粮食。设置食品营养化学研究,以促进省民营养。加强农产品之工业利用研究,以开发工业原料。进行牧野牧草试验,以扩展本省畜牧事业,期本省农业配合国家经济政策,向多方面发展。

乙　林业试验所

林业试验所于战时颇遭损毁,研究室多经日军占驻,机械被窃,园圃荒芜;而各支所数十年经营之试验林木,尤多被日军或当地人民盗伐。至于偷垦林地,放火烧山,更迭有所闻。接收以后,整顿设备,添置机械,恢复试验工作,严禁盗伐烧山,保护试验林地。六月来施政要点如下:

(一)森林生物研究　布置植物园,整理腊叶馆标本,均已渐复旧观。

(二)森林殖育研究　计划有各种有用树木之育成及森林土壤等调查试

验项目十九种,以人员不敷,除本所照常进行外,各支所仅就人力、物力所及者行之。

(三)森林施业研究　计划有森林施业及森林保护等调查试验四项。现时本所方面重在材料之整理、计划之创作,所有实施工作均在支所执行。

(四)森林利用研究　计划有木竹材之利用与木竹材之鉴定及物理性质之试验等五项,现时强度及(缺字①)两试验室及合板工场,均已次第装修完竣,可开始工作。

(五)森林化学研究　以林产物之利用及增殖之调查试验与分析鉴定为主。惟试验室破损至烈,现方修理完竣,仅分析部分照常进行。

(六)木酥研究　原定有木竹材及其他木质纤维之木酥化与其他木纤维利用之调查试验、木酥分析及鉴定、纸浆制造试验等六项,现造纸工场已开工进行。

丙　糖业试验所

糖业试验所位于台南市郊,与飞机场相邻,故战时频遭轰炸,建筑物及设备颇有损失。幸重要仪器图书,均先经疏散于大南庄、万丹、岛山头及其他安全地点,损失尚微。各实验工场之机器设备,因事前为前日本海军运去,作军事上生产应用。投降后归还虽稍有损坏,亦幸能保全。兹将接收以来,工作要点摘述如次:

(一)建筑设备之修复　接收后,首要工作,为建筑物设备之复旧。截至现在,修缮复旧已竣工者,计有灌溉水渠,灌溉扬水设备,全所电气及电动机配线复旧工事,纸浆实验工场,蒸馏水制造室,及水道给水设备等。现在修理中不日即可竣工者,有制糖实验工场、甘蔗压榨工场、酒精实验工场及房舍等,预计至本年六月底,各种修缮工事即可全部完成。

(二)机器物品之收回及集中　本所重要机器,为前日本军部借去,一部尚未归还,疏散物品,亦散在各地,未曾集中。接收后分别查明交涉,现已全部收回集中。

---

①括号中文字为编者所加。

（三）农场之整理　本所农场全面积约一百七十公顷，接收时，除万丹交配场仍照常种植外，余均芜荒不堪。接收后积极整理，栽植甘蔗绿肥等作物，最近修复灌溉设备，土地利用状态已复旧观。

（四）试验研究工作之恢复　本所试验研究工作除万丹本所交配场及大南庄工作的一站继续进行外，本所因频遭轰炸，工作一时已呈停顿状态。接收后力谋恢复现各科试验研究工作，已重上轨道渐复正常，如育种科本期曾举行甘蔗外国品种、实生品种及野生种，相互间一四二种组合之人工杂交，获得二七七个之杂交穗，育成五万株之实生苗；栽培保存重要甘蔗品种九三二种。一切工作已臻正常。其他研究工作，如改进甘蔗栽培方法，设立施肥标准，避免病虫害之损失，以提高产量。改善制糖方法，收进产糖质量，改良蔗汁糖蜜之发酵方法，以开拓蔗汁之新用途，并发展本省之酒精工业，及研究以蔗滓制造电木人造丝等，以发展蔗滓之新用途等，均在积极进行之中。

丁　水产试验所

水产试验所本所位于基隆，全所均遭炸毁，试验船一艘，亦在高雄炸沉，幸大部仪器设备、图书机械，均经移置安全地点，未遭损毁。接收以后，首事复旧，次及试验。兹将工作要点摘述如次：

（一）进行复旧工事　基隆本所已就原址修复，于四月二十日竣工。试验船昭南号业经打捞出水，惟以材料缺乏，尚难修复。为顾及目前需要，已将小型渔船两艘修复以供试验之用，台南支所养殖鱼塭，堤防于三十四年溃决，已经设计修复，继续养殖工作。

（二）恢复试验研究　渔捞试验假用港务局渔轮一艘，已出海渔捞十次，成绩尚可。台南鱼塭修复，已购置各类鱼苗，从事饲育试验。其他水产加工试验，有鱼皮制革及鱼肝油制造两项，现在进行中，以期改良出品，补救省内皮革缺乏，及增进省民营养。

台湾省粮食局施政报告

一、接收经过

(一)接收时情形　民国三十四年十一月一日,台湾省行政长官公署派周亚青为粮食局局长,会同粮食部台湾粮政特派员吴长涛,在前总督府农商局食粮部内办理接收工作。日方派前食粮部部长事务取扱须田等,移交清册三份,依册列各项,由接收委员指示原经管人员逐一点收保管。计接收各地粮食部分:米八〇七五六袋(每袋容量以六十公斤计),谷三一五三四〇袋,甘薯二一一七八一.六九袋。产业部分:厅舍六栋,官舍一四栋,仓库二一三所。金融部分:银行存款及证券计五〇六九一五五四九四元(台币)。文书册籍部分:计一四七〇件,其他材料工具等:计八四七〇四件。因科目繁多,兹择要列表于下:

(1)物资接收统计表(粮食部分)

类别	储存地点	单位	数量	小计	备考
米	台北	袋	44,829		每袋容量以60公斤计
同	新竹		11,016		
同	台中		5,285		
同	台南		1,645		

续表

类别	储存地点	单位	数量	小计	备考
同	高雄		6,934		
同	台东		960	80,756	
同	花莲港		10,087	315,340	
谷	台北		315,340	21,178,169	
番薯	台南		21,178,169	60,787,769	
合计					

(2)物资接收统计表(产业部分)

类别	所在地	厅舍 栋数	厅舍 所占国有土地(公顷)	官舍 栋数	官舍 所占国有土地(公顷)	仓库 栋数	仓库 所占国有土地	合计 栋数	合计 所占国有土地(公顷)
房屋	台北州	2	0	3	1.5378	34	3.5989	49	51.3670
	新竹州	1	1.0086	4	0.1064	24	2.5268	29	3.6418
	台中州	2	0.8428	0	0.2810	64	1.1882	66	2.3120
	台南州	0	0.5982	3	0.0067	51	3.0900	54	3.6949
	高雄州	1	0	4	1.1487	19	1.7587	24	2.9074
	花莲港厅	0	0	0		11	0.5838	11	0.5838
	台东厅	0	0	0		10	0.2268	10	0.2268
合计		6	2.4496	14	3.0806	213	1.29732	243	18.5034

(3)物资接收统计表(金融部分)

类别	名称	摘要	金额	备考
现金	银行存款	存放日本银行	201,566,540	
	积金	本局公积金	867,588,954	
票据	有价证券	台湾食粮营团资金证券	4,000,000,000	
合计			5,069,155,494	

(4) 物资接收统计表（文书簿册部分）

类别	性质	数量	备考	类别	性质	数量
蔗务课	文书	66			贩卖输送	78
	人事	58			检查	59
	经理	128	经费决算等混合在内	食品课	调查	78
	营缮	628			什谷	14
米谷课	调查	122			食品	13
	购买	226		合数		1,470

(5) 物资接收统计表（其他部分）

类别	数量	备考	类别	数量	备考
像俱	1,148		仪器	589	
工具	1,759		文具	4,983	
运输工具	48		铺盖什件	166	
材料	40		纸张	35,595	
图书			合计	84,704	

（二）接管后机构人事之调整　台湾过去粮政机构，为农商局主食粮部，原分蔗务、米谷、食品三课，日籍职员一九七人，台籍者三十一人，合计二百二十八人。其隶属机构，各州厅设食粮事务所七，事务所下设出张所十一。我政府接管时，改食粮部为粮食局，拟订粮食局组织规程，调查机构及人事，其隶属机构人事，亦次第调整就绪。

二、现在施政情形

（一）光复前台湾粮政之混乱情形　台湾原为产米区，在民国二十五年其最高产量为一三六六七九〇吨，惟近年来受战事影响，粮产逐年减少，民国三十三年之米谷产量较二十七年减少百分之二十三.八。卅四年九月间，更受风灾水患影响，益以肥料来源断绝，水利失修，壮丁从军，人工不足等原因，米产锐减为六二六二〇八吨（三十四年第一期米产三三四三九〇吨，第二期二九一八一八吨,合计如上。)较二十七年减少百分之五十四点五。故粮食问题,早已发生。日本投降时,台湾粮政益紊,征购滞纳、配给不继、黑市活跃,三十四年五、六月间,台北一地,黑市米每斤已达台币十元以上。

（二）光复后粮政之措施及困难问题　初光复时,市场骤失统制,一般物价上涨,米价随之波动甚剧。政府为安定人心计,拟利用日人过去统制粮食之优点,与台民已有计口授粮之习惯,予以管制。长官公署乃公布管理粮食临时办法,并组织劝征队,分赴各地劝导农民缴纳征粮。惟办法施行后,农民以政府收购价格,不能追随物价并进,并借口派额太重等原因,观望滞纳,竟趋黑市,致形成粮食偏在状态,各地盈虚稍感失调。台湾广播电台以粮食管制问题举行民意测验,结果赞成征购配给者二四四〇四票,反对者三二六五六票,居多数。政府为尊重民意,并适应事势,乃修正粮食管理办法,准许自由买卖流通,同时订定奖励办法,奖励缴纳三十四年第二期米谷之农户。自粮食恢复自由贸易后,粮价虽稍低落,然粮食局为把握军粮及未雨绸缪计,特作如下施：

（1）封存仓库　把握现有存粮,以供军糈及紧急调剂之用,拟定各地封存米谷处理办法于三十五年二月七日核准施行。至于封存仓库之后,各县贫农因遵缴征谷,而配给停止,致本身口粮无着者,亦经定有贫农粮食临时救济办法,予以救济。

（2）节约粮食　民间以粮食酿酒及制粉,早经以农粮秘24号公告严禁在案,至于倡食杂粮,减低米麦碾制精度,及禁售奢侈食品各项,亦经依照粮食部颁订办法,通饬切实推行。

（3）举行粮商登记　三十五年二月十二日公告粮商登记规则,并饬各县市开始实行登记以期严密管理,杜防囤积居奇。

（4）筹购外粮　向省外订购米谷,第一批二万石,第二批三十万石,惟因交通困难,截至本年四月底,已运抵台湾者谷一九〇〇包,米八〇〇包,其余可陆续运到。至于请求善后总署拨济粮食,及以实物向省外换米等工作,亦均商同有关机关积极办理中。

（5）军粮供应　本省光复后,各地日军存粮及国军军粮,均由军政部特派员统筹接收分配,三十五年一月以后,国军粮调拨,方交粮食局办理,计本年一月至四月份止,已拨军粮计五千五百余吨。

(6)奖励粮商　为奖励粮商向省外或本省产粮区采购粮食,特订定奖励办法,凡采运达五百市石以上,得请政府派军警护运,并享受火车运费五折之优待。

(7)取缔囤积　本省粮价激涨,查系各地不肖之徒,把持粮食囤积居奇,或阻挠运输,拦途强购,致粮运不畅,影响粮价。经订定取缔办法,公告施行,以鼓励人民检举,杜本清源。

(8)奖励农户　(一)为奖励缴纳三十四年第二期米谷各农户,特向贸易局提出布匹,无偿奖给。其奖给标准,按照所缴米谷额百分比分配,计第一批发给台北高雄等七县市。需布七十余万公尺。(二)三十四年第一期征购米之补给金,每千斤七十八元一角,特准延期有效,凡在三十五年二月底以前缴足米额者,仍给前项补给金。

(9)调剂民食　借拨军粮六千吨平价供应民食,一面由粮食局拟订提粮运粮分配及各地粮食调剂实施各项详细办法,一面联合党政军及社会人士,组织粮食调剂委员会,以全力疏通粮运控制米价。

(10)粮情调查　粮情调查,分为日报、旬报、月报三种。由各粮食事务所逐日调查米市价格,电报总局,并按旬按月汇集统计,藉以明了米价涨落趋势。

(附台北市各月份平均米价)　单位每日斤台币

三十四年十二月　五六.八元　三十五年一月　六五元　二月　一三.六九元　三月　一七.五九元

全省二、三月份平均米价

二月　一四.六五元　　三月　一六.三九元

工矿处工作报告

一、接收情形

(一)行政之接收与调整

　　本处奉令于三十四年十一月一日开始接收前台湾总督府矿工局,一、二日间即告竣事。当即斟酌实际需要,于处内设工业、矿务、电力、职业四科,原有企业整备课予以裁并,原有土木课则改组为公共工程局。本处自行政接收完结后,一面详查接管案卷,并分别予以清理;一面调整业务,拟订各项重要法规,如工厂、矿场登记办法、矿权整理办法等,均经付诸实施。此外关于工矿器材之调配,亦已积极进行。同时鉴于接收初期原有煤矿(石炭矿)损毁过甚,三十四年九、十两月份煤之产量,竟减至一万余吨,而当时本省煤之消费量则月需四五万吨,深恐投机商人囤积图利,或无限制购运出口,致引起本省煤荒,影响本省全部企业。乃奉令将原有石炭统制会社改组为石炭调整委员会,主持本省煤炭产销之调整业务,实施结果,产销量均逐日有合理之增加。近复迭奉行政院电令饬将台煤运济沪粤各地,以解救内地各省之严重煤荒。故目前石炭调整委员会之任务,较前更为重大。

　　关于人事行政,一面采紧缩政策,将各单位设置员额,比照前台湾总督府矿工局酌为裁减;一面尽量由本省同胞接替日籍人员之职务,目下工矿部门留用之日籍技术人员在行政部分仅二十六人,较诸以前不及十分之一,另公共工程局九十一人,较诸以前不及三分之一,均系在专门技术上及清查整理上有助于我政府工作者。至本国籍人员中,本省同胞之任用,与日俱增。仅就本处行政部分而言,较接管初期增加约二分之一,且在职位上及薪级上均有提高甚多(概况见附表二)。

(二)各事业之监理及接管

本省经日人占据五十年:一切工矿事业,不仅物出资人大部分为日人,管理人员及重要技术人员亦以日人为主体,本省同胞均长期屈居下位。接管之初,人事上须经一番极大之变动,故工作远较内地各省为难,盖应行接管之工矿事业单位与应行替补之管理和技术人员过多,一时难于调度,人手上遂极感缺乏,而各事业又不能任其停顿。为解决此种过渡时期之困难,故采取监理制度,一面使事业继续营运,一面从各事业中认识优秀之本省同胞。如此可以利用原有之机构及人员,在我政府少数监理人员指导之下,先行维持日人投降时之生产状态,进一步计划将业已破坏停工之工厂设法从速恢复增产,同时使各接收人员在事业上及人事上均能熟习。而本省同胞之选拔亦于此时期中作扩大之发展后,即时各事业予以正式接收。此种办法实施后颇称顺利,从目前各厂扩之实际统计数字上,亦可证明已收得相当效果。

本省日资工矿事业之监理,系由本处会同经济部台湾区特派员办公处办理,其对象以前台湾总督府矿工局主管范围为限,有许多工厂以前非由前矿工局主管者,现在亦依其性质,仍分别由农林处交通处专卖卫生等局予以监理接收。依照中央法令,凡含有日资之工厂,不论其规模如何,不论含有日资之多寡,均须接收。但事实上本处因限于人力,其规模较小之厂系托由所在地之县市政府监理,计由本处监理者共三一六会社,计四七三厂。监理之初,三一六会社,四七三厂中,开工者仅四五厂,监理末期,开工者达三三八厂,估占总数百分之七一.四六。其余一百三十五厂(内仅有四五十厂较为重要,其余均属较小工厂),其未能复工之原因甚多,最主要者系因器材设备在争战期中毁损过重,一时不能补充及修理者,如大部分糖厂,一部分电厂,及嘉义台拓化工厂等。亦有因日本政府在战争期中,因其政策之改变,而自令停工,并将其重要设备早已移作他用者,如金瓜石之金、铜矿。亦有因原料缺乏,暂时被迫全部或一部停工,如东邦金属制炼株式会社之镍厂,及盐野化工需要一部分配合用香料不能输入,故不能不一部分陷于停工。亦有因工厂本身之生产技术或当前环境之限制,不能作有利之生产,或其产品目前毫无市场需要,以致停工者,如活性炭厂及硅铁厂。亦有因按照我政府计划不能急行复工者,如台湾重工业株式会社等。因本省现存铣铁足敷两年之需、而其原料铁矿亦甚缺乏,暂无急谋恢复之必要。此外因三四月中交通工具忙于遣送日俘日侨,致普通货运阻滞,工厂燃煤不继,因而工作中断者,如各酒精厂等。至于治安未臻良好,接收期间人事变动过大,以及器材之偷漏等等,均足以使复兴工作受到相当之窒碍。最近一月,自监理进而为接管,即由吾人直接负责管理。为方便计,分为金铜、石油、电冶、水泥、肥料、纸、机械、制碱、糖、电、电工、玻璃、窑业、化学制品、油脂、纺织、工矿器材、煤、印刷等业,并分别组织接管委员会负责接管。

二、工作概况

(一)行政机构及人事

本处设秘书室、技术委员会、工业科、矿务科、电力科、职业科、材料室、会计室,及公共工程局,最近又奉令筹设统计室。在监理接管期间,材料室业务暂由工矿器材接管委员会办理。本处职员之任用,系视业务之进展及实际需要逐渐替补,并尽量登用本省优秀青年。查接收初期本处共有职员三六二人,内本省籍五十六人,占百分之十五点四七强,他省籍十六人,占百分之四点四,日籍二九〇人,占百分之八十强。至四月底,因日籍人员大部裁遣,全处仅有一八五人,内本省籍一〇六人,占百分之五点七三,其他各省共五十三人,占百分之二十六点六五,日籍二十六人,占百分之十四点〇五(详见附表一)。公共工程局现有职员七一六人,内台籍五六五人,占百分之六十点五五,日籍九一人,占百分之二一点七一(附表二)。本省籍职员之职级一律均予提高,除新进人员因其以前证件不齐,原来职级有缺明确,其提升比率较难作一正确之比较外,所有留用本省籍人员平均计提高百分之二十七点六二。

(二)各业之组织

本省未光复前,工矿事业全由日人操纵,并受日本政府严格之管制,按照中央接收敌产之法令。所有日资企业,均应先由政府接收作为国家财产之一,经接收整理后,再按中央政策,视其性质,以一部分由国家经营,一部分国省或省民合营,余均按法定程序及手续出售或出租。但此处所谓国营省营者,仅系指接收敌产而言,对于人民投资的权利并无妨碍。在各种企业当中,除极少数国防工业外,其余各种产业,人民均得自由出资经营:即接收之日产,经改组为公司后,也准许人民加入股本。不过按诸中央法令,接收之日产,应由政府处理,不得任其非法转为私人所有,且安分之人民,亦决不敢希望非法获取各种的利益。

监理工作最近已告结束,所监理委员会已分改组为下列接管委员会:

1. 糖业接管委员会

2. 电业接管委员会

3. 台湾电冶业接管委员会

4. 石油业接管委员会

5. 肥料业接管委员会

6. 水泥业接管委员会

7. 制碱业接管委员会

8. 煤业接管委员会

9. 金铜矿业接管委员会

10. 电工业接管委员会

11. 机械业接管委员会

12. 纸业接管委员会

13. 纺织业接管委员会

14. 化学制品接管委员会

15. 油脂业接管委员会

16. 玻璃业接管委员会

17. 窑业接管委员会

18. 印刷业接管委员会

19. 工矿器材接管委员会

接管工作现已就绪，各业接管委员会正候中央命令改组为正式之企业组织。此种企业组织为事业本身之经营效率起见，特采有限公司或股份有限公司方式，使行政与事业分开，即政府(中央省或县市)仅作公司之股东，公司之本身仍为法人，其内部悉依公司法之规定且人事独立，使其能充分商业化，并能配合国家政策，以谋一般经济事业之发展。现拟组织之公司有石油、铝、金铜、水泥、肥料、纸、机械、制碱、糖、电力、电工、玻璃、窑业、化学、食品、油脂、纺织、钢铁、工矿器材、煤、印刷等，一俟中央命令到达，即可正式成立。

(三)各业现在生产状况

本省工矿事业，从生产价值言，工业方面糖占最重要地位，民国二十六年占百分之五十六，民国三十四年占百分之三十六。矿业方面，煤(石炭)占百分之七十以上，故整个工矿事业中以糖业、煤业及电业为最重要。糖业为本省社会经济荣枯所系，电业煤业则为各种工矿事业之原动力，均须首先设法恢复，并且在有限的人力财之下，亦必须权衡轻重缓急，决定复兴的先后程序。所以几个月来，本处的努力，也就大部分着重于上述几种事业上。过去本省糖之产量，最多时年达一百廿余万吨，但因年来迭遭轰炸，机器设备损失严重，且因人力缺乏，在日本投降时，全部糖厂均已停工。近经积极整备，一部分已告恢复。本年因甘蔗产量未能骤然增加，仅能产糖九万吨。其他糖厂，现正尽力调拨资金，购补器材，逐步恢复中。本省电力事业，过去最高发电量已达三二一〇〇〇千瓦，但去年日月潭及其他电厂大部遭炸，日本投降时已降至四万千瓦。在监理期间，一面修复电厂设备，一面调整业务，至本年四月底止发电量已增一二〇〇〇〇千瓦。煤之生产，过去最高时，曾达月产二〇〇〇〇〇吨,近年逐渐减少,至日本投降时月产减至一八〇〇〇吨,嗣经政府筹拨大量资金,贷给矿方临时周转运用,一面向外购运急要器材,平售各矿应用。现在产量已恢复至月产九〇〇〇〇吨(四月份统计),相当于本省煤业未破坏衰退前平均产量百分之五十。此外如机械、肥料、橡胶、炼铜等业,在日本投降时均已全部停工。现在机械业本年度可产工作二十四部,二百马力之原动机十二部,三十马力原动机六部,桥梁钢槽六〇〇吨,甘蔗压榨滚子三十六具。肥料业本年可产氮肥七〇〇〇吨,磷肥三〇〇〇吨。橡胶业本年生产能力每月可产卡车胎二〇〇〇个,自行车胎二〇〇〇个,胶鞋四六〇〇〇双。惟目下原料不继,未能尽量发挥效能,产量尚未达应有数量。炼钢业经设法局部复工后,现可月产一〇〇吨。水泥业依现在生产能力最高可达月产八〇〇〇吨,若再加以修补调整,可达十二万吨。造纸业本年产量可出洋纸六〇〇〇吨,印刷纸一四〇〇吨,纸浆三六〇〇吨。电工业现在每月可产干电池一〇〇〇〇个,收发报机四〇具。其余石油业、食盐电解、窑业等现在产量较之日本投降时均有增加。至于日本投降前早已完全停工,现在仍未复工者,只有金铜业和炼铝业。因为这两类所需器材,本地无法补充,故恢复上较其他各业困难。但是从反面言之,在日本投降时尚在开工,至监理接管后反而停工者,却绝无此种事实。兹将本处监理之重要工矿事业复工情形及各业产量,分别列表,以资参考(附表三、四)。

(四)关于工矿行政之重要措施

(1)工厂之调查登记:工厂调查登记之目的,在明了全省工业现状及生产情形,俾为政府执行工业政策及计划经济之重要根据资料。日人据台时期,曾有资源调查等令之颁布,对本省工矿资源与工业情形,曾有详细之调查与登记。惟自民国三十三年(昭和十九年)以来,此项工作,事实上并未严格执行,同时各工厂,或毁于轰炸,或拆迁他地,生产大部停顿,较诸数年前,其情况颇多变更。本处接管以来,即欲知其现实情况,曾先后于本年元月十八日及四月二日公告工厂登记办法,凡本省工厂,不论其成立之时期如何,及出资人为谁,均须照章登记。迄至四月二十三日止,已登记者凡二一三二厂(详见附表五、六)。刻正派员分赴各厂实地调查,预计一月内可竣事,即发给临时登记证,再报经济部发给正式工厂登记证。此外本处为详知各厂逐月及每年生产情形,特制就工厂年报及月报表,分发各厂详填呈报。

(2)编订工业分类及重要生产品标准名称及标准单位表:本处为划一工厂分类及产品名称及单位起见,特编订工业分类及重要生产品标准名称及标准单位表,以为工业标准化之初步准备。该书业已印就,并分送各有关机关参考(附表七,该表篇幅甚多,已由本处另印单行本)。

(3)整理矿权及查勘矿区:查原有案卷内三十四年十一月以前曾向前台湾总督府申请而未经核办者,计有三三九〇起。此类积案,逐一清理,需费时日,且目下情况已变,未必人人皆有继续经营矿业之要求。为便利有意经营矿业之人士起见,业已公告重行申请,以便减查何者应行核办,其未重行申请者,则事实上系自行放弃原来权利,自可不予核办,以省麻烦。惟经重行申请之案件,仍须依照前次申请之先后次序,予以核办。至以前悬而未决之矿权矿区纠纷,及有关矿业之违法案件,现亦已着手整理。至接收以来,申请设定矿权之新案件,至四月底止,计有八十六起,内有五十二起因不合法定手续,经予不准,其余或已测量完毕,或在审查测量中。所有办理矿业情形,详见附表七、八、九、十、十一、十二、十三、十四。

(4)实施配给办法调剂急要器材:前台湾总督府为适应战争要求,在本省实行配给之物品甚多,其主要者为旧废金属类、钢铁制品类、特殊钢类、本省产耐火材料类、玻璃板类、精制油漆类、工业药品类、水泥类、工业用火药类等。现在战争已告结束,多数物品已无须施行配给。惟在复员期间特感需要,而且特别缺乏之物资,如工业用火药、水泥及汽油等,仍须暂行采取配给办法,以期分配合理,减少当前社会经济之困难。

1. 工业用火药　火药乃危险物品,与治安有关,但工矿方面又极感需要,故暂采配给办法。凡工矿业之需用火药者,统须经主管官署证明,机关需用火药者须具正式公函,私人需用火药者须经当地警察局所证明,且均须说明用途,向本处工业科请求配给。经核准后向指定地点(以前系台湾火药株式会社,现为工矿器材公司)购买。

2. 水泥　目下本省水泥厂仅有台湾水泥及化成工业两厂开工,均未能发挥最大效能,故水泥产量供不应求。而其对于工矿业及都市复兴关系又至为重大,故不能不采取配给办法。详细情形,经先后登报公告。兹将数月来水泥之申请及配给数量,列表附后(见附表十六)。

3. 金属品及化学药品之供求调剂　本省境内金属品反化学药品,异常缺乏,市场上尤居为奇货,但工厂中,每有收存该项物品而不需急用者,本处为调剂供求以利生产起见,已通令需用者径向本处工业科请购,该科就所知范围内指示需用者径向收存者洽购。实行以来,工商称便,对增加生产裨益良多。

4. 汽油之配给　本省汽油产量原极有限,不敷省内需要。近年油矿迭遭破坏,产量益减。接管之初,原系列为专卖品之一,后改由本处配给,但存油既极缺少,增产亦多困难。为应济急需,乃向上海洽购大批油料,俾能供应无缺。在此项外油尚未运到以前,本省用油,仍需尽量节省,以免青黄不接。

5. 暂禁工矿器材输运出口　本省工矿器材,已呈极度缺乏,而在海运未畅通以前,又无由补充,即令将原有之物资尽力保留,仍难供应省内之需要。乃近来反有投机商人,只顾私利,大量贩运器材出口,以致公私企业,均受严重之打击。本处为本省复兴建设前途计,经奉准将工矿上最重要器材暂行禁运出口,并已开始实施。此项办法系过渡期间不得已之措施,俟供应稍裕,自当取销,目前暂行禁运出省器材之项目如左:

钢料(棒钢、型钢、板钢、管钢、工具钢、特殊钢、钢索、铁板、铁线、镀锌及镀锡、铁皮)。

铜管、铜条、铜板、铜皮铜线、紫铜线。

铅块、铅板。

锌块、锌片。

锡块。

水银。

生橡胶。

电线、一切绝缘线、电缆。

电动机、发动机、变压器及变压油器。

焊条。

硫酸。

铁轨。

(5)公共工程之推进　本处公共工程局主管之业务,包括河川工程、道路工程及市政工程等。本处接收之初,鉴于河川工程,关系本省农业之重要,即列为第一急务。依据去年十一月查勘结果,本省顺行修复之堤防工程凡四十余处,估计约需工程费四千余万元。因限于经费,乃其最重要之宜兰浊水溪之员山护岸,头前溪之二十张犁堤防及南雅堤防,大安溪之火炎山堤防,公馆堤防及社尾堤防,大甲溪之三块厝堤防,乌溪雾峰护岸及大肚堤防等共十九处,堤防灾害复旧工程尽先兴修。其中较小堤防工程计大甲溪、浊水溪等九处,系委托县市政府办理,由公共工程局监督。较大之宜兰浊水溪等十一处,则由公共工程局各工程处分别主持办理,约可于本年五月底完成。

关于公路部分因各路年久失修,毁坏甚巨,如同时将全部修复,实为财力所不许。乃先择重要而急需先行修复者一百二十余处核定预算,各由各县市分别负责赶修。同时并由公共工程局之第一第七两工程处主持兴修。枫港至台东一段及新店至礁溪一段灾害复旧及路面加宽工程,近复呈准拨发一千余万元,交由各县市政府赶修。纵贯线及其他重要路划,并正筹划设置公路标志,以策行车安全。

关于市政工程部门,接收以来,一面调查研究以往日人之资料,一面督促各市办理复旧工作,同时并重行计划各市之都市计划,如嘉义、基隆、高雄等,此外并与善后救济总署台湾分署合办以工代赈,协助各市之重建。

(6)关于劳工之调查登记　本省过去两年中因轰炸及其他关系,工厂矿场停工者甚多;光复前后,又遭受敌人之故意破坏,致使一部分工人脱离工厂。政府自接收以来,对此问题即密切注意,一方面促使本省工矿业迅速复兴,俾工人陆续回厂工作,同时就财力许可范围内,尽量举办各项公共工程如市政、公路、河川堤防等,并与善后救济总署台湾分署合办以工代赈,俾可吸收大批工人,藉收寓救济于建设之效。又为使今后劳工行政之设施有所依据起见,对于本省劳工状况应极明了,业已制就劳工调查表,分发各厂填报。截至四月底止,已调查完竣者计有台北市、台南市、台南县、屏东市,其他各县市亦正在调查中。是项资料,可以作今后调节劳力供求及改善工人福利之依据。兹将各项有关劳工之统计数字列表于后,以供参考(附表十七、十八、十九)。

至于工人工资问题,过去日本政府时代,对各业工人均有详细规定,年来物价波动,工人所得过少,不能维持最低生活。本处对此极端注意,曾会同各有关机关团体,详细研讨,在厂矿生产及工人生活双方兼顾之下,订定工资标准,分发各主管机构斟酌各厂经济情况,作过渡之调整,以劳资协议原则,解决双方困难。推行以来,尚属顺利。惟在本省经济尚未恢复繁荣以前,工人生活感困苦、今后当随厂矿生产之扩展而随时改善。

(五)工业研究工作之推进

为使本省之业建设顺利完成,必须培养高深之专门人才,以谋技术上之改进,本省工业研究所自经接收后一面开始调查本省资源,并研究其利用方法,一面介绍现代科学原理及制造方法,以确立本省学术上之基础,促进生产之效能。研究之中心工作,包括油脂、精油、燃料、合成化学、碳水化物、盐碱、窑业、电化、肥料、工业化学、反应化学机械、分析化学、发酵化学、应用微生物等十四部门,并约定特约工厂,以利研究实习。

以上所列,为本处在此六个月中所有工作之一般概况,至各事业之实际情形,另附各业简略报告,以资参考。

附表一　工矿处职员籍员比较表

期别 人数 单位	接收初期人数 本省	接收初期人数 外省	接收初期人数 日籍	接收初期人数 合计	现有人数 本省	现有人数 外省	现有人数 日籍	现有人数 合计	核定员额	不足员数
秘书室	3	—	15	18	3	10	1	23	55	32
会计室	3	3	—	15	6	19	—	25	35	10
工业科	3	3	28	133	33	10	2	54	111	57
矿务科	24	—	83	107	33	6	7	46	106	60
电力科	5	1	36	42	5	1	4	10	55	25
职业科	9	—	38	47	16	5	3	24	47	23
技术委员会	—	—	—	—	1	2	—	3	49	46
总计	56	16	290	362	106	53	26	184	438	253
百分率	15.47%	4.42%	80.11%	100%	57.3%	28.65%	14.05%	100%		

备注：本处材料室统计室核定员额共五一一名，因尚未成立，故表中未予列入。

附表二　工矿处公共工程局员工统计表

期别＼籍贯	本省	外省	日籍	其他	总计	备考
接收初期	508	39	275	7	829	其他七名为冲绳四名,韩国三名
百分率	61.28%	4.7%	33.18%	0.84%	0	
现有人数	565	56	91	4	716	其他四名为冲绳三名,韩国一名
百分率	78.91%	7.82%	21.71%	0.56%	0	
增减	增 57	增 17	减 184	减 3	减 113	

附表三　接收或监理工矿事业种类及厂矿复工统计表

业别	会社数 一月底	会社数 二月底	厂矿数量 一月底	厂矿数量 二月底	复工数量 一月底	复工数量 二月底	备考
糖业	16	9	57	47	12	20	二月底另有七会社并入其他项内
石油及天然气	6	6	6	6	3	5	
煤业	16	25	44	70	44	70	内矿场四所,炼场六所(二月底)
金铜矿	3	3	2	2			
电力(发电所)	1	1	34	26(水) 8(火)	19	29	一月底除已监理之会社外其余大部分系私人经营

续表

业别	会社数 一月底	会社数 二月底	厂矿数量 一月底	厂矿数量 二月底	复工数量 一月底	复工数量 二月底	备考
电炉炼钢铁	7	8	7	9	2	2	二月底另有七会社并入其他项内
炼铝	1	1	2	2			
食盐电解	3	3	3	6	1	2	
肥料	4	4	6	6	1	1	
水泥	4	3	3	3	2	2	
机械	65	65	72	80	65	72	
电工	46	46	12	12	8	10	
药品及化妆品	15	15	14	15	6	8	
印刷	12	14	12	14	9	12	
油脂	7	9	7	9	4	6	
纺织	18	20	29	38	10	12	
造纸	16	16	16	20	15	18	
窑业	14	15	34	38	27	30	
橡胶	4	4	4	4	4	4	
其他	36	40	32	40	27	25	

续表

业别	会社数		厂矿数量		复工数量		备考
	一月底	二月底	一月底	二月底	一月底	二月底	
营造	9	9	14	14	10	10	二月底另有七会社并入其他项内
合计	303	316	410	473	269	338	二月底包工组织并未列入

附表四　台湾省接收或监理重要工矿事业产量比较表

业别	会社名称		过去最高产量（年）	日本投降时产量		监理初期产量		目前产量	
糖业	日糖兴业株式会社 台湾制糖株式会社 明治制糖株式会社 盐水港制糖株式会社	糖	1,200,000吨	电力	40,000千瓦	电力	80,000千瓦	糖	90,000吨（年）
电力	台湾电力公司	电力	321,000千瓦					电力	12,000千瓦
石油	日本石油株式会社 帝国石油株式会社	每日处理原油 每年产原油	15,500桶 24,000桶	石油 汽油	100吨（月） 50吨（月）	石油 汽油	180吨（月） 80吨（月）	石油 汽油	180吨（月） 90吨（月）
	日本海军第六燃料厂	天然气	50,000,000立方米	天然气		天然气	2,000立方米（月）	天然气	2,300立方米（月）
铜金	日本矿业株式会社金瓜石金、铜矿	铜 金	7,000吨 26吨	无		无		无	

续表

业别	会社名称	过去最高产量(年)	日本投降时产量	监理初期产量	目前产量
炼铝	日本铝株式会社高雄工场	铝锭 26,000吨	无	无	无
	日本铝株式会社花莲港工场				
机械	台湾铁工所株式会社	制糖机压榨转子每月12具机械加工每月210吨,机车(小型)每月1辆,内燃机每月860马力,船每年(16,000吨),铜梁塔槽每月300吨,铸造每月200吨	无	无	工作机 24部 原动机(200马力) 12部 原动机(30马力) 6部 桥梁钢槽 600吨 甘蔗压榨滚子 36具(年)
电化	南日本化学工业株式会社	烧碱 10,000吨	氯酸钾 1945年全年产	氯酸钾 4吨(月)	漂白粉 150吨(月)
	旭电化工业株式会社	盐酸 1,000吨	烧碱 265吨	烧碱 200吨(月)	烧碱 200吨(月)
	钟渊曹达工业株式会社	消石灰漂白粉 1,000吨		盐酸 40吨(月)	盐酸 60吨(月)(以上均月产量)
肥料业	台湾肥料株式会社	电石 42,000吨	无	无	氮肥 7,000吨(年)

续表

业别	会社名称		过去最高产量（年）	日本投降时产量	监理初期产量		目前产量
	台湾窒素工业株式会社	氢氧化钙	1,000吨				
	台湾电化工业株式会社	硫酸	28,000吨			磷肥	3,000吨（年）
	台湾有机合成株式会社	磷肥	42,000吨				
水泥	台湾水泥株式会社 台湾化成工业株式会社 南方水泥株式会社		250,000吨	1945年产 60,000	6,000吨（月）		8,000吨（月）
纸业	台湾纸浆工业株式会社 台湾兴业株式会社 盐水港纸浆工业株式会社	纸 纸浆	20,000吨（年） 45,000吨（年）	全年（1945）产纸浆 827吨	450吨（月） 300吨（月）	洋纸 印刷纸 纸浆	6,000吨（年） 2,400吨（年） 3,600吨（年）
煤业	南海兴业等一二三株式会社	煤	200,000吨（月）	监理煤矿全部停工	监理及自营共55,000吨（月）	煤	90,000吨（月）
纺织	台湾纤维工业等七会社	麻袋 各种织物	6,000,000只 100,000匹	500匹	50,000只 2,000（匹）	麻袋	100,000只（月） 2,500匹
油脂	日本特殊黄油会社 花王有机会社	肥皂 黄油 油漆	1,200吨 700吨 1,300吨	1945全年 179吨	65吨（月）		46吨（月）

续表

业别	会社名称		过去最高产量(年)	日本投降时产量	监理初期产量	目前产量
橡胶	台湾橡胶会社	卡车胎	1,440个			3,000个(月)
		自行车胎	53,340个			2,000个
		胶鞋	1,200,000双	胶鞋 20,000双	胶鞋 36,000双	46,000双
电炉炼铁	吉田砂铁等七会社	钢铁合金	6,000吨(年) 230吨	无	15吨(月)	100吨(月)
窑业	台湾炼瓦会社	普通砖	193,431,869块	10,000	2,500,000	5,000,000块(月)
		耐火炼瓦	22,800吨	8,000个	260	300
	台湾窑业会社	陶瓷器	2,800,000个		104,000	245,000
化妆品香料	盐野化工会社	各种香油	7,000公斤(月)		500公斤(月)	500公斤(月)
		桧油	52,000公斤(月)	8,000个	8,000个	
	台湾干电池	通池	600,000个			10,000个(月)
橡胶	台湾通信工业	各种型收发报机	1,000具			40具(月)

附表五　已登记工厂一览表

事业别＼县市别	总计	纺织工业	金属工业	机械器具工业	窑业	化学工业	制材及木制品工业	印刷及装订业	食料品工业	瓦斯及电气业	其他工业	土木建筑包办业	采炭业
总计	2,132	67	78	32	259	187	227	84	726		143	22	28
台北县	294	10	9	23	56	30	48		66		17		26
台北市	291	2	23	84	2	38	19	22	49		21	13	
基隆市	20		1	9	1	1	2		5				1
宜兰市	18	1			4		3	1	9		1		
新竹县	50	5		2	8	8	5		22				1
新竹市	80	6	4	7	3	16	7	2	16		8	2	
台中县	41	3		4	6	2	2		2		36	1	
台中市	263	6	5	42	12	17	22	30	92		7	1	
彰化县	101	8	2	2	9	9	6		49		4		
台南县	34			1	9	6	1		13		3	1	
台南市	74	4	6	14	5	9	6	2	24		7		
嘉义市	121	3	3	28	15	10	24	4	27		20	4	
高雄县	336	3	2	19	81	5	19	8	179		4		
高雄市	154	4	16	31	25	13	18	3	36		1		
屏东市	60	1	5	9	2		6	5	31		2		

续表

事业别 县市别	总计	纺织工业	金属工业	机械器具工业	窑业	化学工业	制材及木制品工业	印刷及装订业	食品工业	瓦斯及电气业	其他工业	土木建筑包办业	采炭业
花莲县	60	1		1	3	3	21	1	35		9		
花莲港市	83		2	13		6	13	5	35				
台东县	41	1		4		2	7	1	26				
澎湖县	4					3			1				

附表六　台湾省工厂统计

工业别	县别	台市	新竹	台中	台南	高雄	花莲港	台东	澎湖	计
金属工业	炼铁炼钢	6								6
（属于手工矿范围者）	炼铝					1	1			2
机器具工业	机器及铁工厂	248	43	80	112	92	13		4	595
	电工厂	16	1	3	1			3		20
化学工业	化学肥料	1			1	1				4

续表

工业别＼县别	台市	新竹	台中	台南	高雄	花莲港	台东	澎湖	计
食盐电解				2	2				4
油脂工业	10	6	86	4	1				101
橡胶制品	13	2	7	3			2		35
药品工业	2		1	2		4			8
造纸及纸浆	17	15	20	230	1	1	1		284
水泥及窑业	176	132	129	284	131	20	1		873
纺织工业	78	6	22	14	44	1	3		168
木制品工业	153	31	135	138	47	17	1		122
印刷制本及其他工业	334	169	222	174	91	23	6		1,018
制糖	0	4	11	21	7	2	1		46
计	1,054	409	716	985	418	82	18	4	3,686
属于农林交通范围者 杂工业		124	170	149	77	22	5	191	779
食粮	91	195	995	816	793	114	90	1	5,246
制材	2	52	73	59	32	22	11		341
肥料	1	3	2	6	2		1		16
樟脑									1

续表

工业别＼县别	台市	新竹	台中	台南	高雄	花莲港	台东	澎湖	计
动物油	1				2				3
植物油	11	23	84	61	2	2		22	205
盐				2					2
制药	11		1	8	1				21
计	1,401	1,397	1,325	1,101	909	160	107	214	6,614
合计	2,455	1,806	2,041	2,086	1,327	242	125	218	10,300

备注：（一）本表根据前台湾矿工工局统计数字。
（二）五人以上或使用动力者。

附表七另印单行本

附表八(1) 台湾省监理煤矿按月产量明细表

期间：自卅五年一月至四月　单位：吨

矿山别 \ 月份	一月份	二月份	三月份	四月份	合计	备考
基隆	15,438	12,953	14,997	17,780	61,168	1. 二月份产量减退之原因： (一)二月份全月仅二十八日假数日。 (二)二月份适逢旧历元旦,煤矿工休各月份少四分之一。 2. 四月份尚有数天未得实报告,系已报各天之平均数,加以估计,列入表内,其数相当可靠。
南海	5,765	4,576	6,967	3,400	20,708	
山本	2,716	1,668	2,786	2,500	9,670	
近江	3,668	3,748	3,618	3,900	14,934	
台阳	3,696	2,900	5,330	3,400	15,326	
中台	2,040	2,020	4,000	2,700	10,760	
台产	1,075	241	559	600	2,475	
大丰	1,400	860	2,040	800	5,110	
三德	712	626	553	1,000	2,891	
总计	36,510	29,596	40,860	36,080	143,042	
全省总计	85,817	61,898	83,260	89,940	320,915	

附表八(1) 现有各矿厂坑数表

期间:截至卅五年四月份止

坑别	机械设备坑		无设备坑	合计	备考
	斜坑	水平斜坑	水平坑		
坑数	75	11	63	149	
百分比	50.4%	7.4%	42.2%	100%	

附表八(2) 台湾省煤矿产量统计表

期间:三十四年八月十五日起至三十五年四月三十日止　单位:吨

年月别	监理煤矿产量	自营煤矿产量	合计产量	百分比		备注
				监理煤矿	自营煤矿	
三十四年八月份 (十五日至三十日)		13,540	13,540			
九月份		17,097	17,709			
十月份		18,134	18,134			
十一月份		29,275	29,275			
十二月份		55,000	55,000			
三十五年一月份	36,510	49,307	85,817	42.4%	57.6%	

续表

年月别	监理煤矿产量	自营煤矿产量	合计产量	百分比 监理煤矿	百分比 自营煤矿	备注
二月份	29,592	32,306	61,898	47.8%	52.2%	二月份全月仅二十八日，又逢旧历元旦员工休假数日，故产量减少。
三月份	40,860	42,400	83,260	49.2%	50.8%	
四月份	36,080	53,860	89,940	40.2%	59.8%	
总计	143,042	310,919	453,961			

附表九　台湾省各种矿区统计表

中华民国三十五年四月二十七日　工矿处矿务科制

矿别		本省籍矿权 私人企业	本省籍矿权 会社组织	本省籍矿权 私人及会社合资	日籍矿权 私人企业	日籍矿权 会社组织	本省籍及日籍共有权 私人企业	本省籍及日籍共有权 会社组织	本省籍及日籍共有权 私人及会社组织	合计 矿区	合计 面积	占全部矿区之百分数
石炭	矿区	406	29	12	97	49 政府3	52	172	10	830		71.37%
	面积	92,041,009	9,123,414	2,048,915	字迹不清	16,424,060 政府 906,429	11,821,032	98,875,914	2,832,488		259,328,891	52.64%

续表

矿别	本省籍矿权			日籍矿权			本省籍及日籍共有权			合计		占全部矿区之百分数
	私人企业	会社组织	私人及会社合资	私人企业	会社组织	私人及会社组织	私人企业	会社组织	私人及会社组织	矿区	面积	
石油 矿区	6			5	95 3	2		7		118		10.15%
石油 面积	3,230,922			739,433	84,544,538 2,965,302	626,079		3,565,039			95,761,313	19.44%
金矿 矿区	3			2				6		11		0.95%
金矿 面积	525,765			142,702				1,531,881			2,200,248	0.45%
金银矿 矿区								2		2		0.17%
金银矿 面积								1,715,468			1,715,468	0.35%
金铜矿 矿区	2							4		6		0.52%
金铜矿 面积	1,481,032							16,671,629			18,152,661	3.69%

续表

矿别	本省籍矿权 私人企业	本省籍矿权 会社组织	私人及会社合资	日籍矿权 私人企业	日籍矿权 会社组织	私人及会社组织	本省籍及日籍共有权 私人企业	本省籍及日籍共有权 会社组织	私人及会社组织	合计 矿区	合计 面积	占全部矿区之百分数
金铜铅矿 矿区	1									1		0.08%
金铜铅矿 面积	949,259										949,259	0.19%
金银铜矿 矿区	2			3	1			2		8		0.69%
金银铜矿 面积	1,001,812			2,698,376	1,520,947			985,267			6,006,402	1.22%
金银铜硫化铁矿 矿区								5		5		0.43%
金银铜硫化铁矿 面积								4,892,012			4,892,012	1.00%
金银铜硫化铁水银矿 矿区								1		1		0.08%
金银铜硫化铁水银矿 面积								5,513,242			5,513,242	1.3%
金银铜满俺硫化铁矿[①] 矿区								1		1		0.08%
金银铜满俺硫化铁矿[①] 面积								505,440			505,440	0.10%

① 原文如此。

续表

矿别	本省籍矿权 私人企业	本省籍矿权 会社组织	日籍矿权 私人及会社合资	日籍矿权 私人企业	日籍矿权 会社组织	本省籍及日籍共有权 私人及社组织	本省籍及日籍共有权 私人企业	本省籍及日籍共有权 会社组织	本省籍及日籍共有权 私人及社组织	合计 矿区	合计 面积	占全部矿区之百分数
砂金 矿区	11	1		24	3	1	6	23		75		6.45%
砂金 面积	2,657,765	31,920		8,187,544	421,917	678,488	535,983	9,938,326			22,447,943	4.56%
砂金砂铁 矿区				2					1	3		0.26%
砂金砂铁 面积				256,920					205,795		462,714	0.01%
砂金风信子 矿区				3						1		0.26%
砂金风信子 面积				408,902							408,902	0.08%
砂金砂铁风信子 矿区					8					8		0.69%
砂金砂铁风信子 面积					10,283,973						10,283,973	2.09%
风信子 矿区					2					2		0.17%
风信子 面积					2,422,239						2,422,239	0.49%

续表

矿别		本省籍矿权			日籍矿权			本省籍及日籍共有权			合计		占全部矿区之百分数
		私人企业	会社组织	私人及会社合资	私人企业	会社组织	私人及会社组织	私人企业	会社组织	私人及会社组织	矿区	面积	
砂铁风信子	矿区					8					8	15,779,283	0.69%
	面积					15,779,283							3.20%
水银矿	矿区	3							2		5	1,113,105	0.43%
	面积	893,840							219,265				0.23%
金银水银矿	矿区								2		2	506,633	0.19%
	面积								506,633				0.10%
铜硫化铁矿	矿区	1							4		5	4,210,426	0.43%
	面积	339,058							3,871,368				0.85%
满俺矿	矿区				3						3	1,432,947	0.26%
	面积				1,432,947								0.29%

续表

矿别		本省籍矿权 私人企业	本省籍矿权 会社组织	本省籍矿权 私人及会社合资	日籍矿权 私人企业	日籍矿权 会社组织	日籍矿权 私人及会社组织	本省籍及日籍共有权 私人企业	本省籍及日籍共有权 会社组织	本省籍及日籍共有权 私人及会社组织	合计 矿区	合计 面积	占全部矿区之百分数
硫化铁矿	矿区				1						1		0.08%
	面积				702,586							702,586	0.14%
铜矿	矿区				2		3			3	8		0.69%
	面积				1,386,280		668,643			6,730,254		8,785,197	1.78%
镍铜矿	矿区						2				2		0.17%
	面积						1,746,524					1,746,524	0.35%
铜铝矿	矿区	1									1		0.08%
	面积	914,106										914,106	0.19%
黑铝	矿区	2					2				4		0.34%
	面积	3,655,347					1,902,683					5,558,030	1.13%

续表

矿别		本省籍矿权			日籍矿权			本省籍及日籍共有权			合计		占全部矿区之百分数
		私人企业	会社组织	私人及会社合资	私人企业	会社组织	私人及会社组织	私人企业	会社组织	私人及会社组织	矿区	面积	
铁矿	矿区				1						1	547,095	0.08%
	面积				547,095								0.11%
亚炭	矿区	1									1	598,855	0.09%
	面积	598,855											0.12%
砂铁	矿区				9		1				10	2,335,656	0.88%
	面积				2,246,682		88,974						0.47%
磷矿	矿区				2						2	133,993	0.17%
	面积				133,993								0.03%
石棉	矿区						2				2	2,171,451	0.17%
	面积						2,171,451						0.44%

续表

矿别		本省籍矿权			日籍矿权			本省籍及日籍共有权			合计		占全部矿区之百分数
		私人企业	会社组织	私人及会社合资	私人企业	会社组织	私人及会社组织	私人企业	会社组织	私人及会社组织	矿区	面积	
云母	矿区									14	14		1.20%
	面积									12,848,879		12,848,879	2.61%
白云石	矿区				4			1			1		0.09%
	面积				457,500			993,176				993,176	0.20%
硫黄	矿区	10	30	3	158	176 政府 6	3		5		19		1.63%
	面积	443,517	9,164,334	2,048,915	44,587,590	137,775,232 政府 3,871,731	1,304,567		273,470			1,174,487	0.24%
总计	矿区	455						59	253	11	1,163		100.00%
	面积	108,822,287						13,346,191	168,644,087	3,038,282		492,603,216	100.00%

说明：以上未经核办之矿业申请案件计三二一九〇件，均系前日政府时代在八年间（自廿七年至卅四年十月底接收时止）所积者，是项申请案件其受理日期之先后，虽均登载于台账内，然所有卷宗大多于战时炸毁。接收以来，乏术清理旧案未清，新案亦难核办，本处为整理此项积案，特订定办法四项于下：

一，凡在民国三十四年十一月一日以前曾向前台湾总督府作矿业权及增减区之申请者，专于公告之日起一个月内，依矿业法各款条向工矿处重新申请登记，逾期不申请者，原申请案即行撤销。

二，前项之申请人，在合伙成公司组织时，为其代表人，应为中华民国国民。

三，申请书及附图与光复前所呈送者，有差异时，或认为不完备，限期台北修正或补充；不依限申请更正者，撤销其申请案。

四，申请人应依照矿业法第廿四条之规定缴纳公费，并用挂号邮递，上项办法，经呈奉核准，于卅五年四月十三日公布施。待上项积案清理之后，则新案处理自可依照程序办理。

附表十　整理三十四年十一月一日以前矿权申请统计表

三十五年四月二十五日　工矿处矿务科制

籍别＼组织别	私人	会社	私人会社合资	前日政府	合计	备考
本省籍	1,818				1,864	
日本籍	639	46		3	1,232	
本省及日籍合资	248	590			251	
本省籍会社及日籍私人合资	3	8			8	
本省籍私人及日籍会社合资			2		2	
日本籍会社和日本籍私人合资			3		3	
本省籍会社及个人和日籍私人合资			1		1	
本省籍和日本以外之外国籍会社合资			7		7	
外国籍		20			20	
国籍不详		2			2	
总计	2,705	661	21	3	3,390	

附表十一　办理矿权案件统计表

中华民国三十五年四月二十七日　工矿处矿务科制

收支数	办理数			备考
86	已办结	不准者	52	前项不准原因多系申请地重复或价值无开采价值或原矿权系日人所有,依法不得移转者。
	未办结	测量完毕正在整理	2	
		尚待测量	29	
		正在审查	3	
总计			86	

附表十二　台湾省光复前后按月产煤数量比较表（单位：吨）

中华民国三十五年四月二十七日　工矿处矿务科制

月份 产量	接收前产量（三十四年）				接收后产量（三十四年至三十五年）					备考
	八月份	九月份	十月份	十一月份	十二月份	一月份	二月份	三月份	四月份	
与三十四年十月份比较增产	27,079	17,097	18,134	29,275	55,000	58,817	61,898	83,260	89,940	三十五年二月仅二十八日,又逢旧历新年,各矿场休假数日,实际工作仅二十日,故产量较少。
增产数量				2,141	3□,866	67,683	43,764	65,126	78,806	
增产百分率				61%	20%	375%	244%	362%	397%	

附表十三　台湾省最近产煤状况一览表（单位：吨）

工矿处矿务科制

年别月别	民国三十三年	民国三十四年	民国三十五年
一月	210,612	120,240	85,817
二月	187,498	126,412	61,898
三月	238,899	138,375	83,260
四月	185,018	93,149	89,940
五月	186,700	76,980	91,085
六月	168,378	33,158	101,000
七月	156,221	39,024	101,000

中华民国三十五年四月廿七日

年别月别	民国三十三年	民国三十四年	民国三十五年
八月	128,768	27,079	101,000
九月	144,459	17,097	110,000
十月	102,703	18,134	120,000
十一月	101,728	29,275	125,000
十二月	102,947	55,000	130,000
计	1,913,931	773,923	1,200,000

民国卅五年四月份起至十二月份止所列数字系属推测数目。

附表十四　石炭配给状况表（单位：吨）

工矿处矿务科制

年别月别	省内需用量	船舶燃料	输出省外	合计
民国三十四年 一月	81,019	10,774	2,270	94,063
二月	70,599	2,157	610	82,426

民国三十五年四月二十七日

年别月别	省内需用量	船舶燃料	输出省外	合计
九月	22,901	9		22,910
十月	15,490	72		15,562

续表

年別 月別	省内需用量	船舶燃料	输出省外	合计	年別 月別	省内需用量	船舶燃料	输出省外	合计
三月	94,251	5,535	920	100,706	十一月	14,093	134	350	14,577
四月	77,901	674		78,575	十二月	37,137	602	17,356	55,095
五月	66,711	42	189	66,942	一月	50,353	726	3,550	54,589
六月	49,651	328	30	49,999	二月	32,338	715		33,053
七月	56,058	12	83	56,153	三月	28,302	200	5,233	33,735
八月	44,648	31	70	44,749					

附表十五 台湾省石炭矿业员工人数调查表 附表

	职别	民国三十四年八月十五日	民国三十五年四月份	民国三十五年五月一日对百万吨计划尚须增加人员
职员	事务员	1,002(人)	816(人)	500(人)
	技术员	522	417	600
	小计	1,524	1,233	1,100
工人	采炭夫	2,538	3,879	2,600
	堀进夫	498	1,471	1,000

续表

职别	民国三十四年八月十五日	民国三十五年四月份	对百万吨计划尚须增加人员
支柱夫	2,060	1,960	1,400
坑内运搬夫	754	1,089	100
坑内杂役夫	622	1,510	
坑外运搬夫	2,058	2,351	200
选炭夫	923	1,307	200
坑外杂役夫	713	3,187	
小计	10,166	16,754	5,500
合计	11,690	17,987	6,600

附表十六　需用水泥申请配给比较表

数量单位：公吨

项目 \ 月份	一月 申请	一月 配给	二月 申请	二月 配给	三月 申请	三月 配给	四月 申请	四月 配给	备考
交通	658	658	1,075	674	218	540	146	135	
工厂	1,390	1,390	3,864	2,437	3,014	1,848	2,537	2,076	
农林			645	645	1,491	1,491	1,530		
营缮	1,300	1,300	1,411	629	5,200	2,410	5,753	4,374	

续表

月份 数量 项目	一月 申请	一月 配给	二月 申请	二月 配给	三月 申请	三月 配给	四月 申请	四月 配给	备考
公共工程	4,817	4,817	5,109	4,000			8	508	
矿业			300	300			10	5	
中间商寄售	2,184	2,184							
造屋顶瓦等			769	350	1,452	587	2,824	1,163	
合计	10,349	10,349	13,173	9,035	1,375	6,876	12,808	8,261	

附表十七　厂矿工人概况表

县市别＼各期人数	常备工人人数					附注
	日本投降时（34.8.14）	卅四年十二月卅一日	现在	接收至现在增加人数	增加百分率（%）	
台北市	1,554	1,758	2,429	875	56.3	1. 各县市栏内不包含政府监理接收之厂矿。 2. 台北市(字迹不清)工厂,尚未调查完竣,表中(字迹不清)仅系其中之一部分。 3. 其他各县市尚在调查中。 4. 本表所列政府监理接收厂矿栏内之工人数字,仅50个单位,其他尚未调查完竣。
台南市	1,187	1,667	1,867	680	57.3	
台南县	1,732	2,667	4,099	2,367	136.7	
屏东市	249	339	401	152	61.0	
政府监理接收之厂矿	1,335	9,991	10,579	9,244	692.4	

附表十八　接收或监理台湾省工矿事业从业员工统计表

中华民国三十五年四月份

业别	国人		日人	合计(三月份)	国人		日人员工	合计(四月份)
	职员	工人	员工		职员	工人		
糖业	997	14,931	6,694	22,622	5,010	17,973	1,091	24,074
电力	279	2,322	1,941	4,542	813	2,352	437	3,602
水泥业	123	1,012	445	1,580	305	1,219	79	1,602
金铜业	11	141	196	348	61	247	32	340
电化	34	86	473	593	234	312	56	602

续表

业别	国人 职员	国人 工人	日人 员工	合计(三月份)	国人 职员	国人 工人	日人员工	合计(四月份)
电工业	69	109	104	282	150	33	20	325
纸业	170	1,445	870	2,485	467	155	195	2,563
肥料业	38	417	321	776	156	1,901	90	853
橡胶业	56	748	146	950	149	607	15	964
石油业	157	1,912	520	2,389	302	800	52	2,301
油脂业	50	198	72	320	82	1,947	41	358
炼铝	8	92	189	289	23	235	80	294
纺织业	294	2,725	583	3,502	503	191	89	3,720
电铼铜钢铁	97	96	236	429	190	3,129	20	430
药品化妆品	82	185	51	318	103	220	20	325
窑业	88	1,464	200	1,752	163	202	6	1,863
煤业	759	8,463	1,190	10,412	1,173	16,748	66	17,987
机械业	391	2,926	1,306	4,623	781	3,800	260	4,841
其他	133	362	306	801	205	604	12	821
合计	3,836	39,434	15,823	59,093	10,811	50,544	2,641	63,996

附表十九 公共工程局计划与筑各项工程容纳工人人数表

段别		至本年三月底已出工数	以后估计容纳工数	预定完工期限
道路工程	枫港台东段	27,440	120,000(工)	卅五年十一月三十日
	新店礁溪段	15,474	25,000	卅五年六月三十日
市政工程	年度	工日数	每日平均工人人数	
	卅四年十二月至卅五年三月	305,917(包括CNRRA工账)	2,540	
	卅五年四月至同年十二月	461,338(包括CNRRA工账)	1,680	
水利工程	年度	容纳工数	每日平均工人人数	
	卅四年十二月至卅五年三月	293,500(工日)	2,446	
	卅五年四月至同年十二月	955,000	3,537	

三、各业工作简报

(一) 糖业工作报告

一、监理经过

糖业监理委员会于三十四年十一月中奉命组织，开始派遣监理人员分至各监理事业单位进行工作，已先后到达。计监理事业单位如左：

单位名称	所在地	
日糖兴业株式会社	本社在台北	支社在虎尾
台湾制糖株式会社	本社在屏东	
明治制糖株式会社	本社在麻豆	
盐水港制糖株式会社	本社在新营	
日本糖业联合会台湾支部	台北	
酒精输送株式会社	台北	
东亚矿业株式会社	台北	
日本制果株式会社(即恒丰制果公司)	新竹中坜	
明治产业株式会社台北工场(即明华糖果工厂)	台北	
东亚水糖制果株式会社	高雄	
森永制果株式会社	台南	
南投轻铁株式会社	台中南投	
株式会社福大公司	台北	
新兴产业株式会社	台南	
展南拓殖株式会社	新竹大湖区	
卓兰兴业株式会社	新竹竹南区	

以上各监理事业单位，除森永制果株式会社经军政部特派员办事处派员监理，本会人员未能前往外，余均由本会监理人员切实执行职务。

监理开始后两个月内，工作侧重下列四点：

1. 调查各单位股东人数、股额、资本数、资产及债权债务情形，职工状况及人事异动情形，内部组织系统，及其两年来生产状况。

2. 调查自日本投降后物资移动及保管情况。

3. 督促各该单位继续进行原有业务。

4. 计划修复被破坏部分，以期恢复生产能力。在监理期间，虽各单位业务照常推进，惟日糖、台湾、明治、盐水港四大制糖会社所属各制糖厂共四十二所，大部分均遭空袭损害，完整者仅有八所。其因一时不能修复或因原料甘蔗缺乏而停工者二十五所。故三十四至三十五年度开工制造者仅十七所。现时制糖工作大部分已经完毕，正在整理接管计划修复中。

二、生产情况

每年度产糖数量恒持原料甘蔗之生产，而原料之供应，又赖栽培面积之多寡。三四—三五年期之栽培面积，于初期时达九一〇〇〇甲，但前总督府为推行其战时食粮增产政策，于三十四年六月下令废耕蔗园三三〇〇〇甲，残余面积只五八〇〇〇甲。光复以后政法在过渡期中，蔗后多自由废耕，致于三十四年十一月下旬制糖开始时收获面积只余四三〇〇〇甲，其中除五〇〇〇甲为苗圃外，余三八〇〇〇甲为原料供给产糖预定面积。至于三四—三五年期蔗园实际收获数字，因制糖尚未完全终了，暂时未能结出，估计与预定收获面积三八〇〇〇甲相差不远。照此项收获面积，倘每甲产量平均能在三万公斤左右，而糖分在百分之十以上，则本期产糖量应在十二万吨以上。本期产量，截至最近报告止，除一、二处制糖未了报告不全外，为下表：

单位名称	压榨斤量 各厂	压榨斤量 会社	步留	各厂产糖量 担数	各厂产糖量 吨数	会社产糖量 担数	会社产糖量 公吨数
日糖兴业会社		544,673,210				518,348.30	31,349,120
虎尾制糖会社（1）	117,685.47		9.83	104,275.50	6,306,464		
龙严制糖厂	177,502,800		7.54	133,792.70	8,091,632		
玉井制糖厂	79,186,760		12.34	97,745.10	5,911,513		
斗六制糖厂	69,697,240			72,660.00	4,394,395		
台中制糖厂	100,600,940		10.92	109,875.00	6,645,116		
台湾制糖会社		342,845,490				331,176.50	20,029,181
桥子头制糖所	82,452,600		9.72	80,119.50	4,845,537		
东港制衣糖所	64,753,380		8.01	51,919.00	3,140,002		
车路墘制糖所	85,325,000		10.04	85,624.50	5,178,473		
湾里制糖所	103,469,140		10.21	105,679.00	6,391,347		
埔里社制糖所	6,745,370		11.61	7,834.50	473,822		

续表

单位名称	压榨厂量 各厂	压榨厂量 会社	步留	各厂产糖量 担数	各厂产糖量 吨数	会社产糖量 担数	会社产糖量 公吨数
明治制糖会社(2)	123,898,350	370,532,400		122,286.00	7,395,719	369,784.60	32,364.155
萧垅制糖会社	83,695,670		9.87	90,122.00	5,450,477		
乌树林制糖会社	114,935,560		10.77	107,309.50	6,489,957		
蒜头制糖会社	38,189,510		9.74	43,369.60	2,622,945		
南投制糖会社	9,713,310		11.36	6,697.50	405,057		
台东制糖会社		202,695,600	8.52			183,975.00	11,126.609
盐水港制糖会社	144,778,150			125,125.00	7,567,419		
新营制糖所	57,917,100			58,850.00	3,559,181		
溪州制糖所							
总计	1,460,746,700	1,460,746,700		1,403,284.40	84,869,056	1,403,284.40	84,869.065

注：（1）制糖末了

（2）所属溪湖蔗送盐水港溪州厂代制

据表三四—三五期产糖八万四千八百余公吨,其步留最低七.五四,最高一二.三四,产量未达预想之高,其主要原因如下:

1. 天时干旱,肥料不足,管理未周,以致每甲产量极度减低。

2. 甘蔗收购价格不能与米价平衡,农民所种甘蔗转用于本身消费或制赤糖。

3. 民间小规模赤糖厂未经许可自由设置竞取原料。

4. 自由贩卖随意处分,原料甘蔗更见减少。

5. 因盗食刈蔗尾等损失,原料甘蔗多成为不完全茎。

6. 为保全三五—三六年期种苗起见,以最大限度采取梢头部苗,结果亦使原料甘蔗减量。

7. 农村治安未臻至善,调制与收刈均不顺利,蔗质降低。

至于三五—三六年之蔗产,委员会监理之初,推进工作已在十二月,种植适期已过,虽参照情形,竭力推广,然而本年遇五十年来罕有之大旱,粮价高涨,蔗价未能随时调整,农民心理因之不安,加以农村秩序未入正轨。下年期栽培面积,估计只能达三五〇〇〇甲,除留苗圃一五〇〇〇甲外,收获面积或只有二〇〇〇〇甲。若能施肥得宜,产量或可较增。倘步留只百分之十则产量只能六万吨而已。兹将截至四月底止报告之甘蔗植付状况列表于后。

民国三十五年三十六年期三月止甘蔗植付状况表

民国三十五年四月十七日调

会社	厂名	十一月止植付 甲	十二月止植付 甲	一月止植付 甲	二月止植付 甲	三月止植付 甲
第一区分会（日糖）	虎尾		71.79	655.10	1,316.24	2,187.33
	龙严	0.52	157.80	897.71	1,461.86	2,098.84
	北港		170.48	568.94	942.60	1,320.54
	玉井	162.00	162.83	162.00	190.79	475.32
	大林	136.93	238.93	420.37	576.00	730.65
	斗六	238.93	0.15	452.67	853.58	1,355.33
	竹山			12.00	13.00	69.74
	彰化		11.50	80.70	179.40	237.88
	乌日			199.59	307.56	428.72
	台中		13.10	248.39	572.04	928.60
	月眉	148.50	157.20	268.15	480.71	786.57
	苗栗				10.03	33.70
	新竹				31.05	84.68
	计	694.78	1,145.78	3,965.62	6,934.91	10,737.90

续表

会社	厂名	十一月止植付	十二月止植付	一月止植付	二月止植付	三月止植付
第二区分会（台湾）	桥子头	17.00	96.00	749.00	1,388.00	三月份报告未到，原计划植付13,600甲
	后壁林	35.72	67.72	643.49	1,577.17	
	阿缎	23.00	289.00	1,843.00	2,230.00	
	东港		322.12	775.07	857.31	
	车路墘	301.00	488.00	1,552.00	1,643.00	
	三崁店	146.00	219.00	561.00	1,117.00	
	湾里	179.00	180.00	550.00	1,094.00	
	埔里社		1.00	1.00	65.00	
	旗尾	1.50	16.70	125.66	177.06	
	计	709.22	1,679.54	6,800.22	10,148.54	

续表

会社	厂名	十一月止植付	十二月止植付	一月止植付	二月止植付	三月止植付
	总名	84.94	105.51	156.00	319.00	501.00
	萧垅	101.31	140.12	314.00	484.00	586.00
	乌树林	110.31	120.51	191.00	371.00	561
第三区分会（明治）	南靖	279.35	300.85	491.00	937.00	1,371.00
	蒜头	552.78	596.00	836.00	1,313.00	1,653.00
	南投	174.65	179.65	187.00	409.00	838.00
	溪湖		90.76	251.00	436.00	560.00
	台东	1.25	1.46	4.45	22.00	
	计	130.52	1,534.85	2,430.45	4,291.00	6,070.00
第四区分会（盐水港）	新营	50.00	62.00	288.00	535.00	981.00
	岸内	10.00	13.00	21.00	583.00	961.00
	溪州	66.00	66.00	1,132.00	1,420.00	1,718.00
	花莲港	50.00	50.00	100.00	98.00	253.00
	计	176.00	191.00	1,738.00	2,636.00	3,913.00
合计		2,905.22	455.17	14,934.29	24,010	33,720.90

三六一三七年期栽培面积，拟推广达九万甲，除三万甲为苗圃外，可得七〇〇〇〇甲原料甘蔗，如步留较高，约可产糖三十万公吨。

三、修复概况

战事结束之初,本省四大会社所属糖厂四十二所因遭空袭损害情形如左。

会社名称	大破	中破	小破	无损	共计
日糖兴业株式会社	1	7	2	5	15
台湾制糖株式会社	2	6	3	1	12
明治制糖株式会社	2	2	2	2	8
盐水港制糖株式会社	1	6	0	0	7
合计	6	21	7	8	42

去岁监理以后,对各厂损害作彻底之估测,以为全部恢复根据。小破各厂,加以修复,备能于三四—三五年期内开工制糖。中破各厂尽量利用现存材料开始修缮。即大破各厂,亦冀能覆以屋顶,蔽以墙壁,使内部机器得免受雨露而得保全。惟因材料奇缺,物价高涨,输入暂不可能。小破各厂修复工作,赖员工作努力,各厂材料有无相通,已如计划完成。中破大破各厂,因缺乏材料,修复工作未能顺利推动。倘海运畅通,器材入手,则修复计划不难次第完成。现时日糖十五厂中可压榨者九所,台糖十二厂中七所,明糖八厂中五所,盐糖七厂中二所。半年以内如输入器材问题可以解决,则本年各季可有五厂至七厂修缮竣工。最迟复原之二三厂于三七—三八年期亦可压榨。一时不能复原各厂,委员会已督饬各厂监理人员及原有职工,在房顶铁皮未输入前,利用水泥板或竹皮加盖墙顶以策保护。最近派员巡视,大部分已遵照办妥。其有一、二厂因未能购得充分材料,亦将机件暂移仓库保管。倘三五—三六年期产量与上期相去不远,修复各厂已足应付矣。

四、困难情形及处理办法

在监理期间,本会监理人员散处各处所遇困难问题颇多,除适应环境,并协调当地人士予以相当之处理外,总以遵照法令为依归。其中最为棘手者约数端:

1. 在日人统治时代,华籍员工待遇,事实上低于同等地位同等能力之日籍员工。光复以后,物价波动更甚,华籍员工因生产维艰,要求改善待遇,操切者不免与日人以种种为难。监理人员为求厂务顺利继续进行,及平抑情感起见,一方面依照物价指数提高一般待遇,一方面就华籍员工中按其能力经验,予以适当之提升。是项办法于三十四年十二月颁布实行,迄今全体员工不分国籍,感情复趋融洽,厂务得以圆满推进。

2. 在战事期中,各会社受空袭损失,将一部存糖寄在民间,名曰疏开糖。迨日人投降以后,拥有该项"疏开糖"之乡民,闻有不明事理者,擅将存糖移动,意图干没。或因省外糖价较高,逐利之徒,相互勾结,明劫暗偷损失颇巨,日人无法制止。监理以后,即令将此项疏开糖陆续收回,监理人员一面商请当地军警协助,一面极力向各存糖处清查收回。惟因疏散地域甚广,且少数农民认为已为所有,拒不交付,而军警力量不敷,往往顾此失彼。幸监理人员殚心竭力,既求免生枝节,又须尽量集中,截至最近止,大部分已经收回。但因农民交还时,有者袋数不足,有者重量减轻,且有不能交出者,以致损失数量约三四万吨。现正在继续清查,以保存物资。

3. 在日人管理本省时代,糖为统制货品之一。战事结束,日人于十月八日下令将统制废止。前进指挥所于十月九日抵台,十月十三日公布敌产移动禁止令,所有敌产物资,除商店及正常商业外,不得移动买卖。各会社存糖系属敌产物资,自不能任意销售。然而各会社曲解法令,以为系属正常商业行为,将存糖订约出售。复经长官一再批示,所有该项契约糖,已提去者应予追回,未提去者契约无所缴价额为数退还,似已无问题。但自监理以来,至本会商请准予提取此项契约糖者日必数起。哀求恐吓,托人说情,各尽所能,甚至将此项契约糖与前项疏开糖混为一谈者。本会人员,一一谨遵法令,予以释明契约无效,拒绝继续提货。现时此风已为稍杀。

4. 光复以后,物价渐增,国内及省中器材物品均感缺乏。各会社各厂所存器材不少,且散存各地,于是不肖之徒乘机劫窃,匪盗之案本年一、二月间,日有数件,告急文书,纷至迭来。各地监理人员乃就华籍员工拔取年富力强,忠于职守者,组织自警团,因未领得枪械,以刀棍作武器,昼夜分班巡逻,以资防范。近月以来,劫窃之案渐少。

五、日侨撤退以后之措施

本会监理各单位原有日籍员工四千八百人。自日侨撤退以后，现存日籍员工约一千一百人，而日常工作既须继续办理，修复工程又宜急速进行。管理及技术方面均感人手不敷，爰订定办法如下：

1. 本省员工能力经验均符标准者，按其工作性质酌予提升；其能力经验稍缺者亦界以负责位置，俾展所长。

2. 本会于三月中登报约聘技术管理人员，规定将履历寄会审查，如其合格，定期约谈，再决定任否。计先后应征者约一百五十人，初步审查已毕，分发会社监理人员复审然后约谈。

3. 最近订定技术人员训练办法如左：

（甲）新进技术人员分为农业、制糖、工程、酿造四种，就其教育程度分为研究班、中级班、初级班三班，予以实际训练。经三个月之实习后，按其成绩优劣，分发各厂正式服务。

（乙）各部技术人员服务相当时间后，考其成绩，合格者派往国外学习，以求深造，而资鼓励。

六、将来计划

1. 组织方面　台湾糖业各单位于接管后，成台湾糖业有限公司，国省合资经营。原有四大制糖会社改为四区分公司，就其原有范围各别发展生产。

2. 工程方面　照原定计划，先行修复原有各厂计三五—三六年期内尽量修复中破各厂，至三六年底，若能全部修复，制造能力自可增强。三六—三七年期内再进行添设新式机械以事扩充。

3. 业务方面　逐年扩充甘蔗栽培面积以裕原料。

4. 人事方面　一面罗致国内人才妥为分配，一面拔擢本省人员并施以训练。

（二）电力业接管委员会简报

本省电力统由台湾电力株式会社供应，全省发电所三十四处，设备容量总计为三十二万千瓦，支店十二所，散宿所二百余处，用电者四十余万户，会社资产约四万五千万日元，实收资本约一万万元，其余负债为社债长短期借款等。该会社于三十四年十一月九日开始监理，三十五年三月二十日正式接管。兹将(一)监理及接管经过(二)增产及修复情况(三)困难情形及克服方法(四)日侨撤退后之措施(五)将来计划，分述如后。

（一）监理及接管经过　三十四年十一月九日，组设台湾省电力监理委员会，以刘晋钰为主任委员，黄辉为副主任委员，开始监理台湾电力公司。当时供电能力，仅四万八千瓦，工业用电受其限制，妨碍生产至巨。因即赶工修复，至本年二月供电能力，增加至十万千瓦。全省工厂所需要之动力乃得充分供应，三月间因日侨撤退，乃将监理改为接管，正式推动该公司之业务，同时任用本省技术管理人才，参加组织全省电力之供应，因得维持。

（二）增产及修复情况　监理后即严督公司员工星夜赶工修复被破坏之工程，并将负荷较轻之变压器移装于日月潭应用，同时修复圆山、天送碑、社寮角、竹子门、清水、第一及雾社、第一各水力发电所，增加供电能力一倍有余；在修复过程中，关于运输工具、材料配备、人力供应等，均与本省其他机构取得密切联系。

整部幸各方面均能了解动力事业之重要，通力合作，修复工程，因得依照预定计划按时实现。

（三）困难情形及克服方法　电力公司自监理以来，最感困难者，一为收支不能平衡，一为修复器材缺乏，分述如次。

（1）收支不能平衡，本公司自经监理接管后，一面从事修复工作，一面裁汰冗员，藉以开源节流。原有员工六千四百余人，紧缩之后，被裁者达二千余人，但仍不能得到收支平衡，每月亏损甚巨，考其原因，约有下列数端：

（甲）生活物价之上涨，据长官公署秘书处，统计室所编印之台湾物价统计月报，目前物价，总指数约75倍于战前，但目前电价仅5倍于战前。本省所收电费大半用以维持员工生活，但员工生活费，系与物价总指数成正比，而电费所入，远在物价指数之下，是员工生活难维持之重要原因。

（乙）修复费用之负担，战前电费收入仅为经常费用，目前于经常费用之外，尚须担负一部分修残补缺之费用，故人数虽屡经裁减，物料开支，则加多甚巨。

(丙)工业用电之减少,从前平均发电达三百万度,现仅发三分之一,营业收入减少甚多,水力设备费,并不因此而减。

(丁)本年之苦旱,本年本省抗旱,为五十年来所未有,水量不足,须多耗煤炭增加成本。

上列数因,不幸同时并在,乃造成本省供电事业维持困难之现状,故非调整电价不为功。

(2)修复器材缺乏,现在供电能力,虽达十二万千瓦,但雷雨保护设备残缺不全,业经向美国订购,尚未到货,其他必需之工程材料,有待于外国运来者甚多。此项困难待以时日,自当逐步解决,惟目前处处因陋就简未达标准,未免遗憾。

(四)日侨撤退后之措施　电力公司监理初期员工总数共计六三二二人,内职员二二九一人,工人为四○三一人,其间日籍共为三三○○人。本年二月份为求节省开支经裁汰日人一三五八人,最近奉令遣送日籍员工,决定全部仅留用四三七人。自日侨撤退后,除先后调训本省人员备充干部接替日员工作外,并分别招考征求及选用,由日返台本省人才,分派补充。此后尚拟分期招训本省各校毕业学生,俾谋人事之充实。

(五)将来计划

(1)工程方面之计划,可分为下列三部:

(甲)台湾电力设备,在战争末期,被遭轰炸,损失甚重。数月来虽极力修复应急,惟距全部恢复尚远,故本年内仍以继续修复计划为中心工作。(一)发电送电及发电设备之修复,拟在一年内,将日月潭第一及第二发电所全部恢复并将各水力发电所彻底修理,以应需要。(二)配电设备之修复。(三)房屋建筑之修缮。

(乙)上述修复计划,仅能应付一年以内之负荷需要。将来电厂恢复,需电增加,自应预作准备,开辟电源。经拟以完成乌来、天冷及露社三水力工程:(一)乌来水力发电所工程,土木部分已完成百分之九十五;一万二千五百千瓦,发电设备一套,亦已运达。本年内拟将土木部分完成,并购配缺件,以便安装发电。(二)天冷水力发电所,为大甲溪计划之一,土木部分,现已完成百分之七十。拟于明年内将土木部分完成，并向美国先订购二万六千千瓦水轮发电机一套，安装发电。(三)露社水力发电所厂房及发电设备，已全部完成，水道完成百分之七十，蓄水堤仅完成百分之五，拟继续建造完成。

(丙)台湾水力发电，以地形及雨量关系，需要火力发电之补充与调节。根据过去经验，每年平均有四个月，各大小火力发电所，皆顷运转供电，将来天冷及乌来二厂完成后，对于火力厂补给之需要尤殷，爰拟先在北部火力厂内，增加同式三万五千瓦之汽轮发电机一套，使全台竭水季节之用电得有保障。全部工程需时约二年半。

(2)业务方面之计划。

电力为公用事业，最好由消费者直接参加，共同爱护。目前在修复期间业务不振，办理自感困难，政府实有加以维持之责任。但以后除发电送电部分予以统筹外，配电售电部分，拟委托当地消费合作机构趸购零售，独立经营，藉以增加消费者对公用事业之认识。

(三)电冶业接管委员会工作简报

一、监理经过

本省电冶工厂，为数甚多，接收初期，以人手缺少，不敷分配，故自三十四年十一月起，对各厂先用监理方式，由各业主自行经营，监理期间之工作如次：

(1)监视其器材原料不得任意搬出。

(2)监督其会计及库款，责令按时呈报，巨额款项，未经许可，不得动用。

(3)联络附近驻军及治安机关，策进安全。

(4)督导其业务及生产技术。

(5)对已停工或生产不善之工厂随时谋经济之援助。

在监理时期内，一切尚称顺利，惟经济困难，及治安欠佳，致各厂常有抢劫及偷窃情事，经最大之努力，现已将困难逐步克服。

二、工作概况

本会对于电冶工厂，一面监理，一面设法复工增产，兹将修复及增产情形列表如次：

修复及增产情况一览表

厂别	接管前情形	接管后工作	以后展望
樱井电气铸钢所	原有电力钢炉二座俱已停顿，电气熔铁一座，每日制铁锅50余只。	经整顿后铁锅增产至每日150余只，炼钢电炉亦经修复四月底可以出钢试验，设备亦大加补充以期改良钢料品质。	五月起开始熔炼建筑用铜骨及铁道用橄榄汽车用金钢，预料年内可出碳素钢600吨、合金钢100吨。
前田砂铁钢业株式会社	轰炸期间，房屋多半残毁，机件大部破损且被匪徒不时剽劫，损失不少，产品仅将铁锡维持每日百余只及锻制磨水泥用铁球等。	多方发展业务以浚财源，并修葺厂房围墙、整理仓库及机件钢炉等以增加生产效率，铁锅增产，每日可达500只。	维持每日500只铁锅生产，待整理完竣，每月可出碳素钢200吨。
兴亚制钢业株式会社	战前未受空袭影响，故设备尚完好无损，惟一切生产工作已入停顿状态。	接管后大加整理，修葺厂房，布置机械及钢炉，现已能正常出钢，并已计划轧钢设备，以便轧制钢、条钢轨及其他钢成品。	本厂各项设备在台北一带各厂较为完善，今后预计产钢每日达300吨。
台湾军工业株式会社	一切设备尚完好无损，惟生产则完全入停顿状态。	团煤焦价昂，致生铁每吨生产成本，达台币5000元以上，而市价生铁每吨仅1000余元，故在经济立场，本厂一时实无开工价值，准接管后仍留有若干员工作保管工作，一切经过情形尚佳。	将来如生铁市况良好，煤焦价减随时复工。
钟渊工业株式会社	厂房及熔炉等尚完好，惟因电源变压器损坏，停工已久。	修理变压器，整理电炉，增葺樊篱等须计六月底可以开工。	本厂过去业务侧重自本省特产之砂铁炼制绒铁(炼钢原料)及炼钢，惟方法不良，殊少成绩，今后当改良方法继续生产，预计月可产绒铁200吨、钢100吨。

续表

厂别	接管前情形	接管后工作	以后展望
稀元素工业株式会社	本厂原制Zicon,Zicon悉供日本本国用途,战争结束,全部停工。	整理器材分别保管。	因Nircon物对本国工业暂无需要,故一时不拟复工。
东邦允属制练株式会社	本厂原制各种铁合金及碳化钙,战后仅碳化钙尚继续生产。	整理器材分别保管,惟因电源及原料关系,一时不能如前复工。	本厂设备为本省其他各厂冠,今后如电源及原料无问题,仍当继续开工,以制造铁合金为主要工作。

(四)铝业工作简报

台湾铝业原有日本铝株式会社之高雄工厂及花莲港工厂,总社设于东京本处,于三十四年十一月起监理,当即研究复工计划及步骤。查高雄工厂三十四年三月间被炸后,即停止生产,损失厂房约百分之四十二,机件约百分之二十八,现厂房已局部开工修理,机件亦列单请购,并拟增加若干新设备藉以提高生产效率。花莲港工厂自三十三年八月经暴风雨后损失颇重,水电厂亦中及短期内电力无法供应,复工不易,只得暂行保管,容后再行恢复。

一、增产及修复情况

高雄铝厂最高产量铝锭一万二千吨,现拟于八个月内恢复铝锭六千吨之生产,十四个月内恢复至一万二千吨。

二、困难情形及克服手段

该厂现急需资金及器材,以供厂屋之修理及机件之补充,此点已拟定办法呈请办理中,谅可解决;运输问题亦至严重,欲将国外原料器材,迅运来台需时甚久,现正与有关方面洽办中。

三、日侨撤退后之措施

除留用极少数高级技术人员外,其余管理及普通日籍人员全部遣送回国,尽量延聘本省对铝业有经验之人员,参加工作,以期极早恢复生产。

四、将来计划

铝业为国防基本工业之一，我国重工业建设计划中亦列入急需发展之事业。台湾交通便利，电力低廉又为原料与市场之中心，故为发展铝业之理想地点，如铝之需要增加，该厂生产可随时提高也。

(五)石油事业工作简报

(一)监理经过：石油为本省重要重工业之一，为使生产不致停顿及加紧修复工作起见，最早成立接管委员会，开始接管，其监理期间甚为短促。

(二)增产及修复情况：接管后苗栗矿区，即继续开工，保持原来产量，三、四月间生产略有增加。惟限于天然地质，油层构造不丰，须重行勘测，另凿深井，始有大量增产希望。高雄方面，现正全力修复炼油厂，期于明年春开工，每日能炼油三千桶。

(三)困难情形及克服办法：一，各矿厂均处乡区，警力难周，窃盗案件时有发生，已分别洽请当地军警予以保护；二，铁路运输困难，器材油品调运不易，已洽请铁路管理部分尽量协助。

(四)日侨撤退后之措施：高雄炼油厂为前日海军第六燃料厂，该厂日籍员工，因为战俘，不能留用，全部撤退，使修复工作一时遭遇绝大困难，现经尽量调派本省籍技术员工，协力工作，务于最短时间内完全修复。对于人事方面，将尽量录用省籍技术人员，使其脱离过去被动地位，而晋于负责领导地位，并陆续向内地油矿洽调富于石油经验之专门人员来台工作。

(五)将来计划：一，在台南新营方面另勘新油田区，至少完成本省石油自给自足之目标；二，深凿原有油井，藉增产量；三，加紧修复高雄炼油厂逐渐提高产量，连成民国二十八年春每日原油炼量一二〇〇〇桶（五十万介仑）之目标。

(六)肥料工业工作简报

台湾肥料工业计有磷肥工厂二，即台湾肥料株式会社基隆工场，及高雄工场，氮肥工厂三，即台湾电化株式会社基隆工场、罗东分工场及新竹有机合成株式会社，兹将各项简报如下：

(一)监理经过　上述五单位均已自上年十一月起先后派员监理。

(二)增产及修复情形

(甲)台湾肥料株式会社基隆工场，房屋及设备泰半毁于轰炸，自经派员监理后，即筹划修复，并于本年二月间奉长官公署拨到修复费一千二百十八万元，所有厂房设备，均已先后发包竣事，预计本年十月间，可以开工出货，每年约可生产磷肥一万五千吨。高雄工场损坏较轻，已于本年二月间奉长官公署拨到修复费六百八十八万四千元，开始修复各项工事，均已发包，预计本年十一月间可以开工出货，年产磷肥约二万七千吨。

(乙)台湾电化株式会社基隆工场，房屋及设备稍有损坏，于去年十二月底划拨修复费二百五十万元。当即开始修复，于三月间修复完竣，并已产电石销售，罗东分工场未遭损坏，自监理后即已于一月间复工。

(丙)新竹有机合成株式会社，所有设备均于自日运台途中炸毁，自监理后以肥料工业关系整个民生至巨当即计划完成，所有预算及计划正在呈请上峰核示中。

(三)困难情形及克服手段：目前各肥料厂修复及生产困难情形，胥在器材之补充及原料之运输，磷肥厂修复所需之耐酸器材，岛内无法得到，经已分别商善后救济分署请求由美供给，并设法呈请向日本补充中所需之原料磷矿石，已派员赴安南采购，并拟向江苏海州购运来台。惟以交通工具不易得到，购储至感不便。氮肥厂所需之原料，岛内均可供给，惟以撤退日俘侨，铁道运输拥挤不堪，以致原料供给不及，时断时停，以致仅能产制电石，本月份且全部停工，半月有余。目前日侨撤退工作业已完成，正设法督催运输主管机关，积极办理中。

(四)日侨撤退后之措施：各肥料厂除必需日籍技术员工酌留极少部分外，余均遣送回国，其所遣职务，业由本省人员请升替补，并酌聘他省专门人员从事工作。

(五)将来计划

(甲)磷肥厂恢复至原有的产量即两厂合计共年产四万二千吨。

(乙)氮肥厂除台湾电化厂扩充至原有量产一倍(原年产一万二千吨扩充

至年产三万五千吨),并完成新竹有机合成工厂,预计完成后可年产氮肥三万五千吨,合共约七万吨。

(丙)添设硫酸厂以年产十五万吨为目标,上述扩充计划,如获批准,则均可于二年内先后完成。

(七)水泥业接管委员会工作报告

查本会奉令管理台湾各水泥厂,数月来由管理而至接管,所有过程及未来计划,谨作简略报告如次。

(一)管理经过 查台湾全省共有三水泥厂,一在高雄,为台湾水泥株式会社,以往该厂年产水泥最高量达二十二万;一在苏澳,为化成工业株式会社,年产水泥最高量为七万五千吨;一在台东,为南方水泥株式会社,此厂尚在创建期中。以上三厂,经于上年十二月初分别管理,并设法维持生产,原有日籍员工,并经陆续裁遣,复旧工作进行尚称顺利。各厂所有资产负债,经加逐一清查,成品及器材亦经实地盘点,本年三月份决算,亦已编就刻正开始接管中。

(二)增产及修复情形 查本会所接管各水泥厂,除南方厂正加紧创建工作,约本年七月间可以开工,占计年产水泥达十万吨外,高雄厂因过去曾经被炸,在本会管理之初,月产水泥仅二千吨,经督促修复,近两月来,每月可产六千吨;苏澳厂在管理开始时,月产水泥仅一千五百吨,刻经改善,月产可达四千五百吨以上。两厂就目前情形论,若煤运问题解决,生产量当可逐月增加。

(三)困难情形及克服办法 查本会在奉令管理各厂之初,台湾职工尚多不能明了中央施政原则,不免发生误会,不能安心工作。后经多方解说,并经事实证明,各同仁均已安心服务。目下最大困难,厥惟煤运问题,尤其在遣送日侨期间,石炭调整会每日配发各厂煤量,因无车辆运送,每月仅能换得所需十分之二,以致各厂因无燃料而迫得暂行停工,不特影响工厂企业,并日减少水泥之供量。刻已向石炭调整委员会及路局交涉,若煤运无问题,则生产之增加,当极迅速。

(四)日侨撤退后之措施 本会各水泥厂,除因留用一部分必要之日籍技术人员外,大部分管理及技术人员,均系提升台胞充任相当之职务,所有待遇一律按其能力,加以调整,刻均能安于职守努力工作。近并筹划在各厂设置国语讲习所,俾使职工利用暇余时间,沟通言语,联络情感,以促进合作,提高效率。

(五)将来计划　本会目前中心工作,对各厂一面维持生产,一面计划改善复兴,拟向国外订制各种新式机器及设备。预计一年半后,三厂每年产量可达六十八万二千吨,所有预算及计划书,并工程进度表,均已另案呈报矣。

台湾水泥业接管委员会主任接管委员　温步颐

(八)电化业接管委员会工作简报

一、管理经过　三十四年十二月成立电化管理委员会,开始管理台南钟渊曹达株式会社、高雄旭电化工业株式会社及南日本化学工业株式会社。钟渊厂自营监理,出产工业用盐、烧碱、漂粉、盐酸、液氯溴等;旭电化厂出产烧碱、金属镁等。惟二厂被炸惨重,短期内无法复工,南日本被炸较轻,监理后即已复工,日产固碱三吨半及盐碱、漂粉、氯化电钙酸钾之属,供应本省纸厂肥皂厂纺织厂食品厂及火柴厂等需用。

二、增产及修复情况　三厂器材统筹办理,首先充实南日本厂,现已添加电槽就近迁移旭电化厂之蒸发器,增产固碱,日产七吨左右超过该厂以往日产固碱四.六吨之最高记录。至于钟渊厂疏存嘉义山中器材千余吨,旭电化疏存台北中和庄器材数百吨,亦量已达已开始起运,准备安装复工。

三、困难情形及克服方法　关于已复工之南日本厂方面:

1. 原料食盐及用煤运输困难接应不及,须待铁路运输加强,方能大量生产,现拟自设运输部担任运输事宜。

2. 三十三年本省固碱,日产总量达二十一吨(内旭电化一三.五吨,南日本四.六吨,钟渊三吨)。现南日本厂虽超过历年记录,但仍不过三十三年全部产量三分之一左右,故求过于供,不敷分配,本会只有酌核配给,尽先供应本省工厂之用。

3. 南日本厂附属之安平布袋北门三食盐副产品工场,因无原料苦汁,被迫停工，正洽请盐务局场设法供给苦汁。关于尚未复工之钟渊厂及旭电化厂：

（1）厂房被毁均在百分之八十左右，修建需时较长。

（2）钟渊厂原定电解槽一一六只，每只需水银八〇〇公斤，共需水银约一百吨，今残存水银只二十一吨，需向外国购买，如一部改用隔膜式电槽，又需添装锅炉及真空蒸发器。

（3）被毁之主要机件，如钟渊厂之水银整流器二座及旭电化厂之高压变电器二具均须向日本添配。

四、日侨撤退后之措施　将留用少数之日籍技术员工，做极经济而有效率之配置，同时提升并招考大批本省技术人员，替补工作，使能无碍业务进行。

五、将来之计划

1. 以旭电化钟渊二厂器材，补充南日本厂使用，能日产固碱达十五吨左右，藉应本省目前急需。

2. 恢复钟渊盐场供应南日本厂及钟渊厂制碱之用。

3. 旭电化之机件，除一部分补充南日本厂外，悉数拨给钟渊厂，同时复向美国订购新式电槽及新颖蒸发器、漂粉精制器等，提高制碱效能（日产固体碱十七吨）减低制造成本，以奠定台湾食盐电解工业之基础，俾可运销内地及南洋，争取国际市场。

（九）煤业接管委员会工作简报

（一）监理经过　本省光复以后各业实行监理，去年十一月一日，煤业监理委员会奉命成立，专责办理煤业部分监理工作，十一月份内，经监理之炭矿会社较大规模者计有基隆炭矿、南海兴业、台阳矿业等七家，实收资本总额为台币三千二百十五万元。十二月份内，经监理之中型及小型煤矿计有山本、近江、武山等十家，实收资本总额为台币四百二十万元。本年一月份内，经监理之小煤矿计有板桥、福德等三家，实收资本总额为台币六十八万元。二月份内，监理永裕等八家，实收资本总额为台币五十万元。三月份内，监理德兴等五家,其实收资本总额为台币二十四万元。四月份内,监理大溪等三家,其实收资本总额为台币八万元。合计经监理大小炭矿会社共三十六家,实收资本总额为台币三千七百八十五万元。其中日人股额占百分之三十三,台人股额占百分之二十,法团股额占百分之四十七。在此期间,对于监理各会社之金融活动以及资产器材之实施管理,劳工问题之调处解决不遗余力。至于其内部行政及矿务技术,则仅加以督导。其他人事部分,除日籍人员,余皆一仍其旧,不加更动,藉收驾轻就熟之效。此实施监理之大略情形也。迨本年三月间,本省煤业由监理期间进入接管期间,设立接管委员会,施行接管各煤矿。现已着手接管者计有日股占最多数之南海兴业、基隆炭矿、山本炭矿、近江炭矿等四家。先后由本会派遣各部专门人才,督驻各该会社处理事务,并将各会社之矿区技术及事务管理,暨按监理时间之既定方针,继续生产。此外并谋各方之改善,以期产量之激增。其他各炭矿会,亦各在办理接管手续中,以作将来通盘整理本省煤业之准备。

(二)增产及修复情况　本省煤矿在战事期间,矿务强半停顿,因而发生陷塌与水淹事情。及本会开始监理,遂一面督导完整,各矿继续生产,一面将崩塌各坑加以修缮,并将水淹各坑施行排水工程,以求迅速复旧,而利生产。查监理各会社之产量,在十月份未经本处监理前,仅有九千五百吨,十一月份为一万四千吨,十二月份为二万五千吨。本年一月份为三万六千吨。二月份逢旧元旦工人休假数天,产量稍减计为三万吨。三月份为四万吨。四月份为七万余吨。其他会社共为九万吨。此后如各方情形顺利,则增产前途当更有起色。

(三)困难情形及克服方法　本省在战事期间,矿坑多被陷塌,及发生水淹,故生产大部停顿。此种工程上之困难业经节节克服诸如前述,此外人事方面之困难,尚有如下列各种情形:

(甲)秩序　日人统治本省时期,歧视台胞虐待工人,迨及光复,矿工时怀报复心理,加以当时物价暴涨,工资一时尚未提高,而会社在战时允给登录及征用各种津贴金,又未一律发给,于是矿工遂胁众要求补发,酿成争端,逐渐蔓延势几不可响迹。此种困难经本会一面派员劝谕,一面参酌生活指数,提高工资,并查明各矿津贴已发欠发之实在情形,订定标准酌予补发,几经努力,秩序遂告安定。

(乙)治安 本省光复伊始,在交替期内,有宵小乘机盗劫,煤区多在山僻,被害尤烈,各矿采掘机件,及运输工具时被窃盗。当经本会派员会同军警防缉,并派警常驻各矿,以资防卫,盗风于是日渐以戢止。

(丙)交通及器材 本省光复伊始,对外交通,濒于停顿,器材来源,无形断绝。而本省各煤矿,经长期战事,所有设备,暨属陈旧,所需材料更感缺乏。本会开始工作以后,即有鉴及此,因就力之所及,交通各矿器材,以便暂能因简就陋,先行生产,一面调查目前急需,通盘计划向各方采购,以济急需而资增产。

本省省内铁路运输经战时损毁,远不如过去便利,车辆缺乏,存煤滞积,增产速率大受影响,而在遣送日侨期中,尤感困难。各会社炭场,存煤山积,资金周转不灵,炭矿生产大受影响。本会除竭力协助各会社,解决此项困难外,并会同石炭调整委员会向铁路当局协谋改善,俾运输无阻,此种困难现尚待继续努力,方能克复。

(四)日侨撤退后之措施 在监理期中煤矿会社悉以维持原机构增加生产为原则。所以各日籍人员一无更动,以资熟手,同时选拔本省籍职员以为将来接代之准备。及日人开始撤退,人事方面,遂重新调整,在日籍人员未离台前之短时期内,仍合其退居咨询地位,其未接管之各会社,则由本会派遣之监理委员专员督导其负责人,按同样预定计划审慎处理,现除留用少数日籍技术人员外,余系就地拔优秀干部,擢升替补。一切工作仍得正常进行。

(五)将来计划 本会为统筹现有各单位之集中管理,因有组织煤矿公司之计划,为补救已开采各矿区之大部消耗,因有开发新竹矿区之计划。兹分述于下:

(甲)煤矿公司之组织 本省大小煤矿二百余家,有纯为台股,有日台合股,有纯为日股者,计其中纯台股或台日合股经本会监理有三十七家组织。唯规模各异,过去各自为政,漠不相关,若是自炭矿技术言之,尚有种种不合理之处,并自人事管理言之,亦颇多浪费,自国家经济言之,更有莫大之损失。本会既奉令整顿本省煤业,自应统筹办理。查本会监理各会社中,日股占最多数,以集中组织成立一矿煤公司,调剂技术人才,分配需要机件,划一矿区计划统筹急用资材截长补短,彼此兼顾,另一面谋事务管理之统一,增产方针之一致,若是则可以集中管理,节省人力财力,再进而谋指导民营煤矿。至于监理各会社中之本省同胞,股份较多,而确有独立经营能力者,则以令其独立组织,政府以投资方式,监督地位扶持其业务促进其生产,藉以发展民营事业,提倡官民合作。若是则矿炭生产前途胥有利赖。

(乙)新竹矿区之开采 查本省北部煤层经数十年之采掘,大量消耗,长此而往,难以持久,且许多旧坑行将竭尽,若不谋新矿区之开发则本省煤业不久恐有崩溃之虞,即本省工业所需之燃料,亦仰给无从。本会远顾及此,力谋新矿区之开采,藉以利用蕴藏增加生产。查本省新竹煤矿之蕴藏不亚于北部各地,所以久弃于地者,技术问题之外,交通不便,实为其主要原因。故言开发新竹矿区,必先具建交通网,及吐出港,以谋运输之利便。兹拟自台北莺歌车站建一铁道支线向西南开辟,横贯大溪庄、石门、内湾、竹东庄、北浦庄、朗分庄、竹南庄,各大站在该支线未通车之前,先自桃园至大溪庄,中坜街至石门,新竹经竹东庄,以达内湾,先筑三横贯支线,以便输运初期开采之煤炭,如该路网完成,再于大肚溪附近觅一吐出港,如是则本省煤业前途当可扶摇直上。

至新竹应行开发各矿区,数目繁多兹不枚举。该区煤田厚度与北部相似,似无开直井之必要。技术问题,当无任何困难。至所需器材则向海外采购,在未运达前,拟移用本省一部器材先行试探。及全部采勘工作完竣,交通网告成,器材亦可由省外陆续到达,于是即行大量开采,以复兴本省煤业。

(十)金铜业工作简报

一、监理及修复经过。本省主要金铜矿场,为日本矿业株式会社之金瓜石矿山及台阳矿业株式会社之九分矿山。以生产因子之失调达于日本降伏以前即已停工,机械损坏坑道失修,自实施监理以后,虽力谋以改善,但以僵化已久,重行修复需费巨额资金及大批器材之补充,一时无法开展。现着重于矿场之维持，使现况不致更趋恶化，一面购办木材，逐渐修复坑道，同时研究调查矿砂蕴量及调整矿场设施，以得改进及复工准备。现复以计划业经拟定，已呈经济部查核，一俟批准即可实施修复。

二、困难情形及克服方法

（一）经费之缺乏。金铜事业停止已久，资金运转不灵，自所必然。监理之初，存款不多，且已冻结。经向各方接洽，每月维持费用已获着落。至修复所需资金，已呈请行政院拨发。

（二）治安不靖。偷窃矿砂及机件之事件时有发生，现请军警协助，情况已见改善。

三、日侨撤退后之措施。金铜业日籍员工人数有二百人左右，撤退以后，留用人员仅三十二人，虽内地邀约人员为数不多，但以本省员工，大部多能努力从公，迭经擢升尚能胜任，工作诚慎，并无何困难。

四、将来计划

（一）修复铜矿及采矿设备。

（二）修复青化设备及铜矿设备。

（三）设置或向日本拆迁金矿精炼厂。

（四）用加硫法提取沉淀铜以代以前应用之腐铁法。

（五）矿山以蕴量不平，富矿亦已掘尽，含金铜成分甚低，规模不拟过大，预计年产金三百公斤，铜二千余吨。

上述各项计划可于开始后两年内完成。

（十一）电机业监理委员会、电机工业接管委员会工作简报

一、监理经过　去岁十二月间，本会奉命监理之电工业会社，计较大规模者三，即台湾通信工业株式会社、台湾干电池株式会社、东京芝浦电气株式会社台北事务所。及工场小规模者六，即台湾音响电机株式会社、富士电机制造株式会社台北事务所、高密工业株式会社、尾岛电气工业株式会社、松下制品配给株式会社、东亚工作所。前三大会社在监理前职工因要求之遣散费等已发讫，大半离厂，呈半停顿状态，经监理委员设法整顿，始逐渐复工继续营

业。但因材料奇缺，不得不有计划的控制产量，以延续工作进行，一方面正设法搜集材料，一般业务情况，可云良好，尚有盈余。大小会社中，东亚制造所实系独资经营，除本会仅接收一部分器材外，余产已由日产处理委员会接收。台湾音响电机尾岛松下，在监理前业务早已停顿。目前本会初步处理办法，系点收各该会社之器材，加以封存。富士及高密系专门修理电话机，一系专门修理有声电影机，在台湾尚属急需，故业务照常维持，收支亦能相抵。

二、增产及修复情况　小规模之会社，暂不列述。兹将大规模者分别叙述如左：

甲、台湾通信工业株式会社工厂，原已将解体，着手监理时职工仅二十四人，现连同监理人员已增至六十二人，原仅维持制造收讯机，自监理后，乃逐渐恢复旧有规模，已制售一千瓦发讯机一台，五百瓦发讯机一台，一百瓦发讯机十台，五瓦移动电台四台，收讯机十一台，广播收音机及整流器等十六件。该厂未受轰炸损失，无需修复。

乙、台湾干电池株式会社工场，原大部分职工已遣散，复因材料存库不多，不敢放量制造。计自监理后在种种困难情形下尚可勉强供应各方需要，计制作电话用干电池一万五千余个，无线电用者五百余个，灯火用者三万余个。该社工场未受轰炸损失，惟市内办事处则被毁，在各会社统一管理下，该办事处目前暂可无需修复。

丙、东京芝浦电气株式会社台北工场，原已将解体，自监理后，督促复工，计承修电动机三百余（H.P.），发电机一千五百余（K.V.A.），变压器四百余（K.V.A.），该厂虽感缺乏材料，然目前因战灾损失，各方送修工作甚多，一时尚不若前工厂之严重。惟如材料充分，尚可转移工作。至制造方面，该厂未受轰炸损失，仅一部分机件，因疏散受损，已修复。

三、困难情形　目前唯一最大困难，厥为器材及原料之补充。已分别开具材料单，托负责方面自日本拨运及在沪搜购，惟目前尚无到来者。同时自行在市面采购，及分向各接收企业部门洽商价让，已获得少量，将来成立公司，更拟自行自欧美订购。

四、日侨撤退后之措施　除各会社人员外，本会已集合内地及本省电工业、技术人员近二十人,并正补充中。故对撤退日侨,尚不感有何困难。目前全会社仅留用日籍技术人员数人,主要目的不过为接管时交卸之便利耳。

五、将来计划　本会现正进行接管,连日集中大部分力量,点收材料,期于五月初成立台湾电工业有限公司,并合士林之台湾通信工厂干电池两工厂,为附属第一厂,主要制品为无线电收讯机、发讯机、扩音机、干电池、蓄电池、国语唱片等;改东京芝浦电气株式会社台北工场,为附属第二厂,主要制品为发电机、电动机、变压器开关灯头、风扇兼及修理工作。另加收资本二千万元,除为第一、二厂添购各种材料外,大部用以建设第三厂之需,主要制品为电灯泡,兼及真空管复生,以应本省急需。其较小规模之会社,则按其业务性质分别并入前述各厂,另抽出一部分机件、设备器材,在市内成立业务室之服务部门,以应委托修理及安装工作。总公司又附设研究所,以研究各种电工器材制造技术。

(十二)机械工业接管委员会工作简报

机械铁工业之恢复,不是单纯为本身业务之恢复,并且兼能促进其他工厂之复工,故监理工作进行亦早,全省执行监理之日产厂场,目下尚四十二个单位。监理工作,主在督促恢复业务,保持资产。故所有厂场,在监理之后,均次第开工。本省遭战争摧毁之余,恢复各业建筑器材之需要特殷,关于此类生产,如洋钉、铁线、元钢等,尤为重视,以故生产及业务均已恢复至超越光复以前状况。其他生产品如度量衡器、原动机、磅盒杂用机具及整修工作等业务,亦均日趋良好。被损厂场,能修复者均渐次修复,不能修复或不及修复者亦迁地开工。本省缺乏良好铣铁及铜线钢材等,监理初期,即由国内运来一批优质灰铣,配发各厂,现仍在设法向国内洽运此项原料,接济省内需要。钢品厂原料之钢线,因不及待向日本及盟国运来,现仍设法利用省内原有废料旧材,加工后供应生产,就省内原有冶金设备,洽筹此项材料之自给自足。机械工业人才在省甚丰足,日侨撤退之先,已陆续聘用省内技术员工替代日员,日侨撤退以后,再次补充省籍技术员工。一切施设状况,可期完满,光复以前,日本系以殖民地眼光,统治本省,无意在省内创设机械工业,以是现有

公私厂场,均极简陋,今欣还祖国怀抱,为配合我国家工业政策为适应国际生产竞争潮流,将来机械工业施设目标计有:

一、奠立省内机械铁工基础,整并现有监理厂场,发扬原有业务改进生产方式,改进设备。

二、领导民间机械工业改进生产,改进设备。

(十三)纸业监理工作简报

(一)监理经过:台省日人造纸厂,大小二十余家,分别于三十四年十一月至本年一月间,由我方派员管理。经过情形,尚称顺利。各厂所受战事损失,轻重不同,加以光复后台籍员工不愿再受日人指挥,各厂颇感难于维持,大半已呈停工状态。政府首先多方抚慰台籍同仁,尽就完整部分先行开工,同时加紧修复及逐渐增产。

(二)增产及修复情况:增产及修复所需资金,一部分由出售厂中存货及银行借款等,资材原料全取自本省。兹将各主要工厂情况,列表见下页:

(三)困难情形及克服办法:主要困难为:(甲)交通不便,省内铁路运输力未复常态,海外船只缺乏,致本省、日本及东北原料不能运到,现在与交通机关洽商解决办法。

(乙)主要器材(毛布、金网)缺乏——已设法向美日订购。

(丙)台中、台南、高雄等厂之主要原料蔗渣产量减少——拟改用其他纤维。

(丁)主要药料(如漂粉)供给不足——催促煤厂加紧生产。

(戊)燃料(煤炭)供给时缺——铁路运煤不济,燃料时缺,现正洽请铁路局协助。

(己)工作效率减低——日籍人员急速裁遣,接替人员时有间断,影响工作效率至大。

(四)日侨撤退后之措施:除留用少数必要日籍技术人员外,其余均由省内及省外物色相当人员补充,目下已大致就绪。

(五)将来计划:

厂名	损坏情形 机械	损坏情形 房屋	目下修复部分 机械	目下修复部分 房屋	过去最高生产能力（每日）	开始监理时生产能力	目下生产能力	本年修复后之生产能力		与原有生产能力比较	本年需要补充资金
台北厂	20%	50%	16%	40%	洋纸48吨	3	洋纸8吨	洋纸48吨	卅五、八月	100	14,400,000
台中厂	15%	30%	—	20%	纸浆50吨		纸浆10吨	洋纸15吨	卅五、七月	33	13,500,000
台南厂	25%	75%	4%	5%	纸浆90吨	0	0	纸浆30吨	卅五、九月	33	18,600,000
高雄厂	—	65%	—	—	包装纸12吨	0					未定
士林厂	5%	15%	2%	10%	纸板及包装纸25	纸板及包装纸15	横纸板及白纸板20	横纸板及白纸板30	卅五、十月	125	5,000,000
各和纸厂	10%	10%	2%	3%	各纸14	2	5	1	卅五、十一月	72	2,000,000
各蔗板厂	15%	15%	3%	3%	蔗板13,900枚	3,000枚	80,000枚	13,900枚	卅五、八月	100	1,000,000

甲、恢复各厂原来产量,并逐步扩充。

乙、改良制造方法,减低成本。

丙、采用其他草类纤维以代替蔗渣。

丁、改进蔗渣板之品质。

(十四)纺织业接管委员会工作简报

一、监理经过:本省因有重洋之隔,交通未易畅达,致工作人员一时无法邀集,以少数之人力,谋工作之继续,使生产不致停顿,并在准备未全,避免立即接管所造成之混乱计,乃先采用监理制度。去年十一月起继续开始监理,迄今受本处监理之敌产,纺织会社共十六单位(附监理会社一览表)。除规模较大不易民营之七会社由本处接收后,另组纺织公司归省公署经营外,其余适宜民营之九会社,由日产处理委员会各县市分会接收评价后出让给民间经营。

二、增产及修复情况(见后页《增产及修复情况表》)

三、困难情形及克服手段:台湾非产棉之区,虽于战争期间,日本政府因军事之需要,移一部分棉纺机械来台,后谋原料之自给计,乃由台拓着手试植棉花,奈为时颇浅,产量甚微,年产约五千担;更因迁移来台之纺织工厂,系专为日本军部制造军服布之特约工厂,故原料咸归军部供给,致光复后各纺织厂自身所存原料甚微,大部分日本军部所在原料亦均归国军接收。故监理后时,有原料不继之虑,而各厂负责者平时惯于坐享配给原料之关系,对于原料采购茫无经验,在外无输入,内无购处之困境下,不得已及采用原料交换制品之制度,不但无奔波收购之劳,更能免避运输之累。监理迄今,棉花之交换数,达量十五万斤,而工厂亦赖以维持耶。

四、日侨撤退后之措施:台湾之纺织纤维工业中,除麻纺织历史较久外,余均为战时之新兴工业。虽因物质缺乏,为时浅短,而规模未具。但经营与技术方面,由日人主持,本省既无纺织专门学校,在日人主持下之纺织厂内工作者,大部均系事务方面,工务方面为数甚少,且均为低级人员。现虽留用一部分日籍人员,在技术上尚不致有大困难,但日人终必撤退,故为未雨绸缪之

月產數量 產品名稱	監理前生產數量	監理後生產數量	月產數量 產品名稱	監理前生產數量	監理後生產數量
棉紗	234.00磅	52.260磅	綢	800yd(碼＝3英尺)	960yd
棉布	416.00yc	96.800yc	蠶種	24.700瓦	74.000瓦
麻袋	450.00尺	100.000尺	繭	16.125公斤	48.375公斤
苧	16.00kg	4.800kg	服布紡紗	65.000lb	9.600lb

月產數量 產品名稱	監理前建物損壞坪數	以後修得坪數	月產數量 產品名稱	監理前損壞機械程度	台監理後機械修復程度
倉庫	5,086	536	暫麻紡	6,800錠	30台
社宅	117	84			
工場	216	744	織機	850錠	20台

措施，乃积极训练本省技术人员，同时聘请内地技术人员来台，庶于不久的将来，当日人全部撤退时，不致发生重大之困难也。

五、将来计划：台湾之农产以糖米为大宗，按过去之记录，米之生产达量一千万担而糖之年产量达十二亿万公斤，故包装糖米所需之麻袋，年需二千三百万只，查过去麻袋之最高年产量，仅六百万只，故历来麻袋亦为印度输入品之一。今黄麻纺织机械受战争损坏者达三分之一，照理亦可年产六百万只，但因机械零件、物料、油料及原料等添配困难，恐一时尚不易达到，如此则不敷甚巨。故将来之计划应以过去糖米之产额为准则，由省民投资及盈余项下拨付款项，向外国订购黄麻纺机九千锭及织袋布机九六〇台，同时请农林处协助增产黄麻。按现在年产麻袋六百万只，计年需黄麻一千二百万斤，往添购机械能年产麻袋二千三百万只时，需黄麻四千三百万斤，此谋自给之道也。

至于棉纺织方面，共有纺锭三〇四六〇锭（内二万锭尚未装置），力织机一千八百台。然按诸台湾人口六百万计，应有纺锭十五万锭，力织机三千台，始能言自给，故今后应力谋扩展使达到此目标。更有亚麻纺织，亦为本省前途有望之事业，因亚麻之栽培，适在农闲之期，按诸已往之成绩产量颇丰，而质量亦佳。但本省仅有之亚麻纺机五一〇〇锭已全毁损，故谋斯业之发展，亟应输入一万锭，因其前途之发展性实较棉纺为有望也。至于各厂设置地点，棉纺织以台北、台中为中心，麻纺织以台中、台南为中心，棉纺织厂更应添置漂染印花机械，使完成纺织印染之一贯作业，此为将来发展纺织业之梗概也。

监理纺织会社一览表

监理会社名称	资金税额	本国人股权	监理委员	会社地址
台湾纤维工业株式会社	7,500,000元(台币)	33,000元(台币)	颜春安	台北市大安字十二甲一番地
帝国纤维工业株式会社	6,000,000元	316,150元	甘礼俊	台中市大正町一丁目四番地
台湾纺织株式会社	4,000,000元		同上	台中州大屯郡乌日庄乌日
新竹纺织株式会社	1,000,000元		缪钟彦	新竹州东势三九三
台南制脉株式会社	2,000,000元	17,000元	沈熊庆	台南市三分子一五七
南方纤维工业株式会社	1,000,000元	65,000元	甘礼俊	彰化市牛稠子山脚二七八
台湾织布株式会社	244,000元	5,500元	沈熊庆	台南市盐埕三番地
南洋织织株式会社	600,000元	98,000元	颜春安	台北州七星郡内湖庄新庄子五一
台湾蚕丝株式会社	1,000,000元	220,000元	同上	台北州木町一丁目二番地
台北绵业株式会社	180,000元	10,500元	同上	台北州海山郡板桥街埔墘一一七
蓬莱纺织株式会社	250,000元		同上	台北州海山郡板桥街深丘二二
高砂纺毛株式会社	360,000元	43,000元	施方	台北市水道町二五四
台湾织物株式会社	195,000元	150元	颜春安	台北市大龙峒町二〇四
日本织布株式会社	180,000元		罗棠实	嘉义市埤子头三九五
国防被服株式会礼	190,000元	3,600元	施方	台北市大龙峒町九八
彰化纤维株式会社	198,000元	75,000元	甘礼俊	彰化市牛稠子一九六番地

(十五)化学制品接管委员会工作简报

本会各厂正在接管中,兹分述如下;

(一)台湾橡胶工厂　该厂于四月十七日接管,厂中原有日人七十余人,经裁遣后,现留十四人,其余大部职员均仍如旧。出品以雨鞋、自行车胎、汽车胎及工业用水管为主。自胜利后,该厂迄未停工,一部机器,因空防疏散在外,已运回总厂,正陆续装置,以便增产。如原料无缺,每月可制造汽车胎二千只,并拟多制工业用器材。现在困难有:

(甲)警卫不足,本厂地处乡野,夜间守卫,并无枪械,拟正待洽请军警机关拨发枪支以资警卫。

(乙)原料采办困难,尤以生胶化学药品,棉布及汽油为最,现本省市面,均无现货,拟派干员赴日本或上海购买。日人返国后,该厂就原有台胞分别替补,并陆续自渝沪两地邀专家来台。如原料来源顺畅,每月可制造实心自行车胎七千只,卡车及自动车胎二千只,其余水管、水袋、卫生手套及工业用器材多种,本厂预计本年可盈利一千万元,明年可增至二千万元以上。又大亚橡胶工厂,原以修补车胎及橡胶零件为主,现仍照常开工,所有日人均已返国,工作进行尚称顺利,现正接收中,预计今年可望稍有盈利,惟原料困难与台湾橡胶厂相同,刻正谋解决中。

(二)盐野化学工厂　该厂以制造柠檬油、香毛草油、香油等为主,现仍部分开工,每月约需维持费十五万元,以前颇获利益,现存货约值一百万元,一时无法运销,以致资金周转不灵,现正寻求市场以期畅销。

该厂主要困难为农场缺乏肥料,以致荒芜,现约需投资一百五十万元,以五十万整理农场,一百万作为流动资金,则本年可以收支平衡,明年颇有获利希望。

(三)小川化学工厂　该厂原召资金五十万元,有农场三处已停工二年。惟主要设备尚完整,稍加整理,添加官股或商股后,即可复工,约共需五十万元,一年后即可获利。出品向以运往日本为大宗,战时以运输困难,迫得停工,现正另谋出路,以制香料之闲月,制造水果罐头,其他尚少困难。

(四)曾田香料工厂及中山太阳堂

曾田工厂接收甚为顺利,且开工亦未间断,惟设备不全,又无农场,拟将中山太阳堂归并为一,因太阳堂正缺乏制造机器及技师。

此二厂均感资金缺乏,愿正设法筹措,以便整理农场,增加生产。另一困难为缺乏汽油,须待油源畅裕,始能顺利生产。将来计划,为二厂互助,制造精制香料,因以前均以粗香油运往日本,现则须自谋推销。

此厂如增加设备,添加资金,则本年可盈利十五万元,明年可至二十万元,至日籍人员,现仅留一人,其他均责由该厂主管负责办理。

(五)狮子牙粉化学工厂

该厂固定资本二十万元,有技术日人一人,原料器材损失轻微,接管尚称顺利,每日可产牙粉八千至一万包,畅销全台,工作迄未间断,前途尚可乐观。如原料无缺,可销至上海、南洋一带。

困难之点有二,(甲)原料之碳酸钙及薄荷脑,本省所产甚少,拟设法自给,或向上海购买。

(乙)冒牌伪造品日见增多,不特影响销路,且与信用有关,正设法取缔中。现厂中仅日籍技术者一人,甚为得力,其他工作准以省民代替,尚少困难。

该厂固定资金较少,拟请增加流动资金三十万元,以资周转。今年预计可盈利十五万元,明年可达二十万元之谱。

(六)台湾香料及日本活性炭株式会社

前者仅房屋二幢,并无器材,后者因成品原供军用,现无销路,均拟暂时点收封存,待另有用途时再行复工。

(十六)玻璃业接管委员会工作简报

一 监理经过

本省光复以来,本会奉命监理台湾硝子株式会社等八所工厂,此八厂在抗战中均被炸损坏。此间又缺乏资材及运用资金加以劳力不足、劳资问题等等关系,致恢复迟延生产能力减退。但经监理后,积极设法补救,各项问题获得解决,目下已经恢复原状。兹将监理实况列记于下:

监理旧社名	所在地	实收资金（台币）	员工数	已往股权	备考
台湾硝子株式会社	台北市景尾,新竹市东势	1,500,00元	36人	全部日人	新竹工厂受炸是坏至巨,致不能开工
台湾高级硝子工业株式会社	新竹县赤土崎	800,000元	123人	国人1.5%,日人98.5%	因受轰炸尚未完全恢复
拓南窑业株式会社	新竹县苗栗	2,000,000元	123人	国人3%,日人97%	工厂破坏出品尚少
理研电化工业株式会社	新竹市东势	3,000,000元	53人	全部日人	同
台湾硼法瓶工业株式会社	台北市堀江町	180,000元	38人	国人20%,日人80%	同
台湾板金株式会社	台北市堀江町	90,000元	35人	国人16.6%,日人83.4%	同
南邦铝业株式会社	台北市堀江町	170,000元	44人	国人17.7%,日人82.3%	同
日之出珐琅铁器制造所	台北市大安	90,000元	4人	全部日人	停顿
厚生商会	台北市万华	183,500元	3人	全部日人	停顿
合计		5,273,500元	459人	国人3%,日人97%	

二 增产及修复情况

旧社名	主要生产品	监理前之生产（平均日产量）	监理后之生产（平均日产量）	增产量（同上）	修复情况	备考
台湾硝子株式会社	机械制玻璃瓶	15,000元	50,000元	5,000元	由台银借款台币十万元修复景尾工厂继续出品	
拓南窑业株式会社	玻璃坩埚、玻璃耐火物、陶瓷器	396元	5,123元	2,726元	增筑瓦斯炉加一员工积极继续经营	
台湾高级硝子株式会社	玻璃计量器、玻璃器具、医疗器具	9,412元	9,423元		修复受炸毁工厂之一部分照常继续工作	
理研电化工业株式会社	漆器	288元	3,000元	2,812元	修改工厂继续工作	
台湾魔法瓶工业株式会社	热水瓶	1,885元	2,000元	25元	修改制瓶新炉继续经营	
台湾板金工业株式会社	铁板压伸	384元	600元	26元	修改继续经营	
南邦铝业株式会社	铝铸造铝板	1,715元	1,900元	185元	同上	
日之出珐琅铁器制造所	珐琅铁器	停顿	停顿	停顿	因无原料不能开工	
厚生商会	玻璃瓶	停顿	停顿	停顿	自民国卅三年停止工作其设备工作将来尽可利用	
合计		38,982元	50,035元	11,054元		

三　困难情形及克服方法

种别	困难情形	克服手段	备考
资金方面	各厂所存资金极少，并工厂被炸受毁，一时不能继续开工。	向外界借款或先取定货款项设法修复，二厂努力照常工作。	
原料方面	由日本输入之原料，在抗战中对于采办装运均不顺利，致各厂目下存货极少。	努力搜集省内所有原料维持制造工作兼研究代用原料积极防备工厂之停顿，如主要原料之碳酸在省内存货稀少，须计划使氢氧化钠溶液制造碳酸。	
原料方面		溶液制造碳酸钠以备自给。	
技术方面	日籍员工自光复后因物价飞涨生计不易。	努力招聘及训练国籍员工，以备继续各厂工作。	
运输方面	因火车运输不能顺利，利用汽车、牛车运费至巨。	利用火车之运输，拟请交通处各方面协助外，设法自备汽车、帆船以资搬运之便。	

四　日侨撤退后之措施

监理后鉴于日籍员工撤退后，恐妨碍工作，故招聘及训练国籍员工，以备将来可能继续各厂工作。目下除留用少数技术人员外，均由国籍员工继续维持工作。

五　将来计划

利用新竹苗栗一带之高温工业工厂，该地带埋藏丰富之天然气及玻璃主要原料之硅砂足以继续工作。并将玻璃及有关联性之诸工厂联合，拟办台湾玻璃工业股份有限公司，统合各厂特色，尽量发挥生产力。并在技术上精益求精努力增产，可能得到优良而且丰富之产品，供给省内外且可以输出国外，换取重要原料贡献我国工业。

（十七）油脂业接管委员会工作简报

（一）监理经过：本会监理接管之会社主要者有花王有机、台湾油脂、日本油漆、台湾殖漆、特殊黄油等五会社。大部成立甚早，自实施监理以后，经积极努力，工作推动尚无任何困难。上项会社，日人资本约在百分之九十八，本省同胞股份仅百分之二。

（二）增产及修复情况：在战争期间，日人为避免空袭损坏，将主要机械均行疏散，以至工厂大部停工，其开工者产额亦甚微小。经监理以后，所有工场业已全部复工，疏散机械亦均重行装置。其遭空袭损坏部分，亦均加以修复，现已完成大半。

（三）困难情形及克服方法，本省以光复不久，治安仍不稳定，本会所感困难者厥为治安之不靖，原料产品时遭盗窃，经请军警机关协助，情况已有改善。

此外油脂事业，原料均系由外运入，目前虽仍足用，不久即有匮乏之虞，现已派干员赴上海一带采购。

（四）日侨撤退以后之措施：本业留用日籍技术人员为数不多，约在十人左右。以事前均有准备，工作仍能如旧推行，现在各厂主持者均为本省同胞。

（五）将来计划

(1)恢复战前产量,是项工作已积极进行,预计本年底即可完成。

(2)利用鱼油以制硬油。

(3)加设甘油制造部分,预计明年三月底可完成。

(十八)窑业接管委员会工作简报

本省窑业工厂,以台湾窑业、台湾炼瓦,两株式会社之规模较为庞大,且几皆为日人之资本。监理之前,因经费与管理以及劳资纠纷等问题,困难重重,陷于停工状态。监理以后,深知恢复工作既为恢复生产所必要,尤可藉以缓和工人,因失业停工,而与会社纠缠形成之惶惶不安现象。故除调解其劳资纠纷,调整其管理效能外,即代筹借经费,督促复工。惟因所筹有限,而会社工场众多,只能采取逐步开工之原则。当将台北及其较近之工场,先行复工,至其他之较小会社,多参加有省人资本,已因日人无法维持而改由省人主持此等工场之监理,除嘱其随时报告工作进行状况,遇必要时略加指导外,均任其自由发展生产。经过情形,尚称良好。因此使吾人得多集中注意于前述由日人主持较大会社之监理,此等较大会社之工场,当初一面恢复工作,一面并修复其易于修复之设备和建筑,进行颇顺利,故生产数理逐渐增加,如建筑砖曾增至月产五〇〇万块,耐火砖增至月产五〇〇吨,耐火泥增至五〇吨,其他陶瓷器月产四五〇〇〇件。奈此等产品,目前销路商未畅,资金周转甚为困难,且有二月以后火车运输阻滞,工场主要需用之石炭来源几濒断绝,工作进行大受打击,致使会社蒙受不少损失。惟在困难中仍多方设法,使已开工者继续生产,藉维职工生活,现火车运输日趋改进,产品销路亦有畅通之势。吾人只须续筹经费修复所有设备及建筑,当可逐渐推进也。惜以各工厂过去由日人主持,省人参与其间均系平凡工作。现日人撤离,仅留有少数技术人员,各工场主任已改派在工场服务多年而较佳者充任。惟因以前由日人主持,省人未得学习机会,经验尚浅,且缺领导能力,工作推进不免迂缓迟滞。查所产建筑砖为全省需求,耐火砖耐火泥,尤为各工厂必须之材料,是以发展与否,关系整个本省工业建设前途,爰拟于接管完毕之后,组织窑业股份有限公司加意经营,期于最短期内恢复战前产额,并逐步推进,尽量增产,以应各方之需求。

(十九)印刷业接管委员会工作简报

（一）监理接管经过　本省以前日人经营印刷所大小计有二十余家,光复以后,由各机关接收使用者十余家,全部或局部被炸毁者数家,业权未定尚待调查者亦有数家。由本处完全接管者至现在为止,只有盛进商事株式会社、盛文堂、宝文社三所而已。此三所中,盛进、保文初系由航空委员会秘书处人员接收,盛文堂系由宪兵第四团接收,经数度会商始划归本处接收。此外如台北印刷株式会社(现改大华印务局)、台湾印刷儿玉工厂,虽经本处派员监理,但一因业权纠葛,一因工厂被炸,机器藏匿均无法接理。此外在万华板桥各有油墨厂一所,亦经本处顺利接管(附表一份)。

（二）增产及修复情况　本处直接经营厂所统计有印刷机二十余台,铸字机数台炼墨机七台铅字约十万斤,现均完好可用。惟各工场大部破烂极待修理,各印刷所接管后即继续营业,两油墨厂亦早开工制造,每月收入,尚可维持员工生活,现正积极设法扩展,以期恢复过去之最高营业额。

（三）困难情形及克服手段　本会直接管理各厂所,已无业权纠葛,惟划归各机关使用者,尚有几家如日之丸、精美堂,业权未大确定,本处正在尽力协助解决。再各厂所因一部分器材,如颜色、油墨、铅条、铅字、什色纸等等之缺乏,如纸张之不能如期供给致使业务常受阻滞。油墨厂因各种颜料用完,目前尚不能制造有色油墨,现正寄外埠采办急要器材,以资补充,料想不久各厂业务可以趋上正轨。

（四）日侨撤离后之措施　印刷业除照像制版外,均无须特殊技术人才,本处与交通处合同监理的照像制版、印刷所,为本省有名高级印刷,经留用日籍技师数员,板桥油墨厂亦留用日籍技师二员,其余员工大部为本省人,所以日侨撤离对本业并无多大影响。

（五）将来计划　本处办理印刷业,目的在发展高级印刷与改良普通印刷技术,现拟与油墨厂及数所规模较小的纸厂配合组织一股份有限公司,以求原料充分供给,成本特别低廉,将来对本省文化事业或能有相当贡献。

工矿处直接管理印刷所名单

名称	改名	印机机数[1]	用途	备考
盛进商事株式会社	未改	12台	承印机关表册	现改名盛进印刷所
宝文社	未改	46判裁1台,全判1台	机械最新式民间印刷物	现改名宝文印刷所
三宅オフセット	台光印刷公司	菊半裁2台,全判1台	机械优良,民间印刷物	新政名台合新印刷所,本省人租用,尚未全部接管
台湾出版印刷株式会社八甲工场	盛文堂	7台	民间及周刊印刷	现改名盛文印刷所
台湾交通商事株式会社	未改	6台	交通处邮政部交通机关	后与交通处合同监理,现正进行接管
台湾照像印刷厂	未改	菊半裁2台	机械古式邮政印刷物	现由交通处监理

划归其他机关印刷所名单

名称	改名	印机机数[2]	用途	划归机关
绵贯オフセット	华明印书公司	菊半裁2台	机械古式,民间印刷物	省党部
山科商店印刷部	泰隆印书股份有限公司	5台		省党部
粟田印刷会社	未改	菊半裁2台,全判1台	民间印刷物	行政长官公署宣传委员会
军式印刷株式会社	长官公署秘书处印刷中国文化书刊印刷公司	四六判1台	民间印刷物	七十军政治部
吉村写真制板印刷所	光华报印刷所	中裁1台4台	民间印刷物	长官公署秘书处
三成印刷所	台湾印刷株式会社	4台		地方法院
合资会社 台北活版社	未改	7台	民间印刷物	长官公署教育处
台湾书籍印刷株式会社	未改	全判4台,半判2台,菊判裁1台	专卖局印刷物	长官公署教育处
台湾オフセット株式会社	未改		专卖局印刷物	专卖局
日の丸合资会社		小机械一台	专印名片	宪兵第四团
精美堂			专印名片	军政部特派员办公处

[1][2]此两栏文字、数据均为原文。

(二十)工矿器材接管委员会工作简报

一、监理经过：

台湾光复后，初到台湾接收人员，为数过少，故各工矿接收单位，均先实行监理。本会接收会社，均系仅有工矿器材，而无生产设备者，兹将监理及接收会社列表于左：

会社名称	重要业务
台湾火药统制会社	火药之配制供应
台湾金属统制会社	五金材料
东光株式会社	化学药品
高进产业株式会社	五金电料
株式会社共益社	同右
古河电气工业会社台北贩卖店	同右
日蓄株式会社	留声机唱片
日东株式会社	蓄电池
爆竹烟火株式会社	爆竹烟火
本田电气商会	电料

上列各单位实收资本共计三百七十余万元(尚有未接收会社未列)。

二、过去之工作与目前之任务：

(一)调查各厂场需要器材，先行择其可向美国索取者，汇转向善后救济分署请求所拨给。

(二)向省内外采购各厂场所急需之器材。

(三)调查各厂场现存器材其盈缺情形，设法予以调济。

(四)监理及接管前日人所营之各器材会社，以便对于各厂场所需统筹分配。

(五)对于各地沉没物资进行调查，并设法打捞。

(六)设法追寻前被埋藏，或窃匿之器材。

(七)商洽军事机关，将其接收器材有可工矿之用者，设法由本处领回。

(八)现已购运到台之器材，有开矿及工程用之火药二百余吨，铁料三百余吨，最近并向省外所购大量电气雷管，以应省内各矿需要；另正洽运数千吨各厂产品,以换取其他物资。

(九)调查各厂场必需向日本采办之器材,并派员赴日办理。

(十)筹设各地器材仓库。

(廿一)公共工程局工作报告

本局于民国三十四年十一月奉令接收前台湾总督府矿工局土木课,改组为公共工程局,隶属于工矿处,执掌本省水利、公路、市政、建筑等工程督导实施事宜。兹将接收概况暨今后工作计划报告如下:

一,组织及人事:按前矿工局土木课,原有组织内分文书系、经理系、河川系、道路系、都市计划系、河川技术系、都市计划技术系、大甲溪开发事务暨大甲溪开发技术等九工。另在各工程地点分别设置工事事务所凡十四处,原有日籍及台籍员工计高级者二十七名,判任一百四十三名,雇员五百三十四名,佣工二百六十三名,计九百六十七名。本局奉令接收,鉴于组织庞大,人员繁多,未免重床叠架。因参酌国内情形,合并河川、河川技术、大甲溪开发事务暨大甲溪开发技术等四系,为水利组;都市计划、都市计划技术两系,为市政组;道路系改组为公路组;文书系改为总务组;经理系改组为材料组,并添设建筑组及会计室,同时改组成立第一、二、三、四、五、六、七、八、九各工程处,办理各处工程事宜。而原有员司亦经裁繁汰冗,将年老体弱不堪任用之日籍人员,分别裁汰五十三名,因故解职者六名,因病死亡者五名,复经陆续遣送回国者三百二十二名,现留日籍技术人员九十一名,琉球籍三名,韩籍一名,至于原有台籍员工五百零八名,则一律加以留用,并又陆续引用五十七名。又国内来台者五十六名。截至目前为止,本局现有员工共计七百十六名。均按其能力,予以适当工作。

二,水利工程

甲,概况

本省各处河流,水势湍急,时虞泛滥。西历一九二七年以前,虽有防御工事之设施,类皆依照旧习,一遇洪水即行溃决,徒耗财力,以致本省全部耕地约计七五〇〇〇〇市亩,其中六三八四〇〇〇亩系在河流沿岸,历年蒙受灾害之湮没，平均每年约减少二八〇〇〇亩，致生产率逐年递减。而铁路公路受洪水之灾，影响交通亦巨，间接妨害本省企业之发展。前台湾总督府鉴于情势严重必须加以彻底治理，因对于本省二十九主要河流开始调查，并订立根本治导计划，惜为经费所限，未能全部实施。兹将接收以前本省已行兴办之水利工程。列表附后页：

乙，接办情形

本局接办之初，即以水利工程直接影响农田灌溉及人民生命财产，因即列为第一急务，去年十一月间依据过去之灾害报告，分头派员实地查勘，共计应行修复之堤防凡四十余处，依照当时之物价估计约需工程费四千余万元。嗣以经费所限，因择其最急要之宜兰浊水溪之员山护岸，头前溪之二十张犁堤防及浦雅堤防，大安溪之火炎山堤防，公馆堤防及社尾堤防，大甲溪之三块厝堤防，乌溪雾峰护岸及大肚堤防，浊水溪之浊水堤防及林内第二号堤防及西螺堤防护岸，北港溪之北港堤防及新街护岸堤防，下淡水溪之土库堤防，曾文溪之安定护岸，卑南大溪之里境第一号堤防及卑南堤防暨沙婆礑溪之估仓堤防，新设工程等十九处。堤防灾害，复旧工程，尽先兴修，除以较小之大安溪，大甲溪，浊水溪，之林内第二号堤防及西螺堤防，卑南大溪之里境第一号堤防暨沙婆礑溪等九处。依照过去向例委托各县府办理，由本局监督指导外，其较大工程之宜兰浊水溪，头前溪，乌溪，浊水溪之浊水堤防，北港溪下淡水溪，曾文溪暨卑南大溪之卑南堤防等十一处，则由本局改组前土木课之乌溪维持工事，事务所成立第四工程处，及下淡水溪维持工事事务所成立第六工程处，分别主持办理，开始以来约可于本年五月底完成。

丙，今后计划

（子）继续修筑头前溪，北港溪，八掌溪及林边溪四处堤防工程，查头前溪等四处堤防工事，原列入急待兴修之水利工程，拟继续分年完成之。

（丑）继续修筑阿公店溪土堰工程：查附公店溪土堰工程所有基础，均经分别完成，拟按照原定计划继续施工。

（寅）继续保养已成堤防，查宜兰浊水溪，下淡水溪，乌溪及曾文溪等处已成堤防，亟需及时维护，以策安全。

台湾省各河川治水工程一览表

河川名称	堤长 计划长(公尺)	堤长 完成长(公尺)	堤长 未完成长	工程类别	受益地亩 已成(市亩)	受益地亩 未成(市亩)	备注
宜兰浊水溪	42,790	42,790		石堤土堤	173,250		
淡水河	94,070	8,400	85,670	同	14,100	180,900	
头前溪	40,210	21,280	18,840	石堤土堤	33,600	110,550	
后龙溪	25,755	800	24,955	同	1,050	29,700	
大安溪	21,025	4,400	1,625	石堤	6,150	52,200	
大甲溪	18,620	7,700	10,920	同	30,000	14,400	
乌溪	41,900	41,900		石堤土堤	73,800	20,400	
浊水溪	76,020	68,900	7,120	同	52,850	200,550	
北港溪	48,320	6,050	42,270	土堤	18,900	265,000	
朴子溪	36,670	1,400	35,270	同	11,700	192,750	
八掌溪	40,300	4,550	35,750	同	15,000	155,850	
急水溪	36,800	1,400	35,400	同	4,500	1,650	
曾文溪	39,000	39,000		同	379,950	78,450	
二层行溪	18,292		18,292	同			
阿公店溪	6,870		6,870	土堤			
下淡水溪	71,120	71,120		石堤及土堤	376,500		
林边溪	47,050	18,810	28,240	同	75,000	142,050	

续表

河川名称	堤长			工程类别	受益地亩		备注
	计划长(公尺)	完成长(公尺)	未完成长		已成(市亩)	未成(市亩)	
花运溪	3,726	4,120	29,606	石堤	18,300	88,500	
秀姑恋溪	21,370	1,300	20,070	石堤及土堤	8,100	49,800	
卑南大溪	21,860	6,000	15,860	石堤	13,050	30,900	
计	781,678	349,920	431,758		1,774,800	1,423,650	

（卯）继续修复毁坏堤防，查去年大风水灾，致本省河川堤防受害颇烈，预计需六年始可恢复旧观，除三十四年度已拨款兴修一部分，拟仍继续修复。

（辰）继续办理砂防山腹工程及局部损害工程；查本省河川上流大部呈荒漠状态，故宜着手清源工作，以减轻下游之灾害。

（巳）继续办理河川调查工作：本省河川调查工作已有四十余年历史，对于治理河川及其他有关水利部分，成效卓著，拟予宽筹经费，继续办理，以免中途停顿。

以上各项工程，当按本省经济情形分年完成，其实施方法，拟仍沿旧例，较小工程委托各县府办理，受本局之指导监督，工程较大者则由本局直接主办，以收分工合作，事半功倍之效。

三、公路部门：本省各项工程事业之发展，约可分为三个时期：自一八九五年至一九二一年大部为开发港埠、铁路、上水道及下水道工程；一九二一年至一九二六年则从事于治水工程及水利灌溉工程；第三时期，自一九二六年至今为港埠之改进及铁道与公路之改善事宜，尤以战争期间，公路交通，始被注意，而从事修筑。兹将公路工程分述如下：

甲、概况：本省以地形之特殊，四周环海，南北狭长，中部则高山峻岭，南北横亘，致东西之交通为之阻隔，故公路工程亦依照地势而设计，西部地势较为平坦，开展农、工、商各业，因之开发较早，是以公路工程亦早经修筑，自基隆至台北而达高雄，且有甚多之县道，分布各城镇间，相互联络。以前矿工局土木课对于本省公路整个计划，系分纵贯道路（现称省道）指定道路及市街庄道（现统称县道）三种，纵贯道路共长一三一九三四四公里，为本省之主要干道。其西部自基隆至高雄一段，各项工程标准尚佳，其中已有高级路面约九十四公里，其余均已铺有砾石路面，所有桥梁，除浊水溪大桥尚未完成外，余皆永久式之建筑，载重大部均在十公吨以上。自高雄经枫港、台东、花莲港至苏澳、宜兰抵达台北一段，以傍山滨海，工程艰巨，且以该地段大部为荒僻之区，故工程草率艰巨之处，尚为单车道。自花莲港至台东一段，尚有大桥十四处未曾完成，合计达三八〇〇公尺。自花莲港至苏澳一段，以石方工程太巨，约有三十公里单车道，宽仅三点五公尺，且该段滨近大洋，时有风潮之灾，以致交通常为中断。

　　在战争时期,日人以军事上之需要,除纵贯干道之外,又另辟横断道二处,其一系中部自台中至花莲港计长一八〇公里,跨越丛岭,最高处达三千公尺,并有长达一九〇〇公尺及八〇〇公尺之山洞各一处。该路原为日政府时代军事上之需要新筑现中间最困难处一段,迄未完成,将来省财力有余时,拟予完成。其二为接通枫港至台东之南部横断道,完全为前日政府恐自海上被袭,便利军运之用,当时曾征集民夫二万名,赶工八个月完成,而通车仅一周,即被大风及暴雨冲毁。该路桥梁路基,非彻底整理,不能通车,需费既巨,经济上亦无价值可言。

　　过去省道情况已如上述,其修筑经费,完全由省库负担,其计划施工则由总督府矿工局土木课负责办理。工程完成以后,养护改善工作,则交由各州厅就辖境以内分别负责,受土木课之指导监督;养护费用由州厅自行筹划,至于本省指定道路(现称县道)合计长达二五五八八七八公里。过去系省政当局认为各该路重要而拨款协助修筑,工程由各州厅办理,补助数额则以各地方之贫富而定,约自三分之一至全部不等。沿路桥梁长度在一百公尺以上者,则由省库补助二分之一,二百公尺以上者补助三分之二,养护工作及经费则全由地方负责。其他市街庄道(现称县道)约长一万三千公里,则由各州厅视需要情形自行筹筑。

　　乙,接办情形:本局接收以后,鉴于本省公路,历年受战争影响及风灾之害,年久失修,毁坏甚巨,因积极设法修复改善,为顾及当时本省经济状况,因择其重要而急须修复者一百二十余处,指定预算,依照过去成例,交由各县分别负责赶修。同时鉴于枫港至台东一段及新店至礁溪一段,前者受风水灾害损坏惨重,且一部分路线以地势关系,因陋就简,危险特甚;后者路面太窄,行车时有妨碍,及需加宽,以利交通。惟以上列二处工程较大,故由本局成立第一、第七两工程处主持办理之。

　　丙,今后工作计划

　　(子)省道之积极修复及养护,以完成环岛公路交通　查本省环岛公路西部以地势平坦,工程尚佳,而东部则以前工程草率,尤其(一)枫港至台东一段道路,乃为本省纵贯道路之延续线,对于军事、政治上极为重要,去年受风水之灾,损害至巨,必须彻底改善,始可达成目的。该段公路除三十四年度已局部开始工作外,拟于三十五年度继续完成。(二)新店至礁溪一段,为联络台北与兰阳三邵交通之最短路线,在行政上,产业上实占极重要之位置。惟以工程浩大,施工期促,故完成工程,尚多不合标准,行车殊多困难,除三十四年度已拨款一部开始改善外,拟于三十五年度继续办理之。(三)台东至花莲港一段,其中未曾架设之桥梁有十四处之多,为未充分利用东部唯一商港(花莲港),以及东部资源开发上之需要,架设各该处桥梁工程,至属急要,惟以需要经费甚巨,本年度尚不能举办,拟俟明年起陆续办理之。(四)已成省路之修复及养护,实属刻不容缓,业已按照惯例,交由各县赶速办理,并由本局分派督导工程人员,分赴县府,协助指导修复工作,务期于本年六月底以前完成。

(丑)保障行车安全设立公路标志　过去日人统治本省,闭关自守,故于公路交通未见重要,故对行车安全之公路标志,犹未注意及之。现在本省业已光复,将来潮流所趋,公路交通之发达,必可预期,对于行车安全,必须预为绸缪,该项工作拟于本年度内完成之。

(寅)浊水溪大桥架设工作之准备　本省纵贯道路,虽已蔚然可观,惟尚有跨越台中浊水溪之大桥,迄未完成,功亏一篑,未免可惜。该桥下部构造(即基础及桥墩台工程)均已完成,仅留桥面工程,因缺乏钢铁,未能兴筑。该桥长达一千九百余公尺,需用钢铁共六二○○吨,工程之伟大,在东亚允推独步,本年度拟先行筹备钢料,期于三十六年度内完成之。

(卯)继续铺筑混凝土路面,以增加交通运量　查本省重要公路,连同省道县道在内,改筑高级路面之里程已达四百六十八公里,惟大部为近郊公路,拟视经济力量,逐年择要铺筑混凝土路面。

四、市政建筑部门:市政组承过去总督府土木课之都市计划及都市计划技术两系,合并改组成立,在工作上只居监督指导之地位,实际为发展本省各县之神经中枢举凡都市计划之树立,都市区域之划分,整理上下水道以及街道公园之计划、设计,受市政组之设计指导,而由各县市政府付之实施。接收以来,除调查研究过去日人之工作资料,督促各市办理复旧工作,重行计划各市之都市计划,如嘉义、基隆、高雄等以及与善后救济总署台湾分署合办以上代赈,协助各市之复旧工作外,其他惜为经费所限,因心余力绌,故在三十五年度内,拟仍以全力督促各市市政之复旧工作,务期全省各市于本年度内能恢复旧观。

(廿二)石炭调整委员会成立前后之经过报告

本省石炭产销在前台湾总督府时代,系由石炭统制株式会社予以统制,据当时日方所称,系出于石炭生产业者及官民舆论之要求。不过此事已成过去,姑不追论。现在本省光复,而在战争浩劫之后,复兴工作,千头万绪,其困难远甚于作战期间。查石炭一项,即为工矿交通之原动力,亦为民间日常生活所必需,在石炭生产尚未恢复,而其他各省正闹严重煤荒之过渡期间,若不予以相当之保护,必为居间商人从中操纵居奇,引起市场之混乱,结果生产消费两皆不利。政府于接管之初,有鉴及此,乃成立石炭调整委员会,负责调整石炭产销业务。其目的在使(一)石炭生产业者之间不致互相倾轧,弱肉强食,(二)炭矿方面之资金能运转灵活,(三)炭矿急要资材能得均平之分配,(四)石炭之供销能循一定轨道,而不致为省内省外投机商人所操纵。自本会成立以来一面极力促使各炭矿间之协调,及督促各炭矿迅速复工增产,一面调拨大量资金,供各炭矿周转运用,同时在石炭生产者及消费者双方并顾之下,将石炭出售价格加以管制,并视实际需要,核定各业各户配购数量,如此居间商人无法牟利,本省石炭业乃得日臻复苏,而石炭市场亦日臻稳定。细察本省石炭生产界,大多数均系弱小矿业人所经办,故必致发生生产资金周转不灵之困难,且战后省内外运输未能实时恢复,分配方面易生畸形状态。在此期间石炭需给之调整,实极关重要。回忆光复之初,旧统制会社尚未接收之前,一般均异口同声希求台湾煤界,能急遽设一石炭之中枢机关,足证本会之存在,实有其积极之意义。自本会成立以来,极力排除困难,执行调整业务,虽有一部分居间商人从中阻挠,而一部未明真相之人士,亦会一度发生异议,但经数月来之事实证明,可知本会之努力,确收到相当之效果。兹将去年十月以来各月份石炭调整之实绩列述如次,以供参考。

一，生产方面：

月份	产量（吨）（千吨以下四舍五入）	按月增产百分率
民国三十四年十月（接收前月）	19,000	
同　　　　十一月	30,000	157.89%
同　　　　十二月	56,000	294.72%
民国三十五年一月	85,000	447.36%
同　　　　二月	62,000	326.31%
同　　　　三月	83,000	426.31%
同　　　　四月（预计）	90,000	473.68%

从上述数字可知生产量正在逐月增高向上，惟最近则因输送困难，愈形深刻，各处存煤，堆积拥塞，致生产增进之度，稍见逊色。倘最近能增高运力，适应炭矿需要，则其恢复增产之速，必更为显著。

二，价格方面　本会购煤价格以在平均生产原价（成本）之基础上，加入适当利润为前提，更按工资、资材、管理费等之变动，乃有如下述之数次改订：

民国三十四年十一月十五日	104元	特级粉每吨发站交货接（O.E.）（接收前价格）
同　　　十二月一日	230元	同
民国三十五年三月一日	310元	同

至于贩卖价格之变动，有如下述：

民国三十四年十一月十五日	109元	特级粉每吨发站交货（接收前价格）	
同　　　十二月一日	180元	同	差额由本会贴补
民国三十五年二月一日	238元	同	本会贴补取消
同　　　三月一日	318元	同	

三，金融方面　对于煤矿生产及其他运转资金，亦与煤价之高涨，存煤之增加，适成正比例。故政府对炭矿之金融贷款逐日增加。

截至民国三十四年十月止

　　　　　　　八五七〇〇〇〇元〇〇（千元以下四舍五入）

截至民国三十五年四月二十五日止

　　　　　　　三七八八〇〇〇〇元〇〇（同）

四，输送方面　本省铁路运输力量，在日本未投降以前，即已逐渐减低。

光复后因资材一时无法补充，运力更减，迄至现在，尚未能顺利灵便，其实绩，大致如下。

民国三十二年	中	平均每日货车运输量	4,320吨	
同	三十三年	中	同	2,945吨	
同	三十四年	中	同	1,243吨	
同	三十五年一月	同	1,285吨	（对本会请求量所及之百分比）53.2%
同	一月	同	990吨	38.1%
同	二月	同	644吨	21.3%
同	三月	同	997吨	30.4%
同	四月中旬	同		

为补救铁路运送不便之缺陷，曾考虑将拨配南部之石炭付诸海运，但按现下船只，运费及在上货地装运等情况，尚难确立成本计算。仅暂先设法消减山元及车站存煤，在不致影响省内消费之范围内，努力从事由铁路搬往货车调集较易之基隆港口。

五，配给方面 配给方面，应以省内消费，定为优先第一，乃属当然之事，故对各项工业生产，视其重要性，核定配售顺序，每月订立配给计划。惟以铁路运输不畅，往往不能如计划实行，即省内需要，亦无法疏运，使能满足。甚至已预收贷款之煤，亦有不能送出者，实深遗憾。除请路局加强输送力外，现已陷入对生产消费两难应付之困境。至目下为止，仅将本会在基隆港口之存煤，向上海及其他海岸各地出货，最近奉行政院电令，尽将台煤运至上海广州，向中央指令之机关，交换本省所需要之物资。本省当局亦会以一部分台煤向外换购粮食，但因船只缺乏，至现在为止，运出之煤炭仍极有限。

六，其他 如上所述，本省石炭业复兴成绩尚称良好，目前产量，较之数年前每月平均产量，已达百分之五十以上。但在接收伊始，各方面尚未能完全配合不经本会之省内之黑市出售及私运出口以及违反扩业规则之偷掘生产及偷卖等利己自私之行为，尚未绝迹，此则尚待本会之加倍努力，而亦有赖社会人士之群力协助也。

(廿三)营造业监理委员会工作简报

本省营造业颇为日人所独占,本会于去年十二月成立,即详细清查各该会社之资财等,其较为重要并组织健全者,计十六家。所有工具材料,均与本省之建设有重大之关系,为保存该项器材日后本省建设及有关重要工业及国防建设起见,本会成立工程公司筹备处,并为顾及本省营造业前途,应自由发展。故仅择其有关国防及特殊重要之工业建设,若大发电所及水闸等工程有关者五家,由该处接管,其余十一家,则移交日产处理委员会处理。现时该处之重要工作,为整理已接管之器材,并集中存储,以免损失。

(廿四)省工业研究所工作报告

一、导言

工业研究,必须与工业建设相配合。在未谈到本省工业研究之前,先将今日台湾工业之概况略事检讨。日人建设台湾,一向是以统治者的地位对殖民地,以榨取政策为本位,米和糖的增产是农业上二件最重要的成就,米曾增产至九百万公石,糖曾增产至约二千三百万担,但大部是运回日本本土去的。殖民地建设,有几种特点。

第一,以农产品为主,世界上帝国主义者对他的殖民地,都是充分发展他的农业,以供给他本土的工业原料,农产品价值比较低廉,工业品比较高贵,竭尽其经济榨取之能事。农业社会生活水平较低,享受较坏,工业社会,生活水平较高,享受更好。农业社会是保守的,依赖的,工业社会是进取的,独立的。本省米糖以外,茶叶、樟脑、凤梨、香蕉、茄等,均有相当出产,是其锐意发展农业的结果。

第二,工矿以半制品,粗制品为主。台湾略具规模的工矿业,如樟脑、金铜矿、制糖等等,战前根本无精制品,樟脑在岛内制成百分之九十至百分之九十五的粗制。运至日本制成百分之九十七精制品,再造 CELLULLOJD FILM 等;金铜矿制成沉淀铜运至横须贺制成精铜;其他工业品如糖等亦莫不皆然。在本岛甚至大甲的巴拿马帽原料,采集后,即送至日本漂白,再输回本岛编成帽子。如此可以说没有一种工业是自原料至成品完全在台湾制造的。

第三,基础工业不让发达。台湾炼铁钢等工业,机械工业及三酸三碱之基本工业战前均无。钢铁事业,若以原料焦炭等问题,不能建立犹有可说,而酸碱工业如碱厂、台湾盐及石灰均极丰富,然因与日本本土工业及殖民地工业政策相抵触,故终不愿在台湾建立此项工业。

上述情形,在战事发生后有若干变更。日人以台湾为南进根据地,中国海中的航空母舰,本身须有相当的配备与给养,因此工业方面建设,逐渐次发达,工产品至民国二十八年即超过农产品之价值(农产品为五五一八二六〇〇〇元,工业品五七〇七六三〇〇〇元)。其中之变化,纺织工业、制材工业、印刷制书及食料品工业,渐次停滞或减退,而机械工业、金属工业等则渐次增加。其中最显著者为化学及金属精炼工业、制纸工业及液体燃料工业等。机械工业则仍未能达高度精密之程度,满足军事上之需要,光复后之今日,吾人要改殖民地的建设为国家的建设,当然渐次使之工业化,要制造精制品。已成品要建立基本的化学工业。

本省是多湿而热地带,在其他地区研究所得之结果,应用于本省,技术上,须经再度的检讨,否则,不能适用。工业研究所过去除对本省物资之利用,如樟脑、香料、油脂、稀元素工业等,具有特殊贡献外,对已成有法之检讨、吟味、改善,使之适合本省之环境,其功绩亦至大。今后要求本省工业化,则责任尤为重大。它是工业技术的指导机构,技术应用的司令台,参谋本部。

二,接收经过

甲,组织机构接收

名称:台湾总督府工业研究所

乙,印信接收

印信二颗均暂保管

丙,文书簿册接收

共计三十册

丁,人员接收

1. 日籍一一二人

2. 台籍六九人

合计一八一人

戊，金融类接收

票据类

(二)支出预算余额十一月一日止

1. 经常门　　　一般费　　　二七六〇二六元二一

2. 经常门　　　补充费　　　一二一七元〇四

3. 临时门　　　补充费　　　四四六二〇元八一

合计　　　　　　　　　　三二一八六四元〇六

己，产业接收

房屋类

官厅(事务室)	25坪	建坪
	25坪	延坪
试验室	2,527.49坪	建坪
	3,757.69坪	延坪
宿舍	232坪	建坪
	232坪	延坪
住宅	无	
其他	31坪	建坪
	31坪	延坪

土地类

工事地　　九甲四三四四

田　　　　五甲八四三〇

庚，设备接收

1. 器皿家具　一〇九五件

2. 研究试验设备

(1)无机化学工业部　　　　一〇九件

(2)有机化学工业部　　　　八具

(3)发酵工业部　　　　　　二七具

(4)白金器具　　　　　　　一一九件又一五三五公分

(5)天秤　　二一七架

(6)其他铁管工具玻璃仪器甚多

3. 图书　　　九五二五册

4. 药品　　　三八五五瓶

5. 交通工具　　一七台

三,现有职员(官等学历及籍贯等)概况(见下页表)

四,工作目标

　　今后我们的目标,不但是要开发本省资源,研究试验利用,并使之工业化,且对华南南洋各地资源之开发与利用亦负有同样之使命。此外,本省系多湿而热地方,各种操作法之检讨研究改良,与研究指导改善既有之工业,至设化学机械部研究制造适合多湿而热地方之装置,亦是刻不容缓。盖在省内尚无一具有此种规模、此种设备的工业研究机构,为达此种目的,我们的工作方法分下列四个步骤。

　　(一)试验室的研究

　　一种已有或未有的,我们认为需要的工业品,先在研究室里面不计成本,不计时间,不计收量,研究他的制造方法,如能成功,从各方面决定他的性质,供给国内各地以有价值的研究数据。

　　(二)中间工业的制造

　　在试验室研究成功的制品,要从经济的立场考虑周围的环境,决定他有无工业化的价值。这个阶段称为半工业的实验,即为中间工业的制造,我国的工业许多未经过这个阶段而致失败。

　　(三)示范工厂

　　在中间生产工厂,从经济立场决定有工业化价值之事业。付诸大规模生产时,先设置示范工厂,从事大量生产。设备务求完善,管理务求合理,效率务求良好,以为其他工厂之模范。

　　(四)特约工厂

人员种类	官等别					学历别					籍贯别			
	合计	简任	荐任	委任	雇用	合计	大学毕业	中学毕业	小学毕业	其他	合计	本省籍	外省籍	日籍
总计	134	4	14	68	48	134	21	58	45	10	134	78	18	38
普通行政人员	26		1	18	7	26	1	14	10	1	26	11	10	5
建设人员	10	4	13	45	40	102	20	41	34	7	102	62	8	32
主计人员	26			5	1	6		3	1	2	6	5		1

示范工厂如成绩良好,一般企业家亦有志经营,则可筹措资金,设置同样之工厂,技术由本所无条件协助,是为特约工厂。

一、二两阶段为研究实验,须费巨资完全由省库开支;三乃属新事业创办之初,须要改良之处必多,倘稍有风险,仍由政府经营;四为绝对安全之阶段,由民间经营,此乃彻底表示服务民间,绝不与民争利之诚意。在台湾目下要研究的问题,非常的多,举其最大者:

(1)本省每年有一六〇〇〇〇〇担的产糖量,此项基础稳固之事业,决不能放弃。日人利用其废蜜于民国三十年已完成有制造年产四十万石百分之九十九无水酒精的设备。今后糖业存在,酒精制造业亦必须存在,然而此种酒精将来能否与汽油成本比较,能否与汽油相竞,殊为问题。是则此巨量酒精之去处如何,我们的答复是可以脱水变成乙烯(ETHYLENE)再合成橡皮及其他制品,这是摆在我们眼前的大题目。与此相关连者,蔗渣纸浆的问题,Pantose发酵的问题,都是必解决的。

(2)天然樟脑是本省占世界第一位的产品。成品本身来说,天然樟脑敌不过人造樟脑,非但成本,即质量亦然,以之制成Gellulhid时,天然樟脑变色,人造樟脑不变色。但本省樟脑之特点为其制造过程中有白油、赤油、Topin-coil蓝油、沥青、Calanicil等之副产物,此等为香料、杀虫、杀菌、选矿用之重要原料。台湾称为世界上之香料王国,亦即为此,关于物质利用之研究方才开始,有待于今后之发展。

(3)本省盐田可产盐五十万吨,且盐田均已整备完善,万万不能停晒,盖一旦停晒,则盐田有荒废之虞,将来之修复费用,不堪设想。然而此种巨额之产量,岛内仅仅能消费十二万吨,剩余者过去均供给日本,今后日本有Malial-auck盐,未必会使用台湾盐,是则盐之去处为何? 制成灰碱,设一年产七万吨之碱厂,即需盐十九万吨,而碱灰充足,蔗渣纸浆可望成功,此中包含无数技术上的问题。

(4)要求本省工业化,钢铁问题必需有一合理的解决。本省地下资源缺乏,无铁矿之存在。日人曾拟利用海南之铁矿及东北之煤,在交通便利时,运费殆不足计,但在今日二个能作此打算,"是则炼铁事业如何本省有丰富之稀有元素"，Ti、Th、Cc、Monaze 石等。合金钢工业将来可以在此发达，化学机械工业可以在此建立，Th 为放射性元素，进而研究原子能之利用问题，亦为极重要之事。

（5）石炭干馏，本省有相当煤炭之含量，利用煤炭适性关系，研究低温干馏，提取产业上需要之物料，如轻油、氨煤脂等。

五、工作方针

（1）尽量利用既有设备，进行各项目之研究。

（2）应各项需要上计划增加设备，增阔研究项目。

（3）设置多湿地化学工业基础研究部门，研求装置及制造操作法之改善。

（4）扩充化学机械部，研求适合地方性之化学机械并对湿热影响之补救法。

（5）组织资源调查班，调查适用于本岛工业之各南方地带资源。

（6）选派技术员往外国考察，使认识新兴工业及近代化学工业之趋势，俾有助于本省工业建设。

（7）与技术行政机关密切联系，共谋技术之增进与工业发展。

（8）与各工厂密切联系，或指定为特约工厂，以研究结果之工业化。

（9）广聘学者及技术家参加研究，增加研究效果。

（10）增强中间试验工厂之设备，使研究结果进入工业化之过程，获得确实之试验。

工作方针决定，进入开始工作，其步骤如左：

（1）现有房舍经火灾与空袭，损毁颇大既不易修复，且过狭小，不敷使用，现第一步将台北大安新筑之第二号铺完成，暂迁入工作，第二步依原定扩充计划增建各需要之房舍。

（2）正式建筑未完成前，建临时木房，分别应用。

（3）聘约研究人员，推动各部门工作，除积极聘任有学力之研究员外，原有日籍技术人员，其着有成绩或属有特殊技能之学者，均拟予以录用，惟无工作诚意者除外。

（4）各部门多考选练习生，参加工作，培养各部门基础技术干部。

六，研究之中心工作

工作可分油脂方面、燃料方面、合成化学方面、碳水化合物方面、盐碱方面、窑业方面、电化学方面、肥料方面、工业化学反应方面、化学机械方面、分析化学方面、发酵化学方面及应用微生物方面等十四部门。利用本所有机化学工业、无机化学工业、电化学工业、发酵化学工业、化学机械等之研究试验设备，征用日籍者有经验之技术人员，由本所高级技术员督导并参加工作，对台省及南方各地之资源全般之调查及研究其利用方法。

研究试验除确立学术上之基础原理外，更确定其利用方法之经济价值，研究得有结论，即付之中间试验，进而使之工业化各厂新制品之添加，实有赖本所供给方法；工业制品增加，经济繁荣，本所之研究机构，具有甚大之策动力焉。

1. 油脂方面

计划号次	计划项目	新办或续办	过去办理概况或创办缘起	计划限度			完成期限		实施方法	进度情形
				全计划限度事要点	已完成限度或进度概况	本年度完成限度或要点	全计划完成期限	本所计划完成期限		
1	动植物油脂基础调查及利用	续	台湾与南方地方产动植物甚多，调查其性质成分及得用方法	油脂资源调查未利用者，决定其用途	已完成四十种研究	油脂十种	五年	一年	采油法之研究试料性质测定研究用途	四月一六月，二种 七月一九月，四种 十月一十二月，四种
2	油脂化学基础及油脂硬化之研究	续	油脂物理的反化学的性质之试验各种化学反应之研究关于油脂接触加气之基础研究	油脂化学上基础全般研究	已发表多种研究	油脂 Ester 之互变换分离脂肪酸收回甘油	五年	一年	相互 Ester 变换之原理接触煤吸着分离脂肪酸或 Ester 硬化	四月一九月，相互 Ester 变换接触反应研究 十月一十二月，脂肪酸分离法
3	椰子油类脂肪酸分离脂肪酸诱导体之合成及利用	续	椰子油脂肪酸 Ester 相互变换及选择由吸着分离脂肪酸	椰子油之完全利用	分离脂肪酸	各种脂肪酸 Meitwue Amiu 之合成	三年	一年	脂肪酸分离 Meituge 等之合成，以之作杀菌虫及其他医药上应用试验	四月一六月，脂肪酸分离制造 七月一九月，Nitrl 制造 十月一十二月，五个脂肪酸 Amin 制造

续表

计划号次	计划项目	新办或续办	过去办理概况或创办缘起	计划限度		完成期限		进度情形
				全计划限度事要点	已完成限度或进度概况	本年度完成限度或要点	实施方法	全计划完成期限	本所计划完成期限	

计划号次	计划项目	新办或续办	过去办理概况或创办缘起	全计划限度事要点	已完成限度或进度概况	本年度完成限度或要点	实施方法	全计划完成期限	本所计划完成期限	进度情形
4	油脂分解及 U-msterung	续		油脂分解剂之制造及 Umsterung 之实用		分解剂之试制及 Umest 方法之研究	各种类分解剂之试制实验及 Umest 方法之研究	三年	一年	四月—九月，分解剂试制 十月—十二月，分解法研究

2. 精油方面

计划号次	计划项目	新办或续办	过去办理概况或创办缘起	全计划限度事要点	已完成限度或进度概况	本年度完成限度或要点	实施方法	全计划完成期限	本所计划完成期限	进度情形
1	高级酒精及诱导体之研究	新	油脂防酸各种高级酒精及诱导体应用于医药防腐剂洗涤剂	高级酒精及诱导体之制造		高级酒精及诱导体之制造	以椰子油为原料制造脂防酸，以之还原，制试验材料	五年	一年	四月—九月，高级酒精制造 十月—十二月，诱导体制造及利用

续表

计划号次	计划项目	新办或续办	过去办理概况或创办缘起	计划限度 全计划限度事要点	计划限度 已完成限度或进度概况	计划限度 本年度完成限度或要点	实施方法	完成期限 全计划完成期限	完成期限 本所计划完成期限	进度情形
2	樟脑油及樟科植物精油之利用	续	樟脑油及樟科植物精油之利用已作多种基础研究	樟脑等之完全利用上必要基础之研究	已有多种之研究	樟脑油樟科植物油高沸点部分之利用	樟脑油樟科植物油各成分之分离及各成分利用	五年	一年	四月—六月，高沸点部分分离 七月—九月，各成分分离 九月—十二月，各成分利用
3	台湾及华南野生芳香植物之基础调查及利用	续	既调查竣多种芳香植物并研究其精油之利用	上述地方野生芳香植物之调查及利用	完成多种芳香植物之研究	续行调查及研究	野生芳香植物采集农园栽培试验、采油试验并研究所得材料	五年	一年	四月—九月，种子采集及培养油 十月—十二月，成分研究
4	关于合成香料之研究	续	化妆品用食料用香料以樟脑油为原料以完成多种	合成化妆品用食品用香料	确定以樟脑油为原料合成香料之制法数种	续行研究合成香料之制造法	以植物精油及以Tart系物质为原料	五年	一年	四月—九月，樟脑油成分制造 十月—十二月，合成电料制造研究

续表

计划号次	计划项目	新办或续办	过去办理概况或创办缘起	计划限度			完成期限		进度情形
				全计划限度事要点	已完成限度或进度概况	本年度完成限度或要点	实施方法	全计划完成期限	本所计划完成期限	
5	香料植物栽培试验	续	三年前设试验园试栽Yamayiso之香料植物	有用香料植物栽培及采油试验	以Carboklop之资源试验栽培	丁香藿香代用及含有Simovl植物栽培	Indomcporp Higeoshie Yamayiso（山紫苏）薄荷等之试栽	五年	一年	四月一九月,丁香草外10种栽培 十月一十二月,采油试验

3. 燃料方面

计划号次	计划项目	新办或续办	过去办理概况或创办缘起	计划限度			完成期限		进度情形
				全计划限度事要点	已完成限度或进度概况	本年度完成限度或要点	实施方法	全计划完成期限	本所计划完成期限	
1	台湾煤炭干馏试验	续	台湾北部数种煤炭低温干馏	台湾煤高温低温干馏全般试验	北部炭数种之低温干馏	北部炭高低温干馏全般试验	以中间试验装置将北部炭作低温高温干馏试验	三年	一年	四月一八月,低温干馏试验 九月一十二月,高温干馏试验
2	航空用燃料之合成研究	续	Isoctan合成为目的研究制Bnteylene, Isobutylene	由Acetylcn Butylene合成高Acetylene燃料	由Buthulene之Buthylene制造	由Buhlene制Isobutyl-Icnc Isooctao	研究以Autanol Beetvlene原料合成	五年	一年	四月一七月,以Acetylene原料合成 八月一十二月,以Butanol原料合成

续表

计划号次	计划项目	新办或续办	过去办理概况或创办缘起	计划限度 全计划限度事要点	计划限度 已完成限度或进度概况	计划限度 本年度完成限度或要点	实施方法	完成期限 全计划完成期限	完成期限 本所计划完成期限	进度情形
3	合成润滑油之研究	续	高级glies制造航空润滑油之再制	以脂肪发为原料研究制高级润滑油	各种高级glies之制造	由椰子油脂肪酸制航空用润滑油	由椰子油脂肪酸之还原重合制润滑油	五年	一年	四月—六月,脂肪酸制造;七月—十二月,还原重合研究

4.合成化学方面

计划号次	计划项目	新办或续办	过去办理概况或创办缘起	计划限度 全计划限度事要点	计划限度 已完成限度或进度概况	计划限度 本年度完成限度或要点	实施方法	完成期限 全计划完成期限	完成期限 本所计划完成期限	进度情形
1	一般合成树脂之研究	续	Frufrol为原料研究,接着用防水用合成树脂	Viter树脂Acrel树脂尿素树脂等之研究	接着用树脂之研究	尿素系树脂之研究	以石灰气为原料研究尿素系树脂	五年	一年	四月—八月,以石灰为尿素;九月—十二月,尿素树脂制造研究
2	电绝缘体用及耐油性合成树脂	新		绝缘性及耐油性合成树脂之研究		Stylonl合成树脂研究	Stylonl各种合成树脂之制造及发电气试验	五年	一年	四月—八月,styrol制造法研究;九月—十二月,同系树脂研究

续表

计划号次	计划项目	新办或续办	过去办理概况或创办缘起	计划限度			完成期限		进度情形
^	^	^	^	全计划限度事要点	已完成度或进度概况	本年度完成限度或要点	实施方法	全计划完成期限	本所计划完成期限	^
3	人造树胶之研究	新		Chlroplene 系及 Butadign 系合成树胶之研究		Chlroplene 系合成树胶之研究	以 Acetylene 为原料煤料研究 Cklorblene 系树胶	五年	一年	四月—九月,Chloroplene 制造试验
4	由 Acetylene Eituylene 合成各种酒精及其诱导体类并其利用	新		制溶剂高级润滑油洗剂高 Octan 价燃料为目的		Acetylene Eituylene 制酒精及诱导体	以 Acetylene Eituylene 为原料行重合加水加气并研究	五年	一年	十月—十二月,chloroplene 系树脂研究 四月—九月,Acetlee 系酒精制造研究 十月—十二月,Ethylen 系高级酒精精制造研究

5. 碳水化合物方面

续表

计划号次	计划项目	新办或续办	过去办理概况或创办缘起	计划限度		完成期限		进度情形
				全计划限度事要点	已完成限度或进度概况	本年度完成限度或要点	实施方法	全计划完成期限	本所计划完成期限	
1	纤维腐化及精炼之研究	续	苎麻腐化精炼之适当菌经已发现	苎麻及其他麻类精炼之有用菌之检索及试验	发见二三适当之菌并作试验	苎麻腐化适当之检索	检索 Lignin 解菌作苎麻化精炼试验	二年	一年	四月一九月,分解菌检索 十月一十二月,腐化精炼试验
2	蔗渣之完全利用研究	续	完了以蔗渣糖化作酒精之研究	蔗渣中 Lignin pentyan kuik	蔗渣糖化	Liginpentyan 之分离及其利用	蔗渣中之 Lignin bety-an 完全分离并求其利用	五年	一年	四月一九月,完全分离 十月一十二月,利用研究
3	砂糖类之高压还原及利用之研究	新		砂糖类高压还原及生成物之利用		砂糖类高压还原之研究	使砂糖还制高价酒精及医药特溶剂乳化剂	三年	一年	四月一九月,砂糖高压还原 十月一十二月,利用研究
4	阔叶浆制造研究	新		由台湾各种阔叶制纸浆		Craft Pulp 制造研究	由阔叶树产定 Craft Pulp 之制造法	二年	一年	四月一九月,纤维检查 十月一十二月,Pulp 制造试验

续表

计划号次	计划项目	新办或续办	过去办理概况或创办缘起	计划限度			完成期限		进度情形
				全计划限度事要点	已完成限度或进度概况	本年度完成限度或要点	实施方法	全计划完成期限	本所计划完成期限	

计划号次 5
- 计划项目：关于制糖化学之研究
- 新办或续办：新
- 过去办理概况：（空）
- 全计划限度事要点：耕地白糖之制造法
- 已完成限度或进度概况：（空）
- 本年度完成限度或要点：耕地白糖之制法
- 实施方法：改良耕地糖之品质及制造法研究
- 全计划完成期限：一年
- 本所计划完成期限：一年
- 进度情形：四月—九月，品质改良及制造法研究；十月—十二月，小规模试验

6. 盐碱方面

计划号次 1
- 计划项目：海水利用工业化
- 新办或续办：续
- 过去办理概况：关于海水全成分之利用，已完成多种实验室之研究
- 全计划限度事要点：海水全成分之利用工业化
- 已完成限度或进度概况：完成实验室研究多种
- 本年度完成限度或要点：进行工业上之研究
- 实施方法：于台南布袋海水中间试验工场作工业试验
- 全计划完成期限：五年
- 本所计划完成期限：一年
- 进度情形：四月—六月，工场设备修理；七月—十二月，中间工场试验

7. 窑业方面

计划号次 1
- 计划项目：化学用陶瓷器及电阻子之制造
- 新办或续办：续
- 过去办理概况：以台湾及南华一、二种黏土作同种之研究
- 全计划限度事要点：继续调查台湾及南华黏土之进而用之试验
- 已完成限度或进度概况：完成十数种之调查及试验
- 本年度完成限度或要点：续任黏土之调查及试验
- 实施方法：探集各地黏土检查后试制
- 全计划完成期限：五年
- 本所计划完成期限：一年
- 进度情形：四月—七月，黏土采集检查；八月—十二月，陶器、瓷器试制

计划号次 2
- 计划项目：陶瓷器釉药之研究
- 新办或续办：续
- 过去办理概况：以台湾产原料研究及釉药之自给试制
- 全计划限度事要点：以台湾原料试制各种釉药
- 已完成限度或进度概况：已作二、三次试验研究
- 本年度完成限度或要点：以台湾南华原料制试验
- 实施方法：试制釉药并试用于陶瓷，确查其优劣
- 全计划完成期限：五年
- 本所计划完成期限：一年
- 进度情形：四月—九月，原料采集及试制；十月—十二月，试用及加工

续表

计划号次	计划项目	新办或续办	过去办理概况或创办缘起	计划限度				完成期限		进度情形
				全计划限度事要点	已完成限度或进度概况	本年度完成限度或要点	实施方法	全计划完成期限	本所计划完成期限	
3	台湾Dalomite研制耐火物	新		用台湾及南华产原料制优良之耐火物		以自制之优良耐火物为目的	利用台产黏土及Dalomite试制耐火砖检查其优劣	五年	一年	四月一八月,试料采集 九月一十二月,试制及检查
4	高级玻璃之研究	新		以台湾及南华原料制造硬质玻璃		硬质玻璃试制选择原料代用	用各种原料试制玻璃检查其优劣	五年	一年	四月一六月,原料采集 七月一十二月,玻璃试制及检查
5	试验水泥及代用水泥之研制	续	水泥强弱试验已二十余年并使代用水泥	续行试验水泥之强弱,代用水泥之原料及制法	完成多种之试验	续行研究	试验水泥强弱,用各种原料试制代用水泥	五年	一年	四月一十二月,试验水泥及试制水泥

8. 电化学工业方面

| 1 | 铜锌锡镍铬钴等矿之电解精炼 | 新 | | 用台湾产铜矿锌锡及钴等矿行电解精炼 | | 铜及钴之精炼原料金门岛产 | 用金爪石硫砒铜矿及金门产钴矿研究精炼 | 五年 | 一年 | 四月一九月,硫砒铜矿精炼 十月一十二月,钴矿精炼 |

续表

计划号次	计划项目	新办或续办	过去办理概况或创办缘起	全计划限度要点	已完成限度或进度概况	本年度完成限度或要点	实施方法	全计划完成期限	本所计划完成期限	进度情形
2	电炉工业特殊铣铁及铜之制造	续	以台产褐铁矿为原料已作二、三研究	特殊铣铁及铜之电气精炼	由台产褐铁矿电气精炼	以台产砂铁为原料制特殊铜	以台北砂铁及新竹黑砂制特殊铜	五年	一年	四月—八月,砂铁及黑砂检查 九月—十二月,试制特殊钢
3	制用合金铁之研究	新		目的为自给制铜用之合金铁		制铜用合金铁试制研究	以台产及南华产原料试制铜用之合金铁	五年	一年	四月—九月,以台产原料试制合金铁 十月—十二月,以南华产原料试制合金铁
4	炭电极耐热体用Caubou-lundm制磨剂之研究	新		用台产及南华产原料研究制造		原料采集及试制	原料之调查采集用之试制试验性能	五年	一年	四月—七月,原料调查 八月—十二月,试制及试验性能

续表

计划号次	计划项目	新办或续办	过去办理概况或创办缘起	计划限度				完成期限		进度情形
				全计划限度事要点	已完成限度或进度概况	本年度完成限度或要点	实施方法	全计划完成期限	本所计划完成期限	
5	发火合金制法改良	续	台产Monazite制发火合金经告成功并试验	用台湾及南华Monazite研究制发火合金	以新竹州Monazite为原料试制	改良制法	改良从来之制造法作种种之试制	二年	一年	四月—十二月，改良制造法及性能检查
6	氯酸钾过锰酸钾重铬酸钾等之电解制造	续	完成氯酸钾之制造	确立上之重要药品之制法	已成氯酸钾之制法	过锰酸钾重铬酸制	研究电解气化之制法	二年	一年	四月—五月，氯酸钾七月—九月，过锰酸钾十月—十二月，重铬酸钾
9.肥料工业方面									
1	本岛产碳酸盐矿物之调查	续	完成新竹台南石火石之调查	全省内碳酸盐矿为基本调查	新竹之南三处石灰石白已有基础调查	花莲港台北石灰石白云石之调查	现地调查及分析研究物理性质	三年	一年	四月—九月，现地调查十月—十二月，试料分析试验
2	低级磷矿石利用研究	新		由低级磷矿至制磷酸肥料		Peutose部岛及合产一、二种磷矿石	用低磷矿石研制磷酸肥料	三年	一年	四月—八月，原料之检查分析九月—十二月，肥料制造研究

续表

计划号次	计划项目	新办或续办	过去办理概况或创办缘起	计划限度 全计划限度事要点	计划限度 已完成限度或进度概况	计划限度 本年度完成限度或要点	实施方法	完成期限 全计划完成期限	完成期限 本所计划完成期限	进度情形
3	亚硫酸铵制硫安之研究	新		硫安制造法之研究		气化亚硫酸制硫安	亚硫酸铵可工业化之方法气化以制硫安	三年	一年	四月一八月,实验室研究 九月一十二月,工业化方面研究
10.工业化学反应方面										
1	接触分解用触媒之研究	续	区研究多种石油出解用航空灯料制造用之接触媒	研究有机合成用全般之接触媒	石油分解接触媒之研究	有机合之接触媒之基础研究	试制炭化气分解用量合练合用接触媒研究其机能	五年	一年	四月一六月,接触媒制造 七月一十二月,分解重合综合研究
2	关于脱水触媒之研究	续	完成多种Bn-tamonot及Ethyl-ene脱水接触媒之研究	Butanol Eth-ylene Ethylether 制造用脱水接触媒之基础研究	完成Buth-ylene Ethylene	试制种接触媒并研究其性能	试制种接触媒,研究其干脱水及异性化反应性能	五年	一年	四月一六月,接触媒制造 七月一十二月,脱水反应研究

续表

计划号次	计划项目	新办或续办	过去办理概况或创办缘起	计划限度 全计划限度事要点	计划限度 已完成限度或进度概况	计划限度 本年度完成限度要点	实施方法	完成期限 全计划完成期限	完成期限 本所计划完成期限	进度情形
3	对金属触媒助触媒作用之研究	新		助触媒之基础研究		基础研究	试制剂脱水异性化触媒之各种助触并研究其性能	五年	一年	四月—八月,脱水异性化触媒之研究 九月—十二月,助触研究
4	化学反应多湿多热之影响及其对策研究	新		各种化学工业氯温度之影响及对策之研究		有机合成工业上多温多热之影响研究	研究有机合成工业操作高气温及温度之恶影响	五年	一年	四月—八月,冷却方法研究 九月—十二月,湿度之影响研究

11. 化学机械方面

| 1 | 化学机械研究 | 续 | 四年前开始二年中止 | 考察作通于多温高温地区之工业机械 | 完成喷雾干燥机特殊蒸馏机研究之一部 | 完成上之研究 | 制小试验机研究各部分之机能改良之 | 将来继续 | 一年 | 四月—八月,冷却装置考案 九月—十二月,干燥剂及干燥法研究 |

续表

计划号次	计划项目	新办或续办	过去办理概况或创办缘起	计划限度			实施方法	完成期限		进度情形
^	^	^	^	全计划限度事要点	已完成限度或进度概况	本年度完成限度要点	^	全计划完成期限	本所计划完成期限	^
2	关于精密机械之研究	续		精密机械之改良考案操作精度试验并指导工厂		研究并试制一部	于本所机械工场试制研究	将来继续	一年	四月一九月,精密机械精度退化检查 十月一十二月,对应策研究
3	机械工场工作	新		41及42研究结果之实行制造并指导省内机械工业		制作一部分机械	于所内设机械工场行之	将来继续	一年	四月一十二月,各种所内设备之修理工作
12.分析化学方面										
1	原料及成品之分析	续	经分析多种之原料及制品	省内工业原料制品资源调查等之分析	分析多种资料其结果集印成报交	各试料之分析及调查	同上	将来继续	一年	四月一十二月,各种试料之分析及调查
2	由台产贫镍矿炼镍	续	完成若干蛇纹岩系贫镍矿之炼法	由蛇纹矿系贫镍矿之选矿	完成贫矿镍之选矿	研究M之抽出	研究干湿两法	三年	一年	四月一八月,干法精炼 九月一十二月,湿法精炼

续表

计划号次	计划项目	新办或续办	过去办理概况或创办缘起	计划限度			完成期限		进度情形
				全计划限度事要点	已完限度或进度概况	本年度完成限度或要点	实施方法	全计划完成期限	本所计划完成期限	
3	台产Monazu石化学的研究	续	Ce Ta Te Ne 及 La 等之分离制造完成一部分	Monoze石化学处理法之研究	一新法已移作中间工业试验	改良法之研究	实验室研究与中间工业试验并行	三年	一年	四月—九月，实验室研究 十月—十二月，中间工场试验
4	无机化学药品之制造试验	新		药品试制进而工业化		确立各种制造法	实验室试验完成后即移中间工场制造	三年	一年	四月—九月，实验室研究 十月—十二月，中间工场试验
13.发酵化学方面									
1	酒精连续发酵法之研究	续	发现多种优良发酵菌以之应用于工业更考案连续发酵法	优良菌之选择及副原料发酵法之研究并作中间试验	发现数种优良菌利用作连续发酵法中间试验	菌之检索及发酵法之研究	选菌发酵法研究副原料之选定实验室试验中间试验	三年	一年	四月—六月，选菌 七月—九月，发酵法 十月—十二月，中间工场试验
2	食粮食品之制造	续	用台产原料制造种种之食品及调味料	各种食品调料贮藏食品防菌法之研究	制成数种食品及调味料并作工业化	继作研究	实验室研究与中间工业试验并进	五年	一年	七月—九月，实验室研究 十月—十二月，中间工场试验

续表

计划号次	计划项目	新办或续办	过去办理概况或创办缘起	计划限度 全计划限度事要点	计划限度 已完成限度或进度概况	计划限度 本年度完成限度或要点	实施方法	完成期限 全计划完成期限	完成期限 本所计划完成期限	进度情形
3	维他素之发酵学的制造	新		令糖质淀粉质为原料研究YB及C		检素优良菌研究发酵学的制造法		三年	一年	四月一九月,检素优良菌 十月一十二月,制造发酵研究
4	关于酒类制造之研究	续	台湾专卖局制造之酒类全部之基础研究	研制各种新酒并检素适当发酵菌	完成专卖局酒类之研究	制新酒检素适当发酵菌	同上	五年	一年	四月一九月,适当发酵菌检索 十月一十二月,新酒制造试验
5	关于Acetone Butanol发酵研究	续	Butanoe 及Acetone制造之优菌发现研究发酵法使之工业化	继续进行研究	发现良菌研究发酵法	检素优良菌研究发酵法备作工业化	由全省土壤中检查素优良菌分离培养之以之应用于糖质淀粉质原料制Acetone Butonol	五年	一年	四月一九月,优良菌检索 十月一十二月,发酵研究

续表

计划号次	计划项目	新办或续办	过去办理概况或创办缘起	计划限度			完成期限		进度情形
				全计划限度事要点	已完成限度或进度概况	本年度完成限度或要点	实施方法	全计划完成期限	本所计划完成期限	
6	有机发酵之研究	续	完成由糖质原料制发橡酸乳酸之工业化等目移之工业化	酪酸琥珀酸乳酸草酸等制造之优菌之检索研究发酵法及工业	完成二、三种酸	续行研究	菌之检索发酵法研究工业化试验	五年	一年	四月—九月，菌之检索及发酵法研究[1]十月—十二月，中间工业试验
7	微生物之利用及酵素化学研究	新		检素适当良菌制造班尼西林酵素剂等药品之制造	同上前项	完成一部分之研究	检素良菌发酵试验中工业试验	五年	一年	四月—十月，检素优良菌发酵法十一月—十二月，中间工业试验
8	放射线发酵的化学研究	续	使锚放射源照射于酵母系状菌作成变异菌种研究以期能力发酵为以应用工业之应用	酵母菌及原状菌之变异种范围研究，期能作工业上之应用		使放射线照射于酵母系状菌作成变异菌种而调查其性质	Ethy lether Leclinm lentogen 放射线照射采用酵母种及种菌系菌	五年	一年	四月—六月，放射线照射七月—十二月，变性能研究

[1] 原件如此。

续表

计划号次	计划项目	新办或续办	过去办理概况或创办缘起	计划限度			实施方法	完成期限		进度情形
^	^	^	^	全计划限度事要点	已完成限度或进度概况	本年度完成限度或要点	^	全计划完成期限	本所计划完成期限	^
9	Peutoso发酵菌之检索及利用	新		从来废弃之Peutoso发酵索使优良菌发酵成发酵原料		优良菌之检索	制Pentose原料使检得之菌作用? 检查发酵生成物	五年	一年	四月—七月,优良菌检索 八月—十二月,发酵试验及生成物检查

交通处工作报告

　　本省过去之交通事业，完全由前台湾总督府交通局掌理。光复后，于去年十一月一日交通处正式成立，开始接收。除本身机构外，同时并按照接收事件性质，先行设立铁路管理委员会、邮电管理委员会及航务管理委员会三机构，分别接收前交通局之铁道部、递信部及海务部，管理各有关部门之交通事业。航务管理委员会今已改为航务管理局，嗣复先后成立基隆高雄两港务局，办理港务工作。并设台中港筑港所，继续筑造前新高港未完工程。本省沿海各港之沉船捞修工作，已设立航运恢复委员会，专事计划管理。所有日本投资或经营之各有关交通之私人会社，亦经派员分别监理接收。最近且设立航运公司及通运公司，各设筹备处，分别接收各有关会社，加以统筹经营。目下各部门接收工作，大体完竣。惟因战时破坏纂重，短时期内即欲恢复职前状态，亦非易事。一切计划之实施，与工作之推进，皆须各方之协力。兹将本处组织及各机构之概况分述如后。

一、组织系统表

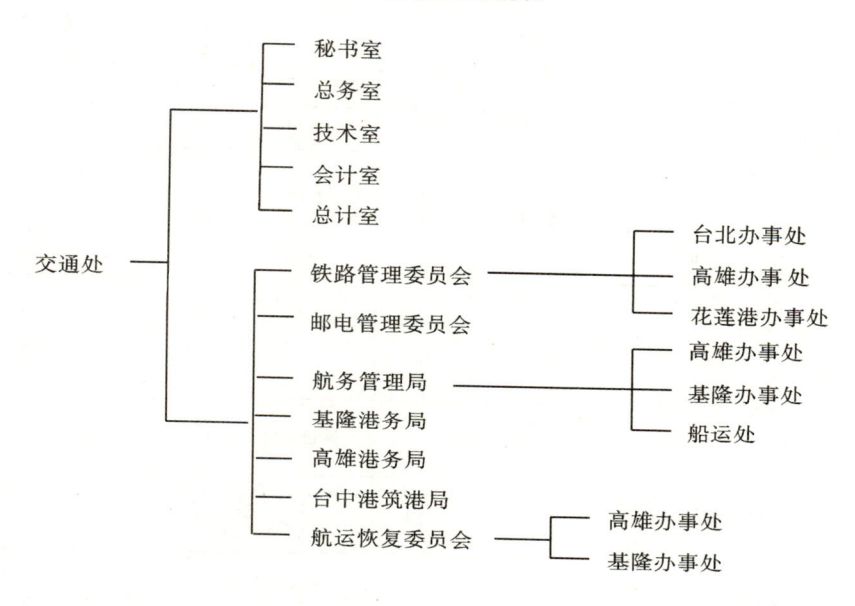

交通处组织系统表

- 交通处
  - 秘书室
  - 总务室
  - 技术室
  - 会计室
  - 总计室
  - 铁路管理委员会
    - 台北办事处
    - 高雄办事处
    - 花莲港办事处
  - 邮电管理委员会
  - 航务管理局
    - 高雄办事处
    - 基隆办事处
    - 船运处
  - 基隆港务局
  - 高雄港务局
  - 台中港筑港局
  - 航运恢复委员会
    - 高雄办事处
    - 基隆办事处

二、铁道管理委员会

铁路管理委员会于去年十一月一日成立，接收原交通局铁道部，办理全省铁路，并管理全省公路运输事业，兹将铁路公路分述如下：

铁道

台湾铁路，创自光绪十三年，台湾巡抚刘铭传聘英人马蒂逊为总工程师，两年后完成基隆台北线。越七年，复完成台北新竹线。自日人侵据后，继续经营，至光复时，公营铁路营业里程总长九〇一.二公里：计西部干支线共长七二五.三公里，轨距一.〇六七公尺，辖站一五〇；东部台东一线长一七五.九公里，轨距〇.七六二公尺，辖站三九。而苏澳至花莲港及台东至枋寮两段，则以公路汽车联络，完成为环岛交通。

(一)各线里程及辖站表(包括复线共长一五七二.一公里)

线名	区间	公里	站数	附记
纵贯线	基隆—高雄	408.5	79	包括田町—高雄港2.4公里及高雄港在内。内有基隆至竹南双轨125.7公里,民雄至嘉义9.2公里,新市至高雄58.2公里。
宜兰线	基隆—苏澳	98.7	23	双轨有基隆至八堵3.7公里
平溪线	三貂岭—菁桐坑	12.9	4	
台中线	竹南—彰化	91.4	14	包括追分—王田间2.1公里
淡水线	台北—淡水	21.2	9	
集集线	二水—外车埕	29.7	6	
屏东线	高雄—林边	62.9	15	包括三块厝站。高雄至凤山有双轨5.7公里
台东线	社边—东港	175.9	39	包括台东海岸1.3公里及台东海岸在内
合计	东花莲港—台东	901.2	189	双轨复线共有202.5公里,侧线468.4公里,总长1,572.1公里

此外私设铁道,多系日人各株式会社经营,其中开放以供一般客货运输用之全营业线总长为六九二.二公里;无定期代客运输之半营业线总长为一九八四.一公里;专供自用专用之线总长为三四七.九二公里。

(二)路基桥梁隧道

公营铁路桥梁总长度共为三三.七公里。

最长者为屏东线之下淡水溪桥,长一五二六.一三公尺。

最短者为纵贯线之十字圳桥,长五.五公尺。

公营铁路隧道,共计五六座,总长共为一八.一公里。

最长者在宜兰线,长二一六六.三五公尺。

最短者在平溪线,长一九.九公尺。

上项路基桥梁等,在民国三十三年十月二十日首次遭受空袭,其后连续被炸,损害甚巨。路基轨道被毁在六·二三一公尺,其最剧烈者在一车站内,一日间共炸去轨道在一千公尺之上。大小桥梁被炸十六处,冲毁者十四处,三十四年八、九月复受风灾山洪之侵害。集集支线路堤被毁三万三千余立方公尺,台东线路基冲去八千四百余公尺,路堤被毁三万五千七百余立方公尺,损坏更重,因而不能通车。此外沿线票房、仓库、车站等建筑物,受损者共一四五八栋,尤以高雄及基隆两地为甚。接收后对于行车有关之工程,首先努力抢修,集集支线及台东线被毁部分已于去年十一月二十九日及十二月十一日先后通车。其他如纵贯淡水、宜兰、台中等线,被炸之六二三一公尺,轨道亦已陆续修复。被冲及被炸桥梁,可修者已全部修复,重损大桥,则均施以临时工程,至本年二月以前,已可全部通车。沿线各站车站仓库等已择要陆续修复。

铁路枕木,因受战时影响,例年需抽换三十万根者,年来仅换十分之一。接收以后,枕木一项,列入紧急预算内,现在已订购十七万余根,尚拟再添置五十一万根,以便抽换。道闸亦已订购六万四千余立方公尺,尚需在本年内,再添四万立方公尺,继续补充,藉固轨道。

此外,新竹至竹东长约十七公里之一段支线,光复前已修成路基百分之四十,隧道一座之导坑,亦已打通,现奉长官批准继续修筑。经费百分之七十,向台湾银行借款,将来由该线收入摊还,另百分之三十,由本省三十五年度预备金内拨付。铁委会已于四月二十三日组派测量队,开始实地勘测,草拟施工计划及详细预算,俾实行建筑,以利新竹一带之运输。预计筑路费用,钢轨车辆在外,约需台币二千九百万元,确实数额,尚有待勘测结果而定。

(三)机车车辆,本省铁道材料,向来取诸日本。战时物资缺乏,生产减少,运输阻滞,以致各项材料短之异常。机车车辆久告失修,复加空袭损失,数量大减,至去年十一月一日接收时止,其数量及状况列表如下:

车种	总数	完好者	损坏待修者	毁坏不堪修理者
机车	244辆	134辆	110辆	
货车	5,880辆	5,073辆	651辆	156辆
客车	498辆	325辆	138辆	35辆

接收以后,因器材补充困难,机务员工,竭尽心力,加以维持。截至本年四月二十四日止,可用之机车,计西线供列车用者八〇辆,供调车用者一九辆;东线列车用者一二辆,调车用者二辆。客车计西线三三七辆,东线二七

辆。货车计西线四六二一辆,东线三九九辆。查各项车辆,日在运用,与修理循环之中,故确实数字,逐日不同。按上列数字之比较,客车货车修复者,已渐增多,而机车反致减少。查其原因,厥为各项材料配件奇缺,人力不足,工厂被炸,机械不敷,修理能力仅及原有能力之二分之一,相差过巨。尤以年久失修之机车,经常驶行,检修为难,完好数量,遂致逐渐减少。现除向有关各方设法添置必需材料外,并就旧有剩余材料加以尽量应用,并将旧焰管设法接焊后,移装补充,极力维持行车数量。一面积极恢复台北、高雄、花莲港三线修理工场,招添工匠,补充器材,以期增加修理能力。台北机关区因遣送日侨调防军队等之急需,今亦兼修机车,成绩颇好,迄今已有十九辆修复。

至于列车驶用数量,行车班次,接收以后,均有增加。惟自本年二月份起,因日俘日侨三十六万四千三百四十一人之经铁路运输,集中返国,台胞二万九千三百五十一人之经铁路分送,米粮肥料等之赶运及其他紧要运输,影响行车班次,乃致乘客拥挤、秩序混乱。现在是项因素,业已解除,故各线客车班次,在最近期内均次第恢复。至四月二十四日止,恢复之客车,各区已有八对,货车已有七对。

(四)沿线保安装置及电信设备　本省铁路沿线保安装置及电信设备,向称完备。战后破坏颇巨,目前虽积极修复,而最大困难,厥为材料缺乏,补充不畅。兹将原有设备概况及修复情形分述如次:

甲、设备概况(截至三十五年四月二十四日止之状况)于保安装置

(1)号志

手动电气号志　　色灯式二三具　　臂式九九具　　灯列式二具

手动机械号志　　色灯式五具　　　臂式八一三具　灯列式四具

全路各站均有号志设备

(2)联动装置

本路装有萨克斯排哀型机械联动装置(Saxby and Farmar Type mechanical interlocking System)者,计有基隆、八堵、三貂岭、桦山、台北、北投、淡水、竹南、苗栗、彰化、台南、田町、高雄港、三块厝、北回归线、新营、武丹坑等十八站。除高雄港、基隆两站被炸惨重,余均完好可用。

（3）电气路签

双信闭塞器　　40区间（双轨用）

通票闭塞器　　128区间（单轨用）

全路除玉里至台东外，其余各站均有电气路签。

乙、电信设备

子、长途电话

本路西部铁路线，长途电话中继站，有基隆、台北、苗栗、新竹、彰化、嘉义、台南、台中、高雄。各中继站间，有中继线一至三对不等，东部铁路线，台东至花莲港有长途电话线一对。台北彰化间并有三路载波电话机一套。

丑、调度电话

本路有调度电话总机两部，分装台北高雄，分机四十八具，划成两通话区间：北部调度线自基隆至彰化，南部调度线自台北至高雄。全路车辆之运用，皆藉此调度焉。

寅、区内电话

总局有五百门自动电话机一套，四百门共电式电话交换机一套。其他大站尚有共电式电话交换机二套，大小型磁石交换机七部，共装各型电话机二千四百余部。

卯、电报

各站装穆尔斯音响式电报机二百十七部，日文用"片假名"为发报符号，现尚为各站间主要通讯之一。

丙、接收后之改进

子、电报、电话线之修复　接收之初，电报电话线均不通畅，被炸损坏之处，亦多未整理。员工对于修复工作，懈怠不前，乃用种种鼓励方法，并数经督促，率于二月底将全部电话电报线修理完竣。

丑、机械、联动之修复　基隆、高雄港车站，被炸惨重，波及号志挂联动设备。基隆号志所全部焚毁，非俟购得新机，无法修复外。高雄港机械联动，于本年一月开始修复工作。现已完成十分之六七，预计四月底可以竣工，其他台南、田町两站联动装置，亦已予以修理。

寅、调度电话之改进　本路电务设备,较内地一股铁路为多。独调度电话,日人不甚着重。接收之后,以其不合要求,将各站调度电话、分机,重行支配改装,并将线路展长。北部线展伸台北至基隆一段,南部线展伸高雄至屏东。

(五)最近五年业务状况　本省铁路营业,年有盈余,惟自去年被轰炸后,商业停顿,收入减少。迄接收之后,始渐告繁荣,运输收入,亦渐告恢复。故三十四年度之损失数额,尚在预料之下。兹将最近五年之营业收入支出及盈亏数目分列如下:

最近五年铁路盈亏数目

年度	收入	支出	盈或亏	摘要
卅年度	54,411,442.00	50,623,618.00	盈　3,787,824.00	
卅一年度	55,288,482.00	47,045,721.00	盈　8,242,771.00	
卅二年度	56,453,783.00	45,144,318.00	盈　11,309,465.00	
卅三年度	61,397,604.00	43,322,894.00	盈　18,074,710.00	
卅四年度	95,822,156.25	98,373,998.72	亏　2,551,842.47	本会接收时损失五百余万元,年度结算时,仅亏二百余万元

三十五年一月至四月全路客货运收入比较表

月份别＼运类别	客运收入	货运收入
一月份	7,207,848.57	598,069.24
二月份	20,115,187.78	2,005,060.72
三月份	18,184,781.11	1,710,696.12
四月份(一日至廿四日止)	16,309,156.86	1,571,050.69

（六）铁路警察署之组设　铁路自接收之后，维持全路治安秩序之警察局，尚未从事设置。盖因人力关系，筹备不易，迄至本年三月始告成立。该署隶属于长官公署警务处，而受交通处及铁路管理委员会之监督指挥。全路九百余公里，警力仅有长警一百九十余人，极感薄弱，现已拟招收新生加以训练补充。

（七）设施之改进　今后设施之改进，可概要说明如下：

甲、关于行车方面者

在机车车辆目前可使用之数量范围内，拟尽量支配调度，增加客货列车次数，计有：

子、增开基隆高雄间直达夜车及特快车，以利行旅。

丑、增加煤运及公用物资列车，以应各公共事业及工矿事业之紧急需要。

乙、关于路线保养从新工程方面者

子、为维持行车安全及增进行车效率起见，今后最主要之路线保养工作，计有：

（1）继续抽换全线枕木及补充道闸。

（2）修复被炸毁之站场，从其附属设备。

（3）修复被炸毁，或因其他原因损坏之桥梁及护堤等。

（4）修复调度电话设备。

（5）修复各站待修之号志设备。

（6）筹备设立各大站间无线电台，以补电讯电话之所不及。

丑、新工程方面拟即进行者，计有：

（1）新竹竹东间新支线工程之测量勘定。

（2）基隆电化公司支线之建设。

丙、关于机车车辆之保养修理方面者　机车车辆待修之数量甚多，以致列车之运转支配发生困难。兹拟定抢修计划如下：

（1）修复及添置各被炸厂区之机器设备，以资增强修理能力。

（2）增强机厂修理力量，恢复日管时代全盛状况。

（3）增强各机关区及检查区小修理能力，减低机厂负担，俾可专力于重修及大修工作。

（4）约请工矿处所监理之机械工厂承揽修理，以补充各厂区目前力量之所不及。

（5）清理沿线炸毁之机车车辆，除可修者即行修理外，其情形太劣，无法修复者，即行报废，移用其完好配件。

丁、关于补充器材，配件方面者　路线保养及机客货车修理工作所需要之器材配件，除在国内及可以购置者外，所有特别器材配件，如铜轨、电信号志、车辆轮箍、机车焰管、气轫设备等，在国内无法取得补充。又以轨距不同，向英美采购亦非易事。兹拟派遣专员赴日本，利用赔款，搜罗购置，以资利用。

公路

本省公路，分公营干线及民营支线。干线环循全岛，西部仅一桥外，业已全部完成。东部尚余百分之二十未建，惟因战事破坏甚重，现由铁路管理委员会汽车处专责管理。民营公路亦颇发达。民国二十一年，由前总督府交通局主管，当时客运会社有一四二家，客车九〇六辆，货运二五一家，货车五四八辆。至民国二十七年，由前铁道部设立自动车课，将之整理合并为客运二十六家，货运七家，统一管理。规定运费路线，筹配燃料零件，加强统制。去年十一月一日，铁路管理委员会成立后，均由汽车处派员监理。其中七家货运会社，现正由通运公司接收中。兹将里程车辆等分述于后：

（一）里程

本年四月二十日调查之现况如下表：

干支线	总数（公里）	通车者（公里）	暂停者（公里）
公营干线	769.2	363.4	4,051.8（卅五年四月十六日起之状况）
民营支线	4,830.7	2,347.5	2,483.2

（二）车辆

车种	总数	可用者	在修理者	损坏不堪预备投报者	已拆毁者	备注
公营客车	67	24	60	21	47	另4辆为空车征用一辆为警备总部征用

续表

车种	总数	可用者	在修理者	损坏不堪预备投报者	已拆毁者	备注
公营货车	61	26	22	13		
民营客车	612	229	383			
民营货车	672	279		393		二月份现况

(三)困难情形

全省各地之公民营公路设备,于战时无不备受损失。各地之车辆、车站、水库、修理厂等,或因炸而被坏,或因疏散而被拆移,至今为枋寮、苏澳、花莲港、台中等处之铁路管理委员会车库,尚无力修复。战争期间敌军征用公商车辆甚多,战后亦未发还。再者战时新车及修理材料轮胎等等皆无法进口,故至今各公民营客货运输应用之车辆,多因缺乏零件及轮胎,而不能行驶。

(四)改善设施

(甲)修复旧设备

铁路管理委员会台北汽车修理厂经积极整顿后,效率大增。除台北区之客车,已全部用修复之客车行驶外,现将其他各地不能行驶之车辆,陆续调至台北修理。惟因该原有规模甚小,设备陈旧且旧车均属日本制造,修理所需零件,省内省外均无法大量采购,故困难殊多。各民营会社亦经分饬积极修车,然其困难,亦正复相回,各地受炸毁及因疏散而撤去之车站、车库、修理厂,亦按需要之缓急积极修复。

(乙)补充新设备

本省已向行政院购道寄运货车一百辆,并向福特公司订购各种客货新车二一四辆,拟分拨各需要机关应用。铁路管理委员会汽车处,并经拟定增加新车一百辆之计划,每日行驶里程,拟扩充至一万六千余公里。一俟该项新车到达,当能陆续实施。

(五)汽车运输管理行政

铁路管理委会汽车处,除主办公营汽车业务外,关于汽车运输行政,亦由其主办。略述于次:

(甲)汽车之管理

关于汽车之登记牌照之核发,以及驾驶人与技工之考验等管理规则,业已按照中央规定,由长官公署公布,并由本处组织督导团,按照分区程序,督导进行。于五月一日起,先在台北区开始督导该区之各县市政府实行,然后赴本省各县市陆续督导实施,预定于二个月内办理完竣。

(乙)燃油料零件之配给

战时全省汽车用之燃油料、轮胎及配件等,均由日本政府统筹配给,光复后,燃油料继续由工矿处矿务科配给,各公民营客货运输会社所需之量,则由铁路管理会核定后,转请矿务科配发。然本省酒精产量减少,故配给数量渐减,最近已难维持行车。故除将次要之需,为出差小汽车及货车之配给量减少,全力维持公共客车外,并由工矿处设法向上海各地购运汽油来台,以资维持。惟因运输困难,至目前为止,尚未能达到。轮胎及汽车配件,则因并无来源,无法配给。

三、邮电管理委员会

邮电管理委员会于三十四年十一月一日成立,开始接管前交通局递信部所管各部门,惟其中有关广播气象及航空等部门,业经分由广播事业管理处、气象局及航空委员会接管。故邮电管理委员会仅接管邮政储汇、简易寿险及年金、电报电话诸事业。其业务系采邮电合并管理制度,邮局皆兼办电报电话营业。该会于五月五日改组为交通部台湾邮电管理局。

邮政

(一)邮政业务

本省邮局共计有一九七所(内普通邮局十五所,分局六所,代办集配邮局一六〇所,代办分局十六所)。分布全省,大部兼办电话电报、寿险及年金业务,邮件递送每日平均约有信件十万件,小包三百件,较之战前,减少不少。盖因本省对外航线,局部阻断,岛内交通,亦因战事破坏,一时不易恢复,接运汽车，亦因机件燃油不足，不能畅通。尤以本省东岸，时遭飓风洪流之袭冲，邮路辄陷困境，甚至利用人力挑送，不免有失常态。其对国内各地，战争末期全停。光复后，曾经长官公署与沪办事处互相联络，利用盟军飞机，自去年十一月七日起，每星期来回各三次，载运转发。现对国内各地邮件，均能通邮，除每五日有轮船带往福州外，对上海则每星期由中国航空公司飞机空递二次。邮资将旧存邮票，加盖"中华民国台湾省"字样，于去年十一月四日发行施用。国外邮件，亦因最近运输情形好转，除日本朝鲜德国，未正式通邮外（日侨日兵普通信函明信片，经主管机关检查后仍予收寄），对其他各国之信函，明信片及该项之挂号航空邮件，业于本月十六日起，全省一律恢复收寄。暂按现行邮资取费，集中台北邮局，交往上海邮局转发。

兹将最近一月、三月份之邮件数字简列如下：

省内收发邮件数

普通信件　　二七○七三一○○件

挂号信件　　八四二○○件

包裹　　一○四○○件

对内地收发邮件数

普通信件	发出	132,500件
	收到	75,200件
挂号信件	发出	35,200件
	收到	18,000件
包裹	尚未恢复	

（二）储金及寿险

本省邮政储金、简易寿险及年金，以往推行颇广，成效特著，兹将接收时及现在状况列表如下：

邮政储金	三十四年十月底接收时状况	最近状况	备注
户数	2,168,249户	2,865,112户	三五年四月二十四日止
余额	673,103,541.54元	327,519,359元	
存簿储金			

续表

邮政储金	三十四年十月底接收时状况	最近状况	备注
户数	11,834 户	10,892 户	三十五年四月二十四日止
金额	10,673,568.27 元	9,889,233.49 元	三十五年四月二十四日止
简易人寿险			
件数	1,915,667 件	1,995,264 件	三十五年二月底止,以后各地邮局报告,尚未到齐
保险费	2,860,426.80 元	2,789,050.11 元	
保险金额	543,988,175 元	519,212,959.63 元	
邮政年金			
件数	5,257 件	5,590 件	三十五年二月底止以后各地邮局报告尚未到齐
缴纳额	1,305,897.68 元	1,992,295.31 元	
年金额	1,555,988.31 元	1,513,048.35 元	

(三)今后工作之推进

本省内外邮政之不能畅通,主因在于交通工具之缺乏,如省外船只畅达,则对外邮政,亦获畅通。其在省内者,亦端恃各种交通工具之改善,对于邮政本身之改革,则当努力收进,本年度首要工作如下:

甲　调整邮电制度——将沿用本省之旧日制度,依照本国邮政电政规章,逐渐加以调整。

乙　调整本省与省外之邮路——过去本省发往省外之邮件,其邮路之安排,乃以日本为中心。今后当利用所有航运机构,加强国内各主港之直接联系。

丙　添置递邮车辆及邮箱信筒——按照现有邮局局数及需用情形,拟本年内添置自行车千辆,分配各局,以增递送效率,并拟添置或修理邮用卡车及小型邮件车、铁路邮车及装卸邮袋之汽艇等邮递用运输工具,以期迅速。

丁　增设代办集配邮局五处——本省现有邮局一九七所,平均每三万人可得一所,全省二七五市街庄中,未设置邮局之庄,尚有一一三个。如以一庄一局为目标,每年约需增设五处。本年度拟就通邮力较高之庄中,添设五局。

戊　修理房屋因战事及风灾所毁之邮电房舍,拟予修葺兴建。

电信

(一)电话电报之概况

本省电报电话之接收时情形最近状况概列如表:

线别	单位	原有状况	接收时可用者	现在可用者	备注
长途有一电话	回线	463	301	262	计有线路一七九区间通话局,所有二〇六所。
全省市内电话用户	户	21,655	6,652	8,636	台北、嘉义、高雄、士林市设有自动机设备,台北能容八千户,高雄、嘉义各持四千八百户,战时损坏,仅嘉义一区保完好。现台北区亦已加紧修复,现时共一二四岛。
有线电报	回线	56	19	30	主要线路二八区通报局,所有一八六局以台北、台中、台南为三大集转局达本省各地。
无线电报		除本省主要城市外、对内地通上海、广州、汕头、厦门、海口、香港及对日本之东京、大阪、福冈鹿儿岛。	仅日本之东京、大阪、福冈。	1. 台北对上海、南京、重庆、福州、厦门、广州、汕头、永嘉、澎湖。2. 台东对火烧岛。3. 对船舶海岸电台、台南、基隆、花莲港。	
无线电话		大连、上海及日本之东京。	东京、大阪。	四月二十三日起台北对上海南京正在试话中。	
海底电线		福州、厦门、香港及日本之长崎。			目下全部不通

(二)现在困难情形与今后改善设施

邮电管理委员会目下最感难以应付者,为本省治安之不宁,盗割电缆电线之案,层出不穷,电讯因之辄遭中断。自本年一月二十九日起截至四月下旬止,共有一一五起,被盗线缆,台北、台南、高雄境内,最为猖獗,各项线缆,总长计竟达一四九二四〇公尺,甚至管署地区,白昼亦敢剪窃。在此器材极度缺乏,工匠异常减少之际,恢复旧有设施,已感困难,而更遭此破坏,一切预定计划因此迟延。本省警备总司令部已订定"破坏或盗窃军(民)用电话及电报线路惩处及奖励检举办法",严厉查缉。再器材之不易补充,亦感困难,以台北一市而言,申请恢复及新装电话者,已达二十五百户之多。因新器材之供应不继,一时无法悉予修装,仅能择军政机关及工厂、会社、学校、医院等先行装置,对于一时无法恢复通话各户,现正进行撤收其话机,以免损失,而利整理。

邮电人员之补充,亦成问题,接收时日籍职员有三七五七名,现留用者仅三三六名,现正遴选归台省籍人员及提升原任台籍职员,以资补充。除特设训练班积极训练外,最近复奉交通部批准,选派本省人员,前往国内各地邮电局实习,以增进管理及技术方面之能力。

无线电话,为现代电信交通之最新设备,本省有此项设备,战时亦受破坏,经努力修复,与省外觅取联络之结果。台北对上海南京已于四月二十三、二十五日两天试话,结果尚佳。现仍继续试验,并经订通话办法,呈请交通部核示中。

于本年改善计划,首重在恢复战前状态,兹分述如次:

甲　国语服务接线——制颁课本,强制行国语,务使全省电话接线生,均能于本年内全部能用国语服务。

乙　设置电信工务人员及铅工训练班——本省今后需用大批有关通讯之干部技术人员,本年度拟即分别开设训练班一次,或两次,每班约三十人,以四个月为一期。并开设敷设整修铅工训练班两次,拟于八十日内,分两期训练,该项技工六十名。

丙　恢复邮电统计工作——民国三十二年以前,本省有关邮电之统计,向有统计要览之发行,此项对于邮电业务之设计与改进之统计工作,拟即恢复。

丁　推进电报电话之工务设施——本省电报电话之设施,本不十分健全,且以频遭轰炸损坏至巨。本年度之主要计划:一,为敷设台中至花莲港间,及台北至苏澳间之电缆工程,现已着手测量。二,为本省内主要地之电报通信,拟改为自动方式,使之通信高度化。三,为全省电报电话线路之全部复旧,材料之获得,最为切要。四,恢复及强化对国内之无线通信,此项费用共需台币四千万元。

戊　筹划开放本省国际无线电报——本省同胞,侨居南洋一带,经商者为数颇多,为使各该地侨胞对家乡联络便利起见,正筹划开放台北对马尼剌、新加坡等地无线电报,一候交通部与各该国接洽妥当,即可见之实施。

四、航务管理局

本省航务管理机关,在日本统治时代,原属交通局之海务部。去年十一月一日航务管理委员会成立,先行接收管理,至今年一月改组为航务管理局。并分设办事处于高雄、基隆,办理轮船公司之登记、给照、船舶之检查丈量、船员之训练、航标之修理、港湾之勘测等工作。兹将各项接收情形工作概况及今后工作推进分述于后。

(一)船务航线

航务管理委员会船运处接收原船舶营运会社之船只,计有机帆船三十三只,计三八四三吨,渔船二十艘,五七七吨,共计四四二〇吨。可以驾驶者,仅有数艘随时赶修行驶,嗣后陆续发现日人所有船只,均由该处接收,至四月二十四日止,共有船只七一只,共六三二六吨(二〇〇吨以上者六艘,一五〇吨以上者六艘;一〇〇吨以上者二一艘;五〇吨以上者二二艘;五〇吨以上者二六艘),其状况如下。

现在运用只数	30只	2,806吨	仍须随用随修。
须修理只数	33只	1,974吨	须大修理，始可运用。
沉船只数	6只	652吨	
行方不明	2只	894吨	台交一二四号，在接收前驶往菲律宾至今行踪不明。 台交一二八号，本年四月五日，开赴福州迄无消息。

以上运用船只，分配于本省沿岸福州及琉球各线。

该项机帆船，纯系货船，并无客位及救生设备，不能搭客。惟在目前对外航线，船只缺乏，为维持交通起见，勉强他用，并选较大机帆船，加装客位，添置救生设备，以策安全。福州基隆线，于去年十二月十五日开航。办理以来，台闽交通，幸能继续维持，尚无停航。计至四月二十四日止，客运福州至基隆为一四六一人，基隆至福州为一〇二一人。货运福州至基隆为五一三吨，基隆至福州为一四二五吨。兹并拟于五月一日起，加开厦门一线，业已准备就绪。

本省沿海各港口之水上运输，亦赖该项机帆船常用驶行于基隆、高雄及马公间。东线各县市如台东、新港、花莲港、苏澳等之物资，如盐、糖、米、煤、木材，为主要用品，均由该项船只分负大部责任，藉以流通。计至四月二十四日止，本岛各线货运计一二六五四吨，客运计四四三八人。此外且于一月开派船运送琉球列岛难民七一八名返岛，最近一月余，并遣送本省日侨日俘返国。马公至高雄日俘八〇九人，日侨九〇四人，调用三船运送。花莲港至苏澳港日俘一四八六人，日侨四二八九人，调用十七艘，运送是项七四八八名日侨俘之集中于四月初旬，已及期赶运完毕。近又指派该项机帆船七艘，驶往福州涵江，专负接运食米之责，目下已有二艘载粮返台。此外于今年元旦接收名命之台北号，原名"大雅丸"，总吨数六九二三一〇吨，最大载货量为九〇〇〇吨，最高速率一三.一浬，为日本战时设计之载货轮船，民国三十三年下水，三十四年五月在本省基隆港内炸沉。经全部捞修工竣后，改为台北号，加设客位，原拟使之担任本省对本国沿海各航线,藉通海运,而恢复上海航线。惟以中央之船只统筹关系,该船业务,已订约由国营招商局代理。该船自命名后,于一月二十日开往汕头,接运军队,先后二次,于三月初复装货开往上海,由招商局代理业务后,旋于四月中返台,最近又复出口。故本省对外海运,至今未有适当之专轮,定期开航。所有各种船舶,今已依照船舶法,从交通一部所定各种章则,办理检查丈量登记。截至四月二十四日止,已经检丈核发之船舶计有轮船四五艘,二〇〇担以上帆船,一四九艘,二〇〇担以下帆船五五五艘。所有轮船公司,亦已依照交通部轮船业监督章程办理登记给照。

目前各线航运,虽能勉强维持,但船只数量不敷甚巨,调度为难,一遇特殊迫急需要,辄感捉襟见肘,常有停顿之虞。兹由航运恢复委员会积极打捞沉船,加以补充,惟以缓不济急,亟须增添船舶。

(二)船员技工

本省原有船员约有一千余名,高中级船员,大多皆系日籍,战时死亡分散各地,无法统计召集。现在办理登记,核发海员手册,尽量录用本省人员,截至四月二十四日止,已登记者二九五名,已核发手册者一八六名。并拟筹设船员训练所,培植高级船员,以应将来航运上之需要。

(三)航路标志

本省原有航路标志五十四处,计灯台三十一座,灯竿九座,导灯二对,灯标三座。导灯浮标七个,大部破坏。灯塔受战事损坏者有二十二座,已经修复者,有富贵角灯台、淡水低导灯二座。三貂角灯台亦已于四月十三日起恢复发光。接收后,现在放光者有富贵角、基隆、仙洞、三貂角、花莲港、新港、高雄、安平、坑子口、白沙、淡水高导灯、淡水低导灯、渔翁岛、花屿等十四处,其余正择重要者,陆续计划修复。惟各项灯台材料缺乏,补充不易,所有急需应用材料及灯用瓦斯,虽经多方设法搜集,依旧不敷应用。渔翁岛从花屿两处灯台,近又因瓦斯供应不继,停止放光。如所需补充材料,若能顺利获得,则今年可将所有损坏灯台,全部修竣放光。惟该项灯台之原有管理人员,均系日籍，均经专门训练者，吾国尚少该项人员，故暂时不得不留用此项日籍人员。兹正积极计划训练本省人员，以备接替，俾可由国人自行管理。

上项航路标志，现已奉交通部电准，移交海关接管，正洽办手续准备移交。

(四)港湾

前海务部下有港湾课。系一统筹全岛港湾工作之管理计划及研究之机构。航务管理局接管后，仍循旧时之工作步骤；继续推进各港之绘制，研究，调查，核算及计划等工作，以所得资料，供给各港，俾作实际工作上之依据。就经济工业农产地势之因素，研究与调查各小港之兴废。

(五)造船事业

本省造船厂，以基隆之台湾船渠株式会社及报国造船株式会社为最大，前者每年最大修造船舶能力(入坞及靠岸)修理可三〇万吨，后者木型造船能力年可三〇〇〇吨，造机则以株式会社台湾铁工所为最大，月产二〇〇匹马力主机一部。

原海务部造船课，业经由航务管理局全部接收，其所主管之造船行政工作，继续推进。本省较大之造船会社十三家，造机会社二家，业经调查详情，并先后派员监理，现拟与资源委员会合办，组织"机械造船公司"经营本省机器制造及造船事业。目下为督导管理本省造船事业起见，已订定造船厂申请注册规则公告实施，举办造船厂注册事项。

五、基隆港务局

本处基隆港务局，系接管原总督府交通局之基隆港务局，于去年十一月成立开始接收。战时基隆港，虽屡经轰炸陆上设备，如房屋仓库等建筑，大半被毁。幸港内重要之港湾、建筑、船舶、羁泊设备，大部尚获保全。赖该局员工之努力，恢复较速，使目前本省物资吞吐，克藉此港以流通，未始非本省经济前途之福也。

(一)基隆港现状与修复工作之情形

基隆港位居本省北端,设备完善,为本岛主港,水陆交通,均甚便利。据民国二十八年之统计,入港汽船二五〇〇艘,装卸货物共四百五十成吨,乘客上下三十余万人,同时停泊船只有二十五艘之多。将来计划,二十年后,可再超出一倍,其概况如次:

甲、停泊地之面积深度及地质

	面积(平公)	水深(公尺)	地质
内港	954,000	3.610.6	黏土
外港	1,210,000	9.1公尺以上	贝壳砂地
渔港	246,000	2.7尺以上	

乙、航路宽度　　最宽处　　三五〇公尺

最狭处　　一三五公尺

丙、防波堤

港子别		长度	损坏情形	备注
内港		327公尺		
外港	东堤	200公尺		东堤已完成160公尺 西堤已完成295公尺
	西堤	550公尺	炸毁15公尺	本年五月底可全部修复

丁、系船岸壁

子、水深　　九.二公尺(一部分为四.五公尺至八.一公尺)　　长一七四六公尺

丑、水深　　九.七公尺　　长四八一公尺

寅、水深　　一〇.六公　　长四一八公尺

可停泊一千吨以上船舶十四个

戊、系船浮标

时期	个数	可停船舶数量	备考
战前	9	10,000吨　2个	
		6,000吨　3个	
		3,000吨　4个	

续表

时期	个数	可停船舶数量	备考
三十四年九月底	6	10,000吨　1个 6,000吨　3个 3,000吨　2个	
三十四年十一月底	6	10,000吨　1个 6,000吨　3个 3,000吨　2个	

可停泊一千吨以上船舶六个

己、栈桥

栈桥计有五处。除地栈桥可停一千吨船只一只外,其余均用以停泊小船。战时多毁坏,现已从事修复,今年上半年,可全部完成。

庚、起货场仓库及起重机

子、起货场,共计长一三九七六五一〇公尺,面积二〇九一七〇平方公尺。战时被毁者,达二二处,计长八六八一〇公尺,故目前大部未能用以起货,现已从事整理,约八个月可全部修复。

丑、仓库大半被毁,现已从事修复应用。

寅、起重机

类别	数量	地点	破坏情形	备注
可移动30吨电气起重机	1	第四岸壁	破坏甚重	已修理二月底竣工
可移动10吨电气起重机	2	第四岸壁昭和町起货场	同右	二月底修复
可移动3吨电气起重机	10	自第十四岸壁至第十八岸壁	三座略损七座破坏甚重	现已修复
35吨浮式起重机	1	港内	机件略有损坏	现已修复

辛、船溜及运河

子、船溜(即避风港)

船溜计有三沙湾、二沙湾、滨町、八尺门四处。本身破坏甚少,惟沉船颇多,未能尽量使用,现正打捞清除中。

丑、运河

运河共有三条,一名田寮港运河,长一七九二七〇公尺;一名旭河,长六七八〇〇公尺;一名牛稠港运河,长三七七〇〇公尺,共长二八四七七〇公尺。战时被毁桥梁六座,河岸石壁部分,被毁一百二十余公尺,钢筋混合土部分,被毁三百四十余公尺,复因各河口俱有大量小船沉没,故均遭阻塞,不能通航。自三十五年二月起开工整理,四月底先行通航,三十五年年底可全部修复。

壬、干船渠

容量	数量	现状	备注
三千吨船	一	抽水机室被毁,抽水机损坏	去年底开始修理二月可修竣
一万吨船	一	战时开筑,尚有25%工程未完工,战前闸门,被炸沉没	本年四月开工修复
二万吨船	一	战时略损已修复	

癸、给水及给油之设备

子、给水设备

沿岸自来水栓,自第一岸壁至第十八岸壁,及日新町、入船町、滨町等海岸,共计有三十四栓,大部修复可用,但水量及压力过低,应自整理市区被毁水管着手,方可畅用。现船用饮料。暂备有水船一艘应急,六月中,可另有一大型水船修竣应用。

丑、给油设备

油管位第十二岸壁,计有四栓,全部炸毁,不能应用。

(二)基隆港将来之扩展

基隆港以优良之天然形势,及经济条件,将来扩展,成为必然之要求。该港在民国二十八年(昭和十四年)入港汽船年二五〇〇艘,装卸货物年三百五十余万吨,如计入供给船只之煤,年达四百五十万吨。乘客上下年三十万人,是年内有十二天,港内同时停泊之船只,超过二十五艘(港内船位共二十五席)。将来本港之繁荣,根据上列纪录,至二十年后客货运输量,极有达上列纪录一倍之可能（即出入港汽船五〇〇〇艘，货物每年八〇〇万吨，上下客年六十万人）。论者谓以台湾狭长之地形、腹地交通，只赖铁道公路，并无适当之水道，是以台湾沿海至少将有四大港同时发展，即基隆、高雄、花莲港、台中港是也。基隆港因其优越之形势，发展或较容易。兹为慎重计，扩展规划，可先以吞吐货物量约六百万吨为度，而仍以八百万吨为最后目标。

基隆港扩展有二种可能之计划：

1. 尽量利用内港之东岸

2. 向外港发展

或两者并用，亦有可能。该两种之措施，各有利弊。内港东岸改造后，可供汽船停靠，工程费较少，但日后在此狭长之内港中，船只行驶，并靠码头甚为困难。在外港添筑码头，船只进出较易但工程费必巨，且外港风浪较大，即防波堤完成，或亦不能十分安静也。

将来视本省工商业发达情形而拟定可能之扩展如下：

甲、内港之东岸。将备作一〇〇〇吨以下之轮船及机帆停靠之用，该处岸壁，及须改建，以能达五公尺之水深为度。若干地段或添设浮码头岸壁后，预留空地，供作马路及一切港埠设备之需。

乙、巨轮停靠之码头，仍以在外港扩展为宜。风浪问题，可以适当之防波堤布置以解决之。

丙、完成添建各项码头后，可同时停泊船只四七至五〇艘，为现有者之一倍，使运卸货物可达八百万吨。

（三）基隆港务局花莲港分局

花莲港为本省四大港之一，其港务工作机构，隶于基隆港务局，在该港设立花莲港分局。

（一）花莲港最近之现况

花莲港码头，被炸损坏尚微，略加修理后，现已有二处可靠轮船。其余一处，因前有沉船岩户号（约五〇〇吨）暂时尚不能利用，最短期内，拟设法打捞，则三处码头，均可使用矣。港内仓库被炸全毁，现仅修临时仓库二小间，供临时堆货，拟先修复被毁者一座，短期内开工。

花莲港之东防波堤，于去年九月间被风浪冲袭一段，约四十公尺下沉。因冬季不宜施工，未及修复，本年四月初旬，又被巨浪冲击，此段防堤冲毁处扩大，现拟在三个月内施工修理，约需款四百万元，正准备材料。

花莲港在战前本有扩充计划，且有一部分已实施，待该港复旧工作完竣后，当再继续实行。

六、高雄港务局

本处高雄港务局之成立，系接管原总督府交通局所属之高雄港务局，自去年十二月二十四日开始接收，正式成立。

（一）高雄港概况与清港工作之情形

高雄港为本省南端之要塞地带，亦为重要之物资吐纳港口，其原有设备，可同时寄泊海轮三十四艘，货物装卸每月吞吐量为二十万吨，战时被炸惨烈，港内水陆设备，损失甚重。陆上大部器材建筑，荡然无存，毁坏在百分之九十以上，水底沉船，大小有数十艘之多，港口为沉船五艘所阻塞。去年十二月二十四日开始接收后，即积极打捞对港沉船，恢复港内通讯信号、浮标等设备。并计划游疏淤泥，择修主要码头、仓库、起重机等机械及添设必需建筑设施。港口沉船已清除者计有三艘，清除之后，二千吨之船只已可通航。尚余两艘，现正设法打捞中，清除后一万吨或吃水八公尺之海轮，即可入港。现在吃水七公尺之海轮已可入港。

陆上修建工程，亦已开始着手兴筑，惟以破坏过重，资材缺乏，工作进行，尚多困难。兹将该港近况简述如后：

名称	数量	备注
防波堤	938公尺	
驳岸	2,500公尺	拟于本年内修复
栈桥	150公尺	拟于本年内修复

续表

名称	数量	备注
系船浮标	13	全部炸沉现正捞修中
仓库	28,000平方公尺	损坏百分之九十一部分已修复
起重机	16座	损坏十四座可修者拟本年内全部修复

(二)复原工作

高雄港被炸损失甚巨，水面沉大船二十余只，小船数十只。陆上设备从一切建筑损毁约在百分之几十以上，本年度工作规划，首重恢复战前原状，拟打捞全部沉没船只。并局部恢复陆上设备及建筑物，其不能修理者，分别添购或添建，或留待明年度办理之。兹详列三十五年度各项工作如下：

(1)清扫水面及陆上残破船只与建筑物。

(2)打捞本局大小沉船及浮标。

(3)恢复港内通讯信号设备。

(4)靠船驳岸修复百分之六十五。

(5)靠船栈桥修复百分之六十。

(6)仓库修复百分之五十。

(7)港内淤泥，已二年未浚，本年度拟疏浚一次。

(8)起重设备，拟全部恢复。

(9)修理本局损毁船只及车辆，其不能修理者，另行添补。

(10)修理厂拟修复百分之七十。

(11)办公室及宿舍，拟全部修复，不能修复者重建。

(12)打捞及修理所有港内大小沉没船只。

七、台中港筑港所

台中港筑港事务系继承主持原新高筑港所之未完工程，光复后，本处特设该所，负责办理该港修筑工程。

（一）台中港之地位与筑港工程之近状

台中港原名新高港，在本省台中州梧栖街，位居台中西岸，可与高雄、花莲港，并为四大主港。对于台中一带之商务及渔产之繁荣，关系颇深。且将来因台中物资水源之丰富及人工之低廉等条件之下，可进一步发展为重要工业港。日人民国二十六年起，开始筑造，规模浩大，迨至三十三年七月，因战事停工，完成十之六七。光复后，决定继续筑造，乃成立台中港筑港所，负责计划进行该项工程，预计于五年内，将防波堤商港及渔港及小部分工业港竣工。并拟于最近二年半内，先行疏浚港口，利用已成码头，容纳千吨货船，并拟在最近五年施工期内，保留扩充为巨大工业港之地步，以得本省工业政策之决定。

该港专用主要工具新高丸挖泥船，在战时炸沉，尚未捞起，以致未能即行展开浚泥工作。现正研究勘测该港各项有关工程之情形及添置各种建筑材料，以资应用。

（二）今后工作之推进

兹将台中今后之工作分述如次。

（甲）展筑防波堤　本港有南北两防波堤。北防波堤在本港有主要作用，计划全长为三八六〇公尺，已完成者有三三三〇公尺，本年度内拟再展筑八〇公尺；南防波堤为商港及工业港之外堤，计划全长为一九九〇公尺，已完成者有一二九〇公尺，本年度内拟筑四五公尺。以上工程，均用混合土筑造，全部工作，需时四年。

（乙）捞修新高丸　新高丸挖泥船，为本港自备专用之主要工具。前炸沉于左营港，现正委托高雄港务局设法打捞，约八个月后，可以修竣。一方面正设法向其他有关方面商借挖泥船应用中。

（丙）浚渫埋立工程　如有挖泥船，可资应用，即行继续浚渫工程。浚渫海滩为深水道，移挖填作港内用地，完成本港航路。前已有百分之四十，业已完成，拟再继续进行，约需五年，始可竣工。

（丁）海岸工程　本港之商港渔港一部分岸壁及码头，已完成者约百分之三十。本年度内拟予整理，并再续筑百分之十五，全部商港渔港及一小部分工业港之完成,需时四年半。

（戊）整备机械工具　本港所有设备及工具,因战事工作停顿后,残缺不全,拟于一年内,将所有必需器械补充添置,全部恢复完备。

（己）修葺房舍　本港之房屋仓库等建筑,在战时亦略有炸毁,拟先整理修葺。其他未完成之房舍,亦拟于五年内随时添建。

（庚）勘测研究工作　本港之地质、气象、地形、潮位、水深等勘测及研究工作,对于工程之进行,关系极巨,拟经常办理,以增效率。

八、航运恢复委员会

航运恢复委员会,系于本年一月间筹组,罗致各方面有关系人员及专家,专负整理港湾,与捞修沉船之设计及管理之责任。

（一）各海港沉没船舶状况

本省在战时沉没各港及沿海之船只,为数甚多。已调查发现者,计沉没于基隆港者有九艘,其中逾万吨者一艘,五千吨以上者四艘；高雄港内,沉船尤多,计大者有二十九艘,逾万吨者二艘,五千吨以上者有十一艘,千吨以上者有九艘。其余亦皆在百吨之上,致港口航路阻塞。其他马公有沉船十一艘,台南、花莲港等有三艘,其余小船尚未计入。在此交通工具缺乏之际,打捞修理是项沉船,对于本省航运之恢复,殊为重要。且于人力物力种种限制之下,较之建造新船,以恢复航运,易于实现而更为迅速,因之成立航运恢复委员会,专负统筹计划及管理捞修之责,先订"捞修沉船暂行办法",并分设高雄基隆办事处,负责该两港沉船捞修工作。近又由行政长官公署制定"奖励人民捞修沉船管理办法",奖励人民捞修沉船,并在全省沉船地区,分指机关,就近办理,以期增加效率,迅速恢复航运。

（二）捞修计划

关于捞修沉船之器材,因海运尚未畅通,无法取给于内地及国外,故先向有关方面洽借应用,或在本省购置,以济其缺。至于捞修之人力,暂就习于海事之日俘,及海事商业团体日籍技工,加以留用三十七人。不敷之数,由本省就地征才,一则利用日俘侨之技术势力,复兴吾国航运,一则减少台胞战后失业,以策两全。

日人原在台湾之捞船会社,北川、海事兴业、仲野、大华、中华五会社,拟由航运恢复委员会,即加监理,筹组打捞公司。凡已经捞起修竣之船舶,将视各线之运输状况及供求情形,分别缓急,分配各线。于本年元旦命名开航之台北号,现已由国营招商局代理,行驶于本国沿海各线。兹将捞修概况及计划列表于后:

捞修完竣业已开航者	台北号(基隆)7,000吨 日香丸(高雄)300吨	二艘	7,300吨
正在修理中者	岛羽丸(基隆)6,995吨 常枫丸(高雄)7,100吨 山泽丸(高雄)6,888吨	三艘	20,983吨
已捞起而准备修理者	第3大和好丸(基隆)400吨 昭南丸(高雄)419吨 帝祥丸(高雄)8,000吨	三艘	8,819吨
正在打捞中者	米寿丸(基隆)539吨 海幸丸(基隆)900吨	二艘	1,439吨
准备捞修者	国华丸(基隆) 荣邦丸 黑潮丸 贵州丸 新高丸 大阪丸 抢林丸 江浦丸 江差丸 岩国丸 第三东荣丸 福山丸 广山丸 米利丸 旗风丸(高雄) 卸且丸 东运丸 近油丸 长安丸 浅香丸 宝岭丸(马公) 若宫丸 第三东羊丸(台南) 岩户丸(花莲港)	24艘	88,161吨
破坏不堪拟予解体者	宗像丸 松丸 力行丸(基隆) 第二日俗丸 新潮丸 恒春丸 迅风丸 宜兰丸 淡水丸 山萩丸	18艘	5,6261吨 (松丸吨数不明未列入)

续表

		52艘	182,963吨
	武诚丸　海王丸　鹤羽丸(高雄)		
	梅丸　白妙丸　北比丸		
	第二三南进丸　第二六南进丸(马公)		
合计		52艘	182,963吨

以上全部沉船之捞修及解体等费用,预计约需台币九千六百余万元,其他沉没于各港之较小船只,随时调查,随时进行工作,尚未列入。

九、通运公司筹备处

通运公司,系接管本省货物运输及仓库业务,加以调整统筹,以利储运。

(一)本省货物运输机构之概况

本省以经营货物运输机构,日人经营之规模较大者,有下列七会社:

甲　日本通运株式会社台湾支社

乙　台湾仓库运输株式会社

丙　台湾运输株式会社

丁　日东运输株式会社

戊　台湾合同运送株式会社

己　株式会社丸一组

庚　台湾运送荷役株式会社

日人与本省合营者有台北、台中、台南、新竹、高雄、花莲港等几家自动车运输株式会社。

(二)通运公司之筹备

通运有限公司于本年一月十日,开始筹备,订定接收办法,合并统筹接收监理中之上述各会社。前项日人经营之七大会社,各地分支机构遍布全省,故将全省划分为七区,每区派一接收委员,现正分别接收中。其中之台湾运送荷役株式会社,原系专营各地铁路货物搬运业,故接收后拟改组为铁路货物搬运公司,独立经营,而受通运公司之指挥监督。至于日人与本省人合营之七汽车运输会社,因商股关系,接收后拟仍就各会社所在地,分别改组为汽车货运公司,独立经营,亦仍受通运公司之指挥监督。

在接收期中,运输业务,照常进行。筹备以来,除加紧接收外,并积极恢复原有工具,修缮仓库,以期增加运输之便利与能力。

十、台湾省航业公司筹备处

查日本、大阪、三井、日本邮船等七家大商船会社,在台均有支店。光复后,由本处监理接收,拟合并此七会社之资产设备,筹组航业公司。

(一)本省航业状况与监理之情形

战前本省海外交通,定规航线有四十七线,航行船舶凡一百四十四艘。方在本省投资经营或分设之船舶会社,共有下列七家:

大阪商船株式会社台北支店

日本邮船株式会社台北支店

辰马汽船株式会社台北出张所

三井船舶株式会社(台湾)高雄出张所

大连汽船株式会社台北出张所

东亚海运株式会社台北支店、基隆支店及高雄支店

南日本汽船株式会社

其中除南日本汽船一家为总社外,其余均为支店。自三十四年四月份起,台湾所有各航运机构业务,统由日本海运统制机关之船舶运营会接管。是故各该会社营业,自同年五月份起,即已全部停顿。去年十一月由交通处派员监理时,除仓库房地产船用品等财产外,可能航海之船只,绝无仅有。其时各该会社,尚雇有职工船员共七百余人,其中多数均属船员,至去年十二月底,裁去十分之九,现日船员工留用者,仅二十七名,以备整理账目及船务工

作。俟点查接收后，拟予全部解雇。现对于各会社之内部拟构组织、资产现况等均已大部审查就绪，并已开始接收中。

(二)航业公司之筹设

本省四面环海，海运实为本省命脉。日人统治时代，航线四通八达，物产畅通，经济赖以繁荣。故本省经济建设，首重恢复航运，而环岛各港湾，因战时轰炸关系，沉船密布，若予全部打捞修理，藉谋恢复原有航线，则实应有专负此等庞大业务之机构，特设立航业公司筹备处，筹组一切，拟即利用航运恢复委员会捞修各种重吨船舶（如已打捞修竣之台北号即"大雅丸"，已开始营业，现由招商局代理中。）及上述七轮船会社之设备，组成公司，筹备恢复远海交通，应本省物尽其用货畅其流之目的，现已进行中。

十一、结论

本省交通事业，在战前固称发达，各项设施，亦尚完备。迨至战争将近结束之际，以战事之影响，轰炸之破坏，所有内外交通，渐陷于麻痹状态，甚至无法维持。迄光复后，于三十四年十一月一日，由本处接管时，无论铁路、公路、邮政、电信、航运港务，各种设备，已损毁极巨。一切器材，既添置困难，且均属日本出品，一时又无法补充。其原有管理人员，大部皆系日人，亦因精神颓废，工作效率锐减，虽有本省台胞接递，但仍感人力之不敷，在此人力及物力种种限制之下，推进工作，恢复交通，辄觉困难重重，力不从心。半年来幸赖同人努力将事，艰苦维持而不放于停顿者，已属不易。今后本省有关交通事业之努力，自当有待于各方贤达之协力，与夫本省人民之精诚合作，则发达成盛，庶有望焉。

会计报告

一、接收情形

在日本统治本岛时代,会计事务由总督府财务局主计、会计两课经办,光复后遵照我国现制,于公署内设立会计处,主持全省会计行此。将原主计、会计两课,经办会计各事项,划归会计处接收。全省财产仍划由财政处主管,惟为使会计制度一面遵照我国现制改组,一面行政工作之进行不受阻滞,经决定省预算暂照原总督府昭和二十年度预算沿用至三十五年三月三十一日止,其应予变更者修正改编之。会计事务处理手续亦暂照旧继续至三十五年三月底。主计、会计两课,移交清册内所列册籍物品一部分由会计处点收保管。

二、现在概况

甲、三十五年度省概算之核编本省修正沿用原总督府昭和二十年度预算至本年三月三十一日止。我国会计年度系自一月一日起至十二月三十一日止,为使明年预算之年度能遵照我国现制,故三十五年度省概算之起讫期间为自四月一日起至十二月底止。经由省各机关先行各自编制其主管之概算。遵照中央规定务期经费与工作计划配合,每一机关概算均与其工作计划同时并制。由经济委员会先审核工作计划,决定所应进行之工作与经费,再由会计处汇编成本省岁入岁出概算。岁入岁出总数各为二十四亿八千六百二十七万二千元。岁入以公有营业盈余专卖收入为大宗,税课收入及运输收入次之。岁出以经济建设支出及生活补助费占百分比为大,补助支出、财务支出、教育文化支出、保警支出及卫生支出,顺次各占较大比率。补助支出内包含劝业费,财务支出内包含专卖经费。兹将本省三十五年度岁入概算总计表及岁出概算事业别总计表列后。

(一) 台灣省三十五年度歲入概算總計表

科目	經常門	臨時門	總計	百分比率	備考
稅課收入	268,669.000	55,543.000	324,212.000	13.040	
專賣收入	733,937.000		733,937.000	29.519	
郵電收入	51,693.000		51,693.000	2.080	
運輸收入	346,478.000		346,478.000	13.935	
港灣收入	3,495.000		3,495.000	0.141	
農林收入	132,839.000		132,839.000	5.343	
公有營業盈餘收入	875,530.000		875,530.000	35.214	
罰款及賠償收入	1,251.000		1,251.000	0.051	
其他收入	10,945.000	5,892.000	16,873.000	0.677	
合計	2,424,837.000	61,435.000	2,486,272.000	100.000	

(二) 台灣省三十五年度歲出概算事業別總計表

科目	經常門	臨時門	總計	百分比率	備考
行政支出	34,152.027	37,505.845	71,657.873	2.882	
財務支出	38,892.926	236,937.792	275,830.718	11.095	
教育及文化支出	67,962.421	64,598.510	132,560.931	5.332	
經濟及建設支出	327,308.470	325,531.616	652,840.086	26.257	
衛生支出	31,805.986	66,842.670	98,648.656	3.968	

续表

科目	经常门	临时门	总计	百分比率	备考
社会及救济支出	646.675		646.675	0.026	
保警支出	19,934.253	127,193.110	147,127.363	5.918	
补助支出		413,536.614	413,536.614	16.633	
第一预备金	26,035.138		26,035.138	1.047	
生活补助费支出		578,533.100	578,533.100	23.268	
特别预备金		88,854.847	88,854.847	3.574	
合计	546,737.896	1,939,534.104	2,486,272.000	100.000	

乙　三十四年度省总会计报告之编制　根据省三十四年度财务收支之实际状况,订定省总会计制度。向台湾银行代理公库收集财务收支之数字数据,登记省总会计各账,按月编制报表。兹将截至本年三月三十一日止之会计报告开列于下:

(一)台湾省行政长官公署总会计

普通基金　资力负担资产负债综合平衡表

中华民国三十五年三月三十一日(三十四年度)第四号

资力及资产	金额	负担及负值	金额	备考
岁入预算数	114,342,584.18	岁出预算数	220,345,149.09	※系赤书
收入总存款	※335,855,285.77	保管款	28,459,537.82	
暂付款	25,155,775.00	为付支令	12,235,429.50	
垫付款	457,377,043.00			
总计	261,040,116.41	总计	261,040,116.41	

(二)台湾省行政长官公署总会计

丙　经费支付书之核签　本年四月一日起,本省依照公库法之规定实行公库制度。各机关所需经临费,概由财政处依照省岁出概算签掣支付书,送由会计处核与概算相符后,会签送台湾银行代理公库发款。兹将自本年四月一日起至四月二十四日止核签支付书金额列后。

费别　　　　金额

经常费　　　二一七七一九四四.四五

临时费　　　九一五六九九一八.〇〇

食米补助　　八〇二二〇八.〇〇

生活津贴　　一一九八六三九.八六

丁　各机关会计室之设置　遵照我国现制,各级机关均应设置独立会计组织,现公署直属各处均已依法设置会计室。

戊　县市会计事务之指导

普通基金 收支累计表

中华民国三十四年十二月十五日至三十五年三月三十一日止

收项			付项		备考
科目	截至本月底止收入累计数		科目	截至本月底止支出累计数	
经常部			经常部		
租税及印纸收入	76,306,704.08		一般费	159,936,105.93	
官业及官有财产收入	272,255,718.28		补充费	24,990,841.39	
杂收入	852,535.73		临时费		
临时部			一般费	105,759,410.59	
临时租税及杂收入	343,764.444		暂付款	25,155,775.00	
台湾总督府特别会计转入款	51,920,200.29		垫付款	457,397,043.00	
保管款	28,459,537.82		截至本月底止支出总数	773,239,185.91	
为付支令	12,235,429.50		截至本月底止存数	※	※系赤书
截至本月底止收入总数	437,383,890.14				
截至本月底止透支数	※335,855,285.77				
总计	773,239,175.91		总计	773,239,175.91	

（1）订定本省各县市编造三十五年度概算应行注意事项，颁发县市岁入岁出预算科目，俾各县市政府编造三十五年度概算时有一致之依据。

（2）颁发县市总会计制度暨县市及所属各机关普通公务单位会计制度，并订定本省各县市政府实施县市总会计制度应行注意事项。

己　会计人员之训练会计制度之推行　有赖会计人员之切实执行其职务，会计人员对于会计制度必须熟谙。本年度以训练普通公务会计人员五百五十人，公营事业会计人员二百人。截至四月二十四日止，已训练结业普通公务会计人员九十九人，业经分发各级机关任用。所有尚未训练足额之会计人员拟继续招收，并调各机关现职会计人员施以训练。

法制委员会工作报告及询问之答复

诸先生：接准贵会本月八日代电通知本会出席报告，兹谨就本会工作及苏议员询问各点，分别报告及答复如下：

一、工作报告

（一）接收情形

法制委员会奉令于去年十一月一日接收前台湾总督府法务部及审议室，计接收卷宗七六六件，未办案件六件，图书一七三二册，人员四十六名（内日人四十四名现征用者仅五名），并会同高等法院接收司法保护事业收容所九所，保护会三一四所，印刷厂一所，木材厂一所，温泉浴室一所，接收工作均顺利完成。

（二）工作概况

一、截至本年四月二十四日止，本会审查及草拟长官公署单行法规共二百五十八种，其中官制类八十种、民政类三十六种、财政类十五种、教育类十九种、工矿类六种、农林类九种、交通类十二种、警务类十三种、会计类二种、宣传类三种、地政类九种、卫生类十二种、司法类三种、其他三十七种。

二、废止不合现在环境之台湾原有法令八十一种，其中民政类十一种、财政类十一种、教育类三种、工矿类四种、农林类二种、交通类二十七种、宣传类四种、司法类三种、军事类十六种。

三、已译就现尚可供参考之台湾原有法令五十种，其中民政类十四种、财政类三种、农林类四种、工矿类二种、警务类四种、气象类一种、卫生类七种、司法类五种、交通类三种，其他类七种。

四、刊印刑法及刑事诉讼法二种（均附译日文）各一万册，分别发售，期众共晓（其他民法等在编印中）。

五、本尚原有法令，除与我国法令及三民主义抵触，以及压榨钳制台民者外，其余法令如系保护社会一般安宁秩序，确保民众权益及纯属事务性质者，业经长官公署布告周知，暂仍有效，以避免骤然全部更张，妨及社会秩序。

六、依据属地主义之原则，中华民国之法令，应自我国正式受降树立政权之日（三十四年十月二十五日）起，均适用于台湾省。惟原施行于台湾之日本法，其内容与我国现行法不尽相同，为调和两者间之差异，以期救济，因适用我国法所引起之权利义务变化起见，爰会同高等法院并征询专家意见，遵守国家立法精神，斟酌本省社会情形，经两月余之慎密研究，订定过渡性之台湾省民刑事件，适用法律条例草案。已呈请中央审核中。

二、对于询问之答复

本月八日准贵会通知苏议员临时动议请本会出席报告（一）公署立法之手续。（二）立法权之范围。（三）公署立法权行使之原则。（四）公署立法权与省参议会立法权有无调整之必要等四问题。兹就原问依条答复。

（一）公署立法权之范围

依照三十四年九月二十日国民政府公布之《台湾省行政长官公署组织条例》第二条之规定，台湾省行政长官公署于其职权范围内，得发布署令，并得制定台湾省单行规章。又依《中华民国训政时期约法》第六十条之规定，各地方于其事权范围内，得制定地方法规，长官公署为执行法律所赋予之职权，爰有法制委员会之设立，其职权亦经国民政府行政院明定，为关于本省法规之草拟审查修正解释，以及其他有关法制事项。

上举各项规定，为长官公署创制法令之依据，亦即苏参议员所询长官公署立法权之范围。此种立法工作，与本国其他各省省政府所办理者完全相同。

(二)公署立法之手续

本省行政长官公署立法手续，大略可分为下列两项。

一、由法制委员会草拟者。法制委员会奉长官交办或因事实之需要草拟法规，依办事秩序，应由本会委员或编审草拟，交其他委员复审，再提会慎密审议，再呈长官核定公布施行。

二、由公署所属各机关于其职权范围内，根据事实之需要，拟订后交付法制委员会审查者。法制委员会于收到即交指定之委员或编审，按照中央颁行之法规慎密审查，经初审复审之后，提会决定，再送由原拟订机关会呈长官核定公布施行。

简言之本省行政长官公署立法之手续。每一法案，必经调查、研究、审议、核定等程序，然后正式公布施行，其应呈中央核定或报请备查者，仍按照规定程序办理。

(三)公署立法权行使上之原则

本省行政长官公署，依职权制定省单行规章，系以下二项原则为标准。

一、在法律上：本省所拟订一切法规，均以符合中央法令及实际需要为原则，换言之，即于不抵触中央法令原则之下，制定适合于本省环境需要之一切法规。

二、在政策上：本省所拟订一切法令，均以符合三民主义及国家既定政策并以维护民众利益为原则。

(四)公署立法权与省参议会立法权有无调整之必要

本省长官公署依法律赋与之职权,得制定省单行规章,有如上述,至参议会依组织条例第三条第一项第二款之规定,得议决有关人民权利义务之省单行规章事项,是省参议会之立法权与长官公署之立法工作有必要之联系及相辅相成之处。尤其省参议员诸先生,系省公民之代表,深知社会实况,于本省法规有何建议意见,本会自极乐于领教,期法规能配合社会现实,推行便利,共谋真正法治之实现。

台湾司法接收情形及改进概况

台湾司法在光复以前，其组织不特与祖国殊异，即与日本内地亦复不同。诸位参议员有曾充律师者，当能明悉其底蕴。原来在台湾之诉讼案件，均以在台湾了结为原则，故原台湾高等法院有所谓上告部者，即相当于日本内地之大审院，高等法院复审部即控诉院，地方法院合议部即地方裁判所，地方法院单独部即区裁判所。原则上采用四级三审制度，在战争期间，更曾制定"裁判所构成法战时特例"废止控诉将审级减少一级，此就组织审判方面而言也。又就法制方面言，日本内地之"违警罪即决例"其处分之范围极狭，但在台湾则处三个月以下之惩役，均可为即决处分，而以郡守警察署长及支厅长等并其代理官处理之。可知日本过去在台湾关于司法方面之措施情形，显有差别待遇，其他类此之事例，如台湾鸦片令、匪徒刑罚令，更系毁灭台湾不合理之措施。台湾光复以后，关于从前此等蹂躏台胞之法令，已经废止，勿待赘言，关于法院组织方面一切均与内地无异。简言之，即依照我国法令在审判方面采三级三审制，无论民刑案件，其刑度较重或标的较多者，均得上诉之最高法院。换言之，即台胞于法律方面受国法之保障，与内地各省同胞殆无有异。本院自接收后，将日本统制时代各种制度，依照我国法令予以调整。兹可得而报告者，分为 1. 法院 2. 监所 3. 其他有关司法组织机构，陈述如下。

一、法院部分

本省原有各法院接收后,本院立即依照我国法制,予以改组,废除其所设单独部、合议部、上告部、复审部等,并更定其名称而将原有之台北地方法院宜兰支部,改为台北地方法院宜兰分院,台北地方法院花莲港支部,改为花莲港地方法院,台南地方法院嘉义支部,改为台南地方法院嘉义分院,其余台北、新竹、台中、台南并各设地方法院。依照中央计划,尚拟于本省设高等法院分院两处,惟在本年度以经费与人事等关系尚难成立,本院及所属法院接收后所有本省籍之人员,全部继续任用,复由本省任律师中擢拔贤能人员,暂代推事办理各院事务。现在本省台籍推事,经本院任用者其计有十六员之多。此就人事方面而言,关于诉讼案件,原高等法院办理之终审案件未结者,尚有三十余件。本院以依照我国法制,终审案件系由最高法院管辖,本院无权处理,故于接收后即将此类案件整理清楚,呈送最高法院核办。原台湾各地方法院均兼办第一审及第二审民刑案件,接收后,即改依我国法制,将原有案中属于第二审者,由各院送至高等法院裁判。凡此均系依照国民政府颁布之台湾法院接收民刑事件处理办法,各级法院办理民刑诉讼案件在程序方面,接收后均依照我国法令办理。在实体方面,其事件发生在接收后者,自亦依照我国法令办理,其事件发生在接收前者,究应如何适用法律,则颇有问题。本院已就此点会同长官公署法制委员会拟定《台湾省民刑案件适用法律条例草案》由行政长官公署呈送中央核示。

再台湾各法院原均附有供托局办理供托事件,此种机构相当于我国法院之提存所,而事务较多,本院接收后,仍暂予维持原则,俾便利诉讼当事人,惟将来仍须改组。

二、监所部分

关于台湾原有各刑务所接收后,均改依我国法制称为监狱,并各附设看守所,例如台北刑务所改称台湾第一监狱,附设台北地方法院看守所;台北刑务所宜兰支所改称台湾第一监狱第一分监,附设台北地方法院宜兰分院看守所。关于人事方面,曾令本省各法院台籍代行院长职务之推事,遴保曾受大学教育,忠勤干练,操守廉洁人员,呈报本院,即由本院派以书记官名义,分发第一监狱实习狱务。其实习方法,普遍及于监狱各部门,如戒护、作业教诲及其他监狱行政。各实习人员,每周应就其实习之部门心得,作成报告,由本院长亲加评阅,并几传见各该员等面加考试。实习期满后,即由本院派以暂代各该监典狱长职务,并暂代附设看守所所长。各该员受任以来,尚能克尽厥职,此关于训练狱务人员大概情形也。

台湾原有之刑务所,计有台北、宜兰、花莲港、新竹、台中、台南、嘉义、高雄等八所,除台北刑务所于本院接收时即予接收外,其余均于三十四年十二月分别接收,由本院分别将之改称监狱并附设看守所,继续办理。兹将本院接收时各监内囚犯及羁押人数列下:

刑务所别	男	女	共计
台北刑务所(及其支所)	1,830	67	1,897
台中刑务所	502	31	533
台南刑务所(及其支所)	1,029	23	1,052
新竹少年刑务所	444	8	452
合计	3,805	129	3,934

各监狱内所有囚犯除大半为本省籍者外,尚有一部分日籍人及极少数韩国人,日籍囚犯共约百余人。本院接收后,以此辈均系不良分子,留置监内徒耗我国囚粮,将来出狱后亦难安插,经请准应予遣送回国。关于日籍未决犯部分,亦均予遣送。为准备遣送计,先由本院令知所属各监所,将全省日籍囚犯集中于第一监狱,并与台湾省警备总司令部及美军联络人员商妥船只后,已于四月初旬先后遣送完毕。统计全省遣送日籍已决犯一三六名,未决犯一二一名。

于兹应特为报告者,即台湾自光复后,凡属台胞,莫不振奋,即在囹圄受禁亦多抱自新之愿。而自接收以后我政府尚未颁行救令,以致囚人多表失望,益以台湾过去数年之间,日本政府因战争关系屡颁特别法令,罪刑规定,严酷非常,窃盗一草一木之微,处刑辄至三数年以上。我国接收之后废止苛法,独对过去已判之案,尚无挽救之道,国家恩惠,似有未至之处。此种特殊情形与我国内地沦陷区各省微有不同,本院为避免与中央政府大赦特权抵触起见,特拟具保释办法,复又参酌本省治安状况修订后,请本省陈行政长官兼接收委员会主任委员核准施行,计各监保释人犯凡八百余人,其无家可归或无业可就者,均责成各地司法保护团体收容救济,并予适当工作。

三、其他有关司法事项

甲,调整法院管辖区域。各法院管辖区域,因台湾光复后,行政区域已由长官公署重新划定,故本院亦予以调整,使与新行政区域符合,由本院训令各院并呈报司法行政部在案。

乙,辩护士。台湾原有之辩护士即我国之律师,全省约百余人,其中大半均为日籍。本院接收后,即拟定台湾省辩护士整理暂行办法,分别呈请行政长官公署及司法行政部核准施行,其整理办法要点:1. 即日籍辩护士一律停止执行职务。2. 原有之辩护士会即行解散,其财产由各地法院暂行保管。3. 本省籍辩护士仍准继续执行业务,但须本院举行登记现仍原任辩护士之本省籍人。来向本院登记者,已有四十余人,均准其暂执行律师职务,以应事实需要,其在日本内地执行辩护士业务之本省籍人,并准其一体登记。

丙,公证人。台湾原有之公证人,依照日本法制除法院推事兼任者外,尚有由台湾总督任命之人于法院外办理公证事务,此种制度与我国制度不合,自应予以废止,且各该公证人均系日籍亦不应许其继续任职。故本院接收后,即行命令各该公证人停止执行事务,并令各地方法院接收各原有公证人之文件,并遵司法行政部分转令各法院派推事兼办公证事务,另设佐理员等以辅佐之,各重要地区法院均已遵令成立公证处,例如台北地方法院。

丁,司法书士。台湾原有之司法书士制度,为我国所无,本院接收后,先就此项制度加以调查,因其颇有利于诉讼当事人及登记声请人,故一面呈报中央请示,一面订定办法暂时保持该项制度。原有本省籍之司法书士,准其继续执行职务,惟应向所属地方法院登记,并呈报本院务案。关于各司法书士之监督及征收公费事项,均令由各地方法院院长办理。

戊,司法保护团体。台湾原有之司法保护团体组织颇为完善,工作亦有成绩财产尤不在少数。光复之后多数停止活动,甚至滥行处分财产。本院接收之初,即命原总督府法务部调查报告,并由行政长官公署法制委员会会同本院派遣专员分赴各地调查财产及活动情形。刻正由法制委员会会同本院整理调查报告,俾便拟具改进方案,庶此项扶助出狱人之慈善团体,得发挥光大。

国立台湾大学工作报告

一、接收经过

国立台湾大学原为台北帝国大学,由教育部台湾区教育复员辅导委员会负责接收。该会特派员罗宗洛先生为慎重其事计,于接收之前,曾先作侧面之调查工作。在此时期内,罗特派员除访问该大学教授外,并聆听本省教职员学生之报告。此种调查工作,对于以后之接收工作,裨益甚大。

罗特派员奉命于三十四年十一月十五日上午九时举行接收典礼。是日,罗特派员率同该委员陆志鸿、马廷英及杜教授聪明、林先生茂生等前往接收,面交前帝大总长安藤一雄《移交事项》一纸,安藤即交出官印八颗,移交清册六十五册。因学校规模宏大,物品众多,罗特派员乃延请在该校服务之本省教职员七十余人帮助接收。承本省人士热诚协助,不特将列入清册之物品一一点收,且查出漏未列册之物品极多,接收工作乃得顺利完成。

二、大学现状

教职员方面:接收之前大学共有教职员一千八百四十一人,其中本省人士仅有六百人,其能居较高位置者仅有教授一人,助教授一人。由此观之,该校不特须得速裁去冗员,藉以节约国币,尤须设法裁遣日人,拔擢本省人士。

经罗特派员一再整顿后,现仅留用技术上必须征用之日人二六四人,同时业已引用本省籍教员一三四人之多。学生方面,日人统治台湾期内,竭力阻止本省青年受高等教育,接收之前全校有学生一六六六名,日籍学生达一三四四名之多,本省学生仅有三二二名。接收之后,罗特派员为副中央及陈长官意旨,以期本省青年能大量受高等教育,故特于十二月中举行临时招生,报考者有一四六四名,惜以成绩欠佳,谨录取二六四人,其最低分数仅为三十三分。

事务方面:大学校舍被盟机炸毁甚多,故修缮校舍,当为当务之急,以经费所限,现仅能就其急需者加以修葺。该校概算已呈送中央审核,以交通不便,迄未核定,其概算中之经常费部分台币有四一〇四三二五〇元,美金有三四八〇〇〇元,临时费有台币二五六四五六九元,此数如能全部批准,本年度则大学经费可无问题矣。

附　录

一、书面答复省参议会询问案

一、葛秘书长书面答复杨参议员陶询问第五点

政府用人一本人才主义，无论本省别省留日能达人士，当与留学其他各国人士同样看待，随时选拔任用，至高级和一般公务员之任用，均须依照中央所颁《公务员任用法》第七条之规定，分别呈请中央审查任用。

公务员任用法　中华民国二十六年一月二十六日再修正公布

第七条　简任职公务员之任用，由国民政府交铨叙机关审查合格后任命之，荐任职委任职公务员之任用，由该主管长官送铨叙机关审查合格后，分别呈荐委任之。

二、民政处书面答复

问：鸦片禁绝是施政第一好点，但是现时可以无秘密输入之忧乎？

答：肃清烟毒，早具决心，对于鸦片秘密输入一节，自应严切查缉，经于本年四月二日函请警务处转饬各县市警察局，协同认真查缉严密防范。

问：政府各机关纵横似无连络，致此处长的答办，常发出未接报告如何？

答：本处所属各机关处理公务，均系分层负责，平时并保持密切之联系，

有时未得报告,或因时间关系,本处方面,尚鲜此项事实。

问:关于住宅营团未将嘉义市复旧工事列报?

答:查住宅营团,系前总督府拨款成立,办理营建工事。本处接收后,该营团资产,大半系土地从房屋等不动产,活动资金奇缺,银行借款迄未成功,故虽有全省住宅救济计划,未获同时推进,嘉义市民住宅救济工事,早拟兴修,一俟工款有着,当即令其积极办理以安民居。

问:加紧确定中医制度,使市上开业中之中医,安心继续业务,贵见如何?

答:中医应举行检定,经于本年二月拟订台湾省中医检定办法,呈请卫生署核示中,一俟批准即依照办法检定。本省中医其检定合格者,发给开业执照,如不申请检定或经检定不合格者,一律不准执行中医业务,以昭慎重。

综合答复省参议会有关土地提案(第一一、五八、二四、三三、四四、六七号)

一,实行土地政策,为当前切身要务,元首在第三次全国财政会议闭幕词中,有详细指示(请参阅台湾省整理土地宣传纲要及资料小册子第二三、二四页)。

二,逾期未申报的土地,由政府代管的意义,并非是收归官有,而是在代管期内,由县市政府负责保存其土地收益,所以与人民的所有权没有抵触(请参阅印送之三十三、七、二一,行政院核准县市政府代管期未登记土地办法)。

三,台湾已为中华民国一行省,日本政府所颁发的有关土地权利凭证,在政府未依法颁发土地权利书状以前,无疑的应予分别检验加印,以正名分而凭管业。

四,土地登记簿和土地台账,内容实质上,最近二年来因为战争关系,确已非尽如理想,室内图账校对的工作,我们亦规定要很严密的办理(请参阅台湾省初期清理地籍图籍检查,收件审查须知)。我们的办法程序也都在那须知里,但是我们为防备发生问题时有所依据,因此决定利用于验证,同时要求人民费些时间填二张申报书来,彼此勾稽。

五,公署公告的申报期间一个月,意思是指收件而言,就是在这一个月中完全是接收人民申报,并非指全部清理工作,在一个月内完事,权利就确定。

如果有些地方,事实上确有延长若干时日,准许人民继续申报的必要时,自可由各地土地整理处依照需要分别酌予展期,这点已早通知各处遵办。

六,"倘必经申请登记则须行彻底宣传"这个指示,我们应完全接受。目前我们的宣传工作,确实不够彻底,今后除动员全力普遍实施扩大宣传以外,我们万分诚意的深切地期望着贵会诸先生,在倡导这一方面,能给我们更多更有效的协助。其次关于"继续采用日人时代之土地台账簿",这一点我们确确实实早就有这种继续采用计划和决定,至今我们尚无意将他推翻。此外少数特殊情形地区,加高山地带的验证申报手续,我们亦要审度实际情形,拟定适当简密的办法,去适合人民的需要。

七,对于"共有业及其他祭祖公业,难免发生纠纷,紊乱地方秩序",这点我们这一次举办土地权利凭证缴验申报目的,本来就是清理地籍,确定产权,凡是在以前潜存着的许多产权问题,政府在整理期间,决心全部予以合理解决,所以将来整理之后,地籍只有益臻精确,权属亦应格外明显而公开;同时我们计划权利凭证的审查,请由地方人士组织审查委员会办理决定,关于地权纠纷的调解,也要请地方人士组织调解委员会处理,并不是全由政府人员独断独行,可能发生的纠纷事项,调解会当能妥为处理,何况不服调解时,还可向法院申诉,因此而紊乱地方秩序或许还不致有可能。

八,本省已经光复,似未便永久沿用日人统治时代之治令、制度和其名称,自应于适当时期,予以调整,以崇国体。故除手续上已尽量采取简单和用习惯方法外,至有与中央政策或法令抵触者,攸关国体者,拟利用这次清理检会,予以调整。第四点第三办法(现际经济金融变动剧烈之时,土地价格极难酌定适当公价,而政府欲令人民申报价格,实属难事,申报若此时价低廉,则是虚伪;若照时价申报,万一地价跌,则人民将有负担过重之虞,势尤陷于不安,政府课税可依日人所订地目等则,酌予增征)。

查规定地价,为民生主义土地政策之基本工作,且为施行宪政时期地方自治之要图,载在建国大纲,奚容稍事因循。而国内各省业已遵照国父遗教及中央法令办竣区域者计有八百余城镇,台湾兹即复入祖国版图,且地价尚未规定,并经行政院令饬赶办有日,自应积极筹办,以重国策。至规定地价与日本时代所办情形大不相同,乃系依照调查、计算、评议、公告、申报、造册法定程序,逐步办理,手续较为完备,其中评议(评议会系由地方人士组织)、公告、申报等项,尤为慎重。至地价经规定后,如有重大变动,自可再行重估,法有明定,绝不至因地价回跌致使人民负担有过重之处。现本省查定地价办法,因过去日人所订地目等则尚称完善,且为时未久,当可利用,藉适地方实情。贵会所提"依照日人所订地目等则酌予增征"办法一项,自可采纳办理。

问:以前日人强征,或强迫收买之土地,应迅谋合理解决。

答:分配农民耕作一节,已于公有土地处理规则第十三条之规定,由该管县市政府,办理农民登记,以(1)雇农,(2)佃农,(3)耕地不足之自耕农,为先后配给耕地。

发还原业主一节,须照公有土地处理规则第五条规定,非经长官公署转报行政院核准,不得处分;第七条规定,在胜利前依法给价征收,或已交换之土地,经接管后,即为公有土地,概不发还,加强制征收,未经给价,或未交换,查实后汇据,送地政局转呈长官公署核准者,不在此限;第八条规定,已经划为河川水利必需公共事业,经济政策等用地,概不发还。

问:本省由日人接收之土地,迅速均配农地,创设自耕农。

答:原业主有优先承租权,在公有土地处理规则第七条中,已有明文规定。

答复第七十五号参议员口头询问

一,国有土地之主权,属于国民政府,是以国有土地之买卖及划归各乡镇处理问题,必须中央始能决定。省级政府,只有使用收益之权,十年以上之出租,即须由中央裁决。

二,日人财产、土地、房屋,系由日产处理委员会处理。

三,本省公有地之出租,系以(1)雇农,(2)佃农,(3)耕地不足之自耕农为顺序,配给耕地之面积,亦以适合农户一家之耕作能力为度,是极公允之处置。

答复第五十九号参议员询问

陆军接收之前,日军征用人民田地房屋,前(三)日柯参谋长报告,此事已由军用营产管理委员会分别处理。海军用地,亦由该会项目办理,原则上,系交县市政府管理,一部分已交由农业会转租民众。船舶系交通处主管,本处不能答复。

问:将日产(土地)分让与农民案。

答:查日产之公有土地,依照土地法第十三条规定,非经国民政府核准,不得处分。其私有土地,应待"对日和会"后决定。本省为免生产中辍,维持农民生活起见,业已先后拟订公私有土地处理办法公布施行。

放租原则:每农户田不得超过二甲,畑不得超过四甲,转饬县市政府放佃,是则本局规定出租办法,实较贵会所提标准为优为早。

至于办法第二点卖农民系属日产会主管,并须承中央意旨办理,本局无权答复。

三、警务处书面答复

问:一,检举机关不一,故生出多角性蹂躏民权。

二,警察组织没有一元化,又横线不连络,以致行动冲突。

三,四月十三日在于基隆车站毛水上局长越级乘车,乱用枪器,要免职惩戒,以防不祥(夹当时根纸)。

四,警察大队之行动,只是蹂躏民权,乱用职权,要撤销。

五,警察人员被法院召唤不到,知法违法要惩戒。

六,征用日人警察何时解用,必从速以台胞调换。

七,知法

答:一,可依法声请救济。

二,组织本身并无缺陷,连系工作予以注意。

三,基隆车站越级乘车案,新闻与事实稍有出入,已在查究中。

四,请检具事实,当予查究。

五,已有答复。

六,已有口头报告。

七,警察人员遇被传唤,原则上自应准时应召,惟处理重大案件时,当不在此限。本处曾据所属报告,经据情转请高等法院通令各地方法院如有质询警察人员时,先行通知该管警察局,预为转饬准备,以便依时到庭。

问:拜听处长说明警官待遇比内地好,然听有:

一,警官对民间借钱。

二,警官做生意之实例。

听说是生活费不足,及薪水不照所定期日发给所致。

答:一,员警既由国家给与薪金,自不能向民间借钱用,有,请检举。

二,请将事实予以检举,以便惩处。

生活费近有改善可能,并尽可能如期发给。

问:一,对于警员身份保障及待遇之件。

二,对警员素质提高之件。

三,对于组织义务警察队之内容并队员之标准。

答:一,口头已有说明。

二,口头已有说明。

三,义务警察,系暂时的性质,已有说明,队员系选用身家清白,未受刑事处分之优秀青年充任。

问:登用本省人为警察,请于五日内用书面答省参议会秘书处,荐任职几个人,住所姓名;委任职几个人,住所姓名。

答:荐任　吴俊明、陈友钦等七名。

委任　宋淡炎、黄明德等三百五十二名。

委任待遇　五千七百五十六名。

问:一,现在省内各地方所组织之义勇警察队队员职权与一般警察人员职权同与不同。

二,将来欲另组织之义务警察队是暂时的制度,或是永久要存在制度。

答:一,义勇警察仅协助推行警务,非有命令不得单独执行职务。

二,义务警察系暂时的补助警力,其期间为一年,已于编组办法中说明。

问:一,治安确立是现在最紧急严重问题,对此,致治安不能推行,处长当要负完全责任,切急设法办理,对此,处长决意如何?

二，对警察工作进行上，县市间或各区警察所间，尚欠连络及协力，致工作不振，以后对此要如何改善（如捕捉人犯等）？

三，对专科法律方面学校以上毕业者，使短期间受训登用科长以上职务如何？

答：一，已口头答复。

二，已口头答复。

三，本省警察训练所警官讲习班，已招考专科以上学校毕业，研习法律政治经济者，予以一个月之讲习，已毕业二班，共七〇人，派充科员、督察员、警察所长、警官等重要职务。

问：一，乙，现在业务：（三）业务：一，"订发各种警察单行法规"已公告施行者，有各县市环境卫生整理办法等廿三种。可否分送本会同人以备考查。

二，乙，现在概况：（四）维持治安，一，组织义务警察队第九行加入"并函请各地民意机关负责人协同妥慎遴选"，是否正当，请即见答。

三，乙(四)六，已订治安方案，可否全文见示。

四，乙(四)二，收缴民间机械，至现在止计收缴总数若干，并请分别其种类，尚未收缴者，预计尚有若干，及其应被收缴的对象。

答：一，长官公署秘书处有编印警务法令，印竣后，可分送参考。

二，该办法已颁布，未便修改，如系优秀纯洁青年，请告知各地警察机关主管，当可乐予选用。

三，已在韩参议员询问中答复。

四，收缴民间枪械，系由警备总司令部主办，无从答复。

问：一，铁路警察的权限，是只限于维持调整铁道的秩序或有给与其他的权限否。

二，警察大队　一，警察大队人数几何？二，警察大队人员之素质如何？三，警察大队之指挥权在乎谁？四，其配置如何？五，警察大队要行使权限，是不是与市县警察局相冲突？六，废止警察大队的组织如何？

答：一，铁路警察除维护铁道秩序外，如铁路沿线附近有大事件发生时，亦待机动应变。

二，"一，二，三，四"各点皆已口头答复。五，六两点，目下仍有必要的性质，已经报告，与市县警察局并不冲突。

问：请将治安方案详细报告。

答：已口头答复。

问：一，管束流氓之详细对策如何？

二，治安方案，请详细告知。

三，地方警察机关拘留嫌疑人犯，有拘留多日不问话者，侵害民权莫此为甚，有注意及此否？

答：一，已口头答复。

二，已口头答复。

三，已口头答复。

问：一，在日人时代警察定有巡察街路，各处有巡逻箱，使巡察人员经过其地时，捺印为据，此项何不施行乎？

二，此近常见国军编队巡察旅社，及宪兵取缔车站，此项岂非警察之职权乎？

三，本日之报告，卫生事项不涉一言，虽属民政处所管，警察岂可无干？

四，有欲废止公设娼妓制度否？

五，本省人及外省人警员之服装，此后要统一否？

六，对高山同胞欲特别指导保护否？

答：一，口头已经说明。

二，主要任务在纠察军风纪。

三，环境卫生及其他有关卫生之取缔由警察主管，上午已经报告，且已饬各级警察机关早在注意办理。台北市，及基隆市之卫生警察，已予一星期之讲习，其他各县市亦经分令办理。

四，公娼存废为整个社会问题，欧美各国亦莫不一是，本省相沿已久，目前暂从严格管理着手。

五，当然要统一。

六，要讲求指导保护之道，如高砂族考察团之前往考察，医疗队之前往服务,以及高砂族警员之训练任用等。

问:一,改善警察素质、能力,未知有何具体办法乎?

二,收缴枪械,不论本省人及外省人之所有,未知有何良法否?

三,失业者之调查,未知有采用科学之调查方法乎?希望再详细调查,以供施政之参考。

答:一,口头已经答复。

二,已口头答复。

三,已分令陆续调查。

问:一,警察行政对人民有直接之关系,好坏最易影响民心,对人民主取缔办理,务要亲切指导,不可有官僚习气,也不可出于吓人。

二,对于检举和调查须要慎重,须防部下公报私仇和乘机敲诈行为,虚伪报告陷害好人。

以上二件,是警察界常有之事。

答:一,已在注意,有请检举。

二,请将事实见告,以凭法办。

问:一,最近由海外归来说及在香港附近某方面犯事,被警察检举,欲求其释放,上自局长,下至牢狱看守,都要纳关节费,此种恶风,请勿在台湾本省发生,并请胡处长注意此点。

二,蒋委员长尝说警察是社会导师,人民保姆:既是导师要有常识,既是保姆要有力量,尤其办事要精干,立身要清廉。

(一)警察局长以下干部人员,要起用本省人,以其事情熟悉办事可周到。

(二)警员要学本省语言,不至言语不适,感情隔阂。

(三)防患未然要增强警察侦探。

(四)检举罪犯,轻徇私情而释放。

(五)警员要加保障使其认真职务,并无顾忧。

答:一,此种事情本处尚无所闻,今后当注意及之。

二,(一)警察人员之任用,重在贤能,无地域分别,本处已在大批招训本省人,局长之起用,仅时间问题,局长以下早已实行。

(二)口头已答复。

(三)口头已答复。

(四)请将事实见告,以便纠正法办。

(五)警员非依法不得撤免。

问:一,犯罪人检举不到时,将其家族羁押,乃法律上绝不容允当要废止,贵意如何?

二,本人有不到时,将其具保结人扣留,未知法律上有根据否?

三,将犯罪人押去大路游行,侮辱人格太甚,废止如何?

答:一,已有口头答复。

二,依刑事诉讼法第一一八条之规定,具保停止羁押之被告逃匿者,应命其缴纳保证金,并没入之,不缴纳者得强制执行。

三,此种事情,本处未有所闻,如果确有其事,自属非是,应予严厉纠正,惟无押送车辆,必须徒步解送者,自为例外。

问:警察是要为人民模范,现在治安不好,众人俱知,若欲根本的办法,必要解决社会及失业问题,始能得其美然,治标的对策就是全赖警察。故得其人或不得其人,关乎甚切,又运用之好否,亦关乎甚切。譬如月前报纸所登之事件,事属小故,但影响社会甚大。故特为此问:(一)即是某地之警官,因有犯事,法院要唤彼来讯问时,他自己竟不出庭,用代理人出庭,代理人出庭时,在法院内竟发出不法言辞,大声疾呼的事情,甚是寒心,况法庭是神圣的,且要行使司法权之元祖,警察又是司法权行使之手足,况且如此如何能使民众守法,信赖当局乎?对此后情形如何,祈为指示。(二)卫生行政与警察有何连络否?以前卫生行政是属警察方面所管,移民政处,吾想卫生行政上有遗憾,将来警察对卫生行政上,有如何连络或如何协助乎?或有计划设卫生警察乎?祈为指示。(三)警务报告书文字之改订,报告书中有为内地的字,吾想影响省民精神上殊不好,所以吾想不要用内地的字,换用他省的文字,不知处长如何意见?

答:(一)当查明依法办理。(二)已有答复。(三)意见极好。

问:一,严选人才登用之件。

日本政治所用之警察官中,有不良之人,绝对不可再用之。

二,区警察所长以下,尽量托处长阁下多用本省人。

警察乃是第一线活动治安之职务,故需要先知其地方之民意及其事情为此起见,提出此问题。

三,待遇职员为第一要紧。

日本政府下之警察官,为待遇不十分充足之故,警察多有作不法之手段,谋其收入。

四,如最近对于诸施设物窃盗破害之犯人者,必要严罚为是,如有窃盗电话线及窃盗水道铃管之类,又窃盗耕牛之犯亦同样重罚。

五,对于军器散藏之件,必要马上搜查,使其安定人心为要。

六,关于民间有陈情重要事件,特请处长阁下关心台览,然后善处之。为望?

答:一,有不法事情当然不录用,希望各地民意机关多多检举。

二,原则上本就希望如此。

三,意见甚好,惟各级公教人员待遇均一律,未便例外提高。

四,早经通令,切实办理。

五,散失军器已由公署及警备总部通令收缴。

六,意见甚好当照办。

四、财政处书面答复

问:一,现在台币对法币、美钞,并法币对美钞兑换之比率若干?

二,台币对法币之汇率有计划合理之更改否?

答:查台币与法币并未正式规定比率,因为便于公务员眷属汇款起见,暂定为一比三十。现台湾银行定于本月二十日改组成立,正式开业,今后当随时商得财政部及中央银行之同意,核定台币与法币间之汇率。台币对美金兑换率,亦无正式规定,为便于驻台美军兑换,暂定为美金一元兑台币三十七元五角,以美军兑换为限,现美军已撤退,此项暂定兑换率,应即废止。至法币的美金兑换率,系由上海中央银行挂牌。

问：关于税制临时利得税，是日本战时恶税，宜予以撤废；马券税，竞马是引起民众投机性赌博心，应加禁止，所以马券税要撤销。

答：一，临时利得税与内地过分利得税性质相同，现查内地过分利得税尚未取消，故临时利得税暂仍照旧。

二，马券税系按马券征税，如有竞马行为，自应收税，如竞马废止，则马券税自应取消。

问：一，税制要如何整理，各种之课税率若干，如砂糖消费税，有意改为制造业税否？

二，日人时代之税制，分为国税、地方税两种，本省之租税属中央或本省之收入种类，各详细说明。

答：一，砂糖税分为消费税与特别消费税两种，现拟合并征收，藉以统一名称，至税率若干另表附后。

二，关于本省之租税，除关税盐税外，奉行政院令中央与地方暂不划分，均暂列入本省收入。至整个税制，如何整理，正在详加研讨中。

台湾省砂糖消费税课税表

税别	种别	税率
砂糖消费税	（砂糖）第一种含蜜糖	百斤二十三元
	第二种分蜜糖	百斤三十五元
	第三种冰糖	百斤四十六元
	其他	以已税第二种分蜜糖制造其他糖类
	（糖蜜）第一种	百斤二十四元制冰糖之时生出糖蜜
	第二种	百斤十四元制冰糖以外生出糖蜜
	糖水	百斤三十元
特别消费税	砂糖第一种	百斤二十元
	第二种	百斤四十元
	糖蜜	百斤二十元
	糖水	百斤四十元

问：台东县向台行借款未借款否？

答：已请台行转知台东分行，俟其电复到，再行答复。

答：一，曾经台东支店于二月十二日函请，对于台东县日用品运销处，照左列条件，准借一百万元。

1　借主：台东县日用品运销处发起人代表赖金木，该运销处刻正筹备设立之中，因预料其二月底可以设立完毕。拟迨其成立，即将其债务正式移转。

2　限度：一百万元（虽然实际需要数额二百万元，其中一半一百万元以收足资本抵充之）。

3　用途：收买贸易局分配衣料资金。

二，当时本行即经向贸易局接洽，据称不向台东县供给衣料，不需资金等语，因而于同月二十七日向台东支店，发电如下：

关于台东县日用品运销处放款一案，当经向贸易局接洽，承告因对于该处不供给衣料，不需收买资金等语，放货应即中止。

三，嗣后台东支店，再于三月十一日函请对台东县日用品运销处发起人代表准借极度一百万元（收买面粉其他物资准备资金）。

四，再前次该支店呈请该运销处原系预定资本三百万元，第一次收足一百万元，至迟二月底成立告竣。此类资金，似乎能暂以自己贷金对付必需数月，然直至三月中旬未见成立，足见其机构不稳定，且其收买物资配销计划，亦未至于确定。鉴于上项事实，料想一俟该处正式成立，然后再行商讨放贷为妥善，乃于三月十九日向台东支店电告如次：

台东县日用品运销处贷款一案，虽未知该处设立迟延，究何原因，应将此项资金，暂以所有数目自力周转。至于本行放贷，遵照三月一日业各字第六七号本部方针，另行呈请可也。

五，日前台东支店经理因公来台北时，当经询问其情形，据称业已将电报指示该处，诚恳详细传达，该处发起人同仁，已得充分谅解此种意旨。

再对于花莲县粮食委员会贷款九百万元，系因该委员会机构既已确立，加之军部借与食米配销等，于调剂民食上已著有成绩。基于本行贷款方针，准予商借。

问：教育处长以六百万元购教科书，其中利用一百余万元做生理，请彻查。

答：查本件业经教育处于本月七日，函向贵会解释在案。兹不再赘。

问：关于新闻纸税（百分之十八）可否撤销，查新闻为民众精神食粮，欧美各国乃至日本均极力奖励，在战时亦未尝抽税，今台湾在战后，仍须抽税，殊不合理。

答：查本省税捐中并无新闻纸税名称，以前物品税第二种丙类六十四款列有纸税之科目，业于本年三月一日明令公布废除矣。

问：关于由日本及各地归来台胞，所带回日币，受冻结，要特别使其从早领出，以维其生活。

答：查由日本及海外归来台胞，所携带之日币，经先后规定兑换办法公告施行在案。兹以海外及日本台胞续有归台，为便利兑换台币起见，经订定办法八项，以丑删三十五署财字第〇一二九三号公告在案。现拟加以修正，已签请核示中。俟奉核准后，即行公布施行，兹将原办法抄附，以供参考。

台湾省行政长官公署公告　丑删（三十五）署财字第〇一二九三号

查留日归省台胞救济办法，前经本署以子微（三十五）署财字第五九号公告办理登记期满，业于一月二十五日结束。间有归省台胞，因未取得合法证明，兑存台币发生困难，兹为便利归省台胞兑换台币起见，特再厘订补充办法八项。公告如下：希归省台胞一体知照。

中华民国三十五年二月十二日

行政长官　陈仪

附归省台胞兑存台币补充办法

一　归省台胞携带日元券，应经登陆地点之海关县市政府会同检查，填发登记证，予以证明。

二　凡在办法公告施行以前归省之台胞，而未取得民政处登记证者，可向当地县市政府申请登记，但须取得居住地现任乡镇长（或称街庄长）或区长负责确实证明转呈县市政府核发登记证（申请书及登记证格式另颁由县市政府依式印制转发应用）。

三　各县市政府办理归省台胞兑换日银券发给登记证期间，自公告日起,以十五日为限,逾期认为自愿放弃,不予受理。

四　取得县市政府(或海关)登记证之归胞,得持取登记证暨归省所有身份证件与带回之日本银行券,向当地台湾银行(本店分店或出张所)依照以前子微公告规定,每人兑换台币五百元(但年在十四岁以下者不予登记兑换),并由兑存银行于归胞身份证,及县市政府(海关)登记证上加盖"日银券兑换讫",并注明年月日字样。至于海关县市政府日银券登记证,即由兑存银行收回。

五　归省台胞所带日银券,除准兑换五百元外,如尚存有日银券时,得存入台湾银行(本店分店或出张所)作为特种存款,其最高额暂限为一千五百元。

六　归省台胞所带日银券,除兑换及存作特种存款外,如尚存有日银券时,应悉数交由台湾银行制据收存,代为保管。

七　违反本办法第二、四条之规定,重复申请发给登记证,套换台币及登记数额与原携带日银券数额不符者,一经发觉,没收其存款或追缴其已换台币全额。

八　本办法自公告之日起施行。

台湾省行政长官公署公告　卯文(三十五)署财字第三二三一号

查留日及海外归省台胞关于日银券兑换台币办法,前经本署以丑法(三十五)署财字第〇一二九三号厘订救济办法八项公告施行在案。兹以留日及海外台胞续有归来,纷向各县市要求展限办理。兹为便利继续归台台胞兑换台币起见,特再展延至四月三十日为止。逾期认为自愿放弃,不予受理,除分行外,特此公告周知此告。

中华民国三十五年四月十一日

行政长官　陈仪

问:关于各县市之财政,目前不敷之数甚巨,有计划何种办法补救否?

答:查各县市财政收入,按其编送岁出入预算数,确属不算甚巨,现正计划拟订开源节流办法六项如次:

一，修正地方税率并改从量为从价，以符中央规定，而裕地方财政。

二，拟请将娱乐税、筵席税、家屋税（即房捐）移让为地方税，以充实自治财政收入。

三，省县辖市政府应兼收乡镇税。

四，取销附加税制，改为分配税制，调整税率，合并国省税征收后，提高其县市之分配数。

五，裁缩县市不合理及不必要之支出。

六，严格执行预算，禁止预算外支付。

以上六项，一俟召开全省地方财政会议详密讨论后，即可实施，同时着手审定地方预算，务期达到收支平衡之目的。

问：关于民国三十四年八月十五日本省内地美国之物价指数及其比率若干？

答：查物价指数均保按月编制一次，每届年终即汇编全年份平均指数，故对于该日（三十四年八月十五日）之物价指数，在内地及本省均未特别编制，是日之美国物价指数，亦无从得到，兹检送奉公署最近出版之台湾物价统计月报，以供参考。

问：关于大公企业及其他本省人组织的企业，政府对之应如何扶植办法？

答：查本省人或他省人组织的企业，凡照章申请登记，经审核合法后即行转送经济部核发营业执照，对于本省人或他省人均一致依章办理，一律依法扶植。

问：财政处对平抑物价有何计划？

答：查平抑物价计划，系属经济委员会及物价委员会主管事项，本处并未另定计划。

问：日产处理委员会工作报告第五条规定，凡日人与本省合办之产业，依照规定其主权均收归中央政府，查属强迫性质得呈行政院核办云云？

答：凡日人与本省人合办之产业，其主权均收归中央政府，查属强迫性质，得呈行政院核办云云，系行政院三十四年十一月二十三日颁布云"收复区敌伪产业处理办法"第四项第二款之规定，本省因情形特殊，正由日产处理委员会报请中央,拟先准觅具相等于产业价值之保证具领保管或委托经营中。

问:关于新竹公司寮设关事。

答:本年四月间,本处以据新竹县后龙乡乡长请在公司寮设关一案,当经转函台北关查照酌办。当经台北关于四月二十七日函请新竹县政府将该处进出口船只之种类数目、商业情形,以及该县出入货物详情,查明见复,以凭考虑,惟迄未准函复,将来调查结果,如有设关之必要时,尚须呈报中央政府核准,方得设立。

问:度量衡器是日常必需品,希望加紧制造,以应民众之需要。

答:查本局度量衡器制造厂,自空袭损坏后,一时无法修复,改向民间制造厂委托制造,但度量衡器具全恃精确实在,非一般普通机器铁工厂所能胜任。本省前日人经营之精机工业株式会社(现由工矿处接收),内部设备尚称完善,正由本局度量衡所督促制造,同时并鼓励民间其他制造商加紧生产,以应民众需要。

问:度量衡器(一)根据何种标准制造。(二)委记商人制造,在购入时,有无严密检定?

答:(一)过去日人统治时代,本省度量衡器标准,系日本标准制与万国度量衡制(即米突制)并用,接收以后,本长官通知,专用万国度量衡为标准,业已遵办。

(二)本省度量衡制造厂,受空袭炸毁,无法修复,关于度量衡器之制造,改为委托民间制造,由本局检定收购。对于检定用器具及度量衡标准原器,在空袭前疏散,幸获保存放,对于检定工作,尚能严格执行。

五、教育处书面答复

问:学校行政之确立,并事务根本的改善,教员人选最要注意。

答:中等学校行政组织办法及教职员员额表经已分别订定公布施行,惟间有一二学校因人员不敷分配,未能依照规定办理,势所难免,嗣后如有发现是项事项,自应予以补救。至教员人选,当嘱中等国民学校教员甄选委员会慎重办理。

问：台湾的教育制度，需要立于台湾的实情，不可由大陆的制度直移，乃因过渡期及台湾的现状也。贵意如何？

答：本处主持本省教育，本根据此种原则办理。

问：先修班所在的理由何如？将来亦可继续否？高中毕业生要入大学时如何解决？

答：先修班不属本处范围，请径询国立台湾大学。至于高中毕业生升入大学，照教育部规定，须经入学考试。

问：台北高中三年生之进入大学问题，要正式解决。

答：台北高中三年生升入大学问题，正由本处商请国立台湾大学，予以免试入学。

问：以台北高中变为师范大学，是事实么？

答：省立师范学校已决定筹办，至台北高中仍拟继续办理。

问：为振兴水产兼可训成海军人才，有计划增设水产职业学校否？倘有者，其设立地点及成立时期，希并说明？

答：本省已有省立水产职业学校两所，一在基隆，一在澎湖，省立基隆水产职业（原公立水产职业，学校教组达成）高初级并设，并分期扩充班级，充实设备以期完善。原有澎湖水产专修学校，已调整为省立澎湖初级水产职业学校，逐渐扩充设备为完全水产职业学校。

问：台北、台中、台南均有师范学校，台湾东部需要新设否？有者，其成立时期及地点，希并告。

答：查台东、花莲港本年中等学校毕业生仅有四十余人，师范生来源缺乏，惟顾到事实，需要说明。拟就省立台东、花莲各男女中学各附设师范班一班，以资补救。

问：各乡镇有计划均要设立初级中学否？

答：本处对于各县市普设初中甚为重视，希望各县市遵照部颁县市立中等学校设置办法之规定，在人力财力许可范围内，斟酌需要，尽量设置，以期普及。

问：各村里有计划均要设立国语推行所否？

答：国语推行贵在普及，目前国语教师不敷分配，俟县市国语推行所充实后，再行扩充，巡回各村里轮流施教，使全体民众均有受教之机会。

问：花莲港农林职业学校，何时要升级为省立高级制？

答：花莲农林职业学校，本处本拟设置高级班，俟派员实地视察后再行正式决定。

问：东部台湾省立学校教员，每月薪水均要至台北领取，其理由如何？

答：过去因汇兑困难或由校长因公来省顺便领取，今后汇兑畅通，当由处按月汇寄。

问：日本专门学校毕业者，可照本国专科学校毕业者之资格？

答：在本处甄选中等学校教员资格时，同等看待。

问：在日人时代社会教育有设立民风作兴会、皇民奉公会等，此后对此有如何设施？

答：本国社会教育机构与日人时代不同，本处已在台北、台中、台南各设省立民众教育馆一所，各县市亦筹设县市立民众教育馆，为实施社会教育之综合场所，此外三民主义青年团与新生活运动促进会以组训青年，与改良风气为主要任务，虽不属本处范围，亦为社会教育之重要设施。

问：不就学儿童之对策如何？

答：实施强迫教育（本处已拟订全省学龄儿童调查办法）。

问：教科书之卖价过高，有讲究办法，可以从廉供给否？

答：本处正商洽各书局设法就地印刷教科书，从廉供应。

问：反对派遣留学生他省。

理由：（一）不必要，不如招聘后良教师。

（二）因争受训，内中必起各种弊害。（不公平收贿）

答：事关文化交流，派遣留学生实属必要，所举流弊当极力防止。

问：历史、地理课本，编纂不符合之点，请加订正。

答：当注意改正，下学期统筹选定各科教科书时，特别注意。

问：义务教育马上实施（对赤贫子弟及高山同胞方面的办法要注意）。

答：义务教育预备于五年内普及，对于赤贫子弟及高山族子弟，当设法筹拨款项,酌给学用品,俾能普遍入学。

问:国民学校教科书要统一加紧实行。

答:自下学期起(本年九月起),国民学校教科书决定设法统一。

问:国民学校,中学校国语先生有对策否?

答:正拟订办法,大量招致补充?

问:中等学校现在教员的状况及对策?

答:中等学校教师估计尚缺一千人以上,拟提高待遇,加紧甄选,以资补充。

问:有增设省立大学及中学校的预定否?

答:目前设有省立法商学院及筹设中之省立师范学院,将来拟逐渐扩充为省立大学,至省立中学视实际需要,自当酌量增设。

问:盟邦(美国)在台湾设立大学的事实否?

答:仅见报载,本处尚未接到正式报告。

问:有建议设立医专的预定否?

答:国立台湾大学已设有医学院,目前本处尚无设置计划。

问:日本时代高雄市内热带医专设立案,当局意见如何?

答:本处认为重要,惟限于人力,财力,一时恐难实现。

问:本省义务教育要提高,以初等中学为标准,当局意见如何?

答:在原则上本处赞同,不过须俟国民教育普及后,方能实现。

问:教员身份保障确立。

答:本处对于合格教师订有保障办法,本省人士如资格相当,愿任教师者,本处无分轩轾,量材任用,一经任用,即不轻易更换。

问:台湾育英财团,继续存立案?

答:关于育英财团财产,正呈请长官准由本处学产委员会接收整理,如蒙核准,当拨充举办教员福利事业及补助贫寒子弟膏火之用。

问:台湾同胞大家都知道普及国语之必要,但是在过渡时期,各校教员不一定通晓国语,所以学校教授用语,暂采用本地方言,势所难免,因此在高雄县就发生一种教育之严重问题,就是学校教员用闽南语讲授,而客家学生不通闽南话,感觉非常痛苦。本人希望教育当局设法救济一般可怜的学生,在国语教育未普及期间,应有一个妥善对策。处长之高见如何?

答:本处一面调查收容客家子弟之学校分布情形与数量,一面加强国语训练并增聘通晓客家语言之教师分配各校任教。以资补救。

六、农林处书面答复

问:白河番社两镇有一百多甲营林局造林地防风林,其林木是造船用的,很重要的木材,现受奸商结托贪官污吏采伐数万株。偷卖有证据,不信可派员与本人前往现地调查,希望政府想着办法制止一案。

答:一,白河番社两镇,即南邦会社六重溪之事业地,该会社于民国三十四年五月二十二日已接受前台湾总督府指令五〇五号伐木搬出许可证。查日人治台时代,对于防风林,乃系绝对禁止伐木者。该会社在上开事业地伐下之木材,前总督府既给许可证准予伐木搬出,就此点观之,足证该会社伐木地点,非属防风林。

二,查前总督府许可该会社伐下搬出之抽木,系小丸太材,(细木)不甚适于造船之用,如此损丧,诚属可惜可恨。

三,查该会社伐木,当时系承办日军所需之木材,于民国三十三年十一月附与嘉义市林蕃婆采伐搬出工作。在光复以前,已将数量伐足,因雨期及劳工之关系,未能全数搬出,只运交日军经理部二八九一石,余尚留在山上。光复以后,亦停止伐木,只从事搬出工作,承运人因牛车工及工作人员不易雇用,要求提高工资。该会社几经交涉,始将在山上所余之抽木约一七〇〇〇石,以山场售发,计价售与林蕃婆共值台币二十七万五千一元。一切作业费用,均由承运人负担。就上述经过情形视之,该会社伐木时期,系在光复以前,至该会社台南出张所同年十月二十日将木材售与林蕃婆,虽在光复之后,惟本局成立则在同年十二月八日,所有该会社伐木,系在本局接收该会社之前,而搬出又系照约办理,该商亦毋须再与官厅结托,至为明显。

问:培育渔业人才,何不设立高等水产学校?

答:本省渔业推全国之首位,渔业人才极感需要,此后必要时,拟将基隆原有水产讲习所添设高级班，或提高程度，并充实设备，注重实际工作，俾可尽量造就水产技术人才以备需用。

问：台湾的水产若积极的奖励，可以供给全国，何不建加工厂，制造罐头，移出内地。

答：关于台湾水产事业，现正计划建设中，除另订渔业奖励办法外，必要时，拟由水产公司增设水产加工厂，或奖励民间普通各种水产制造厂，俾可使本省海产品外销。

问：渔船保险是极重要，不知有计及此乎？

答：渔船保险之实施，尚有研究之余地。

从来本省渔船，虽无保险，惟依相互救济之宗旨，以台湾水产业会及州厅水产会为共同事业，由政府（造成事务基金每年补助拾万元）及地方厅（补助事务费每年补助二万元）补助实施救济遭难渔船及乘组员，此后当仍本此宗旨继续办理。

问：促进远洋渔业重要奖励组织大公司。

答：本省远洋渔业，如轮船拖网及手缲网等，尚称发达，过去由台湾水产株式会社经营，该会社现为本处接收，经积极筹备组织公司，仍本官民合作办法，以资发展，本省是项渔业。

问：造船要奖励，希输入机械并补助金。

答：造船本处本年度核定补助费三百五十八万八千元（包括船壳机及仪装在内），民间欲建造渔船，可依法申请补助费，惟每船以补助其建造费四分之一，最大者以六十五吨为限。

问：阿里山、太平山、八仙山，所走出的桧材及其他木材不知以何种方法售出。

答：阿里山、太平山、八仙山，三林区所产出之桧材，现在由台拓会社自行售出。

问：据闻从前所有木材商人经营的制材厂，多有未得到分配，倘有纳关节费（木材一石每要纳关节费一百五十元），虽非木材缘故，商人亦容易入手，请赵处长注意此项。

答：以前棺材之售出，均由建筑工程图表证明需要量，或机关证明，始得请售，至于每石关节费一百五十元并非事实。

问：木材要充做都市复兴资材配给，本省各都市受轰炸炸得很厉害，急需复兴，所以省有所产出木材，要酌量其被害之轻重，需用之多寡，公平分配，使各都市复兴，得以逐渐就绪进行。

答：本省木材因运输工具缺乏，以致供不应求，历来配售木材，均以都市复兴重建房屋为首要，各都市均有分配，今后仍本此原则办理。

问：澎湖县民以海为田，对于其渔业发展，希望深加考虑。

答：澎湖渔业亟需发展，此次该县府经呈请补助及组织渔业公司等，本处已准其所请，特加以奖励，并协助其组织官民合办之渔业公司。

问：澎湖县民因土壤硗瘠，且兼旱魃频仍，耕作常常失收，粮食问题极为严重，深望赵处长善为处置。

答：一，本处已接获该县四月二十七日报告，该县旱荒虽严重，但作物被害状况，尚不恐慌，损失为百分之五。

二，现值甘薯栽培，逾期可从速插植。（栽培期为三月至六月）

三，收获无望之各种作物田，可立即翻耕改植甘薯。

四，开凿灌溉并救济干旱。

关于林参议员日高询问检验局一案

答：一，查范锦堂一员，原在日人领治台湾时为肥料检验所技手。自本处本分接收后，以该员多年经验，特报请提升为技士，但该员非特不加勤奉公，且于四月四日突提辞呈，请求辞职，并要求发退职薪三月，未经呈准，即擅离职守，殊属藐视法纪。经呈准长官予以撤职查办处分。

二，谢吟秋系民国二十七年毕业国立浙江大学农学院农艺系，得农学士学位，历任国内农产物检验机关米谷检验工作有年，学术经验俱佳，去年特电约来台，担负米谷检验工作，确系技术人员。至谓系药局长声钟之姨太太，更非事实。查谢吟秋与药局长声钟，系于民国二十七年在上海正式举行婚礼，有婚书可证。

三，浮报冒领薪津一案，经长官指派公署王会计长清查，暨本处派员查账,据答报账目,与请领名册相符,并无浮报冒领等情事。

问:所接收之木材如何配给,请教示其明细,希望今后顾虑消费者,请直接配给消费者,免被商人中间榨取。

答:所接收各会社之木材,均照公订价格配售,于备有建筑工程证明,或有机关证明之需要者,从无商人中间榨取情事。

问:林野保护之具体方针。

答:一,通令严禁破坏森林(农民林处卅四年十一月十四日芳甲字第四十五号通告暨林务局卅五年二月二十六日炎政字第三〇一号公告)。

二,召开全省森林事业讨论会,以大会名义通电昭告全省同胞;"今日毁坏森林者,即为全省之罪人,我们应当群起而攻之"见三十五年三月十七日《新生报》。

三,训练森林警察。

四,拟订台湾省森林火灾防范暨处理办法草案(附件)业于本年四月三十日以炎政(卅五)第八二八号签呈农林处转呈长官核备示遵在案。

五,恢复山林管理所加强保护工作,四月份已成立台北、罗东、新竹、台中等四所,五月份即将成立三所,六月份并成立其余三所。

六,编制本省森林火灾统计表,于本年四月二十三日以炎政字第七七一号签呈长官陈,请求于县长会议时提会晓谕各县长,依照森林事业讨论会议决森林保护办法制裁森林犯罪者,切实防患,奉批:"交县长会议各县长周知,并分别力行防范。"

问:兽疫防治之方针。

答:一,制定适合本省实际情形的家畜传染病预防规则。

二,从速恢复兽疫血清制造所,并计划扩充强化其机构,改为兽疫研究所,除制造血清疫苗外,并调查研究亚热带的家畜传染病,及其防治方法,同时在所内附设短期防疫技术员训练班,以增进其防疫技能。

三,扩充海港检疫设施,除现有的基隆高雄外,增设淡水安平二处,各配置检疫兽医。

四,彻底强化省内的防疫工作。

甲　各县市政府配置专任防疫兽医；

乙　保毒家畜之检出除去；

丙　励行血清疫苗的彻底注射；

丁　励行传染病早期发现的报告；

戊　实施家畜共济的办法。

问：现有防疫工作职员人数。

答：一，各县市防疫员数，拟于本省十七县市各市县预定设置防疫兽医一人计十七人。

二，兽疫血清制造所职员人数：

甲　内地人四人，

乙　台籍人十六人，

丙　日人二人。

共计　二十二人。

查兽医乃高深科学，学习者必须具有相当之科学基础，方能领会，以期造成实际之兽医人才，各农业职业学校，似无设立兽医科之必要。本处拟计划在淡水设立兽医专门学校，利用兽疫血清制造所之设备，作为实验之场所，以期造成优秀之兽医人才，俟提请长官核准后，即可拨款筹办。

台湾省森林火灾防范暨处理办法草案

第一条　台湾省森林火灾之防范暨处理，除依照森林法第三十六、三十七、四十、五十一等四条，森林法施行规则第四十九、五十等二条，狩猎法第八条暨森林警察规程第二条之五办理外，悉依本办法办理。

森林法第三十六条：森林保护区内，不得有引火之行为，但经该管警察机关许可者，不在此限。

前项保护区，由林业管理机关划定之。

第三十七条：经前条第一项许可为引火之行为时，应预为防火之设备，通知邻近各森林之所有人或管理人。

第四十条：铁道通过森林保护区者，应有防火防烟之设备，设于保护区附近之工厂亦同,电织穿过森林保护区者,应有防止走电之设备。

第五十一条:放火烧毁他人之森林者,处三年以上十年以下有期徒刑。

放火烧毁自己之森林者,处二年以下有期徒刑,拘役或一千元以下罚金,因而烧毁他人之森林者,处一年以上五年以下有期徒刑。

失火烧毁他人之森林者,处二年以下有期徒刑,拘役或一千元以下罚金。

失火烧毁自己之森林因而烧毁他人之森林者,处一年以下有期徒刑,拘役或六百元以下罚金。

第一项之未遂犯罚之。

狩猎法第八条:狩猎人于其他人园林耕种地改有围障之土地内,非得占有人或看管人之同意,不得狩猎。

森林警察规程第二条之五:关于森林火患之预防及消灭事项。

第二条　每十月至翌年五月定为森林防火月份,各级农林机关暨各级政警机关部队须会同认真防范处理,并于此期间加强防范林火之各种宣传,提高人民爱林思想及防火警觉性。

第三条　各地山林发生火灾时,所有当地附近之机关、部队、学校、团体、公司及民家均有出力救火之义务,即由该地农林警察机关连络领导办理,紧急措置,所有必需开支费用,准向上级机关层转财政处实报实销。

第四条　各地山林于每次发生火灾后,当地山林管理所暨县市政府须会同实地查勘,依法执行逮捕纵火人犯从严惩处,并登报披露犯者姓名、相片、罪状及惩罚情形,同时褒奖告发者暨救火在事出力人员,并须随时呈报农林处、林务局,详列发生时期、地点、面积、损失、估计。烧失树种,起火原因,扑救情形等项,并附地图着色显示被灾区域。

第五条　林务局每年规定举行全省森林火灾总调查一次,编制报告,并拟具火灾区域造林计划施行。

第六条　本办法经呈奉本省行政长官公署核准,法制委员会备案,公布施行。

第七条　本办法如有未尽善处,得每年修改一次,呈准施行。

七、会计处书面答复

问：(一)各县市预算收入不及支出太甚，皆欲仰省补助，在省方面，对县市补助金决定标准及方针如何？请详细指示。

答：(一)县市补助费之决定权在民政处，其补助标准，询经民政处答称本年度县市补助费分配标准，系按照各县市财政状况、收支情形、业务范围及省库可能补助之数目而决定。至各县市收支相差甚远，除设法开辟合法财源外，关于事业计划，拟分别缓急，择要举办紧缩岁出，以求收支平衡。

问：(二)对受战灾地方，有何特别考虑否？请公平分配。譬如贸易局之面粉及布匹皆配在台北、基隆，有失公平；住宅营团建筑家屋在基隆、高雄，甚感公平。今后补助金考虑高雄、台南、嘉义、新竹、基隆等处，大受战害地。

答：(二)补助金当公平分配，其分配之决定权在民政处，战灾特重地方如高雄、台南、嘉义、基隆等地，须予特别考虑，经已转函民政处查照。

问：(三)对补助金之决定权在谁请指示，望十分考虑战灾程度、负担能力及对事业性质上要缓急之分别等作基础。

答：(三)本年度预算内补助支出共列存六项，按补助对象分别，由(1)民政处，(2)教育处，(3)农林处，(4)工矿处，(5)专卖局主管补助金之如何分配，即由各该主管机关决定。

八、交通处书面答复

问：澎湖，台湾间何时实现定期交通船案。

答：查(1)澎湖高雄间已配有船只行驶(附上五月份上半月配船预定表)。(2)本处航务管理局，船运处现有之机帆船，机器须随时修理，修理时间须视损坏情形而定。(3)机帆船行驶，须择天气，若风浪太大，即不可开，故有误期情事。

问：澎湖港内，确有沉船，可以捞取，而且有海军船厂及工人，对此均能工作，未知政府能述进行否请说明案。

答：查马公港沉船，已列在本处航运恢复委员会捞修沉船计划中。

问：明信片有无发卖的意思案。

答：查现已停止发售。

问：高雄、澎湖间要有定期航船以利交通，又林边枋寮间至何时方得复兴开通案。

答：查高雄、澎湖间原有机帆船，常川行走，因船只缺乏常有损坏待修情事，及气候关系，故间有误期。至于林边、枋寮间铁路因恢复工程浩大，一时尚未能实现，昨已报告。

问：(1)淡水筑港事，(2)改善铁道，(3)新开横断公路，(4)台北号轮偷载交通材料去上海有事实乎？

答：查(1)淡水港不够优良大港条件，不若基隆之重要，惟可以增筑使为良好小港，尚容计划。(2)贵参议员主张广轨铁路，诚属高见，当留作日后本省铁路根本改革之参考。(3)新开横断公路一案，查日人前有此计划，当送工矿处参考。(4)台北号轮一案已详见本处致辰灰交技字一九八八号书面答复。(附后)

问：学生定期客票减价一案。

答：查学生定期客票减价率等，业经本处铁路管理委员会厘订有案，兹特附奉学生定期客票减价率、学生团体客票减价率及学校教员学生运费减价率三表，补充报告。

附　船运处五月份上半月配船预定表一件（原文缺——编者注）。

学生定期客票减价率等表一件。

一，学生定期客票减价率

一个月	三个月	六个月
七成五分	七成八分	八成

不准孩童运费发售

二，学生团体客票减价率（三等）

三十人以上	百人以上	二百人以上
三成	四成	五成

三，学校教员，学生运费减价率

单程乘车五十公里以上时则收验所定之减价证，对教员按二等或三等，对学生按三等之各普通票价减三成，但对于儿童不办理之。

航路别		次号	船名	总屯数(屯)	开船日期预定	载货种类		备注
						支航	返航	
基隆 线		三	台交一一二号(28护国)	204.80	五月上旬			预定五月六日开福州
		四	同 一二六号(82兴国)	170.82	同			(临时开至花莲)预定五月十三,四二日开福州
		三	同 一〇六号(83梅)	112.82	中旬	煤炭 4,000屯	食米	于基隆修理中
		三	同 一一一号(12须磨)	237.28	同	麻袋 650,000		预定第二次返航到基隆后上架修理
		三	同 一三二号(八代)	202.55	下旬			于基隆上架修理中
福州 线		二	同 一〇五号(9河内)	175.83	同			行踪未明正在调查中
		三	同 一二八号(7须磨)	145.47				
高雄		一	台交一四五号(2婆罗洲)	200.00	五月上旬	杂货	杂货	
厦门			台交一一〇号(25梅丸)	118.90				于苏澳上架中

续表

航路别	次号	船名	总屯数（屯）	开船日期预定	载货种类 支航	载货种类 返航	备注
基隆线	三	台交126号（82兴国）	170.28	五月上旬			五月中间改住福州
		同 108号（5梅丸）	97.80	同			预定五月中二回
		同 115号（12品川）	98.71	同	布肥料		同
		同 107号（51垂水）	175.82	同	农业会		同（准备租船）
		同 122号（神宫）	47.91	同	铁路局煤炭输送计划船只（五月中800屯）	木材杂货	一回（于基隆准备修理）
		同 103号（88梅丸）	177.32	同			二回（准备出租）
		同 125号（27河内）	121.31	中旬			二回（高雄口海航终了复回航）
		同 205号（福重）	61.11				同
花莲港线		同 121号（大荣）	155.45	同			同（于基隆修理中）
		同 127号（久荣）	69.36	同			同（　同　）
		同 131号（万荣）	69.25	同			
苏澳		台交301号（鸭丸）	57.19	五月上旬	（旅客连络船）		五月一日由花莲港至基隆文一〇四号电航预定
花莲港线		台交102号（神势）	56.00	同	杂货	木材	于基隆修理待机中
		台交129号（小松）	76.19				于基隆修理中

续表

航路别	次号	船名	总吨数(屯)	开船日期预定	载货种类 支航	载货种类 返航	备注
高雄马公线		台交117号(明神)	65.25	五月上旬	精蜜	空军器材	于高雄船底扫除
		同134号(万荣)	44.28	同	杂货	接收兵器	工程局水泥输送完了迄高雄—台东临时就航
		同119号(德荣)	65.00		卖品	空瓶	
高雄台东苏澳经由线		台交101号(106梅)	112.85	四月二十日	农业会		台东不能卸货时改为花莲港起卸
					肥料		
高雄台东线		台交116号(大成)	89.00	五月上旬	水泥、食盐	割藤	台东不能卸货时改为花莲港起卸
		同119号(德荣)	65.00	同	同	杂货	

台湾省行政长官公署交通处航务管理局船运处五月上半月配船预定表（三五、五、一）

台湾省行政长官公署交通处公函　中华民国卅五年五月十日致辰灰字交技第一九九号

案准本署财政处移转

贵会苏参议员惟梁，询问台北号一案。谨就本处航务管理局局长徐祖藩及航业公司筹备主任黄佳秋报告，奉复于后。

（一）装货经过

查台北号轮于本年二月十六日由汕头第二次运送兵队回台后，即准备开往上海，船抵基隆码头，汕头军兵乘客登岸费时二日。同月十九日起开始装载货物，由基隆之装运工力商大同运输公司承办，所装货物有贸易局之出口物品三千八百余吨，煤斤六百五十吨及客货一千余吨，此外，尚有旅客一百三十六名。码头则商得基隆港口运输司令部同意，借用第十七号码头。至同月二十三日起，正在装载客货之际，船长施俊培突于二十四日晨奉何司令命令，谓驻华美军总司令魏特曼将军，来台视察，将于二十五日晨到基隆视察，限台北号轮须于是晨六时以前离埠。下午四时，何司令复亲至码头通知，谓须依限装毕离埠，而当时未上船之货物，尚有四百余吨之多，一时极感仓卒，除一面命令工作人员加紧工作外，一面商请何司令稍缓限期，未获允准。傍晚又复大雨倾盆，工作不得不暂行停止，因十七号码头且在警戒区范围以内，入晚即禁止通行，是以连络断绝，益感困难。幸以工作人员服务得力，连夜冒雨抢装，翌晨七时，遵限装毕离埠，移泊基隆港中，然后再办出口舱单提单及报关结关等手续，竣事后，至二十六日午始启程出港。

（二）发现未付运费货物

轮船开行后，以舱面货物堆积混乱，并觉有超过数量等情，欲待开还基隆检验，又因所载货物水果极多，设如严格整理，深恐多延时日，货物溃烂，乃决意俟抵沪后，再行严查，务使无法走漏。一面并由理货人员，赶绘全船装货地位图及货物详单，乃查出其中有水果白藤及茶叶等二百余吨，为未缴运费之货，虽经一再追询，均无结果。故于三月一日驶入吴淞，停泊于招商局指定之龙华港中,监督全体乘客下船后,即至招商局告知到达情形,并于当晚将未付运费之货物,制成详单,于三月二日面告招商局徐总经理,并请派员协助检查,照章补罚运费,当由徐总经理派专员魏文林负责办理,一面致电重庆,报请行政长官核办。

(三)调查经过及处理情形

查检结果上项未缴运费货物均系台湾客户,乘装货凌乱之际,私自雇工搬上者,合计有二百六十余吨,各货均有货主出面承认由招商局分别向各客户追缴并加罚运费后,提去了结。至于船员之有否舞弊情事,因各货有主承认,且均由台湾海关出有小报关单,经招商局魏专员彻查,以无确据,难以证实。该船长轮机长等虽无重大过失,难免办事疏忽,已按照航业习惯呈准长官予以撤职处分。

以上为台北号轮漏付水脚货物全案真相应函达,即希察照为荷此致。

九、工矿处书面答复

问:一,最近花莲港铁道部对于食糖之搬运,须持工矿处之证明,其理由何在?

二,民间存糖持有当地县长之证明,能否准予搬莲?

三,本省东部两县民糖尚多,目前雨期将至,车路恐被冲溃,盼速电知花莲港铁道部对于民间存糖。特有县长证明者,准其搬运集中花莲港市,以期货畅其派。

答:一,查铁路运输食糖,须持有贸易局运照,系奉长官公署命令办理。至于民间存糖运送,须经本处证明,现无此项规定。惟糖业监理委员会所监理各制糖会社之食糖,在省内移动时,须经监理人员证明后,方得由铁路运输系呈奉长官批准运送。

二,民糖运送变通办法,非属本处职权范围,请径与贸易局商洽。

三,事关铁道请与铁路局商洽办理。

问:植蔗面积仅一万五千甲,工矿处报告关于糖业恢复计划数字与事实不符洽?

答：本处报告内糖业部分，所列甘蔗植付状况表，系根据各地报告实际已植付面积汇编，截至二月底止，概系实数。惟至三月底止三万三千余甲之数，其中台湾制糖会社方面报告未到，照预计数列入，现该项报告已到，计三月底植付面积与糖业原料有关者共三万一千六百四十四甲，计可分为：

一，按土地所有权分别：

甲，各会社自营农场　　一八一五八甲八五

乙，契约原料农场　　　一三四八九甲一七

二，按甘蔗用途分制：

甲，下期原料用　　　　一九六二七甲八八

乙，苗圃用　　　　　　一二〇一六甲一四

刘参议员所云仅一万五千甲，似系指契约农场及民间赤糖原料地种植面积而言，对于各会社自营农场，已植付面积，恐尚未计在内。

十、纸业监理委员会书覆纸张配销售概况

台湾境内日人创办纸厂大小二十余家，遍设全省各地，计分洋纸和纸、蔗渣、纸浆、木浆及板等产品。惟洋纸者仅台湾兴业株式会社一家，该社未监理前，因机器被炸损坏，材料十分缺乏，日产五吨。经数月来之督促修复，产量倍增，以供应本省文化军政机关及一般需用。故在全国纸荒严重情形下，本省尚能勉可自给。其余纸浆、纸板和纸各厂亦正积极赶修，预计本年八月当可全部完成，则匪特本省用纸不处匮乏，尚可向外销售。

台湾兴业会社产品，在未监理前，曾与华洋公司订有委托承销合约，本会鉴于该公司系本省同胞所经营，为便利零星用户起见，台北方面，暂准该经售，台南方面，由益胜商行分销，其余文化军政机关，按照需要，直接申请购买。本会并督饬该会社在生产能力之可能范围内，尽量供应。四月份起报社林立，书籍杂志日增，新闻印刷用纸需量激增，故承销商家即停止分配，迄已一月有半。全部出品，均文化军政机关之用。兹谨将本会监理以来，各月份台湾兴业会社新闻印刷纸销售概况表及比较表合订一册。恭请指导。

监理前台湾兴业株式会社　印刷用纸销售概况表

月份	承购户名	品名	单位	数量	备注
十一月份	政经报社	模造一号	连	8	
同	东荣印刷所	印刷四号	同	110	
同	政经报社	同	同	348	
同	五华公司	同	同	275	
同	白鸠堂	同	同	176	
同	台湾文纸会社	同	同	418	
同	联合纸署会社	同	同	110	
同	宫本商店	转写纸	同	9	
同	新生报社	模造一号	同	6	
同	华洋公司	转写纸	同	580	
同	同	印刷四号	同	3,010	
同	同	模造二号	同	506	
同	新生报社	新闻纸	同	2,182	
同	大东化学	卷	同	67	

附注：文化及军政机关共2,544连；商人共5,261连　共计7,805

月份	承购户名	品名	单位	数量	备注
十二月份	民报总社	印刷四号	连	330	
同	新生月报社	同	同	88	
同	华洋公司	同	同	3,119	
同	同	模造二号	同	1,719	
同	新生报	新闻纸	同	5,642	
同	华洋公司	转写纸	同	1,355	

监理台湾兴业株式会社　印刷用纸销售概况表

月份	承购户名	品名	单位	数量	备注
一月份	秘书处印刷所	模造一号	连	100	原为吉村印刷所
同	同	转写纸	同	100	
同	同	笔记一号	同	90	
同	民权通信社	印刷三号	同	200	
同	同	模造一号	同	50	
同	中华日报	卷筒新闻	同	420	
同	同	印刷三号	同	50	
同	警备令部	模造一号	同	200	
同	同	印刷三号	同	600	
同	同	印刷四号	同	300	
同	同	笔记一号	同	100	
同	同	转写纸	同	500	
同	新生报馆	新闻卷筒	同	7,028	
同	专卖局	模造纸	同	900	
同	兴华股份公司	印刷四号	同	100	
同	同	转写纸	同	50	
同	警备司令部	ロール	同	70	
同	华洋公司	印刷四号	同	629	
同	同	模造一号	同	344	
同	同	印刷三号	同	912	
同	同	笔记二号	同	85	
同	同	青写真纸	同	254	
同	同	转写纸	同	302	
同	同	ロール	同	8	
同	文明印务局	印刷四号	同	11	

附注：文化及军政机关共10,708连；商人共2,659连　共计13,403

月份	承购户名	品名	单位	数量	备注
二月份	专卖局	模造纸	连	600	
同	空军通信器材库	印刷四号	同	200	

续表

月份	承购户名	品名	单位	数量	备注
同	秘书处印刷所	卷筒新闻	同	420	
同	同	青写真纸	同	350	
同	同	印刷四号	同	1,320	
同	同	模造纸	同	210	
同	同	转写纸	同	30	
同	高雄国声印刷所	印刷四号	同	55	
同	东方出版社	印刷四号	同	300	
同	七十军政治部	印刷四号	同	120	
同	新生报馆	新闻卷筒	同	1,777	
同	华洋公司	模造纸	同	300	
同	同	印刷四号	同	990	
同	同	印刷三号	同	300	
同	益胜商行	印刷三号	同	1,100	行址台南
同	同	模造纸	同	540	同

附注：文化及军政机关共5,382连；商人共3,260连　共计8,642

月份	承购户名	品名	单位	数量	备注
三月份	台湾省警察训练所	印刷四号	连	300	
同	工矿处盛进印刷所	印刷四号	同	1,000	
同	专卖局	模造一号	同	50	
同	七十军政治部	印刷四号	同	180	
同	新生报馆	卷筒新闻	同	1,777	
同	华洋公司	模造一号	同	660	
同	同	印刷三号	同	1,660	

附注：文化及军政机关共3,307连；商人共2,320连　共计 5,627

月份	承购户名	品名	单位	数量	备注
四月份	中华日报馆	新闻卷筒	连	420	
同	长官公署统计室	印刷三号	同	500	

续表

月份	承购户名	品名	单位	数量	备注
同	同	模造一号	同	500	
同	民报社	印刷三号	同	150	
同	罗东荣文社印书馆	同	同	110	
同	教育处印刷所	同	同	1,000	
同	国是日报	同	同	500	
同	财政处财政科	同	同	600	
同	工商日报社	同	同	100	
同	大公报	同	同	300	
同	中央日报	同	同	300	
同	省立第二女中	同	同	10	
同	新生报馆	同	同	1,777	
附注：全部文化及军政机关承购			共计	6,767	

月份	承购户名	品名	单位	数量	备注
五月份	和平日报	印刷三号	连	600	
同	秘书处印刷所	模造纸	同	100	
同	文摘周报社	印刷三号	同	200	
同	东台日报	同	同	150	
附注：全部文化机关承购			共计	1,050	

监理台湾兴业株式会社　销售用户种类比较表　三十五年五月十日

年月份	文化及军政	承销商人	备注
卅四年十一月	33%	67%	未监理时期
同　十二月	52%	48%	同
卅五年一月	80%	20%	监理后
同　二月	54.5%	45.5%	同
同　三月	58.7%	41.3%	同
同　四月	100%	0	同
同　五月	100%	0	同

十一、省贸易局书面答复询问

问：关于橡胶制品配销不当，承销商造成黑市，未卜贸易当局有所闻否？

答：查台湾橡胶株式会社，自经工矿处监理之后，继续生产，于一月中旬委托本局经销产品，当经商定限售市价，按八折委交五十二家承销商，分在省内各地订约承销，原约载明不得私抬市价，造成黑市，并以直接零售消费者为原则，规定其应在门首悬挂长二英尺阔五英少之木牌一方，上书"台湾省贸易局配部销橡胶品代销处"字样，悬挂店铺门首，并将定价表悬贴柜内显明之处。如有违反各项规则，一经告发或查明属实，即没收其保证金，并取消其承销权。计自二月二十四日分批配售以来，每月按级承销，已有三次，总计各种制品货值达七百四十四万七千二百四十元八。惟补胎胶除台北市外，系配交各市县脚踏车业公会代售，计货值约四十九万二千元。此外，由本局直接批售与公务机关部队者亦有六十二万二千余元。此项橡胶制品，自经配售以来，承销商散在各处，值此物价步涨之际，难免不为利所趋，违反规定或有高价出售事情。本局为取缔起见，业经将各该承销商名称、地址、分布区域，连同定价表分登各报公布。奖励任何人据实告发，同时分函通知重申原约规定，应守规则，劝其切实遵守，并增加其保证金，现正分别派员四出调查，拟俟半年合约期满，重加调整，以期地域分配接近理想，并将不甚合适或成绩不良之承销商，予以变更。

问：关于本年一中月，花莲县民众代表四人，向贸易局定购之面粉二万包，尚有一万九千包未交，闻欲由善后救济分署移拨，未知其数量及价格能否照订约履行否？

答：花莲县民众代表，确曾于一月二十日左右，缮具申请书照当时牌价每包二百二十元之价，请求订购面粉二万袋，经批可照办。惟该县代表仍将原申请书携回，并未向配销部办理付款交货手续。迨二月二十日以后，各地粮荒严重，粮价暴涨数倍，始由台银汇来一百万元，并派员来局出示原申请书需购二万袋，当时以面粉配销殆尽，仅将余存之一等粉一千袋照原价二百六十元拨售，所余之款计七十四万元，询其所请暂代收存并出掣收据，批明此项暂收款系代存性质。俟后批面粉达到，当照新价优先配售，并将详细情形加以说明。该县代表当时亦自认款项分文未付,且延误一月之久,手续多有不合,表示首肯,不过希望下次到货尽先配售而去。惟该县交通不便,粮食确甚缺乏,故此次善后救济总署面粉达到,将交由各市县粮食调剂分会配售补充地方民食,本局已代花莲县正式函请救济分署设法增加配额。至所称履行契约一节,核与事实不符,碍难并为一谈,盖契约之签订,双方须各执一份,并于交货及付款限期应有明白条文之规定,该项申请书既不具契约之形式与内容,仅凭批可"照办"二字,如果以之办理手续自属有效,乃时隔一月,与粮价暴涨无货供应之际,始来付款取货,故只能依照当时实际情形为之善意补救。

问:关于菊元商行接收后由何人使用?

答:查日商菊元商行系于三月二十五日由本局接后,在本局接收之前,为新台公司与前菊元商行非法订约占用,本局接收后迭经函催迁让,该公司有意抗拒,昨经函请市政府如该公司至本月十日再不迁让,即予以封闭,本局收归自用。

台湾省贸易局配销布匹明细表

请购年月日	准购月日	购户	请购数量 蓝布	请购数量 府绸	请购数量 细布	请购数量 粗布	请购数量 总计	准购数量 蓝布	准购数量 府绸	准购数量 细布	准购数量 粗布	准购数量 总计
三五・一・三〇	一・三〇	亿庆实业公司	50		50	50	150	40		40	40	120
同	同	裕荣公司	100	300	300	100	850	120	120	120	120	480
同	同	裕丰商行	50	300	300	50	700	40	120	120	40	320
同	同	兴亚公司	100	300	300	100	800	80	200	320	80	680
同	同	永福公司	40	120	300		480	40	120	240		400
同	同	福泰股份公司	40	280	280		600	40	120	200		560
同	同	金泰兴公司	50	50	50	50	200	40	40	40	40	160
同	同	林瑞记产业		50	50	50	150		40	40	40	120
同	同	大福公司	40	120	280		440	40	120	280		440
同	同	建和公司	80	120	120		320	40	40	200		280
同	同	稳好行	40	40	40	10	160	40	40	40	40	160
同	同	宝记股份公司	300	100	300		700	160	80	280		520
同	同	世光商行			160	40	200			160	40	200
同	同	三义公司	80	80	90		240	80	80	90		240
同	同	大振商行	200	200	200	200	800	120	120	120	120	480
同	同	共进公司	200	200	200	200	800	40	40	80	80	240

续表

请购年月日	准购月日	购户	请购数量 蓝布	请购数量 府绸	请购数量 细布	请购数量 粗布	请购数量 总计	准购数量 蓝布	准购数量 府绸	准购数量 细布	准购数量 粗布	准购数量 总计
同	同	经美公司	200	200	200	200	800	80	80	80	80	320
同	同	怡和泰商行		120	120		240		120	120		240
同	同	荣泰公司			200		200			160		160
同	同	黄根土	40	40	40		120	40	40	40		120
同	同	许旺绸	100	100	100	100	400	80	80	90	80	320
同	同	陈合发商行		120	120		240		120	120		240
同	同	明盛公司	50	50	50		150	40	40	40		120
同	同	久隆行	50		50		100	40		40		80
同	同	大东股份公司		600	700		1,300		400	400		800
同	同	三信商行		600	620		1,230		400	400		800
同	同	胡宋源商店	80	80	40		200	80	80	40		200
同	同	三进公司		80	200		280		90	120		200
同	同	新集益公司	50	300	100		500[500]	40	120	80	40	280
同	同	老泰成商行	300	300	300	300	1,200	300	280	280	300	260
同	同	民生股份公司	500	500	500	500	2,000	80	80	120	200	400
同	同	联泰贸易公司	120	120	120		360		80	80		
同	同	协源商行					80			80		

续表

请购年月日	准购月日	购户	请购数量					准购数量			
			蓝布	府绸	粗布	细布	总计	府绸	蓝布	粗布	细布	总计
同	同	文山商行				80	80				80	80
同	同		2,860	5,470	2,050	6,650	17,010	2,200	1,780	1,340	4,720	10,040
备注	布匹总拾万匹，种类分阴丹士林蓝布、白府绸、白细布、粗布四种，而白细布占十分之七，系向上海区教伪产业处理局接洽，当时发售市价按八五折计算，平均每匹约值国币贰万壹仟元。而兴台糖交换，于上午十一月进口，肉中白粗布占壹万壹仟匹。处理局交货以30码计匹，而实际上粗布每匹长60码，本局配销按实际上粗布每匹数计，称故总额应折减为5,500匹，共计94,500匹。本局为供应社会上一般需要起见，于本年一月廿八日参照财政处衣料专门委员会决议，成立之商政科调查市价，暨当时台北市市价按八五折定偿公告（定价蓝布每匹1,460元，府绸每匹1,026元，细布每匹1,020元，粗布每匹1,275元）以批售四匹方度，另以壹万匹发交工矿处配给矿工，余额保留农民当时批售方价与市价接洽，对于购户仅有数量上之限制，并无界限职业上之区别。一经公告之后，商人首先请购，造旧历年关过后，第二期黔余粮食局无价配发第二期縢余农民当时批售分售市价上涨势，多数商人有利可图，纷至杏来，因请购者过多，或未配售，留条额供应公私机关团体，本局配销此项进口物资，原以项进口本较低，不以营利为目的，故参照。

台湾省贸易局配销布匹明细表

请购年月日	准购月日	购户	请购数量				准购数量			
			蓝布	府绸	细布	粗布	总计	府绸	蓝布	粗布	细布	总计
三五・一・三一	一・三一	福泰有限公司			500		500				200	200
同	同	日盛公司			300		300				120	120
同	同	义昌公司			40		40				40	40
同	同	新新公司			480		480				240	240
同	同	惠通公司			100		100					

续表

请购年月日	准购月日	购户	请购数量						准购数量					
			蓝布	府绸	细布	粗布	总计		蓝布	府绸	细布	粗布	总计
同	同	新裕布行			200		200				120		120
同	同	新联兴商店			40		40				40		40
同	同	陈联泰商行			40		40				40		40
同	同	瑞星商行			40		40				40		40
同	同	光华公司			40		40				40		40
同	同	裕丰股份公司			400		400						
同	同	三信公司			120		120				80		80
同	同	新竹商行			120		120				80		80
同	同	光祥行			120		120				80		80
同	同	瑞泰实业公司			40		40				40		40
同	同	五大股份有限公司			120		120				80		80
同	同	南兴商事合名会社			120		120				80		80
同	同	裕泰股份公司			200		200				120		120
同	同	三泰行			200		300				120		120
同	同	三泰公司			120		120				120		120
同	同	同兴公司			150		150				120		120
同	同	和荣商行			160		160				120		120
同	同	裕兴公司			320		320				240		240
同	同	高兴行			90		90				80		80

续表

请购年月日	准购月日	购户	请购数量					准购数量				
			蓝布	府绸	细布	粗布	总计	蓝布	府绸	细布	粗布	总计
	同	光益公司		500	500		1,000			300	300	300
	同	惠通贸易公司			200		200			120	120	120
	同	谦华行			60		60			40	40	40
	同	新兴公司			160		160			120	120	120
	同	泉德公司			160		160			120	120	120
	同	永祥公司			120		120			80	80	80
	同	松永商行			80		80			80	80	80
	同	金记商行			500		300			160	160	160
	同	大益行			400		400			200	200	200
	同	大中公司			80		80			80	80	80
	同	吉成公司			80		80			80	80	80
				500	6,200		6,700			3,620	3,620	3,620
备注	市价批售以应社会需要，无如四种布匹向在本省极少进口，有行无市，原无正常交易。迨[①]货入市场，即为粮价刺激而趋波动。同时上海市价激涨至速，本局售售数有限，一经停售即在市上转辗竞购，高抬价格。本局因立场不同，对于请购在后之公务机关团体，殊未便随市加价，因此牌价与市价脱节随物价上涨，而相距愈远，于是请购益多，终至无法供应。此系内外客观情势所演成，实为供不应求之必有现象，其与社会经济以及一般物价结成连销的关系，殊非有限之物资所可控制。												

① 原文如此，"迨"疑为"后"。

台湾省贸易局配销布匹明细表

请购年月日	准购月日	购户	请购数量 蓝布	府绸	细布	粗布	总计	准购数量 蓝布	府绸	细布	粗布	总计
三五·一·三〇	一·三〇	大新吴服店			40		40			40		40
同	同	新利顺布行			400		400			120		120
同	同	振发商行			200		200			120		120
同	同	中兴公司			100		100			80		80
同	同	陈合发商行	40			40	80				40	80
同	同	金星被服有限公司		60	150		150			120		120
同	同	三泰公司	80			120	260		40		120	240
同	同	益顺行		80	80		80			40		40
同	同	南兴商行	80		40	80	280	80		40	80	280
同	同	大发公司			480		480	80		240		240
同	同	永安公司			480		480			240		240
同	同	新亚行	80	80	80	40	80	80		80	40	280
同	同	潘弟			480		480			240		240
同	同	王世辉			120		120			80		80
同	同	林仁成			120		120			120		120
同	同	东邦被服工厂			400		400			120		120
同	同	坤庆公司			240		240			120		120

续表

请购年月日	准购月日	购户	请购数量					准购数量			
			蓝布	府绸	细布	粗布	总计	蓝布	府绸	细布	粗布	总计
同	同	锦成商店			40		40			40		40
同	同	益记行			80		80			40		40
同	同	益发公司			200		200			120		120
同	同	泉德公司			500		500			240		240
同	同	永大公司			500		500			240		240
同	同	共成公司			300		300			160		160
同	同	大德公司			160		160			80		80
同	同	义兴隆公司			120		120			80		80
同	同	大同股份有限公司			100		100			80		80
同	同	德隆行			250		250			120		120
同	同	大华公司			200		200			120		120
同	同	和记商行			200		200			120		120
同	同	光明行			40		40			40		40
同	同	锦丰股份公司			200		200			120		120
同	同	陶美公司	340	280	240	200	1,060	200	100	200	200	760
同	同	永利泰行			280		280			120		120

续表

请购年月日	准购月日	购户	请购数量					准购数量					备注
			蓝布	府绸	细布	粗布	总计	蓝布	府绸	细布	粗布	总计	
同	同	黄裕源商行			500		500			200		200	
同	同	合隆公司			240		240			120		120	
			620	500	7,560	480	4,160		360	4,040	480	5,360	

台湾省贸易局配销布匹明细表

请购年月日	准购月日	购户	请购数量					准购数量				
			蓝布	府绸	细布	粗布	总计	蓝布	府绸	细布	粗布	总计
同	同	林天来			120		120			80		80
同	同	邱金滨			40		40			40		40
同	同	黄文汉			100	100	200	200	160	80	80	520
同	同	詹阿添	200	250	200		650			120		120
同	同	游金昌			40		40	40		40		40
二·二	二·二	同兴公司	120				120					40
二·三	二·四	杨兽令	300	300	300	300	1,200	300	300	300	300	1,200

续表

请购年月日	准购月日	购户	请购数量 蓝布	请购数量 府绸	请购数量 细布	请购数量 粗布	请购数量 总计	准购数量 蓝布	准购数量 府绸	准购数量 细布	准购数量 粗布	准购数量 总计
同	二·一	台中县农业会	500	500	500	500	2,000			40	80	120
同	二·三	杨兽金	200	200	900	500	1,800	200	200	900	500	1,800
同	同	台湾警备司令部特务团			40		40			40		40
同	二·四	农林处林务局			600		600			200		100
同	二·七	东南实业公司	80	120	200		200			80		80
同	二·四	稳好行	60	100	200		400	80	80	100		320
同	同	泰记实业贸易公司			200		360	40	80	200		320
同	二·六	黄阿池商行	250	250	250		750			200		200
同	二·五	蒙焕德	50	50	220		320	40		160		200
同	同	王吟贵	40	80	80		200			80		80
二·五	二·五	光明行	500	500	500		1,500			200		200
同	同	三井物产株式会社		500	500		1,000	40		200	200	400
同	同	大原公司	200	200	80		480			80		120

续表

请购年月日	准购月日	购户	请购数量 蓝布	请购数量 府绸	请购数量 细布	请购数量 粗布	请购数量 总计	准购数量 蓝布	准购数量 府绸	准购数量 细布	准购数量 粗布	准购数量 总计
同	同	永祥公司			80		80			80		80
同	同	联美公司			160		160			80		80
同	同	建记行			160		160			80		80
同	同	林端记产业会社			400		400			120		120
同	同	大成布行			200		200			80		80
同	同	坤庆公司			320		320			120		120
同	同	陶美公司	100	120	120		340			120		120
			2,800	3,090	7,070	1,900	14,860	1,140	1,140	4,260	1,160	7,700
备注												

台湾省贸易局配销布匹明细表

请购年月日	进购月日	购户	请购数量 蓝布	请购数量 府绸	请购数量 细布	请购数量 粗布	请购数量 总计	准购数量 蓝布	准购数量 府绸	准购数量 细布	准购数量 粗布	准购数量 总计
三五・二・五	同	台湾橡胶会社	1,000		300	400	700			200	400	600
同	二・七	三民主义青年团		1,000	200		4,000	120	80	1,000		1,200
同	同	财政处商政科			43		43			40		40
同	二・四	宪兵第四团			2		2			2		2
同	二・六	营团整理处		80	40		40			40		40
同	二・五	台北市政府	18		640	31	769	18		500	20	538
同	同	台中市农业会			80	40	120			80	40	120
二・六	二・五	南门国民学校			240		240			240		240
同	同	三元商店	200	200	200		200			80		80
同	同	三泰公司		200	800	200	1,400			200	80	280
同	同	顺隆行		500	500		1,000	40	40	200		280
同	同	施江南	40	40	480		560			200		200
同	同	黄新益			400		400			320		320
二・七	同	双光股份公司	600	800	1,000	100	2,500			120		120
同	同	程守忠			500		500			320		320
同	同	吴祥	80	80	80	80	302			80		80

续表

请购年月日	进购月日	购户	请购数量 蓝布	请购数量 府绸	请购数量 细布	请购数量 粗布	请购数量 总计	准购数量 蓝布	准购数量 府绸	准购数量 细布	准购数量 粗布	准购数量 总计
同	二·八	王吟贵			120		120			80		80
同	二·七	军政部第二要塞	200		500		700			400		400
同	二·一二	警务处			500		600			500	100	600
二·八	二·八	第七十军司令部	25	50	50		125		20	40		80
同	同	掏水轩有限公司			100		100			40		40
同	同	专卖局印刷局			120		120			80		80
同	同	南万生衣料加工厂		400	100		500			80		80
同	同	专卖局南门工厂			221		221			200		200
同	同	彰化市政府	500	1,500	2,500	1,500	6,000	40		80	280	360
同	同	新店街农业会			500		500			80		80
同	同	文山郡渔业会			200		200			80		80
同	同	台湾省中央工业研究所			200		200			200		200
二·九	二·一三	台东县政府	40		40	120	200	40		40	120	200
同	同	法制委员会			300		300			200		200
同	二·一四	警务处	1,200	2,500			3,700		1,800	1,200		3,000
同	二·一二	花莲港县政府	3	6	12		21	3	6	12		21

续表

请购年月日	进购月日	购户	请购数量 蓝布	请购数量 府绸	请购数量 细布	请购数量 粗布	请购数量 总计	准购数量 蓝布	准购数量 府绸	准购数量 细布	准购数量 粗布	准购数量 总计
同	三一一三	七十军一〇七师	60	50	70		180	10		20		30
同	三一一三	农林处耕地科			80		80			40		40
同	三一一三	静修女子中学			1,000		1,000			80		80
三五・二一一二		台大附属医院	3,966	7,206	13,918	2,571	27,661	1,910	1,946	7,074	1,040	10,351
同	三一一三	军政部无线电台		20	100		120			80		80
同	三一一三	第七十军政治部			50		50			40		40
同	三一一三	台北市政府			2,000		2,000			200		200
同	三一一三	专卖局进修服务所			3,500		3,500			3,200		3,200
同	三一一三	新力报社			100		100			40		40
同	三一一六	人民导报社			50		50			20		20
三一一五	三一一八	航务委员会船运处	6		20		20	6		20		20
同	三一一	宪兵通信连			100		100					6
同	三一一五	警备总司令部战俘处	20	20	20		60	20				10
二一一八	三一一八	高雄县政府			500		500			500		500
一一一九	三一一九	军政部第三要塞	60		45		105			80		80
同	同	杨心如			500		500			100		100

续表

请购年月日	进购月日	购户	请购数量 蓝布	请购数量 府绸	请购数量 细布	请购数量 粗布	请购数量 总计	准购数量 蓝布	准购数量 府绸	准购数量 细布	准购数量 粗布	准购数量 总计
二·二〇	二·二〇	宣传委员会	5	2	3		10	5		3		10
二·二七	二·二二	法商学院	10	10	10		30	10		10		30
二·二五	二·二五	警备总司令部第四处	60		60		120	20		20		40
二·二六	二·二八	第七十五师参谋	1				1	1				1
二·二七	二·二七	警备总司令部第三处	60		45		105	40		40		80
三·二	三·二	民政处卫生局			200		200			200		200
同	三·九	七十军司令部							20	40		80
同	三·二一	本局总务部							1	1		3
同	三·二九	公署秘书处							5	5		50
同	三·二〇	招商局基隆分局								40		40
同	三·〇	警备部特务团								100		100
同	三·二二	林务局									40	40
同	同	地方干部训练团						2,000		60	1,000	9,160
		工矿处	222	52	7,303	7,577		2,173	38	10,879	1,050	14,160

续表

请购年月日	进购月日	购户	请购数量					准购数量				备注
			蓝布	府绸	细布	粗布	总计	蓝布	府绸	细布	粗布	总计	
		实际配销总数量（匹）	5,864	6,684	34,613			5,864	6,684	34,613	5,070	52,231	
备注												

台湾省贸易局配销部面粉明细表

月日	购户	品级	单价（元）	批购数量袋	交货地点	金额（元）	累计售数袋
	承上页①						47,043
一•三	炼股份有限公司	有恒牌	165	9,000	台北基隆	1,485,000.00	56,043
同	胜泰商行	同	190	2,000	基隆	380,000.00	58,043
同	邱传吉	同	160	7,000	同	1,120,000.00	65,043
同	法制委员会	同	220	2	台北	440.00	65,045
二•一	李松村	同	同	500	同	110,000.00	65,545
二•四	郭鸟龙	同	70	3,000	台北	510,000.00	68,545
同	专卖局南门工场	同	210	1,000	同	210,000.00	69,545
同	郑天送	同	220	200	同	44,000.00	69,745
同	台北地方法院	同	同	6	同	1,320.00	69,751

① 原文如此。

续表

月日	购户	品级	单价（元）	批购数量袋	交货地点	金额（元）	累计售数袋
二·五	台中市农业会	同	210	1,000	同	210,000.00	70,752
同	法制委员会	同	220	4	同	880.00	70,754
同	法制委员会	同	同	23	同	5,060.00	70,778
二·六	法制委员会	同	同	15	同	3,300.00	70,793
同	台湾教育处员会	同	同	2	同	440.00	70,795
二·七	交通处铁路工厂	同	同	10	同	2,200.00	70,805
同	新竹市府	同	同	50	同	2,000.00	70,855
同	高雄市政府	同	200	2,000	同	400,000.00	72,855
二·八	台湾银行	同	170	5,000	同	850,000.00	77,855
同	高雄市长	同	220	500	同	110,000.00	78,355
同	台北大学理学部	同	170	2,500	同	425,000.00	80,855
二·九	彰化市粮食救济公会	同	220	2,500	同	550,000.00	83,355
同	台湾自动车会社	同	同	10	同	2,200.00	83,365
二·一一	台北高级中学	同	210	1,000	同	210,000.00	84,365
同	台中县农业会	同	220	20	同	4,400.00	84,385
同	松山烟草工厂	一级品	同	10	同	2,200.00	84,395
二·一二		一级品	350	1,000	基隆	350,000.00	85,395
同		有佰牌	220	20	台北	4,400.00	85,415

续表

月日	购户	品级	单价(元)	批购数量袋	交货地点	金额(元)	累计售数袋
二·一三	贸易局本部职员	一级品	260	1,000	基隆	260,000.00	86,415
同	台湾水产会社	同	270	21	台北	5,670.00	86,436
同	工业研究所	有恒牌	220	50	同	11,000.00	86,486
同	交通处杨志章	同	270	150	同	33,000.00	86,636
二·一四	公署经济委员会	一级品	270	10	同	2,700.00	86,646
同	石炭调整委员会	同	同	50	同	13,500.00	86,696
二·一八	专卖局台南分局	同	260	50	基隆	13,000.00	86,746
同	配销部职员	同	同	100	同	26,000.00	86,846
同	公署教育处	同	260	21	台北	5,670.00	86,867
同		有恒牌	220	50	同	11,000.00	过次页① 86,917

①原文如此。

民国三十四年十一月五日由贸易公司接收营团所有额（交易部）

品名	单位	数量	单价	金额	贩请单价	金额	利益
分蜜糖	担	33,602.0	46.75	1,570,893.500			
分蜜糖	担	508,545.0	62.25	3,165,661.500			
分蜜糖	担	4,758.5	44.75	245,028.625			
小计	担	89,931.5		4,981,583.625			
含蜜糖	担	1,999.2	24.70	49,380.240			
含蜜糖	担	2,037.6	24.70	50,328.720			
小计	担	4,036.8		99,708.960			
计				5,081,292.585			

台湾省贸易局配销部面粉明细表

月日	购户	品级	单价(元)	批购数量(袋)	交货地点	金额(元)	累计数量(袋)	备注
一一一	警备总司令部	有恒牌	250	20	台北	5,000.00	20	本局于上年十一月初旬向粮食部拨获有恒牌面粉玖万玖佰袋抵基隆,此须面粉质量低劣次于三等粉,含麸量达17%。因历时已久,遂于一月十六日按照市上二等粉批价八折公告挂牌批售。凡购买数在百袋以上者,均可批购。公务机关团体数量多少不管限制。最初定价每袋260元(基隆交货少收10元),试销后成绩不良,减价为220元。斯时市上面粉亦起反向,不论品质高次一律跌落60元,直至一月二十四日,仅共销去不满6000袋,内中有霉品质过劣或含霉气要求退货。当时台北市价回旋于每斤五至六元之间,而面粉售价每斤八元至七元不等。一般民众既不习用,尤嫌售贵,诚恐滞销,搁久质量更坏,且为提倡食用补充民食起见,亦有抑低粉价鼓励推销之必要。及自一月二十五日起采取紧急倾销办法,每袋照原定每袋二百二十元改正牌价,每购
一,五	公署交际科	同	同	1	同	250.00	21	
一,六	裕丰行	同	同	200	同	50,000.00	221	
同	三井产业	同	同	100	同	25,000.00	321	
同	桑田产业	同	同	200	同	50,000.00	521	
同	三泰行	同	同	300	同	75,000.00	821	
同	崇德行	同	240	1,000	基隆	240,000.00	1,821	
同	新兴贸易公司	同	同	1,000	同	240,000.00	2,821	
一,七	陈合发商行	同	同	600	同	144,000.00	3,421	
一,八	三井物产	同	250	200	台北	50,000.00	3,621	
同	隆盛行	同	240	100	基隆	24,000.00	3,721	
同	公署会计处	同	250	1	台北	250.00	3,722	
同	公署工矿处	同	同	1	同	250.00	3,723	
一,二	张清木	同	220	100	同	22,000.00	3,822	
同	大源行	同	210	115	基隆	24,500.00	3,938	
同	警备司令部第三处	同	220	2	台北	440.00	3,940	
一,二	三井物产	同	同	100	同	22,000.00	4,040	

续表

月日	购户	品级	单价（元）	批购数量（袋）	交货地点	金额（元）	累计数量（袋）	备注
同	李三益	同	同	114		25,000.00	4,154	一千袋减收10元，至购满五千袋以上共减收50元为止。此项倾销办法经报公告六元八角。并分函各市县政府地方社团公告，铁路运费官告自二月一日起派价五倍，同时通过旧历年关。粮价亦呈涨势，于是购户涌到铁路大物。不久台南、高雄一带资告米荒，粮价突然又涨，数日之间全省各地普遍涨起一、二倍不等。于是向不习或意存观望者均纷纷鹜向大量供应，无如粥少僧多，货已将罄间隅者难免不存所误会。本局鉴于情势激变，遂将余货之货分供高雄、台南、台中、新竹、花莲港等缺粮区域。
同	陈合发商行	同	210	300	基隆	63,000.00	4,454	
一、二三	三泰行	同	220	300	台北	66,000.00	4,754	
同	詹春木	同	同	100		22,000.00	4,854	
同	三井物产	同	同	100		22,000.00	4,954	
同	市政府民政局	同	同	13	同	2,860.00	4,967	
一、二四	简保全	同	同	260	同	57,200.00	5,227	
同	蔡铁龙	同	210	200	基隆	42,000.00	5,427	
同	台北女子师范学校	同	220	8	台北	1,760.00	5,435	
一、二五	市政府民政局	同	同	25	同	5,500.00	5,460	
同	苏秋汉	同	同	100	同	22,000.00	5,560	
同	蔡看	同	220	100	同	22,000.00	5,660	
同	高石狮	同	210	100	同	22,000.00	5,760	
同	李杜村	同	同	130	基隆	27,300.00	5,860	
同	陈合发商行	同	200	450	同	94,500.00	5,990	
同	三井物产	同	同	1,000	同	200,000.00	6,440	
一、二六	三井物产	同	220	150	台北	33,000.00	7,440	
							7,590	

续表

月日	购户	品级	单价(元)	批购数量(袋)	交货地点	金额(元)	累计数量(袋)	备注
同	林元自	同	同	100	同	22,000.00	7,690	
同	黄寿思	同	200	1,000	基隆	200,000.00	8,690	
一.二.六	高石狮	同	210	220	基隆	46,200.00	8,690	
同	台北市政府	同	210	380	台北	79,800.0	9,940	
一.二.八	林振树	同	320	100	同	32,000.00	9,290	
同	张清木	同	同	100	同	22,000.00	9,290	
同	邱坤士	同	同	150	同	33,000.00	9,440	
同	建要兴业	同	160	5,000	基隆	800,000.00	19,640	
同	陈森让	同	210	150	同	31,500.00	14,290	
同	王清潭	同	同	150	同	31,500.00	14,240	
同	林锦昌	有恒牌	同	120	同	250,200.00	14,240	
同	张鎏忠	同	同	160	同	33,600.00	15,060	

续表

月日	购户	品级	单价（元）	批购数量（袋）	交货地点	金额（元）	累计数量（袋）	备注
同	陈阿木	同	同	380	同	79,800.00	15,240	
同	许午	同	同	300	同	63,000.00	15,600	
同	台北市政府	同	同	263	同	55,030.00	15,163	
同	游仁德	同	同	245	同	51,450.00	16,408	
同	谢振聪	同	同	200	同	42,000.00	16,608	
一二九	十岛虎雄	同	220	250	台北	55,000.00	16,858	
同	詹土生	同	210	150	基隆	31,500.00	17,008	
同	王清潭	同	同	350	同	73,500.00	17,358	
同	陈上镒	同	同	300	同	63,000.00	17,658	
同	基隆市政府	同	200	1,000	同	200,000.00	15,658	
同	陈阿木	同	同	1,000	同	200,000.00	19,658	
同	新店农业会	同	210	500	同	105,000.00	20,158	
同	吴庆源	同	220	1	台北	220.00	20,159	
一三〇	叶庆火	同	210	100	基隆	21,000.00	20,259	
同	大东股份有限公司	同	160	5,000	同	800,000.00	25,259	
同	施武洲	同	200	1,000	同	200,000.00	26,259	
同	公署统计室	同	220	3	台北	660.00	26,262	
同	法制委员会	同	同	7	同	1,540.00	26,269	

续表

月日	购户	品级	单价（元）	批购数量（袋）	交货地点	金额（元）	累计数量（袋）	备注
同	陈合发商会	同	170	5,000	同	250,000.00	31,269	
同	同	同	160	5,000	基隆	800,000.00	36,269	
同	胜利公司	同	170	1,500	台北	255,000.00	37,769	
同	同	同	160	4,000	基隆	640,000.00	41,769	
一·三一	陈阿繁	同	170	2,500	台北	425,000.00	44,269	
同	台北市政府	同	220	24	同	5,280.00	44,293	
同	张正顺	同	同	250	同	55,000.00	44,543	
同	陈阿繁	同	160	2,500	基隆	400,000.00	47,043	
八·一八	农林处土林园艺试验所	一级品	270	6	台北	15,620.00	86,922	
同	高等法院	同	同	4	同	1,080.00	86,927	
二·一八	高雄县农业会	同	260	500	基隆	130,000.00	87,427	
同	屏东市	同	同	1,000	同	260,000.00	88,427	
同	交通铁道管理委员会	同	270	80	台北	21,600.00	88,509	
同	台北税关	同	同	120	同	32,400.00	88,627	
同	台北税关	同	同	18	同	4,860.00	88,645	
同	船运处	有级牌	220	30	同	6,600.00	88,675	
同	中国国民党	一级品	270	60	同	16,200.00	88,735	

续表

月日	购户	品级	单价（元）	批购数量（袋）	交货地点	金额（元）	累计数量（袋）	备注
二·二一	教育复活委员会	一级	同	3	同	810.00		
同	烟草工厂	同	同	100	同	27,000.00		
同	花莲港粮食委员会	同	260	1,000	基隆	260,000.00	89,838	
二·二二	交通处邮电管理会	有级牌	220	100	台北	22,000.00	89,938	
二·二三	人民导报社	一级	270	50	同	13,500.00	89,938	
同	民政处卫生局	同	同	10	同	2,700.00	90,118	
同	公署处卫生工程局	有级牌	220	120	同	26,400.00		
二·二八	贸易局本部职员	一级品	275	10	同	2,700.00	90,128	
三·二	警备总司令部	同	同	1	同	270.00	90,128	
同	同	有级牌	220	2		440.00		
同	公署会计处	一级品	270	20		5,400.00		
同	台北第一女子中学校	同	同	32		8,640.00	90,183	
三·五	宪兵第四团	同	同	4		1,080.00		
同	公署农林处	有级牌	220	20		4,400.00	90,207	
三·一二	食粮营团	一级品	270	50		13,500.00		
同	畜产会社（提获散粉）	散粉	144	102		14,688.00	90,359	
三·一三	台北师范学校	一级品	270	20		5,400.00	90,379	

续表

月日	购户	品级	单价（元）	批购数量（袋）	交货地点	金额（元）	累计数量（袋）	备注
三・一三	财政署	同	同	50		13,500.00	90,429	
三・一四	公署秘书处	同	同	100		27,000.00	90,529	
三・二二	台湾拓殖	同	同	300		81,000.00	90,829	
四・八	警备总司令部	有级牌	220	2		540.00	90,832	
同	同	同	同	1		220.00		
四・一一	同	同	同	4		880.00	90,851	
同	同	一级品	270	5		1,350.00	90,841	
四・一七	同	同	同	10		2,700.00	90,851	
实际配销总数量（袋）								

十二、国立台湾大学书面答复

问：现在有博士审查机关否？内地大学既有，若台湾无者，请迅速制定审查制度。

敬答：博士法尚在教育部拟议中，并未公布，将来公布后，台湾亦应适用。

问：汉药治疗科之添设，内容请指示：是医学科之一分科，或是中医养成机关？

敬答：汉药治疗科为医院之一科，其地位与内科、外科、皮肤科等同，目的在于研究汉药治疗之原理，并非中医养成机关。

二、陈长官致闭幕词

今天本人很欣快，诸位议员热烈讨论建设新台湾诸议案后，本人参加这个闭幕典礼，觉得很光荣。过去两星期，本人由报纸发表，知道诸位努力奋斗，为国为民，本人很是感心。这次的参议会，在台湾不但是第一次，即国内，过去亦无此种盛典。我们对于一切的工作，本着建国的方向进行，秉承国父遗教，依总理心建设，第八周"顺乎天理，适应人情，迎合世界潮流"遵照此话，努力进行，必可以得到完满的解决。议会通过的议案，多为教育问题，教育须应注重，这点很对。盖以此造就人才，以应国家之用。诸位的提案，倘有适合乎三民主义之精神者，本人一定努力去做。无论甚么事情，总以诚实为最重要，以诚实的精神，再配合建设新台湾的宗旨，政府今后一定诚心诚意，接受诸位的议决案，切实去做。就做不到有的地方，亦必向诸位诉说理由与苦衷，绝不会来欺骗诸位的。希望诸位将此回大会的经过，告诉民众，使民众能够了解，以符官民合作之实。倘对于政府于施政，有不了解的地方，希随时随地，通知政府，俾知向他们解释，台湾一切的基础都很好。倘方向不错误，一定能够完成建设三民主义的新台湾的大业。今天举行闭会，本人很感心，诸位的努力。希望诸位加倍奋斗，同时敬祝这回民权初步的成功，并祝各位健康。

三、台湾省第一届省参议会闭幕宣言

本会于本月一日正式成立,议事两周,聆取政府各部门的施政报告,建议本省政治应有的兴革,现已圆满闭幕。

五十年来,本省人民处于日本统治桎梏之下,完全失去了自由,更不知民主为何物,其久经积压的爱国爱乡的精神,为政治建设的伟大潜在力量,无时不切望宣泄。同时,光复后政府所面对的种种破坏,也急需人民的协助,以谋迅速的快复,并谋进一步的建设。本省有史以来的第一届参议会,即在这样的背景之下,经政府短期间积极的筹备而迅速成立。犹忆陈长官自莅任以来,曾屡屡以建设三民主义新台湾相勉勖。此次议会的成立,即为建设模范省及实施宪政之一重要步骤。两周来同人等,既深感以人民代表身份,为人民本身的福利而努力的无限光荣,尤懔于协助政府建设地方任务的重大。对于大会的进行,无不审慎将事,冀能无负于本身的职责。现值大会闭幕,我们愿更列举数事,为政府当局及全省同胞告。

一,本省新承异族的长期统治与战争的严重破坏之后,人民生活特别痛苦,社会问题与政治上应兴应革的事项,也特别繁杂。同人等来自民间,耳濡目染,感受殊深,因而对于政府的要求和建议,也特别多。我们认为今后文化方面,应积极实育,加强科学研究和应用,宣扬三民主义,发挥民族精神,以培养成优秀有为的建国人才。同时,教育人员待遇必应予提高。政治方面应加强治安,澄清吏治,厉行法治,以速民主政治的推行。经济方面,应速谋都市复兴,工厂复工,应救济失业,发展农材,增加生产,解决粮荒,以促进社会繁荣,提高人民生活。凡此种种,同人等见解所及,无不一本"知无不言,言无不尽"之旨,制成议案,提供政府施行,以尽我们的言责,希望政府能够尽量接受我们的建议,使由我们长远的人民的意见,能够具体表现于政治实施,同时政府有需要人民协助者,我们也义应予以支持,并且愿意予以支持。

二,本会既由民选而产生,当然要能够为人民的代表对于人民的意见,我们无不愿意为适切的表达。两周来,会场情绪的热烈与诚挚,当为社会所共见。人是民权的运用,应循一定的程序,民意的表达,应取适当的方式,否则人民代表，当其执行任务之际，难免不遭受意外的影响和困难。这点不仅对于本会的成败至关重要，即对于县市各级民意机关的成败，也莫不如此。我们必须坦白承认，民主政治尚未成为本省大多数人娴熟的习惯这一事实。因而虚心学习共谋改进，使我们的一切政治活动都入于民主的正轨，我们将矢志使我们的行为百分之百地代表人民，但愿人民也能够百分之百地信任我们。

三，本省光复后，即为中华民国之一部分，本省今后的建设，即为祖国整个国家建设中之一环，本省和祖国，成败与共，命运相同，其互相间的关系，自然也必须更求密切。本会为全省六百万人民的代表，自当负起责任，从政治、经济、文化及其他各方面促进这种关系，以完成本会这特殊的重大使命。

最后参议会以监督政府，协助政府为其职责，并非与政府相对立，同人等今后当不断注意政府对本会各项议案的设施，协助政府各种政令的推行同时努力促进官民对政府的信赖及政府对本省民情的了解，使官民之间泯除或有的成见和隔阂，精诚合作从事建设以达成模范省建设的目的。希望内地来台的公务人员，也能够恪遵长官的训示，黾勉从公，协助新台湾的建设！

中华民国三十五年度
台湾省行政长官公署工作报告

台湾省行政长官公署秘书处编辑室、民政处秘书室编印,1946年(中国社会科学院近代史研究所藏)

凡 例

（一）本工作报告一般行政类包括编辑人事法制宣导训练设计考核及统计等七种工作。

（二）本工作报告包含行政部分与事业部分。除中心工作及重要业务外，余均从略，以省篇幅。

（三）本工作报告各项业务实施进度均详表内，不另赘述。

一、一般行政

类别	工作项目	计划要点	实施概况	备考
一般行政	(一)编辑 (1)本署公报 (2)广播词辑要 (3)地政法令辑要	(1)刊期按日出刊 (2)篇每次按普通大报纸对开编印 (3)索引按每季出索引一次以便利查阅 供各机关互相研究工作上改进之参考 供本省各级地政人员参考研究	(1)自卅四年十二月一日起出刊,每三日出刊一次,截至卅五年二月十一日止,计出二十期。自二月十三日起,改为每隔日出刊一次,截至五月底止,计出一八期。自六月一日起,改为按日出刊,截至十二月底止,计出一四七期。合共二四七期。 (2)第一二卷索引于五年三月出刊,春字索引于四月出刊,夏字索引于七月出刊,秋字索引于十月出刊,冬字索引拟于卅六年一月出刊。 第一集于本年三月出刊计印二册。 分上下两辑均于卅五年六月出刊,计印四十册。	

续表

类别	工作项目	计划要点	实施概况	备考
	(4)警务法令辑要	供本省各级警察人员参考研究	第一辑于卅五年五月出刊,计印二千册。	
	(5)人事法令辑要	供本省各机关办理人事人员依据参考	第一辑于卅五年一月出刊,计印二千册。	
	(6)工矿法令辑要	供本省各机关及工矿厂商参考	第一辑于卅五年六月出刊,计印二千册。	
	(7)台湾省第一届参议会行政施政报告	供省内外各机关参考	于卅五年六月出刊。	
	(8)翻印土地法及土地施行法	供各级地政人员及人民参考	于卅五年四月出刊,计印二千册。	
	(9)翻印建国大纲自治开始施行法等书刊	本省收复伊始,为使各级公务人员明了主义,加强自治推行	于卅五年六月翻印五万册,分发各级公务人员研读。	
	(10)台湾省各级行政机关组织规程	供省内外各机关参考	第一辑于卅五年四月出刊,共印二千册。	
	(11)国民政府卅五年度年鉴台湾省行政部分	奉令编撰内分民政、财政、教育、建设、田粮、会计,保安七篇都五万言	于卅五年四月编刊,共印二百册。	
	(12)中外度量衡比较表	本省收复伊始为使市场交易兼利推行度政	于卅五年三月出刊,共印五百册。	
	(13)台湾省行政长官公署三月来工作概况	本省光复之初省内外人士均至关切,故就接收后三个月施政概况汇印成册,以供省内外参言	于卅五年三月出刊,共印二千册。	

续表

类别	工作项目	计划要点	实施概况	备考
(二)人事行政	(1)设置人事管理机构	拟视本署所属各机关编制之大小业务之繁简酌设人事室(股)或人事管理员	本署接收后，即依照本署组织条例成立人事室，分设四科，为掌理本省人事行政之总机构。同时为谋树立人事制度及配合过渡时期之需要，对于本署所属各机关，视其编制之大小业务之繁简，设置人事股或人事管理员，以便业务之推进。一面并订定各级人事管理人员任用资格标准，将各机关人事管理人员予以调整，定期调训。	
	(2)整理人事法规	一、日本统治时代所颁制台民之人事法规分别予以废止 二、适应本省需要制定本省行政时代之人事法规 三、翻译日本统治时代之人事法令	日本统治时代所颁布之人事法规有二百余种之多，对于台民颇存歧视及压制之观念，已分别予以废止或修订。制定各项单行法规，举其要者有：1.本省人事集中管理办法。2.警察人员待遇办法。3.专科以上学校毕业生从教人员叙薪办法。4.本省少立专科以上学校长、院长差旅暂给办法。5.本署所属部内职员相关职员出勤到办法。6.职员给限规则。7.职员值勤规则等。日本统治台湾时代之人事法规其中有足供本省推行人事制度之参考者已择要译出者，计有1.台湾总督府内规人事条例。2.政府职员共济合作法令。3.台湾总督府内规共济合作社。4.台湾拓殖株式会社人事系关系令。5.台湾拓殖株式会社共济合作社事务处理规程。6.台湾电力公司薪俸给与规程。7.台湾水产株式会社社则等。	该项工作为计划未曾列入者
	(3)举办各级干部考试及征选高级干部送训	一、举行特种考试以拔取地方优秀人才 二、征选高级干部予以训练及任用	为选拔地方优秀人才以适应各部门事业需要经拟订特种考试台湾省公务人员考试规则咨请考选委员会转呈院核示。人事行政人员，分：1.人事行政人员。2.财务人员(包括金融)。3.会计人员。4.统计人员。5.建设人员(包括农林工矿交通)。6.教育行政人员。7.卫生行政人员。8.工商管理人员。9.普通行政人员等九类。一俟奉准，即可实施。	

续表

类别	工作项目	计划要点	实施概况	备考
			为培植本省高级干部,经订定本省所属各机关征选高级干部训练办法一种,由各主管单位就本省公务员遴选合于规定资格及能力优长者送训于以深造。此项人员资格业经审查完竣,定于明年一月六日开始训练结训后,分发各机关服务。	
	(4)办理考绩奖惩	公务人员除平时成绩考核外并拟于每届半年或年终举行考核各一次	本署成立后对各级公务人员之考核,除依照中央规定办理外,经制定"公务员成绩纪录卡"一种,作为纪录每一公务人员平时成绩之用。至各机关公务人员本年上半年度平时成绩考核结果汇报册,经饬由各机关认真考核期详确纪录并造送平时成绩考核结果,暨所属各机关组织规程同未完成立法程序,现任人员不能遴审,无法办理考绩,推为奖贤能惩溢怠以前补办考绩。此外并将考绩县市推行人事成并电铨敘部请展缓期至三十六年底以前补办考绩。拟于三十五年年终办理考成并推行地方绩列入三十六年度县市人事行政而人事行政年上机道。至平时奖惩方面,截至本年十一月底止,全省公务人员受奖计20人,受惩者237人。	
	(5)严密人事登记	拟将各机关公务人员之动态、静态、差假勤情,工作成绩考绩奖惩等分别调查详细登记各种纪录表卡,力谋明确化科学化	本署办理人事力求管理严密起见,对于每一公务人员之登记其同经过之任免、正调、薪俸变更、奖惩考项,训练等项,以及人事之动态、静态等,均有详密之登记其所有1.公务员履历表,2.公务员动态登记卡,3.公务员成绩纪录卡,4.差假勤情纪录卡等。个人方面有1.公务员成绩纪录卡等。其登记方法均以人为单位按照姓氏笔划编号保管调检至便,此外并有机关组织员额一览表,按机关单位登载各机关应设员额及人员调动情形等。至机关方面有机关组织员额一览表,此外并有机关单位登载各机关应设员额及人员调动情形等。	

续表

类别	工作项目	计划要点	实施概况	备考
	(6)举办公务员训练及进修	拟分期大量训练公务人员并一面督促进修	本省光复之始即成立二个训练机关，一为训练一般行政人员之地方行政干部训练团（现改为本省训练团），一为专门训练警务人员之警察训练所。依照拟定训练计划及调训及招训各级干部综计自三十四年十一月起至三十五年十一月止，已训练毕业之行政干部共有2,252人，已训练毕业之警察干部共有4,692人，至于公务员之进修各级机关及各县市办理情形不一，设备亦欠完善，现正督促改进中。	
	(7)办理备用人员与技术人员登记		本省人民在日本统治时代获得参加行政工作者极居少数，光复后为使合胞参加行政工作机会均等及准备日籍人员遣送后接替其工作起见，经订定本署备用人员登记办法及备用人员资格审查委员会组织规程并公告举办登记经审查合格准予登记者，计5,220人。又以本省技术人员尚感缺乏，复于本年四月同续办求技术人员登记经审查合格者，计554人。凡审查合格之备用人员均按其志愿列册送有关机关和本省训练团甄选训练分别任用，至技术人员办经按技术性质分类列册送交有关机关先予考核量才任用。	

续表

类别	工作项目	计划要点	实施概况	备考
	(8)确定台胞任用资格		本省光复后对于省胞参加行政工作问题至为重视,省胞所具资格未能尽合中央任用法规非有权宜办法不足以广登,兹经电请中央,庸准将本省列入适用边远省份公务员任用暂行条例行省份,单对台胞能从宽录用。2.台胞前在日本统治下各机关会社服务所所得之年资准予以从权采实于台胞困资格损失颇巨,亦经请准予以从权采用。3.各省地方行政人员训练机关在三十一年十一月以前训练合格人员,中央规定可认为中等学校毕业资格核叙薪级,本省光复后对于本省训练合格人员为谋与内地取得同样资格待遇计,亦请电铨叙部复准按初中毕业资格核叙薪级。4.日本统治时期台胞具有较高之学历,因受事项时效之限制,藉以确定本省训练人员之任用资格,经电铨叙部复准按初中毕业资格叙薪级。4.日本统治时期台胞虽其有较高之学历,因受事项时效之限制,但因格于法令薪额尽量录用,但因格于法令薪额尽量录用,电请铨叙部准予从权办理,准复以嘱托可得按其所支薪额比照保任委任计资。至雇员,除基本年资格未能取得资格获难受,经权准以雇用办法,依积有年资申人正式委派。5.台胞现在各机关充任办事员者,因过去受日人压制未能取得资格获难委,经权准以雇用办法,依积有年资申人正式委派,至其待遇按委任办事员支给津贴以示优待。6.为尽量登用本省籍技术人员,声请,登记及选训办法经订办法经审查合格后予训练再分发各级卫生机关服务。	

续表

类别	工作项目	计划要点	实施概况	备考
	(9)优待教育技术人员提高长警待遇及规定边远县份公务员调任赴任旅费办法		(一)为鼓励从事教育或技术工作人员起见经订定优待办法大略如下：1.凡具有专科以上学校毕业资格初任教职员或初任大学研究生助教或初任医院工厂农场企业机关相当委任职技术人员分别依照规定自起叙级再进二级或一级起薪。2.高等考试合格初任公教人员或初任职研究及技术人员分别自委一或二一级起薪。3.具有上列1,2毕业资格初任相当等外将聘派人员依规定自荐十起叙再进一级起薪。4.具有上列1,2两项毕业资格非担任技术工作者不予提高支薪。以上办法不包括其他社教人员在内。(二)为使全省警察人员生活安定,增进工作效能起见,经订定各级警察机关警长、警员等资及薪额暂行标准,将警长、警员(包括试用警员)一律给子委任待遇,并准照公教人员支给薪准发给薪标准维发给标准,并将警长阶级分为六等。(三)本省偏远县份(包括花莲、台东、澎湖三县)交通不便,派往工作人员颇多畏缩不前,特规定上列三县人员调任赴任旅费按准一般旅费标准加倍发给,以便推动工作。本省在日本统治时期政府工作人员多由日人担任,本团接收时为维待各部门业务不至中断及便利接收起见,经订定本团暨所属各机关征用日籍员工暂行办法,呈奉核准施行并奉核定。	

续表

类别	工作项目	计划要点	实施概况	备考
	(10)征用日籍人员		本省全部征用日籍技术人员人数为7,000人,连同被征用日员眷属,共28,000人,经按各机关实际需要规定分配比率,合计征用技术人员7,134人,家属20,088人,总计为27,227人,尚未超出核定数额。此外并订定各机关征用日籍人员人事管理暂行办法及各机关征用日籍技术人员生活费支给标准表各一种,以资管理。现前项征用日员除极少数因技术上关系,经呈准继续征用外,其余拟于本年十二月底以前一律送回国,仅征用6,266人。	
	(11)统计本省人事概况		人事统计为提供人事行政上之重要参考资料署接收后,对于各机关之编制员额现有人数以及现职人员之官等级别,年龄,籍贯,教育程度,薪俸,勤惰等情形,即逐月加以分析统计,以备参考。截至本年十月底止,根据500单位所送报告,共计44,451人,内男39,953人,女4,498人,本省籍者28,234人,外省籍9,951人,征用日员6,266人。	
(三)法制				
	(1)审查拟草拟法规	按本省实际需要之法令分别审查草拟	三十五年全年度法制委员会审查草拟修订之本省各种法规共计550种。	
	(2)翻译法规	择原有法规较重要者及适合目前应用者予以翻译。又台胞脱离祖国太久,汉文多不能阅读,爰将我国重要法规译为日文俾易阅读而便遵守	由日文译成中文者共660种,分发各有关单位参考以利修订。	

续表

类别	工作项目	计划要点	实施概况	备考
	(3)刊印法规	将我国重要法规刊印(附日文译本)以便宣传而利人民遵守	(甲)已出版者计有: (1)中华民国刑法及施行法(附译日文) (2)中华民国公司法(附译日文) (3)中华民国刑事诉讼法及施行法(附译日文) (4)中华民国直接税法(附译日文) (5)日本统治台湾法规名称目录 (6)台湾省司法保护会概况 (乙)未出版者计有: (1)中华民国法令汇编十部 (2)法律书籍二部	
	(4)废止法规	查本省在日人统治时代法规中压迫台人者违害三民主义者及于战时法规已不适合目前环境,要拟分别明令废止	日本占领时代之法令除236种暂缓废止留待修正外,其余业已明令废止。	
	(四)宣导 (1)训练政令宣导员分赴各县市工作	本省沦陷五十年,一般人民对于本国政制法令甚为模糊。为使民众了解政令以便推行起见,特订定"宣传实施办法"暨"调训人数分配表",令饬各县市区乡镇团受训,并将宣传合格人员设置列入各县市政府区署乡镇公所编制之内	(一)关于政令宣导员之设置方面:现在每一县市政府均于秘书室设立政令宣导股,置政令宣导员三人至五人,并指定一人为股长,每一县辖市区署及乡镇公所均设政令宣导员,一人负责宣导政令。 (二)关于政令宣导员训练方面:计先在省训练团举办政令宣导班两期,第一期于本年二月初开始,由各县市政府保送人员受训,四月底毕训,合格人员,计156名。第二期于五月初开始,由各县市政府保送及考取升学第二名者,七月底毕训,八月初分发,计195名。除请求转送工作人员受训外,实共分发347名,每月终均填具工作月报呈由主管机关转呈考核。	

续表

类别	工作项目	计划要点	实施概况	备考
	(2)编发政令讲解大纲	每周编发政令讲解大纲一期,分发县市政令宣导员讲解	自本年五月份第一期政令宣导员分发各县市工作后,每周编印政令讲解大纲一期,内容计分办法令名称、宣传要点等三项,分发各县市区署乡镇公所政令宣导员讲解,施行以来各县市民众对于国家政策政府法令已日渐明了。	
	(3)设置宣传牌及新闻照片	由宣传委员会设计各种宣传牌如总理遗像、总裁肖像、中华民国地图、各种教育及新闻照片,在本市各冲要地区树立,藉以增进人民对国家之认识对时事之了解	本省光复后即由该会设计在台北市各冲要地区设置宣传牌八处,新闻照片框六处,惟嗣因台风袭击宣传牌频失四块,新照片框尽毁吹毁,以后当再行续制。	
	(4)管理电影戏剧事业	本省电影剧团共有200家左右,平均每日观众在20万人以上,故电影戏剧事业加以管理,有助宣传,效力甚大	公布"台湾省电影戏剧事业管理办法"及"台湾省剧团管理规则",目前已向本会申请登记者计有电影院125家、剧团86家。	
	(5)审查电影及剧本	订定台湾省电影审查办法及剧团管理规则,凡在本省演出之电影戏剧非经本会审查登记证后不准放映演出	(一)审查影片系会同台湾省党部办理,计自本年一月份开始审查以来,除日本片绝对禁止放映外,共计审查501片。内中违反国策妨碍风化及情节恐吓子通过者47片,经核准发给准演证者454片(计本国片223片,美国片136片,德国片48片,英国片24片,法国片12片,苏联片10片,义国片1片)。 (二)审查剧本系由宣传委员会同民政、教育、警务三处办理,现已送审者25部,通过者18部。	
	(6)拍摄新闻片	凡遇本省重要实施及新闻事件随时由宣传委员会电影摄制场派员拍摄电影放映并与国内各地交换	"台湾新闻"目前已拍摄完成者共计一、二、三、四、五、六、七等七部,均已在本省各地放映。第一号除赠送教育部、中宣部各地外,并经运至京、沪、滇、南洋、菲律宾各地放映,其他各片,拟于中宣部制片厂交换,以广宣传。	

续表

类别	工作项目	计划要点	实施概况	备考
	(7)拍摄"今日之台湾"影片	由宣传委员会设计"今日之台湾"内容，交电影摄制场自行拍摄，拍摄完成后即在省内外各地放映并与国内制片厂交换以广宣传	该项影片本可早日完成，惟因材料不够加以多摄新闻片之关系，故须于十二月底方可摄制完成。	
	(8)翻印总理遗教总裁言论	总理遗教为我最高指导原则，总裁言论为我全体国民努力目标，应使全体同胞普遍明了	现已翻印三民主义105,000册（中文5,000册，日文100,000册）建国方略3,000册总裁言论选辑第一集及第二集各3,000册分赠全省各机关学校团体及省训练团受训学员阅读研究。	
	(9)编印宣传小册	为使台胞明了政府施政方针以及我国国情起见，特编印宣传小册分赠全省各机关学校及全省政令宣导员阅读	该项宣传小册目前已出版人种计315,000册分赠全省各机关学校及政令宣导员阅读。	
	(10)编印新台湾建设丛书	由宣传委员会会同各处会室局编印，内容台湾概况、法制、人事、民政、教育、农林、工业、矿业、交通、警务、宣传、卫生、地政、粮政、专卖、贸易等18种，藉使台内外人士对于台湾接收及施政情形得以明了	现该项新台湾建设丛书业已印制成书者12种，正校对中者2种，交印者2种，一俟财政处及统计室稿件送到后，即可全部赶印出版。	
	(11)发行新台湾画报	利用民众爱阅画报心理宣传各项行政设施建设推进情形以及时事报导每月出版一期	经将本会拍摄之各种新闻照片编印《新台湾画报》，每月出版一期，现已出至第十一期。	
	(12)发行台湾月刊	为向国内读者报导台湾情况同时向本省读者介绍祖国文化起见，特发行《台湾月刊》一种向省内外销售	自本年十月份起每月编印《台湾月刊》一种，内容系综合性质，现已出版两期，第三期正付印中，不日即可出版。	
	(13)出版长官公署三月来工作概况及施行政工作	为使省内外人士明了本省接收情形、生产概况以及各项行政设施起见，特编印上项各书分赠各机关学校团体阅览	本署接收后三个月即编印《台湾省行政长官公署三月来工作概要》10,000册分赠各界阅览《台湾省行政工作概览》《台湾省现况参考数据》《蒋主席在台训词》小册分赠各机关学校及全省宣导人员阅读研究。	

续表

类别	工作项目	计划要点	实施概况	备考
	(14) 取缔违禁图书	本省光复后为肃清日人在文化思想上遗毒起见,特订定取缔违禁图书办法八条公告全省书店、书摊。对于违禁图书应自行检查封存,听候处理,并令各县市政府遵照办理	本省违禁图书在台北市部分由宣传委员会同警务处及宪兵团检查计有836种,7,300余册,除一部分由本会留作参考外余均焚毁。其他各县市报告处理违禁图书经过者计有台中、花莲、屏东、台南、彰化、基隆、高雄等七县市焚毁书籍约有10,000余册。	
	(15) 办理新闻纸杂志申请登记	由宣传委员会依照出版法办理	本省光复后各地新闻纸杂志纷纷出版,惟以发行人对于手续诸多未谙,经以通告抄录出版法有关条文,并规定凡在民国卅四年十一月廿五日以前发行之新闻纸杂志均应向发行所在地之地方主管机关申请登记,嗣后须先办理申请登记核准后方可发行。现全省新闻纸杂志申请登记者计99件,现在发行中者50家,已办理登记手续即可发行者13家,已登记而因故停刊者36家。	
	(16) 发布新闻	每日发布中英新闻送各报社、通讯社及广播电台刊播	本省各项重要新闻均由宣传委员会逐日编撰,发送各报社通讯社广播电台载播送,同时并译成英文送中央社台湾分社及美国领事馆新闻处转发该项新闻,每周约编发50件左右	
	(17) 编印台湾通讯	每周编印台湾通讯一期,分寄京沪渝及国内重要地区各报社机关刊载,藉使国内同胞对本省各项施政情形及物资缺乏、民生凋敝状况得以明了	现该项通讯已编发52期,国内各报章杂志转载者甚多。	
	(18) 举办政令广播	为提高行政效率迅速传达政令起见,特自本年七月份起,按日将本署各重要部门重要政令用语体文编送广播电台广播	自本年七月份起,按日将公报上之重要政令用语体文译送广播电台广播,各县市政府均有专人负责收录,并办送有关部门办理。	

续表

类别	工作项目	计划要点	实施概况	备考
	(19)撤除新闻纸杂志日文版	本署前以台湾受日人统治达五十年大部分台胞均未谙本国文字故暂准新闻杂志附刊日文计,嗣以本省光复已届周年为推行国语国文以及执行国策起见,特将本省各种新闻纸杂志日文版撤除	公告自本年十月廿五日起,撤除本省境内所有新闻纸杂志附刊之日文版,并令各县市政府遵照,嗣据各县市政府报告,谓本省境内之新闻纸杂志已均无附刊日文版矣。	
(五)训练 (1)训练公教人员		本计划系以三十五年一月至十二月全年为限度预定训练民政人员2,056名,财政人员1,900名,教员人员2,650名,建员人员300名,统计人员300名,合计人员400名,地政人员300名,卫生人员150名,宣传人员219名,人事管理人员160名,其他人员3,565名,合计12,000名	(1)省自训团自去岁十一月开办以来至本年十一月底止,实际训练民政人员(内含地政卫生)1,216名,财政人员(内含金融专卖)190名,教育人员604名,农林人员83名,工矿人员54名,交通人员109名,含公费升学生352名,气象人员32名,常务人员80名,合计人员221名,宣传人员32名,教育人员73名,合计人员2,941名(内在训者计民政类之卫生人员25名,合计人员124名,农林人员83名,气象人员32名,共337名,又民政人员6名在实习中,余均已毕业)。(2)学员来源分调训,招考两类,调训学员系由各机关保送现职人员受训,招考学员则由本团分别办理历次录取学员人数计民政类381名,合计类125名,宣传类43名,工矿类77名,财政类80名,农林类65名,气象类27名,合计798名(其中387名经长官公署人事登记合格之备用人员)。(3)训练成果学员初入团注重国语文之讲授,俾于短期内即能听讲国语。实其次则注重专业训练使能明了政府法令,并具备业务所需之知识。实施以来,多数学员对于国语文收效较著,而国文及应用文写作能力则嫌不足,如能加长训练期间则收效较大。	

续表

类别	工作项目	计划要点	实施概况	备考
	(2)编印教材	编印精神训练教材六种,每种印制12,000册,共计72,000册;专业训练教材以14类人员计算,每类平均编印6种计84种,共72,000册,合计144,000册	训练团自去年十一月起至今年十二月上旬止编印共同科目教材,计国语、国文、应用文、本国地理、本国历史、国父遗教、总裁言论、音乐等21种,计63,210册;专业科目教材民政类计民政法规等9种,财政类计财政通公务会计原理等15种,地政类计地政法规等8种,财政类计金融等2种,卫生会计、医药卫生防疫等6种,农林类计农业推广等12种,气象类计气象学讲义等2种,其他1种,计53种28,995册,其计74种92,205册。	
	(3)改进教学		本省光复伊始情形特殊,故特别重视国文教学。共同课程中国语国文两科时数占50%,且每班开训第1个月尽量增加语文科钟点。传受训人员精通语文后易于接受其他学科之讲授,最近复组织语文教学研究会积极研究教法教材,以期增进教学效率。又本(12)月开训卫生系行政检疫两班及会计系工矿会计两班学员计116人。经分别举行国语测验后,国文分为甲乙丙3班上课。以学员国语程度之高低为标准,将国语分为甲乙丙3班,采取分班教学。至一般教学设备、教材选择以及教学方法,均在努力求充实与改进中。	

续表

类别	工作项目	计划要点	实施概况	备考
	(六)设计考核 (1)组织各种专门委员会	为分工合作加强设计考核效率起见,特设下列各种专门委员会,必要时拟并拟组织其他特种委员会。 一、民政专门委员会 二、财政金融专门委员会(包括专卖贸易) 三、教育文化专门委员会 四、农林专门委员会 五、工矿专门委员会 六、交通专门委员会 七、警务专门委员会 八、行政管理专门委员会(主管人事、会计、文书、事务管理) 九、土地专门委员会	土地、民政、财政金融、教育文化、工矿五专门委员会已组织成立。	
	(2)编拟本省五年经济建设计划	一、总纲 二、部门计划纲要计分下列各部门: 1. 工矿 2. 农林 3. 土地 4. 交通 5. 财政金融 6. 贸易运输	总纲部分已拟就,经政务会议通过,部门计划纲要及单元计划在编拟中。	

续表

类别	工作项目	计划要点	实施概况	备考
		7. 教育文化 8. 医药卫生 三、单元计划 四、综合计划		
	(3) 审编卅六年度本省工作计划	一、审定各机关中心工作 二、汇编全部工作计划	已将本省中心工作计划呈送中央核定后汇编全部计划。	
	(4) 审核卅六年度省经费概算	由设考会会同财政两处分别轻重缓急予以增减	已编竣交参议会审议。	
	(5) 审核卅五年度公营事业计划及预算	以本省法令为审核标准使各公营事业工作与预算能合理化	由设考会会同财政、会计两处办理完毕。	
	(6) 拟定本省公有耕地分配办法	日人在本省所有公私耕地一律放租组合作农场	由设考会土地专门委员会商拟办法呈奉行政院核准,并送国防最高委员会备案,名称改为台湾省公有耕地放租办法,内容照原案,无大变更。	
	(7) 拟订本省公务人员国语国文进修办法	一、本省公务人员之国语国文熟谙者一律免修 二、每日上课二小时 三、调送师资二百五十八人讲习两周 四、进修班分甲乙丙三级每级四个月结业	由设考会教育文化专门委员会订定办法由教育处负责执行。	
	(8) 审核各县市五年经济建设计划		已送到者计台东、台中、花莲、新竹三县、彰化、新竹、嘉义三市分送各有关机关审查。	

续表

类别	工作项目	计划要点	实施概况	备考
	(9)审核各县市地方自治三年计划		地方自治三年计划已送到者计八县八市,初审结束有需修正之处,由民政专门委员会议定统一表式与事项范围,令各县市依照修改。	
	(10)订定视察工作联系合作办法	一、本省各处会局室视察人员派赴各地视察考核,应与考会切实联系 二、由设考会同各处会局室视察人员组织考察团前往各地分组考查 三、经常考核,每年以一次为原则于七月间举行,年度考核每年一次于一月间举行	拟于明年一月间组织考察团出发视察。	
	(11)订定工作考核办法	一、工作考核分计划考核,事务考核,公营事业考核三种 二、本署所属各机关先自行考核,于年度终了时造具年终政绩表送设考会考核 三、县市各机关由本署设考会考核,书面考核,实地考核 四、分实地考核,书面考核两种,实地考核分半年,年终,临时三种	准备于明年一月间实施。	

续表

类别	工作项目	计划要点	实施概况	备考
	(12)订定公营事业考核办法	一、半年考核公营事业机关应于每年六月底及十二月底结账后将半年内工作情形编造半年工作报告表送设计考核委员审核 二、年度考核公营事业机关于每年三月前须将上年度工作情形编造年度工作报告表送设计考核委员会审核 三、临时考核设计考核委员会依事实之需要得随时派员赴各公营事业机关考核实际工作情形,各机关每年及每一年就实施情形对照工作计划造送报告	准备三十六年实施。	
	(13)审核书面工作报告		各机关已陆续送设考会分别审核。	
	(七)统计 (1)统计行政	确立并健全各机关统计机构	依照本署统计事务规程之规定,先将统计者计至机构列入本署所属各处局所组织规程。已成立统计至有民政处、财政处、教育处、农林处、工矿处、交通处、警务处、粮食局、贸易局、公路局、公共工程局、林务局、基隆高雄两港务局等十八单位。各县市政府则一律暂设统计股,至其他未设至机关股或因统计业务较简或因统计主任人选正在物色之中,但为避免其统计工作停顿起见,均设有统计员或该机关指定人员负责办理。	

续表

类别	工作项目	计划要点	实施概况	备考
(2)统计业务		统一发表统计数字	统计数字之精确与否影响施政方针及社会观感至深且巨，本省各机关有自动发表统计数字，纷歧不一，经规定所属各机关因职务上必须对外发表时，其内容应与原送统计室者相符以资划一。	
		编辑五十一年来台湾省统计提要	接收日人统计之内容，提供完整资料。责令日籍人员摘载精华以为施政之参考。全书取材始自民国前十五年日本在台建立政权之年，直至现在止前后共历五十一年。其间因行政政策之变更，机关设置改废之频仍而牵涉到各类统计分合不清。遍览原有数据从无一贯系统之编制，同一事项而名称互异，同一标题而涵义混列，表位既不一致，时间复有参差。此种材料须详为解释、换算、审核、排比、增补、修删，妥为订正。全部内容则以前台湾总督府职事职掌为范围。故函邮电等机关不属于长官公署职掌之内者，仍办搜集编列经过数度严格的审编，最终定为气象、土地、人口、行政、司法、组织、贸易、邮电、铁路、公路、航务、教育、卫生、宗教及社会事业等二十五类，约一千五百页，现已全部完成交付印刷。	
		编制统计地图	本图以地方纬以时为经，将本省一切文物及其历年发展之趋势均于图中表现无遗。该图取材严谨，同时注意整齐美观。全书分为十类凡八十七图，每幅均以图为背景，然后视觉所绘资料之性质与图等配合之，并以薄纸另印说明于其上，俾便参阅。象形图、柱形图、条文图等。	

续表

类别	工作项目	计划要点	实施概况	备考
		本编各种物价指数及公务员生活费指数	依照行政院颁发公务员生活费指数查编办法及全国物价调查统计方案于二月间着手进行，分调查、审核、编制三阶段。以二十六年为基期，首先调查九年来之物价商品，若遇疑同常复查数次，然后编制，迄于八月间补编《机关办公用品价格指数》一册，并于八月间补编全省各县市各种物定时间内完成，按月出版《物价统计月报》一种，自该月起列入月报，内容包括全省各县市各种物价指数。	
		编辑统计要览	由统计室主编查阅各机关所送资料，全部改编，将冗长之文字归纳于统计表之内，名为台湾省统计要览。第一期包括一年来施政情形，至于第二期亦于本年年底出版，内容分为十九类都一七〇表，以登至十月底材料为准。	

二、民政

类别	工作项目	计划要点	实施概况	备考
民政	(一)一般民政 (1)成立县市政府	全省置八县九省辖市，预定一月前完成设立县市政府并求机构合理以期运用灵活	经将原有五州三厅改置八县，并分台北、台中、台南、高雄、新竹五县为一等县，花莲、台东、澎湖三县为二等县。又原有之台北、基隆、台中、高雄、彰化九市改为省辖市，并分台北为一等市，台南、台中、高雄、新竹、嘉义、屏东、基隆为二等市，彰化为四等市。各县市政府均于一月前先后组织成立，一等县政府设一至三局三科，二等县设一室六科，员额最多至793人，至少为144人。各市政府除台北、基隆、高雄、新竹4市增设地政科，其余各市均设秘书室及总务、民政、财政、建设、教育等科或局，员额最多548人，至少为128人。重要县市警察、卫生业务则另设警察局、卫生院专责办理。接收之初地方重行政制组织稍予扩

续表

类别	工作项目	计划要点	实施概况	备考
			认有紧缩必要,当斟酌实际情形兼顾地方财力,自本年八月起各县市政府普遍调整,增设会计室及地政科。对于员额则裁减低级人员增加中级人员,各县政府多者设337人,少者设128人;市政府多者设312人,少者设122人,并规定人员之职级分配标准,以免纷歧。全省八县缩减2092人,九市缩减563人。	
	(2)划定县市行政区域	县依原有州厅区域,市之区域视实际需要予以扩大。预定三月前完成划界工作。	一、本省前之五州三厅划置已人,事实上各已形成为一社会政治之自然单位,故本省八县区域原则上均依原州厅之区域暂不变更市之区域,为便利工商发展完成都市计划起见,视其实际需要及可能扩展程度酌予扩大。十一个月以来,除台北、高雄、彰化三市仍依原有区域暂不变更及台中一市正在勘划外,新竹、台南、屏东、嘉义、基隆五市均先后勘划调整竣事,其调整情形如次: (甲)新竹市:将新竹县辖之宝山乡及竹东镇划入新竹市管辖,增加面积126.6500方公里,并同原面积共227.1419方公里,其中上坪燥树排二里尚未接受清楚,面积未计在内。 (乙)台南市:将台南县辖之安顺乡划入台南市管辖,增加面积109.5699方公里,并同原面积共175.6456方公里。 (丙)嘉义市:将台南县辖之木上、太保两乡划入嘉义市,增加面积137.2593方公里,并同原面积共193.1910方公里。 (丁)屏东市:将高雄县辖之九块、长兴、万丹三乡及盐埔乡之下庄村划入屏东市管辖,增加面积148.9900方公里,并同原面积共214.0570方公里。 (戊)基隆市:将台北县辖之七堵乡划入基隆市管辖,已电饬市县双	

续表

类别	工作项目	计划要点	实施概况	备考
	(3)划设县辖市	原有宜兰、花莲两市改为省辖市	商移接清楚会报察核。二、本省县市既已分治原设市内之县政府，计有台北、新竹、台中、台南、高雄五县。经饬各就县境内择址迁治以利治令推行。现高雄县治已迁凤山，台南迁新营，新竹迁桃园，台中迁员林，尚有台北县治迁移已定板桥，预备迁治。宜兰、花莲两市已改为县辖市，分隶台北、花莲两县政府，设市公所，市长之下置民政、财政、建设、教育、警务五课，员额原设宜兰83人，花莲72人，八月份调整后，一律改设53人，共裁49人。	
	(4)分区设署	原有支厅及郡部改设区署	原有支厅及郡部均改为区署，全省初设52区署，本年六月起，对于县域较小或县政府所在地无设区必要者，饬令一律裁撤。经先后裁撤者计有望安、桃园、凤山、新营、台东、花莲、员林七区，现有区署45所，区署按乡多募分为三等，区长之下分总务、民政、建设三课，各区员额分多寡分为三等，一等区设37人，二等区设31人，三等区设25人，比照原额紧缩三分之一，共裁减1208人。	
	(5)划设区公所	原有区会均改为区公所	原有市下区会均改为区公所，全省初设区公所64所，嗣因区域陆续调整至十月底，共设61区，各置区长，副下设助理员，各区目九月份划分三等编制，一等设18人，二等设1人，三等设9人。	
	(6)划分乡镇	原有街庄改为乡镇设乡镇公所	将原有街改为镇，庄改为乡，全省初分223乡70镇，除山地乡公所外，嗣后区域增设山地乡公所，全省现共68乡214镇，嗣后调整乡镇，普通乡镇公所均分三等，副下设总务、财政、经济三股，各设乡镇长，一等设35人，二等设28人，三等各乡镇自八月份起仍员额自紧缩，酌于繁缩，一等设28人，三等各乡镇自八月份起仍员额	

续表

类别	工作项目	计划要点	实施概况	备考
	(7)编组村里邻	乡镇之下编为村里,区之下编为里,村里之下编为邻	村里已划分完成,十月底止全省共2944村3359里,村里各置办公处,除村里长外,酌置干事或联合数村里设置人员办理事务。村里之下编之邻,与省内地各省之甲相似,全省已全部编组竣事。十月底止,共77670邻,邻设邻长办理该事务。	
	(8)订颁县市以下各级组织办事规章	本省复归版图过去州厅县令全不适用,对于县市各级机关组织规程办事细则自应依据中央法令酌情新制订颁施行	本省县市以下单行法规经重新制定陆续颁行者已有33种,其中属于县市政府者,计13种,属于区乡政者亦计10种,大体已供应用。	
	(9)厉行地方行政分层负责	订定分层负责实施办法以达到迅速确实之要求	实施分层负责,本省已订有办法,各县市政府均依是项办法办理,伸权责分明,办事迅速确实,以增加行政效率。	
	(10)定期举行全省行政会议	本年度首次全省行政会议预定本年十二月举行	本省光复瞬逾一年,各项设施略具规模,为检讨过去策划将来,经定于三十六年一月六日召开首次全省行政会议。所有行政会议规则,议事规则提案办法均已制定公布,并分电各行政机关应出席及列席人员主持其事,编造工作报告及提案,并先组立秘书处主持其事,以便办理。	
	(11)补选参政员及办理国大代表接待	奉令本省应选出参政员八名,由参议员选举,限九月十日前选出报核	国民参政会第四届参政员任期延长六个月,台省重归版图,应出参政员八名,经参议会于本年九月六日选出林忠等八名即转报中央核定,其中林茂生一名书面申请辞退,参政员缺额一名,如何补充经电请中央核示。	

续表

类别	工作项目	计划要点	实施概况	备考
		又国大代表余额十七名,由省参议会限十月底选出	至国大代表本省规定18名,除前已选出郭耀庭乙名外,其余17名依照中央电示分配区域代表11名,职业团体代表六名,由省参议会于十月卅一日选举竣事。经将当选人名单公告并电奉中央令准备案当选代表,业已分批进京出席国民大会。	
	(12)办理公民宣誓登记	全省二月底办理完成	(一)自一月廿五日至二月十五日如期办理完成,参加宣誓公民2,394,685人,达12岁以上男女总数92%。 (二)为全省区乡镇长副选举,各县由乡地乡村民意机关及省县公职候选人认定检核,继续办理公民宣誓登记。 (三)现第一届宣誓完毕前订"本省公民宣誓登记规则"于十一月甘五日通令废止,此后应依部颁修正"公民宣誓登记暂行办法"办理。	
	(13)举办公职候选人检覆	本年内预定汇转甲种1,500人,乙种15,000人	(一)为适应第一届选举需要于一月二十五日开始举办临时检核,至省参议员选举完成已着手办理汇转检核。复审合格甲种10,659人,乙种26,803人。 (二)为使贤达人士普遍参加区乡镇长副竞选,推于选举前办理甲种公职人员补行检核,至完成,各县山地乡村民意代表亦依法办理甲种乙种人员认定检核,与现任公务人员认定检核均任次办理中。	
	(14)成立村里民大会	村里划分编组及公民宣誓登记于二月前完竣全省各县市召开第一次村里民大会	订颁村里民大会开会规则以为召开会议依据,如期完成村里村长之选举。	

续表

类别	工作项目	计划要点	实施概况	备考
	(15)选举县市参议员成立县市参议会	全省八县九市一律于四月十五日前成立	县市参议员选举各县市均于四月七日前全部选出523名，计区域460人，职业63人；至高山同胞在民族平等原则下参加选及候补者16人。继由县市长召集第一次会议选举正副议长，全省县市参议会于四月十日以前成立，同时遴选县市优秀干部及地方人士23人集中台北，施以短期法令讲习后，分派以县市参议会秘书任用。	
	(16)选举省参议员成立省参议会	各县市参议会成立即依法选举省参议员成立参议会	本省县市辖区大小不一，人口悬殊，省参议员名额，经电陈中央核准按人口比例分配总额30名，于核定公告之候选人1,180人中在四月十五日全部选出，省参议会如期于五月一日成立。	
	(17)举办公民训练	(一)订定办法 (二)各县市政府举行训练全年经常办理	(一)公民训练事属创举，为使工作顺利完成，经订颁实施计划及有关训练视导法规十种为办理依据，并分别组织省县市公民训练委员会与县市政府联系办理。 (二)训练办法于村里设公民训练讲堂，每期训练两个月，每日两小时，并利用电影剧场及广播讲演举行15分至30分之社会公民训练。 (三)第一期公民训练讲堂先就县市政府所在地之村里设立三处区署，县辖市各处，乡镇公所各一处以为示范，拟定卅年六年训练60%，于国庆节开始训练。现已设讲学，计有467所，受训公民86,455人，训练课本由省统一编印十万册，分发应用。编有《公民训练周刊》报导训练消息，讲解时事法令及各种疑难问题并供给补充教材等。	

续表

类别	工作项目	计划要点	实施概况	备考
	(18) 举办区乡镇自治工作竞赛	依照中央订颁工作竞赛法令，订定本省各县市区乡镇工作竞赛办法，通饬全年经常办理。其中特别注意民治与自治机构之设立与运用民意机构及各级学校之改设或创办学校之改设或创办之工作成效	依照中央规定参酌本省实况订定本省地方自治工作竞赛办法以(1)编查户口(2)公共造产(3)整理财政(4)健全机构(5)训练民众(6)设立学校(7)办理警卫(8)修筑道路等八项，并定同等区乡镇学校为单位同等级时得为单位相互竞赛，由县市政府派员考核与同一县市内同等区乡镇学校为单位相互竞赛，由县市政府派员考察汇报核定，如无同等级时得与相邻各相互竞赛，竞赛成绩列甲乙丙等者奖励，每年以一至十二月为第一期，七至十二月为第二期；竞赛成绩列甲乙丙两者奖励，丁等不予奖惩，不及格者惩处，已报备公布施行并通饬办理。	
	(19) 推行县市自治业务	(一) 公共造产 (二) 自治业务	(一) 公共造产已由省订颁计划分饬各县市依照中央颁布乡镇造产办法与市产法之规定酌的地方实际情形，分乡评订实施计划与办年进度报核。 (二) 乡镇区调解委员会已饬山乡村人才缺乏，暂由长兼任委员，系特程普遍组织成立，至高山乡村人才缺乏，暂由长兼任委员，系特殊情形已电内政部复准变更办理，并请高等法院转饬各地方法院协助办理，制发调解表格三种，以资应用，力求减少人民诉讼而收和邻睦族之效。 (三) 制订自治规约式样，以便各县市政府督导所属订立实行与人民对于自治工作知所努力。 (四) 其他自治事业经商请各有关单位办理。	

续表

类别	工作项目	计划要点	实施概况	备考
	(20)办理停止公权人登记	订定规则经常办理	凡过去担任皇民奉公会实际工作与有汉奸嫌疑及判处罪刑者,应依照署颁本省停止公权人登记规则之规定,由处理机关通知该管县市政府办现转饬乡镇区村里登记,县市政府亦得查察咨办函请高等法院防属办理。	
	(21)举行全省区乡镇长选举	(一)定十月十六日起为全省区乡镇长副选举日期,至年底完成	全省照编制所需课长以上人员376人,已照计划会同各分室遴选合格人员派用,关于民政自治人之缺员已由民政厅第一期受训学员补充,又中央干部学校地方自治班组学员30人介绍未处服务,除一部留处任用外,余亦分发各县市。	
		(二)省辖市区乡镇长副选举完毕,县属乡镇长副得分期紧接办理,由县酌定日程	为加紧推行地方自治,提早举行区乡镇长副选举,订定选举办法报经内政部核备公布施行。于10月16日起开始办理选举,现九市区长副于11月19日止,于11月19日前选举竣事,县属乡镇长副于11月25日以前截至12月2日止。计台南,台中,高雄,台东四县于四年内选举完成。	
	(22)督察地方吏治 1. 遴选县市行政人员分同时遴派缺额训练,后补足 2. 树立政治风纪励行监督职权		一、三、四各点均照计划赓续执行至第二点处提案,自本年一月至十一月止,计收密告有关县市人员暨自治院人员贪污不法案件30件,内调查未确定者十件,调查有事实经办政处分者五件,查经事变法院贪污办理者九件,检举调查不实者13件,查有事实经办政处分者五件。又为奖励人民检举而根绝贪污,不论其密告具名与否,均予查究,以激发人民检举而根绝贪污。	
	(二)社会行政 (1)调整本省原有人民团体	(1)督饬各市政府调查登记原有人民团体并予调整于二月十七日完成	(1)于三十四年十一月电各县市遵照办理如商工经济会等均已调整完毕。	

续表

类别	工作项目	计划要点	实施概况	备考
		(2)督饬各县政府按照本处规定人民团体组织实施事项调查登记，原有人民团体并予调整	(2)经电各县市政府对原有人民团体限自台湾省人民团体组织暂行办法公布(三十四年十一月十七日公布)二个月内调查登记完竣三个月内调整完竣，并颁发应用法令表册业经遵照办理。	
		(3)原有全省性人民团体由本处直接调查登记并饬知各该团体依照调整办法调整之	(3)省级团体经整理完毕者计有农业团体一、商业团体一、工业团体六、自由职业团体二、学术文化团体三、公益团体一，合计17单位已报社会部备查。	
		(4)解散省内原有为达日人政治目的而组织之团体	(4)如皇民奉公会等于台湾光复后均无形解体，至在台日人青年民主自治期成会等仿前令分别停止活动或解散。	
	(2)指导组新团体	(1)组织县市级以下重要职业团体(如农会工会商会)及文化团体于六月底完成	(1)县市级团体经核准备案者200单位，不合规定令饬更正者45单位，重要职业团体均已成立。	
		(2)组织省级各职业及文化团体于九月底完成	(2)已组织完成者计有台湾省土木建筑联合会等27单位。	

续表

类别	工作项目	计划要点	实施概况	备考
	(3)推行国民义务劳动	(1)汇颁国民义务劳动法规四月底完成	已汇集颁发各县市政府遵照办理。	
		(2)督饬各县市实施国民义务劳动		
	(4)推行普通救济事业	(1)颁行救济法规 (2)调查救济设施，设立救济院并予推广	订颁省救济法规及省救济院组织规程，分饬各县市政府调查，并接管本省原有各公私慈善机关及公益法人团体，视实际需要设置县市救济院。现已设立者有台南、基隆二市，台南、高雄、新竹、澎湖、花莲等五县。省救济院于三月一日成立，预计收容孤老残废贫民400人，并设立缝纫、藤木两传习所收容失业妇女及失业藤木技工。台北市爱爱寮收容孤老，成绩颇著，经由本署一次拨给补助费五万元及原籍木两传习所收容孤老，成绩颇著，经由本署一次拨给补助费五万元及原	
	(5)实施紧急救济	(1)与本省有关机关洽商办理急赈	(一)三月间太平町火灾由公署拨款五万元交台北市政府办理急赈。(二)洽商救济分署拨存台中县军粮以工代赈该县大城等乡旱灾。(三)洽商救济分署拨补助各县市复旧工程经费以工代赈方式办理台北、高雄、嘉义、基隆等市水利并修缮街道以及修缮被炸街道计台币739,775,230元。(四)调查九月廿五、廿六两日本省台风损失并由公署拨款30,000,	

续表

类别	工作项目	计划要点	实施概况	备考
		(2)办理旅外台胞回籍救济安置事项	(一)订定台湾省旅外军民回籍安置办法公布实施,并派员携带专款分赴北平、广州,海南岛,厦门等地专责办理急赈抚恤及招归事宜,并分请国内外有关机关协助。(二)归省台胞截至十一月底止总数已达99,751人,内包括旅居东北、平津、上海、厦门、香港、海南岛及南洋群岛,日本、澳洲等地台胞。抵岸时由本处派员会同当地政府及港口运输司令招待膳宿,并免费乘车运送返里,有病者送医诊疗并发给衣物。	
	(3)失业调查及救济		(一)本省经于六月十五日电饬各县市调查登记失业人数,截至十二月底止,已登记人数全省共计14,030人。	
(6)推行普通社会福利事业	(1)推导儿童保育事业设立省儿童保育院		省儿童保育院于十一月成立,将北投无名庵及自治会馆拨充为该院院址,内设总务、育婴、育幼、小学四部,本年度拟收儿童一百名。另由台湾救济分署拨款建筑房屋一栋,限于三十六年三月三十一日竣工,并督促各县市政府办理指导公私立儿童保育事业。现已成立儿童保育院者有台南县、台北市二处。	
	(2)督促县政府指导组织农民福利社及职工福利社		与农林交通工矿处专卖处等及洽商办理职工福利事业,已成立职工福利社者有台省专卖局及高雄市天龙锯木厂等。	
(7)推行社会服务	(1)协助社会服务事业		协助社会部在本省举办社会服务处,由公署一次拨给补助费六万元。	
	(2)督促各县市设立职业介绍所并奖助私立就业介绍所		指导各县市政府设立职业介绍所,据报已设立者有台中、县及台中、基隆、台北、新竹、高雄等五市。	

续表

类别	工作项目	计划要点	实施概况	备考
(三)山地行政	(1)成立山地行政机构及自治	(一)民政处成立山地行政科、县市政府设置山地行政人员	接管前总督府理蕃课业务时，即于民政处第一科内设置山地行政股，开始研究与办理山地行政，后因工作日益繁重于本年七月起扩充为第三科。	
		(二)成立山地自治机构	各县政府民政科局内设置山地行政机构，将日治时代之蕃社全部撤销。全省七县之中已设立山地乡公所30所，村办公处162处，所有乡村行政经费全部由省发给。乡村自治机构设立完成后即依法设立乡民代表会，完成基层民意机构之组织。	
		(三)调训及派任山地工作人员	(一)分派第一期民政系毕业学员八人充任山地乡公所股主任。(二)举办山地行政组调训，现任山地工作人员计71人。(三)山地工作人员除原规定薪津外并规定一律加给百分之廿之奖励金，以资鼓励。	
	(2)办理山地行政	(一)派员视察山地状况并予以救济	本年来经常派员前往山地视察，借作施政之重要依据，并予救济第一次配发食盐160,000斤，火柴60,000盒，咸鱼10,000斤，第二次配发纤维品21,000余件。	
		(二)确保山地人民利益	(一)限制平地人入山籍杜诈财等情事。(二)保留山地人民原有之公地以利耕种。	
		(三)举行山地行政总检讨会	山地行政总检讨会经已于本年九月六日起举行，各县民政科局长及主办山地行政人员全部参会，检讨工作进行热烈。	

续表

类别	工作项目	计划要点	实施概况	备考
	(3)推行山地教育	一、每村设国民学校一所，乡公所所在地之学校由乡公所文化股主任兼任，其余各村校长由副村长兼任	经通饬各县遵照设立，经费由民政处发给。校舍损坏者商约台湾救济分署筹拨补助修建，师资照除遇标准发给外，并依其原薪额发给20%之特别津贴费；一面举办暑期教员训练选优良师资	
		二、奖励山地优秀青年升学，商请教育处凡各省立中学之山地学生得享受免费优待	由民政处会商教育处同意就台北、台中、台南三师范学校设特种师范组，专收山地小学毕业生，并享受公费生待遇；至于山地学生升入普通中学者，准予免纳学杂费外，并每年每月津贴膳费500元。此外于台北县设立初级中学一所专收山地学生，经费由民政处及台北县政府共同补助	
		三、每县设立农业讲习所一所专收山地青年传授农业知能	经核拨经费订定农业讲习所组织规程饬各县办理(澎湖除外)，各所设所长一。由县政府指派现任农业技术人员兼充技士；二，经民政处举办甄选派充，现已成立农业讲习所七所	
	(4)改善山地经济	一、推进农业改良耕种，兴修水利奖助增产	山地人民生活困苦，并办理各类改良，耕种技术简单，除训练农业人员改良耕种方法外，奖励绿肥、奖励补助农具购置、奖励复旧工程及农田水利保护、水田旱田开垦、奖励采购牡牛、改良豚舍、奖励种鸡、奖励造林培养种苗、奖励栽种兰麻、落花生及其他主要食物寄草以及奖励普及副业等工作，拨付专款，发交各县政府积极办理，为明了实际进展情形，分别组织品评会、竞作会、讲习会以资督导并开考核成绩	

续表

类别	工作项目	计划要点	实施概况	备考
		二、修筑道路桥梁建筑营缮	山地交通破坏甚多，经拨发经费分配各县积极兴修。山地公所、农业讲习所，国民学校等房屋年久未修，破坏不堪，本年度经拨发专款先行修复一部分。乡村公所修筑计新竹37,832元，台东68,700元，台甲54,760，台北114,000元。农业讲习所修筑计高雄133,500元，国民学校修筑计花莲146,230元，新竹县143,790元。	
(四)户政 (1)充实县市以下户政机构	县市政府于民政局科下设户籍股，乡镇公所设户籍干事，户籍员，村里设户籍员		县市政府乡镇区公所规定设置办理户政人员名额或指定专责办理户政人员。村里办公处以普设办理户籍员一人为原则。如财政困难，县市就本村里遴聘相当人士为义务户籍员，以该村里所收人之户口誊抄录费及罚锾全数发及补贴，或联合数个村共设专任户籍员一人。	
(2)改正街道名称编钉门牌	(1)各县市街道在日本统治时期所定之町及丁目番地名称一律废除，更以街路巷并冠以有意义之文字命名 (2)编钉门牌先就人口密集区域办理继续逐步完成		其余各县市均已改正竣事并造送新旧街道名称对照表呈核，将台北市交通线分为路街巷。重要干线为路，次要交通线为街以国内都市名名之，并以地理位置分定方向。小通道为巷，分区编号，奇数南北巷，偶数东西巷。现路牌均已装钉完竣，巷牌开始装钉，预定年内完工。订颁本省各县市编钉门牌办法，通饬各县市于户口清查完成后接次办理。除台北市因整理市容用科学方法以四公尺为一号按距离计算，预定本年底完成外，其余各县市已完成初步编钉工作。	

续表

类别	工作项目	计划要点	实施概况	备考
	(3)实施户口清查	四月一日起开始办理六月底完成	彰化市工作最速五月底完成,台北县工作最缓六月底完成,其余各县市均在六月十五日以前办竣。全省统计1,000,597户,6,336,329人,男3,194,209人,女3,142,120人,内外侨7,592户,男14,131人,女13,893人,高山同胞23,343户,男67,442人,女67,394人,壮丁1,151,140人,户口清查以后由省及县市分署由派员督导抽查。	
	(4)举办户口异动登记	由村里办公处负责登记按月层层报上级机关处理	各县市于户口清查后举办异动登记并采用汇片成册法以资便捷。	
	(5)实施户籍法	全省各县市一律自本年十月起办理户籍登记,至年底办理完成,明年一、二月为县市整理登记期间,并开始办理户籍身分证及流动人口登记	依据中央法令参酌本省实情并斟酌过去日人办理之长,拟订本省各县市办理户籍登记实施程序及户政人员讲习会规则书卡格式填写方法,并订各县市办理户籍登记进度表,筹拨经费,饬各县市遵照办理,现已派员分赴各县市督导。	

续表

类别	工作项目	计划要点	实施概况	备考
	(6)编印指导书刊举办户政宣传	编印《户政月刊》，内容包括法令解释及户政指导事项，利用各种民众集会、广播电台、戏院及报纸分别以口头或文字宣传	(1)自七月起按期出版，已出版第一期督导须知，专刊第二期设籍登记，专刊第三期法令专刊。(2)各县市均能遵照办理，并由民政处印发标语及告民众书200,000份，交由各县市散发。	
	(7)办理本省人民回复原姓名	在日本统治时期受日本皇民化运动或其他情形已涂改用日本姓名之本省人民应一律提出证件向该管村里办公处申请回复原有姓名	经订定办法奉准限九月八日止，一律申请回复，并规定逾期申请者，处以一百元以下罚锾。又遵照内政部规定，例发回复原有姓名一名册格式，限于十一月底以前造册二份，送署核转。现已全部办竣者有新竹、高雄二市澎湖一县。	
(五)土地行政 (1)清理地籍确定地权	1.拟订清理地籍各项应用章则 2.各地整理处之设立裁并	拟订初期清理地籍实施要点、宣传纲要及资料图籍检查、收件审查须知，审查凭证注意事项。清理地籍期间处理申告土地异动事项要点，度量衡比较表，甲数换算表、地政法令要旨第一辑第二两辑等分别印发各级地政人员应用。台北、新竹、台南、高雄、澎湖、台东、花莲等土地整理处于四月二日成立。台中、台南、高雄、澎湖、台东、花莲等处均于四月二日成立。嗣为调整地政机构，提高行政效率，计于九月底裁并各县市政府改设为地政科。	本表各项数字均至十一月份第四周为止

续表

类别	工作项目	计划要点	实施概况	备考
		3. 各县市政府改设地政科并于县以下设置地政事务所	各县市政府自十月一日起，一律改设地政科，并按原登记所张所原址。全省设置地政事务所39所。办理经常土地异动登记及地籍整理一切事务，已抽查完竣，计地籍图26,383幅，1,373,359起，土地台账17,540册，2,243,839起，名寄账3,896册，495,409户，连名簿7,544册，1,151,241起。	
		4. 抽查土地图册	全省总计，已收3,355,101起，占总数87.6%。	
		5. 缴验土地权利凭证	已审查完竣，凭登记1,038,399起。	
		6. 审查土地权利凭证		
		7. 办理土地异动登记	接收土地权利移转登记22,672起，他项权利2,781起，涂销6,739起，变更3,346起，在清理地籍期间依法暂停土地异动登记，为适应地方情形于缴验凭证期间，同时接收移转申请。	
		8. 公地调查及清理	各机关接管前总督府国有财产之土地由地政局以填表调查方式办理，至十月底止，全省计有79保管机关，已填送调查表者有67单位，全省审核完毕者有52单位共24,356起，其中与接管会合账不符者达5,292起，均经先后派员会议订接收后复查后再于更正。本年七月间复由土地委员会拟订接收日人公私有土地登记表二份，送各接收机关填送，截至现在止已填送者计有99,352起，送者共有237单位，计99,352起，共4,364,690市亩。	
		9. 日产调查	经派技士视察等人员分赴各县市根据土地台账逐一查抄带局分类统计，全省计252,986起共3,172,067市亩。	

续表

类别	工作项目	计划要点	实施概况	备考
		10.军用地调查	前被日军征用民地经制送调查表,分请各接管军事机关及各县市政府查填,以明征用民地占用公地之数量及分布使用情形。据新竹等15县市填报,飞机场共52处,计127,120市亩,陆海空军用地共83起,计180,462市亩。其余尚在催报中。	
(2)处理公有土地	1.订定公有及日人私有土地处理规章		订定本省公有土地处理规则及接收省境撤离日人私有房屋地产办法,于本年四月间先后公布施行。	
	2.处理公地业权纠纷		前被日产政府及日军征收民地,光复后声发还或承租者达一千数百件之多,均经分别批饬如属无地耕种者,可经由县市政府按照公有土地处理规则优先承租公地。	
	3.公有及日人私有土地继续出租		公有土地先由各接收机关及县市政府继续出租,其出租对象为雇农、佃农及耕地不足之自耕农,租期以一年为限并补办质租手续并发生产中辍。	
(3)公有土地分配	1.组织清查才紧急清查公地		准备于明年度实施公地分配,订定公有土地紧急清查办法,清查全省各类公地,并限制各机关留用公地组织公地清查团负责办理,该团已派员携带公地表册分赴各县市逐起清查。	
	2.办理农户登记		为求公地合理分配,应用表册等发由各县市,订定公有土地农户登记规则及办理现耕农户登记,并派员分组巡回督导,于十一月上旬办理公地现耕农户登记,期于年内完成。	
	3.组织各县市公地分配促进会		经饬各县市组织公地分配促进会协助办理农户登记,以利公地分配之推行。	

续表

类别	工作项目	计划要点	实施概况	备考
	(4)改善租佃制度	调查各县市租佃制度订定改善办法	规定调查项目仿由县市政府派员分区调查,将调查结果加以统计研究,并参照中央法令及二五减租办法拟订改善方案,藉以改善租佃制度。	
	(5)调查地价	1.订定查定地价应用法规及表册格式	依照各有关地价法令并参酌地方实际情形,制定本省查定标准地价实施办法及各种地价应用表册格式暨其他有关法令以资应用。	查定标准地价实施办法系尚未奉颁土地法前订定,其内容如调查地价采用三年平均计算方法及公告评议等,程序与修正土地法未尽相符。正修正中
		2.整理过去地租调查成果换算当时地价	利用过去地租调查各项成果以当时流行利率换算当时地价,于十月份内完成。	
		3.调制以前查定各地目等则分布图表	分仿各县市政府及土地整理处依照过去地租查定成果调制各地目等则分布图表,以为查定标准地价时划分地价等级之依据。截至十一月底止除高雄、台南县市未报外,其余各县已先后办妥。	
		4.调查前二年地价变动状况及最近增涨趋向	仿由新竹、台中、台南、高雄等土地整理处派员调查最近二年末地价变动状况及增涨比率呈核,并拟制调查表分仿其他县市金融机关查抄资料。现台中、台东、花莲等县市已遵办报局。	
	(6)接办前台湾拓殖会社业务	1.勘测大南澳新港名间事业地,历遭台风洪水损坏,甚多水利工程急需修复	该项事业地接收后即着手调查勘测,估计设备工程需明年度进行。	地政局于九月间接收台拓会社,土地拓务两部及台南、台中、高雄三支店,花莲、台东三出张所所暨花莲、兰鹹事务所七单位

续表

类别	工作项目	计划要点	实施概况	备考
		2.接收社有地及事业地征收佃租	A社有地第1期佃租十月底止,计收稻谷778,272公斤,代金1,571,744元。 B事业地第1期佃租十月底止,计收稻谷9,822公斤,代金106,948元。	
(六)卫生行政	(1)卫生人员登记	按照卫生法规之规定拟订本省卫生人员登记办法干限定期内举行登记,已经开业各种卫生人员自本年一月起至四月底完成	卫生人员登记原限4月底截止,嗣为顾念远道或自海外归台者登记起见,经继续办理至十一月卅日止。共登记医师2,726人,乙种医师344人,牙医师668人,药剂师658人,助产士2,473人,护士880人共计7,749人。经审查合格,填发各该医事类证书者计医师2,457张,乙种医师258张,牙医师586张,药剂师641张,助产士1,157张,护士310张,共计5,409张。	
	(2)举办生命统计	干本年底完成部分之生命统计	编制台湾省卫生之统计学的观感。其中一部在继续中,及人口数,出生死产,死亡死因,乳儿死亡等统计表廿二种,台湾省民麻疹之统计学的观察(完毕),生命统计之指针(完毕),过去四十年内台湾省民传染病之统计学的观察(完毕)。	
	(3)推行公医制度	干各县市区乡镇分别设置卫生院所及保健馆所其他一切卫生机构	已成立卫生院者计台北市,台南市,台中市,高雄县,彰化市,屏东市,新竹市,基隆市,台中县,高雄市,台南市,台东县,花莲县,澎湖县等11县市,新竹县,嘉义市等6县市,设置卫生股者计嘉义市,高雄市,台南市,台东县,花莲县,澎湖县等6县及附属机构亦已组设并开始工作,经计划决定未设卫生院县卫生分院,卫生所均须干明年三月前组成,至卫生分院、卫生所均须干明年度普遍设置完成。	

续表

类别	工作项目	计划要点	实施概况	备考
	(4)办理防疫及充实各县市传染病病院	拟修复各县市传染病院及乡镇隔离病舍合并补充设备于本省各海港口设置检疫机构以免疾病传入、督促各县市成立防疫机构并办理预防注射	1.经将台南、屏东、高雄三市传染病院改为省立病院,新竹市隔离病院由卫生局防疫补助费项下拨300,000元为修理费,正在鸠工修建,其余各县市传染病院多破坏,不堪使用。 2.于四月一日正式成立台湾省检疫总所,并先后设立基隆、高雄、淡水、旧港、公司寮、台中、鹿港、海口、光平东港、马公、松山、空港、苏澳、台东、花莲港及东新港等16个检疫分所,工作极为顺利。 3.于九月间,将高雄、基隆港花莲港检疫分所之检疫事宜仍归港务局办理。	
	(5)麻醉药品之管理	将日治时代分布之规则废止并照卫生法规麻醉药品管理条例办理并公布有关法规	1.每三个月将供应医疗用之麻药名称及数量详报卫生署备案,至各地所接收之烟毒品,经全部覆验并鉴定完毕,除酌留一部分以供本省医疗需用外,拟解缴卫生署收存。 2.审查合格之地方医师购买麻醉药品须向卫生局申请由医师公会转发。	
	(6)成药管理	应将日治时代卫生法规修正止,遵照卫生法规则成药管理并公布有关法规	1.于六月十一日公布台湾省成药查验办法并颁管理药商补充规则,电各县市政府通告药商速来登记。 2.令药商将样品送经卫生试验所化验后,呈卫生局核发证书。 3.订定日治时期领有成药制造业证件之药商登记办法,电发各县市政府知照。	

类别	工作项目	计划要点	实施概况	备考
	(7)各省立医院之修复及设备之补充	本年度内应尽可能修复基隆、高雄、台东等医院，其他各医院亦拟分别先修复并补充设备，于四月开始至十二月底完成，如何不能竣事，迟至翌年六月底全部完成	省立医疗机构已成立者有共济、宜兰、基隆、南、高雄、屏东、台东、花莲、澎湖等12医院、台中、嘉义、台新竹、乐生、锡口、松山等三疗养院及台北保健馆共16单位，均已逐渐充实设备。卫生署配给本省之善后救济医院设备250床位，四所及产院设备40床位，四所拟分配于省立台南医院增设250床位、省立高雄医院增设100床位及配置于高雄县恒春镇、新竹县桃园镇及台东、花莲县各设50床位，医院一所，台北县及台中、彰化、屏东三市各设40床位，产院一所。经已拟就计划呈请卫生署核拨中。	续表
	(8)设立戒烟所	除于台北设置省立戒烟所外，并于新竹、台中、高雄、台南、台东、花莲港、澎湖等处置分所，将本省已登记烟民限期全部戒绝	各戒烟所如期成立，分四期调戒全省已登记烟民1,951人，除死亡630人，逃匿20人及澎湖自行戒绝15人外，余1,286人，均已如期施戒完毕，各戒烟所业于六月初相继结束。	
	(9)办理保健卫生	先将接收台北保健馆改名为台湾省立保健馆办理台北县市之妇婴卫生、学校卫生、工矿卫生及其他有关卫生保健卫生等，限六月底以前改组完成	1.台北保健馆如期改组完竣，工作积极展开； 2.各省立医院附设保健指导部，于七月起各省立医院经普遍设置； 3.会同台北保健馆市教育局创设草山暑期林同学园承教济及省教育会补助经费，供给儿童营养品，于七月十五日开学，计招收营养不良学童一百名，至九月三日结束； 4.颁发各种卫生保健法令通饬施行。	

续表

类别	工作项目	计划要点	实施概况	备考
	(10)卫生教育宣传	拟设立卫生教育设施委员会会同各社团及教育处办理	1. 本年四月会订定卫生宣传方案通饬各县市施行。 2. 编印波普传标语十万张痧疹诊断指针1,500册，DDT昆虫驱除法1,000册，青霉菌素用法2,000册，溶剂用法1,000册，分发各县市广为宣传。 3. 编纂公民卫生常识广播材料。 4. 会同台北市卫生院办理卫生电影巡回放映。	
	(11)高山族卫生治疗事项	为加强山地卫生起见，除将原有公医机构改设卫生所及疟疾防治所外，增设流动治疗队，以资推行卫生工作，拟于本年一月起开始组织，三月起出发工作。	1. 各县山地已成立卫生所30所，疟疾防治所110所，在工作未展开以前，先期成立山地流动治疗队于十二月间开始，分四队巡回山地实施治疗工作。 2. 规定凡在山患者病民众持有乡镇公所证明前往省立医院治疗者，除膳费外免收医药各费。	
	(12)一般传染病之防治	拟将麻风患者移置海岛，俾能完全隔离，并设置花柳病治疗所及其他疟疾、结核、砂眼及地方病等，由各县市办理，期于本年度内两项，三月内部完成	随时派员赴各地指导防治疫病，派员前往基隆主持防疟模范区，于十一月十日开始治疗平地区疟疾患者，并分电各县市政府向指定之各省立医院领用防疟特效药；对于辖区内旅行死亡者，应经该院检验后方得收埋，以防传染疫病，由医疗物品公司苗栗制药厂制造大量杀鼠药片发售。 本年防疫经费经核定，饷因台南各地发生疫患将本项经费移作防疫救济之用。	

续表

类别	工作项目	计划要点	实施概况	备考
	(13)设立卫生试验所	拟组织设立卫生试验所,内分18组五至一库房	于五月一日正式成立台湾省卫生试验所,经订定组织规程,核定经常费840,000元,制造血清房屋建筑费490,000元,设备费7,316,270元;至各项设备按需要缓急已陆续购置,制造疫苗及检验工作均已开始。	
(七)营建行政 (1)新建修缮复旧设计工程		继续营建财政处办前营缮科经办未竣之工程,承办署属各单位及其他机关委托兴筑及其建复旧工程	已先后完工之新建工程计有:训练团饭厅、教室电气设备及基隆病院电气设备,民政处汽车库、美国领事馆汽车库10起,工程费共计2,569,385元。已先后完工之修缮复旧工程,汽车制造厂第2期水电设备,工程费4,168,900元。已先后完工者有营司令部、劳动营、警备司令部、警备处,含农林处办公厅、汽车制造所第2期复旧工程等49起,计有基隆病院、农林处、兽疫血清制造所等11起,工程费共计13,576,401元。尚未完工者有贸易局,工程费共计9,773,095元。已设计完毕者有建国中学、台湾大学校舍修缮工程,战灾复旧工程30起,工程费共约11,000余万元。尚在设计中者有模范农村、新竹血清制造所、办公厅、新药工程,工程费约3,000万元。	
(2)扩充都市计划		将基隆市现市区一部并为港埠交通区域,商业区及住宅区则另行扩充,全案自卅六年度起实施,分两个五年计划完成	施工纲要及工程概算已编竣原则,亦已绘竣,设计工作完成35%。	

续表

类别	工作项目	计划要点	实施概况	备考
		台中港都市计划之扩充为配合台中筑港计划而作，视港埠修筑范围分拟甲乙两案。甲案预定人口为四万人，计划面积为29,100公顷，自卅六年度起分五年完成。乙案预定人口为十二万人，计划面积83,600公顷，自卅六年度起分五年完成	全部计划俱已完成，明年度起兴工实施。	
	(3)树立新都市计划	树立恒春都市计划，计划面积700平方千米，自卅六年度起实施	全案已设计完毕。	
		树立潮州都市计划，计划面积400平方千米，自卅六年度起实施	已完成85%	
		民雄镇人口杂密物产丰富，呕须树立都市计划	设计工作已完成5%	

续表

类别	工作项目	计划要点	实施概况	备考
		因高雄县府迁治凤山镇,为适应环境需要,改变原设定之区域计划线,以保持圣庙古迹,计划自卅六年度起,先从行政区域着手实施	设计工作已完成95%	
		斗六镇都市计划,计划人口六万人,预定年底完成	设计工作已完成50%	
		树立新化都市计划,计划人口五万人,全案预定卅六年度一月底完成	设计工作已完成25%	
		树立淡水都市计划,拟辟一小型商港专供一般机帆船及民船行驶,另辟游览区全案,预定卅六年六月底完成	在搜集资料中	
		溪湖镇产产米,亟应树立都市计划	正着手草拟计划	
		林边镇为产米及渔业区贸易繁盛,亟待树立都市计划	在搜集资料中	

续表

类别	工作项目	计划要点	实施概况	备考
		高雄添筑港湾增辟运河支流，以供商轮渔轮航驶及将炸毁区域土地予以整理，改建为马路公园绿地。全案预定卅六年六月底完成	设计工作已完成30%，旗利町地区，修正原则犹待高雄市政府提出意见。	
	(4)修正都市计划	台北市改变松山机场部分之原定计划线，废止第卅三号计划，迁移市中心区铁道长约廿公里；改沿基隆河南岸，即利用双咽路基作为基隆河防洪堤岸，并将原有铁路路址改测。预定卅六年底完成，自卅七年度起实施，分五年完成	计划草案原则已由营建局拟成，向台北市政府征询意见中。	
	(5)研审修正本省七十市县镇都市计划旧案	将日治时代所立计划图案予以整理修正 1.添补缺附件 2.译成中文 3.由营建局同县市政府及市县都市计划委员会研订修正 4.预定卅六年度内完成	初步整理工作，已大致完毕，各都市计划案卷中之附件多不完全，无法查明，且日不知缺少案卷之类别，已由营建局制定表式，商请市县政府查填，并征询其革兴之意见再作研讨，逐一修正。	

续表

类别	工作项目	计划要点	实施概况	备考
	(6)市政建设工程督导	最急要台北市下水道第一期工程将而尚未完成之土沟部分改用石砌，预定卅六年度完成	各种沟别型式坡度已调查清楚，并绘有总平面图。	
		依照管理工程办法办理结束卅四年度复旧工程	除新竹市外，各工程决算图表俱已审核完毕。	
		督导本省11市市政府工程由省库补助经费10,515,422元，预定本年底完成	审核各市工程预算及设计图表并计算配售油柏数量。	
		卅六年度市政府改进工程计划令营建局依据实际情况与各市洽商研讨慎密编拟，由各市将工程计划及概算送管辖局	计划及概算已审核完毕者有台北、基隆等八市，嘉义、彰化二市在审核中。	
	(八)合作行政 (1)建立合作行政机关	为加强本省合作事业之管理成立统一合作主管机构	经于八月一日正式成立民政处合作事业管理委员会订定工作纲要，并饬各县市政府规定合作行政划归民政科局主办，并指定主办及协办人员。	

续表

类别	工作项目	计划要点	实施概况	备考
	(2)订定各种合作法规	依照中央法令适应本省实际需要并参照本省实例拟订各种合作法令	经订定本省合作组组织整理实施细则合作登记实施办法、原合作组织财产整理办法等数种颁布并实行并饬县遵照办理。	
	(3)督导原合作组织之改组	全省各组合统限于本年底以前改组完成,并订定限期改组进度表及说明,分电县市政府遵照改组预定分为三期改组完成。第一期为十一月廿日以前,第二期为十二月十日以前,第三期为十二月底以前	经派员分六组出发督导改组,现第一期改组业已报竣,计有专营合作社109社,综合性合作社167社,已饬依法申请登记籍符规定。	
	(4)成立省合作金库	订定合作金库章程,成立日期并定业务计划	经订定合作金库章程公布实施,并于十月二日召开第一次理监事联席会议推定理事长、常务理事、总经理及常务监事等,并于十月五日正式成立。至合作支库,已成立者,计有台北、新竹、台中、高雄、东部等支库。	

续表

类别	工作项目	计划要点	实施概况	备考
	（九）日侨调查 (1)估计日侨人数	1. 估定在台日侨总数 2. 统计日侨职业及地域分布状况 3. 统计日侨志愿归国或留台人数 4. 推算特种日侨人数 5. 作成待遣日侨估计数	日侨管理委员会为筹划日侨输送起见，在日侨调查未实施前，爰先运用原有旧总督府之调查统计遗漏退役军人之概数及民政处举办之特种日侨调查表等，估计在台日侨人数计约男154,849人，女168,428人，合计323,269人。地区分布以台北为最多，高雄次之，澎湖为最少，职业分类以无职者为最多，官吏次之，矿工业、商业又次之，渔业为最少。	
	(2)厘订调查法规	1. 台湾省日侨调查办法 2. 台湾省日侨调查注意事项 3. 日侨调查表及统计表格式（附填表须知）	为利便各种调查工作使有所依据，经订定台湾省日侨调查办法，台湾省日侨调查注意事项及填表须知等通饬实施。	

续表

类别	工作项目	计划要点	实施概况	备考
	(3)举办全省日侨普查	1.计算日侨精确人数 2.分析日侨类别 3.调查日侨分布地区情形 4.调查已被政府机关征用人数	(一)分析日侨类别:(甲)特种日侨:1.行政主管人员,2.退伍军人,3.未经征用之公务员及中小学教育人员,4.未经征用之警官、警察,5.流氓,6.与台籍学生不能共学之中等以上学生,7.娼妓,8.工厂,大公司,商店,会社,银行经理,9.在旧总督府登记自愿回国者。(乙)普通日侨:不属于特种及其他日侨者皆为普通日侨。(丙)其他日侨:1.奉准征用之专科以上学校农工医学教授,3.奉准征用之金融人员,4.奉准征用长于行政,5.邮政、气象、港务、船舶、水利、土木工程、卫生等征用之技术人员,日侨分布地区调查:将各县市调查所得之人数绘成日侨分布图。(三)调查及统计日本海军遗族及留守军人家属人数,前项调查工作于一月四日起开始,至二月二十三日调查完毕,计全省日琉侨人数为322,149人。内日侨总数为308,232人,留琉侨总数为13,917人,日侨总数中包括日军遗族计9,405人,留守军人家属计61,525人,与高山族杂居之日侨计3,797人,日籍卫生人员师615人,护士215人,产婆195人,合计1,026人,各级学校日籍教职员男9,723人,女3,343人,合计13,066人。以日侨分类言第一种日侨147,909人,第二种日侨100,735人,第三种日侨59,588人。	
	(4)调查志愿归国与留台日侨	统计志愿归国及留台人数	调查结果在台日侨中愿留日籍技术人员须为台湾建设所必需,且出于志愿者,方得暂准留台,其余一律遣送返国,故留台志愿日侨人数之调查数字仅作核之参考而已。	

续表

类别	工作项目	计划要点	实施概况	备考
	(5)核定日侨分批遣送	核定分批遣送日侨范围与暂留日侨人数	一、日侨遣送次序以日军遗留守家属以及与高砂柒居之日侨为第一批，特种日侨为第二批，普通日侨为第三批，犯人及病侨专轮遣送，并以因案待判者、移交未清者，台湾区日军连络部人员及规避遣日侨列人最后遣送日侨管理委员会，即按此原则分别核定分批遣送名册，以为遣送之根据。二、琉侨继日侨之后另行遣送之。	

续表

类别	工作项目	计划要点	实施概况	备考
	(6) 审核留用技术人员	一、确定留用日籍技术人员总数 二、分配各单位应留额 三、明定征用范围以技术人员为限	本省为保持繁荣并建设新台湾起见，对于日侨志愿留在台湾而政府认为无留台必要者应即遣送回国。(二) 志愿留国之日侨俱有学术技术或特殊专长之智能如政府认为：(1) 事业不能中断，其技术人员无人接替者；(2) 其技术人员为我国目前所缺乏者；(3) 非征用无法清理业务者；(4) 情形特殊有征用之必要者得继续征用令其留台。根据上项标准曾作初步之审核，当时拟定各机关及各县市留用日侨（包括留用人员之家属）约94,238人，旋经美方建议本省留用日籍技术人员以1,000人为度，连家属只可留5,000人。副长官在谕与中枢当局及美方数度商洽结果，最后决定留用日籍技术人员及其家属以不超过28,000人为限。根据此项总数，本会经三月十八日与各机关举行必需留用日籍技术人员座谈会，作如下之分配：农林工矿58%，交通讯17%，金融财政9%，卫生、地政、地方建设、警务及其他10%，学术研究6%，各机关依据此百分比，将原有征用日籍人员加以裁减，最后留用人数为7,139人，连留用人员家属在内，计27,227人。办理手续由各征用机关分别填列，必需征用日籍人员名册七份，以三份送日侨管理委员会复核，分仿各县市填发通知书暂行留子台；三份送日产处理委员会以为处理财产之依据；一份送公署人事室办理征用手续。	查留用人数系根据各留用机关册报前作之，统计当时以遣送工作迫促，日籍人员分布机关及公司工场地域既广单位又多，故已册报者中有申请关乙机关复重复申请留用者，有册中列名而实际已归国者，经日侨管理委员会将留用人员一分填一卡片并填发留用身份证后统计。实际留用人数日侨为19,207名，共计侨为1,508名（连家属在内）。
	(7) 调查琉侨人数及分布状况		在台冲绳籍侨民经调查分布地区如下：台北市1,363人，新竹县507人，台中县1,637人，台南县1,387人，高雄县798人，台东县284人，花莲县465人，台北市2,977人，新竹市228人，台中市650人，嘉义市234人，高雄市1,626人，台南市436人，屏东市211人，基隆市1,114人，合计13,917人。琉籍官兵及眷属计陆军680人，海军329人，合计1,000人，留用者计1,791人。	上项琉侨数字经整理后修正之人数应为14,934名

续表

类别	工作项目	计划要点	实施概况	备考
	(8)整理必需征用日籍技术人员名册	一、照册留用 二、整理后汇报行政院及中国陆军经司令部	综合各机关所送征用日籍技术人员名册加以审查后分别部门及县市装订总册，同时并受理各机关请求追加征用及解除征用及移动住址等之更正核对，整理汇编总名册，分报行政院陆军总部及东京麦帅总部。	
	(9)编制留用日侨登记卡片	1.留用者每户一张 2.编列流水号码 3.作成笔书索引地区索引	为便于统计检查管理，已制成留用日侨卡片全套，以留用者每户为一张，填明征用机关名称、住所、职务、家属人数并分机关部门及县市别，另制成笔书索引及地区索引，计12册	
	(10)颁发留用日侨身份证	留用日侨及家属等人发给身份证一张以为身份证明	日侨管理委员会对于留用日侨及其家属均发给留用身份证及家属身份证（十岁以下之儿童不发）以资识别，琉侨身份证完全部办理完竣，共发出日侨身份证19,207张，琉侨身份证1,508张，总共发出20,715张。	
	(11)办理残余日琉侨总清查	1.订定总清查办法 2.公告奖励民众检举 3.查觉有未经留用而私自规避者应即加拘禁送集中管理所	第一期日侨遣送结束后，为防遗漏起见，特举办残余日侨总清查，经制定表式发交各县市详查具报，并公告奖励人民告密，一经发觉概送县中管理所拘押候船待遣。	

续表

类别	工作项目	计划要点	实施概况	备考
	(12)分期解除征用日侨	拟于本年十二月以前全部解除征用	留用日侨中共工作已了或技术不精或有人接替者均应于本年底以前遣送返日。当由日侨管理委员会于五月十八日分函各机关通知列送解除征用人员分四批遣送名册及分批遣送人数预定表。事先并经召集各机关承办人员开座谈会研讨详纳办法限期赴办，并经于十一月上旬起造分批造送名册汇报行政院核备。	
	(13)办理日琉女与华男结婚登记暨颁行本省人民与日侨因婚姻关系申请赴日办法		八月中因内政部颁布处理日侨婚姻办法，为利便执行起见，先后分别订定本省人民与日侨男与华男结婚执行办法及限制日琉女子与华男结婚申请，日期以十二月初旬及十二月底为截止期，逾期不予登记，藉免妨碍遣送进行。	本项临时办理原计划未列入
(十)日侨管理	(1)设置输送管理机构	1. 各县市设立日侨输送管理 2. 基隆、高雄两港口设立日侨管理委员会办事处	为利便输送业务并加强管理起见，各县市均设立日侨输送管理站。基隆、高雄两港口设立办事处。站设站长、副站长、站长由县市长兼任，副站长由站长遴选报委。站以下设管理、检查、输送、总务四股。处设主任、副主任、主任由港口运输司令兼任，副主任由主任遴选报委。物品检查、健康检查、给养、总务六组专负责等六组撤销。管理之责，第一期输送完毕，各处站即于四月底办事处，委托基隆市府兼办，近并加派日侨会督导专员兼副主任以资督导。第一期遣送开始仍于基隆港口暂设办事处，委托基隆市府兼办，近并派日侨会督导专员兼副主任以资督导。	

续表

类别	工作项目	计划要点	实施概况	备考
	(2)厘定管理法规	依照中央法令并参照本省实际情形妥订各项法规，藉为遣送及管理日侨之依据	先后分别拟定有"日侨省内迁移管理暂行办法""回国日侨遣送应行注意事项""回国日侨编组实施办法""回国日侨官导大纲""回国日侨遣送督导办法""回国日侨给养处理办法""检查人员奖惩办法""余留日侨管理办法""遣送工作人员讲习办法"等十二种公布实施。	
	(3)集中管理	依照编组队次序定期集中于县市集中场所	遣送日侨之集中管理分为两步骤：先由县市集中，而后集中港口。为配合输送计划起见，规定县市集中每日上船三倍于每日输送港口之人数，而港口每日集中人数须三倍于每日输送日侨之人数，以免船到候人。至集中管理，在县市由日侨输送管理站负责，在港口由办事处负责，集中地点均规定须靠近火车站以利运输。	
	(4)办理给养	一、日侨住居地至港口前给养由日侨自行负责 二、到港口后由政府供给	日侨由居住地至港口之给养，由日侨自行负养，至港口后则由政府供给，不分大小每人每日发给米12台两，副食费五元。第一期计遣送日琉韩侨米282,288人，截至六月底止，计发食米598,161.2斤，副食费4,738,725元。	

续表

类别	工作项目	计划要点	实施概况	备考
	(5)残留日侨之集中管理	设立集中管理所	第一期日侨遣送因时间迫促，潜伏规避者在所难免，故于举办清查后，对残余日侨特订余留日侨管理办法，为设立日侨管理所予以集中管理。该所于六月初成立，先就台北市旧总督府残址为所址，集中日侨300余人。嗣因人数激增，原址既残破不敷使用，遂迁至川端町新址。原拟集中后即行遣送，但以船只缺乏无法实行，而多数琉侨生活困难不得不予救济，遂一律由该所予以收容。每人时间侨达2,600余人，其给养概由政府供给，每人每月主食米十二两又副食费七元。最多时侨达300余人，日侨达300余人，其给养概由政府供给，故陆续遣送。近因美方又副食费七元。截至十一月底已全部遣完，该所亦暂告结束。	
	(6)留用日侨之考核	1.工作考核 2.思想行动监管	本省余留日侨管理办法中曾规定征用日侨其日常工作及行动应由征用机关切实考核，每届三个月并应填具考核表呈报长官公署警察。	
	(7)留用日侨之子女教育	1.调查留用日侨子女在学人数 2.会同有关机关于适当地址设立日侨子弟学校或附设班级	为使留用日侨安心工作，对其子女教育自不能歧视。日侨管理委员会特会同教育处于适当地点设立日侨子弟学校。除本市辅仁小学及和平中学现有学校外，有新竹市等国民学校十所，中等学校四校，学生886人。	
	(8)日侨邮电检查		留日侨所有寄回日本电信均积压未寄，嗣奉陆军总司令部令：凡日侨普通函件经检查如无报导军事或其他国际消息者，准予寄递。日侨管理委员会同邮政局警备处等机关于加检查，受检邮件作五万余封，均一一检出，由邮局负责寄出。	此项系临时奉令办理

续表

类别	工作项目	计划要点	实施概况	备考
	(9) 制发因病留台日侨证明书		在遣送一般日侨中有少数因病未能回国者，为便于清查并证明身份特制发因病日侨暂留证明书，分发各县市政府转发。	原计划未列此项规定因视事实需要临时举办
	(10) 清查琉侨人数并发身份证明书及居住证		本省琉侨于第二期遣送前尚有9,170人，其中住居高雄、台中、基隆等处业已集中，其他散居各地县，为免给养困难，仍饬暂居原地听候集中。由日侨管理委员会拟订冲绳侨民临时身份证明书及居住证明书格式，交由各县市分发以资识别。又是项侨多系战时来台避难者，生活困苦，为减少政府给养负担，并施救济起见，特视其技能予以介绍工作，以符以工代赈之原则。	同前
	(11) 续办第二期日琉侨遣送准备工作		日侨管理委员会为继续贯彻遣送任务，对各解除征用及被发现而加以集中管理之残留日侨安筹善后，奉令集各机关造册名册，迭次召集各机关详加商讨，决定由各县市分批解除征用名册送交汇核办理，并于八月卅日召集各县市负责主办人及各地日侨照料人开会商讨实施方法，分别安订"第二期送工作须知"交执行，先期准备一切于十月份开始实施。	原计划未列入此项
(十一) 日侨输送	(1) 订定输送计划并编制各项运输计划图表	1. 输送程序	1. 订定输送程序，日军遗族及留守家属先遣送，普通日侨次之，至患病日人派用医院船船载运。犯人特备装专输押送，日籍医师按每次船只分批配遣，琉侨列为最后一批遣送，并拟列运送程序表，饬各县市遵照。	

续表

类别	工作项目	计划要点	实施概况	备考
		2.分区输送	2.分区输送划台中以南为南区,向高雄港口集中;台中以北为北区,向基隆港口集中。台东花莲两县因交通困难,商由美方派船至花莲港接运径驶东京,以求简捷,并制发运行图防各县市遵照。	
		3.每日应运人数	3.每日输送基隆五千人,高雄4,000人,必要时得酌为增减,以配合港口之船只输送;县市则应集中港口三倍以上人数待运,以便随运随补。	
		4.输送情形之报告	4.规定各县市站及各办事处将除每日输送情形以电话报告外,并须按日填表报核,藉以明了输送情形。	
(2)日军遗族及留守家属之遣送		列入第一批遣送	依照遣送程序列入第一批遣送,业经会同警备总司令部办理,于二月二十八日集中,三月二日起运,计输送返国者69,246人。	
(3)一般日侨之遣送		除留用技术人员外一律遣送	一般日侨除核准留用之技术人员外,一律予以遣送,经订定输送顺序表,通饬各县市依照规定地区顺序集中遣送,共计输送返国者214,974人。	
(4)犯人之遣送		应用专轮遣送	特备武装船舰输送,计有高雄市地方法院人犯20,台北监狱319人(家属在内),高等法院人犯19名,共358名均经输送返国。	
(5)病人之遣送		另行遣送	为便利看护船只染传染起见,特备医院船遣送,共计输送患病日侨达1,211人(家属看护人亦计算在内)。	
(6)韩侨之遣送		征求美方调派船只遣送	由美方调配船只遣送,已遣送返籍者1,971人。	
(7)流侨之遣送		分岛遣送	依照规定应予分岛遣送,美方船只尚未来台接运冲绳本岛居民前,计已输送返籍者,有先岛列岛及奄美列岛等侨民共4,968人。	

续表

类别	工作项目	计划要点	实施概况	备考
	(8)残余日侨及留用日琉侨之遣送	本年底全部遣送完毕	第二期遣送之准备完妥后,经于基隆港口设立临时办事处,由该市政府兼办,一方电国防部转向东京美军总部联络完妥,并商得交通处同意,日签请准拨用台南号轮专任残余及解征日侨遣送之责。十月初奉国防部准美方电知派运输舰Q078号及Q074号来台协助运送琉侨,计日十月份起,迄十一月廿四日止,共输送日琉78侨凡七次,计日侨3,720人,琉侨5,603人,合共9,323人。最近复续接美方电知,自十二月初起尚可派巨舰来台协助输送,故预计应遣日侨可于十二月半以前全部遣完,日侨管理委员会工作亦已达最后阶段矣。	

三、财政

类别	工作项目	计划要点	实施概况	备考
财政	(一)省财政 (1)整理税制	(一)废除苛杂	(一)废除部分：1.特别行为税；2.特别入场税；3.骨牌税；4.酒类出港税；5.特别法人税；6.建筑税；7.织物消费税；8.广告税；9.资本利子税；10.利益配当税；11.公债及社债利子税；12.外货债特别税；13.配当税；14.马券税；15.银行券发行税。	
		(二)修正旧税	(二)修正部分：1.所得税；2.利得税；3.营业税；4.继承税；5.通行税；6.砂糖消费税；7.清凉饮料税；8.物品税。	
		(三)暂照旧制施行	(三)照旧施行部分：1.法人资本税；2.矿业税。	
		(四)改照我国税法施行	(四)改照我国税法施行部分：1.田赋；2.印花税 税制整理后现行之省税系统如次：1.所得税；2.利得税；3.继承税；4.营业税；5.印花税；6.矿产税；7.砂糖消费税；8.清凉饮料税；9.法人资本税；10.通行税；11.物品税；12.田赋。	

续表

类别	工作项目	计划要点	实施概况	备考
	(2)修正物品税法	(一)调整税目 (二)减轻税率	原有物品税税目计达百余种,本年三月修正各种税法时,经将有关人民日常生活部分予以废止,计仅保留税目69项。嗣为减轻人民负担扶植本省工商业起见,又于九月间再度修正将第一种贩卖课税废止,第二种制造课税核减税率3/4,甲类除化妆品保留外余均废止,乙类各项照旧征收,第三种制造课物品以税额轻,仍照旧课征,现保留者仅22目,例如昔为物品税,大宗收入之贵金属制品、家具、织品等现已全部废止。	
	(3)修正砂糖消费税法	运销糖类改为出厂征税	对于运销糖类一律改为出厂征税,本年十月糖价上涨,经照从价征收原则提高税额一倍征收,目前税率仅从价征税2%弱,光复前则为22%。	
	(4)调整茶税	(一)减轻税率 (二)规定外销茶退税免税办法 (三)规定产地原料茶免税办法	茶税税率原系价征收60%,本年八月份予以减轻为从价征收15%,十二月十六日起再减为10%,并准已纳税之茶类在运销国外时得于三个月内凭本省或上海关出口证明单向原纳税机关申请退税;其未经纳税者亦可觅具殷实保证申请免税输出国外,为奖励台茶外销,计规定凡制造外销之乌龙茶红茶厂商赴各产地购买前项原料茶得免纳税。	
	(5)印制印花税票	由省自印新印花税票	遵照中央命令由本省自印花税票备用,经印就1角至1000元之新票11种,交由本省合作金库及农会合作社等于卅五年十一月十六日起销售。	
	(6)制发货物税分运照	制发货物税分运照	规定凡已纳税物品运往到达地后,如须转运他地者得凭原完税照向抵达地税务机关申请发给分运照,以资便利。	
	(7)公库行政	(一)由台湾银行代理公库并分设13个分支库办理省款之收支	(一)自卅五年九月份起正式订立契约委托办理代库业务。	

续表

类别	工作项目	计划要点	实施概况	备考
		(二)依公库法核拨经临费	(二)依据各机关业经核准之经临费分配预算拨付,经常费按月拨付,以办公费之半数为零用金,余凭公库支票向公库提取至临时费则按期拨付。	
		(三)根据中央颁布之公库法会同有关方面厘订本省省款收支程序	(三)各收入机关均遵照办理	
	(8)省属各机关长官交代施行规则	省属各机关长官卸任分印信、总务、主计、业务四部分详列清册移交后任由主管机关派员监交,由财政处主办各主管部分核办核结后由长官公署发给交代清结证明书	依照规则办理	
	(9)简化税务机构	各县市各设经征机构一所至二所经征国省税及县市税	各县市计设税务稽征所23所,为县市政府直属之机关承县市长之命办理税务稽征事宜,并受财政处之指导监督,各所均于四月一日成立。计台北县、台中县、台南县、高雄县、新竹县、台北市各设二所,花莲县、澎湖县、高雄市、基隆市、台中市、台南市、新竹市、嘉义市、彰化市、屏东市各一所。 二、各乡镇公所在财务股内设税务员若干人,视业务之繁简由乡镇长在总员额中适当分配负责办理税务稽征事宜。	
	(10)分区督察与严密稽查	每二个县市设一督导区分期视导	由财政处派视察或专员在指定区域内分期视导,注意税款之稽核,年终并办理年度总考核。	
	(11)健全市县财务人员干部	分期调训现有财务人员	本年度内税务人员已由省训练团训练一期。	

续表

类别	工作项目	计划要点	实施概况	备考
	(12)调整改组金融机构	将原有银行及产业金库、各保险会社、信托会社、无尽业会社加以整理改组	(一)台湾银行于本年五月廿日接收改组开业。 (二)商工银行于本年十月十六日接收改组为台湾工商银行，先行设立筹备处照常营业。 (三)华南银行于本年十月十六日接收改组为华南商业银行，先行设立筹备处照常营业。 (四)彰化银行于本年十月十六日接收改组为彰化商业银行，先行设立筹备处照常营业。 (五)储蓄银行于本年九月一日接收归并于台湾银行储蓄部。 (六)三和银行于本年七月一日接收归并于台湾银行。 (七)劝业银行于本年六月一日接收改组为土地银行，先行设立筹备处照常营业，并已于九月一日正式成立台湾土地银行。 (八)产业金库已于本年十月五日接收改组成立台湾省合作金库。 (九)损害保险会社共十二家，已于本年六月十六日接收合组为台湾省产物保险股份有限公司，先设筹备处照常营业。 (十)生命保险会社十四家已于本年六月十六日接收合组为台湾省人寿保险股份有限公司，先设筹备处照常营业。 (十一)台湾信托株式会社于本年二月一日开始派员监理，现未竣事。 (十二)将原有四无尽业会社合组为台湾省无尽业股份有限公司，先行成立筹备处照常营业。	
	(13)发行新台币掉换旧台币	呈奉中央核准由台湾银行委托中央印制局印制新台币，定期收回旧台币	卅五年九月开始发行新台币，并收换旧台币。截至十二月十二日，已收换旧台币卅五亿九千六百余万元，收换期限至本年十一月底止。	

续表

类别	工作项目	计划要点	实施概况	备考
	(15)[1]日本国库债登记	日本政府发行本国债及台湾总督府发行债券一并登记报请中央处理	已调查登记之日本国债计达55亿余元,现在续查中。	
	(16)查报日本在台所办事业、在日分公司资产与投资并公私厂商向日订购已付款交付之器材	由财政处会同工矿处办理	会同有关机关将已查明者先行汇案呈报,现仍在续查中。	
	(17)关于公司登记之审核	凡台湾旧有及新设之公司重新核定登记以符合我国法令	截至本年十一月底止,声请为创立公司之登记者,共328家,资本总额台币350,863,250元。此外关于公司经理人之登记及外国公司在本省境内营业或设立分公司者,亦应依法履行呈请认许及登记,均经公告督促遵办。	
	(18)关于商业登记之审核	遵照中央法令及台湾省商业登记实施办法由各县市政府实施登记汇报,财政处审核后汇送经济部备案	声请登记期限展至本年十二月三十一日,截至十一月底。据各县市政府呈报到财政处之声请商业登记案件审查后,除将不合规定者,予以撤销外,共计商号9,285所,资本总额台币421,626,830元。	
(二)县市财政 (1)确定收支范围		(一)税源划分 (二)经费负担划分	经依照财政收支系统,订定本省县市财政整理方案付之实施,现已将县市地方财源分别整理划分,并确定凡国省委办事业或不属地方性及自治事业经费或不属县市政府管辖之机构经费,概不由县市开支。县市收支系统业已粗具规模。	

---

[1]原文无"(14)"

续表

类别	工作项目	计划要点	实施概况	备考
	(2)废除地方苛杂	将县市苛杂之附加税予以分别废止或修正另筹抵补以裕县市财政	废除旧有苛杂税捐八种及大部分之国税附加税国税州厅税税割等亦一并取销,税制整理后现行之县市税种类如次: 1.登录税(改契税);2.房捐;3.户税;4.筵席税;5.娱乐税;6.营业牌照税;7.使用牌照税;8.所得税附加税;9.矿业税附加税;10.营业附加税;11.特别营业税;12.屠宰税;13.不动产取得税;14.轨道税;15.特赋。	
	(3)审编卅五年度县市地方预算	于年度开始时饬各县市编送概算及计划	据各县市所编送预算均以收支相差甚巨发还改编,一面拟定本省县市财政整理方案及编审预算应行注意事项,于六月初由财政处会同会计处、民政处派员分赴各县市指导整理财源,并协同各县市拟编预算由县市政府送参议会审议后,于本年六月底送齐,七月初由省审核改编。计卅五年度岁入出预算数各为1,946,938,417元。	
	(4)严密管理财务行政	(一)统一县市款收支处理程序 (二)加强管理县市各项收入凭证	(一)订立县市款收支程序规定县市(包括乡镇)一切收入之报解及支出之领发,统由公库办理,以维财务行政秩序。 (二)订定各县市政府暨所属机关各项收入凭证管理办法施行以便稽核。	
	(5)简化县市各级主管交代手续	(一)拟订分层负责交代办法 (二)清理接管交代 (三)举办自行交代	过去各县市长暨所属主管交代每难如期清结,为纠正以往缺点,经订定台湾省各县市公务员分层负责交代办法一种,通饬各县市遵照施行。截至十二月廿六日止卸任交代已送者为高雄市、高雄县、台南市、台北市等,内容尚合规定正在核中,自行交代各县市正在办理;至接管交代已结者,为基隆市、彰化市二单位。	

续表

类别	工作项目	计划要点	实施概况	备考
	(6)筹划建立乡镇财政制度	(一)乡镇收支与县划分 (二)乡镇行政事业支出除高山地区外均由乡镇自行负担为原则,确属贫瘠无力负担者,其事业费由县酌予补助 (三)划定县乡独立税源及分配税比率其收入,除划拨县税外由乡镇公所自行征收	遵照县各级组织纲要第四十一条之规定于卅六年度实施,县乡(镇)财政划分赋予乡镇独立收支权,以配合地方自治,经由财政处与民政处、会计处设委会会同研订本省建立乡镇财政办法及乡镇收支分类表公布施行。	
	(7)统一县市财政收支命令	规定县市一切财政收支命令概归县市财政科局发布以统一事权	依据县市财政整理方案,订定台湾省统一县市财政收支命令办法公布施行。	
	(8)订定卅六年度调整县市税制等原则	(一)卅五年度仍照旧制征收之税目八种统予调整完成俾适合中央规定 (二)改订各税征收章则 (三)改订分配税比率	拟于卅六年度起,将县市地方税制作进一步之调整,俾逐渐符合中央规定调整办法,要点如下: (甲)户税特别户税保留改订章则。 (乙)轨道税取销,改征使用费,另订收费规则。 (丙)不动产所得税取销改征契税。 (丁)营业税分配县市部分暂改为60%,并将营业税附加及特别营业税取销。 (戊)所得税30%分配县市部分保留并将所得税附加取销。 (己)印花税分配县市40%,部分保留。 (庚)遗产税照规定分配县市35%。 (辛)田赋分配县市70%,部分保留,但内以10%由省统筹分配,县市按60%列入预算。 (壬)矿业税附加取销。	

续表

类别	工作项目	计划要点	实施概况	备考
	(9)整理县市公产收益	(一)调整公产数量 (二)清理收益 (三)设置台账	各县市地方公产属于地方收益者亟应积极整理以裕县乡财政,因特厘定各县市整理公产应行注意事项及县乡公产收益情形报告表等通饬办理,并将收益情形填表报核,以作进一步整理使用之参考。	
	(10)规定台湾省县市乡镇单位预算编审程序	乡镇收支应自成一独立单位预算然后汇编入县总预算内使各乡镇自成独立单位	卅六年度实施县乡(镇)财政划分并调整地方税制及分配国省税比率办法,业经由省先后决定,嗣即依照是项办法,并参酌地方实际情形,订定台湾省卅六年度县市预算编审应行注意事项及台湾省乡镇单位预算编审程序通令施行,以作县市乡镇编制预算之准绳。	

四、教育

类别	工作项目	计划要点	实施概况	备考
教育	(一)教育行政 (1)编订本省五十年来教育统计提要	一、搜集日人时代历年度各种教育统计资料 二、分别整理历年度各级教育进展概况	搜罗文教局出版之台湾总督府学事年报36册、学事一览14册及其他各种未整理就绪之原始数据各图表各若干种。 就高等教育、中等教育、初等教育及社会教育4大部分分别整理完成50年来各级教育概况表格共42种。	
	(2)审查中小学校教员资格	审查合格中学教员及复审国校教员	第一次审查合格中学教员58名,及复审合格国校教员1,023名。 第二次审查合格中学教员206名,及复审合格国校教员2,373名。 第三次审查合格中学教员75名,及复审合格国校教员293名。 第四次审查合格中学教员108名,及复审合格国校教员787名。 第五次审查合格中学教员154名,及复审合格国校教员155名。 第六次审查合格中学教员69名,及复审合格国校教员94名。 第七次审查合格中学教员41名,及复审合格国校教员382名。 第八次审查合格中学教员53名。 第九次审查合格中学教员85名。	约计每月审查发表一次
	(3)拟定国校教员甄选补充办法	以教员经历写标准	国校应分为高初二级,任国校教员五年以上者,为高级任教员;三年以上者,为初级任教员。	
	(二)国民教育地方教育 (1)接收及整理国民学校	学校接收后并重新予以调整	接收工作本年一月完成,整理工作六月完成。	

续表

类别	工作项目	计划要点	实施概况	备考
	(2)筹设县市教育行政机构	成立各县市教育科局及区乡镇之教育行政机构	按照省颁县市编制,于台北市设教育局,其他县市设科,并慎重其人选。	
	(3)改革国民教育学制系统	山地教育所及分教场一律改为国民学校并废除国民学校高等科,予台胞以升学机会	于本年三月分别设施完成。	
	(4)召开全省教育行政会议	检讨过去施政得失决定今后改进方针	本年六月廿五日在草山举行,出席会员百余人,提案一百廿件,通过全省教育实施方案及其他要案廿七件。	
	(5)整顿省立小学	原台北师范附属第三国民学校改为国语推行委员会实验小学,其他师范附属国民学校一律改称师范附小学并充实内容	按照预定计划于本年六月整顿完竣。	
	(6)设施日侨教育	在台北设省立辅仁小学一所,收容留用日侨子弟;各县市酌就现有国民学校设法收容	按照计划辅仁小学于五月十三日开学,基隆等市县亦已次第设班收容。	
	(7)提高山地教育	选拔优秀儿童以公费升学各中等学校	计选拔五一五名升学师范及初中。	
	(8)举办幼儿教育	1.扶助私立幼儿园 2.国民学校酌设幼儿园	1.各私立幼儿园经拨款补助。 2.师范附小学幼稚班已陆续开办。	
	(三)中学教育及职业教育 (1)划分中学区及职业学校区	根据本省各地交通人口经济文化行政区域与过去学校分布情形拟具计划分中学区及职业学校区方案	已根据本省行政区域及现有各中学及职业学校分布情形,将全省划分为八个中学区及八个职业学校区,并经分别订定台湾省中学区划分办法及台湾省职业教育推进计划作为实施之依据。	

续表

类别	工作项目	计划要点	实施概况	备考
	(2)调整各中学及职业学校课程	本省各中学及职业学校原有学生修业年限暂仍旧，惟将旧课程酌予变更，加重国文、公民、历史、地理等科教学，自然科学及技术科学，至各校新招学生以遵照部颁课程标准为原则，另编适应本省特殊需要之补充教材	(1)于二月间订颁卅四学年度第二学期本省中等以上学校新生课程时数表，卅四学年度第二学期本省省立各中学旧生教学科目及每周教学时数表，暨卅四学年度第二学期本省省立各职业学校旧生教学科目及每周教学时数调整纲要。(2)印发部颁公民、国文、历史、地理等四科课程标准。(3)调查各省校原有课程及教学进展。(4)迨本年七月学制彻底革新后，始印发部颁高初中学教学科目及各学期每周各科教学时数表并稍加变更。关于职业学校方面，经另拟编订职业学校教学科目及每周教学时数表原则，通饬实施。	
	(3)调整设置各中学及职业学校	订定调整计划将本省六十四所中等学校改为省立并更改校名及组织	甲、中学 (1)校数：原有公立高等学校及男女中学校共计39所，接收以后均经改为省立，此外并增设省立高雄第三中学一所。 (2)校名：依照部令规定以所在地之地名为校名，如一地有两校以上者则依次冠以数字。 乙、职业学校 (1)校数 原有公立职业学校25所，接收后均经改为省立，并将澎湖水产专修学校改为省立澎湖初级水产职业学校，台南工业专修学校改为省立台南工专，附设初级工业职业学校，此外又筹设省立基隆水产职业学校高雄分校及省立台北医事职业学校各一所。 (2)校名 依照部令规定改订。	

续表

类别	工作项目	计划要点	实施概况	备考
	(4)改设初级职业学校	原有实业补习学校94所拟择其设备较好而成绩优异者改为初级职业学校	为积极调整原有各种实业补习学校经订定各种实业补习学校调整办法，饬令遵照。现已改为省立初级职业学校者，计二所；合并于同地同性质之省立职业学校者，计二所；可予改为县市立初级职业学校者，计19校；可予改为中级职业补习学校者，约计七校，余仍继续调整中。	
	(5)筹设县市立中学	本省国民学校毕业生自高等科废除后升学机会减少，经通令各县市政府遵照部订县市立中学学校复员办法规定饬设县市立初级中学	据各县市政府呈报筹设校数共计84所，经订定各县市中学教育方案通饬实施。	
	(6)管理私立中等学校	本省私立中等学校校数经饬据各县市政府报告，计共十八所，应一律照章管理	已由教育处通令各县市政府遵照部颁修正私立学校规程及省订台湾省私立中等学校管理规则，督促各私立中等学校办理立案手续。	
	(7)召开全省省立中等以上学校校长会议	检讨各校以往办理情形并策划将来之改进	(1)二月九日召开第一届全省省立中等以上学校校长会议，出席校长51人，决议案20余件。(2)九月十五日召开第二届本省省立中等以上学校校长会议，出席校长70余人决议案157件，均为推进中等教育之重要方案。	
	(8)加强训育实施	供各中学及各职业学校，对于训育目标及实施方法有所依据	教育处规定各校训导主任必须具备之条件，并订定关于训导之实施方案，通饬各校切实遵行，一面印发部颁训育纲要，俾各校有所遵循。	
	(9)推广语文教育	供省立中等学校利用假期推广语文教育	订定卅五年省立中等学校利用假期举办语文补习班办法，通饬各校遵办，计共办181班，学生9,646人，成绩尚佳。	

续表

类别	工作项目	计划要点	实施概况	备考
	(四)高等教育及师范教育 (1)订各校教职员聘任甄审及检定办法	俟各项制度确定后全省各级学校教员均需经过甄选及检定过程	由教育处甄选委员会办理。	
	(2)订定各校学生学籍核定办法	各校学生均须依照此办法核定学籍否则不予承认令各校每年呈报一次	一月间拟定师范学校旧制学生处理办法颁发遵行。	
	(3)订定各校毕业生抽考办法	依部颁及内地各省办法拟订施行	四月间拟订后通饬各校遵行办理。	
	(4)订定各师范学校毕业生服务年限	依部颁办法订定师范毕业生服务年限	为适应实际需要起见,于五月间拟定师范毕业生分发服务应行注意事项。	
	(5)订定各校学生转学办法	依部颁办法拟订各校学生转学办法	一月间先拟订专科学校招收转学生暂行办法颁发各校遵照办理,商业专修科毕业学生免费转入省立法商学院政治经济系三年级肄业。	
	(6)本省师范学校毕业生分发服务应行注意事项		五月间订定颁行。	本项系临时举办未列入原计划内
	(8)[1]规定专科以上学校招考同等学力之资格		一月间订定颁行。	本项系临时举办未列入原计划内
	(9)订定留日及留日返省学生处理办法		二月颁行。	本项系临时举办未列入原计划内

①原文无"⑦"

续表

类别	工作项目	计划要点	实施概况	备考
	(10)订定本省学生升学内地办法	订定本省学生公私费升学内地办法及名额	订定台湾省考选公费及自费升学内地专科以上学校学生办法,并于十月修正公布。	
	(11)举办全省现任教员资格检定	每学期检定一次令各校按时呈报由教育处组织委员会检定之	会提交本署中等以上学校校长会议决议。	
	(12)本省高砂族师资训练办法		三月间拟定颁行并于台北、台中、台南师范学校各设师资班一班。	本项系临时举办未列入原计划内
	(13)订定本省花莲台东二县国民学校师资训练办法		三月间订定颁行并于台东中学及女中暨花莲中学及女中各设师范班一班。	本项系临时举办未列入原计划内
	(14)订定本省国民教育师资短期训练班实施办法		三月间订定颁行并由各县市政府分别实施。	本项系临时举办未列入原计划内
	(15)补充县市国民师资之不足数筹设县市立简易师范学校		十一月间电各县市政府斟酌国教师资缺乏情形,各自设立之。	本项系临时举办未列入原计划内
	(16)拟订各校课程标准教学时数及进度表	特别注重国语文史地,使各学校学生于本年度内了解国情能说国语	于一月先订定本省专科以上学校暂行课程标准及时数分配表,八月底又订定本省师范学校普通师范科、简易师范科、简易师范班、师资训练班教学科目及各学期每周各科教学时数表颁行。	
	(17)拟订师范学校学生公费办法	比照部颁办法及本省物价指数拟订实施	一月底订定本省师范生公费待遇办法颁发施行。	

续表

类别	工作项目	计划要点	实施概况	备考
	(18)拟订各校校舍修建计划	限于战争被毁各校	由各校自行拟定详细计划呈教育处核准后,动工修理。已修建者,有台北女师,尚待修理者,有台南、屏东、新竹等师范学校,此外台南工专亦需修理。惟修理费过巨,会商救济署津贴。	
	(19)筹设省立专科学校二所	筹设文史及音乐专科学校各一所	于一月将台北商业专科学校改设为法商学院,并于五月成立师范学院。	
	(20)筹设师范学校及师范班	筹设师范学校一所并于普通中学设师范班十班	已于台东花运中学暨女子中学设置师范班四班,并于七月底将台中师范新竹分校、台南师范屏东分校分别改为省立新竹、屏东师范学校。	
	(21)设立中等学校师资专修科	拟于省立农业专科学校增设中等学校博物师资专修科并于省立工业专科学校增设中等学校数理化师资专修科	已筹设但报名人数不足,未开班。	
	(22)举行卅五年度推进师范教育运动周		除由教育处遵照办理外,并令饬各师范学校如期举行。	
	(23)考选本省学生公费升学内地专科以上学校		于六月前拟定办法组织考选委员会,七月中旬举行考试,计录取一百名,经省训练团加以二个月训练后,于十一月中旬分别分发内地各国立专科以上学校。计实到89名,除由教育处供给公费外并发给冬夏季制服。	
	(24)筹开台湾省学术企业联合会议及举办夏令营		学术企业联合会议于七月底召开会,通过有关学术企业行政联系合作之提案四九件,七月中拟定夏令营办法及组织大纲,八月开办(与警备部合办),入营男女青年五百名。	

续表

类别	工作项目	计划要点	实施概况	备考
	(25)分发留日返省学生		三、四月间分发第一期留日返省学生819名,七月份分发第二期留日返省学生429名,八月底留日返省学生登记事务予以结束,继续返省者经往各校接洽入学,由教育处饬各校优予收容。十一月中继续分发18名。	
	(26)增添各校科系班级		台中师范于九月增招三年制及四年制普通科女生各一班,省立法商学院于九月增设政治经济学系,师范学院增设英语专修科。	
	(27)办理学校升格		将台南工专改为省立工学院,台中农专改为农学院,台北工专职业学校改为省立台北工专(明年正式成立)。	
	(28)举办各种考试		八月奉考试院令筹办卅五年度高等考试初试、特种考试、人事行政人员考试初试暨专职门及技术人才考试,九月报名,十月中旬举行。	
	(29)令省立法商学院归并国立台湾大学		省立法商学院并入台大事已商得教部同意,现正办理合并手续。	
	(30)通令省立专科以上学校免收学费并发给师范学生制服		自本学期起省立专科以上学校一律免收学费,省立师范学校学生一律发给制服。	
(五)社会教育 (1)筹设省立社会教育机关		(一)筹设省立民众教育馆	已于本年四、五、六三个月中先后成立台北、台中、台南三民教馆,本年六月间将原台东乡土馆改为省立台东民教馆。	
		(二)筹设省立台中图书馆	将原台中州立图书馆予以接收,改为省立。	
(2)筹设县市立社会教育机关		(一)筹设县市立民众教育馆	通饬各县市遵办,现已成立者有屏东、高雄、嘉义、台北四市及台南、新竹、澎湖、花莲四县。	
		(二)筹设县市立图书馆	通饬各县市于本年内一律成立图书馆一所,计已设立者有台南、彰化、嘉义三市及新竹、澎湖二县。	

续表

类别	工作项目	计划要点	实施概况	备考
	(3)推行美术教育	举行全省美术展览会	一,聘请全省美术专家暨负有声望士绅27人组织审查委员会。 二,计送审画件312件,中选件数102件,特选件数14件,受奖件数8件。 三,开会计12日,参观者计32,965人。	
	(4)推行体育教育	(一)举行全省运动会	一,拟定各种章则并与警备总司令部合并筹组全省第一届运动会筹备委员会。 二,自十月二十五日起至十一月一日止,一周间假国立台湾大学运动场举行。 三,参加单位除17县市外,尚有八单位,共25单位,参加人数共2,323人。	
		(二)举行各级运动会	一,自九月九日起至十一月十三日止,先后有屏东、高雄、新竹、基隆、台中、彰化、嘉义等7市及高雄、花莲、台东、新竹、台南、台中6县,共13县市。 二,参加单位共346单位,参加人员计11,890人。	
	(5)推化电化教育	(一)利用收音机	通饬各县市各级学校各社教机关,将现有电化装备报核,现在正在汇编中。	
		(二)设教育讲座	设置教育讲座并按时聘请各部门专家讲述。	
		(三)与省立广播电台合作增强教育广播	正在商讨中。	
	(6)举办推行国语机构	(一)筹设各县市国语推行所	一,已筹设国语推行所15所。 二,今春由厦招考国语推行员卅余名,施以短期训练后,即分发各县市推行所,并继续考选省内外国语推行员,以便迅速展开工作。	

续表

类别	工作项目	计划要点	实施概况	备考
		(二)设立语文补习学校	一、为便利公务员学习国语起见,于省垣设立语文补习学校。 二、自七月七日招收第一期学员,开设五班,至十月十三日正式结束。 三、自十月十五日招收第二期学员,开设五班。	
(7)推行职业补习教育		(一)办理工业技术练习生养成所	将原接办养成所九所改设省立工业技术练习生养成所。	
		(二)办理汽车职业补习学校	一、将原自动车讲习所接收后,即改设省立汽车(驾驶修理)职业补习学校,并继续开办。 二、本年八月正式开学先设一班。	
	(8)办理特殊教育	设立省立盲哑学校	将原台北、台南两盲哑学校改为省立,已自本年春季正式开学。	
	(9)推进国语演讲竞赛	举行全省第一届国语演讲竞赛会	一、十月卅一日至十一月一日假台北市中山堂举行全省第一届国语演说竞赛会。 二、参加单位计有各县市(17单位),人数共69名,分为五组(即社会甲组,社会乙组,专科以上学校组,国民学校组),优胜得奖者共23名。	
	(六)推行国语教育 (1)调查研究省各种方言方音	搜集本省大语系(闽南,客家)数据制定方言注音符号	现已完成闽南语系及客语系方音符号暂以油印分发使用,并着手铸制铜模。	
	(2)实验教材教法	设立实验小学作教材教法实际施用之研究	本年八月由教育处改原省立台北国民学校为本会附设实验小学,并调国立女子师范学校国民专修科来台服务学生五人任该校教员,派定高级专人二人负责指导,现已完成实验教本65课。	

续表

类别	工作项目	计划要点	实施概况	备考
	（3）编印国语书籍	（一）编印国语读本30万册 （二）编印民众国语读本11万册 （三）编印国语参考书 1. 国音标准参考书 2. 注音符号18课 3. 国语台音对照学录 4. 台国通用词汇 5. 比较类推法国语会话易通 6. 文学读本 7. 初级国语话 8. 国语问题小丛书（四种） 9. 国语虚字用例 10. 国语常用词汇 11. 实用国语文法 12. 国语常用句型 13. 中华新韵索引 14. 分类会话教本	两书均已出版，并按照部颁标准旁注国音，民众国语读本则以左注国音右注方音之法加注注音符号，另印生词注音表及注音本注音方法，以词为单位，轻声变音亦分别注明。 （1）（7）（13）等项已付印，（2）（3）（8）项已出版，（6）项油印试用，（4）项已编成国音部分，（5）项已分刊"国语周刊"，（9）（10）（11）（12）（14）等项现赶编中。	
		（四）出版"国语周刊""国语通讯"作学术之阐扬及沟通	"国语周刊"借新生报作刊出版，现已速刊廿七期，"国语通讯"第一期已出版，分发本省及全国各文化学术社教机关，第二期预定明年元月出版，刻正集稿中。	
		（五）出版国语旬刊供初学者之参考应用	由国语推行委员会示范国语推行所主编，已出三期。	

续表

类别	工作项目	计划要点	实施概况	备考
	(4)审查有关国语书刊	审查国语书刊以防谬误流布	一,"四书识字录"(共四册)审查结果第一册及第三册准其出版。 二,"国语多音字释例"审查结果以该书尚切时用,允于修改后出版。 三,"汉字反切声调法"此书系教育部转下,审查结果不准出版。	
	(5)设立示范国语推行所	设置示范国语推行所,精选推行干部藉起示范作用并作教材教法之实验	本年度计划设置1所,已于台北县北投镇觅址成立,派国立女子师范学院国语专修科来台学生3人任推行员,学生100余名分民众班三班、中学生二班,俱已正式上课。	
	(6)由内地招聘国语师资一百名	招聘国内师一百名举办国语传习及师资培养	已由国语推行委员会魏主任委员赴平于征聘教员之余,招聘国语推行员100名充实本省,现有推行所之组织并增设未设各所。	
	(7)充实国语推行委员会组织	一,约聘工作人员 二,征调教育部办国语专修科学生来台工作	约聘人员除不能来台者外,已陆续到齐。征调学生自八月初旬起,已分批到达,计有国立女子师范学院十八名,西北师范学院七名,社会教育学院三名,共计28名,均已派任国语推行委员会及实验小学示范国语推行所、台北市国语推行所工作。	
	(8)举办播音示范	第一期用赵元任博士发音国语声片,第二期用本处编印国语课本民众国语读本,第三期用小学国语常识课本	第一期自三月一日开始,第二期自五月一日开始,第三期自六月二十日开始。	
	(9)路牌注音	(一)全省铁路站名表 (二)省公路站名表 (三)民营公司站名表 (四)台北市街巷名称表	(一)(二)(三)(四)各项均于十月间完成,现各铁公站名牌汉字之上亦均已加注音符号,(四)项实际注音事宜国语推行委员会负责,已在进行中。	

续表

类别	工作项目	计划要点	实施概况	备考
（七）教育视导 （1）推广辅导工作		1. 拟定全省辅导计划及方针 2. 组织全省各级辅导机构 3. 订定师范学校辅导国民学校标准 4. 订定专科学校辅导国民学校标准 5. 订定中心国民学校辅导国民学校标准 6. 订定省立社会教育机关辅导各县市社会教育标准 7. 其他辅导工作	光复后本省各级学校及社会教育机构虽经顺利接收，然以教育制度之变更及过去各校教员多由日人担任，接收后大部分遣送回国，故师资缺乏程度亦多参差不齐。兹归补上述困难特依照本年度工作计划之规定，订定下列各种辅导计划及办法： (1)台湾省中小学专科视导办法（已公布） (2)组织全省各级辅导机构 A. 修正督学室办事细则 B. 成立台湾省中小学专科视导委员会 C. 颁布县市督学视导规则 (3)督学驻区视导办法（拟订中） (4)专科学校辅导职业学校办法（拟订中） (5)师范学校辅导国民学校办法（拟订中） (6)省社会教育机构辅导各县市社会教育办法 (7)统一调制各县市督导人员应用表格（已公布） (8)编印视导人员手册（编印中不日完成）	

续表

类别	工作项目	计划要点	实施概况	备考
	(2)视导计划	1.视导区域：视行政区域大小分为若干视导地区 2.视导次数：全年视导二次于学校上课后二周或学期结发一月前行之 3.视导期间：每次一个月至二个月 4.分员分配：全体视导人员分为八组二人分别出发各区视导及留室办公	(1)第一次(卅四年度下学期)——视导期间由本年五月十二日期限为一个月视导地区共分(1)台北(2)新竹(3)台中(4)台南(5)高雄(6)澎湖(7)台东及花莲等七视导地区。视导范围凡中等以上学校均个别详细视察，各级小学亦作详细抽查，同时并举行详细之教育调查，已将中等学校视导结果及省立学校办理情形编成简明表。 (2)第二次(卅五年度上学期)——视导期间本年十一月十一日至十二月卅日。视导地区共分七区：(1)台北组(包括台北市、台北县、基隆市、宜兰市等)(2)新竹组(包括新竹市、新竹县等)(3)台中组(包括台中市、台中县、彰化市等)(4)台南组(包括台南市、台南县、嘉义市等)(5)高雄组(包括高雄市、高雄县等)(6)澎湖组(包括澎湖县)(7)台东组(包括台东县、花莲县等)，每组二人负责视导。因本省教育自本学期起已渐入正轨，而视导工作亦配合此点工作深入之。视导范围甚广，除地方教育行政机关及中等以上学校全部视导外，并抽查国民学校，每校之视导期间为二月，对各种措施作详细之视导。	

五、农林

类别	工作项目	计划要点	实施概况	备考
农林	(一)农务			
	(1)食粮增产	1.栽培水稻面积 第一期 262,549公顷 第二期 350,963公顷生产糙米 第一期 5,699,850公石 第二期 7,211,860公石 合计面积 613,512公顷 生产糙米 31,811,710公石	(1)繁殖优良品种5,295公顷,生产稻种7,060公石。 (2)督导一般栽培 第一期面积213,402公顷,产量4,491,552公石。 第二期面积367,619公顷,产量7,170,976公石。 合计面积581,021公顷,产量11,662,528公石。	

续表

类别	工作项目	计划要点	实施概况	备考
		2.栽培甘薯面积 春植47,596公顷 秋植105,789公顷 生产甘薯 春植429,249,285公斤 秋植954,068,675公斤 合计面积 153,385公顷 生产甘薯 1,383,317,960公斤	(1)繁殖优良品种面积1,799公顷,目前尚未收获,故无产量数字,估计可推广179,900公顷。 (2)督导一般栽培 春植面积54,926公顷,收量293,712,400公斤。 秋植面积111,170公顷,目前尚未收获,故无产量数字,估计可收1,334,040,000公斤。	
		3.栽培小麦面积 1,110公顷 生产小麦 7,326公石	(1)繁殖优良品种面积110公顷,目前尚未收获,故无产量数字,估计可收良种990公石。 (2)督导一般栽培面积1,700公顷,目前尚未收获,故无产量数字,可收15,300公石。	
		4.栽培大麦面积 2,200公顷 生产大麦 18,000公石	(1)繁殖优良品种面积200公顷,目前尚未收获,故无产量数字,估计可收良种1,800公石。 (2)督导一般栽培面积2,000公顷,目前尚未收获,故无产量数字,可收18,000公石。	
(2)蔗糖增产		1.三五、三六年期甘蔗预定种植面积为55,335公顷	自卅四年十一月至本年四月底止,总种植面积达35,558公顷。	
		2.设置甘蔗增产督导委员会	卅四年十二月呈准拨特别预算12,910元,设置甘蔗增产督导委员会,派遣督导人员推动种植工作,该会业务已于本年三月底移归农务科办理。	
		3.三六、三七年期种植之预定面积为91,425公顷	至十一月底止已种植面积,据正式报告,计达71,623公顷,即估预定面积78%。	

续表

类别	工作项目	计划要点	实施概况	备考
		4. 召开蔗糖增产讨论会	为促进蔗糖复兴计会于三十四年十一月二七、二八日及卅五年六月十一日两次在台北市召集全省有关人士及产农代表开讨论会,在第一次决定三四、三五年期甘蔗收买价格每千斤67元及三五、三六年期种植面积55,335公顷。在第二次决定三五、三六年期试办分糖法为原料买收办法及三六、三七年期种植面积91,425公顷。	
		5. 优良蔗苗之繁殖	农林处大南庄蔗苗繁殖场三六、三七年期之繁殖预定面积275公顷。据该场报告,现已达到预定面积,至于奖励蔗农留蔗,其结果亦甚良好。	
		6. 召开蔗糖评价委员会	农林处为奖励农民踊跃栽蔗,并保障农民利益起见,依据分糖法规定于十月十一日提前召开蔗糖评价委员会,议决三五、三六年期产糖最低保障价格每壹斤为25元,批发平均价格超过25元,如时亦按照实价结支并已公告施行。	
		7. 汇编糖业统计	农林处自本年一月起即汇集过去糖业资料,予以统计编辑付印,是项统计刊物即可出版,以供各方参考。	

续表

类别	工作项目	计划要点	实施概况	备考
	(3)茶叶增产	1. 生产目标：粗制茶4,236,000公斤 再制茶3,600,000公斤 栽培面积40,000公顷 2. 设置阶段茶园100公顷 3. 养成优良茶苗500余万株 4. 茶园绿肥原种栽培 5. 办理冬期茶园复兴贷款	据秋茶督导调查估计合计春夏秋茶产量粗制茶约达3,666,300公斤。 再制茶约达3,116,300公斤 栽培面积40,000公顷。 据报告已设阶段茶园204公顷。 据报告台北县已育优良茶苗，计5,076,820株。 由农林处收购优良鲁冰种子7,200斤，无偿分配台北、新竹栽植，此外尚拨助平镇茶业试验所购买茶园绿肥费58,000元。 已由茶业公司向合作金库贷款6,000万元，现由合作社代表农民办理贷款手续中。	
	(4)棉麻增产	1. 黄麻计划栽培面积20,000公顷 生产量9,240,000公斤 采种圃面积735公顷 采种量1,122石 2. 棉花计划栽培面积3,000公顷 生产量360,000公斤 采种圃面积315公顷， 采种量87,075公斤 3. 苎麻计划栽培面积4,000公顷	栽培面积2,062公顷 生产量549,600公斤 采种圃面积735公顷 采种量1,326石 栽培面积335公顷 生产量40,920公斤 采种圃315公顷 采种量21,000公斤 栽培面积1,949公顷 生产量1,380,0公斤,生产纤维215,000公斤 新植及更新面积400公顷 药用作物计划栽培面积50公顷 生产量15,000公斤	
	(5)园艺增产	1. 凤梨增产计划面积2,440公顷，产量7,231,957公斤 2. 柑桔增产计划面积5,000公顷 产量30,000,000公斤 3. 香蕉增产计划面积18,000公顷 产量157,800,000公斤	凤梨面积4,032.95公顷 产量41,975,081公斤，加工制造7481箱 柑桔面积4,643,.04公顷 产量27,342,865.72公斤 香蕉面积10,889.43公顷 产量61,327,495公斤	

续表

类别	工作项目	计划要点	实概施况	备考
		4. 蔬菜增产计划面积40,000公顷产量360,000,000公顷	蔬菜面积35,342.20公顷 产量296,473,054公斤	
		5. 推广蔬菜种子	办理救济分署运台蔬菜种子分配工作，计分配250套，分发16场所试种	
（6）农业资料供应		1. 自国内输入肥料	农林处主持输入者计六批共7,342,503公斤（其中四批系举办肥料换谷者）	
		2. 向行总洽购廿万吨化学肥料	最近农林处向行总洽购化学肥料廿万吨，由农林处与财政处、交通处、工矿处、贸易局、粮食局、民政处、专卖局、救济分署等机关合组肥料运销委员会主持分配，其中业已分配12批，内计救济分署7批，16,757,064公斤，委员会分配5批，计14,987,381公斤。	
		3. 举办肥料换谷	本年度4月间物价波动至烈，农林处为粮食增产抑平粮价，计爰实施本办法，计分配肥料7,156,543公斤，换得稻谷2,358,752公斤。	
		4. 设置农机具制造实验工厂	农林处拨补助费百万元，以为普及优良农具之用。	
（7）调查病虫害及防治		1. 农作物病虫害调查	据各县市调查报告统计本年度全省农作物发生病虫害之面积，计15,772.18公顷，鼠类1,130公顷。	
		2. 水稻病虫害防治推广	全省各县市设螟卵寄生蜂保护器1,000个，台北北投区发生稻苞虫，农林处拨砒酸铅50磅，预以防治。	
		3. 甘蔗病虫害防治推广	于高雄蔗田中捕捉鼠类，计1,299头，其他蔗作病虫防治结果正在统计中。	
		4. 飞蝗防治	本年九月间高雄、台南二县发现蝗群，农林处即派病害工作人员预以指导防治，计两县捕捉成虫1,210,294头。又为防蝗蝻发生起见，特向救济署申请拨砒酸钠13,500磅，并已分配高雄、台南、彰化、屏东、嘉义诸县施用，计成立治蝗大队2，中队12及分队百余队。	

续表

类别	工作项目	计划要点	实概施况	备考
		5. 杀虫药械之配给与使用法之指导	本年计划分发砒酸铅2,446磅,砒酸钙4,601磅,酸剂8,617磅,气砒酸钠5,270磅,并为配合上项药剂使用起见,特请救署配发喷雾器等,目前已运到者,计喷雾器25架,喷粉器148架,唧筒11架,动力喷雾器1架,尼古丁3箱,正在分配中,并编杀虫药械使用法分发各县市及农民。	
(8)农业调查及农业团体之指导	1. 编纂卅五年版台湾农业年报		(1)卅五年版台湾农业年报编纂完成。 (一)修正调查表格82种。 (二)汇计民国廿五年以来之农业调查统计数据并换算新单位。 (三)完成民国卅三、卅四年度各项农作物之栽培面积生产量及生产价额之调查。 (四)绘制农业统计图表。	
	2. 耕地面积及经营状况之调查		(2)卅五年度调查工作全部完成。 (一)全省耕地面积共813,580.91公顷。 (二)全省已登记之地目别面积12,913,725公顷。	
	3. 笃练农家之调查		(三)全省笃练农家共1,412名。 (四)全省主要农作物栽培面积调查完成。	
	4. 各级农会之指导		(3)农会经常业务之指导 (一)农会与合作社改组成立 (二)按月召开农会业务座谈会 (三)办理肥料换谷 (四)举行农业讲习会 (五)举行耕深比赛会 (六)举行农产评品展览会	
	5. 村里农业团体之指导监督		(4)设置村里农业指导 (一)实际从事于农村农业技术之指导 (二)宣传农业政令及农业措施	
	6. 佃农改善		(5)佃农改善 (一)积极恢复业佃会调解业佃间之农事纠纷 (二)公布土地租赁契约样式 (三)调查近三年来之佃会成绩并拟定合理佃租 (四)协助清查公地扶植自耕农	

续表

类别	工作项目	计划要点	实施概况	备考
	(二)农田水利			
	(1)灾害复旧工作	已有之农田水利设施受天灾或兵灾之损害者由各县报请本处补助款项督导抢修	各县报来灾害工程共计479处，共需工程费16,473,734元，受益面积270,465公顷，实际举办466处，核发补助费7,776,967元，受益面积266,635公顷，按面积计算99%。	以上四七九处系卅四年度以前所受灾害之工程，本年度新受灾害工程仍待来年办理
	(2)土地改良工程	1.盐埔地方工程预计四年完成，本年度计划举办部分如左 (一)补助进水口及导水路工程 (二)第一支线第二、三期工程 (三)干线第二期工程 (四)第二支线之分线工程 (五)第四支线之第一分线第一期工程 (六)老埤支线之分线工程 (七)水源水制工程 (八)第八支线工程 2.高雄地方工程预算四年完成，本年度计划举办部分如左 (一)林园区给水干线工程 (二)林园区给水第一支线工程 (三)林园区给水第二支线工程 (四)林园区给水第三四支线工程 (五)林园区给水第五六支线工程	(1)盐埔工程实际完成部分如左 (一)补助进水口及导水路工程完成91% (二)干线第二期工程完成97% (三)第一支线第二、三期工程全部完成 (四)第八支线工程尚未动工 (五)第二支线之分线工程已发包开工 (六)第四支线之第一分线第一期工程全部完成 (七)老埤支线之分线工程已发包开工 (八)水源水制工程尚未动工 (2)高雄工作实际完成部分如左 (一)林园区给水干线工程全部完成 (二)林园区给水第一支线工程未动工 (三)林园区给水第二支线工程未动工 (四)林园区给水第三、四支线工程全部完成 (五)林园区给水第五、六支线工程全部完成 (六)林园区给水第七、八、九支线完成	

续表

类别	工作项目	计划要点	实施概况	备考
		(六)林园区给水第七八支线工程 (七)林园区排水第二支线工程完成 (八)岭口取入口及导水路工程 (九)林园区排水干线灾害复旧工程 3. 员林区工程预计二年完成,本年度计划举办部分如下： (一)大排水沟第一期土方工程 (二)构造物工程 4. 三星地方工程预计二年完成,本年度计划举办部分如下： (一)张公园干线工程 (二)大埔及鹿埔支线工程	(七)林园区排水第二支线工程完成 (八)岭口取入口及导水路工程未动工 (九)林园区排水干线支线灾害复旧工程完成 (3)园林工程实际完成部分如左 (一)大排水沟第一期土方工程完成80% (三)构造物工程完成52% (4)三星工程实际完成部分如下： (一)张公园干线完成61% (二)大埔及鹿埔支线工程完成88%	
	(3)米谷增产工程	预计在台北举办3处、新竹3处、台中3处、台南5处、高雄3处、花莲1处,共计18处,共需补助费5,579,000元,受益面积4,080公顷	实际举办台北3处、新竹2处、台中7处、高雄1处、花莲1处,共计13处,报发补助费4,107,385元,受益面积4,059公顷。查各县举办处数较原计划略有变更,系因拨发补助费时派员切实调查按经济价值之高下及需要迫切之程度予以厘定。就受益面积计算,完成原定计划99%。	
	(4)旱田改良工程	本年度计划举办旱田改良工程1,100公顷,补助费2,200,000元由各县报请举办	各县报请举办工程共75处,受益面积1,444公顷,经核定举办66处,受益面积1,051公顷,核发补助费2,102,072元,已完工程736公顷,余在继续赶办。按受益面积计算,已完成原定计划67%。	

续表

类别	工作项目	计划要点	实施概况	备考
（5）测量调查工作	1.调查灌溉用水统计河川流量		（1）经派遣水文测量队八队分赴各县实测流量，并调查各水路之进水量，计分水调查有大安溪、浊水溪、清水溪等处，流量调查有大料崁溪、浊水溪、大安溪、清水溪等处及各县下重要河川之渴水量调查。	
	2.调解农田水利纷争		（2）各地水利纷争经已调解者如下： （一）桃园水利协会与海山新庄等水利协会之分水问题； （二）新高水利协会与日月潭发电所之分取余水问题； （三）高雄县下美浓地方与高树地方之争水问题； （四）台中县下大屯水利协会与丰荣后里大甲等水利协会为举办车笼埔工程之取水问题。	
	3.测量新办工程地点		（3）新派工程经派队测量地形者已完成面积如下： （一）高树地方工程之地形测量面积3,589公顷； （二）岭口导水路工程之地形测量已测面积1,455公顷； （三）冈山地方工程之地形测量计面积6,000公顷，正进行中。	
	4.调查工程之经济价值		（4）工程经济价值及旱害情形经派员调查者如下： （一）高雄县高树地方拟办工程区域内调查面积2,000公顷之经济价值； （二）新竹县下各水利协会区域内调查面积88,261公顷之旱害情形。	

续表

类别	工作项目		计划要点	实施概况	备考
	(6)改组水利组合			各地水利组合以兴办及管理农田水利工程为业务,光复后仍沿用日本旧名,殊为不合,经农林处就其业务性质改称农田水利协会,其原有组织及办法均暂仍旧,已于十一月卅日前全部改称农田水利协会。	
	(三)林务				
		(1)加强林业管理	1.设立山林管理所	设立山林管理所十所,计台北、台中、新竹、罗东、埔里、嘉义、台南、高雄、台东、花莲港等处所,之下设分所,分所下设工作站,办理保林造林事宜。	
			2.设立模范林场	接收日本各大学四个演习林改设为第一、第二、第三、第四等个模范林场,经于本年七月分别改组成立,进行林业示范及研究试验工作。	
			3.宣传视导	宣传林业利益,饬由各场所广发标语刊物及利用机会以口头及电影广为宣传视导一项,由林务局派刘技正讷吾分发各场所,调查工作情形分别予以指导及纠正,除台东方面未予视导外,其余各场所均经视导完竣并有详细报告。	
			4.试验及气象观测	各山林管理所各附设林业试验所1所,共10所,各附设气象观测所3所,共30所。	
		(2)施业案概况调查	5.计划调查17个事业区	业经依照计划完成17个事业区,计调查面积334,070公顷,造具调查报告书、森林调查簿、基本国林相图、造林基案等共85份。	
		(4)[1]修筑林道	6.计划修筑林道3,105公里	本年修筑竹东、罗东2林道总延长3,105公里,均经实测设计完竣,并经于十二月十日分别兴工修筑,明年二月中旬工程可以完成。	

[1]原文无"(3)"。

续表

类别	工作项目	计划要点	实施概况	备考
	(5)经济造林及保安林检讨	7. 整理图籍	派员分赴有关各县补抄地籍图册。	
		8. 调查林区	调查文山、宜兰、太平、罗东等林区造林地并施实测,均已依照计划完成工作。	
		9. 测量林地		
		10. 测量林地	测量苏澳、宜兰、基隆等处所有土砂捍止林、水源涵养林、飞砂防止林、潮害林、鱼附林、坠石防止目标林1,068公顷。	
		11. 推广经济造林	经济造林31处,抚育面积6,500公顷,育苗166公顷,计800万株。	
	(6)光复纪念海岸防风林	12. 发动各县市组设纪念林委员会	补助各县市造林经费131万余元,造林面积定350公顷,由各县市组委员会主持造林事务。	
		13. 实施造林示范	由林务局拨款200万元补助台北、台南、新竹县、新竹市等处择地造林面积190公顷,候明年春季造林。	
	(7)水上保持造林(森林治水)	14. 由各山林管理所造林	台北、台中、埔里、台南、高雄、嘉义6个山林管理所分别于新店溪、大料崁溪、浊水溪、乌溪、曾文溪、二层行溪、隘寮溪、老怀溪等流域实施工事,计3,266平方公尺,育苗2,046株,抚育幼林8,703公顷,建筑所工事268公顷。	
		15. 补助各县市及台南大圳造林	补助各县市经费(62)万元,育苗(17)万株,台南大圳育苗(23)万(5)千株,造林(150)公顷,抚育(587)公顷,防砂(50)公顷,修补防砂(10)公顷。	
	(9)①保安林造林	16. 补助各县市造林经费二分之一	补助各县市造林面积共(407)公顷,造林经费(47)万元,由各县市主办造林。	
	(10)木材生产	17. 在不妨害森林保续作业及国土保安之原则下作合理之木材生产	本年度经批准采伐生产之木材约共35万立方公尺。	
	(四)水产			

①原文无"(8)"。

续表

类别	工作项目	计划要点	实施概况	备考
	(1)调整水产业团体	1.将原有水产会渔业会改组为渔会及渔业各种合作社,俾策发展渔业	依照本年度水产计划民政处通令各县市政府依照中央颁布渔会法,将原有团体如限改组成立渔会,现改组成立者仅基隆、高雄两市渔会。	
		2.限本年底改组完竣并分区派员视导	至尚未改组成立者,业务仍在继续推行,经农林处电催,限本年底改组完竣,现在分区派员前往视导中。	
		3.省渔联会酌予拨款补助	健全省渔联会之发展,经农林处拨款拾万元,以补助资推展业务。	
	(2)补助建设渔市场	1.统一经营调节鱼价充实供需	查本省光复后,私有鱼市场颇多群争牟操纵鱼价,农林处殷鉴于斯,为统一经营调节鱼价及充实供需起见,依照本年度预算计划拨款305,737元,分别补助。	
		2.补助各地建设鱼市场以利渔业	澎湖、台东、花莲、台北、高雄县市等6县市以资着手修筑恢复原有鱼市场,俾利鱼货配销。	
	(3)设置渔业指导员	1.视各地渔业状况之需要就当地渔业人才遴选派委负责指导及协助渔业发展等事项	依照本年度水产计划设置驻县专任渔业指导员,经十一月廿一日公署冬字第42期公报令各县市政府及省渔联会按照分配名额检同资历证件送农林处核委,计省渔联会4名,基隆市2,台北县8,新竹市1,台中县5,台南市1,台东县4,花莲县2,澎湖4,合计50名。	
		2.本年度预定遴派一百名薪津概由农林处支给		
	(4)整理定置渔业	1.整理定置渔业奖励民营	本省定置渔业共有139处,依照本年度工作计划派员前往各地实地调查,颁发台湾省定置渔业管理办法,俾资整理。现来农林处申请营业者,计142件。经核准公告者,计台北县36处,台东县23处,花莲县33处,合计92处。余正在审核中。	
		2.分别勘测渔场位置并办理登记手续	农林处为求慎重公允处理起见,经再派员前往实地勘测渔场位置,以凭办理登记手续。	

续表

类别	工作项目	计划要点	实施概况		备考
(5)补助造船以发展渔业	1. 拨款补助须田、报国两造船厂充实设备以加强修造渔船能力	本年度水产奖励补助费,经核定数目为88,000元,为充实须田、报国两造船厂内部应有之一切设备,乃拨款300万元,分别补助,须田200万元、报国100万元,以资设备庶几加强修造渔船能力。			
	2. 拨款补助民间建造渔船以奖励省民踊跃从事渔业	为奖励民间建造渔船踊跃从事渔业起见,将本年度水产奖励补助剩余费1,588,000元,拨付补助新竹等7县市渔业者,新建渔船计44艘,其中补助数字如左:			
		(1)新竹县	100,000元		
		(2)高雄县	253,300元		
		(3)台东县	390,000元		
		(4)澎湖县	300,000元		
		(5)花莲县	224,700元		
		(6)高雄市	180,000元		
		(7)基隆市	140,000元		
		合计	1,588,000元		
(6)培育渔业人才	1. 训练渔业专门人才,俾利复兴海洋渔业 2. 山水产公司及各县市分别办理 3. 省方视实际需酌予拨款补助	渔业技术人才除继向省内外广征外,并订有渔船人员登记录用办法公布延揽,经水产公司考取19名,及该公司优秀技术员16名,暨省外水产学校派台实习学生,于八月中合并在基隆设班训练。此外并拨款补助台中县举办渔船人员讲习30名,高雄县自行举办是项人员讲习24名,新竹县渔船司机讲习20名及省外各地申请来台工作人员18名。本年度全省训练渔业人才数计127名。			

续表

类别	工作项目	计划要点	实施概况	备考
	(7)举办全省渔船登记	由省县以船只之大小分别负责办理登记	为便利整理本省所有动力之渔船,于去年十二月间制定"台湾省渔船登记办法"一种公布施行后,现经登记者百吨以上动力渔船1艘(蒸气机关船)、50吨以上(发动机船)40艘、50吨以下11艘、廿吨以下201艘、10吨以下213艘、百吨以下456艘,合计现有动力渔船923艘,总吨10,480,20吨,总马力23,096马力。至非动力渔船因未据各县造报无从估计。	
(五)畜牧				
	(1)畜产增殖	1.购买种畜贷放	省拨推广费1,250,000元,于九月中旬起派员携往各县购买种牛、种猪贷与各县转贷农民,现已购买完毕者6县,计报牡猪76头、牡水牛24头、种牡黄牛12头,均贷与各县转贷农民,现正在购买中者有高雄台南2县。	
		2.奖励增产事项	省拨补助费4,650,000元,分配各县市作补助农民饲养种牡猪、种牡牛暨生育成优良仔猪、犊牛、幼驹之奖励,以促进畜产之增殖。实施成绩各县尚未具报。	
		3.督导宣传事项	(1)由省派技术员13名分驻各县市,指导农民改善饲养管理及繁殖方法。 (2)各县市依照省颁种畜检查规则实施种牡畜检查许可制,不合格者施行去势,省拨推广费70,200元,委托各县市实施种用以外之牡马去势,以防止劣马传种,据各县市报告已实施去势之牛马计205头。 (3)指导农民应用选择淘汰方法以改良本地水牛及黄牛。 (4)由各县市举办各种竞赛会如深耕竞赛会及优良仔猪育成比赛会等,以普及畜产思想奖励增殖,已举办者有新竹、台中等县。	
		4.补助县种畜场	补助台中县种畜场建筑费24万元,该县种畜场修建工程本年度可完竣。	

续表

类别	工作项目	计划要点	实施概况	备考
		5.设立省种畜场	于本年八月将旧花莲港种马所改组为东部种畜繁殖场，除原有种马外，办理牛猪家禽之增殖改良，作为东部种畜供应之中心。现有种畜除原有种马十头外，添购盘克县猪九头、新地种牛一头、来练鸡20只，并建筑猪舍一座，修理原有破损及台风吹损之房舍。	
		6.种马改良繁殖	由新化种马牧场负本省马匹改良繁殖之责，现有种牡马41匹、种牝马53匹、役用马28匹，育成马32匹，共计145匹，本年该场主要工作有下列数项： (1)场内配种54匹、场外配种98匹； (2)训练蹄术及马匹调教人员等技术员10名； (3)修缮损毁之房舍计64座，围栅约一公里，自来水路灯及灌溉工程等已于本年底大部分完竣； (4)本年度开始作马发情周期试验及驹齿发育视察，饲料牧草改良等研究试验工作； (5)马政教育普及由台南、嘉义两处中学校毕生来场受马事训练。	
(2)兽疫防治		7.恢复兽疫血清制造所	自五月起开始进行恢复工作修理装置器械并添置药品、仪器等修建炸毁之房屋，第一期及第二期工程均已完竣，七月间已开始制造，本年度共制猪瘟血清45,800CC，猪瘟疫苗42,200CC，家禽霍乱血清45,800CC，家禽霍乱疫苗67,700CC，结核诊断液250CC，配发各县防疫之用。	

续表

类别	工作项目	计划要点	实施概况	备考
		8. 防治兽疫工作	本年春间高雄县首先发生猪霍乱,六月间西部各县市亦相继发生,流行甚盛,至十一月底,计共发生5,520头,死亡3,745头。经向联总要求拨到猪瘟血清43万CC,猪瘟疫苗8万CC,即派员至各县市会同办理防治工作。至现在止已注射猪13,230头,另尚有各县市领去之血清191,000CC,菌苗28,000CC,共注射成绩尚未报来,另鸡霍乱预防注射鸡500只。 为指导农民改良家畜卫生、调查疫病发生情形、办理防疫工作起见,派技术员15名分驻各县市工作。	
	(3)畜产调查统计及一般畜政	9. 厘定畜产法规	经厘定已经公布者有(1)种畜贷与办法(2)畜牛登记规则(3)各县市种畜场组织规程(4)兽医管理规则,已拟定送核者有家畜传染病预防规则、牛奶检查规则、家畜市场规则、奖励种畜饲养办法等。	
		10. 调查统计	由派驻各县市之畜产技术人员负责按月在各该县市调查各种畜产事项具报,已举办者有屠宰月报畜牛登记报告、马匹月报及家畜传染病月报。	
		11. 兽医管理	依照省颁布之兽医管理规则办理,现已准予登记之合格兽医109名。	
	(4)饲料增殖	12. 委托各县办理试验栽培饲料作物	已委托台北、台中、台南、高雄、花莲港等五县,每县补助18,000元,实施试验栽培饲料作物,并采取种子种苗无价配给有畜农民,现各县实施成绩尚未具报。	
(六)检验				
	(1)接收筹备	1. 接收台北各检查所	下列各机构已于三十四年十二月中旬开始陆续接收整顿完毕 (1)肥料检查所 (2)植物检查所 (3)罐头协会检查部 (4)粮食局食粮课米谷系 (5)茶商公会检查部	

续表

类别	工作项目	计划要点	实施概况	备考
		2.接收畜产检验	畜产检验原隶港务局农林处于本年四月份接收完毕后,旋即设法罗致畜检技术人员添置仪器,并已次第于基隆、高雄、淡水、布袋、安平等港口设立畜检机构,进行工作。	
		3.成立检验局及各分局	(1)总局 就已有之各检查所分别按其性质归为五类,改组为肥料检验课、植物病虫害检验课、食粮检验课、特产检验课、畜产检验课等五课并加设总务课及会计室。 (2)基隆分局 接收前植物肥料两检查所、粮食局及罐头协会等基隆分所出张所合设基隆分局,已于六月一日成立。 (3)高雄分局 接收前植物检查所、罐头协会、农务课等高雄分所与屏东分室合设高雄分局,已于六月一日成立。 (4)台南分局 接收植检所及农务课台南分室合设台南分局,已于九月一日成立。 (5)台中分局 接收植检所及农务课台中分室合设台中分局,已于八月一日成立。 (6)淡水办事处 该处为牲畜进出口之检验,九月一日筹备现已成立。 (7)花莲港分局 该处为东部农产物进出口要港,已于十一月七日先行成立筹备处。 (8)台东分局 该处为产品重要产地,拟设分局,已派员前往筹备。	
	(2)实施检验	1.肥料检验	(9)新竹分局	
		2.食粮检验	已派员前往筹备	
		3.茶叶检验	一月起十一月底止,收检肥料,计48,054,968公斤。	

续表

类别	工作项目	计划要点	实施概况	备考
		4.罐头检验	八月起十一月底止，已受检食粮，计4,198,549公斤。	
		5.植物病虫害检验	三月起十一月底止，已收检茶叶，计2,866,237公斤；七月起十一月底止，已收检罐头，计20,010箱。	
		6.畜产检验	七月起十一月底止，已受检种苗及地下茎，计97,865公斤，青果3,207,433公斤。七月起十一月底止，已收检牲畜，计3,881头，畜产品174,011公斤。	
(3)调查取缔	肥料厂商之调查取缔		肥料贸易商、制造商、罐头制造工厂均予以调查，合格者给证营业，不合格者，予以取缔。截至十一月底止，登记合格之肥料贸易商186家，肥料制造商665家，罐头厂商16家。	
(4)修订检验法规			将日人时代之检验法规择精剔繁重行修订，俾合实用，兹将本年已修订之法规名称列下： (1)主要食粮检验规则 (2)茶叶检验规则 (3)茶叶取缔规则 (4)罐头检验规则 (5)罐头取缔规则 (6)植物病虫害取缔规则 (7)植物取缔细则 (8)肥料取缔施行规则 (9)家畜进出口检疫规则	
(5)拟定检验标准			农林处拟参照过去标准及近年产地实况拟定肥料、米谷、罐头、茶叶、水果及畜产之检验标准，但以目前情形特殊，故先拟就暂行标准审定检验方法，以为检验标准之依据。	

六、工矿

类别	工作项目	计划要点	实施概况	备考
工矿	(一)一般行政			
	(1)健全企业组织发展经济建设	1.工矿事业接收初期采用监理制度	(1)接收之初因人手不足,利用各矿原有之机构及人员,在少数监理人员指导之下,先行维持日人投降时之生产状态,再将破坏之工厂设法复工,一面使接收人员在事业上及人事上均能熟习,而台胞之选拔亦于此时期作扩大之开展,此种办法实施后颇收成效。	
		2.结束监理工作分组接管委员会	(2)各工厂经初步整理后,按照中央政策以一部分划归国营,一部分划为国省或省民合营,其余均照法定程序及手续标售或出租,同时按其性质分别改组下列各接管委员会:(1)糖业(2)电气(3)电冶业(4)石油业(5)肥料业(6)水泥业(7)制碱业(8)煤业(9)金铜矿(10)机械业(11)电工业(12)纸业(13)纺织业(14)化学制品(15)油脂业(16)玻璃业(17)窑业(18)印刷业(19)工矿器材。	
		3.改组正式企业组织	(3)接管工作至本年五月逐渐就绪,为事业本身之经营效率与充分企业化起见,特采有限公司或股份有限公司方式分别组成:(1)石油(2)□业(3)铜矿(4)肥料(5)水泥(6)纸业(7)机械造船(8)制碱(9)糖业(10)电力(11)电工(12)玻璃(13)窑业(14)化学制品(15)油脂(16)纺织(17)钢铁机械(18)工矿器材(19)煤矿(20)印刷纸业(21)工程(22)橡胶等22公司。	

续表

类别	工作项目	计划要点	实施概况	备考
		4. 加强省营事业企业化	本年九月间筹设台湾工矿企业股份有限公司,其作用为适当调剂省营12公司之资金使能盈虚相通互相维系,并统筹规划各公司之业务,使能并行发展。现筹备期间,先行公告登记各工矿企业之台胞股票,使得优先保息,其日人股份作为政府投资一俟资产估计完毕,即依照新颁布公司法之规定申请登记。	
	(2)民营工矿企业之扶助	1. 补助民营工矿复工	(1)卅五年度核准此项补助,恢复费计台币300万元,包括: (甲)民营工业:(A)因受轰炸损害者(B)因疏散无力迁回者(C)因受轰炸或疏散迁回各项设备必须补充者; (乙)民营矿业:(A)坑道应修复者(B)坑道主要设备应恢复者(C)煤矿降炭线应修复者(D)金铜矿坑内应改修者; 由工矿处根据申请酌量补助之。	
		2. 补助机械制造原计划包括:(A)农业机械(B)曲柄(C)汽车零件(D)精密机械(E)养气(F)特殊铜料等	(2)卅五年度核准此项补助费,计台币350万元,现已推行者,计喷雾机、铁铲、剪定铗、特种犁、电动机及汽车零件、精密机械、小型铜料等。	
		3. 救济台风受灾	本年九月间,台风袭台,灾情严重,曾拨台币500万元,分配民营工矿企业之受灾者。	
	(3)促进工矿事业之技术	1. 改良设备解除工业所遭遇之各种技术困难	(1)各工厂对技术经改进有成就者:(A)用炭酸法精炼废炭之成功(B)煤矿用电雷管试制之成功(C)弹簧钢工具钢等类特殊钢试制之成功(D)食盐溶解设备蒸发器洗涤设备析出盐溶化设备等之改进(E)氯酸钾制造方法之改进(F)铅厂之废渣可制油漆之发现。	
		2. 奖励学术与技术之研究	(2)本年核定奖励金80万元,并与国立台湾大学商订工业研究程序,此项奖励金包括:(A)补助各工厂学校及其他研究机关研究工业问题及改良工业技术之费用(B)设置专利以上学校理工奖学金(C)公开征求工业论文。	

续表

类别	工作项目	计划要点	实施概况	备考
		3.与本省工业研究所保持联系就实际问题研究工业原料之利用并交换技术资材	(3)本省工业研究所于接收后，即开始调查本省资源，并研究利用及制造方法促进生产效率，现该所研究之中心工作包括：油脂、肥料、燃料、合成化学、盐碱工业、化学反应、电化学工业、发酵应用、微生物、纤维、精油、窑业、制糖化学、机械分析学等15部门。	
(4)施行工业标准	1.推行标准度量衡		(1)由各处会局派员组织台湾省标准度量衡推行委员会，经决定采用中国标准制，除先后印发度量衡换算表，计22种外，积极调查旧器赶制新器以备调换。现已在钢铁机械公司定制检定用标准器416套，向中央洽购地方标准器20套，由专卖局接收前日本时代之全部标准器，另拟向欧美方面采购最新式、最精确之标准器具，并成立全省度量衡检定所。	
	2.倡行器材公物标准化		(2)推行步骤 (A)印发标准法规以为实施之准备； (B)就法规中择其较易推行者，即纸张标准，由工矿处首先实施以为宣导。现工矿处公用纸张均已符合标准，其他公物亦在逐渐改进中。	
(5)整理本省工矿法令	前日人颁行于本省工矿法令光复后尚多沿用，亟应加以整理		由工矿处会同法制委员会整理：(A)与中央法令相符者以中央法令代替之；(B)与中央法令相异或无中央法令可资代替者，参照中央法规及本省特殊情形，另订法规或就沿用法修订施行。	
(6)提高本省生产品质	检验工矿产品		订定工矿产品出省检查暂行办法施行之，同时由工业研究所代为执行检验。	
(7)工矿事业之宣传	展览工矿产品检讨成绩，藉资观摩		由工矿处筹试本省工矿产品陈列所，邀请公营民营工矿供送展览品，于十月廿五日本省光复周年纪念日在台北市中山堂开幕参加者，计公营37单位，展览品2,334件，民营30单位，展览品518件，采用实物及模型陈列，多附有图说详细说明生产程序及今后计划，使观者能得更多认识。	

续表

类别	工作项目	计划要点	实施概况	备考
	（8）调补员额	工矿处任用人员照编制最高额为500人，除高级人员由国内调用外，余则留用本省人员及征用日人。原计划国内调用40%，留用进台籍40%，征用日人20%。	工矿处接收初期，向内地调用高级职员16人，留用台籍职员56人，征用日人224人，其后陆续由内地邀约高中级职员，并选用台籍职员，同时分批遣送日人。截至卅五年十二月底止，计有外省籍职员161人，本省籍职员126人，征用日人4名，共计291人，其百分比为55%、43.5%、1.5%。	
	（9）任用审查	人员主任用叙薪原定有证件者先为报请核派其余暂拟薪额	接收初期内地来台人员证件因抗战时颇多毁失，而本省籍职员原在日政府之资历及其证件应如何审核无确定标准可资根据，以致对于请委手续之办理殊多困难。自本年五月起新人员于到职之先即详加审核，而于到职时即行请委，不复有延滞等现象矣。	
	（10）清查接收之公物及财产	接收公物及财产分别种类数量并估价造具清册送核	工矿处接收前矿工局公物均已列册分送财政处及日产处理委员会核办，其他公营公用财产现正赶办估价清册送核。	
（二）工业				
	（1）工厂调查	1. 工厂按月填送生产调查表	为明了资本在20万元以上工厂每月生产数量起见，由工矿处颁发调查表格分饬按月填报。	
		2. 工厂年报表	为求明了本省全省工厂一年来情形，印发调查表格式及填报注意事项工业分类重要生产品标准名称、标准单位表，并由各县市政府分饬各区镇乡实地调查。该表分为在20万以上资本为甲种，20万以下为乙种。	
	（2）工厂登记	订定本省工厂登记实施办法举办工厂登记	依照经济部修正工厂登记规则及参酌本省原有办法，订定台湾省工厂登记实施办法，现申请登记者共6,003件，经核发临时登记证者，计872家。	

类别	工作项目	计划要点	实施概况	备考
	(3)工器矿材调剂与补充		已将所属各企业单位急需向日本交涉交换或折迁之各项器材设备,开列详单,预备交涉交换折迁,但以项目过于繁复,现决定减除不必要向日迁运之器材,简化项目,综合提出计:(1)向日折迁之设备肥料工厂炼铜设备,造船厂铅压辗厂,钢压辗厂,玻璃厂,酸碱厂,香料精炼,(2)向日交换之器材钢品、铜丝、灯泡、雷管、硫磺、电极、液锤、纯碱、机械、零件等项。此项物资或为日本所有,余者或为规格关系须向日本交换者,上述工业设备现为本省极端需要,或为适于本省发展之需要,或为转变本省粗制品、半制品为精制品所必要之设备急需器材。至民营矿厂所需器材须向日本购运者,亦已统加筹划。	
	(4)工业资料之整编		光复以来本省工业进展之况实各方极为关注,其有关资料虽曾陆续整编发表,然多为零星之记载,且未能普遍供应。兹为检讨工作并供各方参考起见,已将一切有关本省工业之资料收搜完毕,即着手作详尽而有系统之整编。	
	(三)矿务			
	(1)恢复瑞芳矿山金矿矿务	复元九份六、八、九、十审各坑以年产500千瓦为目标,复旧期间三个月需要资金150万元、劳工2,500名,所需资材省内尚可采购供应	民营瑞芳金矿前因战事停工,工矿处成立后,即协助该矿复工为其介绍向台湾银行申请贷与复旧资金六百万元后,复经转介台湾土地银行设法贷予相当资金。现该矿对于坑内之改修新坑道之掘凿及输送铁路铁轨之敷设,业经次第进行。至于捣矿场之复旧工程因资金无法周转,暂从缓办。	
	(2)煤炭增产	1.本年度产煤目标为1,000,000吨	(1)一本省接收之初,石炭产量月仅15,000吨,经数月努力产量激增,至五月间已达月产96,000吨,九月间虽风灾之影响产量仍能维持80,000吨左右。计自本年一月至十月煤炭产量已达843,459吨,预计截至本年底1,000,000吨之目标,必能超过。	

类别	工作项目	计划要点	实施概况	备考
		2. 协助各煤矿采购必需器材	(2)本年代各煤矿采购器材如火药、钢轨、钢丝绳、煤车、凿岩机等价值2,300万台币,使各煤矿工作得以顺利进行。	
		3. 指导各煤矿改进技术	(3)除由工矿处常川遣派技术人员实地指导民营矿厂外,并特约美国采煤专家罗福少校、美国采煤专家俾斯福先生巡视各煤矿,予以技术之指导。	
	(3)奖励各硫磺矿复工	本省制糖造纸以及各种化学工业皆需硫磺之供应,往昔日人统治时代年达10,000吨,而本省产量最高额仅有3,000吨,不足之数皆由日本输入。故光复后,亟应协助各硫磺矿复工,俾促进硫磺之增产。	曾先后奖励尚在作业之大屯田一带硫磺大设备,督促已停工竹子湖、煐子坪顶等各地复业,故产量急增,三月份原为八吨,至六月底达五十八吨半之多。唯最近因本省制糖业等尚未恢复大量出品,需要有限,销路停滞,各矿因周转金局促,未能多量贮存,故仅能减少生产量,至能销出为止。且迩来适逢含硫量仅20%之硫磺土,同样采掘而制成硫磺,仅达昔日之半,又为硫磺增产未能如愿之另一原因。	
	(4)整理矿权	1. 订定台湾省矿权整理办法	(1)本省收复后,为进行我国矿业法重新设定矿权,并兼顾本省过去特殊情形起见,特订台湾省矿权整理办法送请经济部备案,业由经济部修正备案,并颁发本省矿权处理纲要为本省整理矿权之依据。	
		2. 清理前台湾总督府移交未经核办之矿区申请案三千三百九十余计	(2)限期原申请于卅五年七月十二日前补具书类图说再行申请,计有227件,均经分别审查,其合于再申请之条件应予保存优先权,计113案;其不合再申请之条件者,均作为新案办理。	
		3. 登记日人时代业已核准之矿业权更换临时执照	(3)截至卅五年八月三日止,申请登记矿区,计846件,总面积为124,894公顷,7公亩58公厘,已核准换照者324件,余因所送附件不齐或饬补手续尚未照办,未能核发临时执照。	

续表

类别	工作项目	计划要点	实施概况	备考
	(5)矿厂调查	为明了全省各矿场情形,藉资统筹改善起见,特派员分往全省各矿场作普遍之调查。	完成煤矿171个,石油矿4个,金铜矿2个,硫磺矿2个之初步调查。	
	(6)保护矿区公安恤助伤亡矿工	1. 订定办法 2. 督导改善技术事项	为谋各矿区公安及矿工福利起见,特订台湾省保护矿区安全及恤助因公伤亡矿工办法,于卅五年四月十日公布施行,一面为办理全省各矿区保安事宜及督导技术事项,将最需要应备之安全灯、呼吸器、测风器、自记干湿度仪器、救险药箱及巡视用汽车等分别购备,以便随时派员前往各矿区实地指导办理。	
	(7)调整煤炭产销		本省自石炭调整委员会设立以后,对于煤炭产销问题特加注意,故首重煤炭量之调整,以为煤炭调查之基本工作。因石炭之需给关系乃视其量之多寡为转移,其价格亦因之而波动,若产量过剩其价格必至暴跌,经由该会积极于外销量之调整及收购价格之合理支持,使生产业者及消费者得保持其适当之存量,而不至过剩;其次对于炭价之调整以生产费用加适当利润为合理炭价,安定不至波及一般物价,使生产者发生重大障碍,一方面并促进炭质之向上以维以往之声价,以谋业者一般之利益,并对于人民经济之煤矿贷与资金使其周转灵活,遇有应行补充之器材,亦代向省外购办转配使用,同时并代谋输之便利。此外更订定外销盈余分配准则,以40%解库,以10%为作灾害救济金,以10%为资材平准金,以25%为炭矿业奖励金,又以15%为炭矿工福利费,奖励其增产,已达到月产十万吨。其间虽因受风灾之影响,月产仍能维持八万吨左右,近经积极增产已有逐渐向上之势,除供本省自用外,尚可经常供应沪粤各地工业之需。自本年八月十六日起省内煤炭配给制度业已废止,由操业者自由买卖省外运销,仍由政府统筹办理,俾能力量集中出口质量趋于一致,藉以维持本省整个煤炭界之繁荣。	

续表

类别	工作项目	计划要点	实施概况	备考
	(8)石油配给	本省光复后鉴于石油类及燃料酒精产量有限,供需相抵不敷甚巨,为切合实际需要起见,仍继续统筹配给。	本省根据实际产需情形施行配给,藉使供需平衡并向外采购弥补计,自卅四年十一月至卅五年六月底配给停止日向外采购各种石油类约75,660公升,配给总数计汽油煤油等1,251,243公升,其他油脂类66,004公斤,后因省产量增加输入畅通,卅五年七月停止配给。	
	(9)组织矿产机构		本省收复后关于日人在省内经营之煤矿均由政府施行监理,而接管现前项工作已告就绪,将所接管之基隆、南海、山本、近江等煤矿合并组织省营煤矿公司,资本暂定为八千万元;所出之煤均由石炭调整委员会为其代销,又将台阳矿业株式会社、昭和炭矿株式会社及大丰炭矿株式会社等四单位予以分别改组为官商合办煤矿股份公司;对于各会社原有日人部分股本,则由煤矿公司接收,作为该公司投资之官方股本,并将昭和炭矿改名为隆记炭矿。	
	(10)补助民营煤矿	补助金共计三百万元,用以补助各民营煤矿恢复因战争或风灾所受之损害,俾能增加石炭之产量。	限令合需要补助之民营煤矿于十二月底前具书申请,再由工矿处派员实地审察后,核发截至十一月九日,申请者有27家,总金额计3,730万元。	
	(11)保留矿区作有计划开采		本省竹东之南庄及加罗庄煤蕴藏颇富,煤质甚佳,含硫,特适于制炼冶金焦,已经公告系留备将来作有计划之开发。	
	(12)开发煤炭新坑	本省为加强煤炭生产起见,经列有新坑开发补助费12,370,000元,用以奖励煤炭新坑之开发,务冀石炭量之增加。	业经订定新坑开发补助办法。	
	(四)电业			

续表

类别	工作项目	计划要点	实施概况	备考
	(1)自用发电设备之调查	制定格式乙种饬详填报处以作发展电气事业之参考资料	本省各工矿场厂之用电大部系由台湾电力公司输给,其中发电自用或补给备用者为数亦属不少。为明了其概况起见,特制就自用发电设备调查表格式一种,由工矿处电各县市政府转饬辖内自用发电场厂依式详填。	
	(2)有关电气部分报表之审核		台湾电力公司之电力产业月报及电气事故呈报表与各场厂之电力需要调查月报表等审核汇转工作。	
	(3)流速计系数检定所之修复与检定工作		流速计系数检定所于战争末期业务停顿,时久失修,不堪应用,工矿处于九月初旬将其修复。现台湾电力公司已检定"布雷式"流速计九具,农林处耕地科"森式"流速计八具,暨工矿处"森式"流速计六具。	
	(4)编拟工作		(1)六月底编拟完成本省经建五年计划有关电气部分之计划草案。 (2)九月中旬编拟完成台湾省工矿专业电气部分概况。 (3)十月中旬编拟台湾西部电力复兴情形表及台湾西部电需要情形表暨电厂复工一览表、电价调查表等四种。	
	(5)水力调查	1.筹建观测所、测水所,继续日人时代之纪录以作开发水力资源参考资料	本省水力调查开始于民国廿五年连续实施,存有各项记录资料,光复之后为继续以往工作,使记录不至中断计,故就现有人力与物力先行推展本省北部及中部地区。兹将调查地点及设置观测水之数目列表如下: | 河川名称	县别	设置测水及水位观测所数	设置雨量气象观测所数
---	---	---	---
新店溪	台北	一	三
大嵙崁溪	台北	一	四
上坪溪	新竹	一	三
大甲溪	台中	一	四
北港溪	台中	一	三
南港溪	台中	一	一		

续表

类别	工作项目	计划要点	实施概况	备考
	2.外勤工作		六月廿四日派调查队两班前往北部及中部地区与各该地之警察所作有关事务接洽。又八月十九日派调查队第一班前往台北县文山区、台中县新高区，第二班前往台中县来势区、能高区等地勘定测水所建设地点与修建观测所工作并教授观测方法。九月九日续派第三班出发前往台北县基隆区，新竹县竹东区、大溪区等教导观测方法与纪录注意事项任务，业已完毕。	
	(五)职业与劳工			
	(1)劳工资料之整编	为明了日人时代之劳工概况以供今后之参考	(1)整理过去日文档案并将重要部分译成中文；(2)整理从前总督府时代之劳工法令计勤劳管理关系法规集12种；(3)其他关于过去劳工人数及工资资料正在逐步汇编。	
	(2)办理备用人员之考选任用	登记本省人才适应厂矿需要	已登记之备用人员计分机电、化工、木工、矿冶、管理五部门，除机电部门经由省训团及电力公司会同考试录用50余人外，其余大部已由各公司函约面试登用。	
	(3)劳资纠纷事件之调查与处理	调解劳资隔膜，促进协调精神	本省光复之初各工厂工人因要求发给退职津贴及慰劳金，以致引起劳资纠纷。当时各业曾发生纠纷者计有台湾窑业公司与南海兴业公司等24起，概经分别加以迅速处理，获得圆满解决。	
	(4)调查本省工业学校毕业生人数	注意省内技术人员之分布	指派人员前往各工业学校调查毕业学生人数及升学就业情形，调查结果全省三十五年度毕业生计935人，现大部均已分别就业或升学。	
	(5)处理工资问题	改善工人生活，厘订工资标准	年来因物价波动剧烈，工人实际所得日微，今年三月间特参酌各业经济状况及工人之最低需要，拟具工资调整办法一种，饬属参照实行，藉以安定社会经济及劳工生活。	

续表

类别	工作项目	计划要点	实施概况	备考
	(6)举办职业介绍	调节劳力供求，减少失业人数	本省失业工人颇多，且劳力供求未得切取联系，为调节人力适应供求起见，曾由工矿处协助各县市筹设职业介绍所，现已正式成立者有基隆市、台北市、台中县、新竹市、台中市、彰化市，按月由处补助15,000或10,000元，并随时指导工作。举办以来每月每市经过介绍而就业均有50人左右，今后仍当积极推广。	
	(7)催办劳工福利	改善劳工生活，增进工作效率	督促各厂矿普遍设立诊疗室及职工福利社，以便办理员工之膳宿娱乐运动等项，现有一部分公民营生产机构已经遵照办理，尚未遵照举办者已加紧催促其办理外，并正研讨协助办法。	
	(8)接管经济部台湾区特派员办公处移交工厂警察枪械劳资纠纷及留用日籍人员事项	统一事权	经济部台湾区特派员办公处前所监理各厂矿警卫枪械医药劳资纠纷及留用日籍人员等事，自八月一日起，移归工矿处接管赓续办理。	
	(9)编纂本省劳工生活费指数及各业工资指数	便利各业厘订工资之参考	查近年来物价波动剧烈生活费不断上涨，劳工方面之生活指数及工资指数若何亟须明了，乃编纂台湾省劳工生活费指数表及工资指数表，以供各业厘订工资之参考。	
	(10)拟订章则	使工厂工人因公伤亡之恤助及伸工资之给与有一定标准	查本省对于工厂工人因公伤亡恤助事项及伸工给资问题尚无明文规定，而中央现行工厂法规亦在讨论修改，对于本省特殊情况似难适用。为适应实际需要特参照省内习惯，斟酌国内规定，拟订台湾省工厂工人因公伤亡恤助办法草案及伸工给资办法草案两种。现工厂工人恤助办法，已于十一月二十三日公布施行。	
	(11)办理工矿事业留用日籍技术人员及眷属分批遣送事项	奉行中央政令办理	本省工矿事业征用日籍技术人员时有留遣更动，经由工矿处造具必要留用及分批遣送人数名册两种，按十一月统计必要留用日员为508人，家属1,259人，合计1,767人；分批遣送为2,079人，家属为5,018人（内包括琉侨84人，家属323人），汇报日侨管理委员会集中办理。	

续表

类别	工作项目	计划要点	实施概况	备考
	(12)视察各县市公民营工厂劳工情形	为劳工施政实际之参考	为明了各地厂矿劳工实际情形曾派员前往新竹、彰化、台中、台南、高雄、屏东等地就规模较大之公民营厂场实地视察，以为劳工施政之依据。	
	(13)配发厂矿员工药品	增进劳工福利，提高工作效率	今年夏季疫病猖獗而厂矿员工患病者颇多，工矿处迭向善后救济总署台湾分署洽领必需药品，如消炎片、疟片、消炎药粉及疟涤平药片数种，按照各厂矿需要之缓急配发厂方医疗室，以应病者之需用。	
	(14)制发厂矿员工动态月报表	便利劳工行政设施之参考	厂矿员工动态关系劳工行政设施至巨，工矿处乃就厂矿员工增减人数、男女童工异动情形、工资给付状况、职工福利设备、关于劳资纠纷以及工人因公伤亡恤助等项，制定动态月报表分发于公私厂矿按月填报，以为工矿处劳工施策之依据。	
	(15)慰劳工人组织巡回电影班	慰劳工人并增进劳工智识	为慰劳工人并增进劳工智识起见，特乘胜利周年纪念，由工矿处职业科征集国内外重要新闻影片，组织巡回电影班赴省内各重要厂矿放映，并携带工矿处告全省劳动同胞书，前往宣读慰劳。	
	(16)矿坑防疫	防止疫病蔓延	九月中旬八堵四脚亭四美炭坑附近发生霍乱，该坑工人被染者数人，死亡二人。工矿处据报后，即派员分向善后救济总署台湾分署及卫生局商请派医携药前往救治，防止疫病蔓延。	
	(17)改进厂警任免调动程序	统一任免权以免处理不当发生争执	查工矿处派驻各厂矿担任警卫之厂警任，虽调动事项向由厂方径行处理而后呈报，每因处理不当发生争执。兹为纠正此种弊病起见，经电饬各公司所属厂矿，嗣后厂警任免调动，须先行报告工矿处后，始得实行，至有紧急情事则请当地警局协助处理。	
	(18)调查本省土木建筑工人状况	以供劳工施策之参考	查本省土木建筑工人散布各县市为数甚多，工矿处职业科会同土木建筑业同业公会实地调查得知本省现有土木建筑常佣工人木工、石工、油漆工、装饰工等13种，计有60,180人，其临时佣工人数尚未列入。	

续表

类别	工作项目	计划要点	实施概况	备考
	(19)洽领旧衣救济工人	增进工人福利	为工人图谋福利,迭向善后救济总署台湾分署要求发配旧衣救济劳苦工人。兹经多时之洽商,与准备已领得旧衣150包、旧鞋80包,合计20,000左右。议定先分给公民营炭矿工人每人1件,除编造工人领收名册统筹妥填散发外,经于十月十一日会同善后救济分署派员出发分配。嗣以开包计件分配不敷,复领旧衣25包造册领收,会同分发,俾使全体矿工均沾实惠。	
	(20)调查全省各企业工厂矿场及事业场员工总数	为劳工施政之参考并明了全省劳工之分布情形	近经调查全省各企业工厂矿场及事业场现在员工总数共26万余人,包括工矿、农林、运输、通讯、土木建筑、码头、专卖局所属工厂及盐场药厂等类工人,较日人在台工业最盛年份(昭和十七年)同样调查范围之283,685人,仅差2万余人。	
	(21)编纂本省劳工概况	就本省劳工情形为系统之记载	近年内劳工一般情况,尚乏系统之记载,乃就所有调查数据编成劳工概况一册,以供各方参考。	
	(22)调查各业胜利前被调离台人数	明了战时被迫离台之台胞人数及其返台后失业问题	就前国民动员课之资料着手,调查结果:胜利前被调离台人共10,167人,包括农、工矿、交通、公务等业,就中以农业为最多。	
	(23)拟订补助厂矿艺徒训练办法	培植技能	为扩充本省技术工人之来源,并适应厂矿之需要,特拟订辅助厂矿艺徒训练办法,即可公布施行。	
	(24)汇报工矿警察枪弹分配实况	注意厂警矿卫强化枪弹管理	查各公司厂矿因警卫需要,前经领用步枪500枝子弹50,000发工矿处,除通饬注意保管外,近复将糖业电力石油等11公司领用枪弹分配情形列表通知警备总部备查。	
	(25)调查每月公营厂矿员工人数	明了员工人数及分布情形为劳工施策之参考	制定员工动态月报表,分发填报外,并派员调查结果,工矿业公营厂矿员工逐月均见增加。截至十一月份止,全数已达60,000人,与去年接收时期省籍员工总数37,000余人比较增20,000余人,是亦反映失业者被吸收人数之增多。	

续表

类别	工作项目	计划要点	实施概况	备考
	(六)材料			
	(1)本省对日输入物资	本省现能生产物资当先求自给,必要时再由外输入	汇办各单位所送器材列表,其中一部物资系工矿处机械、电工、玻璃、橡胶、肥料各公司所能制造者已免输入。	
	(2)代各厂矿向救济总署声请物资	以符合救济署之规定为原则	计有糖业、电力、水泥、煤业、铜矿、化学、工程七公司所属厂矿。	
	(3)整理各厂矿接收器材调查表	分别类集	按电力、石油、煤矿等21公司,将各厂矿器材表列为21类。	
	(4)器材统计	统计各厂之器材购用量之资料	拟制定表格,通令各厂矿按月切实汇报。	
	(5)工矿器材出口证明	本省禁运出口工矿器材,除第一期解禁外,其余尚未解禁者,均属本省工矿最缺乏物资,不能再任外流,仍由宪警机关严格检查。至于未列禁运之工矿器材,准自即日起免证出口以利商运。	电各县市政府海关宪警机关请严密检查禁运出口之工矿器材,自即日起,凡是来源正当,不在禁运中之工矿器材,准予免证查验放行。	

续表

类别	工作项目	计划要点	实施概况	备考
	(6)向救济总署洽购行总拨让煤矿器材2水道器材3小型机器修理厂	查上列各项器材系煤矿公司及公共工程局钢铁机械公司所需要经工矿处先后电令上海联合办事处包主任代表洽购并签约等手续	除煤矿器材业已订购陆续运台,并由石炭调委会先行垫款提货外,其余水道器材推土机及中小型修理机器据沪联处电,以:一、水道器材一批总价美金177,900元,分八个月付款,每月一次急待签约,签约对应付法币57,344,998元,因恐外汇有变,署方推速缴款。二、中小型机器修理厂各一套,已订立合同,价款分18次付清等语。查该处结束在即,业务移归贸易局驻沪办事处接洽,经电请该局转知该沪处承办付款手续。	
	(七)会计			
	(1)编审卅五年度本处经临费预算	按照工矿处主管工作范围分门别类编拟经常费及临时费两种,经有关部门数度审查后核定	本年工矿处经常费支出预算总计9,041,545元,执行以来,尚敷支应,预计至年度终了决算后,如有节余,当依法缴库。至临时费预算总数计51,940,000元,分配如下:工矿调查费900,000元,劳工调查及登记费950,000元,劳工习艺费2,100,000元,度量衡推行费2,000,000元,营缮及用具购置费800,000元,探矿补助费1,900,000元,石炭新坑开发补助费12,370,000元,石炭买取价格补助费19,120,000元,机械制造补助费3,500,000元,工矿团体补助费300,000元,工业研究及改良补助费800,000元,民营工矿恢复补助费3,000,000元,厂矿增产及工作竞赛奖励金1,200,000元,厂矿资金福利补助费3,000,000元。上列预算分配数按本年业余实施进度情形间有一部未及举办,故原预算亦未动支,俟本年度终了决算后,当将未动支部分依法缴库。	
			本年因各公司成立伊始,章则未备人事缺乏,或则营业计划未完全确定,致营业预算之编报多有未合经工矿处,按照本省各机关营业预算应行注意事项所规定各点核饬补编更正。现经核定兹将各公司营业收支预算总数列述如下:	

续表

类别	工作项目	计划要点	实施概况	备考
	(2)编省卅五年度省营十二公司营业预算	省营十二公司因成立期间不同且所经营业务互异,故对于公司营业预算之编审,须按各该公司业务计划配合一致,业经先后核定	钢铁业公司收入41,202,920元,支出36,947,822元,盈余4,255,098元。化学制品公司收入61,832,277元,支出54,482,875元,盈余7,349,402元。印刷纸业公司收入64,097,600元,支出63,009,706元,盈余1,087,894元。工程公司收入14,003,600元,支出8,777,100元,盈余5,226,500元。电工业公司收入14,760,000元,支出14,760,000元。纺织公司收入168,288,558元,支出145,950,558元,盈余22,338,000元。玻璃公司收入25,207,080元,支出24,713,087元,盈余493,993元。油脂公司收入103,050,000元,支出101,845,800元,盈余1,204,200元。工矿器材公司收入37,548,000元,支出36,762,000元,盈余786,000元。煤矿公司收入173,924,000元,支出165,804,000元,盈余8,120,000元。铁工公司收入94,281,550元,支出76,801,284元,盈余17,480,266元。窑业公司收入33,317,238元,支出31,773,096元,盈余1,544,142元。以上总计收入831,512,824元,支出761,627,328元,盈余69,885,495元。惟盈余数字间有一部按现有业务状况揣测,或不能达到预计目标,而实际情形自有待决算后始能明了也。	
	(3)资金调剂		一、监理时期——查本省光复时各部门生产机构多受战时之破坏,或因交通不畅,或因销路阻碍资金支绌为一般性之现象,接收初期为求配合管理制度,督促复工增产起见,曾与台湾银行商订贷放工矿事业周转资金总额壹亿元,由工矿处分别缓急妥为分配。并鉴于本省工矿事业以生产价值论,则糖业为本省社会经济荣枯所系,电业、煤业则为工矿事业之原助力,均须首先设法恢复。又以本省农田水利甲于全国农业物品所关亦大,对于肥料增产诚亦当务之急,故分配资金多偏重上列各业。至其他部门则视损坏程度需要情形酌为分配。	

续表

类别	工作项目	计划要点	实施概况	备考
			二、接管时期——在此期中仍袭监理时期之余绪资金周转一般已较监理时期为佳，且除台银贷放壹亿元外，间亦常向其他银行商贷周转。工矿处对于此项借贷之考核原则上尽量缩短贷放期限，以定量资金作有效之周转，并严予督促借到款项后，按照原计划执行。 三、成立公司——迨后改组接管会成立公司国省投资数字亦渐次确定，并陆续拨发，此外有另向银行借款者工矿处亦仍按其实际需要情形，依上述原则加以考核。现各公司预算业经编造营业收支有所遵循，财务状况已纳入常轨矣。	
	(八)统计			
	(1)编制本省公营工矿业简报		按月出刊一册，内容包括公司名称、产品数量、总价值及业务、财务概况、员工人数等项。	
	(2)九月廿五、六两日工矿业风灾损失统计		本省工矿业风灾损失统计于十月初开始，十六日编成第一次统计，损失额为1亿3,000余万元。经陆续收到各公司报告于十一月七日编成第二次统计，总损失额为5亿9,000余万元，俟又于十二月编成第三次统计，其总损失额达6亿余元。	
	(3)本省工业生产品一至十月量值统计		本省各公营工业公司产品量值统计由本年一月至十月止，均已统计完毕，计重要产品有酒精等廿余种。全部公营工业产品总价值砂糖不在内为12亿4,700余万元，砂糖在内为48亿3,400余万元，专卖局及农林处所属各厂均不在内，经汇编后，已刊本署统计要览第二期。	

续表

类别	工作项目	计划要点	实施概况	备考
	(4) 本省矿产品一至十月生产量值统计		矿业产品有煤炭、石油类、天然气类、沉淀铜、硫磺、黑铅等,本年一至十月产品量值已汇编完毕,计煤炭总价值为3亿5,500余万元,石油类全部产品为6,900余万元,天然气类全部产品价值为1亿200余万元,沉淀铜假定每吨值10,000元,共计价值为500余万元,硫磺200余万元,黑铅20余万元,总计全部矿产品生产总值为5亿3,600余万元。已送刊本署统计要览第二期。	
	(5) 电业统计		本省电力公司发电至十月份止,计水力发电方面设备发电力为266,945(kW),现在发电力为110,945(kW),停电者计156,000(kW)。火力发电方面设备发电力为54,024(kW),现在发电力为47,124(kW),停止发电力为6,810(kW)。总计设备发电力为321,219(kW),现在发电力为158,159(kW),停止发电力为163,160(kW)。已汇编送刊本署统计要览第二期。	
	(6) 补查廿六年至卅四年各业重要生产量值统计		为明了光复前后及其最盛时期各业生产情形起见,将日治时代由廿六年起至卅四年光复时止,各业生产量值补查统计,惟尚缺最近数年生产统计数字,故补查工作颇感困难,现已查出廿余种,可与以往衔接。	
	(7) 其他工业之生产情形及员工调查统计		不属于工矿处主管部分,如专卖方面之烟酒、樟脑等项生产量值之调查统计及农林方面之茶菠萝产品量值统计等正继续调查搜集中。	
	(九) 公共工程			

续表

类别	工作项目	计划要点	实施概况	备考
	(1)积极修复各河川损坏堤防及护岸等工程	本省各主要河川已成堤防护岸在战争时期受风雨灾害损坏甚多,接收后即加以调查,计损坏堤防护岸及挑水坝总长达33,243公尺之巨,每年续有损害,经厘订全盘修复计划分年实施,预计至民国四十年可全部恢复。	(1)卅四年度拨款1,400余万元,计修复堤防及护岸4,404公尺,挑水坝7座均已完成。(2)卅五年度拨款78,650元,在洪水期前修复堤防1,414公尺,护岸303公尺,挑水坝4座,保养堤防323公尺,期护岸467公尺。洪水期内抢修堤防659公尺,护岸322公尺,挑水坝6座,均已先后完工。洪水期后,业已发包兴工者,计修复及新筑堤防4,265公尺,修复及新筑护岸8,260公尺,修复及新筑挑水坝49座。本年度洪水期后各项工程均系跨越年度,其中一部分工程度系在卅六年度预算内列支,全部工程预定卅六年五月底以前完成。	
	(2)继续兴筑阿公店溪蓄水库工程	阿公店溪蓄水库工程日人时代于民国卅四年起着手修筑,至民国卅四年底已完成一半,旋以施工中之堰堤一部被非常大洪水冲坏,工作停顿以迄光复。因该项工程完成以后可灌溉田地6,000公顷,保护地域5,200公顷,及住户4,500户,对于国计民生均有裨益,故决定兴筑,预定3年完成。	本年四月间招商承办左岸副堰工程,预定年内完成,现已完成90%;八月间主堰工程(筑至标高335公尺)亦已兴工,预计卅六年五月底以前完成,现已完成30%。	

续表

类别	工作项目	计划要点	实施概况	备考
	(3)恢复水位站及雨量站	雨量及河川水位纪录均为设计河川工程最重要之根据,本省过去雨量及水位纪录系由各地方政府责成各地乡镇公所中之职员兼司共事,由前矿工局土木课统筹办理,共计全省有雨量站250位,水位站40处,按月酌予津贴。各站记载人员惟在战争期内工作大部停顿,纪录残缺不全,深为可惜,着手恢复。	前经代电各县府调查境内雨量及水位站损坏情形,以便统筹修复同时印发各种纪录表格及观测规则,现已陆续收到各县调查报告,并已拨一部分津贴及催造纪录。	
	(4)河川敷地之整理及清册之编造	过去河川敷地及出租事宜向由州厅办理,以致前土木课无案可稽,现着手整理及编造出租清册。	代电各县市政府先就辖境以内之河川敷地及出租情形编造清册,现已陆续收到一部分,一方面催促赶造,同时正在着手整清。	

续表

类别	工作项目	计划要点	实施概况	备考
	(5)枫港台东段公路改善工程	自枫港至台东段计长109公里,为本省南部东西惟一之交通孔道,原有路线逼近海岸,年受台风海浪所毁,交通中断,接收之初即着手加以改善,将该段路线改向内移,计改善部分共长82公里,包括土方215,019立方公尺,石方105,139立方公尺,知本大桥1座,涵渠44座,铺设碎石路面11.5公里,护栏310座,浆砌护坡计13,498平方公尺。全部工程预计本年度十一月底完工。	二月初由公共工程局将该项工程分为6标,公开招标,比价以当最低标价之包商5家承包;成立第7工程处,分6个段进行,均已二月间先后开工,已全部完成。	

续表

类别	工作项目	计划要点	实施概况	备考
	(6) 新店礁溪段公路改善工程	本段自新店起至礁溪全长65公里,其中11公里,原系单车道便桥通车时,受风雨灾害。接收之初即着手将单车道拓宽与改善,计土方32,626立方公尺,石方34,792立方公尺,桥涵27座,铺设碎石路面25公里,浆砌块石护坡794平方公尺。全部工程预计七月底完工。	该段工程由公共工程局设立第一工程处,分一、二两段进行,二月间开工,现已全部完成。	
	(7) 新庄桃园间水泥混凝土路面工程	本省省道以前有一小部分业已铺设高级路面,其于运输效率之增加,车辆损耗之减少,养路费用之节省,尤其对于本省经济建设有密切之关系,原拟于卅六年度起逐段加铺水泥混凝土路面提前铺筑。先自新庄至桃园起,该段计长15公里。全部工程预计卅六年四月间完竣。	该项工程由公共工程局于十月初成立第十工程处,积极筹备派队测量,并以所需机械较多,故交与工程有限公司承包,十一月廿五日开工,现已完成20%。	

续表

类别	工作项目	计划要点	实施概况	备考
	(8)苏花公路改善及抢修工程			
	A.清水隧道工程	苏澳至花莲公路离花莲港23公里。清水地方为本年六月第一次台风来袭路基被毁,达数十公尺。该处悬崖绝壁修复艰巨,经改辟长120公尺之隧道1座,约计石方2,000公尺,铺筑轨道式混凝土路面150公尺,1∶2∶4混凝土护拱100公方及防护等工程。	本工程于七月廿四日开工,现隧道工程已完成80%强,混凝土护拱工程正在施工中,约卅六年一月间路面及防护等工程均可完成。	

续表

类别	工作项目	计划要点	实施概况	备考
	B. 大浊水吊桥拆卸及人行便道便桥及吊桥等工程	苏花路大浊水吊桥全长五一六公尺,于本年九月台风袭台被毁。为准备重建及抢修应付通车起见,经决定将零乱及散落大浊水溪中该桥之所有钢铁材料一律搜集堆置桥址附近妥当地址,以免损失,并赶建二公尺宽人行便道及人行便桥一座以应付通车。	于十一月初将便道便桥发包兴工,已于十一月底全部完工,又拆卸及搜集大浊水吊桥铜钢材料工程,亦经发包办理,约至十二月底可全部完成。	
	C. 全路之坍方抢修工程	自苏澳至花莲段公路全长一二〇公里路线,均依山傍海,以濒近大洋时,受风雨灾害。本年迭受台风大雨灾害时,有坍方随时抢修以维交通。	随坍随修现已于十一月底,全部抢修完毕,恢复通车。	

续表

类别	工作项目	计划要点	实施概况	备考
	（9）省道修复养护工程	本省省道公路共长1,137公里，为本省主要干道，其中除已铺有高级路面104公里外，其余均为砾石路面。在战争时期缺少养护，以致桥梁损坏，路面崎岖不平，交通阻断。曾于本年4月间拨款3,880万元，由各县政府就辖境内负责修复，并组织道班经常养护，由公共工程局指派高级技术人员分区督促及技术上之指导协助便利进行。	各项工程于本年四月陆续开工，现已全部完工，计台北县修整路基土方12,322公方，桥涵5座，284.50公里，驳岸3,947平方公尺；新竹县修理路面127.52公里；台中县修理路面40.40公里，桥涵21座，路基土方2,376公方，驳岸1179平方公尺；台南县修整路基土方6,422公方，桥涵14座，路面34.50公里；高雄县修理路基土方6,263公方，桥涵35座，路面8公里，驳岸1,769平方公尺；台东县修复路基88公里；花莲县修整路基土方计2,987公方，桥涵4座，路面47.00公里，驳岸2,987平方公尺。现全部省道除花莲至台东一段中有大桥17座，因需费太多，限于本省财力，同时缺乏钢铁材料，一时无法修复外，其余均已全部畅通，至养护工作亦已开始经常办理。	

续表

类别	工作项目	计划要点	实施概况	备考
	(10)协助并督导各市办理自来水修复工程	本省各主要都市在战争期间迭遭轰炸，灾害惨重，自来水受损颇甚，接管以来协助各市予以修复	(一)台北市 (1)防空空地及炸毁之铅管浊水处所计4,039处，业经二月间商准善后救济分署补助修复。 (2)增设新店溪进水间，以便于枯水季时取水不至断绝。该项工程包括进水口抽水机间取入管线及隧道等，由省库补助，于五月初动工，于八月完成。 (3)新店溪水厂内之过滤池排水管于战时被炸破断，业经补助修复，使洗沙时排水不至延搁时日，另过滤池之滤速调整器及水头损失指示器亦战时损坏，现亦已补助予以修复中。 (4)市内福住町一带因水压低时缺水供给，业已协助该市设计，并向联勤司令部供应局拨到大批水管更换旧有小水管，现该处一带已恢复给水。 (5)市区内以前于轰炸期间曾将炸毁铁管抢修。但未将近管处之脱节或小漏水处予以修复。本局接收后，经督导该市先就补助费范围内选锦町等11处试掘，确发现漏水压比之接管时已提高10磅，大部分市内二层楼房屋均可给水。 (二)基隆市 (1)沙滤池底硬损2个，经商善后救济分署补助修复，于八月动工十一月完工。 (2)市内轰炸区铅管漏水亦已商准该署补助，同时修复水压由2磅增至6磅。 (三)台南市 (1)水表破损轰炸区铅管漏水经商准善后分署补助修复水表1,500个，堵漏700处，检收回水管及水表200个。 (2)补助配制抽水机5台，以供应局拨借之电机拨发配用，修理沙滤器3座，配电盘1个，现正动工中。 (四)高雄市 (1)补助并协助修复新滨町码头及戏狮甲工业区等处配水管，现已完毕。码头部分恢复给水，肥料厂及制碱厂亦已恢复通水，市区一部分亦已获水。	

续表

类别	工作项目	计划要点	实施概况	备考
			(2)调查通往旗后区之海底铁管以打气机每平方英寸100磅之压力试之,现已发给四处破损(均近岸处),经继续调查中。 (五)宜兰市 协助修复破损导水管及配水管12处,现已完成五处,其余仍在继续修理中。 (六)彰化市 该市电动机已旧发生故障,补助购买电动机一台,以供备用,该机已购到,不日可运交该市使用。	
	(11)改善各地自来水水质	在战争时期各地自来水机构管理松懈,以致水质低落,亟需设法改善,制订化验程序及水质标准以资依据	公业工程局通知各市政府检送水质机验报告,台北、基隆、高雄、台南四市按期检送,均加以审查。现台北市水质已大为改进,过去给水,pH数太低,现已自6.2提高至7.1,并代为采购一部器材以充实设备;同时为谋统筹化验全省自来水质,利用原有房屋,略事改修,不日即可完工,并在台购到一部分仪药品,其余在本省无法购到者已在上海订购,明年初可以送到,成立试验室。	
	(12)组织调查队调查台北市自来水漏水及给水情形	台北市给水设备虽经添筑进水间使水压自二磅提高至九磅,但与民国卅年以前之水压40磅相差尚远,究其因不外铁管在地下漏水及水表损坏用水放任所致,亟需加以彻底调查以求治本之计	于本年八月间由公共工程局与台北市政府组织调查队分别调查:(1)给水量(2)送水量(3)水厂设备(4)配水管配置状况(5)漏水情形(6)水质等其中尤重着于漏水之调查,以便搜集资料拟定具体治本计划付诸实施。该项工作已经完成,发现地下漏水地段甚多,本年度已就预定经费范围以内,择其漏水最剧地段十一处发掘修复,其余待明年度继续办理并不在拟订计划中。	

七、交通

类别	工作项目	计划要点	实施概况	备考
交通	(一)机构			
	交通各机构	设立及调整交通事业各机构	接收之初千头万绪，为适应工作起见，成立铁路管理委员会、邮电管理委员会、航务管理委员会（嗣改航务管理局）、基隆高雄两港务局、台中港筑港所通运航务两公司筹备处及航运恢复委员会，嗣以任务完毕，为统一事权发展业务计，除邮电管理委员会由交通部直接办理，改设邮电管理局及基隆高雄两港务局、铁路管理委员会仍旧外，其航务管理局、台中港筑港所航运恢复委员会及铁路管理委员会之汽车处均分别裁并，正式成立航业游运两有限公司及公路局。又台中港筑港所撤销后，成立台中港观测所，隶属基隆港务局办理，该港已成部分之保养及水文之观测事宜。	自三十四年十一月至三十五年十一月底止
	(二)航业			

续表

类别	工作项目	计划要点	实施概况	备考
	(1)接收	接收各汽船会社及船舶运营会等及其资产暨船用品	日人在本省经营之大阪、大连、三井、辰马、东亚、日本邮船、南日本等七家汽船会社,光复后由交通处派员监理。卅五年一月十六日成立航业有限公司筹备处,四月间开始接收,六月下旬完毕。另有日本船舶运营会亦于卅四年十一月由通处派员监理,于同月二十日成立船运处(属航务管理局)接收该会,继续经营原有机帆船航行业务。卅五年五月成立航运恢复委员会捞修沉船。卅五年七月一日航业公司正式成立上列三机构,并由该公司接收其接收资产如下: 住宅大一幢,仓库19幢,办公大楼四幢,土地25,896.76坪,现金台币523,873.26元,定期存款台币580,595.82元,有价证券记账价格台币11,956,216.14元,家具2,951件,轮船二艘总吨13,972,机帆船89艘,总吨7,698.74吨,船用品约2,000吨,并已整理完毕,择可用者补给各轮应用。	
		接收台湾海事兴业株式会社淡水工场加强修理机帆船效率	卅五年九月由航业公司接收完竣,改名航业公司淡水工场。	
	(2)设立机构	设立航业公司基隆上海分公司及本省各埠办事处增强连系	卅五年十月一日改组前船运处基隆办事处为航业公司基隆分公司,所有机帆船由其运用,并筹设上海分公司为巨轮出航上海委托其他公司代理一切业务,又在高雄、花莲港设立办事处及在苏澳设置连络员。	

续表

类别	工作项目	计划要点	实施概况	备考
	(3)业务	整理机帆船维持本省沿海交通	接收机帆船计89艘,7,586.52吨,大部破坏不堪,因缺船只勉强运用,维持本省沿海交通。故留用较佳者32艘,总吨1,119.36吨,其余船只计出租24艘,总吨1,671.14吨,拨还6艘,总吨341.42吨,拨借13艘,总吨948.66吨。接收时已被扣留3艘,总吨179.02吨,行方不明3艘,总吨254.17吨,损失17艘,1,594.75吨。	
		维持台闽交通	因自有机帆船吨位过小,安全可虑,特拨高知丸一艘改名台航一号,专驶台榕线。	
		机帆船航行业务	航业公司成立前(卅四年十一月至卅五年七月)航行293次,计载客28,403人,运货21,051.39吨。公司成立后航行106次,载客9,287人,运货7,220,228吨。总计载客37,690人,运货28,271,618吨。	
		巨轮航行业务	航业公司成立前,计应军差三次载官兵4,384人,客25人,运军品178吨,公商货10,163.75吨。公司成立后应军差一次,接运台胞一次,遣送日侨二次,载官兵2,422人,日侨3,720人,台胞2,260人,客1,920人;运公私货40,701.37吨。总计载人15,731名,货51,043.12吨。	

续表

类别	工作项目	计划要点	实施概况	备考
(4)船务	捞修船只		航运恢复委员会于本年八月撤销后其行政部分及不堪捞修拟予卸沉毁之船只工作分付交由基隆、高雄两港务局办理外，其余已在修理之船只则由航业公司继续主持修理，该会捞修完竣正行驶之船只有： 1. 台北号原名大雅丸，修竣行驶二次后，在厦门海面变速齿轮突告损坏，经前筹备处商妥，招商局海辰轮拖沪施行全部修理，并在基隆由台湾机械造船公司定制变速齿轮一付，于八月中旬运往上海配具后继续行驶。 2. 台南号原名鸟羽丸捞修费，计台币19,748,657元，现在行驶情形颇称良好。此外由航业公司续继修理者有： 一、由泽丸总吨6,888吨，卅六年五月可竣工； 二、米寿丸总吨539吨，卅六年一月可竣工； 三、第三大和丸总吨500吨，本年十二月底可竣工； 四、贵州丸总吨2,548吨，正在打捞中。 五、明宝丸总吨2,500吨，正在打捞中。	
(5)人事	调整人事以应工作需要		航业公司员工系将前筹备处船运处及淡水工场全部航运恢复委员会之一部员工择其才能者分别派各分支机构及各轮服务。又本署令发中央政治学校学生30余人，并新添经验人员，以应工作之需要。现该公司及分支机构共职员196人，船员119人，备用船员12人，实习员生21人，船工384人，备用12人，技工36人，工役85人，总计865人。	
(三)铁路				

续表

类别	工作项目	计划要点	实施概况	备考
	(1)人事	调整人事，充实各级干部并加训练与进修以增加工作效率	卅四年十一月一日接收初期全路共有员工19,571人(内计内地来者8人，原有本省人13,961人，日琉籍5,603人)。卅五年一月监理初期共有17,921人(内地来者81人，本省人13,699人，日琉籍4,141人)。五月起管理初期共有14,727人(内计内地来者278人，本省13,989人，日琉籍460人)。十月卅一日接收周年共有15,305人(内计内地来者520人，本省14,356人，日琉籍429人)。并予陆续甄选实施训练与进修，以期配合工作，增进效率。	
	(2)车务	日俘侨韩军侨及琉侨运总数达342,800余人，配合接运船舰予以运送	自二月初开始运送至五月底全部完毕，征用之日琉侨于十月间开始输送，至十一月底止，共11,636名。	
		输送国军	自一月至十一月底止，运送国军官兵，共146,071人，军品162,090吨。	
		接运返省台胞	自一月至十一月底止，先后增加列车，接运返省台胞共55,398人。	
	(3)会计	调整运价为期收支平衡	二月一日调整一次，客货均照原价加四倍；七月十日调整一次，客票加百分之五十，行李包裹及货运加四倍；十一月十一日调整一次，客货运各价暨通行税均加80%，私铁亦连带呈准改订，并取销递远递减制，又减低教科书运价为七折，报纸原稿运费不拘远近每公斤一角，最低收费一元。十月十日实行。	

续表

类别	工作项目	计划要点	实施概况	备考
（4）车务		整理客运业务，改编列车增挂车辆，增加日夜直达快车，筹改行车时刻	五月起由监理进入接管，将业务及人事予以调整，并整饬站容秩序，稽查客货，改编列车，增挂车辆，减少拥挤，整理站内小营事业。八月十五日起，新北投间每日对开客车20列，改定行李包裹遗失赔偿办法。七月十五日起开行台北高雄间夜快车，九月一日开行日快车。十一月廿五日举行行车会议，改订行车时刻及一切行车事宜，订定餐车管理规则自十月廿日实行规定，行李伕管理规则于十月二十日起实行，改定行李包裹配达费于十二月一日实行。	
		整理货运业务	改订专用线联络车辆使用费于七月一日实行，改订与私铁货物联运费计算方法于七月十日实行，改订输送救济物资运费为二五折已实行。高雄基隆间直达货物列车添挂冷藏车专运鲜鱼，本省用石炭取销统配统销办法后，即予取销运煤专用车规定货物收运及交卸暂行办法十三条，防止冒领销交情事。规定印花税票作为包裹运输于九月廿八日实行。	
		运输大宗货物数量	一月至十一月计运煤炭713,541吨，木材206,071吨，肥料71,400吨，糖食130,105吨，军货16,209吨，其他1,276,410吨，共计2,559,617吨。	
（5）工务		复旧添设抢修养补整理折撤更换各路墓轨道桥泥岸堤栅栏号志梁志电务各种建筑及什项等工程	自三十四年十一月一日起至十一月底止，计各项工程167起，其中以修复通车及抢修风水灾害工程为艰巨，但均按照计划完成之。此外计抽换枕木172,000根，及新竹竹东新线测量完毕，于十月一日起施工。	
		架设无线电台	已完工并已通电	
（6）机务		修理机车车辆	机车大修60辆，中修111辆，小修100辆，另招商大修5辆，客车大中修174辆，货车大中修720辆。	

续表

类别	工作项目	计划要点	实施概况	备考
		机械复旧及清理沿线被炸车辆	复旧各种疏散及损害机械转车盘等192台,清理沿线被炸机车22辆,客车15辆,货车93辆。	
	(7)材料	查点物料并加整理	已一一查点,并将实数登列料牌与簿载数量比对分别盈亏调整登记。	
		调整旧库场筹建新仓库	储物旧库场调整完竣,并另加盖储存仓库一所配置储料架,以免物品凌乱。	
		查催前向日本订购器材迅即交货	已查明机车车辆转撤器等七项及旧桥梁等材料83项,列车附说明书,呈转交涉迅予交货。	
		赶购机工必需之养路及竹东所用材料	招标承办集石碴85,200立方,订购洋灰45,000袋,枕木229,040根,全线需煤,月计12,000吨。成立验煤运转所办理检运各事宜,其各种油类分别在沪订购或就本地搜购,计已购用燃料酒精计143,797公斤,各种油料计352,800公斤。	
	(四)警务			
		(1)调整编制	长警355名,分别设立分驻所一等所一所,二等所五所,三等所八所,二等派出所16,以三班四八制为原则。	
		(2)维护交通秩序,整理卫生,严密小贩管理,保护旅客安全,试办押车勤务,保护沿路电气,保安设置侦缉队,处理司法案件,办理警察教育,设置特种情报室	均按照计划实行后,大件行李已不侵入客车,车厢已不拥挤,无票乘车越站乘车已减少,几无所见,扒窃无闻,查获私盐达5,000斤。沿线电线自七月份被窃七件,八月份七件,九月份四件,十月份三件,至十一月份未有发生。处理司法案件,计破获90%以上。	
	(五)公路			

续表

类别	工作项目	计划要点	实施概况	备考
	(1)恢复与加强干线客运	接收全岛公路干线,恢复各线通车,增加行车班次,举办直达车,兴游览车,加强铁路衔接部分公路客运业务,核减平地线票价	一、恢复各线通车:卅四年十一月一日铁路管理委员会接收前铁路部自动车课嗣改设汽车处。卅五年八月一日成立公路局,于九月间先接收汽车处,台北汽车区九月廿六日正式通车,恢复台北、基隆、淡水、中坜各线客运,计营业里程93.3公里。十月间先后接收汽车处及其所属各汽车区,营业里程计173.5公里,又恢复台东、林边、东港、彰化、台中、苑里、员林等线客运,计十月份营业里程增至450.5公里。十二月份又恢复台北、苏澳、中坜、新竹、员林、二水、台中、日月潭、台南、高雄、林边、屏东、恒春、鹅鸾鼻、满洲、苏澳、南方澳、花莲等线,客运营业里程增至869.3公里。二、增加行车班次:各线恢复通车后,9月份车班次为3,070次,十月份起陆续调拨新车加入,行驶班次增至5,357次,十一月份增至6,540次,十二月增至10,200次。三、核减票价:为减轻旅客负担起见,将原定平地线票价每人每公里1.05元,核减为1元,台北段自九月份起实行,其他各区段自十二月份起实行。四、举办直达车:为利便台北台东间行旅,俾能于廿四小时间到达起见,自十二月一日起开驶台东高雄间直达客车,九小时到达,与铁路夜快车高雄开时刻衔接,并自十二月十二日起,恢复花莲港苏澳客车与台北苏澳客车时刻相衔接,俾花莲港台北间旅客当日可到达。五、举办游览车:日月潭及大观发电所为本省著名名胜,自十一月起,创办星期例假游览车,晨自台中发,晚即返台中。	

续表

类别	工作项目	计划要点	实施概况	备考
	(2)管理与监理	换发牌照及驾驶人技工执照登记及检验车辆、筹设监理所及管理站督导民营汽车客货运输公司	第一期工作自卅五年八月一日至九月底止： 一、在沪定制搪磁国字牌照一万枚。 二、向公路总局领空白执照季捐证收据等。 三、翻印中央颁行汽车管理规则。 四、规定汽车管理实施细则。 五、筹划设立台北、台中、高雄、花莲港四区监理所及所属管理站四十站。第二期工作自卅五年十月一日至十一月底止： 一、经办汽车登记3,429辆。 二、汽车过户77次。 三、补发汽车牌照30次。 四、汽车变更登记16次。 五、考验核发驾驶人职业执照7,981名，又普通执照276名，临时40名。 六、改组本省货运汽车公司7家。	
	(3)整修及装配车辆	大修旧车装配新车	一、大修旧车，26辆已完工。 二、到新车底盘91辆，装配客车完竣。 三、各线缺胎缺料车辆修复者15辆，待修者26辆。	
	(六)通运			

续表

类别	工作项目	计划要点	实施概况	备考
	(1)接收	接收各机构及其财产并清算股额	通运公司于卅五年一月十日开始筹备，将日本通运、台湾运输、台湾仓库、日本运输丸一组、台湾运送、荷役等六会社及台北、台中、新竹、台南、高雄、花莲港、台东等七州自动车运输株式会社接收，合并经营，此外又陆续接收上列各会社投资关系之较小运送店29家，共计42会社连同其分支机构共311个单位，至四月间竣事。其财产计房屋、土地、仓库、运输、工具、家具、杂物、现金、银行存款、有价证券等原值总计15,480,815.97元，按照日产处理委员会所定估价倍数估算现值71,202,729.59元，其原有资本额总计8,428,000.00元，其中台日股数除尚有4家因无股本名册待查外，其余台股计2,079股，投资额88,705元，日股152,571股，投资额6,549,295元，已按照规定清算将日股拨交公营为该公司资本。	
	(2)机构与人事	机构合并组设与人事之调整	将接收之各机构合并组设基隆、台北、宜兰、台中、新竹、台南、高雄、花莲港等处分公司，台东、嘉义、彰化、屏东等处办事处，各火车站及大市镇分设58个营业所。台湾荷役运送会社过去专营铁路货物搬运业务及各州自动车会社系专营汽车货运业务，因有台股关系，且业务单纯，经分别改组为铁路货物搬运公司及汽车货运公司，仍独立经营，受通运公司监督指挥。惟汽车部分已于十月底划交公路局接办，共接收原有人员计2,353人，除日籍人员全部遣送回日外，其余本省籍人员予以考核，经验丰富者均拔擢，重用现有职员203人，其中省籍941人，外省籍162人，分支机构70单位，主管人本省籍65人，外省籍5人。	

续表

类别	工作项目	计划要点	实施概况	备考
	(3)修缮	修理仓库房屋及船舶	接收仓库439座以及房屋大半被炸坏,经向土地银行押借1,000万元,修竣仓库170座,房屋80幢,计修费4,047,15.98元。小型机帆船及艀船101艘为内河装卸驳运工具,多已损坏,经择急修竣机帆船8艘、艀船19艘,修理费1,614,678.22元。	
	(4)业务	业务状况	通运公司在接收期中仍照常维持业务,惟大多数公司工厂均在接收整理,生产停顿,因之运量大减而运轮机构因联运关系,不能因盈亏而决定存废,员工已至裁无可裁,政府并无另拨流动资金,一切均靠业务收入维持。是以上半年如是情形,该公司经常又须维持1,000余员工资,有困难,幸能共艰苦,虽欠薪三个月,仍图扩展业务,计在筹备期间每月营收仅164万余元,迨七月二日正式成立后,加强内部组织健全基层干部并与各机关密切联系,又将运费仓租分别订定施行,其营收七月份增至1,142万余元,8月份增至1,555万余元,九月份增至1,777万余元,十月增至2,090万余元,比较日人最繁盛时期增加将达8倍,故欠薪亦即补发清楚。其经营业务如下: 一、水陆运输:散布分支机构于全省陆运,在乡村以荷车坦车搬运车牛车等950辆连续运至铁路代运,水运以汽船艀101艘为内河驳运。 二、码头装卸:基隆、高雄为本省物资吐纳主要港口,轮船进出频繁,装卸业务主要即在该两地设码头货物装卸处专办之,基隆置电力超重机十台,每日海船可达2,000吨左右。 三、仓库:全都可容货物298,000余吨。 四、代办保险报关:通运公司各分支机构均为本省产物保险公司代理处,凡运输中及寄仓货品均可代办保险业务运出者,亦可代办报关手续以便货主而求盈利。	

续表

类别	工作项目	计划要点	实施概况	备考
	（七）基隆港务			
	（1）完成复旧工事	分三期完成战事破坏部分	第一期已完成，第二期完成全部90%。	完成仓库七座深水码头，全部浅水码头10%。仓库设备全部超重机、全部捞修船艘之一部。今年底可全部完成。
	（2）完成一万吨级干船渠	继续前未完工之工程占全工程百分之三十	分承包及自办二部进行，即将全部竣工。	
	（3）恢复港内竣渫工程	修复挖泥船并恢复浚渫	自第一号至十八号之深水码头浚渫工程已挖竣一部，浅水码头之浚渫工程亦已挖竣一部，挖泥船修理完成二艘，在使用中。	
	（4）延长及修复外港防波堤工程	本港外港防波堤尚有295公尺未完成，拟分期完成之，又炸毁25公尺亟待修理	在直接中弹区域已清理妥善，约明年季节风前，可以修复延长工程之准备，已完成50%。	
	（5）整顿仓库业务及搬运夫之管理	仓库急应整顿以裕收入，又直接管理搬运夫，以增高效率，调整各项费率，统筹仓库吨位分配，起卸员工登记等工作均已完成		
	（6）完成花莲港第一期工程	就该港战时损毁部分分期完成其复旧工事	复旧工程已大部完成，惟防波堤又为台风吹毁七十余公尺，须明春始可开工修理。	

续表

类别	工作项目	计划要点	实施概况	备考
		基隆港进出口船舶数、货物数量	卅五年一月至十一月： 货物　进口，142,317.74吨；出口，522,649.629吨。 军舰　进口，162艘，254,894吨；出口，161艘，254,334吨。 轮船　进口，271艘，1,395,917吨；出口，262艘，1,370,635吨。 机帆船　进口，376艘，38,561吨；出口，352艘，36,481吨。 帆船　进口，1,455艘，26,964吨；出口，1,571艘，29,632吨。	
	(八)高雄港务			
	(1)调查港内沉船及港湾各种设施之损坏情形以及扫海打通港口工作	接收时港内沉船充塞仅能进出三百吨内之船只，亟应调查并施行扫海打通工作	分期完成计第一期处现船只有浚渫船恒春、宜兰、追风、淡水、新潮丸五艘。自一月廿三日完成二千吨船只可自由进出口，第二期二月廿五日完成吃水七公尺船只可进出，第三期六月八日完成吃水八公尺以内船舶可进出。	
	(2)整备训练修理处理查验	整备港口导灯挂灯浮标训练信号员修理拖船整理船舶给水设施处理港内漂流物及机雷	二月一日起一个月导灯已完全放光，信号员二月十一起两个月已毕业，修理施船三月十五日起一个月已完成，计有大鹏海王两艘，受损部分给水设施二月一日起四个月已完成，漂流物已处理五一一件一五二三吨(包括机雷)。	
	(3)运送日俘侨，接待返省台胞	运送由本港返国日俘侨	二月3,742人，三月66,381人，四月13,784人，共计83,907人；接待返省台胞二月1,726人，四月1,540人，五月3,498人，共计6,764人。	
	移并与设立机构	移并船舶课于航务管理局及检疫课移交卫生局及设立查检处等	船舶课于二月一日，检疫课于四月三十日移交完毕，十月二十五日成立进出港船舶查检联合办公处十一片，十四日增设领港事务所，十二月廿二日接收港口检疫所。	

续表

类别	工作项目	计划要点	实施概况	备考
	(4) 章则及表格	制定信号所职员服务规程、高雄港船舶进出港暂行办法、事务处理规程及收费规定以及各种报表	服务规程于四月廿五日实施，暂行办法处理规程、收费规定均于六月十日实行。	
	高雄港进出口船货客数量		卅五年一月至十二月十日货物（进出口24,079吨、79,210吨），合计103,289吨，旅客（进出口23,894人、89,497人），合计113,346人，船舶（进出口1,879只、1,880只），(477,137吨、468,809吨），合计3,759只,945,946吨。	
	(5) 改订码头收费规定	总吨数5,000吨以上船只，每月每公尺台币25元；1,000吨以上至5,000吨以下，每日每公尺台币15元；1,000吨以下，每日每公尺台币10元；帆船，每日每只台币10元	自七月份起至十二月十日止，共收费1,050,099元。	
	(6) 工务	整理、解体、清除、复旧、修理、新建及浚港各工程	拆除第一、五、六、七等号钢筋混凝土仓库，解体沉船近油、榆林、江浦等号，清除岸上及扫海捞起半数港内小型沉船等，打通港口封锁之航路，复旧一、三、四、五、八、九、十、十四号等仓库及宿舍，修复第一、二、三、八、九、十号码头及路面，修复护堤起重机等，新建办公室及各办公处所，装置电话、客船升降机，疏浚港内淤泥航道等工程。	

续表

类别	工作项目	计划要点	实施概况	备考
	(7)登记及注册给照	各轮船公司均依照海南法规定申请登记注册给照	依照计划实施,惟本年二月至十二月止前未申请登记民营轮舶公司,计有47家。	本年二至八月由前船务管理局高雄办事处办理
	(8)登记、检查、丈量及领换各项证书	各船舶应依照船舶法申请办理	依照计划实施,计本年度检查本籍港199艘,8,901.38吨,丈量189艘,8,252.79吨,外籍港检查85艘,2,229.60吨,丈量82艘,2,088.086吨;申请登记者20总吨以上者97艘,以下者37艘,核准登记者20总吨以上者34艘,以下者22艘。	
	(9)登记声请检定领换证书	所有本省轮船员均应登记检定发给证册	均照计划办理本年度自二月起至十二月止,计登记326人。	

八、警务

类别	工作项目	计划要点	实施概况	备考
警务	（一）完成各县市警察机构	1. 全省共八县九市以各设警察局为原则，惟县份较小者则于县政府内设警务科，预定设五县警察局，三县警务科，九市警察局。 2. 县警察局（县政府警务科）之下设区警察所，全省共设53所区警察所。之下设派出所，全省共设1,294所。 3. 市警察局之下设警察分局，全省共计20分局。分局之下设派出所，全省共设154所。 4. 本省有花莲、宜兰二县，辖市公所，内设警务科，下设派出所，共13所。	一、各县市警察机关至二月底全都依照组织规程组织完成。 二、全省九市八县警察机关合计如左： 1. 市警察局9、分局22、派出所174 2. 县警察局5、区警察所45、派出所1,059 3. 县政府警务科3、区警察所8、派出所181、县辖市警务科2 派出所 总计：(1)市警察局9、县警察局5、县政府警务科3；(2)分局22、区警察所53、县辖市警务课2；(3)派出所1,427。	

续表

类别	工作项目	计划要点	实施概况		备考
(二)加强各级警察机构			为适应业务需要,除由警务处统计股扩大组织改设为室外,增设机构如左: (1)中央电令外侨签证事宜自本年七月一日起改由警察机关办理,为适应此项新业务,计经于警务处内增设外事股,各县市警察局(科)置外事科(课)员一至三人,就原有员额予以调整,不另增加名额。 (2)加强治安力量,经于八月一日起,在警务处内增设刑事室,并于各县市警察局设立刑事股,未设局之各县警察科内增置刑事人员,不另设股。		
(三)订颁本省警察单行法规		订立各项法规时应注意各点 1. 管理严密 2. 手续简单 3. 人民便于遵守	本年内依照原计划共订法规三九种,依其性质可分为如左各类:		本项工作原计划未列系因业务上之需要增办
			(1)组织规程兴办事细则	13种	
			(2)长警常年教育	1种	
			(3)保安	3种	
			(4)户口	1种	
			(5)特种营业管理	8种	
			(6)交通管理	1种	
			(7)义勇消防	5种	
			(8)市容整理	1种	
			(9)公共卫生	1种	
			(10)处理违警人犯口粮	3种	
			(11)服装械弹	2种	

续表

类别	工作项目	计划要点	实施概况	备考
(四)官警教育		一,本年内拟招训: (1)警官讲习班二期共七七名 (2)警官训练班二期共三九七名 (3)初干讲习班二期共三八九名 (4)初干训练班甲种三期共一八五六名 (5)初干训练班乙种一期共一五八名 二,本年内拟调训: (1)警官补习班七期共七○○名 (2)初干补习班六期共二四○○名 (3)刑事讲习班二期共二○○名 三,常年教育应使每一长警熟识各种警察法规,并充实工作上所必要各种常识。 四,全省警官在一年后,均能以国语作演讲,全省长警一年后均能以国语作普通会话	一,本年内经先后招训及调训各班系期别及毕业人数列左 甲,招训: (1)警察讲习班共二期,计毕业73名 (2)警官训练班共二期,计毕业426名 (3)初干讲习班共二期,计毕业351名 (4)初干训练班甲种共三期,计毕业1,712名 (5)初干训练班乙种一期,计毕业152名 (6)工矿警察训练班一期,计毕业300名 (7)森林警察训练班一期,计毕业75名 (8)铁路警察干部训练班一期,计毕业52名 乙,调训: (1)警察补习班一期,计毕业119名; (2)初干补习班共五期,计毕业1,825名; (3)刑事警察训练班一期,计毕业224名。 二,已在训练十二月间尚未结训者有: (1)招训初干训练班甲种第四期,计246名; (2)调训警官补习班第二期,计127名。 三,经参照内政部公布之"警长警士教育规程",订发"台湾省长警常年教育实施办法"一种,饬令施行。各级警察机关于本年六月十五日起,均已依照是项办法办理,实施以来成绩尚佳,目前本省籍长警大都能操简单国语会话。	

续表

类别	工作项目	计划要点	实施概况	备考
(五)奖进警察学术研究提高运动兴趣	1.编印警察读物及警察学术刊物 2.举行警察运动会		(1)出版"台湾警察"半月刊一种,除选载有关警政论文外,并登载各级警察人员之工作报告服务感想以及研究心得,至十一月底止已出版至第13期。(2)本省警察训练所于十月十日举行全省警察运动会,各县市警局均有选手出席,参加情绪颇见热烈。	
(六)筹设铁路警察署	将本省铁路东西两线分作五段,各设段长,下设十二铁路警察所,所设所长,分段负责铁路与旅客之秩序		铁路警察署组织规程于一月廿三日公布组织规程,定署之下设五段,每段设二或三分驻所,当时因长警不敷,先设铁路警察队派内地来警员30人,维持台北附近各站秩序,至四月开始,将原有铁路警察队改组扩充,正式成立铁路警察署,依长警人数之增加逐渐设段。现已设立第一(台北)第二(高雄)第三(花莲)三警段,下分设台北、基隆、新竹、竹南、高雄、花莲港、苏澳、宜兰、瑞芳、台中、彰化、嘉义、台南暨直辖松山机厂分驻所等十四个分驻所。	
(七)户口调查	1.各警察局内成立户口机构 2.限期清查全省户口 3.编订全省住户门牌 4.编造全省街巷住户姓名牌 5.办理户口异动登记		(1)各县市警察局科户口机构均经成立,台北、新竹、台中、台南、高雄等五县局设有户籍主任及户籍员,其他各县市局设户籍员。(2)全省户口清查于本年四月开始调查,六月底完成,由户政机关主办,警察机关派员协助办理。(3)户口异动登记于本年七月开始办理,为齐一查记步骤,由警务处与民政处商订各县市主办户政机关与警察机关查报户口异动联系办法,通饬实施。(4)编订住户门牌已归民政处办理。	

续表

类别	工作项目	计划要点	实施概况	备考
(八)管理交通	1. 本省人力车、脚踏车、牛车、马车、手拉货车限期登记,发照完毕。 2. 经常管理全省交通秩序。	一、订发"台湾省各县市车辆登记检验及发给牌照办法",通饬各县市办理。据报登记结果,全省综计乙种车辆(包括人力车、脚踏车、牛车、马车、手拉货车)共有194,172辆,均经依法检验发给号牌与行车执照。 二、本省火车内及站上秩序由铁路警察署负责维持。 (1)配合车次派遣押车警察随车服务; (2)严密实施小贩管理; (3)增设车站守望岗。 三、车辆改靠右走一事,因本省接收未久,奉令后不及即办,改自本年三月一日起实施。因事前宣传尚属普遍,实行之初指挥亦尚周到,结果情形良好,车辆并无肇事。 (1)派警维持横贯市区铁路之秩序; (2)规定三线道之中线应行机动车辆,其他车辆应在左右二线行驶,并派警于冲要路口维持; (3)汽车在马路上损坏时应移道旁修理。	
(九)正俗	1. 对卖卜等及各种迷信营业予以限制使逐渐减少	(1)本省迷信举动节目繁多,经调查结果,全省共有146种之多,城隍祭、开鬼门赤星中尉祭等各地通同者,约有36种,糜费至为可观,而妨碍社会安宁尤甚。 经根据此种调查结果,按期列表,预饬有关县市先期劝导,并发执行情形报告表一种,饬依限填报,推行以来迷信风气渐减。	
	2. 对娼妓及艺妓酌妇等不正当营业予以限制使逐渐减少	(2)全省女招待(艺妓酌妇)限六月底一律改业取消,惟各饮食就得视实际要雇用侍应生,其人数加以限制。舞蹈业限七月底禁绝娼妓,限八月底肃清,通饬各县市切实办理以来,先后据报全省原有(1)女招待9,389人	

续表

类别	工作项目	计划要点	实施概况	备考
			(2)舞女193人(3)娼妓1,704人。取缔以后,女招待改业侍应生者461人,其余多改业女工及厨妇出嫁者亦不少,舞女改业侍应生者12人,习工艺者56人,其余多改业其他正当职业或回家。舞场计13家均已遵限改为别用。至于娼妓改业侍应生者438人,出嫁者205人,改就其他职业者441人,其余由各警察机关与当地妇女会会同设法予以救济。 (3)社会上易于发现之各种不良习惯,经警务处切实指导纠正后,收效颇速,如军警乘车看戏一律购票,儿童吸烟已不多见,以汽车送儿童上学亦经禁绝。	
(一〇)保健		1.预防传染病 2.调查有关保健事项 3.整理环境卫生	(1)订定饮食店管理办法通饬各县市办理; (2)调查全省本年度染疫救护死亡数字; (3)四月间全省分区举行卫生警察人员讲习班,参加者共226人,讲习后分发回原服务关专责推行公共卫生; (4)清除垃圾整洁街道,除由各县市警察局(科)督饬清道队清扫外,并经警务处直接派督察随时至各地查察指导; (5)疫病蔓延时,从省抽派警员前往疫区协助防疫。如夏间台南虎疫盛时,由警务处派警察大队队员30名前往协助防治。	
(一一)整理市容			(1)撤换日文日式招牌,各县市先后均予撤除,至六月底止,全省已撤换完毕。	

续表

类别	工作项目	计划要点	实施概况	备考
			(2)订颁国党旗制用升降办法,规定各县市政府对于国党旗应即发尺度表,指定店铺统筹裁制,另于十一月间规定各县市制挂国旗补充注意事项,饬限各县市于本年十二月底以前,一律按照该注意事项办理完成,并定期检查及复查。 (3)其他如整理摊贩、限制贴写标语等工作经常执行。	
(一二)加强消防力量	1. 全省各县市普遍成立消防队及义勇消防队 2. 将台北、台南、基隆、高雄原有消防署改组为消防队		(1)经饬将台北等市原有消防署即予解散,所有消防警察编入各该市警察局,改为消防队。 (2)除健全各县市之消防警察外,复于二月廿八日订发"台湾省各县市义勇消防队编训办法",令饬各县市警察机关组训义勇消防队。现除高雄、嘉义两市暂缓组成外,均已先后组织完成,现全省共有消防警察257名,义勇消防队员15,192名。 (3)全省消防器材总计如左: 1. 各种车　　　　256辆 2. 各种听筒　　　469个 3. 各种水管　　　620条 4. 汽艇　　　　　78艘 5. 消防衣帽　　　741件 6. 各种消防器材　5,107件 7. 探照灯　　　　1盏 (4)一年来各月份全省火警发生次数列左: 一月　　　　　25次 二月　　　　　33次 三月　　　　　22次 四月　　　　　43次	

续表

类别	工作项目	计划要点	实施概况	备考
			五月　　　16次 六月　　　5次 七月　　　20次 八月　　　32次 九月　　　25次 十月　　　43次 十一月　　21次 十二月　　16次 总计　　　301次	
	(一三)编训各县市义勇警察	1. 各县市成立一大队（270—431人）或一队（144人） 2. 成立后即予以训练	接收之初为稳固地方统一警卫计,特订定"台湾省各县市义勇警察编训暂行办法"公布施行,将当时各种纷歧之自卫组织择汰后,尽量纳入义勇警察,俾归统一。嗣因人数太多,悉数解散,另以义务警察替代。经制就"台湾省各县市义务警察组训办法"于本省四月底,通饬各县市办理。除基隆等九县市因经费困难或治安良好毋需此项补助警力不组设外,其已编组者有台北市、新竹市、台中县、新竹县、台南县、高雄县、台东县、澎湖县等八县市。至本年十一十二月间高雄、台南、新竹三县,因经费困难,经撤销,其余各县市拟照组训办法,至明年五月底全部撤销。	
	(一四)严密管理民间武器及爆炸物品之制造及贩卖	全省所有民间武器悉予搜缴,爆炸品商应予登记,嗣后欲从事此种营业者,并应先行呈准警察机关指定其制造及储藏场所	一、订发清查法令,饬各县市警察机关依照限期登记,收缴民间武器,迄六月底止,据报统计如左: (1)各式机关枪　　9挺 (2)各式步枪　　　69支 (3)各式手枪　　　174支 (4)猎枪　　　　　486支 (5)训练枪　　　　103支 (6)木枪　　　　　97支 (7)步枪弹　　　　566发 (8)手枪弹　　　　3,344发 (9)猎枪弹　　　　227发 (10)炮弹　　　　　2发	

续表

类别	工作项目	计划要点	实施概况	备考
			(11)散弹　　454发 (12)雷管　　7,987粒 (13)火药　　5,722两 (14)导火线　5,535米 (15)弹夹　　338个 (16)各种刀剑　606把 二、对爆炸品商之登记与管理经订发"取缔贩卖缓燃导火线及爆竹烟火类物品办法"，通饬各县市遵办，严密管理。 三、国民政府公布《自卫枪支管理条例》，规定自九月一日起实施，嗣内政部代电，嘱先由各省市订定临时表册及早办理，经已拟定各种表册格式，电饬各县市政府转饬警察机关遵照办理登记报转公署核发临时查验证。	
(一五)组织全省情报		(1)每一县市应有一情报网之组织 (2)各县市情报组织应与警务处取得联系，县市间并应互相切取联系	已照原计划办到。截至十二月廿五日止，搜集各项情报，计四五件，均经加以详细审察，其中除二八件存查作为参考外，余均予以指示办理。	
(一六)加强民众自卫组织		(1)将以前警察机关所控制之原有各民众自卫组织尽量归并 (2)归并后充实其力量	以前警察机关所控制之民众自卫组织在光复后，均已停顿，现正从事调查筹组中。	

续表

类别	工作项目	计划要点	实施概况	备考
	(一七)刑事实验	一、恢复刑事实验室,完成指纹验枪照相等设备,添置法医应用器材 二、举行刑事物品展览会	(1)日人统治时代警察机关刑事鉴识之设备本称完备,惟因受战争影响,大多损坏,不堪使用,经予以清查整理,并添购材料装置,现警务处已完成:(一)指纹(二)照相(三)法医(四)电气(五)理化等部设备相当充实,各县市指纹设备均颇完全,高雄、台中、新竹等县,嘉义、屏东等市并有照相设备。 (2)凡犯罪赃证以及现场各种遗留物痕迹均用科学方法予以鉴定,送各有关机关作侦查犯罪之参考与审讯犯人之佐证。 (3)一年来鉴定事件比较重要者有:(1)台湾善后救济总署基隆仓库失窃案,(2)台北县北投镇美侨住宅失窃案,(3)台北地方法院受理颜春麟诈欺案,(4)高等法院失窃案,(5)迎产妇人科病院手术过失案,(6)台北县新庄区日人鸭川密之被害案,(7)台北市北斗町台武行失窃案,(8)台北市荣町新生报社失窃案,(9)海山区中和村村长陈焕铨被谋杀案,(10)海山区三峡镇宏明矿寮内矿王黄连昌被伤害案,(11)台北市禄町蔡雨家蒋玉华被爆炸致死,(12)台北县课员萧昭顺冒名诬告案现场检视。计37次。内窃盗案二九起,伤害案五起,强盗案一起,自杀案二起。 (4)刑事物品展览会因搜集材料未齐,移至下年度办理。	
	(一八)训练警犬		警务处转接收军政部特派员办公处及宪兵第四团移交日军用犬,共15只,多为老弱有病且少有受过训练。经延兽医积极予以疗治,并充实训练器材加紧予以训练。现完全痊愈者已有9只,而经训练能供警察工作者已有四只,能通基本动作者已有5只。	

续表

类别	工作项目	计划要点	实施概况	备考
(一九)感化游民		(1)设立能容纳三百人之感化院一所 (2)院内设教导生产等组内容与职业学校相似"做""学"求其合一 (3)生产所得之盈利除分配一部分为院内职员及生产得力人员之奖励金外悉数充作该院经费	(1)设立感化院于台东前开导所原址,并电台东县政府将该开导所房屋接收保管,以便派员前往筹备。嗣警备总司令部劳动训导营成立感化院,乃停止成立,并饬各县市警察机关将流氓送交劳动训导营训导。各县市先后送训流氓人数如下: 台北市　　120名 基隆市　　12名 台中市　　66名 新竹市　　6名 台南市　　16名 高雄市　　81名 屏东市　　29名 彰化市　　17名 嘉义市　　29名 台北县　　27名 台中县　　32名 新竹县　　118名 台南县　　52名 澎湖县　　19名 花莲县　　15名 其他　　　9名 总计　　　567名	
(二〇)刑事与违警案件之处理			(1)本省光复之初各地司法机关因未接收就绪多未正式成立,各县市警察机关以所缉获案件无法院可资移送,均解来警处,转送台北地方法院办理,在侦查上殊不灵便。迨本年度各地司法机关始先后成立,乃通饬各级警察机关,除特种刑事案件得解来侦办外,普通案件应径送当地方法院审理。通饬以来各县市办理情形尚称得宜。兹将本年度办理刑事案件统计如下: 一月份　　120件 二月份　　907件	本项工作系经常办理之工作,原工作计划未列,惟以其具有重要性,故特列报告

续表

类别	工作项目	计划要点	实施概况		备考
			三月份	946件	
			四月份	952件	
			五月份	1,220件	
			六月份	1,317件	
			七月份	1,606件	
			八月份	1,331件	
			九月份	1,228件	
			十月份	1,181件	
			十一月份	1,164件	
			十二月份	2,132件	
			合计	15,004件	

(2)对于违警案件之处理会订发"台湾省各级警察机关处理违警划一办法"及"违警罚锾提成充赏办法",通饬各级警察机关遵照办理。嗣后将违警罚锾得提高至50倍,经亦通饬遵办。兹将本年度处理违警案件数,统计如左:

月份	案件	违警人
一月份	47	83
二月份	18	22
三月份	28	74
四月份	56	107
五月份	730	1,262
六月份	781	1,361
七月份	1,605	2,097
八月份	1,065	1,455
九月份	1,069	1,737
十月份	1,291	1,971
十一月份	1,242	1,874
十二月份	1,685	2,525
合计	9,617	14,568

续表

类别	工作项目	计划要点	实施概况	备考
	（二一）查办偷漏物资		接收初期藏匿、盗卖、毁灭日军军用品之风甚盛，经订发"台湾省奖励密报藏匿盗卖毁灭日军军用物品办法"，饬各级警察机关随时切实查缉具报。饬办后先后接据密报前来逐一查获到案。兹将一年来破获之被藏匿及盗卖日军军用品重要案件列下： (1) 台湾日军官兵连络部盗卖肥田粉450包； (2) 松山民人杨阿求窃盗汽油21筒； (3) 日商西松组藏匿卡车3辆； (4) 大同实业社藏匿帆布35匹、电话机2架、车胎2支、自动零件1箱、赁物车1辆； (5) 民人陈明钦藏匿汽油86箱； (6) 民人郑癸壬藏匿铜索12卷； (7) 文山区大坪林刘高两祠藏匿马蹄铁1,000箱； (8) 民人刘金鉴藏匿柴油7桶； (9) 海山区枋寮林坤文、黄泰吕私贩硝石4,157斤； (10) 柳川电气会社杨坤地藏匿马达26架、变压器45架、各种电线91捆、软铅线30网； (11) 文山区新店镇简鸿荣、陈金水窃白糖35,976斤； (12) 民人李添成藏匿钢块20,000斤、马达14架、变压器5台、机械1部、大型木装电线4圈、铜索10卷、橡皮柱20根； (13) 富田町民人林生财藏匿樟脑29箱； (14) 和尚洲藏匿汽油86桶； (15) 日海军藏匿花生米2,000包。	原计划未列但实际上办理
	（二二）修建警察修械所及其附设仓库	(1) 恢复警察修械所组织。 (2) 修建仓库： 1. 修车工场一所 2. 修械工场一所 3. 枪械仓一所 4. 弹药仓一所 5. 器具仓一所 6. 被服装具仓一所 7. 电讯器材仓一所	(1) 警察修械所于一月间正式成立，经将前南门仓库被炸部分先予清理与整顿，拨为该所所址。 (2) 警察修械所修车工场及器材仓库暨办公室职员宿舍等工程亦经招商承修中。	

续表

类别	工作项目	计划要点	实施概况	备考
	(二三)充实警用械弹	一、调查统计接收械弹数量 二、配足各警察机关如左列数量械弹 (1)警察大队 机枪27挺 每挺配弹5,000发 步枪 144支 每支配弹100发 木壳枪120支 每支配弹200发 手枪177支 每支配弹100发 (2)警察训练所 机枪50挺 每挺配弹5,000发 步枪800支 每支配弹100发 (3)台北、基隆、高雄、台南等4市局 机枪各5挺 每挺配弹5,000发 各县市警察机关 步枪 3,633支 手枪 4,436支 每支各配弹100发 (4)铁路警察署 手枪310支 每支配弹300发	一、全省各警察机关接收枪弹数量经调查统计如左： (1)机枪 68挺 机枪弹 62,495发 (2)骑枪 3,600支 骑枪弹 264,006发 (3)手枪 380支 手枪弹 30,887发 (4)什色枪 741支 二、接收枪械数量不敷分配，经将各级警察机关警械需要情形，列册报请警备总司令部电转联合勤务总司令部拨补手枪1,000支，子弹50,000发。 三、将收缴民枪及接收械弹视各机关需要情形调整配置如左： (1)警察大队 甲，机枪 6挺 机枪弹 7,200发 乙，骑枪 145支 骑枪弹 11,040发 丙，手枪 214支 手枪弹 12,579发 (2)警察训练所 甲，机枪 6挺 乙，骑步枪 601支 骑步弹 7,717发 丙，手枪 57支 手枪弹 500发 (3)各县市警察局(科) 甲，机枪 72挺 机枪弹 86,780发 乙，骑步枪 6,488支 骑步弹 460,467发 丙，手枪 912支 手枪弹 36,592发 (4)铁路警察署 甲，步枪 100支 步枪弹 5,000发 乙，手枪 154支 手枪弹 9,511发	

续表

类别	工作项目	计划要点	实施概况	备考
(二四)健全警用电话网		一、修复支线三一万公尺 二、架设重要市区支线五万公尺 三、增设台北无线电台及台东、屏东花莲、澎湖等电台	一、警察电讯管理所暨各县市分所依照组织规程次第成立，全省计分八所，列举如左： 1. 台北分所 2. 台中分所 3. 新竹分所 4. 台南分所 5. 高雄分所 6. 花莲分所 7. 台东分所 8. 澎湖分所 二、台北无线电总台及花莲、台东、澎湖电台均次第成立总台，并已与南京中央警校暨上海市警察局取得联络，屏东因有有线电话可通，目前暂不设台。 三、经修复各线路如左： 1. 修复联县市线路 3,020 公里 2. 修复联县市区内电话线裸线 6,892,167 公尺 3. 新架设各县市区内电话线路 甲、裸线 135,226 公尺 乙、铅管线 50 对，1,300 公尺；25 对，2,990 公尺。	

九、会计

类别	工作项目	计划要点	实施概况	备考
会计	(一)拟定预算科目	按照实际情形将预算所用科目予以一致之规定,以期划一,而便编制	经将本省各机关应用科目拟订完成,通知各机关一致采用。	
	(二)核编三十五年度省概算	省各机关编制其主管之概算送由会计处依法核算后汇编成本省岁入岁出概算并予登记	各机关之概算先送设计考核委员会审核,再移会计处汇编,共经过三次之修正,于本年三月底汇编完成。本省岁入岁出概算分别报送行政院主计处中央设计局及财政部。	
	(三)审定县市三十五年度预算	县市政府编制各该县市总概算经县市参议会议决后送会计处审编之	本年二月由署通令各县市编造三十五年度地方总预算送核,截至五月止,仍多未遵令编送。嗣由会计处与民财两处派员分组赴各县市督导,于五月二十日分头出发,于六月二十日以前各组先后办竣返署,当即漏夜审编,将各县市地方总预算审编完竣,颁发执行。	
	(四)核登分配预算	各机关预算核定后应编制月份分配预算送由会计处审核并登记	本省本年度预算核定后,即以署令分行各机关迅即依照年度核定数编造分配预算,经会计处审查核准,并移财政处按月或按期拨款。	

续表

类别	工作项目	计划要点	实施概况	备考
	（五）登记流用款项	设置登记簿籍随时登记省各机关三十五年度预算内款项依法流用之事项	截至本年十一月份止，业经登记省各机关三十五年度预算内经费依法流用者，计有农林处、林业试验所民政处、卫生局、宣传委员会、铁路管理委员会、台中医院、台中商职业校、交响乐团、地质调查所、工业研究所等单位，合计流用款项32,202,716.25元。	
	（六）登记动用预备金	设置登记簿籍随时登记经核准动用之本省本年度预备金	截至本年十一月份止，业经登记经核准之本省本年度第一预备金合计32,423,676.15元，特别预备金共100,570,637.33元。	
	（七）核签支付书	省各机关经临各费由财政处按照核定之分配预算签登支付寄送，由会计处依法审核，会后予以登记。各机关员工生活补助费由会计处依照各该机关造送之印领清册核算应发数额，通知财政处开签支付书，送会计处会签后发放	截至本年十一月份止，经会计处会签审核并登记本省各机关本年度经临费支付书合计1,228,624,301.78元，又生活津贴支付书合计498,986,538.46元。	
	（八）核登收支计算	省各机关及县市政府应按月造送收支计算由会计处依法核算并登记	审核并登记省各机关及县市政府本年度收支计算，截至十一月份止，经审核登记者，共计194单位。	
	（九）研究报告财务效能	搜集有关资料研究各机关财务上增进效能及减少不经济支出之事项并提出报告	经拟定各机关经费预算标准雇用公役标准以及各机关营缮工程及变卖购置各项财物投标监标验收办法，呈署通令各机关遵照。	

续表

类别	工作项目	计划要点	实施概况	备考
	（十）筹划预算所需事实	由各有关部分调查省各机关三十六年度预算所需事实	一、各机关之组织规程为审核预算之重要数据，除以署令通知经费列入省款预算，而其组织规程尚未送审之各机关应即将组织规程核定外，并由会计处法制委员会取得联系，以期编审明年度预算有完备之组织规程为参考。 二、省级各机关本年度预算员额及薪级等级业经会计处根据分配预算加以统计，并计算各项费用与人员之比率，以期照一般标准作为编审明年度预算之参考，并事先调查现有各机关学校公教人员编制定额，并拟定经费标准。	
	（十一）核编三十六年度省概算	省各级机关编制其主管之概算法由会计处依法核算后汇编成本省岁入岁出粗概算	省各机关三十六年度概算经由设计考核委员会审查后，移会计处汇编，业经汇编竣事。	
	（十二）审定县市三十六年度预算	县市政府编制各该县市总概算经县市参议会议决后送由本处审编	本省县市三十六年度地方总预算经由会计处派专员会同民财两处及设计考核人员分赴各县市督导审编，已编完竣并有一部分案经审定。	

续表

类别	工作项目	计划要点	实施概况	备考
	(十三)设计省总会计制度并编制省总会计报告	本省过去会计之处理缺少总会计无法编制总会计报告，兹根据本省财政自行收支之实况拟订省总会计制度，期能产生全省每年收支总报告。根据各单位会计机关按月造送会计报告及公库造送报告审核登账	依照本省财政制度实际情形及有关法令，草拟台湾省行政长官公署总会计制度草案，于本年六月草拟完竣。制度内容要点计分(1)总说明(2)簿记组织系统图(3)会计报告(4)会计科目(5)会计簿籍(6)会计凭证(7)分录举例等七点。关于编制省总会计报告，本省三十四年度收支沿用日本原预算，按照施政方针加以增减，故三十四年度收支延长至本年三月底止，而本年度预算自四月一日起至十二月卅一日止。故本年度总会计报告亦自四月份起编制，截至本年十一月底汇总会计报告，计(一)月报表至十一月份止其种类如下：A.资力负担平衡表 B.省款收支月报表 C.岁入分类明细表 D.岁出分类分户明细表 E.暂付款明细表。(二)旬报表编至十一月下旬止，计 A.岁入分类明细表、B.岁出分类分户明细表。(三)日报表为省款收支日报表一种，已编至十二月二十一日止。	
	(十四)拟订各机关单位会计制度	依机关之性质将各机关单位会计分为普通公务及公营事业两种，分别拟具各种单位会计制度，使能按期产生静态动态各项会计报告，以供各机关主管长官施政参考，并备总会计审核登账，以补救过去各机关之会计未能与总会计配合之弊	一、关于普通公务单位会计制度，经遵照主计处之规定，拟订本省普通公务单位会计制度，分令各有关机关遵照办理。又鉴于经费类会计报告较为复杂，易滋错误，有碍考核，故特订经费主要会计报告审编须知一种，详细说明现金出纳表、资力负担平衡表、经费累计表、以前年度岁出应付款余额表等编审办法，以署令分行各机关知照。又各机关应送之月份会计报告规定应于次月十日内编送，为求配合各机关会计工作期能迅速产生各项报告起见，故特订各普通公务单位会计机关年度开始岁出分配预算未奉核定时会计分录处理办法一种，分令各机关依照办理。又订发各机关财产目录增减表编制方法之一致规定及关于临时费合并处理方法之划一规定，由署通饬各机关遵照办理。	

续表

类别	工作项目	计划要点	实施概况	备考
			二、关于公营事业单位会计制度计有省贸易局、农产公司、菠萝公司、医疗物品公司等拟送会计制度经分别核复。 三、关于特种公务会计制度计有省粮食局拟送征收实物会计制度经查核。	
	(十五)订发县市总会计及各机关单位会计制度	县市为自治单位各有独立之预算,自应有总会计及单位会计以纪录县市政府各机关之收支,总会计要能产生各该县市每年收支总报告,单位会计要能产生各项动态及静态会计报告	经印发中央所颁之县市总会计制度之一致规定与县市及所属机关普通公务单位会计制度之一致规定,由署通饬各县市自本年四月一日起实行,又经拟订本省各县市税捐稽征处特种公务征课会计制度并乡镇会计制度分别执行。	
	(十六)审查各普通公务机关账目	各机关各依其会计制度之规定按月造具会计报表送会计处由该处派员前往审查	截至本年十一月止,审查各机关账目报表,并派员至各机关查账,计农林处等二八三单位。	
	(十七)审查各公营事业机关账目	各公营事业机关各依其会计制度之规定半年及年末造送会计报告凭核	经由会计处派员至本省专卖局、贸易局及粮食局等继续查账,并缮具报告呈核。	
	(十八)审查会计人员资历并成立各级会计机构	审查本公署所属各机关及各县市政府会计人员之资历并分期成立会计机构	核委各机关会计人员之资历,均经由会计处审查,截至本年十一月份止,经审查并核派者一二五六人,又成立会计机构计七五单位。	
	(十九)统筹印制会计账表簿籍	向各机关调查实际需用账表簿籍册数印发	业经统计各机关三十五年度需用账簿表册数目印发备用。	
	(二十)编印会计人员手册	选辑会计重要法令订定会计事务处理程序及简要分录举例印成册分发各会计人员参照遵办	经选辑重要会计法令订定本省现行单位会计制度说明,编成会计人员手册全稿,付交印刷纸业公司承印,已印竣分发各机关会计人员应用。	

十、粮政

类别	工作项目	计划要点	实施概况	备考
粮政	(一)粮食管制 (1)行政管理	(1)充分发挥粮食管理政策管理面之平衡及保持划一粮价 (2)宽筹资金掌握余粮以控制粮价 (3)增加生产节约消费 (4)督售余粮严禁走私	(1)本省于光复初期因秩序未定粮荒极感严重,当时为安定社会和全力展开复兴工作起见,决定沿用征购配给制度。于三十四年十月卅一日公布管理粮食临时办法七条,但实行以后困难丛生。乃于三十五年一月十一日公告准许省内粮食自由买卖,流通征购配给制度同时废止。惟仍采取粮食管理政策。 (2)当本年二月间粮荒严重时期,为鼓励各地粮商调剂盈虚起见,曾经订定奖励办法。凡向余粮区采运粮食五百市石以上者,得请求政府派军警护送,并享受火车运费五折优待。 (3)为明了各地粮食流通状况及便于调节起见,自本年八月起,特将全省划分为八粮区。规定在粮区之内粮食绝对自由流通,粮区间如粮商购运数量在九吨以下者,应就近向粮食事务所申请领证,十吨以上者应向粮食局头证,其肩挑小贩挑运在三十公斤以下者,仍准免证通行。实行以来粮食局得视各地区之余缺情形,核发购运证明书,颇能获取互通有无之效。计截至十二月二十四日止,粮食局发出证书1,259张,购运数量74,032.85台斤。	

续表

类别	工作项目	计划要点	实施概况	备考
			(4)为掌握余粮,曾经办理收购粮食业务,其收购数量容于储备一类内报告。 (5)关于粮食增产方面粮食局曾会同农林处多方督促,原有种蔗田地多已改种稻谷。三十五年度稻作收获量预计可达6,269,000石,较去年约可增加1,797,200石,供应已有余裕。 (6)节约粮食消费经制定节约粮食消费办法于本年六月十二日公布施行,并奖励以甘薯代替食米。 (7)查禁粮食出口及取缔囤积居奇方面: 甲、关于法令部分——除修正管理粮食临时办法第六条规定"暂禁米谷及其他粮食输出省境",经于卅五年一月十一日公布外,复将中央颁发之非常时期违反粮食管理治罪暂行条例在本省为实施区域。此外对于出口船只带食米亦有限制之规定。 乙、破获案件部分——自卅五年八月至十二月全省破获走私案件四五起,囤积案件11起,计扣留白米296,108.04台斤又1,345包,糙米1,368.60台斤,米干150台斤,糯米1,989台斤又13包,霉米45,084.45台斤,谷30,000台斤,薯干1包,米粉543.50台斤,菜豆1,440台斤,米豆3,030台斤,均经移由法院审理。 (8)举办余粮登记,经制定本省余粮登记办法公布,并规定自本年十二月十五日起至二十五日间定期公告举行登记,经分电各县市政府遵办并公告周知。 (9)调查大粮户在余粮登记未完成前为求明了起见,曾将粮户全年缴纳田赋在壹千台斤以上者,查明其姓名住址分别列册并具函劝导抛售余粮充实市面。 (10)本年十一月以来粮价稍为波动,据报有奸究之徒造作谣言破坏粮食政策,为求安定人心起见,特予严令禁止,以息谣诼。	

续表

类别	工作项目	计划要点	实施概况	备考
	（2）业务管理	（1）实行粮商登记 （2）举办粮商业务报查	（1）本年二月间参照中央法令订定"台湾省粮商登记规则暨合作社农会经营粮食业务登记办法"两种公告施行，计截至十一月份止全省登记之粮商，共计四〇六四家，并规定凡未登记者不得经营粮食业务，以便管理。 （2）同时对已登记之粮商营业状况亦经规定表式令饬按期报查。	
	（3）粮食调查	（1）粮情调查 （2）粮食生产调查	（1）本年二月间订定本省各地粮食价格调查办法由粮食局各事务所指定专人负责查报，并汇编按期分报粮食部。 （2）本年三月间订定全省各县市各期稻谷种植面积暨实际生产数量调查纲要，并制定调查表七种，由各县市政府负责调查汇报，以为参考。	本项系计划之外另有举办者
（二）经收实物				
	（1）田赋征实	（1）遵照中央决定全国田赋继续征实意旨，本省定自卅五年度起实行 （2）参照中央法令并按本省实际情形订定各种办法	（1）本省征实标准以田一地目每元征谷三公斤，其计算方式按地租正附各税合并计算，即每地租一元，另加县市附加一元二角五分，乡镇附加六角，合计二元九角五分，折征干谷8.85公斤，田以外之其他地目则折征代金以应征稻谷每公斤折征台币10元。 （2）经征经收采划分制度。 （3）全年分两期征收本年度经于四月间着手筹办所定章则，并经省参议会审议通过，第一期于八月一日起，第二期于十一月十五日起，先后开征。 （4）第一期经收实物截至十二月二十六日止，根据报表报告已核实者，共收稻谷22,222,874.43公斤占应征额72.57%（已将第一期单季稻延并第二期征收部分之应征额并入计算后之比例）。	一、田赋征实稽征事务由财政处主办，经收事务则由本省粮食局主办 二、本项系计划外另有举办者

续表

类别	工作项目	计划要点	实施概况	备考
			(5)第二期经收实物截至十二月二十八日止,根据各所电报数字计,共收稻谷20,928,521.61公斤,占应征额61.98%,现尚在加紧催收中。	第一期征起数字截至十二月十三日止电报征数为23,757,293.09公斤,达征额83.20%。惟尚须根据经征经收互核报表呈送到粮食局始能核实。本项系计划外另有举办者
			(6)本年九月间本省遭受台风侵袭,农户稻作间一部分因成色较差在同一容积之重量未能达到规定之标准,即六台斗之重量不能达到96台斤以上。为维持规定碾率起见,特规定验收准外甲准外乙之稻谷比例,通饬遵照。	
			(7)经收实物随时均以便民为原则,经订定(一)易地完粮办法(二)公营事业机关委托代购纳赋程序等两种,实行以来尚称便利。	
	(2)公有土地佃租	本省公有土地佃租一律按产量375‰为标准改收实物,估计可收糙米60.989吨,以一半作为实耕地估计约可收3万吨,除缴纳田赋外,一律归由粮食局收购。	(1)本年五月间制定本省公有土地佃租征收办法公布施行,并规定各有土地管理机关手续上应注意事项,分别函知办理。(2)第一期佃租各佃户多已缴交现金,故改收物,截至十二月三十日止,共收稻谷1,285,217.25公斤,除划缴田赋外,实收1,194,257.12公斤(台拓租谷在内)。(3)第三期于十一月十五日开始催收第一期未收部分合并办理至台拓本年度一、二两期租谷亦由粮食局经收截至十二月三十日止,共收735,434.40公斤,除划缴田赋外实收641,089.82公斤(台拓租谷包括在内)。	

续表

类别	工作项目	计划要点	实施概况	备考
	(三)粮食储备			
	(1)接收粮食		截至本年十一月底,据粮食局各事务报告接收粮食数量计稻谷1,617,739,858公斤,糙米9,193,484,160公斤,白米831,370,465公斤,杂粮4,795,929.52斤。	
	(2)购集粮食	购集米谷分二期办理第一期在八月以前购集12万吨、第二期在十二月底至明年二月以前购集13万吨	(1)本年春粮荒严重时,商准粮食部拨购闽省赋谷20万石,并准采购其他粮食。嗣因交通困难,截至八月十五日止,共运达数量计谷281,319公斤,米364,403.7公斤,小麦32,390.4公斤,余已停运。 (2)本年七、八月份早稻登场后,米价较为下跌,乃委托粮商在中南部采购新谷计共购谷3,717,463.20公斤,折合糙米2,815,332.60公斤,又购糙米372,180公斤,合共糙米3,187,512.60公斤。 (3)本年度第一期所收田赋实物经核定按糙米每台斤十元,由粮食局收购运用,业经三次向台湾银行透借款项,计276,251,440.79元,除扣利息2,727,519.69元外,余数273,523,521.10元,送由财政处分配。 (4)公有土地佃租实物及其余粮亦一律归由粮食局收购,惟因公有土地清查工作尚未完成,致征收数量不多,其收购方式拟按收购田赋实物办法办理。 (5)此外尚有肥料换谷亦由粮食局收购,现正洽商办理中。	

续表

类别	工作项目	计划要点	实施概况	备考
	(四)粮食供应			
	(1)军粮供应	本省驻防国军所需军粮每月约须供应一千五百吨	在本年六月份以前,均系就封存米谷及接收食粮营团粮食及日俘存粮项下供应,七、八月份就采购粮食项下供应,九月份以后即以田赋征实项下供应。计自一月起至十二月份止,共拨军粮17,988,675公斤(增拨七十师内调及马公海军屯粮在内)。	
	(2)专案粮之配拨		(1)警粮——各县市警粮发至三月份止,此后仅警训所继续发给,现已拨出数:550,358.54公斤。	专案粮之拨付数量系据粮食局各事务所已列表报者
			(2)公粮——本年二月份以前拨各机关公粮297,135.8公斤。	
			(3)囚粮——本年内已拨数为350,277.1公斤。	
			(4)本年二月份以前粮食粮营团平售民食粮,计14,534,438公斤。	
			(5)日军未回前拨付军粮30,000公斤。	
			(6)由淡水封存粮拨警备司令部43,086公斤,又另拨付绿豆28,594.1公斤。	
			(7)日侨遣送回国食粮共拨228,911.1公斤,又琉侨遣送拨粮4,560公斤。	
			(8)台胞返台食粮共拨5,509.20公斤。	
			(9)台南地震灾民救济粮63,000公斤。	
			(10)火烧岛救济粮食拨付18,000公斤。	
			(11)标售霉米17,517.2公斤。	
			(12)澎湖县设仓储粮计12,000公斤。	

续表

类别	工作项目	计划要点	实施概况	备考
			(13)霉米拨交专卖局酿酒用,已据报数计58,478.9公斤。	
			(14)已拨航业公司领用遣送日侨船员食粮5,569.2公斤。	
			(15)拨劳动训导营食粮27,000公斤。	
	(3)调节民食	(1)提出库存军粮公粮六千吨分配缺粮区平价出售	(1)设立粮食调剂委员会——本年一月以来粮荒严重米价上涨,为加强平抑计,集合党政军及社会方面的力量组织调剂会,各县市设立分会,经陆续提出封存日军军粮、日俘缴粮及日俘残粮及收购闽谷征起田赋谷等先后共计3,559吨204公斤。平售民食实行以来,由三月份平均粮价每台斤27元2角9分,至四、五两月份降至16元至18元之间,六月间更降至13元左右,甚见效果。该会经于十月间宣告结束。	
		(2)举办平粜	(2)举办平粜——本年九月间本省遭受台风,米价又起波动。粮食局乃自十月一日起,在各地办理平粜。至十一月上旬渐趋安定,惟十一月下旬起,又以火车运费提高及奸商操纵大户囤积等关系,米价再起波动。粮食局仍断续办理平粜,总计十月至十二月十四日止,据各事务所报告,已总平粜糙米5,709,270吨,又饭干25,440,492公斤。	

续表

类别	工作项目	计划要点	实施概况	备考
	(五)储运事项			
	(1)改进仓储业务	改进仓储之技术管理减少损耗	(1)为便利本省粮户完纳田赋及节省经费计,经将全省应收实物分别利用各地农会仓库及民营仓库以求普通。经订约委托收纳者,计农会仓库225家,民营仓库115家,连同粮食局加工厂2家,合共所有仓库为332家。	
			(2)第2期田赋开征后粮食局增设各事务所驻仓人员以便监督,并随时促使注意。	
			(3)九月间台风为灾后各仓存稻谷因遭淋湿,经指示速作紧急处理尚少损失。	
	(2)加强运输	(1)添备卡车	(1)本年二、三月间粮荒严重时粮食局为加强运输以速调节计,曾通知警备总司令核准拨借卡车拾辆,交粮食局统筹应用。	
		(2)调整运费严密运输管理	(2)食米运输火车得减运费25%,粮食局于十一月间,准甘薯一项亦应同样优待,现已由交通当局实行。	
			(3)会经分函各交通机关对于粮食运输应随时予以迅速便利,以畅流通。	
			(4)本省需用麻袋年约900余万只,现存量仅有300余万只,且制袋原料缺乏,经于十月间禁止出口,以利装运。	
	(六)加工管理			
	粮食加工	(1)以规模较大设备较善之场厂归粮食局直接经营	(1)接收食粮营团之加工厂共计4,511所,其中14所设备较善,由粮食局直接经营,其余438所正拟定评售办法。在未评售前为免荒废起见,已电粮食局各事务所准予租借粮商经营。	
		(2)其余以投标方式出租民营	(2)目前各地加工业务均委托各农会及粮商仓库办理。	

十一、专卖

类别	工作项目	计划要点	实施概况	备考
专卖	（一）调整机构与补充人员	一，专卖局内改为七科四室外原属分局办事处兼办之工厂一律独立直隶专卖局	专卖局内设秘书、会计、查缉三室，总务、烟草、酒、火柴、度量衡、樟脑、运输七科，原属分局之火柴厂及酒工厂完全独立经营，曾经陆续招致人员，但仍不敷分派工作，曾于本年四月间在台北招考业务、会计、土木、化学、机械、文书等工作人员一批，计74名。又于六月间在上海招考高级会计人员一批，计十余名，均经分派工作。	
		二，向内地延聘专才		
		三，招考各部门之工作人员		
		四，筹设四公司	为加强专卖品生产及管理机构起见，将烟、酒、火柴、樟脑四种改为公司组织，已于十一月一日正式成立筹备处，不久各公司则可正式成立。	
		五，商洽接管沪中华樟脑株式会社	查上海中华樟脑株式会社在日本占领本省时代，系由现属在局之精制樟脑公司及芳油化学工业公司各投资30%，樟脑油副产物加工公司投资10%，计总资本额70%，现正派员至上海向苏浙皖区敌伪产处理局商洽中接管。	

续表

类别	工作项目	计划要点	实施概况	备考
	(二)工厂仓库及机件等之修复	机器方面可能在台修复者,予以修复至房舍仓库工厂方面则择其急要者,尽先修建	机器可能修复者则已全部修复,如台北及松山烟厂、南门樟脑工厂、板桥、树林、台北、台中、宜兰、花莲港、新竹、台东、嘉义、屏东、埔里等酒工厂均已全部恢复生产力量,至房屋工厂亦已择要修复。	
	(三)樟脑专卖业务	一,增加生产	专卖局制脑机构计有南门工厂、糖制樟脑公司、芳油化学工业公司、樟脑油加工公司等。有粗制樟脑监督所38所,皆生产不断。卅年一月至十月计共生产粗制樟脑202,274公斤,本樟油521,212公斤,芳樟油396.92公斤。又卅四年十一月至卅五年十一月计共制出改乙樟脑485,577公斤,再制樟脑263,868公斤,白油98,269公斤,蓝色油2,894公斤,B芳油8,689公斤,他皮尼油32,412公斤,赤油103,242公斤。	
		二,加强销售	本省樟脑向销欧美各地,年来受战事影响销路颇减,上半年只售出改乙樟脑400,260公斤,再制脑80,000公斤,B芳油7,000公斤,芳樟油70,600公斤,合计价值94,788,000元。十一月份樟脑业务转佳,计售出1/4块状2,400箱,计31,032,000元,板状2,300箱,计27,761,000元,樟脑粉2,600箱,计17,784,000元。各类樟脑总共6,300箱,款额76,577,000台元。现已分批交货,又有英美法各公司来函接洽承销,上海洽成华大等公司亦派员来台订购。专卖局正把握时机积极向国际市场推销。	
		三,大量制造治疗肺核新药	芳油化学工业公司发明之治疗肺结核新药已开始制造,Rhodlin酸试验特效正在积极研究精制中。	

续表

类别	工作项目	计划要点	实施概况	备考
		四，试种丁香草	丁香草为高贵香料之一，本省土质气候均宜于耕种，现已会同工业研究所，以15,000坪试种丁香草。	
		五，提炼香芳油	香芳油又名山椒油，为香料重要料之一，用途甚广。本岛乃世界香芳油产地，亟宜扶植炼制，以供国际市场。	
(四)烟草专卖业务		一，修复烟草再干燥工场	花莲港烟叶再干燥工厂及仓库前被炸坏，四月间已开始修葺，至设置内部机构。又嘉义分局烟叶再干燥场亦正拟予修复。	
		二，强化烟业事业改进社之工作	配给耕作器具及肥料药品需款8,900,000元，原有各地二三个烟草组合及联合会于四月一日改组合并为烟叶耕种事业改进社，办理配本年度肥料耕作器具及干燥材料药品等项。	
		三，扩大耕种烟叶面积	卅五年度局烟草耕种，计黄色种961甲3284，中国种86甲098，共1074甲4261。收购数量计黄色种285,682公斤，中国种65,152公斤，共350,834.5公斤。三十六年度耕种面积预定黄色种3,869.2甲，中国种400甲。但根据现在耕种面积实绩，计黄色种4466甲4，中国种300甲3，总计4,766甲7，已越过预定面积497甲5。	

续表

类别	工作项目	计划要点	实施概况	备考
		四、加强生产与配售	自卅四年十一月至本年十一月专卖局各烟草二厂,计生产卷烟2,647,314,600支,烟丝542,507公斤,雪茄421,525支,计共销售卷烟387,204,246元,烟丝43,537,936元,雪茄707,794元,共计台币431,449,976元。	
		五、试验新牌香烟	本年七月份专卖局松山台北两烟厂开始制造"菠萝""香蕉"等新牌香烟,配给各分局推销,取材优良,质量较佳,吸者甚众。	
(五)酒类专卖业务		一、加强增产及配销	战时因各酒工厂及仓库多被炸毁,损失甚巨,故接收时产量甚微,嗣经次第修复生产,方逐渐增加。卅四年十一月至卅五年十一月止,本局酒类生产共计清酒40,395公石,白露酒102,254公石,红露酒20,507,药酒15,482石,洋酒456公石,梅酒552公石,瓶装酒精184公石,销售共163.06公石。	
		二、制造啤酒	专卖局所属啤酒公司于本年四月初开始工作,积极生产并向外国采购啤酒花及阿母尼亚供作制造原料,现已大量供应市场。	
(六)火柴专卖事项		一、采购火柴原料	制造火柴原料如赤磷酸钾白蜡等件,本省均感缺乏,已由专卖局向外埠洽购分发应用。	
		二、积极生产	专卖局出产火柴工厂共计新竹台中两厂,战争期中被炸颇重,经已次第修复,自卅四年至卅五年十一月,计共生产火柴5,820.17吨。	
		三、加强配销	火柴销售计卅四年十一月至卅五年十一月,火柴销售数量共计2,428.40吨。	

续表

类别	工作项目	计划要点	实施概况	备考
(七)度量衡专卖事项	一,推行新制	本省光复后民间仍沿用日本旧制度量衡,自属不合国情,经详细从事检定工作并设法大量制造新制度量衡器,以供民间应用。	
	二,调查私造日制旧器	调查原精机会社私造日制旧器零售民间实情,设法予以制止,并由专卖局与工矿处商定管理之具体办法。	
	三,充实设备	现将散存各厂之度量衡器与材料集中专卖局南门工厂仓库整理登记。	
(八)人事事项	一,切实推行铨叙制度	对于人员之任免升迁奖征调补务求切合我国之铨叙制度,对于人员之核委力求严正,资历之审查力求周密,而使各级人员之能力职位与待遇相称。	
	二,认真实施考绩奖惩	考核绝对认真,除年终举行考绩外,并印制公务人员工作成绩记录表,分发各级主管考核,作为年终考绩之根据。	
	三,遣送日籍员工	接收以后计有日籍人员1,527人,经陆续遣送,现仅留日籍人员四人。	
(九)查缉事项	一,建立查缉组织	因以市面私货充斥,特于本年四月成立专卖品专管查缉私货之事,各分局增设查缉股,同时须发查缉人员服务规则一种,为查缉人员服务之准绳。	
	二,展开查缉工作	各级查缉组织建立后即开始执行查缉任务,为加强查缉起见,特将全省划为五个督察区(1)台北基隆区(2)新竹台中区(3)台南嘉义区(4)高雄屏东区(5)台东花莲港区。每区由局派视察一人前往督导,并查缉工作,实施以来颇著成效。查获违法物品甚多,并在台北获伪商标制造厂三家,制秤厂一家在台中丰原复破获,规模宏大之制烟厂以后陆续破获。	

续表

类别	工作项目	计划要点	实施概况	备考
		三、寓禁止于收购	内地商人每借口已完统税向本省输入专卖品，经规定收购办法在货物未起岸前，如商人申请收购或运往指定仓库者准予依照成本核价收购，如违反上项规定，经查获者始予没收。	
		四、查获违法物品	自本年四月专卖局查缉室成立后至十二月十二日，计查缉香烟215,055包，又67箱，烟具9件，酒6,639瓶、1,629罐31打、32桶、8箱，酒具3件，瓶盖3箱，火柴741封、32箱、7麻袋、558篓，木秤306支，麻袋140，樟脑8箱。关于烟草案298件，酒类案103件，火柴案122件，樟脑案1件，其他3件。	

十二、贸易

类别	工作项目	计划要点	实施概况	备考
贸易	（一）出口物资	(1)食糖18万吨供给糖厂存糖186,000吨，民间存糖66,000吨，生产90,000吨，共计342,000吨。需要：省内消费60,000吨，酒精陈料60,000吨，存储42,000吨，共计162,000吨，拟扣输出能力18,000吨。 (2)茶叶2,580吨，公署可接收780吨，贸易局订购输入能力，计2,580吨。 (3)香蕉3万吨，推定生产量12万吨1/4。	出口： (1)糖 月份　数量　　　输出地 一月　1,000吨　　香港 二月　3,000吨　　沪 三月　2,000吨　　沪 四月　182吨　　　香港 七月　1,000吨　　沪 十月　478吨　　　榕 　　　1,500吨　　沪 　　　700吨　　　津 十二月　1,000吨　津 输出总量：10,429.8吨，内运沪7,500吨，占总量80％。 运津　1,700吨 运榕　478吨 (2)茶 月份　数量　　　输出地 二月　43,670磅　　沪 六月　99,987磅　　沪 七月　120,098磅　 沪 九月　88,070磅　　沪 十一月　28,749磅　香港 十二月　125,137磅　津	

续表

类别	工作项目	计划要点	实施概况	备考
		(4)柑橘3万吨，推定生产量12万吨4分之1。 (5)菠萝罐头5万箱(15万斤)。 (6)煤10万吨，假定生产700,000吨，省内消费600,000，输出能力100,000吨。 (7)盐30万吨存盐200,000吨，推定生产250,000吨，共计450,000吨，省内消费70,000吨，原料用盐30,000吨，存储50,000吨，共计150,000吨，拟扣输出能力300,000吨。 (8)樟脑1,500吨，存储1,000吨，推定生产约6百吨	输出总量：575,672磅 (3)香蕉 月份　数量　　　　输出地 六月　65,214公斤　沪 九月　123,000公斤　沪 十二月　22,500公斤　津 输出总量：210,714公斤 (4)各色水果 月份　数量　　　　输出地 二月　100,000公斤　沪 三月　32,671公斤　沪 九月　74,200公斤　沪 十二月　86,085公斤　津 输出总量：292,916公斤 内运沪206,871公斤，占总量70%强 (5)菠萝罐头 月份　数量　输出地 六月　6,400箱　沪 七月　7,850箱　沪 九月　1,945箱　沪 输出总量：16,195箱 (6)煤 月份　数量　　　输出地 一月　3,000吨　香港 二月　651吨　　沪 八月　8,218吨　香港 　　　480吨　　榕 十一月　3,012吨　青岛 输出总量：15,361吨 运港11,218吨，内3,000吨原系与港军政府交换物资，现改作价出售与港政府。又8,218吨迄今只销出千余吨，运青之3,012吨系与鲁青区敌产处理局交换豆饼。 (7)盐系由盐务管理局主管 (8)樟脑 ①精制樟脑 月份　数量　　　　输出地 七月　154,300磅　沪	

续表

类别	工作项目	计划要点	实施概况	备考
			八月　3,300磅　香港 九月　64,900磅　沪 十月　20,000磅　沪 十一月　56,000磅　香港 十二月　113,100磅　香港 输出总量：411,600磅 ②樟脑 月份　数量　输出地 二月　695,772磅　沪 八月　132磅　沪 九月　132磅　香港 输出总量：696,036磅 估计在沪只售出总量1/3强，已移交中信局。 ③樟脑油 六月输沪5,600公斤	
			说明：本省樟脑销路颇畅，国内商人请求订货者甚众，惟若运沪再转销英美或南洋群岛则运输驳卸等费甚巨。故今后拟改由台省直接输出。	
（二）进口物资		本年度进口计划如下： 粮食50,000吨，硫酸铔150,000吨，豆饼150,000吨，面4,000吨，铁钢材30,000吨，生铁3,000吨，铜400吨，铅300吨，其他金属300吨，钉3,000吨，建设用金属制品3,500吨，械器具30,000圆。	进口 (1)布匹 月份　数量　起运地 九月　15,000匹　沪 十月　8,753匹　沪 十一月　683匹　沪 进口总量：24,436匹 内三羊哔叽10,000匹，府绸6,216匹，卡其2,001匹，其他6,219匹。 说明：贸易局于去年冬季输入布匹100,000匹，改本年度9月前无布匹输入。 (2)肥料 1.豆饼类	

续表

类别	工作项目	计划要点	实施概况	备考
		电气机械及部分品10,000元,铁轨5,000元,车头机关及部分品2,000元,汽车1,300台脚踏车及部分品10,000台。颜料涂料400吨,水泥45,000吨。木材7,500千立方米。电柱枕木500吨,电灯泡3,000千个,皮革类300吨,棉系1,800吨,棉织物33,600千平方米,毛织物180千平方米。厚薄卫生衫等6,000千套,其他衣料品15,000吨,肥皂7,620吨,硫磺5,000吨,曹达类3,000吨,晒粉3,500吨,小麦粉31,500吨,大豆20,000吨,医疗药品5,400吨,生药1,721吨,绷带材料1,200吨。	月份　数量　起运地 三月　490吨　津 四月　1,636吨　青 　　　3,125吨　沪 五月　20,216吨 七月　1,278.90吨　青 十二月　300吨 进口总量:8,032.06吨 内自华北输入计4,704.9吨,占总量1/2强。 说明:贸易局豆饼全部价让农林处 2.肥田粉 月份　数量　起运地 三月　399吨　津 七月　162.8吨　沪 八月　20.2吨　沪 九月　40吨　沪 进口总量621吨内由沪运入之223吨来自北平。 说明:肥田粉全售给糖业公司,惟尚有73包因运输时不慎与小量碳酸钠混杂至未售出。 3.纸烟圈 月份　数量　起运地 四月　100箱　沪 七月　100箱　沪 十月　80箱　沪 进口总量:280箱 说明:全系美货转销专卖局 4.汽车及车胎汽油贸易局四月间与台湾汽车公司订购汽车228辆,迄已运入谋克力轿车1辆及卡车79辆,余车悉已抵沪即将运台。此项汽车由交通处配拨各机关应用,另于十一月代警务处输入吉普车5辆。 输入车外胎19只,内胎17只,汽油265,000加仑 5.工业用品	

续表

类别	工作项目	计划要点	实施概况	备考
		其他之医疗用资材及材料1,000吨,泪体燃料150,000加仑。	阿摩尼亚42桶(廿桶水产公司用,余专卖局用) 啤酒花10吨(啤酒厂用) 油漆225加仑(港务局托购) 白漆26听(港务局托购) 碳酸钠50吨(玻璃公司用) 柏油92,839公斤(计717桶一部售与三德号,一部交工务局用),洋钉3,890.9公斤(计八四桶交基隆市政府,24桶余代专卖局运台)。 蒲包30,000张自香港运入(茶叶公司托购)。 重油150吨(水产公司用)。 6. 日用品 火柴250箱、洋烛33箱(专卖局托购) 电泡90,700个(交通处托购) 7. 杂项 照相材料10箱(宣委会用) 香烟布带2箱(专卖局用) 影片40,000尺(宣委会用) 帆布1件(橡胶公司用)	
(三)配销计划		(1)配销物资数量视航运情形及本省生产力而定。 (2)配销区分别为四即台北区、台中区(包括新竹)、台南区(包括高雄)、台东区(包括花莲港)。 (3)配销业务繁琐复杂,拟设部专司其以赴事功。本年度为适应环境及顾全事实起见,人事方面拟网罗本省人及日人富有贸易经验依照计划方针及规定办法为我使用集中人力。	查本年度配销物资就进口方面言可分为二种,一种为代购物资进口后,即配交原委托采购者应用,计有肥料、汽车、火柴、钢铁、电球、啤酒花、电影胶片、薄质提士油、油漆等;另一种由贸易局交由配销部配销供应大众需要,计有各项布匹、面粉、汽油等。再就本省产品方面言亦可分为二种,一种为接收物资当中急需处理交由配销部公开标销者,计有花生米、花生油、花生饼、菠萝、湿糖等;一种由配销部代本省生产机构经销,计有电石、橡胶制品、皮革、肥料、肥皂、香料等。凡由配销部配销物品均系按照合理价格挂牌供应,任何人均可依照牌价申请购买。惟在数量方面为免大量倾销与囤积起见,略有限制,以防市价突变。	

续表

类别	工作项目	计划要点	实施概况	备考
	（四）遍设仓库	(1)就省内基隆、台北、淡水、台中、台南、高雄、台东各处，视实际需要各设仓库至少一所。	(1)省内部分台北区计有仓库10座，中自有者3座，租用者3座，借用者3座；基隆区租用1座；高雄区自有者1座；台中、台南、台东有租用仓库1座。	
		(2)就国内上海黄浦西岸码头及福州、青岛、天津、大连等处借租适当仓库至少一所。	(2)省外部分租借专用仓库一时尚难办到，过去各地进出口货物均租用临时仓库囤储。	
		(3)厘订仓库管理规则应用单据表式务使物资出入仓库保管得法，条理清楚，手续完备。	(3)仓库管理规则及应用单据表式，均经先后厘订实施。	
	（五）设立分支机构	计划新设立之分支机构如下： (1)本省内：台中、台南、高雄、花莲港、台东。 (2)国内：福州、厦门、青岛、天津、大连、上海。 (3)国外：香港、新加坡、马尼剌、东京。	贸易局为便利物资之吐纳集中原拟在省内外各重要商埠普设办事处或联络处。惟以大战告终未久，复员困难，诸如交通工具之残缺，资金之不敷，均致业务无法如预期之开展，故仅先择与业务立即发生关系之港埠，如省内之基隆、高雄、台南、台中，省外之香港、东京、上海，先设办事处，其他如天津、福州、青岛等处，亦常发生业务，由贸易局酌派人员驻在办理。	
	（六）树立人事制度	本年拟厘订下列章则： (1)职员待遇规则 (2)服务规则 (3)保险规则 (4)请假规则 (5)旅费规则 (6)奖惩规则 (7)其他。	贸易局照本署人事集中管理办法办理，按月填报人事月报表、人事统计表、任免奖惩离职考勤表。自五月份起，依照规定填报，从未间断。对于登用人员均系量才录用，凭其个人学识、经验、志趣分派工作，务使发挥其特长，作推动业务之主力。间有人地不宜工作不力之人员随时予以淘汰，工作努力成绩优异者予以提叙。	

续表

类别	工作项目	计划要点	实施概况	备考
	(七)设置贸易情报网	(1)省内各港埠及上海、大连、香港、天津、福州、广州、厦门等处由贸易局办事处或联络处电报有关业务，如米、糖、茶、肥料、煤等之价格。(2)国外重要口岸如纽约、东京、马尼剌、新加坡等特约情报机关必要时电询该地有关货价。	沪台两处通讯贸易局已自设无线电台，联系异常灵活，其余各办事处联络处亦以极敏方法紧密联系。	
	(八)编制物价指数	按时调查与贸易局业务有关之商品如米、煤、茶、糖、肥料、面粉、日用品等台北市批发价格并编制指数以为业务指针	与贸易业务有关之各种商品台北市批发价格经派专人按时调查，分别列表送有关各部分参考，指数已由本署统计室已按月编制，在物价统计月报发表。	
	(九)调查统计	调查并搜集各项有关贸易物资之各地市价编制统计，以供业务上之参考	贸易局设有办事处，各地之有关贸易物资市价多已按时调查，未设办事处之重要地区，市价由报张杂志搜集登记，并均经分别整理列表以供随时之参考。	
	(十)接收日方贸易机关机构	一、台湾重要物资营团	上年十一月五日接收经审核其资产重要物资多已处分，所余食糖约四千吨，造船木材、少数工矿机械货车器材及其他零星商品破旧家具及订造机帆船十数艘而已，但负债方面计欠银行总数57,989,318,578元。依据表报载明计亏3,828,437.97元，而此外日本政府应予补偿未拨款者计9,872,487.97元，连同应收债权及亏损之数总额达31,900,965.03元之巨。此项不足数应由日政府负责，遂命该团原任理事长石井龙猪为清算人，就原有人员依照下列方针清理：	

续表

类别	工作项目	计划要点	实施概况	备考
	二、三井物产株式会社		A. 散在全省各处资产应责成妥善保管，如有散失均归营团损失。 B. 催收债权对于所缺日人债务一律停付。 C. 清理期一切开支仍由营团负担，清理后实损数额须由清理人造具证书以为将来向日政府提出赔偿之根据。 该清理人奉命办理系限于本年三月底结束，无如效率极低，进行迟缓，散在各地物资区域辽阔零星杂乱，因日侨紧急遣送，遂致不克逐一交接清楚，现正依照下列步骤予以处理大致就绪： A. 食糖早已运集基隆，半数以上已出口交换物资； B. 船舶资材交由交通处； C. 有关工矿器材及产业设备交由工矿处接收； D. 番茄罐头合同，菠萝设备交由农林处接收； E. 散在澎湖僻远处之物资已交澎湖县政府收管，听候日产处理委员会指示处分； F. 制糖厂已由糖业公司直接接收红糖部门交工矿处接管； G. 订造船舶继续加工完成藉以充实运输工具； H. 清理账务就实际所得核实其资产确数以凭计算损益。 三井为日本财阀巨擘，其在台湾省有台北高雄二支店，各自独立，内以经营进出口投资、企业代办保险、承销产品为其主要业务。日本投降前后，交通闭塞营业不振，贸易局为防止其财产转移控制物资起见，于上年十一月廿日派员监理复于二月廿一日分别予以接收。茶厂自接收后仍继续生产，八月一日已拨交农林处、茶业公司经营。其资产与负债状况如左： (1)三井台北支店 接收资产总额　17,185,108.06元 接收负债总额　1,797,055.49元 接收资产余额　15,388,052.57元 (2)三井高雄支店 接收资产总额　2,720,975.47元 接收负债总额　976,356.76元 接收资产余额　1,744,618.71元	

续表

类别	工作项目	计划要点	实施概况	备考
		三、三菱商事株式会社	该社亦为日本财阀体系庞大贸易机构之一，其重心侧重于投资工业。在台支店亦有台北高雄二处，惟规模较小，以经营进出口投资、贩卖、商品、承办运输、承包工程度量衡计算器、代理保险等为主。近年以来营业低落勉持开支，亦于上年十一月廿日派员与三井同时实施整理，于三月廿一日分别予以接收，其资负债如左： (1) 三菱商事台北支店 接收资产总额　3,347,459.46元 接收负债总额　433,157.98元 接收资产余额　2,914,301.48元 (2) 三菱商事高雄支店 接收资产总额　880,969.89元 接收负债总额　1792,984.03元 接收资产余额　87,985.85元	
		四、南兴公司	该公司主要业务为承制卷烟、酒类专利，承销专卖品及其原料副产品输出海外而运入专卖品原料供应生产之用，贸易局实施监理，予以接收。系会同专卖局并案办理，所有接收物资可供专卖局应用者统由专卖局接收。其资产负债状况如左： 接收资产总额　2,965,408.26元 接收负债总额　6,006,048.98元 资产余额　5,959,359.28元 此外该公司在台中丰原附设丰原工厂专制蚊烟香，以除虫菊原料缺乏，出品不良，产量萎缩，由贸易局五月五日派员前往接收后，仍继续制造蚊香。至七月十五日生产停顿，现已函请日产处理委员会标售列入第三批内。其资产负债状况如下： 接收资产总额 125,836.76元 接收负债总额 300,000元 接收资产余额 125,536.76元	

续表

类别	工作项目	计划要点	实施概况	备考
		五、菊元商行	该商行以输入杂货经营百货商店为其营业重心，在省内颇具声势，以保股方式与日商贸易机构及各种日用品制造工厂密切连系销售商品，一月底自动结束，由贸易局于三月中接收，其资产负债状况如左： 接收资产总额 2,147,190.13元 接收负债总额 991,562.79元 资产余额 1,155,627.34元 八月并由贸易将占用该商行房屋僻性新台公司接收，所有商品经双方协议照进价加百分之五利润如数让贸易局，于八月一日起继续营业，搜集一切优良之台产及国内产品零星经常供应市面，寓平抑物价提倡国产之意，而作为贸易局配销机构之一，以减轻消费者之负担。	
		六、台湾纤维制品统制株式会社	该社为战时统制各种纤维制品而设资本金五百万元，专从日本输入及在省内收购棉织品、人造丝、人造纤维、毛织品及丝织品配给于台湾织物杂货批发公会台南花莲港等纤维制品零售组合等下层机构，再行贩卖于一般人民。该会先由贸易局监理三月中，已由该局接收。其资产负债状况如左： 接收资产总额 11,661,650.72元 接收负债总额 809,319.23元 资产余额 10,852,331.49元	

续表

类别	工作项目	计划要点	实施概况	备考
		七、台湾织物杂卸商组合	该组合为贩卖台湾纤维制品统制株式会社之下层机构,由各地批发商及各企业统合体共同组织,并无资本金,由各加入者临时凑合运输资金贩卖纤维制品杂货,其中一部分为本省人出资,初亦由贸易局监理。嗣于三月中,接收完了。其资产负债情形如左： 接收资产总额 3,975,489.97元 接收负债总额 3,362,880,328元 资产余额 612,609.59元	
		八、台湾贸易振兴会社	该社为统制本省战时贸易而设、由贸易业者共同出资组织,资本金50万元,包括一部省籍贸易机构之出资。日本投降以后该会社行清理初亦由贸易局监理,嗣亦于三月中,接收资产929,113.62元,俟清理完毕后,即将本省籍资本分别发还。 接收资产总额 929,113.63元 接收负债总额 633,750.00元 接收资产余额 295,363.63元	

十三、气象

类别	工作项目	计划要点	实施概况	备考
气象	(一)举办测候电讯讲习班	为提高气象局人员之学识技能以加强工作效率	由卅五年六月十日至卅六年六月九日已按照原定时间及方针施行。	
	(二)恢复新高山气象台	调查财产,修理山路,恢复通讯,充实设备	先派员调查次修路充实设防寒工作,四月底调查就绪,五月初派员整理恢复,十一月修路。	
	(三)增设天电观测	设立淡水及台南永康及台北三天电站	于卅五年度完成三处天电观测成绩尚佳。	
	(四)增设港口验潮观测	恢复基隆高雄二验潮站	预定卅五年度完成已如期完成。	
	(五)台南强震勘察	研究地震理论及实地之情形	由卅五年十二月廿七日至卅六年四月卅日曾发表台南强震报告。	
	(六)恢复测候所六所	恢复测候网主要据点六处	先恢复竹仔湖基隆高雄鹿林山等所,次恢复红头屿所竹仔湖基隆高雄,于上半年恢复鹿林山,九月底成立红头屿,拟妥计划。	
	(七)农业气象观测	物候农艺之观测实验及研究	先统计本省气象纪录及农产量次作玉米等春化试验各种工作,已完成,都有详确的纪录。	
	(八)远东气象广播	利用桃园发讯所2,000瓦发报机广播	每日上午八时五十分广播自十一月廿日起按预定计划逐日广播。	
	(九)建设花莲港测候所无线收发报机	装置100瓦发报机一台、RS−10D收报机一台、R−24收报机一台	于八月中旬完成,八月十日起已与气象局本局按日通讯。	

续表

类别	工作项目	计划要点	实施概况	备考
	（一〇）建设台东测候所无线电仪器	装美制150瓦收发报机一台、RS-10D收报机一台、5瓦收发报机一台	于八月十五日装设完成。	
	（一二）恢复赤道仪室观测	将前为日人损坏之气象局赤道仪室及赤道仪修复完竣从事物理天文研究及观测	拟定本年七月底前修复完竣，八月份起开始观测，本年五月起开始修理，七月底已将赤道仪室圆顶修理完竣。惟赤道仪器损坏甚，尚未修竣，现用四时半折光望远镜从事物理天文观测。	
	（一三）太阳黑子及日射量之观测及研究	研究太阳黑点之变化及日射量之大小对地上所引之各种影响	按月观测并研究预定，本年底可将成果向国际天文台报告Wolf相对数之大小及日射量大气透过率混浊系数之变化，已按月观测并研究。	
	（一四）推算卅六年廿四节及朔望时刻	因无美历参考，拟根据190年天文数据及公式推算廿四节及朔望时刻	已于本年十一月底前推算完毕，并列表公布，卅六年台湾日历系根据是项资料编。	
	（一五）月蚀观测	藉月食观测研究天体物理及天体力学上之问题	本年十二月九日月食前，将时分推算完竣，并作其他月食研究之准备，本年十二月九日晨零时十分起，本省各地可见月全食现象。月食后已将观测结果向外发表。	
	（一六）恢复台北天文台	与市政府合办利用中山堂天文台成立台北天文台	预定本年十一月底前，将该台赤道仪修竣，正式展开工作，该台赤道仪器于本年十二月修竣，修竣后即开始工作。	
	（一七）编纂资料大全	将气象各要素分别编纂成册，每册除将应用之原理及仪器之构造加以详述外并附录有各该要素之累年报告。	该项资料大全全部共32册，计315章图表数十种，预定卅六年全部完成。截至卅五年底止，各章节原稿平均已完成6/10。	
	（一八）建设或新港测候所无线电仪器	装五瓦收发报机一架、RS-5E收报机一架、(Ae,1kw)发动发电机一架。	于本年十二月下旬装设完竣。	

续表

类别	工作项目	计划要点	实施概况	备考
	（一九）建设大武测候所无线电仪器	装RS-5E收报机一架、5瓦收发报机一架	于本年七月底建设完成。	
	（二〇）装置与上海中美海军象通讯器	美制150瓦收发报机一架，专与上海美海军及本省各台所联络	于本年五月底装完竣，每日经常通讯八次，更有业务电报与上海连络。	
	（二一）装设福州独立通讯机	美制25瓦收发报机一架，专与福州、黄岩、屯溪、杭州等地无线连络	三月底完竣每日经常连络三次。	
	（二二）恢复澎佳屿测候所无线电通讯	装设5瓦收发报机壹架并购买材料雇工修理房屋	四月底前特预定计划完全实现无线电仪器，虽于四月底完成，唯修理房屋因交通不便无法完成。	
	（二三）恢复阿里山测候所通讯仪器	修理100瓦之发报机一架并增强电源	于七月初修理完竣。	
	（二四）恢复新高山气象台无线电通讯	装5瓦之收发报机一架并架设天线	七月底完成八月份起与阿里山测候所通讯，该台发报机劣小，不能与气象局直接通讯。	
	（二五）组织暴风警报传达网	以新生社海岸局广播电台及各派出所之电话等向一般民众传达	五月底按预定计划完成使各方得到警报之消息更加迅速。	
	（二六）暴风警报之发表	当暴风进入东经126度北纬20度时，即发出暴风警报并传达民众防备	预定于本年台风期内实行本年发生暴风，共计廿三次，气象局发八次暴风警报，其中四次侵害本省。	
	（二七）暴风调查	实地各处调查	于本年十月初旬起竣按期调查完妥。	
	（二八）高空气象各种无线雷探测	利用并改良原有仪器材料继续探测	隔日探测一次，隔日施放无线电温湿压探测气球一次。	

续表

类别	工作项目	计划要点	实施概况	备考
	（二九）定期不定期刊物刊行	气象局各种刊物出版均以阐扬科学研究气象学术宏理与技术，记载贯彻政令，密切局所间之联系为目的，以之分赠国内外各机关学校作交换文献，用为参研之需。定期刊物中月有气象通讯气象概报各一种，年有台湾日历气象年报，不定期刊物已出版者有台风调查报告。在整理有本省气象局要览、累年报告、日射物候产业、气象雷雨雾等多种。	除不定期刊物外，余均定按月或按年出版之定期刊物均能按期出刊，不定期刊物气象局要览累年报告在整理中，日内即可付样。	
	（三〇）雨量站及灯台之恢复	过去日人时代气象局与各机关合办有雨量站214处，灯台11处，初接收时因职掌不同，彼此缺乏联系，致而中断。为谋继续该项纪录起见，予以全部恢复，藉增业务上之进展。	该项工作定卅六年全部恢复，由气象局会同有关机关如农林处、工矿处电力公司、海关等合办。本年截至十二月份止，已恢复雨量站60余处，灯台8处。	

台湾省行政长官公署三月来工作概要
(1945年10月25日—1946年1月24日)

台湾省行政长官公署秘书处编辑室编印,1946年(中国社会科学院近代史研究所藏)

一、总述

　　抗战胜利后，我国根据开罗会议之决定，收回台湾，三十四年八月廿九日，国民政府特任陈仪为台湾省行政长官，并兼警备总司令，当于九月一日在渝成立台湾省行政长官公署，及警备总司令部临时办事处，筹备一切。同月九日，公署葛秘书长敬恩奉派赴京参加受降典礼，旋被派为台湾前进指挥所主任，于十月五日率领人员飞抵台湾，次日即以第一号备忘录，送交前台湾总督安藤利吉。同月十七日公署第一批工作人员到台，展开接收准备工作，廿四日陈长官由渝飞台。廿五日举行受降典礼，给第一号命令于安藤利吉。沦陷五十年之台湾，至是始正式复归我国版图。受降后，正式成立台湾省行政长官公署于台北。十一月一日起开始接收，根据陈长官行政不中断，工厂不停工，学校不停课之三原则，一面进行接收，一面继续工作。三个月来，大体尚能本此原则，顺利达成任务。台湾虽同为收复区，但情形则与他省迥异，不仅语言文字，已大部日化，即各项政治设施，亦与其他各省有别。复因受长期战争之影响，飞机轰炸之损害，致生产低落，民生凋敝，殊出人意想之外。而目前交通困阻，经济无从发展，实为重大困难问题。关于资金技术与器材方面，尤望中央统筹协助。台湾安危不仅关系我国国防，且影响太平洋之大局，今后建设，实关重要，现距公署成立之日，恰届三月，此三月来各项措施实为以后建设之基础。兹将接收情形及工作概况编辑成册，颜曰："三月来工作概要"，用便检讨而资策励，除依民政，财政，教育，农林，工矿，交通，警务，会计，宣传，法制，人事，各部门分别叙述外，兹略述全省之土地，气候，人口及行政组织之大要，以为篇首。

（一）土地

甲、位置

台湾省位于我国之东南沿海，与福建省最为接近。系由其本岛及澎湖岛，新南群岛并其他附属岛屿所组成。东临太平洋，东北与琉球群岛相接，南与菲律宾群岛仅隔巴士海峡，西南与福建之金门厦门相望。位东经一百十一度卅三分至一百二十二度六分，北纬十二度至廿三度九分。

乙、面积

台湾省全境面积为三五九六一.二一方公里，约当福建省三分一。各县面积以台中为最大，其次为高雄，再次为台南，花莲港及台北，新竹更次，而澎湖为最小。

丙、山川

台湾省境内多山，其中以脊梁山脉为最著，次为海岸山脉及大屯火山脉，脊梁山脉又称中央山脉，纵贯南北，其最高峰为新高山，海拔三九六二公尺；其次海岸山脉，又名台东山脉，紧依东部海岸，自北向南，与脊梁山脉平行，其间形成狭长之台东平原。大屯火山脉，自琉球群岛之南端伸至本岛之西北端，再向西南延展，而形成澎湖群岛。全境高山凡六十二，高度皆在三千公尺以上。其主要之河川有淡水溪、大甲溪、浊水溪、曾文溪、下淡水溪、乌溪等流长皆在一〇〇公里以上。最长者为浊水溪，达一七〇公里。

(二)气候

甲、气候概要

本省气候,因地理上位置关系,为亚热带之海洋性气候,然亦受大陆上季节风及显著地形之影响。冬季东北季候风盛行期,在十二月至二月之间,本省东北部一般均属阴天,尤以基隆、宜兰方面之沿海及山岳地方,通常雾雨亘绵。反之,本省南部常属晴朗天气,而高雄方面,常受旱魃之害。夏季西南之季节风,其势转弱,天气情况良好,本省南部雷雨频繁。

乙、气温及湿度

本省位于亚热带,平原地区大都高温高湿,年平均气温达摄氏二十一度以上。夏冬二季较差极微,而春秋较短。气温之最高者,除澎湖岛外,全省各地达三十五度,其中以台中之三十九度为最高之极端值;气温之最低者,在零度以下者极少,以台中方面之零下一度,为最低之极端值。湿度年平均大概在百分之八十左右;最低者在百分之二十或百分之三十之间。至于山岳方面之新高山其温度最高极端值达一.八九度,最低之极端值,在零下一〇.三度,平均值约为四度;其最小湿度为百分之一,平常平均约为百分之七十五。

丙、风及风速

冬季国内所发生之高气压,经本省附近而变为北或东北之季节风。该风在台湾海峡及北部海上,其速度每秒达十公尺左右。在未发生强烈高气压时之季节风,每秒亦不超过二十公尺,夏季所生之西南季节风,一般风力均较弱小。

丁、雨量

本省全年之平均雨量,约在二五〇〇公厘,其中以火烧寮之六六〇七公厘者为最多,此为东亚雨量最多之地。澎湖岛之九七四公厘者为最少。故雨量因其地理环境之不同与季节风之调致而生不同之分布。又雨之强度,北部多细雨,南部多豪雨。而高雄县山地一日之最大降水量达一一二七公厘,阿里山奋起湖,日量竟在一〇二四公厘之多。

戊、高空气候

据本省气象局 Radio Sornding 观测之结果,关于 Tropopause（对流圈上限之高度）者,藉知年平均一四四九八公尺,而其气压为一一八公厘,气温为零下57.8度,湿度为24%。

（三）人口

甲、汉族

男二八二〇六八人[①],女二八六五二四三人,以来自福建者为最多,次为广东,他省则甚少。职业以农业为最多,工业次之,商业又次之,交通业更次,矿业为最少。一般均俭朴耐苦,生活安定。

乙、高山族

男平埔族三一七七四人（熟番）,高山族八一六一九人（生番）（民国卅二年调查数字）,女平埔族三〇三四五人（熟番）,高山族八〇三四二人（生番）为本岛最早之原始民族,近似南洋马来族系统,多沿中央山脉居住,分布区域占全省面积百分之四十五。职业以农业为最多,狩猎次之,手工业（细藤手工）又次之,工商业为最少。生活水平极低,维持困难。

丙、各省旅台人民

男三三〇九〇人,女一八七九五人,仍以福建广东为多,分布地区以台北为最多,台南次之,高雄又次之,澎湖为最少；职业以从事饮食业者为最多,理发业次之,服装业又次之,大都为苦力,生活困难。

---

①本处数字疑有误。

丁、日本人现在台湾者

男一四八二三三人，女一七一五七五人，以来自日本鹿儿岛者为最多，熊本、福冈、佐贺等县次之，长崎、东京又次之，青森县为最少。分布地区台北为最多，高雄次之，澎湖为最少；职业以从事公务会社事务为最多，工业次之，商业又次之，交通业更次之，矿业及其他业为最少，无职业者则甚多。过去因在政治方面握有实权，商业方面所有大公司会社皆为操纵，故生活较任何族人为优。

戊、其他外国人在台湾者（包括朝鲜人）

男一一二一人，女一七五三人，以来自朝鲜者为最多，西班牙次之，英国法国、菲律宾又次之，苏联、德国为最少；分布地区在台北者为最多，台中次之，澎湖为最少；职业以从事工商业者为最多，交通业次之，公务自由职业及其他职业者又次之，水产业为最少；生活方面除朝鲜人外均属优裕。

（四）行政组织

本省省级行政机构，依照民国三十四年九月二十日国民政府公布之《台湾省行政长官公署组织条例》之规定，与各省政府稍有不同。盖行政长官公署为一暂时组织，而非经常制度。其基本目的，在求统一事权，接收完整。故组织条例第三条，有"行政长官公署，受中央之委任，得办理中央行政"及"行政长官，对于在台湾省之各中央机关有指挥监督之权"之规定。良以台湾陷敌五十年之久，一切情形特殊，若非齐一步骤，统一指挥，恐难因应事机，措置得当。

兹将台湾省行政长官公署组织条例及台湾省行政长官公署各处会室暨直属机关主管人员一览表附列于后，以供参考。

台湾省行政长官公署组织条例
（中华民国三十四年九月二十日国民政府公布）

第一条　台湾省暂设行政长官公署，隶属于行政院，置行政长官一人，依据法令综理台湾全省政务。

第二条　台湾省行政长官公署，于其职权范围内，得发布署令，并得制定台湾省单行法规。

第三条　台湾省行政长官公署,受中央之委任,得办理中央行政。

台湾省行政长官,对于在台湾省之中央各机关有指挥监督之权。

第四条　台湾省行政长官公署,设置左列各处。

一、秘书处

二、民政处

三、教育处

四、财政处

五、农林处

六、工矿处

七、交通处

八、警务处

九、会计处

第五条　台湾省行政长官公署,必要时得设置专管机关或委员会,其组织规程,由行政院定之。

第六条　台湾省行政长官公署,置秘书长一人,辅佐行政长官处理政务。秘书长下设机要室,人事室,各置主任一人。

第七条　台湾省行政长官公署会计处置会计长一人,各处置处长一人,必要时得设副处长一人,承行政长官之命,掌理各该处事务,并指挥监督所辖机关事务及所属职员。

各处视事务之需要,分别置秘书,科长,技正,督学,视学,编审,技士,技佐,科员,办事员,其员额由行政院定之。

第八条　台湾省行政长官公署设参事四人至八人,撰拟审核关于本署法案命令。

第九条　台湾省行政长官公署得聘用顾问,参议,咨议。

第十条　本条例自公布日施行。

本公署各单位

机关名称	主管长官
行政长官公署	行政长官　陈仪
秘书处	秘书长　葛敬恩
民政处	处长（副处长兼代）
	副处长　马咸
教育处	处长　周一鹗
	副处长　宋斐如
财政处	处长　张延哲
农林处	处长　赵连芳
工矿处	处长　包可永
交通处	处长　严家淦
警务处	处长　胡福相
	副处长　揭锦标
会计处	会计长　王肇嘉
法制委员会	主任委员　方学李
宣传委员会	主任委员　夏涛声
机要室	主任　楼文钊
人事室	主任　张国键

直属各机关

机关名称	主管长官
图书馆	馆长（兼）　范寿康
博物馆	馆长　陈兼善
专卖局	局长　任维钧
贸易局	局长　于百溪
粮食局	局长　吴长涛
气象局	局长　石延汉
台湾银行	主任监理委员　张武
农业试验所	所长（兼）　赵连芳
林业试验所	所长　林渭访
糖业试验所	所长　卢守耕
工业研究所	所长　陈华洲
地质调查所	所长　毕庆昌
省立台北保健馆	主任　王耀东
水产试验所	所长　李兆辉
天然瓦斯研究所	所长　陈尚文
热带医学研究所	所长

县市政府

机关名称	主管长官
台北市政府	市长　黄朝琴
台南市政府	市长　韩联和
台中市政府	市长　黄克立
高雄市政府	市长　连谋
基隆市政府	市长　石廷汉
新竹市政府	市长　郭绍宗
嘉义市政府	市长　陈东生
彰化市政府	市长　王一麐
屏东市政府	市长　龚履端
台北县政府	县长　陆桂祥
台中县政府	县长　刘存忠
台东县政府	县长　谢真
新竹县政府	县长　刘启光
澎湖县政府	县长　傅纬武
台南县政府	县长　袁国钦
高雄县政府	县长　谢东闵
花莲县政府	县长　张文成

二、民政

（一）地方行政

过去日本视台湾为殖民地，故前台湾总督府内，并无民政机构。行政长官公署成立伊始，即设置民政处，将原分散于各机构之民政部门，统收归民政处主管。兹将其接收情形及工作概况分述于左：

（一）接收情形

甲、机构

原台湾总督府道属机关由民政处（接收时为民政组）接收者共计二十六单位，地方机关之由各州厅接管委员会接收者，计五州，三厅，十一市，五十一郡，二支厅，六十七街，一百九十七庄。省属机关之接收，于三十四年十二月一日开始，同月三十日完毕，地方机关之接收，亦于十一月一日开始，而于十二月底接收完毕。接收机关之名称如次：

  类别主管业务 名称

  省属机关 地方行政（一）总督府地方监察课

        地方行政（二）警务局户口系

  省属机关 社会行政（三）文教局援护会

        社会行政（四）援护会北投援护会馆

  省属机关 土地行政（五）财务局税务课地政部分

省属机关　卫生行政(六)警察局卫生课

省属机关　文化事业(七)台湾地方自治协会

省属机关　咨询机构(八)总督府评议会

省属机关　房屋营建(九)台湾住宅团

省属机关　保健防疫治疗(十)台湾保健协会及省属基隆等医院共十七单位

地方机关　地方行政(一一)台北、台中、台南、新竹、高雄等五州,台东、澎湖、花莲港等三厅。

地方机关　地方行政(一二)台北等十一市

地方机关　地方行政(一三)七星等五十一郡,澎湖等二支厅,士林等六十七街,苏澳等一百九十七庄

乙、人员

上述各机关之原有人员,除自请退职,及不予留用者外,计一万三千三百〇七人,列表如次：

机关＼人数	接收留用人员			附记
	总数	本省籍人员	日本籍人员	
省级机关	238	68	170	地方机关人数中,台东尚未报来,故缺未列入
地方机关	13,069	7,517	5,552	

丙、业务

对于各机关原有业务之接收,约可分全部接收,部分接收与暂时保留接收等三种。接收后之处理,又可分照常推进工作,一部变更工作与停顿或废除等三部。兹将其处理情况列表如次：

接收业务处理概况表

	地方行政	社会行政	合作行政	土地行政	卫生行政	住宅营团
全部接收 — 照常推进工作	(一)地方各级行政 (二)地方自治协会 (三)各级户政工作	(一)成德学院			(一)医务、药物、保健、防疫	(一)住房设计改用公制
全部接收 — 一部变更工作	(一)州、厅、市、郡、街、庄及其名称	(一)原援护会业务改隶民政处第二科办理			(一)博爱会本部及其医院 (二)战时医疗部及其各地支部	(一)住宅工程
全部接收 — 停顿或废除	(一)台湾评议会(废) (二)保甲制度	(一)北投援护会馆拟改商营				
部分接收 — 照常推进工作				(一)国产系统计 (二)地图系单位换算及度量衡统计 (三)地租地价调查		

续表

	地方行政	社会行政	合作行政	土地行政	卫生行政	住宅营团
一部变更工作						
停顿或废除				（一）土地登记暂停		
暂时保留接收		（一）台湾神社	（一）农商局农务课 （二）矿工局	（一）拓殖制糖各会社土地部分 （二）法院土地登记部分		

丁、物资

所有前述省属机关接收之物资及地方机关接收之物资，均经分别记录，列有专册。其全部物资之名称数量，兹分省属接收与地方接收两部，列表说明如次：

省属机关接收物资一览表

项目		地方监察课	地方自治会	文教局援护课	住宅营团	财务局地政部分	警局卫生课
金银类	现金	(一)68,443.48元		(一)日券 532,000.00元 (二)台券 8,923.81元	(一)1,127.98元（银行存款及现金）		(一)803,496.98元
	票据						(一)支票 13,937.60元
	公债及证券		(一)四分利公债10张 1,000元	(一)股份 198,900元 (二)债券 200,810元	(一)证券 62,500元		(一)预金证券 131,942.29元
产业类	房屋		(一)自治会馆房屋6栋	(一)七星郡平屋14座 (二)东门町平屋一座 (三)北投援护会馆楼屋八座平屋二座	(一)事务所及仓库房屋各一座		(一)七星郡办公房屋全部之2/3 (二)七星郡宿舍四间 (三)警局卫生课宿舍一座，文书课长办公室一座

续表

项目	地方监察课	地方自治会	文教局援护课	住宅营团	财务局地政部分	警局卫生课
土地		（一）自治会会馆房屋地皮188坪	（一）7星郡平屋14座土地 （二）东门町平屋1座土地 （三）北投楼屋8座平屋2座土地	（一）事务所及仓库房屋之土地全部		（一）所用房屋土地之全部
产权				（一）分让住宅910座 （二）租赁住宅178座		
车辆器具类		（一）汽车1辆 （二）自动车1辆	（一）自动车3辆 （二）手推车1辆 （三）自转车13辆			（一）汽车四辆 （二）货车三辆 （三）马车一辆 （四）脚踏车二辆 （五）黄包车二辆 （六）土车一辆 （七）马一匹
用具	（一）33单件	（一）195单件	（一）361单件	（一）105单件	（一）测量用物165种	（一）175单件
什物	（一）30单件	（一）1831单件	（一）1,001单件	（一）421单件		（一）224单件
仪器机					（一）测量用件五种	

续表

项目	地方监察课	地方自治会	文教局援护课	住宅营团	财务局地政课	警局卫生课
机器				(一)机器六种		
材料				(一)库存材料四二种		
附记						

种类	各州厅部分	各州厅附属机关部分
现金	41,206,543元	4,322,739元
证券	3,085,819元	3,018,115元
卷册	122,684册	
图书	43,159本	
土地	31,262甲	905甲及6,948,542元
建筑物	158,787坪及467座	731,709坪及465座
官舍	1,263座	422坪及84座
车辆	531辆	30辆(包含脚踏车9辆)
船舶	14只	5只

(二)工作概况①

甲、地方行政

(一)建立县市政府及其各级机关

各州厅接管委员会之组织，原为过渡时期之机构，现在接管工作，已经全部完成，爰特依照中央法令，斟酌地方情形，建立正式县市机构，以使行政步入正轨；其政区之划分，则系根据过去历史关系，及日本统治时期之业务状况而决定。日本统治台湾五十年来，行政区域，曾经九次之变更，而最后之五州三厅，实已成为政治、经济、文化之单位。并且日本在台湾之行政业务，产业区划，户口税收，又多以州厅为重点，为求继续过去业务，便于政令推行，故经按照原有州厅区域，设置八县，并就原有十一市，设置九省辖市，二县辖市，唯原有州、厅、市、郡、街、庄，组织均甚庞大，故对现在市县政府之编制员额，亦不得不稍予扩大，俾使原有业务成就，仍得继续维持。（尤其台北、高雄、台中、台南、新竹五大县人口少则八十万多则百五十万以上）惟较之日本统治时代之州厅市员额，约已减去二分之一矣。至于县辖市之员额编制，则仅设五课一室，较之原有，更见紧缩。县辖市之设置，纯为适应特殊情形，将来市政发达，建设进步，人口增加，拟再逐渐改为省辖市。

县市下之机构，则将过去市属之区会改为区公所，原有州厅下之郡改为区署，郡以下之街庄改为乡镇公所。至于区乡镇下之编制，因过去保甲纯为日本警察统治人民之工具，弊害甚大，人民谈虎色变，深恶痛绝，为尊重民意，并顾全事实，乃于乡镇之下，依自然形势，社会关系，将部落会改设村里（在乡为村，在市为里），村以一百五十户为原则，不得少于一百户，多于二百户；里以二百户为原则，不得少于一百五十户，多于三百户。村里之下，人口众多，不能漫无组织，又编组为邻。以十户为原则，不得多于十五户，少于六户，与各省之甲相似。兹将现在县市机构，员额编制及行政系统等，分别列表，说明如次：

---

① 此前缺页。

现在县市机构一览表

类别	名称
省辖市政府	台北、台中、台南、新竹、高雄、嘉义、彰化、屏东、基隆等九省辖市政府
县政府	台北、台中、台南、新竹、高雄、台东、花莲港、澎湖等八县县政府
县辖市公所	宜兰、花莲港等二市公所
区署	七星区署等五十二区署
乡公所	瑞芳等六十七乡公所
镇公所	八里等一百九十七镇公所

各县政府员额编制表

县别 员额 级别	台北县 现额	台北县 原额	台中县 现额	台中县 原额	台南县 现额	台南县 原额	新竹县 现额	新竹县 原额	高雄县 现额	高雄县 原额	花莲县 现额	花莲县 原额	台东县 现额	台东县 原额	澎湖县 现额	澎湖县 原额	备考
简任	1	1	1	1	1	1	1	1	1	1							
荐任	36	54	34	51	33	50	31	46	31	47	9	13	6	8	3	4	
委任	437	655	404	606	398	597	379	568	372	558	153	230	190	285	91	136	
雇员	319	638	313	626	316	632	191	382	212	424	86	172	73	146	50	100	
合计	793	1348	752	1284	748	1280	602	997	616	1030	248	415	269	439	144	240	

续表

说明	一、县长简任或荐任。 二、秘书主任荐任，秘书两人荐任，但台东、花莲、澎湖等县设秘书一人，荐任。 三、建设局长荐任或简任，民政警务两局长荐任。 四、科长荐任，课长荐任或委任。 五、技正荐任，技士委任。 六、督学一人荐任。
附注	一、各局科室员额由县长于总名额内适当分配之。 二、各局科室下分设之课股有必须变更者县长得项目报准后变更之。

台湾省省辖市市政府编制表

	等级				主管业务	官职说明
	一等	二等	三等	四等		
市长	一	一	一	一	总理全市事务	一、市长为荐任或简任 二、秘书主任荐任，秘书荐任或委任 三、局长荐任，但警务局长为委任或荐任 四、科长荐任或委任 五、设局之课长委任或荐任 六、一等市得设参事一人荐任 七、一、二两等市得设技正二至五人荐任，技士十人至三十人委任。三、四两等市得设技正二人至五人荐任，技士十五人至十八人委任
秘书	室	室	室	室	机要、文书	
总务	科	科	科	科	事务、人事、会计、统计、交际	
民政	局	科	科	科	地方行政、户籍、社会、卫生、地政、调解	
财政	局	科	科	科	财务、税务	
教育	局	科	科	科	国民教育、中等教育、社会教育	

续表

等级	一等	二等	三等	四等	主管业务	官职说明
建设	科	局	局	科	工商、农务、畜产、土木、营缮、水道、交通	八、一等市设督学三人荐任,二等以下市设督学一人或二人,其中一人荐任 九、总务科长得由秘书一人兼任 十、二等以下之市工务不设局,业务由建设局或科办理
工务		局	局		土木、营缮	
警察	局	局	局	局	警务	

	台北市 现额	台北市 原设员额	高雄市 现额	高雄市 原设员额	台中市 现额	台中市 原设员额	台南市 现额	台南市 原设员额	基隆市 现额	基隆市 原设员额	新竹市 现额	新竹市 原设员额	嘉义市 现额	嘉义市 原设员额	彰化市 现额	彰化市 原设员额	屏东市 现额	屏东市 原设员额	备注
简任	1	1																	
荐任	30	66	12	24	8	9	8	9	8	11	6	9	6	5	5	5	5	5	比照原额设五分之二但至少设五人
委任	240	320	113	170	82	123	57	86	50	75	73	110	41	61	62	94	55	82	比照原额设三分之一
雇员	277	553	164	327	103	204	115	230	80	159	127	253	83	175	61	122	54	108	比照原额设三分之一
合计	548	940	289	521	192	336	180	327	138	243	206	368	130	241	128	221	114	201	原设员额荐任包含荐任待遇在内

续表

	台北市		高雄市		台中市		台南市		基隆市		新竹市		嘉义市		彰化市		屏东市	
	现额	原设员额	现额	原设员额	现额	原设员额	现额	原设员额	现额	原设员额	现额	原设员额	现额	原设员额	现额	原设员额	现额	原设员额

一、台北市为一等市，高雄市、台中市、台南市、基隆市为二等市，新竹市、嘉义市为三等市，彰化市、屏东市为四等市。
二、各局科室课所需人员，由市长于总员额内适当分配之。
三、各市认为无须增设科室时，可项目报请行政长官公署核办。
四、警务人员不在本表名额之内。
五、嘉义市暂设建设科不设局。

台湾省地方行政组织系统表略[1]

---

[1] 此处缺页

(二)社会行政

(一)(缺页)①

(二)筹设各级民意机关

本省各级民意机关，定于四月底前一律成立，现正妥拟计划，积极准备。办理情形，有如次述：

(子)预定进度

一月二十五日以前：为办理筹设民意机关之种种准备工作。

一月二十五日至二月十五日：(一)办理公民宣誓登记发证完成(二)办理公职候选人检核工作。

二月十六日至二月二十八日：(一)成立各县市村里民大会(二)各县市乡镇民代表、县辖市市民代表、省辖市区民代表选举完成(三)准备县市参议员选举工作。

三月一日至三月五日：举办乡镇民代表、市民代表、区民代表自治讲习会。

三月六日至三月十五日：(一)各县之乡镇民代表会、市代表会、区民代表会一律成立(二)选举各县市参议员(三)准备省参议员选举事务。

三月十六日至四月十五日：(一)成立各县市参议会(二)各县市选举省参议员。

五月一日以前：成立省参议会。

(丑)目前工作

订定本省公民宣誓登记规则及省县市公职候选人临时检核实施办法，并通令实施。订定各县市筹设各级民意机关工作预定进步表，依照日程进度，列举办理注意事项，俾各县市政府以下主办人员，知所奉行，一面以县市以下行政机构甫经成立，为求行政人员充分了解法令计，经通令各县市政府先期举办短期法令讲习，即将来选出之乡、镇、区、市民代表，亦规定讲习办法。开始之初，并派员分赴各地亲察，以促各县市对于此项工作之注意及就地解决

---

① 括号中文字为编者注。

各种困难问题。

(寅)三个月内完成之计划

各级民意机关之筹设,决于本年四月底以前完成。根据前年统计,全省二十岁以上之国民计有二百八十四万零六百一十人。又依民国三十四年之统计,全省有五,五二三村里,则将来普遍发动之结果,将有二百八十余万之公民参加宣誓;至公职候选人检核,如每村里以十二人计(甲种公职候选人两人,乙种十人)将有三万七千八百三十六人参加检核工作,此一工作,即须在二十天内办竣。而俟此一工作完成后,即行实施选举各级民意机关之乡镇民代表,省县市参议员。

(三)户政之设施

本省户籍行政在过去日本占领时代经由各级警察机关办理,其措施均就警察立场,缺乏自治户籍作用。光复之后,对本省户政设施,自应依照户政法令,自县市政府民政机关及区乡镇自治机关接办。兹将本省户政工作现况及今后实施计划,略述于次。

(子)设置户政机构

三十五年一月份起将原有警察机关所经办之户籍事务以及簿册等全部划归自治机关负责接收,并确定乡镇公所为户籍主办机关,县市政府为监督机关,区署为辅助监督机关,警察分所负协助调查之责,乡镇公所设户籍股,县市政府于民政局(科)之下设户籍课(股),里村办公处设户籍员,其组织系统,列表如后(略)。

(丑)训练户政人员

定本年二月份起训练户政人员(第一期),每县调训人员三人至五人,每市调训三人,每乡镇调一人,全省约三百七十余人,已通饬各县市慎选人员,列册报核,计划全省户政人员于三十五年度分期调训完毕。

(寅)推行户籍法令

订定实施程序,举办户口总调查,及设籍声请,台湾过去日人所办户籍,虽性质有异,惟其真确性与办理之条理,均足供参考,拟采其所长,依据中央法令,订定实施办法,俾中央所定户政各项法令,得以彻底实施,一面为使各级办理人员知所奉行,拟汇编《户政法令辑要》以供参考。此外并拟召集办理户政人员,施以短期法令讲习。

(卯)举办户籍人事登记

设籍完成后,即继续办理人事登记,并由各级办理机关,会同警察机关,随时派员抽查核对,如有错误,即为更正,县(市)政府每三个月派员至各区乡(镇)抽查一次。民政处每半年派员赴各县(市)督导抽查一次,以期严密。

(辰)准许台胞申请恢复原有姓名

日本占领时代,诱迫台胞,改用日本姓名,以期消弭种族思想,光复后经制订省民恢复原有姓名办法,通饬施行,申请更正者,至为踊跃。

(巳)办理台胞恢复及外侨归化

光复伊始,日侨声请归化或台胞声请恢复国籍者,所在多有,惟中日两国尚未订立和约,是否准许归化,又日侨在台湾未光复前,继续居住五年以上者,是否视同在中国有住所,台胞入赘日本人为养子愿意脱离日本关系,需否办理恢复国籍手续等,因适用国籍法不无疑义,经电请内政部释示,倘得具体指示,拟在户籍总调查设籍总声请以前,先将此项复籍归化手续,尽先办理。

附台湾省各县市人口统计表

台湾省九市人口统计表

县别	本省人 男	本省人 女	外省人 男	外省人 女	日侨 男	日侨 女	韩侨 男	韩侨 女	合计
台北市	110,913	119,748	8,145	5,123	40,260	51,473	93	82	335,857
台中市	36,832	38,431	602	353	7,812	9,536	23	64	93,653
台南市	63,316	65,907	2,068	1,549	8,253	9,024	23	108	151,248
新竹市	42,262	42,225	276	209	4,394	4,920	24	65	94,375
基隆市	33,325	34,367	3,454	1,533	8,498	11,287	199	300	92,943
高雄市	97,185	76,981	1,630	679	16,308	18,258	128	232	211,426
台东市	42,135	43,479	1,054	750	4,454	5,280	9	65	97,226
花莲市	27,264	29,865	234	194	1,438	1,615	7	34	60,651
澎湖市	25,581	24,908	168	416	4,041	3,867	11	44	59,436
合计	479,811	475,911	18,011	10,806	95,458	115,287	517	994	1,196,795

台湾省八县人口统计表

县别	本省人 男	本省人 女	外省人 男	外省人 女	日侨 男	日侨 女	韩侨 男	韩侨 女	合计
台北县	372,236	360,913	4,805	1,632	10,025	9,575	80	113	759,379
台中县	589,106	609,863	1,216	829	9,765	10,076	69	78	1,221,001
台南县	629,062	662,313	1,311	918	9,714	10,972	18	76	1,314,384
新竹县	363,255	375,764	657	457	4,255	4,595	19	10	749,012
高雄县	338,023	343,428	2,244	1,592	6,589	7,238	27	68	699,209
台东县	48,595	44,427	522	319	3,072	3,195	13	28	100,171
花莲县	74,361	66,575	1,475	694	8,433	9,477	16	69	163,100
澎湖县	30,012	34,736	45	18	922	1,160	1	4	66,898
合计	2,444,650	2,500,019	12,275	6,459	33,775	56,288	242	446	5,073,154

台湾省全省人口统计表

县市	本省人 男	本省人 女	外省人 男	外省人 女	日侨 男	日侨 女	韩侨 男	韩侨 女	合计
八县	2,444,650	2,500,019	12,275	6,459	52,775	56,288	242	446	5,073,154
九市	479,811	475,911	18,011	10,806	95,458	115,287	517	994	1,196,795
总计	2,924,461	2,975,930	30,286	17,265	148,233	171,575	759	1,440	6,269,949

(四)对高山族之施政

高山族为本省最早之民族,居于本省高山地带。计有七族,即泰耶尔族、齐阿族、不奴族、耶美族、萨塞特族、拔湾族与阿美族。人口分布情形如下:

一、泰耶尔族大部分住于台中州埔里以北,新竹州、台北州,花莲港厅管,中央山脉之山间,大概为集团部落,计共一六三社七四八四户,男二三〇六三,女二三一〇二,壮丁九三二〇人。

二、萨塞特族,住于新竹州南庄附近较低山地,有十二社,二八七户,男八八二,女八七六,壮丁三六四,为高山族人数之最少者。

三、不奴族住在台中州台东厅之山地,大部分是散居,(台南仅二户不及一社)计共一〇八四社,八〇九七户,男八八三八,女八三九一,壮丁四四〇七人。

四、齐阿族住于新高山之西溪流一带山间(普通称为阿里山蕃),大部分成为集团部落,计共一八社,四八三户,男二四五,女一〇八四,壮丁五五四人。

五、拔湾族大部分住在台东厅至恒春之山地,成为集团部落,共计一三〇社(另台北州四户不成社)八八二一户,男二二〇一五,女二二〇九九,壮丁一〇二〇一人。

六、耶美族住在台东厅之孤立红头屿,计六社,男九一三,女八四八人。

七、阿美族住于花莲港台东一带平地,成为集团部落,已编入现有之行政区域,不称为社,共计六八七九户,男二七六九七,女二六五一〇,壮丁二七五八人。

高山族之风俗习惯、家庭组织、生活状态、生产方式、交易情形,均属特殊,其最大之原因,即知识低落,生活困苦,完全处于原始社会之状态。过去日本政府视为劣等民族,予以歧视与压制,待遇极不平等,并设置理蕃机构,专司其事。 日本政府初欲以高压手段消灭该族于无形之中,惟该族人口十余万,居于高山地带,性格凶狠,不易消灭,乃改以怀柔政策,处理蕃地行政,实施政育与公医制度;另以警察力量,完全加以掩制,各地普设警察关专责办理行政教育等事务,划分地界,禁止自由出入,并以物品交易所名义,榨取该族之经济。本省光复之后,对于高山族依三民主义原则与人道主义立场,决以平等待遇,特别注意该族生活之改善,文化教育之提高,高山族同胞亦甚期望政府对该族加以扶助。

民政处为便利对高山族之施政起见,特会同有关之警务处、教育处、交通处、农林处及各局科组织高山族施政研究委员会,专研究该族各项施政问题,并组织考察团前往山地实施考察,以供行政上之参考,然后再依实际情形,订定五年计划,务使高山族同胞生活改善,教育文化提高。

现在高山族区域内,所有日本政府时代所定之各种本诸压迫政策之施政业予全部废除,高山族同胞已得完全解放,享受平等待遇。行政方面:现正筹组乡村公所,办理地方自治,提高其自治能力,特别训练高山族工作人员。卫生方面:已由卫生一局组织巡回医疗队,经常施医,指导卫生事务,并指派医师前往执业。经济方面:已取消交易所,免除该族之遭受剥削,并指导组织合作社,办理各项业务,改善其经济生活。教育方面:已由教育处将教育所一律改为国民学校,与平地教育同样设施。警察方面:已由警务处训练高山族警察,三个月内即可结训,派出一部受特殊训练之警政人员,前往服务。对该旅乡公所、村办公处之组织,适应实际需要,与平地自治机关计划配合各种专业员,充实乡村行政机构,使山地行政不数年间,可与平地相若,高山族之生活,得与台胞生活相等。

乙、社会行政

原有社会行政部门之援护事业,除北投会馆拟改由商营,仍办社会服务业务外,其余均经照常办理。兹将最近工作与今后计划,摘要分述如次:

(一)人民团体之整理

本省人民团体,种类甚为繁复,多数项均加以整理。目前办理情形,有如下表:

类别	团体名称	办理情形	备案
文化团体	台湾省政治经济研究会	原有团体已办理登记者共五个,现在审核中	

续表

类别	团体名称	办理情形	备案
工商业团体	台湾省轮船业公会	在审核中	
工商业团体	台湾省煤矿公会	在审核中	
工商业团体	台湾省桧木公会	在审核中	
自由职业团体	台湾省医师总公会	在审核中	
工商业团体	台湾省纺织工业同业公会	在调整改组中者共四个,已派员改组,在办理备案中	
工商业团体	台湾省商会联合会	已派员改组,在继续调整中	该会原名为台湾省商工经济会馆
	台湾省茶商公会	已派员改组,在继续调整中	
公益团体	台湾省德业共进会	已派员改组,在继续调整中	该会原名台湾中华会馆
公益团体	台湾留学国内学友会	不合法规且无存在必要,已令解散	
文化团体	台湾省科学振兴会	在办理登记中者一个	
渔民团体 工商业团体	台湾水产业会 台湾省制冰公会	在调查者中二个	
工人团体	台湾运友联盟	申请新组织者三个,正在调查中	
文化团体	台湾省文化协进会	在调查中	
外籍人民团体	在台湾韩国同胞共助会	在调查中	
宗教团体	台湾省佛教会	已核准组织,在筹备中者一个并已派员指导组织筹备会	
工商业团体	台湾省生命保险管理会	不合法规,已批复不准组织	
外籍人民团体	在台日本人民主主义同志会	不准组织	
外籍人民团体	在台韩国国民会	不准组织	
外籍人民团体	在台日人青年民主自治期成会	不准组织	
农民团体	台湾省农会	不合法规规定,不准组织	
	台湾人民协进会	已令不准组织并解散	
	台湾省民众协会	调查明确后再办理	
	台湾省学生联盟	在办理令不准组织并予解散	

（二）办理省外台胞回籍事项

本省旅外台胞数在十万人以上，本署迭经分别电请有关之各地政府机关及陆军总司令部转电麦帅，加以救济并协助回籍迄至一月十五日止，旅外台胞返省者，已达一万一千余人，兹将办理情形列举如次：

一、旅外台胞总数计一○五八一九人

二、旅外台胞分布人数计日本二三五二四人，本国各省七○一六八人，南洋各地一二一二三人，其他四人。

三、旅外台胞已返省者计一一三一七人。

四、返省台胞以在基隆、高雄两地登陆者最多，船一入港即由港口运输司令部派员调查然后由市政府分批引导至招待所休息，分给茶点，供给膳食，并发免费车票登车返里，其暂时不能返里者设法安置膳宿，有病者并送入医院，妥予休养治疗。

（三）协助寻觅失踪美军

美军在战地失踪及死亡者之遗骸寻觅事项，迄至一月十五日止，共计办理卅二宗，知其遗骸所在者，计四四三人。

（三）土地行政

（一）过去情形

一、测量调查：日本明治三十一年九月一日起，至三十六年三月三十一日，费时五十五个月，耗费五二二五八八九元，动员一六七一五三四人，已将全省土地除蕃地岛屿外，测量完竣，约估全面积百分之五十四。旧总督府于去年五月三十一日被炸，焚毁所保管之图册仪器甚多，所存者仅有一部分。

二、地籍与登记：有关地籍测量调查事务者原由总督府掌理，其机构及业务之分配系统如次。

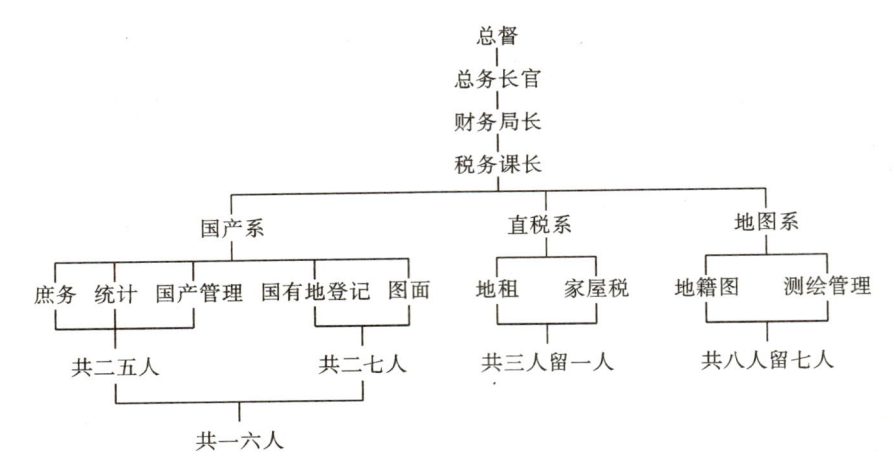

```
                    总督
                    总务长官
                    财务局长
                    税务课长
    ┌───────────────┼───────────────┐
   国产系          直税系          地图系
 ┌──┬──┬──┬──┐    ┌──┬──┐       ┌──┬──┐
庶 统 国 国 图    地 家         地 测
务 计 产 有 面    租 屋         籍 绘
     管 地          税         图 管
     理 登                         理
        记
 共二五人  共二七人   共三人留一人  共八人留七人
        共一六人
```

关于州厅则由厅税务课或税务出张所第二系办理,对于整理及土地移动登记等事务,技术上仍能保持原有精度,至不动产登记事务,由原有台北等五地方法院及所属三支所三十九出张所分别办理。

三、其他如公有地(国有地、州有地、官有地)管理事务,省由财务局税务课固有财产系主办,于州厅,则设地理系,办理台账及图面管理。

四、地价部分:本省以往对于土地价格,惟于地租调查中附带调查,并以土地收益或贷赁价格为基础,并未重视地价。

(二)现在工作

现在工作,举要如次:

一、调查并统计国有土地分类甲数。

二、原有度量衡不适使用,积极计算度量衡比较表及甲数换算市亩表。

三、地租及土地腾贵率调查及一般应办的来完业务,照常推进。

四、土地异动登记,在县市级机构未成立以前,暂停办理。

五、搜集翻译研究原有关于地政部分之规章法令,以为存废修正的标准。

六、派员往各州厅调查日人私有土地。

七、就接管各种台账研究性质内容,设计清理公有土地及以前未登记案件。

八、就接管档案文件,检讨本省过去有关土地政策及其实施方法与成果,以为清查整理土地计划的参考。

九、制定并颁布前日人公私有土地暂行处理办法暨实施细则。

（四）卫生行政

(一)确立机构

前台湾总督府于日本明治二十八年设置卫生事务所，掌管全省卫生事务，其间几经变革，而至大正十二年十二月，卫生课始隶属于警务局。兹将其原有组织与现在机构，列图说明如次：

原有组织（见下页图）

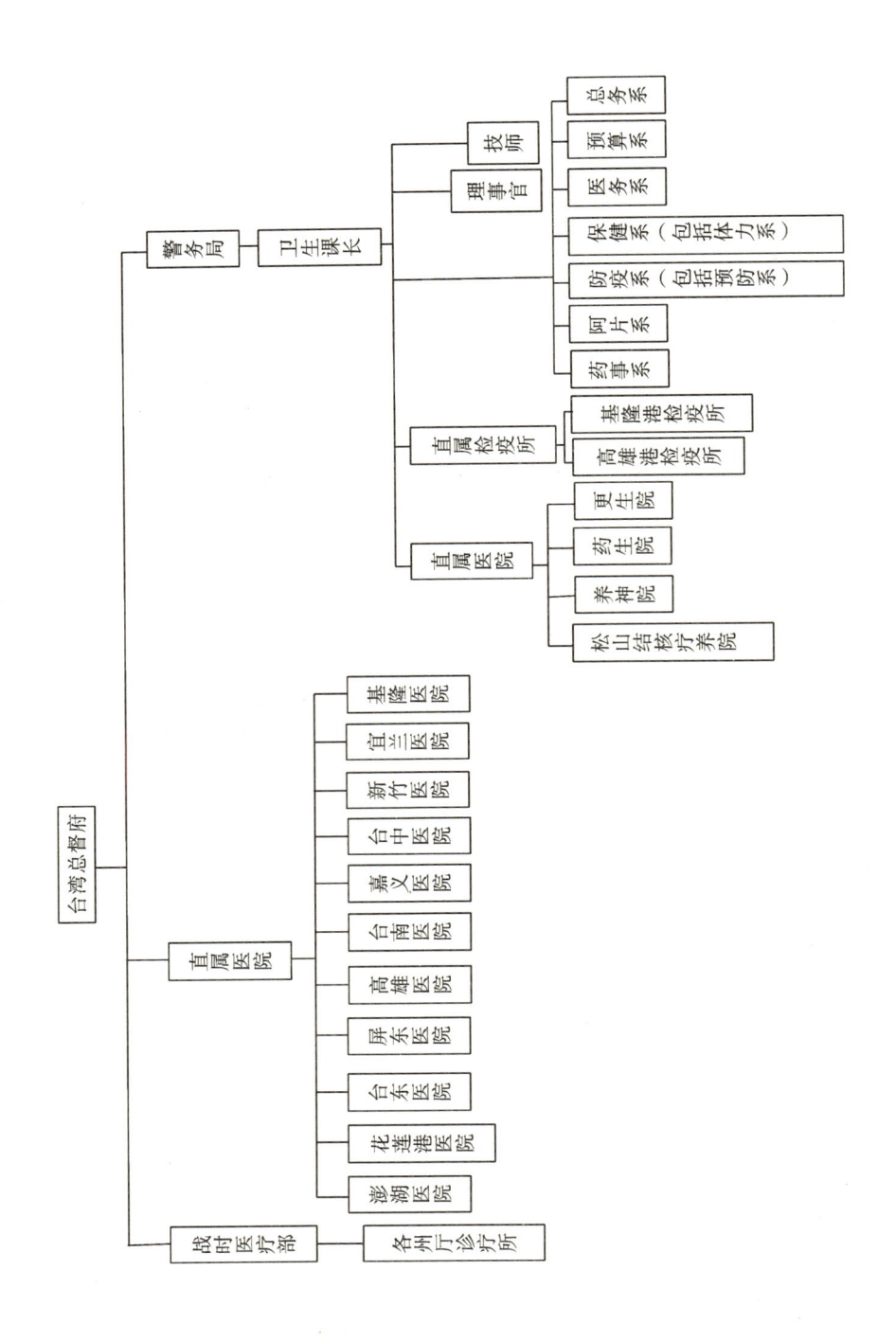

台湾总督府
├── 警务局 ── 卫生课长
│   ├── 技师
│   ├── 理事官
│   │   ├── 总务系
│   │   ├── 预算系
│   │   ├── 医务系
│   │   ├── 保健系（包括体力系）
│   │   ├── 防疫系（包括预防系）
│   │   ├── 阿片系
│   │   └── 药事系
│   ├── 直属检疫所
│   │   ├── 基隆港检疫所
│   │   └── 高雄港检疫所
│   └── 直属医院
│   ├── 更生院
│   ├── 养生院
│   ├── 养神院
│   └── 松山结核疗养院
├── 直属医院
│   ├── 基隆医院
│   ├── 宜兰医院
│   ├── 新竹医院
│   ├── 台中医院
│   ├── 嘉义医院
│   ├── 台南医院
│   ├── 高雄医院
│   ├── 屏东医院
│   ├── 台东医院
│   ├── 花莲港医院
│   └── 澎湖医院
└── 战时医疗部 ── 各州厅诊疗所

台湾光复,即于行政长官公署民政处设置卫生局,掌理全省卫生行政管理。原有各卫生机构改正如左:

一　前总督府附属医院,一律改称省立医院。

二　卫生课直属医院,其中更生院改为省立戒烟所,乐生院改为省立乐生疗养院。养神院改为省立锡口疗养院。松山结核疗养所改为省立松山疗养院。

三　前战时医疗部各州厅诊疗所,一律归并各省立医院。

四　各单位现仍维持其固有之组织。

(一)现在工作

(子)禁绝鸦片

查本省未光复前,鸦片系属专卖品,今后应予励行禁绝。去年长官公署曾公布《台湾省禁绝鸦片办法》定于三十四年十二月一日起至三十五年五月底止,限六个月戒绝。全省之烟民人数计一九五〇人,于台北设置省立戒烟所,并于新竹等各省立医院附设戒烟分所(新竹,台中,台南,高雄,花莲港,台东,澎湖)。经费总额为六〇〇〇〇〇元。

(丑)重行登记卫生人员

过去本省卫生人员,由台湾总督府及地方举办注册手续。自三十五年起,应按照卫生署颁布卫生法规,举行本省卫生人员登记。

(寅)推行公医制度

台湾以前无完全之公医制度。仅设置"公医",由知事或厅长就指定之区域中任用之。并受郡守,支厅长,警察署署长之指挥,今后本省施行之公医制度,则以卫生建设为目标,除于重要地区,设置规模完善之省立医院外,于各市县乡镇分别设立卫生院,卫生所,以资普及。省辖市得设大卫生院,三十五年度内。拟先整理各州厅已有之公立医院,暂定经费五〇〇〇〇〇〇元,又在重要之五个县各设大卫生院一所。其辅助费各为一〇〇〇〇〇〇元。

(五)日侨管理

(一)过去情形

(子)日侨人口调查

日本统治时代对于在台日人之管理,未有专设之机构,旧台湾总督府于三十四年十月调查全省日侨人数结果,共有三十二万三千二百六十九人,其中男十五万四千八百四十九人,女十六万八千四百二十人(详附表一)。唯此项调查因时间仓卒,一部分疏散在外,及后复员之日侨,约有百分之十未经列入,故前项总数,尚未尽精确。

(丑)日侨职业调查

根据旧台湾总督府十月调查结果。日侨在台湾之职业以无业者为最多,从事官吏者次之。矿工业及商业又次之,渔业为最少(附表二)。

附表一　台湾省日侨人口统计表　民国卅四年十月一日台湾总督府调查

县市别 \ 人数性别	男	女	合计	备考
台北市	38,369	41,999	80,398	
基隆市	6,710	6,368	13,078	
台北县	14,101	15,569	29,670	
新竹市	3,649	3,645	7,294	
新竹县	7,539	8,859	16,398	
台中市	7,991	8,962	16,953	
彰化市	1,570	1,652	3,222	
台中县	16,738	20,057	36,795	
台南市	5,814	6,137	11,951	
嘉义市	4,036	4,479	8,515	
台南县	15,368	17,989	33,357	

续表

县市别 \ 性别 人数	男	女	合计	备考
高雄市	9,320	6,523	15,843	
屏东市	2,717	2,902	5,619	
高雄县	7,705	9,175	16,880	
台东县	3,387	3,368	6,755	
花莲港县	9,263	10,227	19,490	
澎湖县	542	509	1,051	
总计	154,842	168,420	323,269	

附表二 台湾日侨职业调查统计表（总数） 民国三十四年十月一日前台湾总督府调查

职业别 \ 州厅别	总数	台北	新竹	台中	台南	高雄	台东	花莲港	澎湖
总数	323,269	123,146	23,691	56,971	53,823	38,342	6,755	19,490	1,051
商业	13,747	6,611	509	2,825	1,470	1,494	176	558	104
矿工业	14,092	4,743	1,321	2,027	3,062	2,245	151	540	23
农林业	7,478	831	329	2,065	1,365	845	425	1,618	-
渔业	1,407	843	38	69	76	267	73	49	1
交通业	5,359	2,293	248	602	767	1,166	77	198	8
土木建筑	3,801	1,667	133	910	308	554	45	178	6
官吏	36,264	11,826	3,043	9,632	5,566	3,477	851	1,674	195
公吏	8,220	2,093	419	2,042	1,117	2,088	135	298	28
自由职业者	9,519	4,628	453	1,540	1,736	804	96	254	8
无职	223,382	87,620	17,198	35,259	38,356	25,402	4,746	14,123	678

(二)现在办理情形

为严密管理日侨起见,特设日侨管理委员会,由民政处长兼任主任委员。管理委员会于三十四年十二月三十一日正式成立。惟为时尚暂,一切尚在准备时期,兹择其要者列陈于左:

(子)组织概况

日侨管理委员会隶属于台湾省行政长官公署,设委员九人(由本省有关之处室首长兼任),主任委员一人,顾问一人(由美军联络组派代表充任)。下设秘书室及调查、输送、管理三组,每组各设正副组长一人,组下设干事雇员若干人。基隆、高雄各设办事处,下设物品检查、康健检查、输送、管理、给养、总务等六组,各县市设日侨输送管理站,下设输送、管理、检查、总务等四股。

(丑)调查工作之实施

制定本省日侨调查办法并区分为三种,第一种为特种日侨。第二种为普通日侨,不属于特种日侨及其他日侨者皆为普通日侨。第三种为其他日侨,包括下列各类:

一、奉准征用之工矿技术人员。

二、奉准征用之专科以上学校农工医科教授。

三、奉准征用之金融人员。

四、奉准征用长于行政之人员。

五、邮电、铁路、电气、港务、船舶、气象、水利、土木工程、卫生等各方面征用之技术人员。

(寅)管理工作之进行

一、限制日侨迁移。为防止日侨擅行迁移起见,经制定本省日侨省内迁移管理暂行办法,此项办法要义,在使一般日侨经过调查后,户口不至漫无稽考。且可与日侨输送工作取得密切之配合,各县市已遵照办理。

二、遣送日侨检查工作之拟定。为遣送日侨均能按照规定携带对象并防止流弊起见,对于遣送日侨之检查,不能不预为拟定办法,经决定原则两项。

A. 离去其所在地时之检查。(同时实施卫生检查)

B. 集中港口上轮前之检查。

(卯)输送工作之准备

一、确定输送标准。在全部调查工作未完成前,本不易作具体标准之决定。唯为统筹全般管理业务之便利计,暂定下列三点:

甲、日侨志愿留台而政府认为无留台需要却遣送回国。

乙、志愿回国之日侨具有学术技术或特殊专长之智能而政府认为有留台之必要者仍应继续征用令其留台。

丙、日侨志愿留台而政府认为有适合将来归化之条件者得准其留台。各有关机关及各县市政府应即依据前项标准将日侨调查各册加以初核并送本会复核。

二、输送计划之拟订。日侨输送计划包括输送之人数、日期、目的地、交通工具及运输机构等要项,经与驻台美军联络组会同研讨,预定短期内完成准备于开始输送前付之实施。

三、遣送日侨携带现款对象数量之决定。回国日侨携带现款,依照规定,每人可带日币一千元。惟本省日侨与内地日侨情形不同,已项目请示中,关于应予携带之物品,经编订简表,准备于通知应予遣送之日侨时,予以附发,以为携带物品之依据。

四、日侨输送期中之给养问题。日侨输送期中之给养问题,迭经研讨,最近奉中国陆军总司令部之电示,因作下列各点之拟议。

(1)日侨到达港口至上轮前给养由政府负担,并令基隆、高雄办事处统筹办理,日侨由居住地至港口之给养,仍由日侨自行负责。

(2)船上给养俟以后再行决定。

五、交通工具之筹措。经会同本省铁道运输司令部统筹输送日侨之交通工具,并分各县市政府对于县市境内之日侨输送工具,预作周密之准备。

三、财政

　　财政处接收前总督府财务局及农商局之商政课,主管本省计政、金融、租税及商业管理事宜,并监督贸易与专卖事业。兹将其接收情形及工作概况,分述于后:

(一)接收情形

甲、计政

　　旧总督府财务行政,特点有三:(一)各机关请求经费须向财务局提出,经其查定编制,事权统一。(二)总督所属各机关营缮工程及购置物品,集中办理,以免浮滥。(三)支付集中,易于监督。关于收支情形"昭和"二十年度预算岁入岁出各为八二八九九二四〇六台元[①],截至十二月十四日旧总督府会计决算岁入实收额为四九三六三九六三二元,岁出实支额四〇六三二二三三〇一元。

乙、金融

　　台湾省金融机构计有银行七家,信托公司一家,产业金库一家,信用组合农业会约四百余单位,以台湾银行为总枢纽。台湾各银行之投资均多日本国债,其金额占投资总额百分之六十以上,因此各银行之资金涸竭。台湾银行资本六千万,有发行权,并兼管日本银行代理店,办理国库事宜,存款总额约五亿元,发行额为二十九亿元,总计负债达三十四亿元,分支店共计八十三

---

① 原文如此。

处。其他各银行,皆持有国债,并根据日本大藏省之命令办理信用放款,总额正在核计,负债超过资产。台湾主要通行货币为台湾银行兑换券,但日本兑换券亦源源混入,数字无从统计。台湾银行兑换券原以生金银有价证券外汇及日本银行券为准备,自太平洋战争发生后,前项发行准备废止,台湾银行券金货准备,仅二万一千余元。其他发行准备,大部分存于东京,计达二十八亿元左右,民国三十四年正月发行额为九亿元,七月间为十四亿元,接收前增至二十九亿元,其增加原因为军需及其国库支出方面,存款提取,放款增加。日本政府前在台湾所发行之国债,约有十四亿元,前台湾总督府所发行各种地方债券库券约有三十亿元。

丙、租税

台湾过去租税分为国税、地方税两类,国税包括内国税及关税,为台湾总督府之收入,主要者为收益税、收得税、财产税、流动税、消费税、特别消费税、关税、吨税,其中收入以收得税最多,消费税次之。地方税为州厅税及市街庄税,主要者为国税附加税、特别营业税、户税、地租附加、营业税附加、家屋税附加、矿业税附加、户税附加等税,其中收入以国税附加及户税为最多。

日本会计年度由四月起至次年三月底止,接收时期(即昭和二十年度)租税收入预算为国税二四〇三九一四三六元,州厅税四二〇四五二八七元,市街庄税五四三〇六三七三元。截至本年度九月底止半年中实收数约占预算数百分之二十六。

其税务系统,在旧总督府财务局设税务课,各州厅设税务课,市街庄设税务系。并于各州厅辖区内重要地点设置税务出张所,税收行政与业务合为一体。

丁、商业管理

过去台湾商业之管理,由前总督府农商局商政课主管,其主要业务为(一)决定及实施价格统制之计划。(二)输入及配给之统制。(三)贸易汇兑之管理。(四)企业之监督等,现由财政处接收管理。

戊、贸易

过去日本所采贸易政策分为(一)殖民地贸易。(二)保护关税贸易。(三)独占性质贸易。在贸易数额上,对日本贸易约估总额百分之八十以上,贸易物品以米糖、水果为大宗,战时所有进出口物资,均须呈准总督之许可,同时励行配给制度,实行定量分配,惟因战时交通梗阻,所有对外贸易几陷停顿。统制台湾贸易之强有力机构,为台湾重要物资营团,举凡可供军用补给战事需要之物资皆由该团搜括。日本投降后,大部分重要物资均已处分殆尽,所余仅食糖约五千吨,少数机械材料及棉织品家具等,依账册所载,该团年有亏损,皆由日本政府补偿,本年尚未决算,已亏一千数百万元,由省营贸易局予以接收。

己、专卖

前总督府专卖局总局及台北、台南、台东、高雄、新竹、花莲港、台中、嘉义、屏东、宜兰、基隆等十一支局及各出张所、台北酒工场、南门工场、松山烟草工场、树林酒工场、板桥酒工场及度量衡所等,均由省专卖局接收。过去专卖品计有盐、樟脑、鸦片、烟草、酒类、汽油、度量衡、火柴等八项,除盐系由民间生产,政府收购配给外,其他物品之产制运销,均由政府统制,凡属专卖物品,民众绝对不能私自制存运卖。接收主成品计鸦片四〇九三千瓦,樟脑四〇二七九〇千瓦,盐一〇七五二九千瓦,苦汁一四九五一六千瓦,烟草四一六九七五三〇支,酒四一六四九四立升,度量衡共值一四二四六八元,火柴三四八六〇八八盒,石油一六八五〇二立升。半制品计樟脑二〇二七四千瓦,鸦片三六六千瓦,酒三七〇三二三二公升,火柴二二一〇五盒,石油五〇五四〇公升,原料计总值一六二三九七四一元。材料计总值二七八六三七〇元。其他物料合计三一九二一一八元。制造用具一五九八四〇四元,运输用具三四四二二一元。各地工厂、房屋、机器多被盟机轰炸破坏,工作大部停顿,以致专卖物品质量低劣,私货充斥,黑市猖獗,接收后正积极改进中。有关专卖业务之会社由省专卖局监理者有台湾制盐株式会社、南日本盐业株式会社、台湾盐荷役株式会社、日本樟脑株式会社台北支社、高砂化学工业株式会社、日本有机化学工业株式会社台北支社、高砂麦酒株式会社、台湾酒坛统制株式

会社、台湾制樽株式会社、台湾竹材工业有限会社、台湾葡萄糖工业株式会社、国产コルク工业株式会社、台湾オフセット印刷株式会社等十三处。现亦均加整顿，积极促其生产中。

（二）工作概况

甲、计政

自接收时至三十四年十二月十四日止，沿用前总督府特别会计，十二月十五日起予以废止，开始本省普通会计，初以旧预算为基准，加以整理修正。截至本年三月底之收支总概算书，岁入岁出额各为五一二〇三一五〇七元①，自三十五年度起，依照规定改为历年制，四至十二月份九个月预算，正在编制中。

乙、金融

财政处成立后即派员先就台湾、劝业、三和等三家银行分别检查其业务，并先后实行监理，所有放款、开支、人事、国库发行等业务，均须经监理委员核准办理，其他各银行、产业金库及信托保险等业，均经次第派员检查竣事，并已分别开始监理。至各银行业务复杂散漫，且多雷同重复，拟分别予以调整或裁并，使其趋于专业化。为安定民生防止物价高腾，经限制流通券之发行，对于生产无关之事业，不得贷款，其属于国库之支付，非经呈准不能动支，并禁止日本银行兑换券及台湾银行千元兑换券在省内使用，以特种定期存款名义存入银行。实施以来，计收日银券存款五千六百余万元，台银券存款六亿八千余万元，对于防止通货膨胀，颇著成效。本省发行额现已紧缩至二十一亿元，关于本省新流通券之印制，业经奉院令准予办理，并派员赴沪向中央印制厂洽印，拟印币额计一元券五千万元，五元券五千万元，十元券八亿元，五十元券一亿元，百元券十八亿元，五百元券二亿元，总计三十亿元。

日本政府及台湾总督府前在台湾发行之各种债库券为数至巨，亟应清理，业经公告所有持券人，不论团体或私人，属于任何国籍，自三十四年十二

---

① 原文如此。

月十五日起,至三十五年一月卅一日止,应向台湾银行办理登记保管,近来登记者极形踊跃,俟登记竣事再行请示中央办理。

惟本省接收伊始,百废待兴,各项事业经费支出浩大,近拟斟酌本省经济状况,发行公债,定名为建设公债,发行额为台币五亿元,正呈请中央核定中。关于在台美军以美钞兑换台币之比率经暂订美钞一元兑换台币三十七元五角,并由台湾银行在基隆、高雄两地设立兑换所,以利美军兑换。又本省为便利公务员眷属汇款及中央机关拨款,在正式比率未确定前,暂按内地及台湾物价并比照美钞与黄金市价规定台币一元,折合法币三十元,业经并案呈院核准备案中。

丙、租税

日本统治时期租税名目繁多,殊涉苛扰,经于三十四年十二月七日召开全省税务会议,详知研讨,分别整理,并于同月二十六日将特别行为税、特别入场税、骨牌税、酒类出港税、特别法人税、建筑税、织物消费税、广告税、资本利子税、利益配当税、公债及社债利子税、外货债特别税等十二种公告废除,以苏民困,其余租税正在分别审议中。拟行修订者为所得租、临时利得税、营业税、相续税(继承税)地租、家屋税、配当税、砂糖消费税、入场税、物品税、游兴饮食税等十一种。拟暂不变更者为登录税、扩业税、法人资本税、通行税、银行券发行税、清凉饮料税、马券税七种。国税部分除关税吨税已遵令移归海关办理外,现已分别整理大致就绪。至地方税部分亦应有加整理之处,兹为审慎从事集思广益计,已电各县市政府将当地实收情形及整理意见赶速送呈,以便汇办,预计此项工作可于二月底以前完成。日本投降后人民对于各项租税之缴纳多存观望,因之收入颇受影响,本公署接收后即通告人民依照现行法令如数缴纳,截至十二月十四日止,国税实收数约占预算百分之四十,地方税实收额约占百分之六十以上。

至本省税务机构在省为财政处之税务科,县市政府为财务科之税务股,乡镇公所为财务股中之承办税务人员。

丁、商业管理

商业管理之主要任务为(一)物价之调查统计,(二)物价之调整,(三)专卖及贸易之监督指导,(四)有关商业之审查登记许可,现均在分别办理。

戊、贸易

台湾重要物资营团接收后,责令原任理事长石井龙猪为清理人,并负责保管各处设备及各项物资,一面推进监理工作及筹设分支机构,整理账务,催收债权,对于各项债务,除有关台民生计者,酌予照付外,其余概行停付。对于业务之推进,已与上海有关方面交换面粉、布匹、肥料进口,同时侧重于收购食糖,配销进口物资,以调剂盈虚,安定人民生活。

至今后业务计划:出口方面,拟掌握重要物资如糖煤水果之类,节约省时消费,尽量供应内地各省需要。外销物资如茶叶、樟脑、草帽之类,原系运销美国者,设法出口,换取外汇。特殊物资,国内外不易运销,而省内消费过剩者,如食盐为日本所急需,拟运往换取肥料或器材,以供建设之用。进口方面,本省进口物资,向以肥料及日用必需品为主,战时海运困阻,愈感缺乏,亟需购入大量肥料,以谋粮食蔗糖等农产品之增产。并运入机械五金器材、交通工具、建筑材料、医药用品、衣料以及其他生活必需品,以应迫切需要。配销方面,过去日人贩卖粗织,居间商人从中层次剥削,消费者负担綦重,生产者复所获无几,此后将尽量委托各合作社,将进口商品或接收物资中,属于普通商品性质及本省生产机构之产品,依照限价,直接零售于消费者,藉收抑平物价,稳定人民生活之效。

己、专卖

接收后将各支局改称分局,出张所改称办事处,分布地域,一仍其旧,各工场改称工厂,照常开工。专卖品中鸦片一项,奉中央明令禁止,汽油一项在平时无专卖必要,现已废止,只有盐、樟脑、烟草、酒、度量衡器、火柴六种,继续专卖。各工厂必须修理者拟在最近三个月内修复,自四月份起拟恢复全部生产。查缉私货由各分支机构组织查缉队专责办理,并请当地驻军及宪警协助。专卖品推销制度过去分为承销商(原名卖捌人)、零售商(原名小卖)两级制,自本年起废除承销制度,就原有之承销区域之零售商合并组织联合配销会,现在各地联合配销会已渐次成立,同时绝对禁止黑市价格。关于质量方面,积极采购优良原料,提高各种专卖品之质量,现此项新制品已于本年开始供应，并预定本年度各种专卖物品产量及价值如左：

  A 盐

  1 煎熬盐 一七五〇〇吨

  2 晒盐 一九六三〇〇吨

  3 工业盐 二五六三七〇吨

  值价 九〇二三七〇〇〇元

  B 樟脑 一一二三吨

  价值 四一九七九〇〇〇元

  C 烟草 三一五〇〇〇〇支

  价值 五四二三六四二四五元

  D 酒类

  酒 二九七二〇〇公石

  酒精 四五〇〇〇公石

  价值 三四二四四五八三元

  E 度量衡器

  价值 三〇八五三〇二元

  F 火柴

  价值 四五三五三〇〇〇元

至监理之会社按其性质分别合并更改名称。

四、教育

前台湾总督府教育行政工作,由文教局掌理。教育处接收后,大部分学校均照常上课,社会教育机关亦大部继续工作。兹将接收情形及工作概况,分述如后:

(一)接收情形

甲、各级学校之接收

(一)专科以上学校

一、台北帝国大学　该校设文政学、理学、农学、工学、医学等五部及附设大学预科,由教育部特派员接收,现已改为国立台湾大学。

二、专科学校　原有台中农林专门学校一所,设农学、林学、农艺化学三科。台南工业专门学校一所,设机械、电气、土木、建筑、应用化学、电气化学六科。台北经济专门学校一所,设本科及南方经济、东亚经济两专修科。以上三校,系招收中学校毕业生,修业年限,除专修科为一年外,余均三年,直属前总督府。接收后,分别改为省立台中农业专科学校、省立台南专科学校、省立台北商业专科学校,各校校长均经先后派定。此外尚有台北帝大附属医学专门部,由教育部特派员接收,并入国立台湾大学,又私立台北女子专门学校一所,设文科、理科及别科,接收时在停顿中。

(二)中等学校

原有高等学校一所，师范学校三所，与农林、工业、经济三专门学校，均系接收中学校五年或四年毕业生。过去均列入高等教育系统，高等学校分寻常科及高等科，高等科又分文理两科，寻常科修业四年，高等科修业二年，毕业后升入台北帝大，师范学校三所，设预科、本科、讲习科及研究科，预科修业二年，本科原修业三年，战时改二年，讲习科三年，研究科一年。中学校二十二所，内私立四所，余公立，修业年限四年（战前五年）。高等女学校二十二所，内私立二所，余公立，修业年限四年（亦有三年者）。实业学校二十七所，内私立二所，余公立，修业年限，私立三年，公立四年。台北市区内公立中等学校，由教育处派员接收，其余各州厅立中等学校由各州厅接管委员会先行接收，暂由原校或邻校台籍教职员中遴选学识能力较优者，委派代理校务，负责保管所有设备及财产，并仍继续上课，听候派员接办。现全省公立中等学校，已一律改为省立，并就原有学校改定校名，计有师范学校三所，女子师范学校一所，高级中学一所，中学十八所，女子中学二十所，农业职业学校九所，水产职业学校一所，工业职业学校八所，商业职业学校七所，均为省立，合计为六十八所。校长大部分均已派定，分别接收；一部分仍由州厅接管委员会所派人员维持，校长尚在遴选中。或已经约定，因交通困难，尚未到台，此外尚有私立中学六所，私立职业学校二所，现仍继续办理，拟饬依法办理校董会及立案手续。

（三）国民学校

本省过去国民教育相当普及，台籍学龄儿童就学者平均为百分之七十一，日籍儿童就学者百分之九十九。全省国民学校，共有一〇九九所，幼儿园九十五所，国民学校除分教场（即分校）修满四年复转本校续修二年外，其余修业年限均为六年。光复前，台人入中学限制甚严，各国民学校，因有高等科之设置。继国民学校毕业后续修二年，注重职业训练，全省共有二百五十四所。今拟予停办，另行增设初级中等学校，于学生以均等入学之机会。原有分教场及高砂族教育所，统改为国民学校，并改订教学科目，教学时数表，订定校长教员充任及待遇办法，优待高砂族子弟升学办法，清理省县教育款产及编印国民学校暂用国语历史课本等以资划一平等。本省各国民学校附属于师范者，由师范学校分别接收，属于各州厅各市者由各州厅接管委员会及各市政府分别接收，校长限由国人担任。

(四)实业补习学校

日人为限制台籍国民学校毕业生升入中学，除于国民学校附设高等科外，复设立各种实业补习学校，属于农业者六十三所，属于工业者七所，属于商业者十七所，工商合设者一所，属于水产者一所，属于其他者一所；会计九十一所，内私立八所，余公立，是项学校，系招收国民学校毕业生，修业年限普通为三年，与我国之初级实用职业学校相似，亦有修业一年或二年者，与我国之职业补习学校相同。各实业补习学校，现由各州厅接管委员会及各市政府分别接收，拟即派员调查，其设备完善成绩优良者，饬改为初级实用职业学校，其余改为职业补习学校。

乙、各种社会教育机关之接收

一、国民精神研究所　该所为调训公务员之机构，成立于昭和十九年(即民国三十三年)，设于台北，直属文教局，现驻有美国陆军五十余人，工作已完全停止，俟美军迁出后，拟改为社教机关。

二、中央青年特别训练所　该所为战时训练青年志愿兵之场所，成立于昭和十七年(即民国三十一年)，设于台北，仅办三期，现为国军所驻，俟迁出后拟改为社教机关。

三、各州厅各市及各郡社教机关　各州厅各市及各郡社教机关，计有图书馆九十二所，博物馆六所，运动场二十三所，水泳场二十四所，剧团三十所，剧院三十所，工商奖进会六所，盲哑学校二所，神宫六十五所，青年训练所二十六所，皇民练成所三千七百三十一所，青年学校五百四十四所，特设青年学校六百〇二所，由各州厅接管委员会各市政府分别接收。

台湾省各级学校一览表

<table>
<tr><th rowspan="2">种别</th><th rowspan="2"></th><th rowspan="2">单位</th><th colspan="4">学生</th><th rowspan="2">备案</th></tr>
<tr><th>台籍</th><th>日籍</th><th>其他</th><th>共计</th></tr>
<tr><td rowspan="3">大学</td><td>台湾大学</td><td>1</td><td>111</td><td>278</td><td>5</td><td>394</td><td></td></tr>
<tr><td>台湾大学预科</td><td>1</td><td>61</td><td>476</td><td>3</td><td>540</td><td></td></tr>
<tr><td>小计</td><td>2</td><td>172</td><td>754</td><td>8</td><td>934</td><td></td></tr>
<tr><td rowspan="2">专科</td><td>专科学校</td><td>5</td><td>414</td><td>1,529</td><td>9</td><td>1,952</td><td></td></tr>
<tr><td>小计</td><td>5</td><td>414</td><td>1,529</td><td>9</td><td>1,952</td><td></td></tr>
<tr><td rowspan="4">中等学校</td><td>师范学校</td><td>3</td><td>520</td><td>2,364</td><td>4</td><td>2,888</td><td></td></tr>
<tr><td>中学</td><td>45</td><td>12,817</td><td>16,104</td><td>84</td><td>29,005</td><td>内私立6所</td></tr>
<tr><td>职业学校</td><td>27</td><td>9,194</td><td>5,367</td><td>67</td><td>14,628</td><td>内私立2所</td></tr>
<tr><td>小计</td><td>75</td><td>22,531</td><td>23,835</td><td>155</td><td>46,521</td><td>实业补习学校90所,学生18,090人未计在内</td></tr>
<tr><td rowspan="2">民国</td><td>国民学校</td><td>1,099</td><td>867,749</td><td>50,619</td><td>14,158</td><td>932,525</td><td></td></tr>
<tr><td>小计</td><td>1,099</td><td>867,749</td><td>50,619</td><td>14,158</td><td>932,525</td><td></td></tr>
<tr><td colspan="2">总计</td><td>1,181</td><td>890,865</td><td>76,739</td><td>14,330</td><td>981,320</td><td></td></tr>
</table>

（二）工作概况

甲、派定工作人员职务及划分职掌

教育处工作人员于三十四年十月十七日，十一月十九日及十二月十一日，先后抵台，即分别派定职务，开始工作。

乙、专科以上教育

本省专科以上教育，仅农工商三专科学校，农专校长经核派周进三充任，商专校长经核派张金润暂代，工专校长亦经内定。惟因交通困难，尚未到台，上列三校除工专因校长未来，尚未接收外，其余农商两校，均已分别接收就绪。

丙、中等学校

省立中等学校，除极少数校长因交通困难，尚未到台，未能接收外，其余均经接收完竣，兹将中等学校工作概况分列如下：

一　中学校长座谈会　各中学校长于起程赴校前，由教育处召集座谈会，讨论解决各项问题。

二　集中台籍日籍学生，同地同性质之学校有二所以上者，将台籍学生与日籍学生分别集中一校继续上课。

三　改订学期教学科目及教学时数表　本省各级中等学校，原以一年为一学期，今已照教育部规定改为一年分两学期，各校原有日本国文，公民，历史，地理等科加以剔除，改订为中国国文，公民，历史，地理等科，本届应毕业学生，停放寒假，补授列改订各学科。

四　依照教育部规定及本省实际情形，颁布各级中等学校组织，学级编制及教职员设置员额表。

五　订定招生办法按照实际情形，分别订定本省中学，师范及职业学校招生办法。

六　订定中等学校教员支给薪俸暂行办法　依据教育部规定及参照本

省员工薪给暂行办法订定本省中等学校教员支给薪俸及生活津贴暂行标准草案。

丁、国民学校

国民学校,除直属各州厅者外,多由师范学校附设,光复后凡原属各州厅者,由各州厅接管委员会属接收,于师范学校者,皆改为省立,所有分教场及高砂族教育所,一律改为国民学校。兹将国民学校工作概况,分别如下:

一 编订教员手册 本省受日人统治五十年,对祖国现行法规甚为隔阂,为使其明了起见,特将有关法令编成教员手册,发给各校应用。

二 订定国民学校校长教员任用及待遇暂行规程 分别规定公私立国民学校校长、教员任用资格及任用手续暨每周授课时数,并规定校长、教员待遇等级。

三 改革高砂族教育制度 本省高砂族人民教育,原由警察局会同文教局办理,设一百四十八教育所,教员由日本警察担任,此种不平等之教育制度,与我国三民主义之精神大相违背。值此光复,自应加以革兴,现各教育所一律改为国民学校,校长教员亦改由合格人员充任,以示平等。

四 改订校名 原有国民学校,校名大多数含有纪念日本意义。现依照中央规定,将所在地新改之街庄道路名称定为各该校校名。

五 废除高等科 台胞升入过去中学限制甚严。故继国民学校六年毕业后,复有二年高等科之设置,今已将此种高等科一律废除。

戊、社会教育

光复后之台湾教育,社教亦为当务之急,故利用本省原有图书馆、博物馆、剧场并将神社及青年训练所等改为社教机关,积极施教。俾台胞能彻底了解祖国政治、经济、文化教育等种种现况及日本帝国主义之残暴侵略等种种恶行。兹将光复后社教之实施分列如下:

一 设立广播讲座 每星期日晚九时至九时三十分广播教授国语、国史、公民。除国语外,并用台语使台胞更加明了

二 实施电化戏剧教育 拟利用电影戏剧机构实施电化戏剧教育。

三 设置公务员语文临时讲习班 来台及原有人员,亟需国语之补习,

特举办公务员语文讲习班,至各机关团体或私人举办之国语讲习班,并予以奖励,给与教本及器材之便利。

四　拟定社会教育法规章则,拟定本省社会教育机关工作人员检定委员会组织规程检定规程及省立民众教育馆章程等草案。

己、教育视导

本处对于本省各地教育实际情形,亟需明了,故于接收后即召集高级干部,商讨视察全省教育步骤予以实施。兹将视导工作概况分列如左:

一　由视导工作人员会同各中学校长视察各级学校,以为改组调整之准备。

二　派员分赴各州厅协助接收教育部门并视察所属学校及教育机关。

三　调查全省过去学事统计,草拟视导法规章则及制定视导表式。

四　举行督导会议　全体督学视察将视导所得整理报告,举行督学会议以资检讨改进。

庚、其他

一　中等国民学校教员之甄选　组织教员甄选委员会,对于本省人员,特予放宽,以资鼓励,第一期甄选工作业经结束。并将甄选合格人员,由省训练团予以短期训练,一俟毕业即行分发工作,此外并在沪招考国文、公民、历史、地理等科教员多人,不日即可抵台工作。

二　教材编辑及审查　一面积极编订地方性之教本,一面电请教育部准予翻印国定本教科书,以应急需,并征集本省过去各种教育资料,加以改编。

附博物馆与图书馆

甲、博物馆

(一)　接收前之概况

查台湾博物馆建筑于大正四年,迄今已历卅二年,日人以发扬统治政绩为目的,内容异常贫乏,经费年仅一六〇九六元,职员仅四人,其他均系兼职,战前陈列品,约计一万三千余件,战后只余九千余件,自学术上言,有价值物品,殊难得见。

（二）接收时之处理

接收时奉令改称台湾省博物馆，直隶于行政长官公署，三十四年十一月接收。馆址已遭炸毁，陈列物品亦凌乱不堪，现一面尽速修理房屋，一面整理旧有陈列物品，并向各文化教育机关征求人文自然等科学材料，拟于本年四月一日，先行开幕，研究部分，同时进行。

（三）接收后之计划

台湾光复伊始，文化机关，自不能径以粉饰表面为已足。为培养爱国精神，启发固有民智，发扬祖国文化，改善人民生活计，馆之组织，拟分设研究、总务、陈列三部。以研究部为业务之中心，下设历史、民俗民族、地理地质、生产工艺、生物、南洋等六组，各设组长、研究员、助理员。专类研考，以为建设三民主义新台湾之参考。

乙、图书馆

图书馆，原直属于前总督府，藏书相当丰富，惟因战事关系，颇有损失。现已接收，改为台湾省行政长官公署图书馆。

五、农林

过去台湾办理农林渔牧之机构，依其性质，大体可分为行政机构、试验机构、企业机构及农业团体四类，现皆由农林处接收，兹将其接收情形及工作概况，分述于后：

（一）接收情形

上述各类机构，单位繁多，兹将已接收者，分别列举于下。

甲、行政机构

台湾总督府农商局（商务部分除外）

一、食粮部及其分支机构

二、兽疫血清制造所

三、大南庄蔗苗养成所

四、拓士道场

五、种马牧场

六、肥料检查所

七、西部特用作物种苗养成所

八、大南庄蔬菜采种场

九、东部特用作物种苗养成所

一〇、东部棉作指导所

一一、西部棉作指导所

一二、汐止苗圃

一三、植物检查所

一四、养蚕所

一五、花莲港种马所

乙、试验机构

(一)农业试验所

一、士林园艺试验支所

二、平镇茶业试验支所

三、鱼池红茶试验支所

四、台中农业试验支所

五、嘉义农业试验支所

六、嘉标畜产试验支所

七、凤山热带园艺试验支所

八、恒春畜产试验支所

九、台东热带农业试验支所

一〇、屏东农业试验支所

(二)林业试验所

一、莲叶池支所

二、中埔支所

三、恒春支所

四、马里福留支所

(三)水产试验所

一、台南支所

二、高雄支所

(四)糖业试验所

丙、农林企业机构

先接收主要会社进行监理，一面整理旧有业务，一面配合本省之农林政策,筹办新事业。第二期对次要农林企业组织,分别农、林、渔、牧,予以接收,并进一步加以整理,使成为一有系统之专业企业组织。第三期对于散布各县之中小农林企业组织,资金在台币十万元以上者,分区接收。以上各种工作,俱在进行中,已接收并加以监理之会社,列表于后(见P685—P687)。

丁、农业团体

一、台湾农业会

二、台湾水利组合

（二）工作概况

子、恢复食粮生产及食粮管理

(一)食粮生产

米为本省主要食粮,本省农业之基干作物,战前最高生产量,达九百八十万日石。近二三年受战事影响,产量逐渐减低,去年仅产四百九十万日石。形成米荒状态,至今尚成为严重问题,亟须设法补救。一面策划自各地输入米谷及面粉,一面准备以杂粮代替食米,更特别致力于米谷增产。本年第一期米作面积,业经与各县会商决定为二六八八八七甲,预计可产三百七十万石。第二期米作面积将以三五〇〇〇〇甲为目标,产量可达四百二十余万石。总数可达八百万石左右。

甘薯为本省次要食粮,近亦因战事影响,产量有减少倾向。为解决本省食粮不足问题,力图甘薯增产为必要措施。本年度甘薯耕作面积经预定为三四七六五四甲,可收五三四八四三一〇〇〇斤。基此生产目标,已将各县耕作面积予以分配。

(二)食粮管理

过去台湾食粮之管制,自生产、存储、加工、运输至分配销售,无一不受日人严密之统制。并运用经济警察,切实执行基层之管理,在其政策立场,可谓收效甚大。惟完全以夺取压迫为目的,人民恨之切骨。日本投降,管制力量瓦解,人民不肯缴粮,米源顿形减少。接收后,颇受其影响,曾公布征购米谷

已接收农林企业会社简表

会社名称	职员人数 本省籍 人	职员人数 日籍 人	已交资本金 元	资本价值 元
台湾拓殖株式会社	3,539	867	60,000,000.00	158,827,661.32
大凤兴业株式会社	182	82	7,200,000.00	未明
三井农林株式会社	275	248	10,450,000.00	46,992,044.00
台南农林株式会社	3	2	425,000.00	648,367.00
台南酱油株式会社	4		195,000.00	726,143.56
台南饮料木制造株式会社	42		200,000.00	329,925.65
台湾青果株式会社	379	92	4,000,000.00	8,000,000.00
台湾棉花株式会社	27	40	1,950,000.00	3,509,093.44
台湾スクワト制果株式会社	7	7	45,000.00	174,771.37
台湾木材防菌株式会社	12	8	180,000.00	150,970.06
木村制药所台北分工厂	4	3	4,000.00（本厂设日本资200万）	46,269.58
台湾糖业饼干公司	8	2	160,000.00	460,236.94
台湾油脂兴业株式会社	6	2	400,000.00	409,107.81
台湾畜产兴业株式会社	136	205	6,250,000.00	22,614,033.05
台湾畜产株式会社	1	3	250,000.00	1,123,945.32

续表

会社名称	职员人数 本省籍 人	职员人数 日籍 人	已交资本金 元	资本价值 元
合资会社柊牧场	5	4	90,000.00	176,786.14
越智殖产株式会社	海上 143 陆上 380	海上 799 陆上 568	190,000.00	428,241.15
台湾水产株式会社	13	34	32,858,150.00	10,128,918.00
台湾水产物贩卖株式会社	304	106	5,113,375.00	5,888,563.00
台湾报国造船株式会社	38	13	873,182.65	366,054.27
台湾棉花株式会社	7	10	1,050,000.00	3,568,203.75(34,12,31现在)
台湾石棉株式会社	31	16	1,500,000.00	3,331,491.67
台拓苎麻事业所	196	322	133,104.52	195,196.80
台拓化学工业株式会社	40	142	20,000,000.00	55,963,927.90 (33、12、13现在)
南邦林业株式会社	25	68	3,000,000.00	7,000,000.00
植松木行	25	40	3,000,000.00	5,000,000.00
株式会社樱井组	23	28	1,000,000.00	2,500,000.00
天龙木材株式会社	47	33	1,000,000.00	1,500,000.00
合拓木材统制株式会社			5,000,000.00	清算中

续表

会社名称	职员人数 本省籍 人	职员人数 日籍 人	已交资本金 元	资本价值 元
星规那产业株式会社	4	36	1,000,000.00	400,000.00
牧田材木店	15	20	150,000.00	200,000.00
滨崎材木店	16	21	200,000.00	280,000.00
图南产业株式会社	25	28	500,000.00	520,000.00
东亚企业株式会社	22	25	300,000.00	450,000.00
台湾山林兴业株式会社	9	15	190,000.00	250,000.00
南荣产业株式会社	19	27	500,000.00	700,000.00
总计	5,985	3,939	172,306,811.65	342,959,651.00

注：大凤渡菠萝株式会社及台湾木材统制株式会社之资产价值未列入总计内。

及配给办法,因未能掌握大宗食米及物价波动关系,未能完全收效。经举行民意测验后,予以停止,准许自由买卖。今后解决粮食问题,在治标方面,饬命各县市将仓库米壳封存,以供配拨军粮及至急调剂之用,并严禁浪费,防止囤积,并提倡配食杂粮,设法输入外米。在治本方面,奖励春耕,购运肥料,兴复水利,均已分别举办。

丑、增加蔗糖生产

糖为本省输出主要物产,日人过去奖励产制,努力改良。最盛时甘蔗生产逾二万万担,产糖逾一百四十万吨。三十四年至本年甘蔗面积已由十六万七千余甲,减至四万三千余甲,预计本年产糖量仅约十万吨,尚不及过去十分之一。特于去年十一月间召集全省蔗糖事业讨论会,决定挽救蔗糖之方案,其要点有三:第一为甘蔗价格之厘定,每千斤自十四元增至六十七元,使蔗农有适当之收益。第二为优良蔗苗之繁殖,以为次期扩充甘蔗栽培面积之用。第三为三十五年至三十六年期植蔗面积之确定。惟以顾及食粮生产及水利困难,拟植蔗五万七千甲,现已核定此项临时增产经费一百二十九万余元,并派遣专员分赴各甘蔗产区督导培产工作,务期达到预定目标,以谋逐渐恢复本省蔗糖原有之生产。

寅、重要果品增产

(一)香蕉

香蕉为本省产量最多之水果,栽培总数达三千万株,每年产量远三亿斤。三分之二输出省外,极具经济价值,近年则日渐减少,去年仅产一亿八千万斤。现值战后,香蕉市场即可兴旺,本年拟栽培一万六千七百甲,预计收获二亿三千五百万斤。

(二)凤梨(即波萝)

凤梨亦为本省重要产品之一,为果品加工业重要原料,栽培面积过去曾达一万甲以上,收获量逾一万四千五百万斤,制罐一百六十万箱,近则生产剧减。本年拟修复加工工厂设备,就可能得到之原料几百万斤,预计制罐五四〇〇〇箱,并利用加工所之弃废物,制造凤梨副产品。均已着手进行。

卯、筹划肥料来源

台湾为广大之农业区域,所需肥料为数至巨。战前输入化学肥料,年在四十万吨以上,豆粕十五万吨以上。近因战事关系,肥料来源断绝,故农作物产量惨落。接收后,曾经多方努力以谋输入,先后向英美、日本及内地各省接洽,现虽稍有端绪,而以需要之迫,数量之巨,尚须继续向各处洽购,以期应付目前迫切之需要。

兹将接洽肥料输入情形列举如下:

一　联合国善后救济总署同意供给中国化学肥料,本省以肥料需要最为迫切,洽请优先分配一万二千吨,本月内即可起运。

二　北平接收化学肥料四万吨,青岛接收花生粕一万余吨,均经接洽,或可输入本省。

三　香港政府愿意以印度所制肥料,向本省换取木材、糖、煤,现正与其代表商洽中。

四　日本所存化学肥料,经电麦克阿瑟将军洽商,供给本省十万吨。

五　东南诸省所产各种油粕,由贸易公司在沪统筹收购。此外并已拟定自给肥料增产办法,奖励农民施用堆肥、厩肥及粪尿等,并研讨各项动植物废料之适当利用方法,指导农民因肥料缺少为目前本农业上最严重之问题,现时本年第一期作米及甘蔗均已陆续下种,必须于三月以前施肥,苟不能于二月前输入肥料,则本年农产物之产量将更形低落。本年估计约需化学肥料三十二万吨,其肥料种类及各项作物分配量,见附表。此外尚须大豆粕约十五万吨,以供肥料及饲料之用。

民国三十五年化学肥料需要量

作物		面积	硫酸铔	过火磷酸石灰	硫酸钾
		甲	公吨	公吨	公吨
米	第一期	270,000	81,000	27,000	5,400
	第二期	350,000	96,250	35,000	10,500
甘蔗		57,000	42,750	10,400	4,560
甘薯		160,000	16,000	16,000	9,600
茶		44,000	2,200	1,100	—

续表

作物	面积	硫酸铔	过火磷酸石灰	硫酸钾
其他作物	134,000	15,750	6,550	2,160
总计	1,015,000	253,950	96,050	32,220

辰、修复灌溉工程

本省耕地面积为八八〇九七九甲,其中灌溉所及者计五六四〇二六甲,近因战事失修,风水灾害,灌溉排水工程破坏甚重,因而不能灌溉者达二三九二八一甲。接收以来,经督促各地水利组合经营抢修结果,修复灌溉排水工程一二八处,恢复灌溉排水面积七〇八一一甲,现正赶修。预定本年三月前完工者,七十三处,预计恢复灌溉面积,为四三五六八甲,正在计划即将动工;预定本年五月底修复者有八十七处;预计恢复灌溉面积为一一三.七〇九甲。此项工程完成后,总计即有二二八〇八八甲,可恢复来灌溉情形。余则以河川堤防溃决,洪水泛滥,田地表土或被流失,或被埋没,所成灾害,一时无法恢复者,必待河川堤防修筑竣,再行设法开垦。

巳、复兴外销特产

台湾茶叶面积,在战前曾达四万六千甲,年产二千万斤以上。近年生产锐减,去年日政府停止茶叶生产,茶厂全未开工。现为恢复对外贸易,须筹茶叶增产,业已召集各大制茶企业组织,商讨复兴办法,调查各地茶园及工场情况,估计应予补充之物资及生产所需之流动资金,拟定本年生产目标,为再制茶六百万斤。其中乌龙茶及红茶五百万斤,以供外销欧美,包装茶一百万斤,以供内销东北及华北各地,并协助茶商进行,以期达到预计目标。

台湾樟脑驰名世界,战前年产樟脑、本樟油及芳樟油,合计在五千吨以上,去年仅产六百吨左右。本年应谋复兴,预计以一千吨为目标。

午、加强造林保林

台湾全省面积,其为三五九六一三一公顷,林野面积,占百分之六十四,计二二七八九五六公顷。其中国有林占百分之八十九点七,计二〇四五二八三公顷;公有林估百分之零点八,计一七四一三公顷;私有林占百分之九点五,计二一六二六〇公顷。战前木材生产年约一百二十万石,仅为消费量(二六四〇〇〇〇石）百分之四十弱；战争发生后，木材砍伐甚烈，年产木材达二百万石，而造林工作殊鲜成效，以致治水防砂保土等工程多有破坏。本年林务之中心工作，为造林保林，预计各种造林面积，可达二八五三九甲，材积生长量，可达一五一七五七六石。并拟接收日人经营之各木材会社统筹生产，此外已拟定森林治水及防砂保土实施计划，以备进行。

未、复兴海洋渔业

台湾渔业素称发达，战前大小动力渔船，约有一五〇〇艘，年产鱼十余万吨，战时为统制生产起见，所有远洋渔业会社合并为台湾水产株式会社。原有渔轮一八一艘，以经海军征用，大多损毁，益以燃料缺乏，远洋渔业，尽归停顿。近年渔产仅为一万六千余吨。本年拟积极复兴海洋渔业，以捕鱼五万吨为目标，拟以台湾水产株式会社为中心，合并其他有关渔业会社，组织台湾渔业公司，经最近二月来之整理修复，现已有渔轮七艘，能出航捕鱼，二月半以来渔获数量，达二十八万斤。预计至本年五月底止，接收之三十一艘渔轮可全部修复，并可完成新建渔轮十三艘，以资补充。制冰工场三月来共计制冰四千八百八十六吨，以供冷藏保存渔产之用，其经破坏之工场，亦在陆续修复之中，预计五月底可恢复工场七所。所产冰量，当勉可供全省之用。目前制冰之最大问题，在于阿母尼亚之缺乏，现已派专门人员试验制造，业获成功，每月可出产八十公斤，月计二四〇〇公斤，以供应制冰工场之用。

申、恢复养猪事业

本省畜产以猪为大宗。过去养猪数量最多达一百八十万头以上，战后以饲料缺乏，数量激减，现仅有三四十万头。本年将积极恢复养猪事业，期达到九十万头之数。并拟向东北各地输入豆粕以充饲料，研究加工方法，以期肉产可以久贮。养猪事业之恢复，不仅可供肉食，以增进省民营养，且猪粪骨粉可充肥料，以补化学肥料之不足；猪皮可以制革，以供省内制革工业之需；其他猪毛废料等亦均可加工利用，以裕农村收入。

酉、研究试验

甲、农业

一、农作物

1. 稻作育种及栽培试验研究

2. 麦作育种及栽培试验研究

3. 补助粮食作物之试验研究

4. 茶树育种栽培及制茶试验研究

5. 纤维作物之试验研究

6. 药用作物及其他试验研究

7. 农作物品种之搜集与保存

二、园艺物作

1. 重要蔬菜之育种及栽培试验

2. 果树育种及栽培试验

3. 园艺品加工试验

4. 园艺作物品种之搜集保存与苗圃之经营

三、农艺化学

1. 关于土壤及肥料试验研究

2. 关于圃场收获暨粗原料之加工并有效利用之试验研究

3. 其他一般委托分析及有关农艺化学之研究试验

四、植物病理

1. 重要农林植物病害之试验及调查

2. 关于病害防除用药剂之试验及研究

3. 台湾产菌类基本调查

五、应用动物

1. 重要农林植物害虫之试验及调查

2. 杀虫剂用植物主调查研究

3. 关于甘薯害虫之试验及调查

4. 热地农用药剂之试验研究

5. 一般昆虫之基础调查

6. 野鼠驱除法之研究

六、畜产

1. 重要家禽家畜之分布调查

2. 重要家禽家畜之育种及饲养试验

3. 皮革制造之试验研究

4. 肉品制造及贮藏试验

5. 家畜疾病之研究调查

6. 饲料及牧草之调查研究

乙、林业

殖育施业林产部分继续工作，木材部分因属有电动机器件损坏并以一部分机械尚未装置完成，暂时停顿。现正设法修复。

木酥部分设备完整，已拟预算呈核。近已开始一切准备工作，此外并就殖育、施业两部中，划出森林动植物有关部分设置森林生物科，作专门之研究试验。关于台东之三重要药用植物玉咪、吐根及奎宁，仍继续试验，拟加瓜玉胶树之栽培试验。台东台南仍继续柚木胶树之栽培试验。台北植物园植物多半凋零，且因未尽据 Bonthomet Hook 系统，栽植颇现凌乱状态，拟改从 Enqlen 系统之新分割添植树苗。木材部分并拟取闽浙产林从事试验合板。木酥部分拟一面加重试验，一面将已有成绩之改良纸或合板，增加生产，藉就生产，以资推广。并可多训练工人输之内地以为纸厂领导技工，林产部分拟加重油脂及炭窜木醋等之研究。殖物之育苗部分，拟采取田间技术，与生物统计，加以精密之试验，并以专人负责其事，俾力求改进并从事生产，以资推广。

丙、水产

一、养鱼用饲料试验

二、鱼类利用及加工之试验研究

三、鱼类之养殖

四、水产物之制造业指导

五、渔场调查及增产指导

六、海洋调查及渔况预测试验

丁、糖业

一、甘蔗育种及栽培试验

二、甘蔗品种之细胞学研究

三、甘蔗生育与气象之关系

四、甘蔗生理研究

五、甘蔗病虫害之调查研究及品种抗病性试验

六、甘蔗施肥试验

七、甘蔗制糖研究

八、蔗滓制纸及人造丝研究

九、糖蜜制造枸橼酸、食醋、乳酸及乳酸饮料之研究

六、工矿

工矿处接收前总督府矿工局,主管业务,亦大体依旧,兹将接收情形及工作概况,分述于左:

(一)接收情形

甲、行政方面

工矿处于三十四年十一月一日开始接收前总督府矿工局及其所属"课""系",当日完竣,并将其机构改组,除工、矿、职业四课改科外[①],原有土木课,因系职掌全省河川道路及市政公共工程事务,故改为公共工程局。原有之企业整备课,因无继续存在必要,即予裁撤。他如原属之工业试验所、地质调查所及天然瓦斯研究所,亦陆续接收。

乙、事业方面

本省原有工矿企业单位繁多,组织复杂,而来台工作人员因感不足,经呈准中央,接收方式,分为监理及接管两步骤,凡各公司矿厂,第一步由处派员监理,首先控制其首脑部门,促其尽可能范围内开始生产,其原有人员、资金及业务处理,概须受监理人员监督指挥。监理就绪,第二步即实施接管。此种方式实行后,颇见顺利。各矿厂生产既不停顿,反见增强,其事实上不能开工者,亦予以适当调整,使其器材尽量利用,并准备接办人员与原料供应,以

---

① 原文如此。

便实行接管。现经监理之公司矿厂计有制糖业十六家,电力一家,石油及天然气六家。金铜矿三家,煤矿十六家,炼铝一家,电炉炼钢铁七家,化学肥料四家,食盐电解三家,水泥四家,机械及铁工业六十五家,电工业四十六家,造币及纸浆十六家,油脂工业七家,纺织工业十八家,窑业十四家,药品及化妆品十五家,橡胶业四家,营造业九家,印刷业十二家,其他三十四家,合共三百零三家。(附接收监理工矿事业种类及厂矿复工统计表于后)

(二)工作概况

甲、行政方面

(一)举行工矿事业调查与登记

工矿处于接收后即继续办理原有各种工矿事业之调查与登记,期于短期内完成战后之确实统计,惟因各厂矿大半被毁,自身亟待整理,又因处内人员不敷分配,故进行颇感困难,现正与各监理人员配合拟办中。

(二)解决失业问题

本省各厂矿因受战争影响,多告停顿,发生普遍之失业问题,特由工矿处协助各厂矿复工,并积极举办公共工程及道路修筑藉以吸收工人,解决失业问题。

(三)调剂工矿业周转资金

各矿厂复工,需要资金至巨,经由工矿处保证,介绍各矿厂向台湾银行成立各种借款,使矿厂资金,得以逐渐灵活。

(四)实行重要物品配给制度

煤炭汽油酒精及水泥等配给物品,日本投降后,曾一度混乱,我方接收以来,对此配给制度,力图恢复。首先严格实行煤炭配给,惟因产煤成本过高,每吨特由政府补贴五十元,以免刺激物价,他如水泥、酒精、汽油等,则依生产价格,酌加低微利润配出。

(五)拟具工矿复兴计划

本省工矿事业,多在战争期中建设,而各矿厂之破坏程度,轻重悬殊。其在战后发展,亦各不同,工矿处对于今后工矿复兴计划,曾拟具甲、乙两种方案,除估定各矿厂应恢复之程度,及其需要时间与资金外,并特别注意实施办法与步骤,现已派员实地调查,并与各有关方面积极研究整理,不久即可付诸实施。

乙、事业方面

近两月余来,各重要工矿业生产,稍有进展,其情形如下:

(一)糖业

本省糖业,有日糖兴业、台湾制糖、明治制糖、盐水港制糖四株式会社,经全面监理后,工厂复工者十二厂,余在加紧修复中,尚有五厂即可继续开工。因存糖不丰,禁止使用白糖制造酒精,故现酒精产量较前稍减,本年度可产糖约十万吨,酒精约二五〇万加仑。

(二)电力

本省电力公司,发电所共三十四所,其中水力二十六所,火力八所,原可发电三十二万千瓦,接收时仅能发电四万千瓦,近经积极修复,已增至十万千瓦。惟以输电机构破坏过巨,亟需大量器材输入,目前正在搜罗各种器材,加紧修复,期能于三十五年底增至二十万千瓦,以供各厂复工之用。

(三)煤炭

本省煤炭每月产量,曾达二十余万吨,接收时,仅一万五千吨,需要量则在五万吨以上,当时存煤亦仅十余万吨。经将前石炭统制株式会社改组为石炭调整委员会,实行价格调整,并对各大煤矿加以监理,复督促全部煤矿复工。至去年十二月间,每月产量增至五万三千吨,预计本年六月间,可再增至十万吨。

(四)肥料

本省需用化学肥料,年约四十万吨,但自身产量,过去仅达五万余吨,不足之数,向赖日本运济,且全省肥料六厂,均因战争损失甚巨,全部停工。近经努力修复,已局部开工者一厂,预计一年后可大部修复,本年产量,约达一万五千吨。

(五)水泥

本省水泥厂,共四所,每年产量原为六十万吨,因战争损害,大部停工,近经努力修复,现已有两厂复工,一厂尚在继续修理中,预计本年产量,可达十二万吨。

(六)纸及纸浆

本省纸及纸浆工厂,经派员监理者大小共十六家,接收时仅有二三厂开工,经努力修复后,现已有十五厂,局部复工,每日生产报纸五吨,纸浆亦在加紧生产中。惟欲达原有年产纸二万吨,纸浆四万五千吨之产量,则需有较长时间之修复,与大量器材之补充。

(七)纺织

本省纺织,在原料方面,除麻外,均感缺乏。然日人在此曾努力建设,故此项工业亦略具基础,现经派员监理者,大小共二十九厂,均已先后复工,麻袋产量已逐渐增加,月达五万只,近因糖业需要,拟在短期内每月产量增至十四万只。至棉纺织方面,最近采用纱棉交换办法,原料来源,已告解决。

(八)食盐电解

本省食盐电解业之产量,每年原约一万八千余吨,各厂经监理后,已局部复工者一厂,每月可产硝碱二百吨、盐酸四〇吨、氯酸钾四吨,现尚在积极修复,产量不久即可增加。

(九)石油及天然瓦斯

本省石油,产量原不甚富,天然瓦斯之应用,亦不甚广,然日人在台,对此项工业,曾特别注意,设立公司及炼厂六所,中以海军之三厂为最大,在战争期中,受毁亦重,现正积极修复,预计本年内可以开工。其他如帝国石油、日本石油、台拓化学三工厂,经监理后,已局部复工,目前产量已能达本省需要量三分之一。

以上各业监理程序中已逐渐就绪,其余各业,亦有达监理就绪之阶段者,在全数三百余单位中,完全复工及局部复工者约三分之二,预计三个月后可能增至四分之三,但须以资金之是否充分支应及所需外来器材原料之是否充分供应以为定。

(十)电冶业

台湾电冶事业,主要为炼铝与电炉炼钢铁。炼铝工厂共有两所,一在高雄，一在花莲港，均隶属于日本铝株式会社。二处均遭轰炸，损坏甚烈。现拟将花莲港设备移至高雄工厂。是项工作，若资金有着，预计约一年内可告完成。至电炉炼钢铁一项，创设年代不久，系属日本应战时需要而设立，设备均不完善。现所监理之七工厂，仅有二厂局部复工，是类事业之发展，仍待全部加以调整。

(十一) 机电业

台湾有关机械制造之工厂，为数甚多。除台湾铁工厂外，规模均不甚大，技术亦不甚进步，现已监理之七十二工厂，内六十五工厂已全部或局部复工。欲进一步发展是项事业，所需资金器材，已在综合拟订计划中。至电工一类，台湾甚少基础。内较主要之数会社，均已监理并逐渐开工中。

附地质调查所

甲、接收情形

地质调查所系接收前台湾总督府之地质调查所，至本年一月止，接收工作已告完成，原有各项设备，如图书、仪器标本及调查用品等项，并无多大损失，如能继续完成原定之逐步扩充计划，即可成一足以独力担管本省地质研究之机关。

乙、工作概况

一、本省地质图之测制：此项工作，日人前已举办多年，但尚未完成本省面积之半，自应继续办理，并期于二十至三十年内完成之。今年拟先完成十万分之一地质图一幅，五万分之一地质图二幅。

二、地下资源之调查：本省生产事业，已具相当基础，其继续发展，有赖于地下资源之续加开发者甚巨，故于测制地质图外，应更以一半或更多之力量，用于矿产，尤其是煤、煤油之调查，今年拟择一有希望之新煤田或新油田，加以详测，期能对于本省燃料之供应问题或石油之有无问题，作一解决或一解答。

三、本省地质文献目录之编纂：本省既已光复，地质研究自应归由国人担任，但以往四五十年间日人所著之论文报告等为数以千计，拟于今年内翻译编印一完备之台湾地质文献目录,以供本国地质工作人员参考。

附工业研究所

甲、接收情形

去年十一月开始接收,已告完竣,原有设备器材图书及仪器等均无多大损失。

乙、工作概况

一、运回疏散机具及收回借出机件:空袭期间疏散在外之机具陆续运回,被各厂及军事关系之制造所所借各种机件,亦已设法逐一取回。

二、决定研究题目:中止日人着重军用之研究问题,继续研究有工业价值而有希望之未完成事项并着重基本工业性之研究,如酸碱肥料等问题。

三、编印刊物:特编印台湾工业研究所要览及工业研究所改组与工作意见两册,以供各方参考。

四、经常工作,计有左列五种:

(一)研究报告(报告经过及成绩);

(二)指导工厂制造技术(指导实施本所研究结果之特约工厂);

(三)设计研究室内电力水道及瓦斯之复装工事;

(四)整理清净机械仪器及药品分类;

(五)进行研究事项及文献之调查工作。

附 接收或监理工矿事业种类及厂矿复工统计表

业别	糖业	石油及天然气	煤矿	金铜矿	电力	炼铝	电炉炼钢铁	食盐电解业	肥料业	水泥业	机械业	电工业	药品及化妆品	油脂	纺织	造纸	窑业	橡胶业	营造业	印刷业	其他	综合企业数	共计	备考
会社数目	16	6	16	3	1	1	7	3	4	4	65	46	15	7	18	16	14	4	9	12	34	2	303	
工厂数目	57	6	(煤坑)44	2	(发电所)34	2	7	3	6	3	72	12	14	7	29	16	34	4	14	12	29	3	410	
复工工厂数目	12	3	44		19		2	1	1	2	65	8	6	4	10	15	27	4	10	9	25	2	269	

一、复工工厂中有一六一厂场现在局部复工正逐渐恢复正常生产工作中

二、上表系截至民国三十五年一月廿四日止

七、交通

台湾过去交通事业,完全由前交通局掌理。交通处系于三十四年十一月一日正式开始接收。除本身机构外,同时并按照接收事业性质,成立铁道管理委员会、邮电管理委员会、航务管理委员会三机构,分别接收管理路电邮航各部门之交通事业,嗣复设立各港港务局(分设基隆高雄二港务局及台中筑港所)办理港务工作,兹将上述各机构接收情形工作概况略述如次:

(一)铁路管理委员会

接管原台湾总督府交通局铁道部,主持全省铁路,并管理全省公路事业,惟因受空袭损坏及缺乏器材,致一切均受影响,自接收以后,正在尽力整顿恢复之中。兹将接收前后概况,分编简表条述如次:

甲、铁路

台湾铁路,创自前清光绪十三年。巡抚刘铭传聘英人马蒂逊为总工程师,两年间,先完成基隆至台北线,约三三公里。越七载,完成台北至新竹线,共约一○六公里。日人侵据之后,继续展筑,现有之公营铁路营业总里程,已达九○一.二公里。

一、里程及辖站

公营铁路营业总里程,共九○一.二公里,所辖车站一八九站。

西部干支各线营业里程,共七二五.三公里(不包括复线里程),轨距为一.六七公尺,辖站一五〇。

东部—台东线营业里程,共一七五.九公里,轨距〇.七六二公尺(除路基外隧道桥梁均系一.〇六七公尺轨距之标准建筑),辖站三九,详见下表。

全省公营铁路总长度一五七二.一公里(内含双轨二〇二.五公里,侧线四六八.四公里)。

线名	区间	公里	站数	附记
纵贯线	基隆—高雄	408.5	97	包括田町—高雄二.四公里及高雄港站在内
宜兰线	基隆—苏澳	98.7	23	
平溪线	三貂岭—菁桐坑	12.9	4	
淡水线	台北—淡水	21.2	9	
台中线	竹南—彰化	91.4	14	包括追分—王田间二.一公里
集集线	二水—外车埕	29.7	6	
屏东线	高雄—林边 社边—东港	62.9	15	包括三块厝站
台东线	东花莲港—台东	175.9	39	包括台东—台东海岸一.三公里台东海岸在内
合计		901.2	189	

西部干支线内复线(双轨)区域共有五段,总长二〇二.五公里,如下表:

线名	区间	公里	附记
纵贯线	基隆—竹南	125.7	
	民雄—嘉义	9.2	
	新市—高雄	58.2	
宜兰线	基隆—八堵	3.7	
屏东线	高雄—凤山	5.7	
合计		202.5	

二、路线特点

1.公营铁道桥梁总长度

三三.七公里 $\begin{cases} 最长（屏东线）下淡水溪桥，穿式花梁钢桥 \\ 24\times610m=1464桥，全长=一五二六m一三 \\ 最短（纵贯线）十字圳桥上，水板梁桥 \\ 5m5\times1=5m5 \end{cases}$

2. 公营铁道隧道总长度

一八一公里 $\begin{cases} 最长隧道（宜兰线）草领隧道二一六米三五 \\ 最低隧道（平溪线）第二号隧道一九米九 \end{cases}$

三、铁路沿线及其他已购地亩

铁道沿线及其他已购地亩三四一二三一。

区别	数量（公尺）
	m
停车场及线路用地	32,132,712.2
办公房屋用地	66,865.1
宿舍	304,119.5
工场	273,595.3
旅馆	10,122.1
医院及诊疗所	1,303.6
水道	51,524.9
汽车关系用地	80,197.6
共计	32,920,449.3

四、机车车辆

台湾铁路重要材料，向由日本供应，在战争时期，物资缺乏，以致各种机车车辆，均已久告失供，复以空袭损失重大，损坏数量骤增。现对台北、高雄、花莲港三修理工场积极恢复其修理能力，利用旧有材料紧急修理，并加以调度，机车车辆驶用数量及客货车次，均逐渐增加，兹将接收前后概况，分别列表如下：

民国三十四年十一月接收时状况

机车

客货机车		调车机车			
完好	待修及损坏	完好	待修及损坏	待修复总数	总数
114	80	20	30	110	244
完好总数 134					

货车

篷车		无篷车		平车		水柜车		
完好	待修及损坏	完好	待修及损坏	完好	待修及损坏	完好	待修及损坏	
2,641	624	2,149	176	281	7	2	0	
完好总数 5,073				待修损坏总数 807				总数 5,880

客车

	头等	二等	三等	邮政	行李	医务车	公交车	自动车	守车	花车
完好	5	43	167	18	22	0	6	3	59	2
待修复总数	3	19	77	10	6	9	0	30	18	1
完好总数	325 辆									
待修及损坏总数	173 辆									
总计	498 辆									

不能修理机车车辆百分率表

客货机车		调车机车		货车		客车	
No	%	No	%	No	%	No	%
2	1.0	4	8.0	169	2.9	38	7.6

现在机车车辆数（三十五年一月十五日）

机车

	客货机车	调货机车
完好	102	19
待修及损坏	92	31
完好数量	121	
待修及损坏总数	113	
总计	244	

货车

	有篷车	无篷车	平车	水柜车
完好	2,692	2,168	280	2
待修及损坏	573	157	8	0
完好数量		5,142		
待修及损坏总数		738		
总计		5,880		

客车

	头等	二等	三等	邮政	行李	医务车	公交车	自动车	守车	花车
完好	8	46	169	20	19	1	6	3	62	2
待修及损坏	0	16	82	8	9	1	0	30	15	1
完好总数					336					

续表

待修及损坏总数	162
总计	498

机车车辆驶用数量表及客货车次表

机车客车货车驶用数量

时期	十一月一日以前	十二月五日
机车	121 辆	125 辆
客车	262 辆	292 辆
货车	2,628 辆	2,788 辆

客货车次增加数量

甲、客车

区间增加次数

一、基隆至台北　　一

二、基隆至新竹　　二

三、基隆至苗栗　　二

四、台北至中坜　　二

五、台北至苗栗　　二

六、新竹至彰化　　三

七、大安至二水　　二

八、后里至台中　　一

九、后里至高雄　　一

十、东港至社边　　六

乙、混合车

一、三貂岭至菁桐坑　　二

二、三貂岭至顶双溪　　八

三、二水至外车埕　　一〇

四、高雄至林边　　二

五、基隆至八堵　　二〇

六、斗南至嘉义　　二

五、路基桥梁等接收前后概况

受空袭损失情形

　　路基　路基及轨道被毁之处甚多，其长度共六二三一公尺，其最剧烈者，在一车站内，一日间共炸轨道在一千公尺以上。

　　桥梁　大小桥梁被炸共十六处，除旭川桥，乌树林桥，大肚溪桥，及曾文溪桥，因被炸甚烈，虽临时抢修通车，一时未能修复外，其余各桥，曾已复旧。

　　隧道　在台东线第二白沙屯，被炸微伤，已修复。

岔道　各站转辙器,岔尖及岔心等,被炸叠毁八八套。轻伤二〇套。

房屋　票房仓库住宅等被毁共一四五八栋。

以上均在择要修复。

六、接收前后客货运收入比较:

自去年本岛被炸,商业停顿,迄接收之后,一切始渐臻繁荣,铁路客货运收入,亦逐渐增加,列表比较如下。

(子)接收前每十日平均数

十月一日至十日　　客运收入　　一五五七七六〇〇元

货运收入　　一〇八三三〇〇五元

十月十日至二十日　　客运收入　　一六四一二六〇〇元

货运收入　　一〇三六九〇〇元

十月廿一日至卅日　　客运收入　　一七二七〇一〇〇元

货运收入　　一二二六四〇〇元

(丑)接收后每十日平均数

十一月一日至十日　　客运收入　　一七三四一一〇〇元

货运收入　　一二八八五〇〇元

十一月十一日至二十日　　客运收入　　二〇四二五六〇〇元

货运收入　　二一六〇三〇〇元

附本省私营铁路表

本省私营铁路,系由各糖业会社私营者,分全营业线、半营业线及专用线三种,全长计三〇二四二公里。

公司名	全营业	半营业里程	专用线里程	轨间	车站数 站	车站数 信号场	机关库数	铁造车辆数 机关车	铁造车辆数 动车	铁造车辆数 客车	铁造车辆数 货车
台湾制糖株式会社	129.6	555.6		762	50		10	69	12	74	4,594
明治制糖株式会社	117.9	403.8	40.0	762	76		7	68	18	137	4,165
日糖兴业株式会社	259.4	714.7		762	140		14	119	23	185	7,195
盐水港制糖株式会社	53.6	225.0	84.4	762	34		4	49	3	46	2,996
台北铁道株式会社	10.4			1,067	14	1	1	4	3	14	12
台湾交通株式会社	13.1			762	11		1	4	3	12	51
台湾拓殖株式会社	95.6	85.0	88.0	762	26		7	31	2	22	495
日本矿业株式会社	12.3		1.7	762	5		2	18		4	106
基隆炭矿株式会社			0.6	495			1	6			400

续表

公司名	全营业	半营业里程	专用线里程	轨间	车站数 站	信号场	机关库数	铁道车辆数 机关车	动车	客车	货车
台湾矿业株式会社			3.9	495			1	4			225
三五公司源成农场			21.5	762			1	3			62
花莲港木材株式会社			6.9	762			1	1			
台湾兴业株式会社			4.2	762			1	2			3
益兴炭矿株式会社			9.2	610			1	6			359
南日本盐业株式会社			55.7	762			1	10			290
台湾电力株式会社			0.7	1,067			1	1			
台南大圳水利组合			7.2	762			1	1			22

续表

公司名	全营业	半营业里程	专用线里程	轨间	车站数		机关库数	铁造车辆数			
					站	信号场		机关车	动车	客车	货车
台湾化成工业株式会社			1.3	1,067			1	1			
浅野水泥株式会社			0.9	1,067			1	1			
张聪明			3.7	495			1	3			300
合拓化学工业株式会社			4.5	1,067			1	1			20
三井农林株式会社			13.8	610				6			80
合计	692.2	1,984.1	347.9		356	1	60	408	64	494	21,375

乙、公路

公路分公营干线及民营支线，现由铁管会设汽车处专责管理，积极从事修车，并筹办登记及核发统一牌照。

（一）里程

干支线共长　　五七四〇.九公里

公营干线　　七六九.二公里

通车者　　三五一.三公里　　暂停者　　四一七.九公里（十二月二十日状况）民营支线　　四九七一.七公里

（二）车辆

公营客车　　一〇六辆　　内可用者　　二七辆（卅四年十二月二十日状况）

货车四三辆　　内可用者　　二六辆　　同上

民营客车　　七四〇辆　　内可用者　　二三一辆（卅四年十二月十日状况）内包括基隆台北高雄三市

货车　　七一五辆　　内可用者　　二九一辆　　同上

（三）破坏情形及恢复

全省公营公路设备，如车辆、车站、车库及修理场所等，自去年被炸以后损失奇重，急待恢复，现正设法增车，一面修理站房，补充工具。

（二）邮电管理委员会

邮电管理委员会于十一月一日奉令成立，开始接管原交通局递信部所管各事业部门。惟其中有关广播、气象及航空各业门，业经分由广播事业管理处、气象局及航空委员会接管。故邮电管理委员会仅接管邮政、储汇电信、电话、简易人寿保险及年金诸事业。查台湾邮电事业尚称发达，现有邮局二二三所，以全省人口平均，约每三万人可得一所。全省除于台北、基隆、台南、宜兰设有电信局四，台北设有电话局一，及贮金管理所二所外，各地邮局多兼办储汇、寿险年金及电信电话业务。内邮政储金及寿险二项，普及甚广，成效特著。截至接收当时十月底统计,储金户数二十一万余户,金额一万六千余万元。保险件数一百九十余万件,保险金额五万四千余万元。似非内地各省同种事业可与伦比。关于有线电话,全省长途线,原有四六三条。接收时可用者,二〇一条,电话用户,原有二万一千六百余户,接收时尚能通话者,六千六百余户,内设有自动机设备者,台北、嘉义、高雄三市。台北设备,最高容量八千户。嘉、高各四千八百户,有线电信,全省原有线路,计五十六条。接收时可用者,计一十九条。以台北、台南、台中,为三大集转局,各县、区、镇,行政关所在地,均可通达。外于基隆、台北、新竹、台中、嘉义、台南、高雄、屏东、台东、花莲港及宜兰等地,设有无线通信设备,与有线相辅并用,与岛外之通信,对内地,原有无线可直达上海、广州、汕头、厦门、海口、香港,海底电线,可直达福州、厦门、香港。无线电话,可直通大连、上海。对日本,有海底电线,直连长崎。无线直达东京、大阪、福冈及鹿儿岛。无线电话直通东京、大阪。惟接收时,仅与日本之东京、大阪、福冈,三地可通无线电信,及与东京可通无线电话。接收后,经恢复与内地之通信,现已与上海、福州、厦门、永安、重庆、广州诸地直接通达无线电信。兹分别将邮电接收当时及目前情形,列表如次:

甲、局所

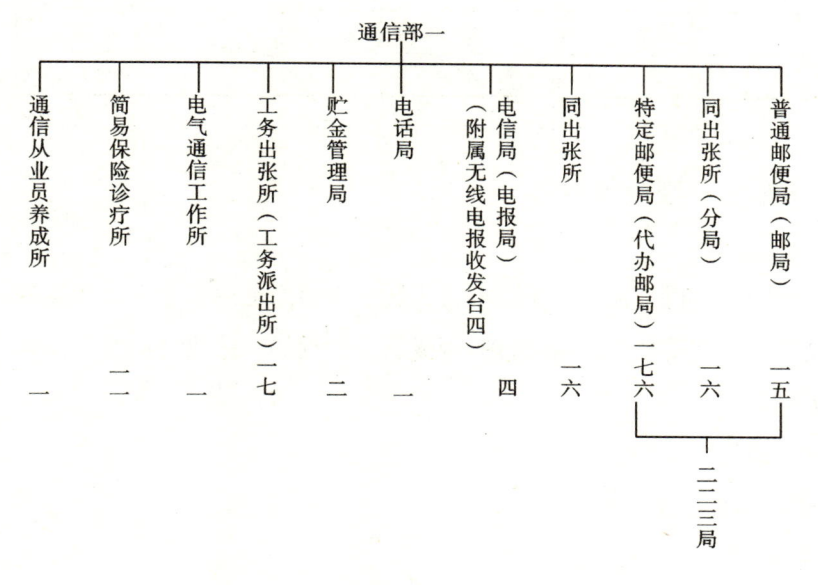

通信部一
├ 普通邮便局（邮局）一五（内经营电话业务者二〇六）（内经营电报业务者一八六）
├ 同出张所（分局）一六
├ 特定邮便局（代办邮局）一七六　一二三三局
├ 同出张所 一六
├ 电信局（电报局）（附属无线电报收发台四）四
├ 电话局 一
├ 贮金管理局 二
├ 工务出张所（工务派出所）一七
├ 电气通信工作所 一
├ 简易保险诊疗所 二
└ 通信从业员养成所 一

乙、储金

一、邮政储金	中华民国三十四年十月底状况	中华民国三十四年十二月底状况
户数	2,168,249 户	2,075,418 户
金额	167,310,354,154 元	100,894,785 元
二、存簿储金		
户数	11,834 户	11,489 户
金额	10,673,568.27 元	9,529,630 元
三、简易人寿保险		
件数	1,915,667 件	1,922,415 件
保险费	2,860,426.80 元	2,871,694.50 元
保险金额	543,988,175 元	556,741,685.20 元
四、邮政年金		
件数	5,257 件	5,314 件
缴纳金额	1,305,897.68 元	1,322,501.02 元
年金额	1,555,988.31 元	2,583,765.32 元

丙、有线电信有线电话线路及电话用户（省内）

	单位	原有	接收时可用者	现下可用者
电信	线路	463	201	260
电话	线路	56	19	23
电话用户	户	21,655	6,652	7,310

（三）航务管理委员会

本省管理航务机关，在日本统治时代为属于交通局之海务部。自我接收以来，先设航务管理委员会，从事管理，现成航务管理局。接收情形及工作概况，略述于后。

甲、海运部分

（一）接收情形

（子）船舶

已由船运处接收之船舶，计有机帆船六十一艘，共四八五四吨，业已分配航行台闽间及本省沿岸各航线,台北轮(原名大雅丸六九〇三吨)经接收后,已于本月二十日开往汕头,运输军队。其余对外航线,因缺乏适当船只,尚不能定期开航。

(丑)船员

原有船员约二千余名,因死亡或分散各地,现一时无法统计,正办理登记中,计已登记者已有二百三十余人。

(寅)航路标志

原有放光标志五十四处,内有灯塔三十一座,受战事损坏者,二十二座,已经修复者,有富贵角灯塔一座,其余正择其紧要者,陆续修理中。

(二)工作概况

(子)所有轮船公司,依照交通部公布之轮船业监督章程,重行办理登记给照。所有船舶,依照船舶法及各项已定章则,办理检查、丈量、登记,以免敌船逃避。先分设办事处于高雄、基隆两港,以利进行,并积极捞修沉船及向国外添购船只,藉以恢复本省航运。现本省中心定期航线,所拟添加船只数量见附表。

(丑)本省原有高中级船员,大多皆系日籍,现暂办理登记,甄别任用,另筹设立商船学校及船员训练所,培植高级船员,以应将来航运上之急需。

(寅)修复损坏灯塔,以臻航行安全,现先择其航行上重要者四处,加工修理,约需台币十六万余元。

(卯)规定航线客货运价,杜绝黑市,以增运输效率。

台湾省中心定期航线所需添加船舶数量(三四一二一八)

（一）台湾沿岸航线

航线	起点寄港地终点	航程（里）	每月或每年航行次数（年）	船舶之性质及形状					
				总吨数（吨）	平均速率（里）	平均吃水（米）	长度（米）	集客数（人）	只数
基隆花莲港线	基隆、花莲港	190	260	1,500	10	5.60	75	200	2
高雄马公线	高雄、马公	152	140	1,000	10	5.30	63	150	1
沿岸东线	基隆、苏澳、花莲港、新港、大坂埒	500	30	800	8	4.72	57	20	1
沿岸西线	基隆、淡水、新高、马公、安平、高雄	544	30	800	8	4.72	57	20	1
四线		387	—	5,600	—	—	—	—	5

（二）台湾对外航线

航线	起点寄港地终点	航程（里）	每月或每年航行次数	总吨数（吨）	平均速率（里）	平均吃水（米）	长度（米）	集客数（人）	只数
基隆上海线	基隆、上海	838	17次/月	5,000	15	7.70	130	500	5
高雄大连线	高雄、基隆、上海	2,148	66次/年	4,000	12	7.40	110	50	4
高雄天津线	高雄、基隆、青岛、大连、天津	2,890	26次/年	2,000	10	6.00	83	50	2
基隆厦门线	基隆、福州、厦门	726	8次/月	1,500	10	5.60	75	100	3
高雄广东线	高雄、厦门、汕头、香港、广东	1,102	6次/月	2,500	10	6.10	92	200	3
高雄香港线	高雄、香港	682	6次/月	4,000	14	7.40	110	250	2
台湾海南岛线	基隆、高雄、香港、广州、海口	1,770	15次/月	2,500	10	6.10	92	50	1

续表

航线	起点寄港地终点	航程(里)	每月或每年航行次数	船舶之性质及形状					只数
				总吨数(吨)	平均速率(里)	平均吃水(米)	长度(米)	集客数(人)	
基隆菲律宾线	基隆、高雄、马尼剌 Cehu. Davao,	3,510	1次/月	3,000	10	7.00	95	100	1
台湾南洋线	基隆、高雄、马尼剌 Sandakan. Macssa. Sôurabaya Semarny, Batabia 新嘉坡、西贡、海防、香港、高雄、基隆	5,918	7次/年	3,000	12	7.00	95	50	1
基隆神户线	基隆、门司、神户	1,964	6次/月	5,000	14	7.70	130	500	3
高雄东京线	高雄、东京、横滨、名古屋、大阪、神户、门司、基隆、高雄	3,027	40次/年	4,000	12	7.40	110	50	3
台湾朝鲜线	高雄、基隆、长崎、釜山、清津	2,898	2次/月	3,000	10	7.00	95	50	2
一二线		27,473	—	106,500	—	—	—	—	30

乙、造船部分

(一)接收情形

原海务部造船课,业经全部接收,其所主管之造船行政工作,继续推进。本省资本较大造船造机会社,计十五家,其详细情形均经调查,并先后派员监理准备接收中。

(二)工作概况

(子)筹设台湾造船特种股份有限公司

将接收之各造船造机会社合并,筹设台湾造船特种股份有限公司,经营本省造船事业,先设筹备处从事筹备,并办理接收整理事项。

(丑)恢复战前造船厂效能

各造船厂战时损坏甚巨,接收后,予以整理补充或合并,使其恢复战前造船效能。

(寅)继续完成业已兴造尚未完工之船舶

原海务部造船课计划交由各造船厂建造业已兴造尚未完工之船舶,计有:

二〇〇吨型　机帆船五艘　需配二〇〇匹马力之半柴油船　五部

一七〇吨型　机帆船　十二艘　需配二〇〇匹马力之半柴油船　十二部

七五吨型　渔船　四艘　需配一五〇匹马力之半柴油船　四部

六五吨型　渔船　十四艘　需配一五〇匹马力之半柴油船　十四部

拟督导各造船厂全部完成,以资应用。

(卯)办理修造船舶资材之调配

将各造船会社及航运会社现存有关造船资材,详予调查整理,统筹分配,不足之数,木材取之本省;至于机械及钢材,本省极端缺乏,已开单请救济总署配给。

(辰)办理本省造船厂注册及船舶建造许可事项

为督导管理本省造船事业起见,举办造船厂注册及船舶建造许可等事项。

(三)打捞修理沉船

本省各港及沿海岸一带,沉船甚多,打捞修理工作,甚为繁重。现正设立航运恢复委员会,从事监督管理,其实施计划,详见附表。

台湾省沉船打捞修理工作预计表

港别	现况	船名	总数（吨）	船型	主机种类	燃料	打捞时间	整理时间	估计费用（台币）
高雄	已经打捞出水	山泽丸	6,888	货船	气旋机	煤	三月	八月	8,390,000
		昭南丸	419	渔船	内燃机	油	三月	四月	510,000
		帝祥丸	8,000	货船	蒸汽机	煤	三月	九月	9,750,000
	正在打捞	贵州丸	2,548	货船	气旋机	煤	三月	七月	3,119,000
		帝丸	7,100	货船	气旋机	煤	三月	九月	8,650,000
		荣邦丸	5,068	货船	气旋机	油	四月	七月	6,190,000
	正在建造	黑潮丸	10,518	货船	蒸汽机	煤	二月	二月	12,830,000
		日香丸	300	油船					366,000
	拆毁	新潮丸	5,185	掘低船			六月		930,000
		恒春丸	1,315	货船	气旋机	煤	三月		236,000
		新高丸	3,000	货船	气旋机	煤	四月	六月	3,660,000
		江差丸	2,000	货船	气旋机	煤	四月	五月	2,440,000
	尚未动工	第二日佑丸	6,859				三月	六月	8,360,000
		淡水丸	187				三月		33,500
		迅风丸	110				一月半		19,000
		宜兰丸	768				三月		137,500
小计			60,265						65,621,000

续表

港别	现况	船名	总数(吨)	船型	主机种类	燃料	打捞时间	整理时间	估计费用(台币)
基隆	已打捞出水修理竣工	大雅丸	7,000	货船	气旋机	煤	一月		4,500,000
	正在修理	乌羽丸	6,995	货船	蒸汽机	煤	一月	四月半	8,550,000
		第三大和丸	400	货船	半柴油机	油	一月半	二月	487,000
	正在打捞	米寿丸	539	油船	半柴油机	油		三月	655,000
		国华丸	5,000	货船	蒸汽机	煤	三月	四月	6,100,000
	小计		19,934						20,292,000
马公	尚未竣工	浅香丸	7,000	货船	柴油机	油	六月	六月	8,500,000
		宝岭丸	1,500	救护船	柴油机	油	四月	四月	1,830,000
	小计		8,500						10,330,000
总计			88,699						96,243,000

丙、港湾部分

(一)接收情形

港湾课在未接收前,系一统筹全岛港湾工作之管理计划及研究之机构,兹值新旧交替之际,现暂循旧时之工作步骤,加以督促与改进,使一切工作能继续推进为原则。

(二)工作概况

接收之后,如绘制、研究、调查、核算、计划等工作,未稍停顿,以所得结果,供给各港,俾作实际工作之依据。

(三)将来工作计划

(子)协助各港之建筑修复工作。

(丑)研究新高港之漂沙、水流、风力对于筑港之影响。

(寅)就经济、工业、农产、地势之因素研究与调查各小港之兴废。

(四)港务

甲、基隆港

(一)筑港部分

(子)岸壁

时期	长度(公尺)	可停船舶数量	
战前	2,647.20	20,000吨　2席 10,000吨　6席 3,000吨　7席	共15席
三十四年九月底	9,888.80	20,000吨　1席 10,000吨　3席 3,000吨　2席	共6席
三十四年十一月底	1,912.00	20,000吨　1席 10,000吨　6席 3,000吨　5席	共12席
三十四年十二月底	2,075.60	20,000吨　1席 10,000吨　6席 3,000吨　5席	共13席
三十五年一月底	2,212.90	20,000吨　1席	共14席

续表

时期	长度(公尺)	可停船舶数量	
		10,000吨 6席	
		3,000吨 7席	
三十五年六月底预计	2,647.20	20,000吨 2席	共15席
		10,000吨 6席	
		3,000吨 7席	

(丑)系船浮标

时期	个数	可停船舶数量
战前	9	10,000吨2席 6,000吨3席 3,000吨4席
三十四年九月底	6	10,000吨1席 6,000吨3席 3,000吨2席
三十四年十一月底	6	10,000吨1席 6,000吨3席 3,000吨2席
三十五年四月底	9	10,000吨2席 6,000吨3席 3,000吨4席

(寅)栈桥

名称	战前	三十四年九月底	现状	将来计划
大正	停泊小船用	被炸不能用	不能用	三十五年三月底修复原状
旭	1,000吨船一席	被炸不能用	不能用	三十五年底修复一半可停300吨船一席,其余一半因损坏太重拟予放弃
对马	停泊小船用	被炸不能用	不能用	三十五年三月底修复原状
驿前	停泊小船用	被炸不能用	已修复	三十五年三月底修复原状
税关	停泊小船用	被炸不能用	正修理中	三十五年三月底修复原状

(卯)船溜

船溜计有二处,一名二沙湾,一名八尺门,船溜本身破坏极微,修复甚易,惟溜内沉没之私人船只为数颇多,故未能尽量使用,现由本局登记沉船数量及其业主姓名,然后施行打捞其可用者,清除其损坏太大不堪修复者。

(辰)防波堤

名称	全长(公尺)	战前情形	战争时破坏情形	以后计划
仙洞防波堤	327.30	全部完成	无损坏	
社寮防波堤	236.40	全部完成	无损坏	

续表

名称	全长(公尺)	战前情形	战争时破坏情形	以后计划
西防波堤	55,000	已完成29,500公尺	炸毁10余公尺	一、炸毁部分三十五年四月起开工一月内可修复二、未完工部分计255公尺,三十五年四月开工需期二年
东防波堤	20,000	已经完成16,000公尺	无损坏	未完工部分计40公尺,三十五年四月开工,至三十五年底可完成

(巳)起重机

类别	数量	战争中破坏情形	现状	以后计划
三十五吨浮式	一	机件略有损坏	现已修改	
三十吨电气移动式	一	破坏甚重		三十四年十二月初旬开始修理,期二个月可修复
十吨电气移动式	二	破坏甚重		三十四年十二月初旬开始修理一架,三十五年一月底前可修复另一架,二月底修复
三吨电气移动式	十	三座略损七座破坏甚重	现已修改	

(午)仓库

名称	战前面积(公方)	载重(吨)	容积(立方米)	九月底情况	现状	将来计划
第二仓库	4,575	5,300	14,000	微损可用	同上	三十五年一月加工修缮
第三仓库	4,575	5,300	14,000	微损可用	同上	同右
第二仓库后面平屋	2,479	4,460	9,900	库房本已陈旧,此次被炸破坏甚重且损及基础		修复需费极大不如重建,故拟放弃
第三仓库后面平屋	2,479	4,460	9,900	库房本已陈旧,此次被炸破坏甚重且损及基础		修复需费极大不如重建故拟放弃

续表

名称	战前			九月底情况	现状	将来计划
	面积(公方)	载重(吨)	容积(立方米)			
第四仓库后面平屋	2,168	3,900	8,600	库房本已陈旧此次被炸破坏甚重且损及基础		修复需费极大不如重建故拟放弃
第十四仓库	9,708	9,200	20,400	被炸	未修复	已修复
第十五仓库	13,577	12,900	28,500	被炸	未修复	已修复
第十六仓库	13,577	12,900	28,500	被炸	已修复	
第十七仓库	19,387	18,400	40,800	被炸	已修复	
第十八仓库半部	9,694	9,200	20,400	被炸	未修复	三十五年一月底修复
总计	82,219	86,020	195,000	可用部分载重10,600吨	可用部分载重41,900吨	可用部分载重三十四年底64,000吨 三十五年一月底73,200吨

注 第一仓库及第十八仓库之另半部现正修理中,第十八仓库本年一月底可修复,第一仓库六月底修复。

(未)货场原有长度一三一七六三〇公尺,面积二〇九九一七〇平方公尺,现在可以应用之长度六二〇公尺,面积五四〇〇平方公尺(约为原有之百分之二十六)。俟三十五年一月起开始整理,约八个月可以完全修复原状。

(申)煤场炭场本身损坏甚微,三十四年年内即可修复原状,惟铁道部分破坏较重,故运煤进场颇为困难。

(西)运河

运河共有三条:一名田寮港运河,长一七九二七〇公尺;一名旭河,长六七八〇〇公尺;一名牛稠港运河,长三七七〇〇公尺。共长二八四七七〇公尺,战时被炸毁桥梁六座;河岸右壁部分,被毁一百二十余公尺;钢筋混凝土部分,被毁三百四十余公尺。复因各河河口俱有大量小船沉没其间,故均遭阻塞不能通航,拟自三十五年二月起开工整理,预期四月底可通航,三十五年年底可全部修复。

(戌)干船渠

容量	现状	计划
3,000吨	抽水机损坏抽水机被毁	十一月开始修理三十五年一月底修竣
10,000吨	战前开筑尚有25%工程未定,战时乐口被炸沉没	三十五年四月初开工至三十五年六月底可竣工
20,000吨	战时略有损坏现已修复	

乙、高雄港

高雄港业于十二月二十四日开始接收,港内水陆设备被炸,损失甚巨。所存既不及百分之三十,详细情形尚在清点之中。一切恢复工作尚待推进,兹略列表如下。

名称	数量	备注
防波堤	900公尺	
驭岸	2,500公尺	损失不详
栈桥	150公尺	
浮标	13个	(全部沉没)
仓库	110,000平方公尺	(损失约90%内有私人仓库)
油拴	3个	(全部损失)
水拴	43尺	(损失不详)
给水船	2双	(存1只)
堆栈(空场)	27,000平方公尺	
起重机	16座	(损失14座)
曳船	1只	
汽船	1只	
卡车	1辆	
汽车	2辆	
船渠	2门	
房屋	约20座	(损失不详)

丙、台中筑港所

台中港（原名新高港）日人早已开始建筑，全部工程已完成十分之三十六。现决继续修筑。特设立台中筑港所，预计三年时间可以全部告成。

八、警务

在日本统治时代,警务行政极为扩大,光复以后,已依照内地各省一般情形,略加变更,卫生户政,均改归民政处主管。兹将警务处接收情形及工作概况,分述于左:

(一)接收情形

前台湾总督府警务局及其所属各州厅郡之警务部课署,暨各级警察机构,及警察教练所、警察协会、疗养所、修械所、被服厂、仓库等业务人员,印信、文卷、经费、房屋、器具、器械、枪弹、服装,均由警务处及各县市警察局,分别自去年十一月八日起,派员接收,大体已告完竣,情形尚属良好。惟前在接收过渡期间,日籍警察,因主权已失,情绪颓唐,兼之民众以过去遭受日警压迫,心怀怨恨,民气激昂,而少数台胞,亦难免有相机寻仇报复心理,以致日籍警员,每多顾虑,不安于位。我国警察,又以人力不敷,环境生疏,未能紧密衔接,致有极短期间,市容、卫生、治安,稍失常轨,窃盗杀害,间亦有之。经极力督促,锐意改进,近已恢复正态。

(二)工作概况

甲、行政

(一)建立警察机构与编制

(子)确定各县市警察机构与编制

全省依照行政区域,设基隆、台北等九市警察局,十八分局,二水上分局;台北、新竹等五县,设警察局;台东、花莲港等县,设警务科;县警察局之下,共设五十三个区警察所及二县辖市警务课;区警察所之下,依乡镇人口、面积、经济、教育状况,分设派出所,全省共计一四六二所。本省编制九市八县,其警官九八六名,长警六七七七名,约为日人统治时编制额十分之七。现各市县局已先后成立,下级机构限二月以前改组建立完竣。

(丑)筹设铁路警察署

本省铁路治安在日人统治时代系由警务局直接令各该警察机关,随时派警维护,无专责机关办理,责任不专。尤以接收以后,日籍警官失去信仰,各站秩序混乱,时常发生意外事故,乃设立铁路警察署,下设五段,十二警察分驻所,办理路警一切事务,编制员额,官五五人,警三〇四名。唯目前以干部未训练完毕,因先成立铁路警察一队,计警察一二八人,分驻各要站工作,至三月份,方改组设署。

(寅)设置警察大队

本省在日人统治时代各州厅均设置警备队,担任保安警察工作。接收后,决定减缩名额,各县不再设置保安队。唯以顾及各地遇有特殊事变,警力不敷戒备,乃成立警察大队,直属警务处指挥、监督、控制、使用。编制员额,官三七人,长警四三二名。

(二)训练官警

设立警察训练所,分期招训警官讲习班三期,共三百名;警官训练班四期,共一千名;初级警察干部讲习班三期,共六百名;初级警察干部训练班四期,共三千四百名。以上各班,第一期已于三十四年十二月开训,警官初干二讲习班,本年一月底结训。第二期警官讲习班初级干部讲习班,于一月廿五六两日招考训练。其余各期预定本年十二月以前分期训练完成,并预定于八九两月招训,刑事警察讲习班二期,共二百名,系调训现任优秀警察,加以特种训练后,分发原机关服务。

(三)长警补习教育

原有台籍官警,虽服务已久,唯对于本国法令,多不了解,为求补救此种缺点,特举办现任警官讲习班二期,共计二百名。现任初级警察干部讲习班六期,共计三千六百名,自五月开始,十二月调训完竣。并订定常年教育实施办法,通令各局办理。

(四)编制各县市义勇警察及义勇消防警察

本省过去各州厅各郡及街庄,均设置警防团,为警察补助机关。但其任务偏重战时消极防空工作,现以战时结束,该项组织已不切需要,乃分设义勇警察队、义勇消防队,先后通令遵办,各县市已开始筹设。

(五)拟订户口调查规则,编制户口调查表册

日人统治时代办理户口,以户口规则为依据。接收后,根据接收纲要及户籍法之规定,户籍行政,划为民政处主办,警务处仅就警察业务立场,办理户口调查。经参照前户口规则优点及内地办理户口成规,重行拟订适合国情之户口调查规则及户口异动报告办法。又以过去户籍正本移交民政处,副本表格亦已不适用,乃依户口调查规则,斟酌需要,拟就调查表五种,户口异动报告单八种,统计表十种,一俟即就,即发交各警局应用,预计本年五月以前办理完竣。

(六)交通整理

车辆改靠右走,奉令自今年元旦起实行,唯本省光复未久,各种准备未及完成,为求施行便利起见,特由各有关机关举行交通讨论会,经议决并奉长官核准,改自三月一日起实行。

(七)保健与整理市容

过去卫生行政完全隶属于前警务局,接收后,为适应本国行政系统,卫生行政划归民政处主办,警务处则专司环境卫生事务。关于保健及整理市容工作,仍积极办理,如拟订舞场、理发店、戏院、电影院、饮食店、妓院、旅社、浴室等各特种营业管理办法,限于本年三月以前办完登记发照手续。并劝导住民扫除颓墙圮壁,修葺房舍,改换日文招牌、帘幕,整肃市容,而重观瞻。

乙、保安

(一)民枪登记

自日本投降后,日军多以枪械贱价卖与或赠给人民,致现在散在民间枪枝,数量骤增,亟应登记清查,以保治安。经订定台湾省查验自卫枪炮及登记领照暂行办法,公布施行,期于三十五年六月底以前登记完毕,倘不合规定者,悉予收缴,并于年终总清查一次。

(二)调查无业游民

查无业游民,不但为社会之消费者,亦为社会安宁秩序之破坏者,经订发调查表式,令饬各市县警察机关查填报核,以便适时控制,分别管理,而确保治安。

(三)组训警察有关各民众团体

以前警察有关之人民团体为警防协会、警民协会、警察协会、蕃地警察职员共同购买会、高砂协会、防谍协会、防犯协会等名称繁多,现拟于一至三月为调查期间,并将上列各种团体分别予以裁并于警察协会、高砂协会、防犯协会之中,随时予以指导监督并训练之。

丙、司法

(一)处理刑事及违警案件

受降伊始,警力未充,复仇寻殴,时有所闻,兼以物价高涨,生活困难,以致窃盗常生,刑察案件较颇。自三十四年十一月一日至本年一月二十日止,经侦讯刑警察件,计有窃盗、盗卖公物、奸淫等案件六百五十三件。

(二)制订表格

为期适合国情并满足行文妥确速便之要求计,经改拟司法应用各种表格,如传票、拘票、搜查票、审讯笔录、用纸格式、罚金三联单、裁决书及拘留所应用之各种统计表等十六种,已令所属,仿印施用。

(三)诠译法令

丁、经理

(一)设置警察电讯机构

前台湾总督府警务局原设有电话系一所,与各州市厅郡警务部课电话系沟通联络,惟因被炸损坏甚重,近经修缮,改设警务处、警察电讯管理所,职掌全省警察电讯事宜,并于十七县市警务局各设分所一所,另于澎湖、高雄、屏东、花莲港等四处,各设置电台一,此外复分期修理干支线二十五万公尺,增设干支线十一万公尺。

(二)修复警察被服厂

原有警察被服厂,因受盟机轰炸,机械大部损坏,不堪使用,近经修理,已就原机构改设警务处警察被服厂,充实内部设备。专司制造全省警察被服装具。

(三)整理警察修械所

原有修械所,因遭受猛烈轰炸,损坏不堪,无法开工;但因接管枪械弹药及电讯器材,交通工具暨各项机件,损坏颇多,亟待修复使用。遂将原有警察修械所原址,加以修葺,并充实内部设备,预计本年二月当可修竣,一面开始清查统计全省各级警察机关损坏枪械弹药,交通工具,通讯材料等数量,分别缓急,陆续修理。

(四)筹发警务人员服装

全省警务人员服装,计常服八七五六套,便服二二七五四套,衬衫裤二三〇六四套,雨衣一一五三四件,皮鞋一一五三四双决各数制发,现之定期招商标制,预期二个月内,即可制竣。

九、会计

在日本统治时代，会计包括于财务之内。光复后，遵照我国现制，将会计系统划分，于公署内设立会计处，主持全省会计行政。

(一)接收情形

前台湾总督府财务局主计课会计课经办业务及其文卷簿籍财产等项概由会计处接收，已告完毕。

(二)工作概况

本省在日人统治下，省财务收支系依照特别会计处理，接管后，省设省总会计，省属各机关依照中央各机关及所属普通公务单位会计制度之一致规定，减少其登转程序及账表，分别拟订会计制度实施。为施行便利，已将各重要会计法规译成日文并办理会计人员训练，第一期训练人数一百名。在本省审计处未成立前，各机关收支，交由会计处审查，经订定查账规则及查账证使用规则施行，并报请审计部备案。

十、宣传

宣传工作,在现代行政中,渐居重要地位。本省沦陷五十年,在文化思想上,敌人遗毒甚深,故光复后,文化宣传工作,极为重要。本省应此实际需要,特于行政长官公署内,设置宣传委员会,兹将其接收情形及工作概况分别略述于次:

（一）接收情形

宣传委员会主持宣传组接收工作,故有关宣传事业之接收,分述之有左列各项:

甲、前台湾新报社尽其支社,接收后,其台北本社及花莲港支社,由长官公署改办台湾新生报。自去年受降日（十月二十五日）起,即按日出版,每日一大张,台中台南二分社,由长官公署拨交中央宣传部特派员办理中华日报,现尚在筹备中。

乙、前台湾放送协会、放送局及其支局,由中央广播事业管理处派员接收,改为台湾广播电台。自去年受降日起即已实行广播工作。

丙、前同盟通讯社及其分支机构由中央通讯社派员接收,改为中央通讯社台湾分社,惟现在尚未正式成立,拟于二月一日开始发稿。

丁、由宣传委员会直接接收者为前台湾总督府情报课及其附属机关,台湾映画协会及台湾报道写真协会,前情报课所作工作,系为日本作虚伪宣传,故接收之后，其原有工作自不能继续，原有人员亦不便使用，现虽征用一部分，仅为暂时安全其生活，一候日侨可送返日时，即当全部遣回，其附属之两协会，接收后即改组为电影摄制场，原有日人技术人员十余人，皆暂时留用。

（二）工作概况

宣传业务，约略言之，可分四类：（一）新闻广播，（二）电影戏剧，（三）图书出版，（四）政令倡导，兹略述各项工作概况：

甲、新闻广播

（一）新闻组杂志之管理

本省光复伊始，各地新闻纸杂志，纷纷出版，经以通告抄录出版法有关条文，并规定凡在民国三十四年十一月二十五日以前发行之新闻纸杂志，均应向发行所在地各地方主管官署，申请登记，嗣后须先申请登记，经核准后，方可发行。现台北市新闻纸杂志，声请登记者计有三十九家，业经分别审核。其他各县市，已饬将登记申请书汇送凭核。

（二）新闻发布

凡本省各项重要政闻，逐日编撰，发送各报社、通讯社、广播电台刊载播送，同时并译成英文，分送在台各盟友阅读。计自去年十一月至今年一月，发出新闻稿，计中文一二七件，英文一六二件；此外每周并编印《台湾通讯》一种，分寄京沪渝及国内重要地区各机关报社通信社暨在台各报记者。

（三）举行新闻记者招待会

自去年十二月起，每星期举行记者招待会一次。由长官秘书长及各处会局室首长轮流主持，举办以来，情形良好。

（四）指导报馆及广播电台

《新生报》为本省唯一大报，每月销行十六万余份，对于人民影响最大，必须善为指导，以收宣传之实效；又本省民间收音机之装置，相当普遍，故广播电台亦为宣传之利器，随时督促其改进节目，以宏效用。

乙、电影戏剧

（一）影片管理

前奉中央命令，新闻检查虽经废止，但电影戏剧检查，仍应继续举办，遵经制定台湾省电影戏剧审查暂行办法，公布施行，并公告片主送审，现正分别审查中，申请审查者，已达百余种以上。又关于本省电影戏剧事业之整理，亦正在拟订法规，积极进行中。

（二）影片摄制

本署宣传委员会电影摄制场，自成立以来，即积极开始工作，除已摄制"台湾省受降特辑"，翻印国歌唱片，早已放映，现正摄制本省各项新闻影片。及将本省各项静态动态，摄制为"今日之台湾"，约本年三月底可全部完成。又为宣传政令起见，每周择一中心工作，制定标语若干条，制成幻灯，散发各影戏院放映。

丙、图书出版

（一）翻印出版法及施行细则

为使办理新闻纸杂志人知道遵循起见，特翻印出版法及施行细则，分发各县市政府及新闻纸杂志发行人阅览。

（二）编印宣传小册

为宣扬三民主义中国国情及政府施政方针起见，特编印宣传小册六种，每种五万册，并译成日文，各印一万册，分寄全省各机关学校及县市乡镇，以资览阅。

（三）编印新声杂志

为纠正在台日人思想错误，增进其对于中国认识起见，特指派政府日籍职员，发行日文《新声》杂志，业已出版二期。

（四）出版画报

为利用民众喜看画报心理，以达宣传功效起见，特采集各种照片，编印《新台湾画报》，每月出版一期，内容注重各项行政设施，本省新闻时事，每幅照片均附以简短中文说明，现第一期已付印，不日即可出版。

丁、政令宣导

政令宣导员之设置与训练

为普遍宣传政令起见，特于各县市政府设置政令宣导股，各县辖市公所，区署暨乡镇公所，设置政令宣导员，并定由各县市政府，就现职人员，选送省行政干部训练团受训。全省计共四〇〇人，分两期调训完毕，每期三个月，第一期先行调训一九六人，定本年二月一日开始训练，第二期本年四月间开始，预计七月即可训练完成。经会同省训练团拟具训练实施办法，并制定政令宣导调训人数分配表，饬各县市府遵照办理。至此项宣传人员设置，系就各县市政府、县辖市公所、区署、乡镇公所，现有员额编制中调整，并经制定"台湾省各县市区乡（镇）政令宣导员办法"分饬各县市政府遵照矣。

十一、法制

台湾在日本统治下,一切法制完全属于日本系统。光复之后,除我国一切法律均适用于台湾外,本省单行法规之改订,工作亦至为繁巨。故于行政长官公署设置法制委员会,专司其事。

(一)接收情形

法制委员会奉令于去年十一月一日接收台湾总督府法务部及审议室,计接收卷宗七六六件,未办案件六件,图书一七三二册,人员四十六名(内日人四十四名现尚征用者仅十八名),并会同高等法院接收司法保护事业,收容所九所,保护会三一四所,印刷厂一所,木材厂一所,旅社一所,接收工作均顺利完成。

(二)工作概况

一、审查草拟本省单行法规共九十五种(自去年十一月至本年一月底止),其中官制类三十三种,官规类十三种,民政类七种,财政类八种,教育类六种,工矿类二种,农林类五种,交通类一种,警务类八种,会计类二种,宣传类一种,地政类二种,卫生类二种,司法类三种,其他类二种。

二、废止不合现在环境之台湾原有法令共五十五种,其中民政类九种,财政类十一种,教育类三种,工矿类四种,农林类二种,交通类三种,宣传类四种,司法类三种,军事类十六种。

三、已译就现尚适用之台湾原有法令三十四种,其中民政类十二种,财政类二种,农林类一种,工矿类一种,警务类四种,气象类一种,卫生类五种,司法类三种,其他类五种。

四、刊印刑法及刑事诉讼法二种(均附译日文)各十万册,分别发售,期众共晓。(其他民法等,亦在编印中)

五、本省原有法令,除与我国法令及三民主义抵触以及压榨钳制台民者外,其余法令,如系保护社会一般安宁秩序,确保民众权益及纯属事务性质者,业经布告周知,暂仍有效,以避免全部更张,妨及社会秩序。

六、依据属地主义之原则,中华民国法令,应自我国正式受降树立政权之日(三十四年十月二十五日)起,均适用于台湾。惟原施行于台湾之日本法,其内容与我国现行法未尽相同,为调和两者之差异,以期救济因适用于我国法所引起之权利义务变化起见,爰会同高等法院并征询专家意见,遵守国家立法主义,斟酌本省社会情形,经两月余之缜密研究,订定过渡性之台湾省民刑事件适用法律条例,呈请中央核准施行。

十二、人事

本省光复伊始，一切情形与内地迥异。尤以人事行政，一方面须参酌本省地方实际情形，力求适应配合，对于制度之建立，规章之拟订，正在研讨进行。兹将本署人事室成立以来接收情形及工作概况列述于左：

（一）接收情形

前台湾总督府内，原设有人事课，因规定总督官房系在最后接收，人事课原属总督官房范围以内，故本署人事室于上年十一月二十八日，始前往接收，该课分为人事、庶务、恩赏、南方、共济五系，所有簿册文卷物品等，均照所送交替书分别点收。原有职员，依昭和十九年职员录，计有六十三人，接收时仅有四十三人，属于台籍者四人，均经留用；至日籍人员，经召集个别谈话，加以考核，计征用五人，其余三十四人均未征用，过去日人对于人事管理各种登记，并无卡片设置，所存履历书表簿册，较为简单，接收工作，业已告竣。

（二）工作概况

甲、征用日籍人员

本署各机关接收后，除台籍人员继续留用外，为维持各机关业务不致中断及备查询起见，对于各机关必须征用之日籍人员，当经依据中国境内日籍员工暂行征用通则,订定本署暨所属各机关征用日籍员工暂行办法,通令各机关遵照办理,一面呈报行政院及中国陆军总司令部备查;现在机关已呈报征用及不征用日籍员工名册者,计四十五单位,总计已核准征用日籍人员八〇三六人,不征用者七七七九人。至已征用与不征用之日员,已将其名册汇转本省日侨管理委员会,分别调查处理。

此外为明了各机关办理人员接收整个概况起见,经制定各机关人员接收概况调查表六种,分发各机关查填,现已呈报者计三十八单位,统计接收人员二五三九五人,工役五一八五人,生徒九〇人,尚在继续调查,一俟调查完竣,再加以分析统计。

乙、举办备用人员登记

本省人民在日本统治时代,参加行政工作者,极居少数,今后日籍人逐渐裁汰,自非积极登用人才,不足以资接替。为储备是项人才起见,经订定本署备用人员登记办法及备用人员资格审查委员会组织规程,登报公告,凡本省人民,在中等以上学校毕业者,均可申请登记,并印制登记表,分发各市县政府,各州厅接管委员会应用。参加登记人员,极为踊跃,均按其学资历证件,分别审查,分类登记。是项登记期间,截至上年十二月底止,经已审查合于规定者,计五三九四人,并按类造册分送本省调练团及各主管机关,以备考选训练,分别任用,除民政、总务、会计三类人员,业由各主管机关会商省训练团考试设班训练外,其余各类人员,亦正在继续办理。

丙、整理人事法规

关于处理人事法令,本署均按实际需要,陆续颁订,除前两项所述法规外,已订定者,计有本署人事集中管理办法,本署职员出勤签到办法,本署暨所属各机关职员给假规则等多种。至日本统治下所颁布之人事法令,对本省人民多存歧视压制观念,经予分别修正或废止,其间足供本省推行人事制度参考者,即着手译述,计已译出者,有台湾总督府内规人事条例,台湾总督府部门职员共济社社则,台湾拓殖会社、电力公司、水产株式会社等职员薪津给与办法等多种,另编前台湾总督府文官等官俸表一种,藉供参考。

丁、筹设人事管理机构

本公署人事室成立后,为便利人事行政处理起见,暂于各机关指定兼办管理人事人员一人,并于上年十二月一日,召集人事业务会议,除由本署人事室报告各有关主要人事法令外,并提示办理人事业务应行注意事项及有关处理困难问题。此项办理人事人员,并拟于本年内分期调训,或讲习,俾得熟谙中央人事法令及办理手续,以利人事行政之推行。

附录:台湾省气象局工作报告

(一)接收情形

　　台湾省气象局,系接收前台湾总督府气象台改组而成。本省气象事业,发轫甚早,清光绪十一年(公元一八八五年)间,即在基隆、淡水、安平、打狗、渔翁岛及鹅銮鼻等处之灯台与海关测候所中,开始气象观测。延至清光绪二十一年(一八九五年),台湾割让后,台湾总督府于台北市成立中央气象站,嗣后全省各地,陆续增设测候所多处,除作一般观测外,并开始预报工作。我方接收后,不但照常工作,且业务大为扩充,气象事业蒸蒸日上,并积极充实器材与人员,近更与美海军合作,参以美方最新学理作技术上之改进。本局接收虽才三个月,但组织与规模之大,为国内所仅见。内分:秘书、总务、观测、预报、调查、高空、天文、会计、研究等六科三室,全省共有测候所二十七所、雨量站二九七处,即远隔本省南部约一七〇〇公里之岛屿,仍设有新南测候所;而在海拔三八〇公尺之高峰,亦设有新高山测候所。本省面积不过三五九六一.二一方公里而已,是以测候纲之分布,颇称稠密也。其中历史最长之测候所,有台北、台中、台南、澎湖及恒春五处,创设时间各已达五十年之久。本局现有员工合计三四二人,除韩籍七人、日籍一八六人外,余皆国人。至本局及各测候所之建筑,均系新式钢骨水泥大厦,设备完善,颇具规模。总计建筑物计一一三栋,面积一八八八二方公尺,价值一四四二五五五.二四元。图书设备方面,现有中、西、日文图书、杂志、字典等计四四八五册,刊行各种研究报告,计三十八种,堪为全国气象界之冠!

至关于本局接收情形,至为顺利,自民国卅四年十一月一日正式接收台北气象台后,各外所相继派员接收,奈阻于行政及交通关系,虽有部分尚在接收中,但一切观测工作均照常进行,兹将各所之所别名称及接收时间列表于后。

台湾省气象局测候所一览表

所别	名称	接收时间	备考
平地测候所	台湾省气象局台北气象台	民国卅四年十一月一日	该台在台北市文武町,东经121度31分,北纬25度02分,海拔8.0公尺,创立于公元1896年,全台计157人。
	新竹测候所	民国卅四年十二月二十二日	该所在新竹市花园町,东经120度58分,北纬24度48分,海拔32.8公尺,创立于公元1938年,全所计14人。
	台中测候所	民国卅五年一月三日	该所在台中市大正町,东经120度41分,北纬24度09分,海拔77.1公尺,创立于公元1896年,全所计15人。
	台南气象台	民国卅四年十二月九日	该台在台南市花园町,东经120度13分,北纬23度00分,海拔12.7公尺,创立于公元1897年,全台计15人。
	高雄测候所	民国卅四年十二月十日	该所在高雄市哨船町,东经120度16分,北纬22度37分,海拔29.1公尺,创立于公元1931年,全所共10人。
	恒春测候所	民国卅四年十二月十一日	该所在高雄县恒春镇,东经120度45分,北纬22度00分,海拔22.3公尺,创立于公元1896年,全所共7人。
	大武测候所	尚在接收中	该所在台东县大武乡,东经120度54分,北纬22度21分,海拔7.6公尺,创立于公元1940年,全所共7人。
	台东测候所	尚在接收中	该所在台东县台东镇,东经121度9分,北纬22度45分,海拔8.9公尺,创立于公元1901年,全所共12人。
	新港测候所	尚在接收中	该所在台东县新港乡,东经121度22分,北纬23度06分,海拔36.5公尺,创立于公元1940年,全所共5人。

续表

所别	名称	接收时间	备考
平地测候所	花莲港测候所	尚在接收中	该所在花莲县花莲市,东经122度37分,北纬23度58分,海拔17.6公尺,创立于公元1921年,全所共19人。
	宜兰测候所	尚在接收中	该所在台北县宜兰市,东经121度45分,北纬24度46分,海拔7.4公尺,创立于公元1935年,全所共12人。
	松山测候所	尚在接收中	该所在台北市下埤头松山机场,东经121度33分,北纬25度04分,海拔7.3公尺,创立于公元1935年,全所共5人。
	淡水测候所	民国卅五年一月十日	该所在台北县淡水镇,东经121度16分,北纬25度10分,海拔19.0公尺,创立于公元1942年,全所共8人。
岛屿测候所	澎湖测候所	尚在接收中	该所在澎湖县马公镇,东经119度33分,北纬23度32分,海拔9.4公尺,创立于公元1896年,全所共9人。
	彭佳屿测候所	尚在接收中	该所在基隆市彭佳屿岛,东经122度04分,北纬25度38分,海拔99.0公尺,创立于公元1936年,全所共6人。
	新南测候所	尚在接收中	该所在高雄县新南岛,东经114度17分,北纬16度50分,海拔2.3公尺,创立于公元1944年,全所共1人。
	西沙岛测候所	民国卅四年十二月十二日	该所在中国南海 Paracel Islands,东经112.19度,北纬16.50度,海拔23公尺,创立于公元1944年,全所共5人。
	红头屿测候所	尚在接收中	该所在东到红头屿岛,东经121度33分,北纬22度02分,海拔322.3公尺,创立于公元1941年,全所共1人。
山岳测候所	新高山测候所	民国卅五年一月二日	该所在台中县新高区新高北山,东经120度57分,北纬23度29分,海拔3,850.0公尺,创立于公元1943年,全所共11人。
	阿里山气象台	民国卅四年十二月三十日	该台在台南县嘉义区阿里山,东经120度48分,北纬23度31分,海拔2,406.1公尺,创立于公元1933年,全台共12人。
	日月潭测候所	民国卅五年一月四日	该所在台中县能高区渔池乡猫兰山,东经120度51分,北纬23度53分,海拔1014.8公尺,创立公元1941年,全所共3人。

续表

所别	名称	接收时间	备考
山岳测候所	大屯山测候所	民国卅五年一月十一日	该所在台北县七星区北投镇，东经121度31分，北纬25度11分，海拔1,096.2公尺，创立于公元1937年，全所共8人。
测候分所	宜兰机场测候分所	尚在接收中	该所在台北县宜兰市金六结，东经121度45分，北纬24度24分，海拔9.6公尺，创立于公元1940年。
	台南机场测候分所	民国卅四年十二月九日	该所在台南县新丰区永康乡，东经120度13分，北纬23度01分，海拔11.0公尺，创立于公元1940年。
	花莲港机场测候分所	尚在接收中	该所在花莲县花莲区研海乡，东经121度37分，北纬23度59分，海拔12.6公尺，创立于公元1940年。
	大屯山鞍部测候分所	民国卅五年一月十一日	该所在台北县七星区北投镇鞍部，东经121度31分，北纬25度11分，海拔827.0公尺，创立于公元1937年，全所5人。
	大屯山竹仔湖测候分所	民国卅五年一月十一日	该所在台北县七星区北投镇竹仔湖，东经121度32分，北纬25度10分，海拔605.0公尺，创立于公元1937年，全所7人。

(二)工作概况

本局自接收后，三月来之工作，分述如下：

甲、观测之实施

(一)产业观测

举凡气温、温度、雨量、日照等之气象要素，莫不与各种产业作物，息息相关。而本省农耕面积，辽阔广大，农民人口占全省人口二分之一。至渔业方面，深具有良好发展之条件，不但在沿省海岸，即远在东海、南海、太平洋海域及西里伯斯海，均有丰富之渔区。故产业上所需气象之资料，实为重要。本局特饬各测候所各雨量站实施物候观测，以助农耕，调查海洋气候，以利渔业之增产。

(二)航空观测

年来航空事业日益发展，而气象事业之重要，亦随之与日俱增。台湾位处东亚航空纲之中心,以气象上言之,夏季为飓风必经之路,冬季为台湾低气压之发源地,季节风经此地而增强,不连续线经过此地,雾、雷、风暴亦皆发生于此。本局特在各地高山观测所,施放测风气球观测以及高层气象云高云厚等观测,以策航空之安全。此种观测之结果,自民国廿四年航空线开辟以来,因气候障故而发生恶果者,仅有四次。此即可证航空气象观测,对航空事业之贡献。

(三)地震观测

本省属于太平洋地震地带,过去五十年间,所受灾害达五十三次之多,其发生区域,以嘉义、台中、新竹、台东、花莲港、宜兰等地,较为繁多。

乙、预报与研究

(一)警报及预报

本省夏季时有台风,如台风发生前,得有准确之预报,则吾人所受之害,必可减少至最低限度。依历年记载,四十六年间受台风之害,达六十九次之多。损失之巨,不堪设想。

(二)台风与地震之研究

(子)台风之研究

关于台风预告之研究,本省有长足之进步,如台风在海洋上位置之决定,台风强度与中心之探索,均能在二三日前予以预告。本局前台长西村传三博士,从事台风预告研究工作,于今十有四年,渠对于台风有深刻之认识与经验,故其预告尚称准确,此次经接收后,由本局指令西村从事继续研究工作,以其十余年经验所得,著台风论一文,内容包括台风之结构、台风之强度、台风之路径,以及台风眼台风之预测,殊有重要之价值。此外本局另编有文献目录,并刊印各种气象研究资料,以便与欧美各国作气象资料之交换。

(丑)地震之研究

本省地震时有发生,而破坏性地震之发生,且常在人口稠密之山区西部地带,受害之大,莫此为甚。民国三十三年嘉义地震,破坏之处迄未恢复。故本局现极力着重于地震学识上之研究,然目前世界地震学者,虽多从事于空电地磁及重力等之研究,以对地震之预告有所俾助,但迄今尚无完满之结果。日本本土关于地震学之研究,亦仅明了地震带之划分,本局特对地震之研究,亦先增加测候站之密度,从前定地震带之分布着手,进而研究地震之动向,以期达到预报技术。

(寅)气象通讯纲之完成

本局除已有气象专用无线电外,并由交通处将所有气象专用无线电机交由本局应用。通讯纲系以台北、台中、台南为通讯中枢,并在台北增设八架,台中、台南增设三架,报导方面迅速不少。

丙、完成太平洋测候纲

天气千变万化,因素错什,非有系统纲状之测候所成立,不为功。下列各项,本局已在积极进行中。

(一)海洋观测纲之建立

关于海洋观测纲之建立,宜先从事整理已有之验潮站及水位站,如基隆有前神户海洋气象台分设之验潮所,高雄有前陆军陆地测量部分设之验潮所,澎湖有前海军马公要港部之验潮所。他如日水路部有临时之二十三水位站,均应由气象局接收,视其重要性,分别扩大组织,充实设备,增加海洋观测,而成为海洋测候所。组织海洋调查队,从事调查台湾海峡及洋面之气候,随时作气象报告。

(二)立体测候纲之完成

测候之工作,非但有时间性,且有空间上之重要性,盖天气乃三度空间,故非设高山或高空测候所,以探测高空之气象不可。关于此项工作,共主要者,为一千、二千及三千公尺,高空天气图之缮绘,此于航行预报,至关重要,本局拟于一年内完成。

(子)测风气球之观测(Pilot observation)

在台北、淡水、彭佳屿、新竹、台中、阿里山、台南、澎湖、高雄、恒春、鹅鸾鼻、大武、台东、红头屿、火烧岛、新港、花莲港、宜兰等十八处设测风气球观测点,每日作二次之高空风向及风速之探测,并绘图加以说明。

(丑)无线电探空仪之观测(Padio Sounding observation)

在台北、台南二处,每日作一次气温、气压、湿度等三项之观测,并绘高空图。

(寅)无线电云厚之观测(Radio ceiling observation)

在台北、台南二处,每日作一次云之密度与厚度之观测。

(卯)无线电动云顶风向风力之观测(Radio tracking observation)

在台北鹅鸾鼻二处,每日作一次云顶之风向及风速之观测。

(辰)高山测候所观测(Mountainous observation)

本省高山甚多,故对于高山观测颇为适当。兹拟设一千公尺高者有大屯山(1096m)、日月山(1015m)、独立山(820m)、枫港山(1000m)、玉里山(1200m)五处。

二千公尺高者有太平山(2300m)、阿里山(2406m)二处。

三千公尺高者新高山(3850m)、次高山(3931m)、大武山(3020m)三处。

(三)增设东岸测候所

东岸为台风研究之主要地方,盖因台风初从大洋登东岸时,尚称纯粹,而未受山岭地形之影响而变性,故有增设东岸测候所以研究台风中心及强度之必要,兹除已设有七测候所外,并应增设火烧岛及基隆测候所二处,以完成东岸测候纲之计划。

(四)增设农业气象站

在台北国立台湾大学中,增设小气候之研究,于日月潭作茶果气象之研究,于独立山作森林果树气候之研究,于台南郊外作园艺及作物气候之研究,此外并作农业气候区之专门研究,以期完成农业气象纲之机构,以扶助农业高度之发展。

(三)将来希望

总之气象事业之发展,贵在统一管辖,举凡器材之使用,人员之分配,气讯之传递,预告之实施,无不以统一系统为要务。按我国近二十年来,各地气象事业,逐渐发达,系统纷纭,有直属中央气象局者,有隶属各省政府者,有属航空委员会者,有属中美合作站者,更有属陆军和海军者,相互间情报之交换，尚未密切沟通，观测之技术，亦不划一，固不仅行政指挥上之不统一而已。此点深为美军来华测候队所诟病，本局规模宏大，人才众多，技术水准及仪器，均为全国冠，足负领导发展全国气象事业之使命。再从气象仪器上言之，本局有规模宏大之制机所，不但能制造一般观测仪器，且能制造较复杂之自记仪，高空观测仪等，如能大量制造，供给全国各地气象局所，其价格必较舶来品低廉，如是则不但利权不至外溢，且可扶助全国各测候所之改善与发展，对气象学术与事业，亦有莫大裨益。再从气象人才言，本局既有较高之技术水准及完善之设备，并有经验丰富之气象专家，故对气象人员之培育，必为最理想之环境，如能由本局训练大批人员，派遣各省应用，则我国测候人员，必无缺乏之问题发生矣，关于气象机构，甚望中央早日使之统一，则今后气象事业之发展，当可事半而功倍也。